KB021834

장일순의
관념과 실천의 모험을 기리며

Management
Philosophy

화이트헤드와 들뢰즈의 **경영철학**

Management
Philosophy

화이트헤드와 들뢰즈의 **경영철학**

김영진 김상표

솔과학

인 생 의 의 미 는 모 험 이 다

Management
Philosophy

화이트헤드와 들뢰즈의 **경영철학**

화이트헤드와 들뢰즈의 경영철학

서구 철학은 학교가 아니라 시장에서 생겨났다. 소크라테스와 플라톤이 만난 곳도 시장이었다. 시장은 낯선 이들이 서로 교통한다. 상대방에게 자신의 상품을 팔기 위하여 최선을 다해서 설득하는 장소가 이곳 시장이다. 소크라테스가 자신의 철학을 젊은이들이 사게 만들도록 열정을 다해서 유혹하고 설득했던 장소 또한 바로 시장이다. 우리가 플라톤이라는 위대한 철학자를 유산으로 안게 된 것은 설득의 힘 덕분이다. 소크라테스는 고대 그리스의 신관에서 벗어난 '선한 신'의 관념과 '영혼불멸'의 관념을 플라톤에게 판 것이다. 플라톤은 그 관념들을 잘 가꾸어서 2500년 이상 우리의 문명에 선물로 안겨주었다. 21세기에 철학과 시장이 만난다면 어떤 방식이 되어야 할까?

이 책은 이러한 문제의식에서 출발한 만남의 소산물이다. 철학을 공부하지만 그것 외부에 대한 흥미를 갖는 철학자와, 경영학을 공부하지만 보다 본질적인 질문을 제기하는 경영학자가 우연히 만나서 이룬 성과물이다. 어쩌면 우연을 빌린 필연일 수도 있다. 각자는 이미 무리였다. 철학은 현실을 알아야 하고, 현실은 철학을 보아야 한다. 학교에서 관념을 철저히 사유하는 곳이 철학이라면, 시장이 원하는 것이 무엇인지를 배우는 곳이 경영학이다. 우리는 각자의 길에서 학위와 연구를 통해서 철학과 경영학을 공부했다. 그 후, 우리는 이제 눈을 돌렸다. 왜냐하면 각자 자신을 인도할 길잡이가 필요했기 때문이다. 철학자는 자신의 일부를 경영학자에게서 찾았고, 경영학자는 자신의 바람을 철학자에서 발견했다. 그 결과, 우리는 경영철학을 탄생시켰다. 여기에는 철학자도 경영학자도 없고, 다만 경영철학자만이 있을 뿐이다. 우리가 이와 같은 이질적인 만남을 시도하여 도대체 무엇을 얻고자 한 것인가? 자본주의체제에 대한 비판적 성찰에서부터 그 대안의 마련까지 한편으로는 무모했지만, 달리 보면 모험심 가득찬 젊은 학자들이었다.

기업인은 개인적으로 성공하려는 동기가 누구보다도 강한 사람이다. 즉 기업가정신으로 무장한 채 조직의 번영을 위해 끊임없이 분투하는 사람이다. 그런데 역설적으로 기업인의 성공동기가 '세상을 괴롭히고 있는 주기적인 불경기'를 가져온다. 결국 그것은 기업공동체와 기업가를 나락으로 몰아넣는다. 단지 기업가는 성공하기 위해서 최선을 다했는데, 그 결과는 비참한 몰락을 가져온다는 것이 화이트헤드의 주장이다. 왜 그러한 결과가 초래될 수밖에 없는가? 자본주의체제와 기업공동체 그리고 인간이 파국을 피하면서 21세기 새로운 문명화를 위한 길을 찾아낼 수는 없을까? 10여년 전 우리 두 사람의 고민은 바로 이 지점에서 시작되었다. 시간과 공간을 넘나들며 철학(김영진)과 경영(김상표)의 수많은 만남이 있었다. 긴 고민의 터널 끝에서 아래 글귀가 우리를 구원해주었다. "사회가 문명화되었다고 말할 수 있게 되는 것은 그 성원이 다섯 가지의 관념, 즉 '진리', '아름다움', '모험', '예술', '평화'에 참여하고 있는 경우이다." 우리는 이 경구와 과정패러다임을 벗삼아 기업공동체가 관념과 실천의 모험을 통해 21세기에도 여전히 창조적 전진을 이루어갈 수 있는 조건을 규명하려고 시도하였다.

진리, 아름다움, 모험, 예술, 평화. 이 다섯 가지 관념을 면밀히 분석하고 그것들이 적용 가능한 공동체가 정말 있을까 하는 의문을 갖고 사유한 결과물이 바로 이 책이다. 우리는 이 책에서 '과정공동체'라는 새로운 명법을 발명하고 이를 등대로 삼아 관념의 모험을 감행하였다. 지난 10년 간 두 사람이 수행한 이론적 실천을 보여주는 15편의 논문을 하나의 책으로 엮었다. 이 책에서 보여주는 사유 중의 일부는 모호하고, 또 미성숙한 흔적들도 발견될 것이다. 우리는 이조차도 리좀적 방식으로 실험하면서 경영과 철학의 이질적 연접을 이끌어내고자 했던 아름다운 모험의 잉여들이라 말하고 싶다.

이 책의 제목은 『화이트헤드와 들뢰즈의 경영철학』이다. 이런 제목을 부여한 이유 중의 하나는, 사실과 가치를 함께 고민해야 하는 것이 우리 시대의 소명이라고 믿기 때문이다. 우리 둘 모두 경영학을 가르치면서 삶의 의미나 행복을 돈이 아닌 다른 것으로 묻는 경우를 거의 본적이 없다. 하지만 화이트헤드의 경고처럼, 자기를 넘어서는 초월성의 질문을 제기하지 않는 문명이나 조직은 결코 창조적 전진을 계속할 수 없다. 요컨대 경영학은 몇 가지 치장으로 포장되어 있지만 삶의 수단인 돈이 곧 삶의 목적이자 행복이라고 보는 것을 무의식적으로 전제하고 있다. 그것은 일종의 폭력의 힘을 정당화하는 것이다. 만약 소크라테스가 '영혼불멸'이라는 상품을 설득을 통해 플라톤에게 팔지 않았다면, 과연 중세 1000년의 폭력적인 군주들의 행위 속에서 어떻게 민중들은 견딜 수 있었을까? 하물며 늙고 병든 군주들조차도 그런 초월적인 방향이 없이 어떻게 죽음을 맞이할 수 있었을까?

우리는 새로운 초월적 가치를 필요로 하는 시대에 살고 있다. 과연 그것은 어떤 형태가 되어야 할까? 우리는 이 시대의 초월적 가치는 '생명'이라고 본다. 수직적인 사회가 아니라 수평적인 사회로 나아가고 있는 21세기에 우리가 팔아야 할 상품은 바로 '생명'이다. 현대에 제기되는 많은 문제에 대한 대안은 '생명'이라는 상품을 다중을 설득해서 파는 것이다. 여기서 생명은 유기체를 구성할 수 있는 가장 미시적인 원자를 포함해야 할지도 모른다. 경영학에서도 더 이상 삶의 가치와 의미를 묻는 것을 도외시하는 방식은 피해야 한다. '가습기 살균사건'을 통해 아주 사소한 화학제품이 우리에게 얼마나 많은 행복을 앗아갈 수 있는지를 확인하지 않았는가? 이 책은 결코 윤리적 가르침을 유포하기 위한 것은 아니다. 다만 어떤 가치이든, 눈에 보이지 않는 초월적 가치를 경영학에서도 적극적으로 수용해야 한다는 점을 말하고 싶다.

진리, 아름다움, 예술, 모험, 평화 이 다섯 가지 초월적 가치(관념)를 갖고 실천의 모험을 감행했던 인물을 우리 주변에서 찾아볼 수 있을까? 대한민국의 성자로 칭송받는 무위당 장일순 선생님을 꼽고 싶다. 이 분은 동서양의 관념을 체득하고 실천의 모험을 몸소 보여주었다. 이 분의 삶은 우리가 제시한 다섯 가지 관념을 품고 있는 과정공동체의 궤적을 보여준다. 한살림 운동은 자본주의체제 속 헤테로피아의 하나였다. 이 외에도 한국에는 많은 분들이 그렇게 살아왔고, 또 살아가고 있다고 믿는다. 사회적 경제 영역이나 생태공동체 운동에 헌신하는 분들은 물론이고 자본주의적 기업 내부에 공동체적 속성을 도입하려고 시도하는 수많은 창조적인 기업가들도 모두 여기에 해당한다. 우리는 삶을 양태와 관점으로 보기 때문에, 그것에 대한 다양한 시선의 차이를 공존시킬 필요가 있다고 본다.

진리, 아름다움, 예술, 모험, 평화. 조직구성원들이 이 다섯 가지 관념에 참여하는 과정공동체들은 이미 우리 곁에 있다. 우리의 책이 이들이 실천의 모험을 감행하는 데 용기와 방향을 줄 수 있기 바란다. 헤테로피아를 이곳 저곳에서 불쑥불쑥 솟아나게 하는 잠재적 다양체로서 이 책이 수많은 리좀적 선분들을 현실에서 만나기를 기대한다.

차례

제1부
과정철학을 향한
관념의 모험을 시작하며

경영과 철학의 만남
Management Philosophy

화이트헤드와 들뢰즈의
과정존재론과 카오스모스[1]

1. 들어가는 말

사유의 이미지를 새로이 하지 않으려는 자들, 그리고 이미 만들어진 사
유만을 구가하면서 이러한 문제를 의식조차 하지 못하며, 그들이 이른
바 본보기로 삼았다고 내세우는 철학자들의 노고도 알지 못하는 자들
은 철학자들이 아니라 기능인들이다(W 78)[2].

오늘날 인류는 사물을 보는 자신의 관점을 변화시켜 보려는 보기 드문
분위기 속에 있다. 전통에 의한 단순한 강요는 그 힘을 잃었다. 사회를
혼란에 빠지지 않도록 하는 위엄과 질서의 요소를 포함하고 있을 뿐만
아니라 불굴의 합리성이 철저하게 깃들어 있는 하나의 세계관을 재창
조하고 재가동시키는 것이다(AI 174).

철학은 사유의 여정이다. 누가, 무엇을, 어떻게, 왜 사유하느냐가 그
시대의 방향을 결정한다. 위에 인용한 글은 새로운 사유의 필요성 및 구
축이 철학자의 임무라는 것을 보여주는 화이트헤드(Whitehead, 1861~

---

1 이 논문은 『철학논총』 제65집 제3권(2011년)에 게재되었다.

2 QP는 Deleuze와 Guattari의 *What is Philosophy?*(translated by H. Tomlinson and G. Burchell, New York: Columbia University Press, 1994)의 약칭.

1947)와 질 들뢰즈(Deleuze, 1925~1995)의 글이다. 그들에 의하면, 사유는 그 시대를 새롭게 이끌어가는 창조적 활동이라고 한다. 화이트헤드는 새로운 세계관이 필요한 시대에 우리는 살고 있으며, 철학자가 그 책무를 다할 필요가 있다고 주장하며, 들뢰즈 역시 사유를 새롭게 하는 것만이 철학자임을 내세우고 있다. 우리는 그들이 기존의 철학적 사유와 차이나는 새로운 개념과 사유를 어떻게 전개하는지를 물어볼 필요가 있다.

그런데 화이트헤드와 들뢰즈 철학을 각각 탐구하는 것으로도 충분할 수 있는데, 굳이 이 철학자들을 함께 다룰 어떤 이유가 있는가라는 질문이 제기될 수 있다. 과학에 대한 맹신에 의해서 사변철학을 구축하는 일은 20세기에 결코 쉬운 일이 아니다. 사변 명제는 무의미한 명제로 낙인이 찍히고, 그것으로 철학을 하는 일은 용납할 수 없는 일이 되고 있다. 그러나 형이상학 혹은 사변철학은 신화의 시대, 종교의 시대, 과학의 시대를 읽어내는 한 시대의 세계관이다. 종교, 신화, 과학이 인간 경험의 한 영역이듯이, 사변철학 역시 인간경험의 한 영역으로 인정할 필요가 있다. 그럼에도 불구하고 과학 시대에 다양한 비난과 의구심을 떨쳐버리고 사변철학을 전개하는 것은 결코 쉬운 일이 아니지만, 화이트헤드와 들뢰즈는 그런 시도를 하였다. 이에 그들의 철학사유를 함께 검토하는 일은 자못 흥미로운 일임이 분명하다.

서구에서 사변체계는 거의 코스몰로지(cosmology)의 형태로 되어 있다. 데미우르고스와 이데아를 중심으로 전개되는 플라톤의 사유체계, 부동의 동자를 중심으로 이루어지는 아리스토텔레스의 사유체계, 모나드의 조화로 설명되는 라이프니츠의 사유체계, 절대자아로 향하는 변증법적 체계를 구축한 헤겔의 사유체계들이 그와 같은 형태를 띤다. 이 사유의 특징은 외부든, 내부든 초월적이고 동질적이며 불변하는 것을 놓고 사유를 전개했다. 들뢰즈와 화이트헤드는 그들과는 다르게 내부로부터, 자기 조직화의 과정을 통해서 전개되는 내재성의 사유를 전개한다. 그들의 이러한 사유체계를 우리는 카오스몰로지(chaosmology)라고 한다. 따라서 이 논문

의 주된 목적은 카오스몰로지 혹은 내재성의 사유체계를 구축한 들뢰즈
와 화이트헤드에 대해서 개체의 논의를 중심으로 검토하는 것이다.

2. 들뢰즈와 화이헤드의 연관에 대한 예비적 고찰

들뢰즈와 화이트헤드가 초월성의 구도가 아니라 내재성의 구도로 철
학적 사유를 전개한 것은 분명하다. 이 점을 밝히는 것이 본 논문의 목적
이지만, 예비적으로 화이트헤드와 들뢰즈의 철학이 내외적으로 어떤 관
련성이 있는지를 짚어볼 필요가 있다. 영미철학과 프랑스철학은 한국에
서 연구되는 동양철학과 서양철학의 관계보다 더 소원한 관계일 수 있다.
한국에서도 영미철학의 연구자와 프랑스철학의 연구자 사이에서 각각 상
대방의 연구 문헌을 찾기가 쉽지 않다. 그런데 화이트헤드와 들뢰즈는 동
시대를 살아간 세대가 아님에도 불구하고 여러 가지 유사성이 눈에 띤다.
본 논문에서는 그러한 점을 우선적으로 간단히 살펴볼 것이다. 분석철학
과 포스트모던의 주된 철학적 풍토는 헤겔철학의 영향으로 인해서 사변
을 극도로 싫어하고, 명제 분석이나, 해체 철학의 경향에 매몰되었다. 그
와 같은 열악한 상황에서도 화이트헤드와 들뢰즈는 철학이 여전히 하나
의 체계 혹은 구성이라고 한다. 화이트헤드는 자신의 철학의 목표는 일상
적인 경험뿐만 아니라 과학, 종교, 예술 등의 경험을 포괄하는 체계를 구
성하는 것이다(PR 49-51). 그렇다고 해서 그가 실체철학을 구성하려는
것은 아니다. 그는 과정이나 생성을 중심으로 한 새로운 형이상학적 체계
를 구축하고자 한다. 그는 자신의 주저인『과정과 실재』를 저술한 이유를
다음과 같이 밝히고 있다.

첫째는 지난 2세기 동안을 전반적으로 지배해 왔던 고립된 문제들에 대
한 역사적, 철학적 비판 운동은 이제 그 역할이 끝났으며, 따라서 그것

은 건설적인 사상의 보다 부단한 노력으로 보완될 필요가 있다는 점이다. 둘째로 철학적 구성의 참된 방법은, 가능한 한 최선을 다해 관념들의 도식을 축조하고, 그 도식에 의거하여 과감하게 경험을 해석해 나가는 것이라는 점이다. …… 그리고 철학의 중요성은 그러한 도식을 명확히 하고, 또 그렇게 함으로써 그것을 비판하고 개선할 수 있도록 끊임없는 노력에 있는 것이다(PR 44-45).

한편 포스트모더니즘 시대를 살고 간 들뢰즈에게도 철학은 "개념들을 형성하고, 창안하고, 만드는 기술이다."(W 9) 그는 역사적으로 아리스토텔레스의 실체, 데카르트의 코키토, 라이프니츠의 단자, 칸트의 조건, 베르그손의 지속 등이 있으며, 역설적으로 데리다가 현전의 개념을 비판하기 위해서 사용하는 "차연"(difference)마저도 하나의 개념일 뿐이라고 한다. 그러므로 들뢰즈는 "사람들은 오늘날 체계들의 파산을 언급하지만, 사실 변한 거라곤 오로지 체계에 대한 개념일 뿐이다"(W 18)라고 한다.

포스트모더니즘의 입장이 대체적으로 사변을 거부하고, 실체 및 현전 철학의 해체에 초점에 맞추는 까닭에 구성에 대해서는 매우 부정적이다. 하지만 그리핀(D. R. Griffin)에 의하면, 화이트헤드의 철학은 "구성적 포스트모더니즘"[3]이라고 부를 필요가 있다고 본다. 왜냐하면 실체 철학을 해체하고 거부하는 것에 머무르지 않고 새로운 세계관에 합당한 관념들을 창안하기 때문이다. 따라서 화이트헤드와 들뢰즈에서 철학이란 바로 개념을 '구성'하는 것이다.

다음으로 화이트헤드와 들뢰즈는 미국과 프랑스에서 다소 시공간적 차이를 두고 철학적 사유를 전개하였으므로 대단이 이질적이라고 생각하기 쉽다. 특히 프랑스 철학의 유행을 이끌었던 들뢰즈를, 화이트헤드와 비교하는 것은 도시쥐와 시골쥐를 한 자리에 앉게 하는 것과 비슷하게 여길 수 있다. 그런데 이 두 철학자를 매개할 수 있는 철학자로 베르그손

---

3 J. Cobb, "Alfred North Whitehead, D.R. Griffin", et al, *Founders of Constructive Postmodern Philosophy*(Albany, SUNY Press), 1993, pp. 165-195.

(Bergson, 1859~1941)이 있다. 베르그손은 실증주의 이론이 도입한 시간 이론을 추상적 시간으로 보고, 그 시간에는 구체적인 지속이 배제되었다고 본다. 베르그손과 마찬가지로 화이트헤드도 뉴턴 물리학을 중심으로 단순정위(simple location)에 기반을 둔 시공간 이론은 구체성을 결여한 것으로 지적하고, '파악적(prehensive) 시공간'을 제시한다.[4] 화이트헤드는 자신과 함께 논리학을 작업한 러셀이 베르그손의 직관의 방법론과 그 철학적 내용을 혹독하게 비판했음에도 불구하고 최종적으로 러셀의 분석철학의 형식과 내용보다는 베르그손의 지속철학이 실재를 더 잘 이해하고 있다고 본다. 들뢰즈 역시 『베르그손주의』에서 베르그손 철학의 특징을 '직관', '과학과 형이상학', '다양성'으로 규정하며, 이것은 각각 들뢰즈에게 다양한 방식으로 영향을 미친다. 예컨대, 직관은 거짓문제와 참된 문제를 구별하는 방식을 제공하며, 과학은 철학에 의해 의미를 제공받는 사실을 제시하며, 다양성은 들뢰즈의 다양체 이론에 지대한 영향을 미쳤다(B 161-164). 즉, 들뢰즈의 차이의 존재론은 베르그손의 영향에서 비롯되었다고 해도 과언이 아니다.[5] 들뢰즈 역시 구조주의 사유의 영향 하에서도, 결국에는 베르그손의 과정 철학을 중심으로 자신의 사유를 구축한다. 그러나 베르그손은 '지성을 공간화'라고 하며, 오직 직관을 통해서만 과정이라는 실재를 포착할 수 있고, 개념을 통한 이해는 불가능하다고 본다. 화이트헤드와 들뢰즈에게는 과정 존재론에 대한 맹목적인 비판을 극복하고 베르그손의 약점을 극복하는 것이 그들에게 주어진 과업이다.

---

4 오영환(1997), 『화이트헤드와 인간의 시간 경험』, 통나무. 이 책에서 오영환은 베르그손과 화이트헤드의 시간론의 유사성과 차이점을 집중적으로 다루고 있다. 오영환에 따르면, 화이트헤드는 베르그손의 시간론에 영향을 받았다고 한다. 특히 베르그손은 창조성을 연속적 발전의 과정으로 본다면, 화이트헤드는 현실적 존재의 에포크적 생성, 즉 원자적 과정으로 본다는 것이 그 차이점이라고 할 수 있다(280 참조). 들뢰즈도 생성은 하나도, 둘도, 또 둘 사이의 관계도 아니며, 생성은 둘 사이에 어떤 블록(말벌과 서양란, 고양이와 비비)를 형성하는 것이라고 한다(MP 453; 555 참조). 이 점은 나중에 화이트헤드의 획기성이론과 충분히 비교해 보아야할 것이다. 왜냐하면 들뢰즈와 화이트헤드는 생성을 연속적인 과정으로 보는 것이 아니라, 원자적 과정 혹은 블록의 형성으로 보기 때문이다.

5 들뢰즈는 『베르그손주의』(Le Bergsonisme)를 1966에 발표한다. 여기서 지속, 직관, 기억, 생과 같은 개념을 새롭게 조명하며, 베르그손의 보수적이고 관념적인 이미지를 떨쳐내고, 경험주의자로 재조명해 보고자 한다(김재인 옮김, 문학과 지성사, 1996).

나는 또 베르그손, 윌리엄 제임스, 존 듀이에게도 힘입은 바가 크다. 내
가 먼저 해야 할 일 중의 하나는, 그들의 사고 유형을, 정당하게든 부당
하게든 간에 그것에 줄곧 퍼부어져 왔던 반주지주의라는 비난으로부터
구출해내는 데 있었다(PR 42).

들뢰즈 역시 베르그손의 존재론은 역동적이고 독창적인 발산에 관해
서는 설명을 하나, 수렴에 관한 충분한 설명이 제공되지 않는 것으로 파
악한다. 다시 말해서 베르그손의 사유에서는 단일성에서 다수성으로의
차이화하는 과정에 대해서는 설명이 제공되나, 다수성에서 단일성으로의
보완적인 조직화 운동에 관한 설명은 거의 찾아볼 수 없다.[6] 이후 들뢰즈
는 과정 존재론이 발산과 수렴을 함께 설명하는 방식을 찾아낸다. 따라서
들뢰즈와 화이트헤드는 베르그손의 과정존재론을 기본적으로 받아들이
고, 그것을 보다 '주지적으로', 혹은 '수렴'을 포함하는 과정 존재론을 구
축하는 것이 양 철학자의 목표가 된다.

마지막으로 들뢰즈가 화이트헤드에 대해서 직접적으로 언급한 측면을
통해서 양자의 관계를 살펴보자. 들뢰즈는 자신의 주저인『차이와 반복』
에서 세계는 "재현의 세계에 속하지 않는다"(DR 595)고 한다. 그래서 "존
재자들 사이에서 존재가 어떤 정착적 비율 규칙에 따라 할당되는 어떤 분
배의 형식들을 구성"(DR595)하는 재현 개념은 충분하지 않으며, 실재하
는 세계는 '차이', '반복', '다양체', '강도' 등의 개념을 통해 설명할 필요가
있음을 주장한다. 따라서 그의 철학적 목표는 칸트 이전과 칸트 이후에
제시된 '재현' 혹은 '동일성'의 철학을 비판적으로 극복하고, 새로운 실재
론을 제시하는 것이다. 들뢰즈가 20세기에 자신과 동일한 목표를 갖고
철학적 개념을 구성한 철학자로 화이트헤드를 들고 있다. 즉 그는 화이
트헤드를 "본질적인 것에 맞서는 실존적인"(DR 595) 개념을 제공한 인
물로 본다.

---

6 마이클 하트, 김상운, 양창렬(2004) 옮김, 『들뢰즈 사상의 진화』, 갈무리, 90쪽 참조.

경험론과 다원론 사이의 이 대등한 평가는 어떤 의미인가? 그것은 화이트헤드가 경험론을 정의하는 두 가지 특성에서 도출된다. 즉 추상이 설명하는 것이 아니라, 추상 그 자체를 설명해야 하며, 목적은 영원한 것 혹은 보편적인 것을 재발견하는 것이 아니라, 새로운 것이 생산되는 조건들을 발견하는 것이다(D vi).[7]

화이트헤드에게서 엿볼 수 있고, 그의 『과정과 실재』가 현대의 가장 위대한 철학책들 중의 하나로 평가받는 이유인, 그 경험-이념적인 기초 개념들의 목록을 들 수 있다. 이와 같은 기초 개념들은 환영이나 허상들에 적용되는 한에서 '환상적'이라 불러야 하지만, 그 밖의 여러 관점에서도 재현의 범주들과 구별된다. 우선 이 기초 개념들은 실재적 경험의 조건이지, 결코 가능한 경험의 조건으로 그치는 것이 아니다(DR 595).

이와 같이 들뢰즈는 화이트헤드의 과정 존재론을 서구의 대표적인 동일성, 혹은 재현의 철학에 맞서는 사상으로 보며, 특히, 들뢰즈는 자신의 저서 『주름, 라이프니츠와 바로크』(Le Pli, Leibniz et le baroque)에서 화이트헤드를 라이프니츠의 계승자로 본다.[8]

3. 초월성의 구도

들뢰즈는 "초월성은 유럽에 고유한 질병"(MP 28)이라고 하며, 화이트헤드 역시 유럽이나 서아시아는 "사실을 궁극자"(PR 56)로 보고 있다고 주장한다. 그런데 이것이 왜 문제가 되는가? '초월성'과 '사실'을 통해서

---

7 이것은 들뢰즈와 빠르네(Parnet)의 『대화II(dialogues)』에 대한 들뢰즈의 영문 서문의 내용으로, 본래의 불어판에서는 볼 수 없다. Deleuze, *Dialogues with Claire Parnet*, (trans. H. Tomlinson and B. Habberjam London: Athlone Press, 1987).

8 들뢰즈는 화이트헤드의 사건을 4가지 요소로 구별한다. 전체와 부분들이라는 연결(connexion), 극단들 사이의 관계비는 하나의 연접(conjonction), 개체(합생, 파악, 느낌), 영원한 대상이다. 들뢰즈는 라이프니츠의 '공존 가능한 세계'로는 현대를 충분히 설명할 수 없다고 보며, '공존 불가능성', '불협화음'을 설명할 수 있는 사건철학자로 화이트헤드를 들고 있다.

우리의 일상적 삶은 지금도 잘 굴러가고 있지 않는가? 화이트헤드는 "본질적으로든, 우연적으로든, 영속적인 성질들을 유지하면서 존속하는 실체라는 단순 개념은 삶의 많은 목적들 때문에 유용한 추상을 표현하고 있음"(PR 109)을 스스로 인정한다. 문제는 이것이 사물의 근본적인 본성은 아니라는 것이다. 화이트헤드가 볼 때, 근대의 철학자들은 영속을 실재의 근본적인 특성으로 간주했다는 것이다.

> 우리가 존속하는 존재자의 개념을 사물들의 본성에 관한 근본적인 진술로서 사용하려고 할 때마다, 그것은 자신의 잘못을 증명하고 있다. …… 형이상학 안에서 그 개념은 완전한 잘못이다. 그 잘못은 '실체'라는 단어의 사용에 있는 것이 아니라, 본질적인 속성들에 의해 특징지어진, 그리고 우유적 관련들과 우유적 속성들의 변화의 한 가운데에서 숫자상 하나로 남아 있는 현실적 존재자의 관념의 사용에 있다(PR 109-110).

영속하는 존재로는 우리가 경험하는 과정 및 사건을 제대로 설명할 수 없다. 다시 말해서 화이트헤드와 들뢰즈에게 실재는 과정에서 비롯되는 '직접성'과 '차이'이다. 물론 근대의 철학자들도 직접성과 차이를 발견했다. 하지만 그들은 초월성이나 재현의 철학을 버릴 수 없었기 때문에 빈번히 차이를 발견하고도 동일성에 머문다.[9] 우리는 화이트헤드와 들뢰즈의 논의를 통해서 그 점을 정리해 볼것이다. 우선 데카르트의 '코키토'를 중심으로 알아보자. 화이트헤드는 데카르트의 코키토에서 이미 내재성의 구도에 접근하였지만, 결국에는 동일성의 철학에 머물고 말았다는 사실을 보여준다.

---

9 재현은 철학뿐만 아니라 회화에도 그대로 드러난다. 모네(Monet)의 '루앵 대성당'이 들뢰즈가 볼 때, 재현에서 벗어나서 차이와 반복을 보여주는 회화의 형태이다. 최병학, "'재현/현시 해체'와 '2차적 실재'의 귀환: 영화적 상상력을 넘어서", 『철학논총』, 새한철학회, 제63집, 2011.

『성찰 II』에서의 〈나는 있다, 나는 존재한다는 명제는 내가 그 명제를 분명히 말할 때마다, 또는 마음속으로 생각할 때마다, 필연적으로 참이다〉라는 인용문에서 데카르트는 경험의 행위란 근원적 유형의 현실적 계기라는 입장을 택하고 있다. 그러나 그 이후의 전개 과정에서, 그는 정신적 실체를 변화에 말려들지 않는 것으로 상정하고 있다. 여기에서 그는 자신의 논의 선상에서 일탈하고 있다. 왜냐하면 〈나는 있다, 나는 존재한다〉고 그가 언표할 때마다 자아인 현실적 계기는 달라지기 때문이다(PR 170).

일반적으로 데카르트의 주된 명제인, '나는 생각한다 그러므로 나는 존재한다'는 것은 근대철학의 시작을 알리는 중요한 진술이며, 이것은 이전에 '인간을 이성적 동물'이라고 주장하는 종과 종차의 관계에서 벗어나는 획기적인 진술로 알려져 있다. 이 진술은 '나'라는 주체의 존재가 동물과의 비교를 통해서가 아니라 사유를 통해서 증명된다는 것을 명석 판명하게 보여준다. 이때 '나'라는 주체는 존재와 사유 사이에서 동일성을 증명받는다. 이 동일성을 증명하는 '나'라는 주체가 절대적으로 불변하고 영속하는 실재의 역할을 부여한다. 여기까지가 데카르트의 '코기토'에 대한 전반적인 분석의 형태이다. 그런데 화이트헤드는 데카르트의 이 언표에서 초월성의 구도가 아니라 내재성의 구도가 잠재되어 있다고 본다. '나는 있다', '나는 존재한다'고 할 때마다, 앞의 '나'와 뒤의 '나'는 동일한 나가 아니라, 매번 다른 '현실적 행위'라는 것이다. 데카르트가 실체에 대한 강박증 때문에 그런 변화를 애써 무시해 버렸다는 것이 화이트헤드의 생각이다. 즉 시공간의 역동성을 배제하고 오직 정태적으로만 '나'를 사유한 것이다. 들뢰즈 역시 "규정되지 않는 실존인 나는 존재한다, 이 실존이 규정가능하게 되는 형식인 시간, 규정에 해당하는 나는 생각한다"(DR 372-373)를 통해서 코기토를 본다. 즉, '나'는 어떤 규정도 없는 미규정의 상태이며, 이는 '균열' 혹은 '차이'를 만드는 시간과 무한한 규정성의 이상에 의해 규정된다는 점이다. 그런데 데카르트에게 '나'는 이미 존재하는 동일하고 재현적인 자아이다. 화이트헤드는 이를 다음과 같이 비판한다.

> '나는 있다, 나는 존재한다'라는 명제는 내가 그것을 언표할 때마다, 그
> 리고 마음속으로 생각할 때마다 참이다. 데카르트는 그의 철학에서 사
> 고 주체가 계기적 사고를 만들어 내고 있는 것으로 보고 있다. 유기체
> 의 철학은 이런 순서를 역전시켜, 사고가 계기적인 사고가 만들어내
> 는 데 있어 구성 요소로 작용하는 것으로 본다. 사고가는 최종적이며,
> 이에 의해 사유가 존재한다. 이 역전을 통해서 우리는 실체 철학과 유
> 기체 철학의 최종적인 대비를 본다. 유기체의 조작들은 유기체가 '주체'
> 로 향해가는 것이 아니라, 유기체가 '자기초월체'(superject)로 향해가
> 는 것이다(PR 150–151).

이와 같이 화이트헤드는 데카르트의 코키토는 정태적인 현실태이므
로, 그것에는 과정이 배제되어 있다고 본다. '나는 생각한다 고로 나는 존
재한다'고 할 때, '나'는 주체가 아니라 '자기 초월체'(superject)로 향해
가는 것이다. 들뢰즈 또한 "코키토 배후에는 어떤 균열된 '나'가 있고, 이
'나'는 자신을 가로지르는 시간의 형식에 의해 처음부터 마지막 끝까지 쪼
개져 있다"(DR 373)고 한다. 즉 나는 초월성이나 동일자에 의해 '코스모
스'가 정해진 존재가 아니라, '카오스'를 지나서 '코스모스'로 향해가는 '카
오스모스'로의 존재이다.

> 각각의 현실적 사물은 그 생성과 소멸에 의해서만 이해될 수 있다. 환
> 경의 변화에서 도출된 제한 규정에 의해 우연적으로 작동되는 정태적
> 존재가 바로 현실태가 되는 그러한 정지 같은 것은 어디에도 존재하지
> 않는다. 사실은 그 반대가 진리인 것이다(AI 274–275).

다음으로 데카르트의 명석판명이라는 원리 속에도 이미 내재성의 구
도가 숨어 있다는 들뢰즈의 논의를 살펴보자. 들뢰즈는 데카르트의 '명

석'과 '판명'의 원리가 "재현의 최고 원리"(DR 458)이지만, 이 언표 속에
도 내재성의 구도에 해당하는 '비본질'이 들어 있다고 한다. 데카르트는
관념이 명석하면 그 만큼 판명하다고 보며, 인간의 인식능력에서 양식으
로 간주할 수 있는 것이 명석과 판명에 있음을 주장하였다. 이것은 근대
의 모든 철학자들이 받들어야 할 금과옥조의 '명제'가 되며, 결코 잊을 수
없는 아버지의 유언이 되었다. 들뢰즈 자신이 차이의 철학에 가장 근접한
근대 철학자로 설명하는 라이프니츠마저도 아버지의 유언에서 결코 벗어
날 수는 없었다. 즉, "잠, 현기증, 기절, 죽음, 불면, 중얼거림, 혹은 도취"
(DR 458)는 인간의 '독특성'이다. 이 독특성을 설명하는 라이프니츠의 체
계는 들뢰즈의 비본질적인 다양체 개념에 가장 근접해 있다. 다시 말해
서, "사유가 차이의 요소 안으로 잠수하고, 어떤 미분적 무의식을 지니고
있으며, 또 작은 미광과 독특성들로 둘러싸여 있다는 점을 라이프니츠 만
큼 정확이 간파했던 사람도 없다"(DR 458). 하지만 라이프니츠 역시 차
이를 "동일자에 종속"(DR 458)시켰다. 즉, "이 모든 것(독특성들)은 데카
르트 류의 어떤 '자연의 빛'이 지닌 동질성을 구제하고 재조정하기 위해
서"(DR 458) 다양체를 언급했을 뿐이라고 들뢰즈는 말한다. 그러나 들뢰
즈에 의하면, "명석과 판명 사이에 어떤 정비례 관계"(DR 536)를 설정하
는 것은 재현 이론의 오류라고 보며, 그 사이에는 "반비례 관계"(DR 536)
가 있다는 것이다. 명석에는 혼잡이 들어 있으며, 판명에는 애매가 역설
적으로 결합되어 있다.

> 표현되는 것(미분비들의 연속체나 잠재적이고 무의식적인 이념)이 바
> 닷물의 모든 물방울들은 미분비들, 그 비율적 관계들이 변이들, 이 관
> 계들이 포괄하는 특이점들 등을 지닌 어떤 발생적 요소들에 해당한다.
> 또 표현하는 것(지각하고 상상하거나 사유하는 개체)은 본성상 명석하
> 고 혼잡하다는 것도 확실한 것처럼 보인다. 가령 파도소리에 대한 우리
> 의 지각은 혼잡하게 전체를 포괄하지만, 그것이 명석하게 표현하는 것
> 은 오로지 우리의 신체와 이 신체가 규정하는 어떤 의식의 문턱에 의존

하는 특정한 비율적 관계들, 특정한 점들뿐이다(DR 537).

들뢰즈는 "완전히 동일한 두 개의 알이나 두 개의 밑알은 없다"(DR 535)고 한다. 데카르트는 주체가 한 대상을 명석 판명하게 지각하고 판단했다면, 언제나 동일한 재현은 일어날 수 있다고 본다. 그래서 그는 바닷물 소리를 전체적으로 일관되게 명석하게 듣게 되면, 파도를 형성하는 분자나 원자의 소리 역시 일관되게 명석할 수 있을 것이라고 무의식적으로 전제한다. 하지만 들뢰즈가 볼 때, 그것은 우리의 신체와 파도라는 대상이 일정한 비율적 관계를 유지하는 경우에만 가능하다. 주체나 대상은 언제나 '규정 가능성인 시간'과 '규정의 이상'에 의해서 언제나 새로운 균열을 일으킬 수 있다. 다시 말해서 모든 물방울들이 묶여서 파도소리가 명석하게 지각된다고 해서, 파도소리 각각을 형성하는 미세 지각들을 그 자체로 명석하다고 생각해서는 안 되며, 그것은 언제나 애매할 수 있는 것이다(DR 459). 시인과 과학자에게는 그 지각이 다르게 느껴질 수 있다. 즉, 파도소리 전체가 그것을 형성하는 물방울까지 명석함을 보장하지는 않으며, 그 안에는 언제나 애매성이 들어 있다. 따라서 명석판명이라는 재현의 가치는, "역설감(para-sens) 안에서 환원 불가능한 두 가치로 쪼개진다"(DR 460).

> 자아와 나는 극복되어야 하며, 개체화에 의해, 또 개체화 안에서 극복되어야 하고, 이것들을 소진시킬 뿐 아니라 또 유동적인 디오니소스적 세계를 구성하는 개체화 요인들을 향해 극복되어야 한다. …… 그렇기 때문에 강도 안의 개체가 자신의 심리적 이미지를 찾는 곳은 자아의 유기적 조직화도 아니고 나의 종별화도 아니다. 그 장소는 오히려 거꾸로 균열된 나와 분열된 자아이고, 또 균열된 나와 분열된 자아의 상관관계이다. 우리가 볼 때 이런 상관관계는 사유자와 사유의 상관관계로, 어떤 판명-애매한 이념들에 대한 명석-혼잡한 사유자(디오니소스적 사유자)의 상관관계로 선명하게 나타난다(DR 547).

한편 아리스토텔레스와 헤겔 철학은 일종의 유기체 철학이다. 특히 헤겔은 변증법적 운동을 통해서 모순을 해결하기 때문에, 들뢰즈와 화이트헤드의 과정 존재론에 가장 근접한 근대철학자로 보일 수 있다. 하지만 헤겔의 유기체 철학도 라이프니츠의 모나드(개체)가 결국에 동일성으로 회귀하듯이, 변증법적 운동은 종국에는 실체로 환원된다. 헤겔은『정신현상학에서』,

> 보편적이고 자기동일적인 불멸의 실체로서의 정신은 만인의 행위를 받쳐주는 확고부동한 토대이자 출발점이며 동시에 모든 자기의식의 사유 속에서 본원적으로 깃들어 있는 목적이다(2005 2권 19).

이 정신이 "지금껏 공동세계를 떠받치는 인륜적 실체"(2005 2권 19)라고 한다.[10] 공동세계에 속해 있는 개체는 "인륜적 실체가 자기의식에 힘입어 현실의 실체가 되면서 절대적인 정신이 현존하는 수많은 의식으로 구체화되어 나타나는 것"(2005 2권 24)이다. 헤겔은 이러한 절대정신인 이성은 서구의 정태적인 신의 구현이다. "신만이 가장 현실적이요. 오직 신만이 참으로 현실적이라는 것"(1983 66)이다.[11] 화이트헤드는 이런 신 개념이 역사 속에서 엄청난 비극의 싹이라고 한다.

> 〈부동의 동자〉로서의 신의 관념은 적어도 서구 사상에 관한 한, 아리스토텔레스에게서 비롯되었다. 〈탁월하게 실재적인〉 것으로서의 신의 관

---

10 이재성은 "헤겔의 '절대정신' 구상에 관한 아펠의 담론 이론적 대응의 철학적 의미"에서 헤겔은 '실체적 인륜'의 붕괴없이도 모든 이원론을 극복할 수 있다고 주장하며, 자유공동체는 고대 그리스의 폴리스를 상정하며, 이 폴리스에서 생기는 모순은 절대정신에로의 변증법적 이행 과정에서 충분히 극복된다고 주장한다. 이 글에서 우리는 헤겔의 실체 공동체가 결코 외부나 타자를 상정하지 않는다는 점을 이해할 필요가 있다. 폴리스 내의 한 개인이 다양한 타자와 접속해서 생길 수 있는 새로운 의미와 외부의 개인이나 공동체와의 접속을 통해서 발생할 수 있는 차이를 충분히 드러낼 수 없다. 단지 그것은 변증법적 과정에 의해 해소될 뿐이다. 이 점이 들뢰즈와 화이트헤드가 차이와 합생과정을 통해서 비판하는 측면이다.『철학논총』, 새한철학회, 제62집, 2010. 360-374쪽 참조.

11 최신한은 "헤겔의 종교 담론과 계몽의 계몽"에서 근대의 개별화와 파편화를 극복하기 위해서 헤겔의 종교철학의 관점에서 인륜적 공동체와 화해의 공동체를 모색한다. 하지만 최신한도 밝히고 있듯이, '절대정신의 종교'는 결코 타자를 포용할 수 없는 근본적인 문제점을 안고 있다. 그것은 타자를 배제한 닫혀진 공동체이기 때문이다.『철학논총』, 새한철학회, 제63집, 2011. 432-447쪽 참조.

념은 기독교 신학이 애호하는 학설이다. 이 두 관념이 결합되어, 근원
적이며 탁월하게 실재적인 초월적인 창조자, 즉 그의 명령으로 세계가
존재하게 되고 그가 강요하는 의지에 그 세계가 복종하는 그런 초월적
창조자라는 관념이 된 것은, 기독교와 이슬람교의 역사에 비극을 야기
시켜 온 오류이기도 하다(PR 588).[12]

이와 같이 헤겔은 정태적인 신 범주에 토대를 둔 공동체 혹은 민족 개
념을 설정하기 때문에, 여기서는 배타적인 민족주의와 국가가 필연적으
로 도출될 수밖에 없다. 그렇다면 헤겔에게 공동체와 개체의 관계는 어떠
한가? "양자는 각기 서로가 불가분의 절대적 독자성을 띠는 가운데 서로
를 결합하는 어떤 매개에도 동참하는 일이라곤 없다. …… 공동체를 등에
업고 현존하는 개인을 부정하는 그러한 행위"(1992 2권 16)이다. 헤겔에
게는 공동체로서 실체만 있을 뿐, 개체는 공동체와 어떤 관계도 맺지 못
하는 외장품에 지나지 않는다. 그러므로 들뢰즈가 볼 때, 변증법적 운동
은 타자를 배제한 거짓운동일 뿐이다.

내면성의 운동에도 불구하고 어떤 무차별이나 무관심의 상태가 여전히
존속한다. 왜냐하면 각각의 규정은 타자를 포함하되, 타자와는 독립적
이기 때문이다. 규정은 외면에 대한 관계에 의존하지 않는 것처럼 마찬
가지로 타자에 의존하지 않는다. 또한 각각의 상반자는 자신의 타자를
배제하고, 따라서 자기 자신을 배제하며, 자신이 배제하는 그 타자가
되어야 한다. 이런 것이 모순이다. 모순은 외면성의 운동이거나 실재적
객체화의 운동이다(DR 121).

따라서 들뢰즈에 의하면, 헤겔철학은 "다만 부정성을 통한 동일자의
무한한 순환일 뿐이다(DR 131). 과연 우리는 이것을 '타자'라고 말할 수

---

12 화이트헤드는 9 · 11테러가 발생할 수밖에 없는 역사적 비극을 이미 예언하고 있는 것처럼 말을 하고 있다. 그는
   초월성, 탁월성, 근원성을 믿는 기독교와 이슬람교는 외부를 언제나 열등한 사회라고 보며, 그 사회를 인정할 수
   없는 시스템을 이미 신 개념에서 갖고 있다.

있는가? 타자는 말 그대로 나와 차이가 나는 것, 나 안에 포함될 수 없는 것을 의미한다. 즉 '즉자적 비동등'을 의미한다. 헤겔에게 타자는 이미나 안에 있는 타자이므로 종국에 가서는 동일자로 해소할 수 있는 타자에 지나지 않는다. 이것은 결코 내재성의 운동이 아니며, 거짓 운동이라는 것이 들뢰즈의 생각이다. 화이트헤드 또한 헤겔이 말하는 정신을 과연 절대 기준점으로 볼 수 있는지를 묻는다. 화이트헤드에 의하면, 정신이 물리적 경험의 "반작용이며 그것과의 통합"(PR 222)이라는 측면에서는 받아들일 수 있지만, 헤겔처럼 "현실태들을 통합하는 별개의 정신성(모든 미국시민 위에 있는 엉클샘과 같은 것)을 요구해서는 안 된다"(PR 222)고 주장한다. 정신은 단지 각각의 신체와의 상호 작용에 의해서 발생하는 것이지, 정신은 결코 신체보다 우위에 있는 실체가 아니라는 것이다.그런데 헤겔은 "정신이란 신체에 생명을 불어넣는 구실을 하는 것이라는 성 토마스 아퀴나스의 스콜라적 견해"(PR 223)를 그대로 수용해서, '공동체'의 개념을 구성하고 있다. 그러나 "정신은 유기체의 기능"(SMW 280)에 지나지 않는다. 다시 말해서 "각 동물 신체 속에는 수백만개의 생명 중추가"(PR 222) 있기 때문에, 절대적인 중심이 되는 하나의 '정신'은 없다.

> 높은 유형의 살아있는 신체에 있어서는 그 신체를 통한 그들의 계승 경로에 의해 조정되는 계기들의 여러 등급이 있어서, 그 계승의 독특한 풍부성이 그 신체의 몇몇 부분에 들어 있는 계기들에 의해 향유되도록 되어있다. 마지막으로, 두뇌는 계승의 독특한 풍부성을, 때로는 이 부분에 의해, 또 때로는 저 부분에 의해 향유할 수 있도록 조정되어 있다. 이렇게 해서 이 특정 순간에 신체 내에 통합적인 인격성이 산출된다 (PR 223).

이와 같이 화이트헤드에게는 "정신의 존속은 신체가 구성되는 보편적

원리에 있어 또 하나의 실례에 지나지 않는"(PR 224) 것이다.[13]

> 인간이 이동을 멈추게 될 때, 인간의 삶에서 향상도 멈추게 될 것이
> 다. …… 인간 영혼의 〈오뒷세이아〉에 자극과 양식을 주기 위해서는 인
> 간 공동체(Communities) 사이에 차이(diversification)가 절대적으
> 로 필요하다. 다른 습관을 가진 다른 나라는 적이 아니라 하늘의 선물
> (godsends)이다(SMW 297).

차이를 인정하는 것, 그것은 비동등성이며, 소통의 근본이다. 동등하
면 소통이 되지 않는다. 왜냐하면 자기와 타자가 동등한 것은 '자기 회귀'
에 지나지 않는 거짓 타자이기 때문이다. 되돌아 온다는 것은 상대방이
나와 차이가 있음을 인정하며, 나에게 차이나는 것을 던진다는 것이다.
그런데 그와 내가 동일하게 느끼고 파악한다면, 나는 어떤 차이도 느낄
수 없다. 마찬가지로 타자 역시 나를 자신과 동일시한다면, 그 속에는 어
떤 차이도 발생할 수 없다. 물론 우리는 그런 영토에 갇혀서 삶을 살아간
다. 학교, 결혼, 가정, 회사, 군대 등은 모두 그런 영토화를 잘 보여준다.
하지만 누구나 현재 자기와는 다른 분신을 자기 안에 담고 있다. '미시정
치'가 누구에게나 가능하다. 균열은 차이를 만들고, 그 차이는 상대적 탈
영토화로, 절대적 탈영토화로 만들며 진정으로 '영원회귀'를 할 수 있다.

모든 것이 되돌아오는 것은 그 어떤 것도 동등하지 않기 때문이고, 모

---

13 이진경은 서로 상이한 속성을 가진 공동체를 제시하는데, 그것은 실체 공동체와 과정 공동체로 명명할 수 있다.
외부에 대해 적대적이고 폐쇄적인 한편, 내부에서 자신들만의 동질적인 세계를 건설하려는 꿈들이 결부된 공동체가
존재한다. 정체성/동일성에 대한 집착을 보이면서 공동체의 전통과 기원, 그것에 결부된 모든 고통의 기억만을
안고서, 자신들만의 내부적인-친숙한 세계에 정주하려는 태도의 공동체이다. 여기에는 외부가 없다(이진경 19).
이것이 헤겔 공동체의 모습이며, 실체 공동체의 실상이다.(56~57) 헤겔의 공동체주의를 표방한 국가나 민족이
타민족을 배척하고, 타국가와의 전쟁을 피하지 않는 것은 이러한 공동체의 당연한 귀결인지도 모른다. 한편 또다른
새로운 공동체는 "새로운 외부자와 접속하고 결합함으로써 만들어지는 차이와 변화 그 자체를 긍정"(22)한다. 이
공동체는 외부의 "이질적이고 우연적 뜻밖의 것들이 결합하여 하나의 공동세계"(21)로 구성된 것이다. 공동체에
거주하는 사람들은 "유지하고 보호할 어떤 동일성/정체성도 없었다. 사람들이 새로 옴에 따라 끊임없이 변하는
세계에서 살아갈 뿐"(19)이다. 우리는 이 후자의 공동체를 과정의 공동체에 대한 설명에 가까운 것이라고 부를 수
있다고 본다. 『외부, 사유의 정치학』, 그린비, 2009.

든 것은 자신의 차이 속에, 자신의 비유사성과 비동등성 속에 잠겨 있
기 때문이며, 심지어 자기 자신과의 비동등성 속에 잠겨 있기 때문이
다. …… 되돌아오지 않는 것, 그것은 동일자, 유사자, 동등자이다. 되
돌아오지 않는 것, 그것은 신이고 동일성의 형식이자 보증자에 해당하
는 자이다(DR 519).

　물론 화이트헤드 역시 헤겔학파와 그 자신의 유기체 철학과의 연관성
을 충분히 인정한다. 화이트헤드에 따르면, 헤겔 철학은 각 개체들 간의
연대성에 대해서 매우 중요한 실마리를 제공하고 있다고 한다(PR 318).
그러나 화이트헤드는 과정은 연대성에만 초점을 맞출 수는 없다고 한다.
과정은 크게 합생(concrescence)과 이행(transition)으로 나누며, 합생
은 "개별적 존재자의 구조에 내재하는 유동성"이며, 이행은 "개별적인 존
재자의 완결에 따르는 과정의 소멸이 그 개별적 존재자를, 과정의 반복에
의해 생겨나게 되는 다른 개별적인 존재자들을 구성하는 시원적 요소로
만들어 가는 유동성"(PR 386)이라고 한다. 화이트헤드가 볼 때, 개별적
존재자가 차이를 만들어 내는 유동성이 "헤겔과 그의 아류 학파가 내세웠
던 진화론적 일원론에서 그것은 자취를 감추고 말았다"(PR 386)는 것이
다. 따라서 헤겔 학파는 연대성 혹은 수렴에 대한 일정한 설명을 제공하
고 있지만, 개체가 공동체 전체와 차이나는 새로운 합생이라는 사실은 설
명할 수 없다고 한다. 물론 이것은 베르그손의 지속 철학에서 충분히 논
의된 측면이다. 하지만 베르그손에게는 수렴하는 이행과정의 설명이 미
흡하다. 들뢰즈 역시 헤겔의 초월적 구도에서는 개체가 차이라는 사실이
나올 수 없다고 한다.

　긍정적 계열들의 발산은 '카오스모스'를 형성할 뿐 더 이상 [라이프니
츠적인] 세계를 형성하지 않는다. 그들을 주파하는 우발점은 반자아를
형성할 뿐 더 이상 자아를 형성하지 않는다. 종합으로서 제기된 선언은
악마적인 원리와 그 신학적인 원리를 맞바꾼다. …… 자아의 균열, 신

적인 해체 …… 더 이상 개체들, 인칭들, 세계들의 영겁회귀가 아니라 선 위에서 자리 옮기는 순간에 의해 이미 지나간 과거와 아직 오지않은 미래로 끊임없이 분할되는 순수 사건들의 영겁회귀가 놓인다. 이제 모든 대립자들 대신 오로지 대사건이, 대사건만이 존속하며, 대사건은 그 모든 선언들을 가로질러 공명함으로써 그 고유한 거리에 의해 스스로와 소통한다(LS 299).

따라서 개체의 차이 혹은 합생과정을 인정하지 않는 추상적인 개체성은 '잘못 놓여진 구체성의 오류'를 범하고 있는 것이다. 그렇다면, 화이트헤드와 들뢰즈가 제기하는 개체는 어떤 성격을 띠고 있는지를 살펴보기로 하자.

4. 내재성의 구도: 개체를 중심으로

존재론, 그것은 주사위 놀이—코스모스가 발생하는 카오스모스—다. 만일 존재의 명법들이 '나'와 어떤 관계를 맺는다면, 그것은 균열된 나와 맺는 관계이고, 이 균열된 나의 틈바구니는 그 존재의 명법들을 통해 매번 시간의 순서에 따라 자리를 바꾸고 재구성된다(DR 431).

여러 유형의 문명 중에서, 동양은 주체성이나 실체성에 근거한 개체성 보다는 '이것임'에 의한 개체화를 더 많이 가지고 있다(MP 494).

화이트헤드와 들뢰즈의 세계관은 공히 '카오스모스'이다. 카오스모스에 해당하는 개념을 구축하는 것이 그들에게 주어진 당면 과제이다. 들뢰즈는 이를 '다양체'(multiplicity)라는 개념으로 구성하며, 화이트헤드는 '현실적 계기'(actualentity) 혹은 '결합체'(nexus)를 통해 구성한다. 그렇다면 매번 시간의 순서에 따라 자리를 바꾸고 재구성되며, 균열된 나와 관계를 맺는 개체는 어떤 개체인가? 들뢰즈는 그 개체는 리만의 수학적 다양체에서 차용해 온 것이라고 한다(DR 397-398). 리만의 다양체 개념은 대수적 방식으로 설명했던 곡면을 미분 방정식을 사용해서 설명한 것이며, 특히 상위 차원 공간에 대한 준거없이 가변적인 차원 수를 무한히 확장해서 공간을 연구할 수 있다는 점이 그 특징이라고 할 수 있다.[14] 들뢰즈는 리만의 다양체 개념을 통해서 일자와 다자 및 변증법의 개념에서 벗어난다. 왜냐하면 변증법은 언제나 상위 차원이나 초월적 기준을 상정하기 때문이다.

> 다양체는 다자와 일자 사이의 어떤 조합이 아니라 오히려 거꾸로 본연의 다자 그자체에 고유한 어떤 조직화를 지칭해야 한다. 이 조직화는 어떤 체계를 인정하지만, 이를 위해 결코 어떠한 통일성도 필요로 하지 않는다. 일자와 다자는 지성의 개념들이고, 이 개념들은 매우 느슨한 그물코, 가령 대립을 통해 앞으로 나아가는 어떤 변질된 변증법의 그물코들을 형성한다. 이런 느슨한 그물로는 대단히 큰 물고기조차 잡을 수 없다. 어떤 추상물의 불충분성을 그 대립물의 불충분성으로 상쇄한다고 해서 구체적인 것을 얻으리라 믿을 수 있는 것일까?(DR 398).

들뢰즈는 다자와 일자가 갖는 추상성으로는 구체성을 설명할 수 없다고 한다. 그런데 화이트헤드의 궁극자의 범주가 창조성, 일자와 다자로 되어 있다. 화이트헤드가 사용하는 일자와 다자라는 용어는 충분히 오해의 소지가 있다. 이점을 해명하는 것이 화이트헤드와 들뢰즈의 관련성을 이해하는데 매우 중요한 함의를 가지며, 무엇보다 개체에 대한 양자의 입장을 밝히는데 중요한 실마리가 될 것이다. 화이트헤드에게 일자는 추상적으로 사용되는 유적인 일자가 아니다. 헤겔학파인 브래들리(Bradley)

---

14 Delanda는 『강도의 과학과 잠재성의 철학』이라는 저서에서 수학, 물리학, 생물학과 들뢰즈 철학의 관계를 아주 명쾌하게 설명한다. 그는 들뢰즈의 구조 개념이 기하학이나 대수학보다는 위상학적 관점에 있음을 보여준다. 이는 화이트헤드 철학 역시 연장 이론이 위상학에 영향을 받았다는 사실을 볼 때, 화이트헤드와 들뢰즈의 연관성은 여러 가지로 깊이 다루어야 할 측면이 있다(김영진 2004년 박사논문 참조). Delanda, 2009. 32-34쪽 참조.

에 대한 논의를 통해서 그 차이점을 살펴보자. 그는 '늑대가 양을 잡아먹는다'는 명제를 가장 보편적인, 명석판명한 진리라고 보았다. 물론 추상적인 영역에서 그 명제는 진리임이 분명하지만, 그 명제에서는 "경험되는 사물과 경험하는 행위의 일관된 개별성"(PR 43)이 빠져 있다.

> 그 늑대는 그 양을 그 시간 그 지점에서 잡아먹었다. 그 늑대는 그것을 알고 있었고, 그 어린 양도 그것을 알고 있었다. 그리고 독수리도 그것을 알고 있었다. 명제의 모든 표현은, 그것이 문장으로 표현된 경우에는 명시적으로, 그리고 그것을 머릿속에서 생각하고 있는 주체의 이해 가운데서도 은연중에 지시적 요소를 포함하고 있다(PR 43).

'그'라는 지시사가 생략되어 있는 것이 브래들리의 명제라면, 실제적인 세계에서는 '그'라는 구체적인 지시사가 들어가야만 그 늑대와 그 양의 상호 관계를 파악할 수 있다. 그 상황은 유일한 것으로 다른 늑대와 다른 양으로 대체할 수 없으며, 다른 시공간과 관계로도 대체할 수 없다. 따라서 화이트헤드의 일자는 변증법에서 사용하는 일자와는 다르다.

> 일자라는 용어는 복합적인 특수 개념인 정수의 일을 의미하지 않는다. 그것은 부정관사 a, an, 정관사 the, 지시사 this, that 그리고 관계사 which, what, how의 밑바닥에 한결같이 깔려있는 일반적인 관념을 나타낸다. 그것은 하나의 존재가 갖는 독특성(singularity)을 나타낸다(PR 78).

따라서 화이트헤드에게 일자는 부정관사, 정관사, 지시사, 관계사라는 구체성을 띤 일자를 의미하는 것이지, 추상적인 일자를 말하는 것이 아니다. 화이트헤드에게 개체를 의미하는 현실적 존재는 바로 이와 같은 일자를 함축한다. 들뢰즈에게도 개체는 '얼마만큼', '어떻게', '어떤 경우에'라는 물음이 들어가는 경우를 의미하며, 결코 이것이 무엇인가라는 본질의

물음으로 추상적으로 이해하지 않는다(DR 398). 들뢰즈는 '이것임' 혹은
'다양체'를 다음과 같이 설명한다.

> 당신들은 어느 날, 어느 계절, 어느 해, 어느 삶 등의 개체화를 가지고
> 있으며, 또한 어느 기후, 어느 바람, 어느 안개, 떼, 무리 등의 개체화를
> 가지고 있다. …… 이것임이 단순히 주체들을 위치시키는 장식이나 배
> 경에 있다고 믿든지 사물들과 사람들을 땅과 맺어주는 부속물에 있다
> 고 믿어서는 안 된다. 이것임이라는 것은 개체화된 배치물 전체인 것이
> 다(MP 497).

우리는 일상적인 언어에서 모든 속성을 주어에 연결한다. '동해의 바닷
물은 푸르다'고 할 때, 바다는 실체이고 푸르다는 술어 혹은 속성이다. 화
이트헤드는 이 명제는 구체적인 사건으로 새롭게 진술될 필요가 있다고
한다. 즉 "내가 장소라 부르는 어떤 사건 속에 위치하고 있는 파랑에 대한
감각의식은 파랑과 관찰자의 지각하는 사건, 장소, 및 개재된 사건들 사
이에 존재하는 관계에 대한 감각의식"(CN 152)이다. 즉 사건은 일항 관
계가 아니라 다항관계이다. 우리가 경험한 푸른 바다는 물의 상태, 대기
의 기온, 빛의 정도, 관찰자의 감각 기관, 그 사건을 제약하는 다수의 다
른 요인들을 포함하는 여러 가지 변항들의 함수로써 복합적 다항관계에
진입되는 순간적이고 의존적인 상태를 수반하는 질적 사건이다. 화이트
헤드는 이러한 다항 관계를 유일한 '그' 사건이라고 하며, 이를 위해서 '결
합체'(nexus)라는 용어를 사용한다. 이것은 들뢰즈의 배치라는 용어와
상응한다. 한편 다양체는 강도이다. 들뢰즈는 "속, 과, 목, 강 등과 같은
커다란 분류단위들은 차이를 어떤 유사성들과 동일성들, 어떤 유비와 규
정된 대립들"(DR 528)에 관련되므로 차이를 사유할 수 없다고 한다.

헤겔의 출발점은 유(類)라는 본질적인 것이다. 그리고 무한은 유 안에

분열을 낳고 종 안에서 분열을 제거하는 것에 해당한다. 따라서 유는
자기 자신이면서 종이고, 전체는 자기 자신이면서 부분이다(DR 122-
123).

화이트헤드와 들뢰즈는 헤겔의 방식은 수직적으로 진화를 설명하기
때문에, 카오스모스로 진행되는 진화를 설명할 수 없는 것으로 본다. 진
화는 결코 그와 같은 수직적 유형으로 구분할 수 없다. 화이트헤드와 들
뢰즈는 이를 다음과 같이 비판한다.

> 단순한 유(類)로부터 특수한 사실 내지 종(種)으로의 하강이란 있을 수
> 없다. 왜냐하면 사실과 종은 여러 유의 혼합의 산물이기 때문이다. 어
> 떤 유도 그 본질상, 그것과 양립가능한 다른 유를 보여주지 않는다. 예
> 를 들면, 등뼈의 관념은 포유한다든지, 물 속을 헤엄친다는 관념을 보
> 여주지 않는다. …… 종의 사례도 유에 의해서는 '주어지지' 않는 형태
> 를 포함하고 있기 때문에 유만으로는 발견할 수가 없다. 종은 여러 유
> 의 잠재적 혼합이며, 개개의 사례는 많은 종의 현실적 혼합을 다른 사
> 실들과 함께 포함하고 있다(AI 365).

> 현실적 질과 연장들, 현실적 종과 부분들보다 훨씬 더 깊은 곳에는 시
> 공간적 역동성들이 존재한다. …… 운반은 디오니소스적이고 신적이
> 며, 국소적 전이이기에 앞서 착란이다. 따라서 알들이 유형별로 구별되
> 는 것은, 한 구조의 최초의 현실화 요인들에 해당하는 정향들, 전개 축
> 들, 변별적인 속도와 리듬들에 의해 결정되고, 이런 요인들은 현실화되
> 는 것에 고유한 어떤 시간과 공간을 창조한다(DR 461).

동물, 인간 등의 구분은 이미 결정된 형식이 아니다. 이와 같은 입장에
서, 모든 것을 하나로 통합하려는 개념들, "자아, 세계, 신은 …… 하나의
공통된 죽음"(LS 298)의 대상이 된다. 들뢰즈는 동일성과 모순의 논리로

는 이 관계를 해결할 수 없다고 본다. 이것은 "오직 개념들, 술어들, 집합들에만 적용될 뿐인 규칙들을 사건들에 적용시키는 것"(LS 291)이다. 따라서 들뢰즈와 화이트헤드에게 개체의 발생은 유형의 구분으로는 설명될 수 없는 것이다.

다양체의 강도적 특성은 "즉자적 비동등, 차이를 긍정하기, 함축 혹은 안-주름운동"(DR 496-507)으로 설명된다. '즉자적 비동등'과 '차이를 긍정하기'는 화이트헤드의 과정의 원리와 긍정적 파악과 거의 유사한 맥락이 있다. 이것은 발산에 해당하는 측면에 해당한다. 여기서는 지면 관계상 '수렴'에 해당하는 함축 혹은 안-주름운동에 대해서만 살펴보기로 하자. 이것은 강도가 "함축되고 봉인된 양, '배아를 품고 있는' 양"(DR 507)이다. 강도가 발산에 대한 긍정을 통해서 최종적으로 도달되는 것이 '봉인된 양'이다. 이것은 일종의 멈춤, 수렴이다. 예를 들어 보면, 최종적으로 도달한 온도가 80도이고, 속도가 80킬로이면, 그것은 봉인된 양이다. 이것은 다른 온도와 속도와는 완전히 본성이 다른 양이다. 이것은 분할불가능하다. 분할한다면, 그것은 본성을 바꾼 것이 된다. 즉 "강도량은 분할되지만, 본성을 바꾸지 않고서는 분할되지 않는다"(DR 507). 화이트헤드에게도 현실적 계기는 "다수의 여건들을 하나의 개체적 만족의 통일 속에 흡수하는"(PR 112) 합생 과정이다. 역시 "합생의 주체적 통일성은 그 영역의 가분성과는 관계가 없다. 우리는 이러한 영역을 분할함에 있어 그와 같은 분할과 모순되는 주체적 통일성을 무시하고 있는 것"(PR 500)이다. 생성을 종결한 현실적 존재자는 '만족'(satisfaction)에 이른다. 만족에 이른 현실적 존재자는 더 이상 추가되는 항이나 요소가 없다. 느낌의 과정이 종결된 것이다.[15] 따라서 들뢰즈와 화이트헤드에게 강도량이나 만족에 이른 존재는 '주체적 통일성'을 무시하거나, 그 '본성'을 바꾸지 않고는 결코 분할되지 않는다. 화이트헤드는 이를 물리학의 용

---

15 남순예는 "화이트헤드 철학에서 죽음에 관한 고찰"이라는 논문에서 죽음이 곧 끝이 아니라 새로운 시작점이라는 사실을 보여준다. 『철학논총』, 제59집, 2010.

어로 다음과 같이 표현한다.

> 수리 물리학은 모든 사물은 흐른다는 헤라클레이토스의 격언을 자기
> 자신의 언어로 번역한다. 그래서 이 격언은 '모든 사물은 벡터이다'가
> 된다. 수리 물리학은 데모크리토스의 원자론도 수용한다. 그것은 그 원
> 자론을 에너지의 모든 흐름을 '양자 조건'에 따른다는 말로 번역한다
> (PR 539).

화이트헤드와 들뢰즈는 베르그손이 발산만을 논의한 과정존재론에
서 수렴을 포함하는 과정 철학을 제시한다.[16] 다양체와 현실적 계기는
비동등성에 의해서 긍정적 차이를 만들어 가지만, 그 과정은 어떤 상황
에 이르면 종결되는 '양자' 혹은 '봉인된 양'인 것이다. 만약 그 사건에
하나라도 추가된다면, 그것은 아직까지 봉인된 양도 아니며, 만족에 도
달한 현실적 계기도 아니다. 또한 무엇인가가 추가된다면 그것은 새로
운 다양체이자, 현실적 존재자이다.

> 여러 빛깔의 패턴이 우리에게 주어진다. 그러나 거기에 붉은 빛깔의 반
> 점이 하나 첨가될 경우 그것은 단순한 부가로 끝나지 않는다. 그것은
> 모든 균형을 변모시킨다(PR 120).

> 만약 당신이 차원을 바꾸고 차원들을 더하거나 빼면, 그것으로 다양체
> 를 바꾸는 것이다(MP 466).

들뢰즈에게 한스의 말은 종의 성원이 아니라 강도적 다양체이다. 그것
은 "수레를 끄는 말, 승합마차, 거리라는 기계적 배치물 속에 있는 하나의

---

16 정연홍은 "화이트헤드의 과정철학에서 존재와 지각"에서 모든 현실저 존재자는 그 자신의 창조적 활동의 과정이
완성되는 즉시에 '가능태', 즉 그것들을 대체하는 새로운 생성 과정에 대한 소여성으로서 변이한다고 주장한다.
즉 현실적 존재는 주체와 대상의 역할을 동시에 갖춘 존재이다. 이것은 발산과 수렴을 설명하는 단초가 된다.
『철학논총』, 제59집, 2010. 319쪽 참조.

요소 또는 하나의 개체"(MP 488)인 '이것임'이다. 만약 한스와 말이 다른 시공간, 다른 관계들 속에 놓인다면, 그것은 전혀 다른 다양체이자 배치가 된다. 그러므로 화이트헤드와 들뢰즈에게 개체는 독특성을 갖는 발산이면서, 그 본성이 유일무이한 양의 조건에 수렴하는 것이다.

> 완결은 직접성의 소멸이다. 그것은 결코 참으로 존재하는 법이 없다. 어떠한 현실적 존재자도 그 자신의 만족을 의식하지는 못한다. 왜냐하면 그럴 경우 그와 같은 인식은 그 과정의 구성 요소가 될 것이고 또 그렇게 됨으로써 만족을 변경시키게 될 것이기 때문이다. 문제의 그 존재를 놓고 본다면 지금 말한 만족은, 그 존재를 넘어서 그 존재 자체를 대상화시키는 하나의 창조적 결정으로서만 고찰될 수 있다. …… 그것은 창조성의 제약 조건이다. 이 만족 가운데서 구현되는 느낌의 색조는 이와 같은 대상화를 통해서 초월적 세계로 옮겨간다(PR 185).

5. 결론

서구 철학은 '뿌리'에 대한 이미지로 항구적인 코스모스의 세계를 구성했다. 들뢰즈에게 실재는 카오스에서 시작해서 코스모스로 가며, 다시 카오스로 돌아오는 영원회귀의 방식이다. 이를 그는 '카오스모스'(chaosmos)라고 한다. 카오스와 코스모스는 잠재적인 것과 현실적인 것의 관계이다. 김상환에 따르면, 이러한 카오스모스는 "모든 사물은 잠재적 상태에서 현실적 상태로 그리고 다시 잠재적 상태로 변화해 간다"(DR 669)[17]는 것을 의미한다. 화이트헤드 역시 합생과정과 이행과정에 대한 논의를 통해서, "전자의 과정은 '현실적'인 것에서 '단지 실재적인 것'으로 이행을 촉발하며, 후자의 과정은 실재적인 것에서 현실적인 것으로 성장

---

17 이 글은 김상환의 옮긴이 해제에서 참고한 것으로, 번역 쪽수만을 명기하였다.

을 촉발한다"(PR 214)는 것이다. 즉 화이트헤드도 가능태에서 현실태로, 현실태에서 가능태로 끊임없이 변화하는 것을 실재로 본다. 물론 여기서 화이트헤드의 가능태는 들뢰즈가 의미하는 잠재태의 개념에 가깝다. 이미 들뢰즈도 자신의 『주름』이라는 저서에서 화이트헤드의 사건철학이 '카오스모스'라고 한다. 그는 화이트헤드의 신개념 역시 "신조차 세계들을 비교하고 가장 풍부하면서 공존 가능한 것을 선택하는 존재이기를 멈춘다. 그것은 과정, 즉 단번에 공존 불가능성을 긍정하고 이것들을 관통하는 과정이 된다"(P 150)[18]고 한다. 이런 점에서 들뢰즈는 화이트헤드의 철학을 질서와 무질서, 조화와 부조화가 결합된 것으로 보며, 자신의 철학 역시 그와 동일한 맥락에서 보고 있으며, 현대는 '부조화의 조화'라는 신바로크철학을 위한 모험을 시도해야 한다고 보고 있다. 따라서 화이트헤드와 들뢰즈는 가능태(잠재태)에서 현실태로, 현실태에서 잠재태(가능태)로의 과정을 설명하는, 발산과 수렴을 함께 고려하는 카오스모스 존재론을 기술하고 있다.

---

18 P(1988)는 들뢰즈의 『주름: 라이프니츠와 바로크 Le pli. Leibniz et le baroque』(이찬웅 옮김, 문학과 지성사, 2004)의 약칭.

참고 문헌

남순예(2110), 「화이트헤드철학에서 죽음에 관한 고찰」, 『철학논총』, 제59집, 새한철학회.

오영환(1997), 『화이트헤드와 인간의 시간 경험』, 통나무.

이진경(2009), 『외부, 사유의 정치학』, 그린비.

이재성(2010), 「헤겔의 '절대정신' 구상에 관한 아펠의 담론이론적 대응의 철학적 의미」, 『철학논총』, 제62집, 새한철학회.

정연홍(2010), 「화이트헤드의 과정철학에서 존재와 지각」, 『철학논총』, 제59집, 새한철학회.

최신한(2011), 「헤겔의 종교적 담론과 계몽의 계몽」, 『철학논총』, 제63집, 새한철학회.

최병학(2011), 「'재현/현시 해체'와 '2차적 실재의 귀환': 영화적 상상력을 넘어서」, 『철학논총』, 제63집, 새한철학회.

Cobb, J., "*Alfred North Whitehead, D.R. Griffin*", et al(1993), *Founders of Constructive Postmodern Philosopyh*, Albany. SUNY Press.

Delanda. M., 이정우·김영범 옮김(2009), 『강도의 과학과 잠재성의 철학』, 그린비.

Deleuze, G., *Différence et Répétition*(DR), 김상환 옮김(2004), 『차이와 반복』, 민음사.

_____, *Le pli:. Leibniz et le baroque*(P), 이찬웅 옮김(2004), 『주름: 라이프니츠와 바로크』, 문학과 지성사.

_____, *Dialogues with Claire Parne(D)t*, translated by H. Tomlinson and B.Habberjam(1987), London: Athlone Press.

_____, *Logique du sens*(LS), 이정우 옮김(1999), 『의미의 논리』, 한길사.

_____, *Le Bergsonisme*(B), 김재인 옮김(1996), 『베르그송주의』, 문학과 지성사.

Deleuze, G. and Guattari, F., *What is Philosophy?*(W) translated by H. Tomlinson and G. Burchell. New York: Columbia University Press, 이정임·윤정임 옮김(1995), 『철학이란 무엇인가?』, 현대미학사.

Deleuze, G. and Guattari, F., *Mille Plateaux*(MP), 김재인 옮김(2001), 『천개의 고원』, 새물결.

Griffin, D. R., et al.(1993), *Founders of Constructive Postmodern Philosophy*,

Albany: SUNY Press, 1933.

Hall, D. L.(1973), *The Civilization of Experience: A Whiteheadian Theory of Culture*. New York: Fordham University Press.

Hardt, M., *Gilles Deleuze: An Apprenticeship in Philosophy*, London: Ucl Press, 김상운, 양창렬 옮김(2004), 『들뢰즈 사상의 진화』, 갈무리.

Hegel, G. 서동익 옮김(1983), 『철학강요』, 을유문화사.

Hegel, G. 임석진 옮김(1992), 『역사속의 이성』, 지식산업사.

Hegel, G. 임석진 옮김(2005), 『정신현상학』, 한길사.

Whitehead, A. N., *Process and Reality*(PR): An Essay in Cosmology. 오영환 옮김(1991), 『과정과 실재』, 서울: 민음사.

Whitehead, A. N. *Adventure of Ideas*(AI). 오영환 옮김(1996), 『관념의 모험』, 서울: 한길사, 1996.

Whitehead, A. N., *Science and The Modern World*(SMW), 오영환 옮김(1989), 『과학과 근대세계』, 서광사.

Whitehead, A. N., *The Concept of Nature*(CN), 안형관, 전병기, 이태호, 김영진 옮김(1998), 『자연의 개념』, 이문출판사.

화이트헤드 철학의
의미관련과 변형[1]

1. 들어가는 말

이 글은 화이트헤드의 유기체 철학의 핵심에 해당하는 '인식'이론의 일부를 밝혀보는 것이다. 화이트헤드의 사유의 모험을 순서대로 보면, 수학, 논리학, 물리학 그리고 철학을 수행했다. 그 모험에서 일관된 것이 인식론에 관한 탐색이다. 여기서 화이트헤드의 인식론의 핵심은 '관계'이다. 그에게 인식이란, 우주의 여러 가지 요소들이 결합된 패턴을 보여주는 것이며, 그것은 우연적인 창발적 활동에 의해 한정된 경험의 추상화된 결과물이다. 그는 필연적인 인식을 거부하며, 그것은 언제나 우연한 활동의 결과로 일정한 패턴이 형성되는 것으로 본다. 현재의 우주 시대는 '전자기의 법칙'이라는 패턴이 지배하는 시대라고 본다. 그렇다면 그가 주장하는 인식은 어떤 형태로 주어지는가를 좀더 자세하게 살펴보자.

유럽에서 구조주의 철학은 현상학 이후, 특히 샤르트르에 대한 레비스트로스의 비판을 통해 유행처럼 번진다. 자유와 책임에 대한 논의 역시 일정한 구조 속에서 발생하는 것이며, 그 체계는 일정한 대수적 구조처럼 인간의 행위를 지배한다. 우리는 남미에 대한 레비스트로스의 작업을 통해 남미에 사는 원주민들도 범주 개념과 교환 개념이 있음을 알게 되었

---

1 이 논문은 『화이트헤드연구』 제35집(2017년)에 게재되었다.

다. 그것은 각 지역마다 환경의 체계적인 구조를 이해함으로써 삶을 존속시켜 왔던 것이다. 그것은 환경에 유기체가 '감염'(infect)을 시켜가는 방식이다.

하지만 우리 사회는 그런 다양성을 개개인마다 가지는 상대주의로 몰고 가는 경향이 은근히 만연해 있다. '혼밥', '혼술'이라는 단어 속에는 개체주의와 함께 극단적인 상대주 개념이 우리 사회에 확장되고 있음을 볼 수 있다. 하지만 우리가 추구해야 할 다양성은 "구조의 다양성이지 결코 개체들의 다양성은 아니다."(PR 553) 우리는 이 글에서 극단적인 개체적인 상대주의에서 벗어날 수 있는 개념들을 살펴볼 것이다. 화이트헤드는 그것을 '의미관련'(significance)과 '변형'(strains)이라는 개념으로 제시한다. 이 개념들은 '사물', '주체'와 같은 개별자 중심의 사유에 대해 반성적으로 고찰하고, 그것에 대한 대안으로 제시하려고 창안한 것들이다. 이것은 지각적 인식이 관계에서 개별화로 나아가는 것이지, 개별에서 관계로 나가는 것이 아님을 보여주는 것이다.

이 글에서는 부가적으로 흄과 베르그손의 철학에 대한 화이트헤드의 비판을 고려해볼 것이다. 전자는 인과적 관계를 설명할 수 없다는 관점에서 인식론의 회의를 가져왔으며, 후자는 지성을 통한 공간화는 실재를 이해할 수 없다고 주장한다. 특히 후자는 '지속'은 오직 직관을 통해서만 이해될 수 있다고 보며, 정지는 실재를 왜곡한다는 입장이다. 화이트헤드는 시공간을 지속이라고 보는 입장에서는 베르그송과 그 맥을 같이하면서도, 공간화 혹은 정지 역시 실재의 일부의 모습임을 주장한다. 그것은 '변형'이라는 개념을 통해 제시된다.

2. 흄과 베르그손의 오해: 감각 인상

흄은 감각 인상을 경험 기본적인 최초의 단위로 보았으며, 이에 반해 베르그손은 감각 인상을 실재가 아닌 이성에 의한 가상이라고 보았다. 화이트헤드는 감각인상을 실재로 보지만, 그것이 원초적인 것은 아니라고 보며, 그것은 보다 복잡하게 추상화된 실재로 본다는 점에서 흄과 베르그손과는 다른 입장에 있다. 이 장에서 그 점을 조금 살펴보자.

흄은 『인성론』 서두에서, '단순 관념은 단순 인상에서 나온다'는 원리에 근거해서, 단순 인상은 어떤 연결도 갖고 있지 않으므로, 관념들의 필연적 연결 역시 우리의 습관에 지나지 않는다고 주장했다. 흄은 인상을 직접적 관찰을 통해 지각한 것이라고 한다. 그는 이것을 '감각 인상'(sense impression)이라고 한다. 그는 원초적인 감각 자료를 감각 인상에서 출발하는 까닭에, 인식론을 경험을 통해 설명할 수 없게 되며, 특히 귀납법에 대한 합리적인 설명이 불가능하게 된다. 흄의 이런 결과는 17세기 우주론의 숨은 전제인 시공간에 대한 인식론에서 비롯된다. 그의 회의는 칸트의 철학이 생겨나게 한 결정적인 기여를 했다. 그러나 그 기여는 인간 중심주의를 확대하는 길의 초석이 되었다는 것이다.

화이트헤드의 입장에서 볼 때, 감각 경험의 세계를 감각 인식(awareness)과 감각 지각(perception)으로 구성된 것으로 본다. 이때 감각 인식은 우리의 사유가 작동하기 전의 감각으로 본다. 그것은 사건을 우선으로 보는 것과 사물을 먼저 고려하는 것의 차이이다. 모든 존재는 사건이며, 사건은 연장된 관계항으로써 존재를 보는 것이며, 결코 개별성을 보는 것이 아니다. 화이트헤드에게 감각 지각은 존재들의 복합체를 보여주는 것이며, 결코 홀로 존재하는 사물을 보여주는 것은 아니라고 본다.

> 감각 인식에 대한 궁극적인 사실은 사건이다. 이와 같은 전 사건은 우리에 의해서 부분적 사건들로 구별된다. 우리는 신체적 생명인 사건에 대해서, 자연의 과정으로써 이 방안의 사건에 대해서, 그리고 다른 부분적인 사건들을 모호하게 지각되는 총체로 인식한다.(CN 15)

화이트헤드에게 사건은 언제나 관계항으로써 주어지는 것이며, 흄이 말하는 감각 인식은 사건이 아니라 사물로 대상을 보기 때문에 언제나 개별성이 먼저 주어진다. 이리하여 근대 철학은 흄에 의해 개별성을 일차적으로 보기 때문에, 관계를 칸트처럼 인간의 선험적 능력에 의해 해결할 수밖에 없다. 이것이 근대 인식론이 풀 수 없는 관계문제가 발생한 이유이다. 후설이 제시한 '지향성' 개념이 바로 이런 문제를 타개하기 위해서 제시한 것이지만, 그것은 여전히 인간의 정신에서 그 해결책을 찾고 있는 것이다. 하지만 화이트헤드는 자연 속에 이미 그 관계가 존재하고 있음을 역설하고 있다.

> 자연적 존재들 간의 관계들은 그 자체가 자연적 존재들이다. 즉 그것들은 또한 사실의 요인들이다. 그리고 그것은 거기에 감각-인식을 두기 위해 존재한다.(CN 14)

따라서 화이트헤드에게 감각 인식을 "자연적 존재를 사실의 복합체에서 분리하는 것은 추상"(CN 16)일 뿐이며, "정신의 전개과정이라는 것은 자연의 근본적 성격을 변형"(CN 16)시키는 것에 지나지 않는다. 화이트헤드는 지금까지 근대 과학 및 철학은 자연의 과정을 사건의 역사로 보지 않고 "물질의 역사"(CN 16)로 해석해 온 방식이라고 한다.

화이트헤드는 뉴턴의 물질과 시공간 개념들로는 변화 및 가속도를 설명할 수 없다고 한다. 그것은 측정가능한 양의 입장에서 시공간을 환원하기에, 시공간이 공존한다는 점을 이해할 수 없게 된다. 구체적인 시공간은 배제되고, 오직 추상적인 시공간을 통해 자연을 이해하는 측면만을 내세우는 것이 근대 과학 및 흄의 인식론의 결과라는 것이다. 화이트헤드는 데카르트, 흄 등에게 제시된 시공간을 다음과 같이 표현한다.

> 시간은 공존하지 않는 부분들로 구성되어 있다. 그런데 변치 않는 대상

은 공존하는 인상을 낳을 뿐이다. 그러므로 불변의 대상은 시간 관념을 제공할 수 있는 그 어떤 것도 낳지 않는다. 따라서 시간 관념은 가변적 인 대상들의 계기에서 오는 것임이 틀림없으며, 또 시간이 처음부터 이러한 계기와 무관하게 출현한다는 것은 전적으로 불가능하다.(PR 268)

시간에 대한 흄의 설명은, 계기하는 시간적 계기들이 개체적으로 독립해 있다는 것이다. 이러한 시간적 계기의 독립성을 달리 표현하면, 인상들은 자기 충족적인 것으로써 연속적 순서 이외의 어떠한 시간 관계도 없다는 것이다. 화이트헤드는 이것을 '단순 정위'의 오류라고 한다. 이것은 지각 이론을 표상주의 혹은 사적 감각이론으로 귀결시킨다.

여기에 대한 비판은 칸트가 '선험적 감성론'을 통해 새로운 방식으로 전개한다. 우리의 경험은 시공간이라는 형식을 통해 이루어져야 한다는 점을 강조한다. 하지만 칸트 역시 인상들의 비결합성은 그대로 받아들이면서 주체에 의한 구성이라는 코페르니쿠스적 전환에서 흄의 인식론의 난제를 해결해 나간다.

앞에서도 말했지만, 화이트헤드는 감각 여건을 흄과 칸트와는 다르게 본다. 그는 감각 여건은 감각 수용과 감각 지각으로 구분해야 한다고 본다. 감각 수용은 신체적 유효성이라는 원초적 지각 경험에 해당하는 것으로 순응적인 벡터 성격을 가지고 있다. 벡터적 느낌이란, "결정되어 있는 저편으로부터 느끼며, 결정되어야 할 저편을 지시하는 느낌"(PR 311)이다. 즉 그것은 과거에서 현재와 미래로 밀려오는 "파장과 진동으로 나타나는 정서의 맥동"(PR 311)이다.

우리가 빨간 깃발이라는 감각−여건을 지각한다는 것은 우선적으로 정서적으로 향유하는 과정을 겪은 후에, 개념적 느낌을 통해 복잡한 지각으로 나아가는 것이다. 이에 대해 화이트헤드는 매우 재미있는 비유를 들고 있다. "젊은이는 감각 인상과 함께 춤추는 경험을 시작하고 나서 상대가 누구인지를 추측하는 데로 나아가지 않는다. 그의 경험은 그 반대의 경로를 취한다."(PR 548) 따라서 "여건은 그 자신의 상호 결합성을 내포"(PR 230)하고 있으며, 경험하는 첫 번째 과정은 "호응적 순응성"(PR 230) 혹은 "감각 수용"(PR 231)이라는 점을 밝히고 있다.

한편 순응에 따른 최초의 물리적 느낌과 주체적 형식의 활동은 개념적 느낌을 발생시키며, 그것은 최초의 내용과 차이가 생겨난다. 화이트헤드는 이렇게 변형된 내용을 '현상'이라고 한다(AI 332). 대체적으로 감각지각이라는 부르는 이 현상은 세계를 지속으로 보는 베르그손의 입장에서는, 실재를 공간화시켰다는 비난을 받는 것이다(PR 231, 557). 감각 지각을 통해 제시된 빨간 깃발은 이미 복잡한 느낌으로써, 화이트헤드의 용어로 보자면, '물리적 목적' 혹은 '명제적 느낌'이라고 할 수 있다. 따라서 화이트헤드에게 감각지각은 현실 세계와 무관한 것이 아니다. 그것은 실재의 일부를 변형된 상태로 제시하고 있는 것이다.

여기서 '변형'개념은 현시적 직접성의 양태에서 패턴화된 영역 혹은 '기하학적 의미관련'과 연관이 있다. 기하학적 의미관련은 사적인 감각이 공적인 세계와 관련이 있음을 보여주는 것이다. 그래서 변형은 공간화된 감각지각 속에 어떤 관계가 있음을 보여주는 중요한 징표가 된다. 이것은 화이트헤드가 자연철학에서 다룬 의미관련에 대한 세련된 관계를 표현하는 용어이다.

> 곧고 평탄한 장소에 관한 기하학적 사실들은 현실적 존재들의 느낌을 특징 지우는 공적 사실이다. 그래서 이 우주 시대에 있어서는, 이러한 기하학적 사실을 포함한 느낌이 압도적으로 중요하게 되는 경우가 있게 된다. 여건 속에 예증된 형식이 곧고 평탄한 기하학적 장소와 관계하고 있는 그런 느낌을 변형이라고 불린다(PR 540).

화이트헤드는 고립된 점이나 사물은 존재하지 않는다고 본다. 그는 모든 사물은 벡터적 성격이 있기에 항상 다른 사물과 관련을 맺고 있다고 본다. 즉 점은 언제나 다른 점과 관련이 있기에 의미가 있는 것이다. 물리학의 용어로 볼 때, 점은 하나의 물질입자이다. 그 점은 이미 하나의 선이라고 할 수 있으며, 마찬가지로 물질입자는 하나의 사건입자의 궤도를 갖춘 것이라고 할 수 있다.

> 물질 입자의 수명은 사차원의 시공간 다양체에서 연속적인 계열 혹은 행로(series or path)로 뻗쳐 있는 사건-입자의 궤도(track) 가운데 있는 물질 입자의 모험이다. 이 사건-입자는 물질 입자의 여러 가지 위치이다(그 입자의 생애의 실질적인 시공간 지도). 우리는 자연적인 시공간 체계를 선택함으로써 이 사실을 나타내며, 마찬가지로 연속적인 시간의 순간에서 물질 입자가 존재할 때 그 입자의 공간 속의 행로를 말함으로써 이 사실을 일반적으로 드러낸다(CN 180-181).

물질 입자의 수명이 사건 입자의 궤도와 같다는 것은 무엇을 의미하는가? PNK로부터 한 실례를 들어보자. 기차에 타고 있는 한 여행자가 그 기차의 고정된 점을 보고 있다. 밖에 있는 역장은 그 여행자가 사실상 런던에서 맨체스터까지 이르는 점들의 궤도를 관측하고 있다는 것을 알고 있다. 역장은 그의 역을 지구에서 고정된 것으로 알고 있다. 태양 속의 어떤 존재는 그 역이 태양을 돌고 있는 공간 속에 있는 한 궤도로 드러날 것이다. 그리고 기차는 여전히 다른 궤도를 구획하는 것으로 인식한다. 따라서 만약 공간이 물체들 사이의 관계에 지나지 않는다면, 단순한 존재들인 점들은 사라진다. 왜냐하면 하나의 관찰 유형에서 바라본(하나의 시공간 구조로부터) 점은 또 다른 유형에서 보면(시공간 구조) 점들의 자취이기 때문이다. 달리 말해서, 갈릴레오와 종교 재판소 양자는 절대적 위치가 물리적 사실이라는 점, 즉 갈릴레오에게는 태양이며, 종교 재판소에게는 지구라는 단 하나의 단언만을 옳은 것으로 주장하였다는 점에서 둘 다 오류를 저지른 것뿐이다.

그런데 양자가 동의하는(관성 궤도에 대한 뉴톤주의자와 갈릴레오주의자; 서로 관련되어서 일정한 운동 속에서 움직이는 것) 집합 속에 있는 관찰자들은 일어난 일에 관해서 동의한다. 자연 속에서 다른 입각점들로부터 그들 양자는 동일한 사건들을 통해서 살아간다. 그것은 온전히 그대로 자연 속에 존재하는 모든 것이다.

> 여행자와 역장은 어떤 사건의 존재에 관해서는 양자 모두 동의한다 ─여행자에게 있어서 그것은 그 기차가 지나가는 역의 추이이며, 역장에게 있어서 그것은 그 역을 지나가는 기차의 추이이다. 두 가지 관찰자의 집합은 단지 동일한 사건을 다른 공간과 …… 시간의 구조 속에 놓아둔 것에서 차이가 날 뿐이다(PNK 31-32).

역장은 그 여행자를 점─자취로 간주한다. 여행자는 마찬가지로 역장을 점─자취로서 간주하며, 반면에 각각은 그 자신을 그 자신의 시공간 내에서 유일한 점으로 간주한다. 양자는 순간에 존재하는 것이 아니라 일정한 주기를 통해 존속한다. 이처럼 정지와 운동은 상대적인 관점으로 보여진다. 따라서 점과 직선은 관점에 따른 결과라고 할 수 있다.

이것은 칸트처럼 선험적 성격을 갖는 것은 결코 아니다. 세계는 언제나 한정된 유한한 존재로 되어 있다. 그 한정성은 객체화된 현실적 존재들과 영원한 대상에 의해 이루어진다. 객체화된 현실적 존재들은 일종의 결합체라고 할 수 있으며, 그것은 상대성의 원리처럼 서로 간에 상대적인 지위를 부여하는 역할을 한다.(PR 84) 이 결합체는 일종의 체적을 점유하며, 그 체적은 연장적 양자 속에서 내부의 점들의 집합과 같은 것이다. 존재들의 위치란, "현실적 존재들의 결합체에 있어서의 상대적인 지위"(PR 84)를 말한다. 즉 "각 부분들 하나하나는 다른 하나하나의 부분의 관점으로부터 그 의미를 획득하며, 동시에 다른 하나하나의 부분들은 바로 그러한 관점에 의한 처음의 각 부분과의 관계로부터 그 의미를 획득하게 된다는 것이다."(SMW 105) 철수와 영희의 관계에서 철수가 영희를 사랑하는 것은 철수의 본질이라면, 영희가 그런 철수의 본질에 참여하는 것은 양태라고 할 수 있다. 영희는 철수로 인해 상대적인 지위를 부여받은 것이다. 하지만 철수는 영희를 사랑하지 않고 미워할 수 있는 것이다. 따라서 생성하는 존재들은 서로를 위치지운다고 할 수 있다.

조금 더 부연설명하자면, 어떤 물리적 느낌은 위치와 한정성을 동시에 부여받아야 한다. 그 느낌은 객체적 여건의 한정성을 재생산해야 하며, 여건의 기하학적 요소 역시 느낌 속에서 재생산한다. 만약 평탄한 장소가 여건 속에 예증된다면, 그것을 받아들이는 물리적 느낌은 점들의 평탄한 장소를 예증한다. 그것은 일종의 변형을 통해서 가능하다. 왜냐하면 변형은 객체적 여건이 점들의 평탄한 장소에 의해 점유된 물리적 느낌이기 때문에, 기하학적인 영원한 대상을 재연한다. 따라서 "변형은 기하학적 의미관련(significance)의 복합적인 분포를 갖는다."(PR 541)

요약하자면, 감각인상을 비판하고 관계의 원초적 자료인 감각수용을 이해하기 위해서는 무엇보다 '변형이 기하학적 의미관련'이라는 의미를 알아야 한다. 이것을 제대로 파악하지 못한다면, 화이트헤드의 철학에서 말하는 '관계'에 대해 설득력을 가질 수 없다. 근대 물리와 현대 물리의 일관성은 수학적 구조를 통해 그 논거를 확보하듯이, 화이트헤드 역시 자신이 전개한 수학과 물리학을 통해 그 관계에 대한 근거를 제시한다.

3. 의미관련과 변형

의미관련은 "화이트헤드의 자연 이론의 전체의 기초를 이룬다."(Lowe, 76) 의미관련은 단순정위에 대한 비판이자 그 대안 이론이라고 할 수 있다. 화이트헤드는 자연을 사건으로 보고, 그 사건은 의미관련된 것으로 본다.

의미관련은 사물들의 관계성이다. 이 의미관련이 경험이라고 말하는 것은, 지각적 인식이 사물들의 관계성의 파악임을 알려준다. …… 소위 사물의 성질은 언제나 특수화되지 않은 다른 사물들에 대한 관계성으로 표현될 수 있으며, 자연적 인식은 오직 관계성과 연관된다. …… 인식되는 것은 단지 사물이 아니라 사물의 관계성이다. 그리고 추상적 관계성이 아니라 특수하게 연관된 사물들이다.(PNK 61)

사건들은 추이하며, 그 추이 속에서 어떤 관계를 가진다. 순간적인 배치 구조 속에 있는 사물은 없다. 실재는 사건이며, 사건은 하나의 방향과 연장 및 결합을 가진다. 이것이 화이트헤드가 보는 자연의 실재의 모습이다. 그러한 사건들의 의미관련을 크게 '연장'과 '공액'으로 나눌 수 있다. 우선 사건, 연장, 공액에 관한 화이트헤드의 설명을 들어보자.

우리에게는 어떤 일반적 사실이 놓여 있다. 즉 어떤 일이 진행 중이라는 것이다. …… 이 일반적 사실은 즉각 우리의 이해를 위해 두 가지 요소들을 제공한다. 나는 그것을 '식별된' 것과 '식별될 수 있는' 것으로 부를 것이다. 식별된 것은 일반적 사실의 요소들로 이루어져 있는데, 이들은 그들 자신의 개별적인 특이성으로 구별된다. 식별될 수 있는 것은 감각-지각에서 드러난 자연의 전부이며, 감각-지각에서 현실적으로 구별되거나 식별되는 자연의 전부를 넘어서 그것을 연장하거나 구성하는 것이다. 우리가 식별해야 할 것은 시간의 주기를 통한 한 장소의 특수한 성격이다. 이것을 나는 '사건'이라고 할 것이다. 그러나 한 사건을 식별할 때에는 또한 사건들의 구조에 대한 관계항을 통해서 자신의 의미관련을 지각한다. 이 사건들의 구조는 연장과 공액이라는 두 가지 관계들에 의해 관계된 사건들의 복합체이다.(CN 49-52)

식별된 것은 감각 여건에 의해 강화되고, 식별될 수 있는 것은 식별된 것보다 모호하나 근본적인 관계성을 명시하고 있다. 의자를 살펴보자. 식별된 요소들은 의자를 보는 것이며, 나무와 방석을 느끼는 것이다. 식별될 수 있는 요소들은 의자를 만들고, 팔고, 의자를 방으로 옮기는 것이다. 물론 우리는 목수를 본 적도 없으며, 그의 톱소리도 나무의 질료도 경험하지 못했다. 하지만 목수에 해당하는 사람이 의자를 만들지 않았다면, 나는 여기에 앉아 있지 못할 것이다. 내가 의자에 앉는다는 그 사건은 경험에 대한 이중의 의미관련을 포함한다. 대상으로서 식별된 의자에 대한 감각 패턴이 있고, 현재의 경험을 인과적으로 뒷받침하는 식별될 수 있는 사건들의 구조에 대한 관계항으로써 의자가 있다. 전자를 우리는 '현시적 직접성의 양태'(the mode of presentational immediacy)라고 하며, 후자를 '인과적 유효성의 양태'(the mode of causal efficacy)라고 한다. 여기서 반드시 기억해야 할 것은 현시적 직접성이든 인과적 유효성이든 양태라는 것이다. 양태란 바로 상호 의존하는 존재이다. 화이트헤드에게 모든 존재는 '의미관련'이라는 관계 속에 주어지는 것이다. 과거, 현재, 미래가 인과적으로 연결되는 것이 인과적 유효성이라면, 동시적인 연결이 현시적 직접성이다. 인과적 유효성이 수동적이라면, 현시적 직접성은 능동적이다. 화이트헤드는 이와 같은 원리를 "사건들의 일정한 의미관련"이라고 한다. 화이트헤드는 『상대성의 원리』에서 이런 '수동'과 '능동'을 '연장'(extension)과 '공액'(cogredience)이라고 말한다.

> 의미관련 학설이 반드시 받아들여야 할 것은, 지각이 존재들에 대한 이중적 인식을 요구한다는 것이다. 의미관련하는 것으로서의 요소의 지각과 의미관련된 것으로서의 요소의 지각이 있다. 어떤 의미에서 이것은 존재에 대한 활동적 혹은 수동적인 인식으로서 나타날 수 있다.(R 18)

이와 같이 의미관련 학설은 인과적 관계와 동시적 관계를 설명하는 것이다. 공액은 특히 변형의 개념과 밀접한 관련이 있다. 한 현실적 존재가 많은 지속 속에 있다고 하더라도, 그 존재는 현시적 직접성의 양태에서 파악하는 그 현실적 존재자들을 포함하는 한 지속 속에서 공액적이다.(PR 191) 따라서 변형은 공액을 통해 일어나는 관계를 의미한다.

> 변형은 기하학적 의미의 복합적인 분포를 갖는다. 일정한 점의 집합인 장소의 유한한 집합으로 구성되고 있는 기하학적 자리라는 것이 있다. 이러한 점은 경험 주체의 입각점을 한정하는 용적에 속해 있다. 변형은 보다 단순한 느낌들의 복합적 통합이다. …… 변형의 증대를 지배하고 있는 기하학적 관심은, 이 변형의 자리에 의해 한정되는 완전한 선, 면, 및 3차원의 평탄한 부분을 중요한 것으로 끌어올린다. …… 이런 유형의 객체화는 성질과 기하학적 관계와의 긴밀한 연합으로 특징지워진다. 이는 소위 감각 여건의 '투사'라고 하는 것의 기초이다. …… 이러한 경우, 이곳이라는 자리와 저곳이라는 어떤 객체화된 영역으로의 이중적인 관련이 있게 된다.(PR 541)

변형은 변환의 범주에 의해 느껴지는 것이다. 그것은 인간의 뇌 및 신체의 상태와 관련된 직선과 평탄한 기하학적 요소들의 지각이다. 이러한 변형이 동시적 공간에 있는 장소로 투영될 때, '변형-장소'라고 한다. 이 투영은 두 개의 기하학적 요소들의 집합에 의해 구성된다. 먼저, 경험하는 계기의 영역적 입각점을 구성하는 용적 내의 점들의 집합이 있고, 둘째, 이 점들의 쌍에 의해 한정된 직선들의 집합이 있다. 점들의 집합은 변형의 자리이며, 직선들은 투영자이며, 투영자에 의해 관통되는 완전한 영역은 '변형-장소'가 된다. 투사는 완전한 직선에 대한 정의에서 나온다. 모든 현실적 존재자는 "여건 내의 기하학적 요소, 즉 점의 집합과 이 점의 집합에 의해 한정되는 직선에 관여하고 있을 것을 요구"(PR 562)한다.

지금-여기와 지금-저기라는 결합이 일정한 체계를 가지면서 일정 기간 동안 영속하는 것은 어째서 가능한가? 만약 감각 여건과 시공간의 기하학적 패턴이 순간마다 바뀐다면, 과학도 일상도 불가능할 것이다. 화이트헤드는 시공간에 일정한 체계가 있기 때문에 그것이 가능하다고 본다. 몸이라는 지속은 그것과 다른 존재들과 고유한 공액적 관계를 갖고 있다. 따라서 지각 대상이란, "연장을 가지며 지각자의 동물 신체와 복합적인 연장적 관계 속에 들어 있다는 것이 전부라는 결론이 나오게 된다."(PR 245)

지금까지 근대 철학은 데카르트에서 칸트에 이르기까지 정신과 물질의 이원론에 머물 수밖에 없었던 것은, "감각 여건의 기원을 인간 신체의 기능에 귀속시킬 아무런 근거도 가지고 있지 않기"(PR 245) 때문이다. 그런 점에서 칸트처럼 관계를 설명하기 위해서 정신의 기능에 관심을 가지게 되며, 그것은 관념론의 비극적인 출발점이자 종결점이 된다.

화이트헤드의 이와 같은 입장은 최근의 인지 과학에 의해 어느 정도 그 정당성을 인정받고 있다. 발레라(Varela)와 톰슨(Thompson)과 로쉬(Rosch)에 따르면, 인지는 순수한 정신활동이나 연산작용이 아니라 그것은 몸에 의한 체현이나 상황과 밀접한 관련을 맺는다. 몸의 구조가 다르면 인지 형식도 달라진다. 세계는 언제나 몸의 활동과 동시에 주어진다.(2016) 즉 세계는 지각자와 관련해서 발생한다. 또한 지각자가 세계를 표상하는 형식은 단지 정신적 특성에만 관련되는 것이 아니라 우리 몸의 구조와 기능에 밀접하게 관련을 맺고 있다. 이들의 입장에 따르면, 색은 세계 내에 존재하는 것이 아니다. "색 범주 전체가 어떤 것은 종 특수적이고 어떤 것은 문화특수적인 지각인지과정의 복잡하게 얽힌 계층적 구조에 의존"하며, "이 범주들은 우리의 구조적 연합의 생물학적, 문화적 역사에 의존"(바렐라, 톰슨, 로쉬 지음, 277)한다. 따라서 색은 역사와 문화의 산물이다.

4. 체계적인 기하학

화이트헤드는 앞에서 기하학적 관계 및 직선에 대한 논의를 통해 감각 지각에 대한 인과적 관계 및 동시적인 관계를 설명하고 있다.

화이트헤드에 의하면, 결합체는 일종의 체적이며, 그 안에는 현실적 존재들의 상대적인 위치를 점유하고 있으며, 이를 통해 공액적 관계를 설명하고 있다. 의자에 대한 예에서, 우리는 일종의 식별된 것과 식별가능한 것을 말했다. 그것은 공액과 연장에 대한 주장이다. 의자를 만든 사람, 판 사람을 중심으로 보는 것과 의자를 구성하는 감각패턴을 통해서 보는지에 따라 양태가 달라진다. 그렇다면 화이트헤드는 왜 우리의 일상적 경험을 기하학적 관계, 특히 직선과 평면을 통해 설명할 수 있다고 보는가? 그는 일상경험을 설명할 수 있는 일정한 수학적 구조가 있다는 일념을 가지며, 그 작업의 일환으로써 연장적 결합을 통해 현실적 계기의 등위적 분할을 시도한다.

화이트헤드에 의하면, "신체를 뛰어넘어서 확대되는 이러한 체계적 관련을 가질 수 있는 유일의 가능한 요소는 직선과 평면이다. 평면은 직선에 의해 정의될 수 있다. 따라서 우리는 직선에만 주의를 집중시킬 수 있겠다."(PR 253) 그렇다면 화이트헤드가 의미하는 직선은 무엇인가? 우리는 이를 추적하기 위해 몇 가지 단계를 거쳐야 한다.

우선적으로, 화이트헤드는 모든 현실적 계기는 부분과 전체라는 성질을 갖고 있다고 본다. 그에 따르면, 연장적 결합의 정의 2에서, "영역 B와 결합된 모든 영역이 A와도 결합되고 있을 때, 영역 A는 영역 B를 포함한다고 말한다. 또 다른 용어법으로, 영역 B는 영역 A의 부분이라고도 말할 수 있을 것이다. …… 또한 가정 8에서 포함의 관계는 비대칭적이다. 즉 만일 A가 B를 포함한다면, B는 A를 포함하지 않는다."(PR 518) 이것은 앞에서 다룬 의미관련 가운데 연장에 대한 핵심적인 내용을 품고 있다. 자연은 추이하면서 언제나 과거의 일부를 현재 속에 포함해서 가는 것이다. 이것이 부분과 전체의 관계로 자연을 설명하는 것이다.

또한 그것은 『자연 인식의 원리』 PNK(104)의 '연장적 추상의 방법'과 『과정과 실재』에서 추상적 집합에 대한 정의에서 그 특성이 설명된다. 그것은 일종의 러시아 인형과 같다. 동일한 인형이 보다 작은 인형으로 계속 수렴해 가는 것이다.

> 정의 11. 추상적 집합 α의 그 모든 성원들이 각각 추상적 집합 β의 어떤 성원들을 포함하고 있을 경우, α가 β를 망라한다(cover)고 말한다. 각 추상적 집합은 포함의 관계에 의해서 결정되는 계열적 순서에 따르고 있는, 그 성원들과 함께 이해되지 않으면 안 된다는 점을 주목해야 한다. 이 계열은 임의의 크기의 영역에서 시작되어, 아무런 한계 영역도 없이 갈수록 작아지는 영역을 향해서 비한정적으로 수렴해간다. 집합 α가 집합 β를 망라하고 있을 때, 만일 우리가 집합 β의 계열적 배치의 아주 밑바닥에서 출발한다고 하면, α의 각 성원은 β의 수렴된 말단에 있는 모든 성원들을 포함하게 된다. 추상적 집합이 그 큰 말단에 있는 어떤 영역에서 시작해야 한다고는 하지만, 이 최초의 대규모 영역들은 결코 우리의 추론에 들어오지 않다는 것을 알게 될 것이다. 늘 주의를 끄는 것은 우리가 이 계열을 충분히 밑으로 따라 내려갔을 때, 어떠한 관계가 발생하는가 하는 점이다. 흥미를 끄는 관계는, 그것이 어디에서 시작하건 간에, 무한 계열의 잔여를 통해서 계속되는 관계뿐이다.(PR 521)

앞에서 두 정의는 모두 연장관계를 설명하는 것이다. 의미관련 속에서 연장 관련을 설명하는 측면들이다. 뒤에 설명하는 정의는 의미관련 중에서 공액과 연관이 있다. 그것은 일종의 동치의 관계라고 할 수 있다. 각 집합이 서로 포함관계를 유지하는 지속일 때, 그것은 동치라고 할 수 있다. 일종의 교환관계가 성립하는 것이다. 앞의 두 정의가 부모와 자식의 관계라면, 뒤의 정의는 부부관계 정도가 될 것이다.

> 정의 12. 두 개의 추상적 집합은 각 집합이 상대방을 망라하고 있을 때, 동치라고 한다.

따라서 α와 β가 동치인 두 추상적인 집합이라 하고 A₁에 포함되는 β의
어떤 성원—B₁이라고 하자—이 존재하고, 또 B₁에 포함되는 α의 어떤 성
원—A₂라고 하자—도 존재하며, 다시 A₂에 포함되는 β의 어떤 성원—B₂
라고 하자—또한 존재하게 되는데, 이런 관계는 무한히 계속될 수 있다.
동치인 두 개의 추상적 집합은 그것들의 수렴과 관련해서도 동치이다.
가정 19. 추상적 집합은 그 자신과 동치이다. 이 가정은 전적으로 용어
체계의 편의적인 약정에 지나지 않는다. 추상적 집합은 재귀적 동치를
위한 조건을 충족시키고 있다.(PR 522)

그 다음으로는 점에 관한 정의를 하고 있다. 점은 유클리드 기하학에
나오는 것과는 다르다. 그것은 이미 부분과 전체의 관계 속에 있는 것이
다. 하나의 추상적 집합 속에 나오는 기하학의 요소들은 나머지 성원과
일정한 관련을 맺고 있다. 이것이 점의 성질이며, 그것은 일종의 복합체
와 같은 성질을 지닌다. 사영 기하학에서 점이 직선의 다발인 것처럼, 점
은 추상적 집합 속의 다른 요소들과 결합된 성질을 가진다.

정의 14. 어떤 추상적 집합이 속하고 있는 기하학적 요소는 그 추상적
집합과 연합한 기하학적 요소라고 불린다. 따라서 기하학적 요소는 그
것의 각 성원과 연합하고 있다. 이때 기하학적 요소가 어떤 부수적인
요소가 없을 때, 점이 된다. 점과 선에 대한 화이트헤드의 정의 및 가정
은 다음과 같다.
정의 16. 기하학적 요소는 그것에 부수적인 기하학적 요소가 없을 때,
점이라고 불린다. 점에 대한 이 정의는, 점은 부분을 갖지 않는다는 유
클리드의 정의와 비교되어야 한다.
가정 29. 만일 두 점이 하나의 주어진 용적 속에 있다면, 모두 그 용적
속에 있는 점들로 된, 두 점을 잇는 선형 신장들이 있다.
가정 30. 만일 두 점이 하나의 주어진 표면에 있다면, 그 표면에 놓여
있는 점들로 된, 두 점을 잇는 선형 신장이 있다.
가정 31. 만일 두 점이 하나의 주어진 선형 신장 속에 있다면, 그 두 점

을 끝점으로 하고, 전적으로 선형 신장 속에 있는 점들로 된, 두 점을 잇는 하나의, 그리고 오직 하나의 선형 신장이 있다. …… 선형 신장에 있어서 점의 순서라는 개념은 이제 사이라는 개념의 정의로부터 정밀하게 마무리될 수 있겠다.(PR 525)

지금까지 기술한 점과 직선들에 대한 이야기가 다소 난해하게 들릴 것이다. 기본적으로 화이트헤드는 수학을 양의 수학이 아니라 관계의 수학으로 확장해야 한다고 보며, 그것은 데카르트의 입장보다는 라이프니츠의 관점과 그 맥을 같이한다. 데카르트가 기하학을 대수 연구를 통해서 이해하였다면, 그것은 수나 양을 통해 기하학을 설명하는 것이다. 그런데 라이프니츠는 기하학을 수나 크기보다는 공간적 위치나 장소들의 관계로 이해하고자 했다. 예컨대, 데카르트가 원함수는 $x^2 + y^2 = r^2$를 의미하며, 이것은 피타고라스 정리를 사용하고, 좌표계에 대한 거리관계를 수를 통해 규칙화한다.

이와는 달리 〈그림 1〉를 보자. 라이프니츠는 AB(Y) 8 ABY를 점들의 위치들을 통해 내적으로 결정한다. 각 점은 고정되지만, 그 점들은 외부

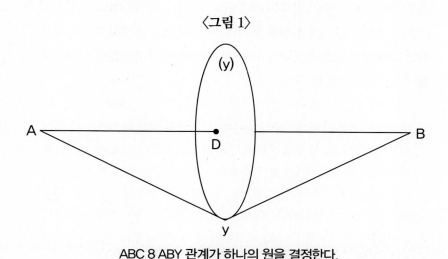

〈그림 1〉

ABC 8 ABY 관계가 하나의 원을 결정한다.

의 좌표계를 끌어오지 않고 내부적으로 결정된다. 그것은 옛날에 여자아이들이 놀았던 고무줄놀이와 같다. AB는 고정된 거리 관계를 유지하면서, 그 고정된 점들 사이에 있는 직선을 고무줄이라고 생각해 보자. 그러면 그것은 점 (Y)와 Y 사이에서 단지 원의 형태로만 움직일 수 있다. 이 위치 관계들에 의해 운동 가능성은 제한된다. 이것은 선형적인 인과관계가 아니라 유기체의 입장에서 운동을 설명하는 것이다. 이것은 전체가 부분에 반영되며, 부분은 전체의 성질을 함의한다. 우리는 이것을 내적 관계로 운동을 설명하는 것으로 보며, 양상적 관계로 기하학을 연구하는 것이다.(Günzel 249)

지금까지 공간의 형태에 관한 연구는 대체적으로 양을 중심으로 이루어졌다면, '양상'을 중심으로는 거의 연구되지 않았다. 기하학의 양상적 측면은 라이프니츠가 거의 최초의 연구가로 알려져 있다. 화이트헤드는 『과학과 근대세계』에서 시공간에 대한 이해에서, '분리적', '파악적', '양태적(modal)'으로 나눈다. 여기서 양태는 양상과 같은 의미로 사용된다. 시공의 분리적 특성이 양을 통해서 설명하는 것이라면, 파악은 시공을 구체적 통일로 보는 것이다. 화이트헤드는 분리적 특성과 파악적 특성에 함께 결부되어야 하는 것이 양태적 특성이라고 한다. 파악적 시공간의 양태적 특성은 내적인 관계에 초점을 둔다면, 분리적 시공간의 양태적 특성은 외적인 관계에 초점을 둔다. 이것이 라이프니츠와 데카르트의 철학의 차이점이라고 할 수 있다.

> 물리학에 적용된 데카르트의 주관주의는, 단지 외적 관계만을 갖는 개체적 존재로서의 물체에 관한 뉴턴의 가설이 되었다. 우리는 데카르트가 물체의 원초적 속성으로 기술했던 것이 실제로는 현실적 계기들 간의, 그리고 현실적 계기들 내부의 내적 관계의 형식이라고 보기 때문에, 그와 의견을 달리한다. 이러한 사고의 변화는, 물리학의 기초가 되는 사상에 있어서의, 유물론으로부터 유기체론으로의 전환이다.(PR 538-539)

한편 내적 관계로 시공간을 본다는 것은 화이트헤드의 철학에서는 새로운 조어인 '파악'을 통해 이해하는 것이다. 파악은 하나의 결합체 속에서 상호 간에 파악을 하는 것이기에, 부분이 곧 전체의 의미를 함축한다. 화이트헤드는 그런 파악의 특성을 라이프니츠의 '모나드'이론과 거의 동일한 의미로 적고 있다. 다만 닫혀진 모나드가 아니라 열린 모나드라는 입장만 다를 뿐이다.

A의 파악적 통일은 A의 관점에서 본 다른 모든 부분 체적들의 양상을 A가 파악하는 데서 성립하는 통일이 된다. 하나의 체적이 지니고 있는 형상은 그것으로부터 그것의 양상 전체를 모두 이끌어낼 수 있는 공식이다. …… 나는 라이프니츠의 표현을 빌려, 모든 체적들 하나하나는 공간 내의 다른 모든 체적들을 자신 속에 반영하고 있다고 분명하게 말할 수 있을 것이다.(SMW 105-106)

이것은 버클리의 주관적 관념론을 비판하는 화이트헤드의 논의 속에 잘 녹아져 있다. 화이트헤드는 버클리의 정신 대신에 저곳에 있는 성, 구름, 유성의 배치는 이곳에서 통일의 입각점에서 파악된 것으로 본다. "이곳에서 파악되어 통일체를 이루는 것은 성, 구름, 유성의 여러 양상"(SMW 113)들이라고 한다. 그러면서 화이트헤드는 라이프니츠가 모나드를 통해 그런 입장을 표방하였고, 자신은 그런 모나드를 시공간에서 발생한 사건으로 변형시켰다고 한다.(SMW 113)

그렇다면 화이트헤드의 이런 논의가 가능한 기하학은 무엇인가? 화이트헤드는 1906년에 "The Axioms of Projective Geometry"와 1907년에 "The Axioms of Descriptive Geometry"은 모두 기하학의 양상적 측면을 연구하기 위한 작업들이다. 화이트헤드는 이런 작업을 통해 유클리드 기하학과는 다른 입장에서 합동과 거리 개념을 도출한다. 유클리드 기하학이 길이, 각, 형태가 동일한 경우에만 그 성질의 같음을 인정하는

데 반해서 사영 기하학은 길이나 각의 변화에 의해서도 그 성질이 같다고 보는 것이다. 유클리드 기하학에 비해 사영 기하학은 대칭 혹은 동치에 대한 관점이 더 넓다. 다른 예를 들자면, 유클리드 기하학은 두 원추 단면들에 해당하는 원들, 타원들, 포물선, 쌍곡선이 같은 유형이고 같은 크기를 가질 경우에만 등가적이나, 사영 기하학의 경우 모든 원추 단면들이 크기와 유형에 관계없이 등가로 본다.

화이트헤드의 기하학에 대한 연구는 여기에 머물지 않는다. 키튼(Keeton)은 로버트 팔터(Robert Palter 49)와 1960년(거듭해서 1961년에) 엘리자베스 크라우스(Elizabeth Kraus 143)(1979년)를 인용하면서 화이트헤드의 연장적 결합이 '위상학'과 밀접한 관련이 있음을 제기했다.

이 점에서 화이트헤드의 영역 개념이 대단히 순수하게 위상적인 것처럼 보인다. 즉 영역들은 [위상동형사상(homeomorphisms)이라고 불리는 이중연속적인 변환] 위상적 변환의 관점에서 불변하는 바로 그 성질들을 가진 것으로 가정된다.(키튼 276)

화이트헤드가 연장적 결합에서 탐구하고 있는 경험의 위상학은 이중연속적인(bicontinuous) 변환이라고 불리는 어떤 변화의 유형 내에서 여전히 불변적인 것이다. 간단히 말해서, 이 변화의 유형은 거의 모든 공간의 기하학적 특성을 변경하는 매우 보편적이며, 비-일정한 변환이다. 이것은 탄력 있는 종이 위에 도형을 그림으로써 예시된 변화의 유형이며, 이때 그려진 도형의 어떤 부분을 끊지 않고 탄력 있는 종이의 배치를 뻗치고, 꼬이고, 접고, 변경시키는 것이다. 이 경우에 그 종이는 찢어지거나 잘라지거나 재접착되지는 않는다. 탄력 있는 변환에 의해서 남겨지는 것은 그 도형의 위상적 성질들이라고 불리는 성질들의 집합이다. 그것들은 도형이나 존재의 가장 일반적이면서도 근본적인 성질들이며, 이러한 이유 때문에 그것들은 위상학 연구의 대상이다. 즉 새로운 점들을 만들어

내거나 기존의 점들을 융합시키지 않는 변형들 속에서 불변으로 머무는
도형들의 성질을 다룬다. 이것을 '위상동형사상'이라고 한다. 이런 변형
은 많은 불연속적인 형식들을 하나의 연속적 형식으로 융합할 수 있다.

양에 따른 분할은 전체 양을 부분 양으로 분할해도 그 성질은 변화하
지 않는다. 하지만 위상 기하학에 근거한 연장적 결합은 분할될 경우 다
른 질적인 성질을 갖게 된다. 마치 이것은 온도나 압력처럼 분할하면 전
혀 다른 성질이 되는 것이다. 100도를 50도로 두 번 분할하면, 그것은 원
래의 온도와 같은 것이 될 수 없다. 앞에서 버클리에 대한 설명에서 제시
한 성, 구름, 유성은 위상 기하학의 입장에서 보면, 그것은 동일한 패턴을
갖는 양상으로 파악할 수 있는 것이다. 앞에서 든 정의 2, 11과 점의 정의
를 통해서 볼 때, 부분은 전체를 반영한다. 그런 점에서 성, 구름, 유성의
일정한 성질들이 지각자에게 전달될 수 있는 것이다. 설사 그 크기와 각
은 다르더라도 동일한 성질이 전해질 수 있는 것이다.

한편 경험은 입각점을 구성하는 점들의 집합과 최소한의 점들의 쌍
에 의해 구성되는 직선들의 집합이 있다. 이 점들의 집합이 변형의 자리
이며, 직선은 투영자이고, 이것들의 결합이 '변형 장소'가 된다. 사영 기
하학에서 점은 직선들의 다발로 설명된다. 그러므로 우리가 일상적으로
말하는 책상이나 성은 점들의 집합이며, 화이트헤드의 용어로는 결합체
나 사회로 구성된 것이다. 이것을 보는 신체 역시 점들의 집합이다. 점들
의 쌍으로 구성된 직선들과 신체라는 점의 집합이 함께 평탄한 장소를
구성하며, 이를 통해 변형 장소가 성립된다. 변형의 장소는 잠시 동안 동
시성 혹은 동치를 존속하는 상태이다. 마치 역장이 대전에 서는 기차와
바라보는 것이 공액적 관계이다. 이것 역시 결합체로써 현재화된 장소에
함께 한다.

따라서 성이나 책상은 변형장소의 부분인 지각자에게 그 위상학적 불
변성을 유지한 채로 변형되어 전달되는 것이다. 화이트헤드에게 변형이
란 유클리드 기하학이나 아핀 기하학보다는 그 연속성이 보장되는 사영

기하학과 위상 기하학을 통해 그 일정한 성질 및 패턴이 전달될 수 있다는 점을 보여준다. 이것이 왜 감각 여건이 어떻게 우리에게 일정한 조건 속에서 전해질 수 있는지를 보여주는 화이트헤드의 설명이다.

물론 명제의 개념으로 넘어가면 상상력을 통해 새로운 술어적 조건이 부가될 수 있다. '소크라테스'라는 사회는 크산티페의 남편이라고 말할 때, 그 관찰자의 시공적 위치에 따라 '나쁜 남자'라는 새로운 속성이 소크라테스에게 부여될 수 있다. 하지만 우리가 앞에서 다룬 것은 신체와 관련된 감각 여건이기에 일정한 성질이 유지된다고 볼 수 있다. 앞에서도 말했듯이, 크기와 양이나 길이로 보는 유클리드 기하학은 아니지만, 그런 변형의 장소는 '관점' 혹은 '배치'에 따라 달라질 수 있다. 예컨대, 막대기에 감아놓은 줄이 있다고 해보자. 아주 먼 거리에서 보면, 그 줄은 0차원인 점에 불과하며, 가까이서 보면 그 감아놓은 줄은 3차원으로 보이고, 더 가까이서 보면 줄이라는 1차원으로 보인다. 그것은 시공간적 위치에 따라 그 성질을 달리할 수 있는 것이다. 이 예는 다소 모호하기는 하지만, 위상 기하학을 염두에 둔 연장적 결합은 차원에 따라 변형의 장소가 달라질 수 있다는 것이다. 즉 연속성은 언제나 불연속성으로 분할될 수 있는 것이다.

화이트헤드는 자신의 철학을 우주론이라고 부른다. 그는 지금까지 서구에는 크게 세 가지 우주론이 있었다고 한다. 하나는 플라톤의 우주론, 다른 하나는 뉴턴의 우주론이며, 마지막으로 자신의 우주론이다. 이 우주론은 각각 자신만의 근거가 되는 수학적 체계가 있다. 플라톤의 우주론이 유클리드 기하학과 연관이 있다면, 칸트와 뉴턴의 우주론은 미분과 적분 및 대수와 관련이 있다. 화이트헤드의 우주론은 위상학과 밀접한 관련성이 있다. 키튼(Keeton 2018)은 이런 점을 다음과 같이 표현한다.

화이트헤드는 기초적인 자연의 방향성에다가 점복합성 직관을 체계적으로 적용함으로써 경험의 세계에 대한 근본적인 구조에 이르게 되었다. 이 과정은 표면상 동일성/분리성과 순서/사이성의 구별이 근본적으로 중요하다는 것을 보여주었다. 우리는 이러한 구별과 함께 경험 세계의 연장과 방향을 체계적인 구조로 결부시키는 결합의 공리들의 집합을 도출할 수 있다. 우리는 이 구조를 느낌의 위상학으로 주조하였다. "느낌의 위상학"이란 어구는 느낌—경험의 세계로부터 일정하고 근본적으로(위상학적으로) 불변하는 구조가 발견될 수 있다는 의미를 전달하기 위해서 고안되었다. 화이트헤드는 이 위상학적 구조를 연장—방향—결합으로 결부된 기능 속에서 발견했으며, 이 도식을 그의 우주론인『과정과 실재』에서 제시했다.(305)

우리에게 보이는 대상이 다소 변형되어 보이더라도, 그것은 여전히 책상이며 의자가 될 수 있는 것은 바로 우리의 지각 및 인식이 위상적 구조를 통해서 동일성을 파악하기 때문이다. 따라서 화이트헤드의 인식론은 현대 위상학의 구조가 밑바닥에 깔려 있다고 할 수 있다.

5. 나가는 말

화이트헤드의 인식론은 현대 위상학과 일정 정도 관련이 있으며, 특히 수학을 양이 아니라 양상이나 질의 입장에서 보는 측면을 통해 정립된 것으로 볼 수 있다. 근대의 인식론이 양을 중심으로 제기되었기 때문에, 흄과 같은 철학자가 인식론적 회의에 빠질 수밖에 없었다. 흄은 감각 인상과 감각 인상은 상호 관련이 없다고 보면서 인과성에 대한 회의를 제기했으며, 베르그손은 정지는 실재를 왜곡한 것으로 본다. 화이트헤드는 이런 양 철학자의 입장을 다시 숙고한다. 감각 여건에서는 감각 수용이라는 보다 원초적인 여건이 먼저 있으며, 이것은 여건들 사이의 상호 결합성을 설명하는 조건이 된다고 하며, 정지는 어떤 계기가 변형의 장소와 관계를 맺는 것이라고 하다. 변형의 장소는 지각하는 계기가 변환의 범주를 통해 변형의 느낌을 느끼는 과정이다. 이것은 기하학의 장소라고 할 수 있다. 우리 눈에 보이는 정지는 시공간의 선택에 의해 그렇게 보일 뿐이다. 그것 역시 과정 속에서 연장의 일부라고 볼 수 있다. 역장의 입장에서는 기차가 동대구, 대전, 서울로 가는 트랙을 돌고 있다고 여기며, 자신은 정지해 있다고 생각한다. 하지만 역장 역시 지구라는 궤도를 통해 돌고 있는 것이다. 다만 그것은 일정한 시공간에서 변형의 장소를 통해 동시적으로 만나고 있다. 그러므로 정지는 상호간의 교차로 만들어진 직선을 통해 투영된 자리일 뿐이다.

화이트헤드가 위상학과 상대성이론과 같이 수학과 자연과학을 통해 우리의 인식 및 의미에 대해서 탐구하였다. 그 이후, 유럽의 구조주의 철학 역시 의미는 위치에 따라 주어진다고 본다. 의미는 하나의 항이나 주체에 속하는 것이 아니라 다른 요소들과 관계에서 생겨난다는 것이다. 이것은 앞서 다룬 경험론의 입장을 거부하는 것이다. 그것은 의미가 하나의 지시대상에 대한 지시작용으로 본다. 또한 합리론에서 의미를 주체의 의미작용으로 보는 것도 거부하는 것이다. 의미는 구조나 체계의 내재적인 관계에 따라 달라지는 것이다. 마치 바둑이 어떤 장소에 놓이는가에 따라 그 의미가 달라지는 것과 마찬가지이다. 포스트—구조주의자인 들뢰즈 역시 이와 같은 방식으로 의미와 인식을 다루고 있기 때문에, 위상학적 관점을 수용하고 있다고 볼 수 있다.(Sauvagnargues 256) 화이트헤드의 철학이 '유기체' 철학인 것도 바로 그런 체계 속에서 두 항이 공동으로 생산하는 파악에 따라 의미가 달라진다는 점을 주장하는 것이다.

자연은 부분과 전체라는 일정한 체계 속에서 작동되고 있다. 그 작동규모는 각자의 시공간에 따라 다르게 보이며, 우리의 시각 속에 그런 상호 작용은 정지라는 모습으로 등장한다. 땅은 정지되어 있고, 토끼는 움직인다. 그러나 땅은 토끼보다 더 천천히 움직이고 있을 뿐이다. 화이트헤드는 그런 일상적인 삶의 형식을 추상적 구조를 통해 보여주기 위해서 변형이라는 개념을 도출해낸다. 화이트헤드는 구체와 추상을 분리하지 않는다. 그는 이분화를 거부하는 철학자이다. 그런 점에서 이 논문은 추상을 거부하는 베르그손이나 추상에 안주한 흄 역시 이분화라는 덫에 걸렸다는 사실을 의미관련과 변형 이론을 통해 고려해 보았다.

참고 문헌

Günzel. S. 『토폴로지』, 이기홍 옮김(2010), 에코리브르.

Keeton. H. 『느낌의 위상학』, 김영진 옮김(2018), 이문출판사.

Kraus, E. N(1979). *The Metaphysics of Experience*, New York: Fordham University Press.

Lowe.V.(1966), *Understanding Whitehead*, Baltimore: Johns Hopkins Press.

Palter, R(1960). *The Place of Mathematics in Whitehead's Philosophy*, Chicago: University of Chicago Press.

Sauvagnargues. A. 『들뢰즈, 초월론적 경험론』, 성기현 옮김(2016), 그린비.

Whitehead. A. N. 『과정과 실재』(PR), 오영환 옮김(1991), 서울: 민음사.

Whitehead. A. N. 『관념의 모험』(AI), 오영환 옮김(1996), 서울: 한길사.

Whitehead. A. N. 『과학과 근대세계』(SMW), 오영환 옮김(1989), 서광사.

Whitehead. A. N. 『자연의 개념』, 전병기, 안형관, 이태호, 김영진 옮김(1998), 이문출판사.

Whitehead. A. N. 『자연인식의 원리』, 전병기 옮김(1998), 이문출판사.

Whitehead. A. N. 『상대성의 원리』, 전병기 옮김(1998), 이문출판사.

프랜시스코 바렐라, 에반 톰슨, 엘리노어 로쉬. 『몸의 인지과학』, 석봉래(2016), 김영사.

과정공동체에 대한
하나의 시론[1]

1. 서론

얼마 전에 '국제시장'이라는 영화가 대박을 쳤다. 이 영화의 주된 줄거리는 아버지 세대가 자신보다는 자식과 가족을 위해 헌신적인 희생을 했다는 것이다. 이 영화에서 주인공은 자신의 희생을 자식과 부인에게 '인정'받기보다는 함께 피난하지 못한 아버지에게 '인정'받고자 하는 강한 욕구를 드러낸다. 어쩌면 행복이나 성공적인 삶은 누구에게 인정을 받고자 하는 삶인지도 모른다.

호네트(Honneth)에 따르면, 성공적인 삶의 조건으로 세 가지 인정 형태를 요구한다. 그것은 사랑, 권리, 사회적 연대이다. 이는 인간의 세 가지 다른 속성을 의미한다. 자연적 욕구, 도덕적 사려 능력, 개성을 지닌 존재로서의 인간이다. 자연적 욕구의 충족이라는 의미에서의 자기 보존(selbsterhaltung)의 욕구가 있고, 이것은 사랑이나 우정 혹은 배려로 표현된다. 사회적 의사결정 과정에 참여한다는 의미에서의 자기 규정(selbstbestimmung)은 도덕적인 자기 결정권을 모두가 갖고 있음을 의미한다. 그리고 개성의 실현이라는 의미에서의 자기 실현

---

1 이 논문은 『민족문화논총』 제62집(2016년)에 게재되었다.

(selbstverwirklichung)은 얼마나 공동체의 가치에 자신의 가치가 부합하는가에 달려 있다. 그는 이 세 가지 인정 형태가 삶을 성공적으로 이끌어 가는 방식이라고 한다. 호네트의 입장을 참조한다면, '국제시장'에서 그 영화의 주인공은 '자기보존'에 대한 인정 욕구를 강하게 표출하고 있다.[2] 이러한 공동체 의식은 일종의 가족주의 중심의 공동체주의라고 할 수 있다. 한국사회가 산업화를 전개 및 발전하는데 가족 공동체주의는 지대한 영향을 미쳤다. 다만 그러한 공동체 의식은 영화의 주인공처럼 다소 폐쇄적인 인정 욕구에 매달릴 수밖에 없다. 그러다보니 그 주인공은 사회적 의사결정이나 자기 실현의 가치를 인정받지 못한 슬픈 자화상을 보여준다.

한편 오늘날의 세대는 도시화의 진행과 함께 개인주의 의식이 팽배해졌고, 핵가족을 통한 가족구성은 과거의 가족주의 중심의 공동체 의식과는 멀어지고 있다. 어쩌면 그것은 필연적인 결과이다. 우리는 과거와는 다른 문제 지점에 봉착해 있다. 부모세대와 오늘날 세대는 다른 문제의식에 놓여 있다. 다시 말해서 가족에게 경제적 부양을 제공하는 것으로만 설명할 수 없는 문제들이 드러나고 있다. 우리는 이를 크게 세 가지로 나눌 수 있다. 즉, 경제적 양극화, 삶의 질, 소수자의 문제이다.

한국 사회는 경제적 양극화가 심화되고 있다. 지식과 기술의 발달로 인해 그 문제가 갈수록 심각해지고 있는 실정이다. 구조적인 문제를 포함하고 전 지구적인 문제이기에 그 해결책은 결코 쉬워보이지 않는다. 다음으로 삶의 질의 문제이다. 소득의 증대가 반드시 삶의 질을 높이는 것은 아니기에 이 문제에 대한 관심이 높아지고 있다. 어느 정도 사회 전체의 소득의 지점이 상승하면 부의 총액이 아니라 행복 지수에 대한 관심이 높아진다는 것은 선진국의 사례를 통해 익히 알려져 있다. 국내에도 환경 운동, 교육 운동, 핵 폐기장 건설 반대 등을 통해 삶의 질을 높이는 문제에 시민들의 문제제기가 높아지고 있다. 마지막으로 소수자 문제를 살펴

2 A. Honneth, 『인정투쟁: 사회적 갈등의 도덕적 형식론』, 이현재 문성훈 역, 동녘, 130-163쪽.

보자. 한국 사회가 단일 민족이 아니라는 사실은 이미 유엔보고서를 통해 밝혀진 바이다. 많은 외국인 노동자와 결혼이주자가 동시대에 살고 있다. 이들과 어떻게 연대해서 살아갈 것인지도 대단히 중요한 이슈로 등장하고 있는 실정이다.

이와 같이 우리 사회는 분배의 문제, 삶의 질의 문제, 소수자의 인정문제 등으로 사회적 갈등이 심화될 수 있는 상황에 놓여 있다. 그렇다면 이런 문제를 새롭게 바라보는 방안은 있는가? 그것들을 해결하기 위한 경제 생산과 인정을 받는 방법 중의 하나가 사회적 기업이나 협동조합을 활성화시키는 것이다. 왜냐하면 호네트에 말한 인정에 대한 세 가지 욕구인 우정(혹은 사랑), 법적 권리, 공동체 가치의 실현이 사회적 기업과 협동조합을 통해 모색될 수 있기 때문이다.

대체적으로 협동조합과 사회적 기업을 운영하기 위해서는 생산, 마케팅, 재무, 철학이라는 네 가지 요소들이 잘 작동되어야 한다. 협동조합과 사회적 기업 대다수가 처음에는 생산과 마케팅 위주로 운영이 되며, 어느 정도 소득이 증대되면 재무적인 부분에도 관심을 가진다. 하지만 여기에 적합한 철학이나 조직이론에 관한 관심은 상대적으로 빈약한 편이다.

따라서 본 연구의 목적은 한국 사회가 지향해 가는 사회적 기업과 협동조합에 대한 철학과 조직이론에 대한 존재론적 탐색을 시도하는 작업이다. 우리는 이 탐색을 위한 공동체의 모델을 과정공동체(process-community)라고 하며, 이 과정공동체의 의미를 규정하고, 그 차원을 제시해볼 것이다. 우리는 자유주의와 공동체주의로 나누어진 일반적인 형태를 실체적 자유주의와 실체적 공동체주의로 보면서 이를 극복할 수 있는 대안적 형태로 과정공동체를 제시해 볼 것이다.

물론 우리 사회는 이미 경제와 사회 체제에 대한 이해를 위해 개체와 공동체에 대한 많은 논의가 있었다. 자본주의와 자유주의의 핵심적인 개념인 개체주의 입장과 그 대안으로 제시되는 공동체주의 입장을 들어보면 모두 어느 정도 설득력을 갖고 있다. 하지만 개체와 공동체라는 이분법적 구도는 무의식적으로 실체(substance)라는 관념을 안고 있다. 우리는 그런 개념들은 근원적으로 모순율과 배중율의 원리에 기반을 둘 수밖에 없고, 그것은 공동체와 타-공동체라는 이분법적 구도를 가지는 형태를 취할 수 밖에 없다고 본다. 이런 상황을 피하기 위해 화이트헤드(A. N. Whitehead)와 들뢰즈(G. Deleuze)의 개념을 차용해서 이 문제를 풀어나갈 것이다. 그들은 모두 이분법적 구도를 피하는 개념을 선택한다. 따라서 이 글의 목적은 개체와 공동체에 대한 논의를 과정철학의 관점에서 조망해 보며, 특히 화이트헤드와 들뢰즈의 존재론 및 인식론을 중심으로 과정공동체에 대한 시론적인 입장을 살펴보는 것이다.

2. 과정공동체와 실체공동체: 철학과 조직이론

2.1 실체와 과정: 철학에서 상반된 입장

대체적으로 공동체의 핵심적인 전제는 아리스토텔레스 철학에 기대고 있다. 그의 공동체 논의는 '동일성'을 전제로 한다. 왜냐하면 그의 철학은 이미 좋은 유에 의해서 결정된 존재로 보기 때문이다. 예컨대, '인간은 이성적 동물이다'라는 명제로 표현되며, 이것은 종차 속에 차이를 무화시키는 방식이다. 동물과 인간의 차이는 종차에 의해 나눈다.이것은 "개념의 내포 안에 있는 하나의 술어"[3]를 통해 차이를 규정하는 방식이다.

이성의 잣대는 서구 계몽주의와 제국주의의 확고한 기준이었다. 이것은 서구와는 다른 관점을 받아들일 수 없게 했다. 이것은 일종의 재현 철학의 방식이며, 획일적인 통일의 형태로 구축되는 공동체의 의미를 만든다. 재현의 철학에서 차이는 매개의 의미로 설명되며[4], 그것은 선별에 따른

---

3 질 들뢰즈, 『차이와 반복』, 김상환(2004) 역, 94쪽.
4 김상환(2004), 89쪽.

기준을 설정해 놓는 것이다. 들뢰즈에 따르면, 재현의 '재'(re)는 차이를 종속시키는 의미를 함축하며, 그것은 동일성을 전제하고 있다고 본다.[5]

화이트헤드도 아리스토텔레스의 유, 종, 종차로 구분하는 방식을 통해서는 "혼합에 대한 분석"[6]이 나올 수 없다고 한다. 이런 방식은 수직적이며 위계적인 질서와 배타성을 전제로 하는데, 실제적으로는 유에는 없는 것이 종과 사례에는 들어있기 때문이다. 예컨대, 등뼈의 관념은 포유라든지, 물속을 헤엄치는 관념을 보여주지 않는다. 화이트헤드에 따르면, 종 속에는 이미 다양한 유의 잠재적인 섞임이 있으며, 구체적인 개별자인 개와 고양이에게도 다양한 실질적인 섞임이 들어있다.[7] 이런 점에서 아리스토텔레스의 공동체 철학의 전제가 되는 유, 종, 종차의 개념들은 "새로운 결합 가능성"[8]을 원초적으로 막고 있다.

아리스토텔레스의 생물학은 당대의 유클리드 기하학과 마찬가지로 "서로 배제시키는 분류법"[9]이다. 이것은 유클리드 기하학이 닮음의 형태를 매우 제한적으로 사용하는 것과 같다. 그러나 비유클리드 기하학에 해당하는 사영기하학과 위상기하학에서는 '계량', '거리', '좌표'와는 상관없이 닮음을 확장한다. 예컨대, 위상학에서는 도넛, 반지 등이 하나의 점으로 동일하게 묶여진다. 이것은 일종의 '교차 분류학'(thescience of cross-classification)이다. 화이트헤드는 수학적 통찰을 통해 점과 선이 위계적인 관계가 아니라 상호 포함관계라는 사실을 지적하면서, 유와 종 역시 상호 포함관계로 설명한다. 마치 개체와 공동체가 위계적 관계가 아니라 상호 영향을 주고 받는 포함관계로 보는 것과 마찬가지이다.

한편 근대의 가장 대표적인 공동체주의 철학은 헤겔(Hegel)철학이다. 헤겔은 변증법을 통해 개체와 공동체의 관계를 설명한다. 하지만 아리스

---

5 김상환(2004), 144쪽.
6 화이트헤드, 『관념의 모험』, 오영환(1996) 역, 365쪽.
7 오영환(1996), 365쪽.
8 오영환(1996), 365쪽.
9 오영환(1996), 231쪽.

토텔레스와 마찬가지로 변증법적 운동은 실체를 전제하며, 그것은 자기 동일성을 해체하지 않는 운동이다. 헤겔에게 모든 행위의 확실한 출발점은 자기 동일성을 갖춘 "불멸의 실체로서의 정신"[10]이라고 하며, 이 정신이 "공동세계를 떠받치는 인륜적 실체"[11]라고 한다. 따라서 헤겔의 공동체 개념의 전제에는 실체 개념이 깔려 있다.

그런데 헤겔에게 개체는 공동체와 어떤 관련을 가지는가? 헤겔에 따르면, 개체와 공동체는 각기 서로 침범할 수 없는 절대적 독자성이 있으나, 공동체만이 실체의 의미를 갖고 있기에 개체는 그 의미를 인정받을 수 없다고 본다.[12] 헤겔에게는 공동체만이 실체이며, 개체는 공동체라는 실체를 이해하는 껍데기에 지나지 않는다. 이런 변증법적 운동은 들뢰즈가 볼 때, 타자를 배제하는 방식의 운동이다. 왜냐하면, 실체의 운동에는 다른 실체와의 관계는 철저히 배제될 수밖에 없기 때문이다. 따라서 들뢰즈에 따르면, 헤겔철학은 "부정성을 통한 동일자의 무한한 순환"[13]이다. 다시 말해서 헤겔의 실체 공동체 철학에서는 타자가 배제된다. 타자는 진정으로 나오는 차이가 나는 것이며, 내 속에 포함될 수 없는 존재를 의미한다. 즉 그것은 '즉자적 비동등'이다. 하지만 헤겔철학에서 타자는 이미 내 안의 타자이므로 결국에 동일자로 해소되는 타자이다. 그것은 공동체 외부의 어떤 타자도 받아들일 수 없다. 민족과 국가 개념을 탄생시키는 데 헤겔 철학은 절대적인 기여를 한 것은 맞으나, 오늘날에는 그 의미가 다소 제한적일 수밖에 없다. 왜냐하면 참된 운동은 타자를 배제하는 것이 아니라 타자를 포함하면서 자신을 새롭게 바꾸어 가는 것이기 때문이다. 화이트헤드에 따르면, 인간의 삶에서 "인간 공동체(Communities) 사이에 차이(diversification)"는 필수적인 조건이며 "다른 습관을 가진 다른 나라

---

10 헤겔, 『정신현상학』, 임석진(2005) 역, 19쪽.
11 임석진(2005), 19쪽.
12 헤겔, 『역사 속의 이성』, 임석진(1992) 역, 16쪽.
13 들뢰즈, 『차이와 반복』, 김상환(2004) 역, 131쪽.

는 적이 아니라 하늘의 선물"[14]이다.

차이는 소통의 근본이다. 동등은 소통이 되지 않는다. 왜냐하면 동등은 자기 목소리를 듣는 것에 지나지 않는 거짓 운동이기 때문이다. 돌아옴은 언제나 차이가 있음을 의미한다. 타자는 곧 차이이며, 그 차이가 '사이'이며, 나와 타자는 언제나 사이의 존재이다. 아리스토텔레스와 헤겔의 철학은 실체 중심의 공동체 철학이며, 그것은 관계를 이차적인 것으로 보며, 이를 우리는 외적 관계(externalrelation)라고 말할 수 있다. 이와는 달리 과정철학에서 관계를 일차적으로 보며, 그런 차이에 따른 관계를 내적 관계(internal relation)라고 한다. 다시 말해서 외적 관계는 실체를 중심으로 사유한다면, 내적 관계는 '리좀(rhizome)'이나 '현실적 계기들(actual occasions)'의 관계를 더 중요하게 고려하는 사유방식이다.

존 캅은 외적 관계는 현대 사회를 상징하는 대표적인 철학적 전제라고 본다.[15] 자본주의의 중심은 개체이며, 그 개체는 계약을 통해 외적 관계를 맺는다. 이 관계는 개체들 사이에 '경제적 관점'만을 고려하는 형태이다. 역설적으로 기업가는 경제적 이익을 창출하는 존재로 규정할 때, 그 기업이나 기업가는 번영할 수 없다. 화이트헤드에 따르면, 공동체 전체의 삶을 조정하는 철학이 있어야 하며, 이것이 없는 공동체는 퇴폐, 권태에 따른 둔화가 발생한다고 본다.[16] 다시 말해 기업의 장기적인 존속은 다른 공동체와 상호 조화를 염두에 둘 때 가능하다는 것이다.

헤겔과 아리스토텔레스는 '인륜'과 '공동체'라는 개념을 사용하고 있기 때문에, 현대 자본주의 병폐에 대한 적절한 대안으로 보일 수 있다. 하지만 앞에서 보았듯이, 그것은 실체 공동체이기에 이미 외부와의 소통이 단절된 폐쇄된 성이다. 그러나 들뢰즈와 화이트헤드의 공동체는 외부에 열려 있는 공동체이다. 그것은 '이다'가 아니라 '그리고'를 통해서 열린 공동

---

14 화이트헤드, 『과학과 근대세계』, 오영환(1989) 역, 297쪽.

15 Cobb, B. J(2007)., "Person-in-Community: Whiteheadian Insights into Community and Institution", *Organizational Studies*, Vol 28, 567-588쪽.

16 화이트헤드, 『관념의 모험』, 오영환(1996) 역, 173쪽.

체를 지향한다. 우리는 개체 중심의 철학을 극복하기 위해 공동체에 대한 주장을 역설하지만, 그것은 플라톤과 헤겔 철학처럼 닫힌 공동체를 지향하는 방향이 될 수 있다. 그와 같은 이원론, 즉 "여기와 저기의 존재론적 이원론, 좋음과 나쁨이라는 가치론적 이원론, 미국적인 혼합 또는 종합"[17]의 이원론은 닫혀진 공동체의 모습을 구현하고 있을 뿐이다. 이와는 달리 들뢰즈와 화이트헤드의 과정철학은 "모든 이원론을 통과함으로써 우리 모두가 추구하던 〈다원론=일원론〉이라는 마법적인 공식에 도달"[18]하고자 한다. 따라서 과정공동체는 개체와 공동체에 대한 이분화를 극복하는 방향으로 진행된다.

2.2. 실체와 과정: 조직에서 상반된 입장

조직과 경영 연구는 대체적으로 실체(substance) 중심의 패러다임을 통한 실증연구가 그 주류를 차지하고 있다. 지금까지 실재는 대상이나 주체와 같은 '존재'(entity)로 보는 실체 패러다임을 중심으로 연구가 진행되었으며, 그 방법은 실증연구라는 통계 방법으로 전개되었다. 독립변수, 매개변수, 조절변수, 결과변수들의 상관관계를 통해 신뢰도와 평균 분산추출을 얻는다. 여기서 각 문항별로 표준화된 회귀계수 자료에 의해 객관성이 확보된다. 객관성의 대가로 이어지는 이런 연구방식은 변수를 한정하고 시간을 무시하는 '비교적 정태적'(comparative statics)인 방식으로 연구되어 왔다.[19] 다시 말해서 이와 같은 방식으로 지식을 탐색하는 방식은 실천가능하게 하는 개별자들, 즉 무엇을 하고, 어떤 시점에서 하고, 어떤 맥락에서 하는 것을 무시하는 경향이 있으며, 단지 분산추출 일반화를 통해 무시간적인 명제를 진리로 받아들였다. 이것은 여전히 명석

17 들뢰즈, 「천개의 고원」, 김재인(2001) 역, 45–46쪽.
18 김재인(2001) 역, 45–46쪽.
19 Pettigrew, Andrew M.(1987), *The management of strategic change*, Oxford: Blackwell..

판명한 확실한 지식을 얻는 토대로 인정을 받고 있다. 그런데 2008년 미국의 금융위기를 겪은 후에 조직과 경영이론에 대한 새로운 물결이 자본주의의 중심인 미국을 중심으로 일어나고 있다. 그것은 실체 패러다임이 아니라 과정(process) 패러다임을 중심으로 연구를 전개한 것이다. 이것은 결국 Academy of Management Journal(2013)에서 특집의 형태로 변화에 대한 과정 연구(process studies ofchanges)호가 나왔으며, 이 특집에 실리기 위해 100 여 편의 논문이 제출되었으며, 이 가운데 13편이 실렸다. 이 저널에서는 과정 패러다임으로 문제를 이해하는 것이 경영과 조직의 지식을 발전시키는 데 아주 중요하며, 이와 같이 탐색하는 연구자들이 크게 증대되고 있다는 사실을 밝히고 있다. 지금까지 경영 이론에서 과정 연구는 역사적으로 저평가되어 왔음은 분명하다.[20] 이것은 실증연구를 금과옥조로 여기는 미국의 아카데미에서는 쉽게 발생할 수 없는 일이다. 과연 우리는 이러한 경향을 일시적인 유행으로 볼 것인가?

그렇다면 이와 같은 사태는 왜 일어나는가? 그 이유는 실증주의 경영 이론과 조직은 아카데미 저널에는 적합하지만 실질적인 경영 문제의 해결책에는 적합하지 않은 경우가 다반사이기 때문이다. 큰 샘플과 통제된 실험실에서 성과를 비교하는 지식은 '무엇'의 지식과 연관이 되며, 이것은 분산추출을 통해 제공되는 것이다. 하지만 이런 지식에서는 중요한 것을 간과하게 된다. 다시 말해서 실천 가능한 지식을 만드는 것이 중요하며, 그 지식은 그 증거가 제시하는 변화를 산출하는 '방식'에 관한 지식이다. 이를 '증거-기반 경영'(evidence-based management)이론이라고 한다.[21]

한편 조직에서 어떤 행위 A를 실천하는 것이 조직에서 어떤 행위 B를 실천하는 것보다 더 효과적이라는 사실을 안다는 것은 바로 B에서 A로

---

20 Langley, A.(1999), "Strategies for theorizing from process data", *Academy of Management Review* 24, 691–710쪽.

21 Pfeffer & Sutton,. I.(2006), *Hard facts, dangerous half-truths and nonsense: Profiting from evidenced-based management*, Cambridge, MA: Harvard Business School Press; Rousseau, D. M.(2006), "Is there such a thing as evidence-based management?" *Academy of Management Review*, 31, 256–269쪽.

시간적으로 이행하는 '방식'을 아는 것이다. 이러한 변화 사이에서 자원, 정치적 역동, 조직의 격변 등이 수행되는 것이다. 이때의 시간은 속도 경영(speed management)과 같은 크로노스(chronos) 시간을 의미하는 것이 아니라 타이밍과 차이를 의미하는 카이로스(kairos)의 시간을 의미한다. 즉 그것은 시의적절한 때와 공명(synchronizing)을 수행하는 시간이다.[22] 그렇게 하지 못하면 한 시기에 좋았던 결정이 다른 시기에는 대재앙이 되는 경우를 보여주며,[23] 또한 역시 현재의 시간적 활동이 미래의 시간적 활동을 희생시키는 결과로 빚어지는 '결정의 덫'에 걸리는 경우도 있다.[24] 이와 같이 시간은 의사결정에서 무엇보다 중요한 영역이다.

실체 패러다임 역시 뉴턴의 시간과 같이 등질적인 시간을 사용한다. 하지만 조직과 경영에서 시간은 결코 상수가 될 수 없다. 조직과 경영은 '시의적절한 방식'(seasonable)에 따라 행동이 이루어져야 하며, 끊임없이 그 차이가 발생하는 과정이다. 그런 점에서 AMJ(2013) 대다수의 논문의 핵심 주제는 인간의 삶과 조직에서 '시간'은 필수불가결한 것임에도 불구하고, 대다수의 경영 저널에서는 "시간을 배제하는 경향"[25]이 있었다고 주장하는 것이다.

그렇다면 향후 조직과 경영은 어떤 모습을 갖출 것인가? 다시 말해서 미래에 조직의 모습이 현재의 조직과는 다른 모습을 보여준다면, 그것은 어떤 존재론과 인식론에 기반을 둘 것인가? 페드만에 따르면, 향후의 조직은 구조와 행위는 상호 관련된 형태가 될 것이라고 한다.[26] 이는 조직이 대단히 역동적이고, 복합적이며, 상호 의존적인 형태가 된다는 것이다. 또한 지식창조 이론의 창시자로 알려져 있는 노나카(Nonaka) 역시

22 Johannisson, B.(2011), "Toward a practice theory of entrepreneuring", *Small Bus Econ* 36, 144쪽.

23 MacKay, R. B., & Chiam R.(2013), "Choice, Change, and Unintended Consequences in Strategic Change: A Process Understanding of The Rise and Fall of Northco Automotive", *Academy of Management Journal*.

24 Van Oorschot, K., Akkermans, H., Sengupta,, & van Wassenhove, L. N.(2013), "Anatomy of a decision trap in complex new product development projects", *Academy of Management Journal*, 56, 285-307쪽.

25 같은 책, 4쪽.

26 Feldman, M.(2000), "Organizational routines as a source of continuous change", *Organization Science*, Vol. 11/6, 611쪽.

자신의 저서에서 과거의 경영지식이 실체 중심이었다면, 오늘날은 일상의 과정인 '루틴'(routine)으로 전환되어야 함을 역설한다.[27] 그러면서 노나카 자신의 경영철학은 화이트헤드(Alfred North Whitehead) 과정철학(process philosophy)의 세계관이라고 주장한다.[28] 결국 Feldman과 Nonaka는 현재의 지식 정보화 사회와 향후의 조직과 경영 이론의 방향은 과정철학의 패러다임에 두고 있음을 밝히고 있다.

한편 패러다임이란 그 시대의 모든 학문에 사유의 틀을 제공해주는 에피스테메(episteme)이다. 과정 패러다임의 도움으로 과학과 철학에서 실체 패러다임에 대한 한계가 노정되고, 이에 자극받아 다양한 영역에서도 사유의 전환이 시도되고 있다. 대표적인 실체 사유인 신학에서조차도 화이트헤드의 철학을 받아들여서 '과정 신학'을 연구하며, 교육학, 심리학, 법학 등으로 그 적용 범위가 확대되고 있다.

실체 패러다임은 개체와 사회를 각각 자기 완성적인 존재로 보는 경향이 있으며, 관계를 이차적인 것으로 놓는다. 화이트헤드는 이와 같은 사유를 '잘못된 구체성의 오류'(the fallacy of misplaced concreteness)라고 한다. 다시 말해서 물리적 대상과 개체가 가장 구체적인 단위가 아니라, 그것들 사이의 관계가 더 구체적이라는 것이 과정 패러다임이다.

예컨대, 바켄과 헤네스(Bakken & Hernes, 2006)[29], 치아(Chia)[30] 등 선구적 연구자들에 의해 과정 패러다임이 조직이론에 수용되기 시작하고 있다. 이들은 안정보다는 변화에, 통일성보다는 다양성에, 존재보다는 생성에 초점을 두고 조직을 바라본다. 이것은 조직 패러다임이 실체적 관점에서 과정적 관점으로 이동하고 있음을 반증하는 증거들이다. 물론 과정의 패러다임은 여전히 변방의 사유이지만, 그 사유의 중요성이 다양한

---

27 노나카, 『창조적 루틴』 김무겸(2010) 역, 31쪽.

28 김무겸(2010) 역, 31쪽.

29 Bakken, T., & Hernes, T.(2003), *Autopoietic organization theory: Drawing on Niklas Luhmann's social systems perspective*, Oslo: Abstrakt, Liber, Copenhagen Business School Press.

30 Chia, R.(1999), "A Rhizomic model of organizational change and transformation: Perspective from a metaphysics of change", *British Journal of management* 10: 209-227, 1999.

영역으로 확장되어 가고 있다.

다음 장에서 우리는 적극적으로 과정공동체를 지향하는 조직의 방향성을 두 가지로 구축해볼 것이다. 이를 통해 실체공동체와는 다른 모습을 보여줄 것이다.

3. 창조성의 공동체

우리는 화이트헤드와 들뢰즈의 철학을 통해 과정 공동체가 지향해야 할 차원을 두 가지로 구성해볼 것이다. 그것은 창조성의 공동체와 미의 공동체이다. 이것은 과정 철학의 전망 하에 구성된 공동체의 차원들이다. 각각의 차원에 대해 간단한 논거를 통해 그 차원이 가지는 의미를 살펴보도록 할 것이다. 우선 3장에서는 창조성의 공동체에 관해서만 논의를 해볼 것이다.

조직에서 '균형 기반이론(equilibrium-based theory)'은 실체 사유를 기반으로 삼고 있다. 그것은 일반적으로 기능주의 이론에 핵심적인 전제이며, 대체적으로 정태적인 존재를 중심으로 사유한다. 이 이론의 영향력은 대단하며, 다양한 사상가들에 의해 제기되었다.[31] 치아(Chia)에 따르면, 그것은 고대 철학을 대표하는 플라톤, 아리스토텔레스로부터 근대 진화론을 대표하는 다윈 등에 의해 추구된 입장이다.[32] 이것은 매우 정태적이며, 불변하는 실재를 기본 가정으로 삼는다.

이 조직에서 창조성 역시 기능적이고 도구적인 방식으로 이해되며[33],

---

31 Barley, S. R.(1986), "Technology as an occasion for structuring: Evidence from observations of CAT scanners and the social order of radiology departments", *Administrative Science Quarterly* 31, 108쪽.

32 Chia, R.(1999), "A Rhizomic model of organizational change and transformation: Perspective from a metaphysics of change", *British Journal of management* 10, 209-227쪽.

33 Sundgren, M & Styhre, A.(2007), "Creativity and the fallacy of misplaced concreteness in new drug development-Whiteheadian perspective-", *European Journal of Innovation Management*, Vol. 10, 216쪽.

창조성은 한 개인의 위대한 성취에 초점을 맞춘다.[34] 이런 조직에서 '지식'
은 명석 판명한 것으로 보고, 수학이나 공학과 같은 특별한 지식을 가진
사람들이 창의적인 작업 및 연구를 할 수 있다고 생각한다. 우리는 애플
의 창업주인 잡스에 대한 언론 매체의 전달은 한 위대한 개인에 의해서 애
플의 스마트 폰이 만들어졌다는 환상을 가져오게 한다. 마치 위인은 어린
시절부터 특별나며, 이를 통해서 우리는 함부로 창조적인 행위나 사유를
할 수 없다는 것을 일반인에게 심어준다. 즉 창조성을 한 개인의 위대한
속성으로 보는 것이다.[35] 따라서 전문가들인 심리학자와 경영학자라는 두
전문가 집단은 근대의 기술 지식을 잘 다루는 것을 창조성으로 본다.

　하지만, 화이트헤드에 따르면, 창조성을 한 개인의 특성으로 보는 것
은 '잘못된 구체성의 오류'를 저지르는 것이라고 한다.[36] 창조성은 한 개인
의 속성이 아니라 '와'(and)의 의미로 이해되어야 한다. 그것은 언제나 다
양한 사물들 사이에 존재하는 것이다. 결코 한 개인의 속성이 아니라 다
양한 사물들과 인간들의 창발적인 연결 속에서 생겨나는 것이 창조성이
다. 그것은 언제나 '상황'(situation)에서 발생하는 것이다. 화이트헤드는
이를 합생(concrescence)과정이라고 한다.

　　창조성은 새로움의 원리이다. 현실적 계기는 그것이 통일하고 있는 다
　　자에 있어서 어떠한 존재와도 다른, 새로운 존재이다. 그러므로 창조성
　　은 이접적인 방식의 우주인 다자의 내용에 새로움을 도입한다. 창조적
　　전진이란, 창조성의 궁극적인 원리가 그 창조성이 만들어 내는 각각의
　　새로운 상황에 적용되는 것을 말한다.[37]

　화이트헤드에게 궁극자의 범주는 일(one), 다(many), 창조성

34　Ford, C. M.(1995), "Creativity is a mystery", in Ford, C. M. and Gioia, D. A.(Eds), *Creativity Action in Organization: Ivory Tower Visions and Real World Voices*, Sage Publications, Thousand Oaks, CA.

35　Ford, C. M.(1995).

36　오영환(1989) 역, 84쪽.

37　오영환(1991) 역, 78쪽.

(creativity)이라고 하며, 모든 존재(entity) 및 사물(thing)은 이 세 가지 요소를 포함하고 있다고 한다. 예컨대, 연필이라는 사물은 이미 하나의 복합체로서 일자이며, 그것은 다양한 방식으로 접속될 수 있는 힘을 갖고 있다. 글을 쓰는 필기구도 되고, 무기도 되고, 돌잔치에 아이의 장래를 예견하는 물건이 되기도 한다. 이와 같이 우리가 사물이라고 하는 것은 이미 복합적인 일자이며, 그것은 상황 속에서 새로운 현실적 계기로 합생될 수 있다.

들뢰즈에게 리좀 개념 역시 바로 그런 의미 속에 이해되어야 한다.

> 리좀은 언제나 중간에 있으며, 사물들 사이에 있고 사이–존재이고 간주곡이다. 나무는 혈통 관계이지만 리좀은 결연 관계이며 오직 결연 관계일뿐이다. 나무는 "~이다"라는 동사를 부과하지만, 리좀은 "그리고…그리고…그리고…"라는 접속사를 조직으로 갖는다.[38]

리좀은 '그리고'라는 수평적 관계를 의미한다. 나무가 실체적 모델을 상징한다면, 리좀은 과정 모델을 상징한다. 리좀은 "정복, 변이, 팽창, 포획, 꺾꽂이의 의미"[39]를 갖는다. 리좀은 언제나 새로운 방식으로 결합 및 해체하는 것이다.[40] 따라서 리좀은 나무의 이미지와는 달리 자발적이고 예측될 수 없고 이질적인 요소들을 연결하는 역동적인 이미지이다. 화이트헤드와 들뢰즈의 이 개념들은 과학철학에서 브뤼노 라투어(Bruno Latour)와 이자벨 스탕제(Isabelle Stengers) 등에 의해 실천적 인식론으로 설명되고 있다.[41] 예컨대, 새로운 치료물질에 해당되는 분자나 세포를 실험실에서 발견한 연구자는 이 세포와 기계, 대학, 학회지, 언론, 환자들, 국가, 기업 등과 연결해야 한다. 이를 통해 세포의 역할,

---

38 김재인(2001) 역, 54–55쪽.
39 김재인(2001) 역, 8쪽.
40 김재인(2001) 역, 48쪽.
41 Latour, B. & Woolgar, S.(1979), *Laboratory Life*, Havard University Press.

기업의 역할, 시민의 관심 및 학문의 권위 등이 새롭게 조정된다.[42] 라투어는 과학이란 이와 같이 심장과 혈액순환 관계와 같이 분리될 수 없는 연결에 의해서만 이해될 수 있다고 한다. 즉 이와 같이 다양한 요소들이 새롭게 공재(together)되는 것을 우리는 합생 과정 혹은 리좀의 전개라고 할 수 있다.

하지만 우리는 창조적인 인물을 하나의 속성이나 성격으로 규정하는 오류를 범하는 경우가 종종 있다. 다양한 상반된 성격을 가진 창조적 인물이 존재한다. 칙센트미하이(Csikszentmihalyi)에 따르면, 창조적 인물은 보통 사람과 유사하다.[43] 다시 말해 어떤 경우에는 조용하며, 어떤 경우에는 동시에 스마트하기도 하고 어리석기도 하다고 주장한다. 또 어떤 이는 장난기가 있고 근엄하기도 하다. 포드와 지오아(Ford & Gioa)에 따르면, 개인 창조성보다는 집단 창조성을 통해서 문제를 해결하는 것이 더 중요해지고 있다.[44] 창조성을 이해할 때, 우리는 개인이라는 독자적인 힘에서 벗어나서 창조적 인물이 작동하는 사회적, 문화적 맥락을 포함하는 체계적인 전망으로 이동해야 한다. 포드(Ford)에 의하면, 창조성은 한 개인의 고유한 사람, 생산물, 혹은 장소의 성질이 아니라 특수한—사회적 구성물이며, 특히 창조적 인물은 특수한 영역의 문지기로 기여할 뿐이다.[45] 따라서 창조성은 개인의 속성이 아니라 네트워크의 속성이라고 할 수 있다.

새로운 연결을 의미하는 창조성은 과정철학에서 가장 핵심적인 개념이다. 따라서 과정공동체가 지향해야 할 첫 번째 공동체의 특성은 창조

---

42 Latour, B.(2000), A well articulated Primatology: Reflection of a fellow travellor, in Shirley Strum Linda Fedigan, eds., *Primate Encounters: Models of Science, Gender, and Society*, Chicago and london: The University of Chicago Press, 358–381쪽.

43 Csikszentmihalyi, M.(1994), "The domain of creativity", in Feldman, G. H., Csikszentmihalyi, M. and Gardner, H. (Eds) *Changing the World: A Framework of the Study of Creativity*, Praeger, Westport, CT.

44 Ford, C. M. and Gioia, D. A.(2000), "Factors Influencing Creativity in the Domain of Managerial Decision Making", *Journal of Management*, Vol. 26 No. 4.

45 Ford, C. M.(1995), "Creativity is a mystery", in Ford, C. M. and Gioia, D. A.(Eds), *Creativity Action in Organization: Ivory Tower Visions and Real World Voices*, Sage Publications, Thousand Oaks, CA.

성의 공동체라고 할 수 있다. 아무 관련이 없는 것들이 만나 화합을 이루고 질적으로 다른 새로운 부가가치를 낳는 것을 '창발'(emergence)이라고 한다. 즉, 그것은 한 대상이 다른 성질의 대상과 만나고, 경계를 넘어 서로 협동하며 새로운 관계를 형성하는 것이다. 일반적으로 우리는 대상을 객관적인 사물로 본다면, 현실적 계기와 리좀은 한 사물 속에는 다양한 이질적인 종합을 형성해 가는 역량이 있는 것으로 본다. 하나의 사물은 하나가 아니라 언제나 '다자' 혹은 '다양체'의 잠재성을 함의하고 있다.

노나카(Nonaka)는 자신의 조직 이론은 화이트헤드의 과정철학의 세계관에 근거해 있다고 말한다.[46] 이 점을 착안해서 노나카와 가쓰미가 저술한 『생각을 뛰게 하라』의 내용 중에 창조성의 공동체라고 할 수 있는 사례가 5장에 나온다.[47] 그것은 일본에서 호수의 환경을 복원하는 내용이다. 우리는 이 사례를 통해 들뢰즈의 '리좀'과 화이트헤드의 '현실적 계기'의 개념이 구체적으로 실현되는 상황을 살펴보자.

예컨대, 일본에서 실제 있었던 '노랑어리연꽃 프로젝트'와 연결해서 검토해보자. 이지마 히로시는 고등학교를 졸업하고 아르바이트를 하고 틈나는 대로 책을 읽고 자연을 관찰하는 소시민이다. 그는 우시쿠시에서 동네 아이들과 자연을 관찰한 내용들을 일반 시민들이 보도록 전철역에 그 성과물들을 전시했다. 우연히 농업환경기술연구소 연구원이 그것을 본 계기로 히로시는 임시직 직원으로 채용되었다.

한편 일본에서 두 번째로 큰 호수인 가스미라가우라 호는 지역 개발로 수질이 크게 악화되어 물고기, 새, 식물들이 거의 사라졌다. 그 호수는 환경 오염이 심각했지만, 그 누구도 대안을 제시하지 못했다. 그는 초등학생들을 데리고 둘레가 250킬로미터나 되는 호수를 걸어서 관찰했다. 한 바퀴 돌려면 약 8일이 소요되었다. 그는 아이들과 걷다가 노랑어리연꽃을 보았다. 그는 이 꽃에서 자연회생의 열쇠와 미래 환경 운동의 방향성

---

46 김무겸(2010) 역, 31쪽.
47 노나카 가쓰미, 『생각을 뛰게 하라』 양영철(2012) 역.

을 보았다. 이 꽃은 생활하수와 인이나 질소와 같은 부영양화 물질을 흡수하며, 그 잎사귀는 새와 곤충의 먹이가 된다. 다시 말해 그 연꽃은 호수의 오염에도 불구하고 자신의 본질적인 가치와 도구적 가치를 함께 향유하고 있었다. 그는 이 꽃을 하나의 '점'이 아니라 '움직이는 선'으로 본다. 그 결과 주민, 지역 슈퍼마켓, 학생, 농어업, 유통업, 양조 공장, 대기업들을 연결하는 하나의 선을 만들었다.

이 목표를 위해서 1995년 이후 14년 동안 17만 명의 사람들이 노랑어리연꽃 프로젝트에 참여했다. 리좀과 같은 이 선을 통해 호수의 수질환경뿐만 아니라 주변 생물과 지역민의 삶과 조건이 크게 개선되었다. 현재 이 호수에서 생산되는 다양한 먹거리들이 주민들에게 판매되고 있다. 이 프로젝트에서 연꽃은 하나의 사실이 아니라 이미 복합체의 특성을 지니고 있다. 즉, 그것은 하나의 대상이나 점이 아니라 선의 특성을 지니고 있는 것이다. 이와 같이 호수의 연꽃은 새로운 창발적 연결을 만들 수 있는 합생적 일자가 되었다. 즉, 연꽃의 본성은 정해진 것이 아니라 내재적 관계에 따라 그 본성을 달리하는 것이다.

다시 말해 이 프로젝트에서는 이지마 히로시가 중심이 되는 조직이 아니라, 네트워크를 통해 각 주체 및 다양한 조직들이 스스로 창발적인 목적을 갖고 움직인다. 지난 세기 동안에 우리는 인간의 지적 능력이나 힘으로 자연과 사회를 통제할 수 있다고 생각해 왔다. 하지만 이 프로젝트는 자연과 인간들이 상호 간의 내적인 역량을 통해 새로움을 구성한 방식이라고 볼 수 있다. 따라서 이와 같은 프로젝트는 창조성의 공동체의 모습을 잘 보여주는 사례라고 할 수 있다.

4. 미의 공동체

인간과 인간, 인간과 생물, 인간과 무기물이 서로 리좀적으로 연결된 창발적인 과정은 '창조성의 원리'가 적용된 공동체의 모습이다. 이 장에서는 '미의 공동체'가 과정공동체의 핵심적인 요소임을 밝혀볼 것이다.

플라톤에서 근대철학까지 가치 개념의 우선 순위는 진 혹은 선의 가치였다. 플라톤은 감각 세계와 이데아 세계를 이분화하고, 이데아 가운데 선의 이데아에 최고의 가치를 부여하였다. 이것은 중세까지 지배적이었다. 그러나 데카르트, 뉴턴, 라이프니츠와 같은 근대의 패러다임은 진리의 가치에 해당하는 수학적 패러다임을 최고의 가치로 부가하였다. 그것들은 우리의 삶을 오늘날까지 지탱하는 중요한 가치로 자리매김하고 있다.

그런데 진리와 선의 가치는 매우 인간 중심주의이며, 그것은 플라톤이래로 자연과 인간을 이분법적인 구도로 혹은 인간과 인간을 이분법적인 구도로 형성하도록 했다. 특히 진리 가치의 핵심적인 근거가 되는 물리학과 수학 역시 '일정한 조건' 내에서만 참이라는 사실이 밝혀졌다. 따라서 진리의 가치를 모든 존재를 재는 잣대로 사용하는 것은 대단히 폭력적인 행위라고 할 수 있다. 다시 말해서 각 존재는 자기 나름의 속도와 역량을 갖고 있기에 인간, 특히 과학의 잣대는 많은 힘들을 배제할 수밖에 없다는 것이다. 그런 원리에 따른 공동체는 "획일성의 복음"(the Gospel of Uniformity)을 가져왔으며, 국가와 민족에게 폭력을 행사했다.[48] 우리는 역사 속에서 진리와 선에 따른 공동체의 원리가 얼마나 많은 폭력을 가져왔는지를 잘 알고 있다.

게다가 우리는 무생물과 생물, 생물과 인간, 인간과 기계는 서로 공존하는 시대에 살아가야 하는 시대적 문제에 봉착해 있다. 이런 문제를 담아내기에는 선과 진리는 매우 제한적이라는 사실이다. 과거에 우리 선비들이 자연을 그리면서 인간은 아주 하찮은 존재 혹은 그 속에 일부로 표현을 했다. 이와 같은 그림은 진리와 선보다는 미라는 입장에서 세상을 보는 지혜가 숨겨져 있다. 화이트헤드에 따르면, "한 현실적 계기의 합생에 있어서 객체적 내용의 통합에 내재하는 대비(contrasts)와 리듬

---

48 오영환(1989) 역, 296-297쪽.

(rhythms)에 대한 정서적 평가"[49]가 아름다움을 가져온다고 한다. 이와 같이 대비와 리듬은 다양한 요소들을 결합시키는 방식이며, 우리는 이러한 다양한 요소들이 결합되는 원리를 미로 보며, 그것을 구현하는 공동체를 미의 공동체로 부를 것이다.

화이트헤드에게 미란, "경험의 계기 속에서 여러 요인들 사이의 상호 적응"[50]을 의미한다. 적응이란 다른 말로 하자면 목적을 갖는 것이다. 그것은 새로운 대비나 강도(intensity)를 가져야만 양립불가능한 요인들을 양립가능한 요인들로 적응시킬 수 있다. 따라서 미란 양립불가능한 요인들의 부조화를 조화로 가져오는 것이다.[51] 만약 부조화를 그대로 두게 되면 그 사회는 일종의 '마비'현상이 일어날 것이다.[52] 하지만, "어떠한 존재도 창조성의 개념에서 유리될 수 없기"[53] 때문에, 우리는 미적 조화(aesthetic harmony)를 추구할 수 있다. 언제나 우리는 대비를 통해 기존에 수용될 수 없는 것을 수용할 수 있는 역량을 갖는 것이다.

이 역전의 범주는 미적 조화의 범주와의 관련 아래에서 고찰되어야 한다. 왜냐하면 역전이 만들어 내는 대비는 미적 이상을 달성하는 데 있어 필수적인 대비이기 때문이다. 만일 복합성이 없는 경우라면, 이상적인 다양성은 결국 물리적으로 불가능하게 되고 말 것이며, 그래서 궁핍화로 이어지게 될 것이다. 다양성을 일관된 대비로 연출하기 위해서는 복합적인 구조가 필요하다.[54]

따라서 화이트헤드에게 모든 현실적 계기는 창조성을 바탕으로 '미적 종합'[55]을 실현할 수 있다. 무기물과 생물들 역시 미적 종합을 실현하고 있

---

49 오영환(1991) 역, 391쪽.
50 오영환(1996) 역, 389쪽.
51 오영환(1996) 역, 398쪽.
52 오영환(1996) 역, 398쪽.
53 오영환(1991) 역, 390쪽.
54 오영환(1991) 역, 456–457쪽.
55 오영환(1989) 역, 249쪽.

다고 볼 수 있다. 모두 원자나 분자로 구성되어 있고, 그것들은 자신의 생존을 위해 '전자'와 '양자'의 이질적인 결합을 조화시키는 활동을 하고 있으며, 게다가 '세포' 역시 다양한 요소들이 이질적으로 결합된 것임이 밝혀지고 있다. 따라서 화이트헤드에게 미의 의미는 이질적인 요소들이 결합해서 새로운 '대비'를 구성해가는 것이라고 할 수 있다.

무질서를 극복하는 방법은 리듬을 타는 것이다. 들뢰즈에 따르면, 박자가 하나의 절편을 갖고 있다면, 리듬은 "불평등한 것 혹은 공동의 척도를 갖지 않는 것"[56]이다. 리듬은 언제나 차이를 만들며, 이것이 "음악으로서의 자연"[57]이 발생하는 이유이다. 그뿐만 아니라 우리가 공동체를 형성하는 기본 틀인 영토도 모두 예술성을 지니고 있으며, 하물며 소유도 예술적인 것이라고 한다.[58] 화이트헤드와 들뢰즈에게 역시 모든 존재는 '사이'를 조정하는 리듬의 존재이며, 그 리듬과 대비 속에서 미적인 가치를 실현한다고 본다. 따라서 미란 여러 구체적 사실에 의해 실현되는 하나하나의 가치에 주목하도록 하기 위해 그 사실들을 배열하고 조정하는 어떤 선택활동이다.[59]

그렇다면 카오스모스에 해당하는 미적인 활동이 무엇인지를 보다 구체적으로 살펴보자. 그것은 반드시 생산이나 자기이익만을 의미하지 않는다. 물론 그 활동이 생산을 가져올 수 있다. 하지만 더 중요한 것은 서로의 기쁨을 증대시키고 부조화를 조화시키는 힘에 있다. 이러한 미적 활동에 대한 예를 들뢰즈와 가타리는 자신들의 『천개의 고원』에서 말벌과 난초의 되기 과정을 보여준다. 그들의 행위는 어떤 것도 생산하지 않는다. 그들은 즐기고 미적으로 창조적 행위를 할 뿐이다. 생산이 없는 생식 행위를 즐긴다. 말벌과 난초는 자기 이익을 꿈꾸는 일벌의 생산적 행위도 아니고, 꽃과 일벌의 상호 이익이나 상호 부조를 위한 행위도 아니다. 네

56 김재인(2001) 역, 595쪽.
57 김재인(2001) 역, 596쪽.
58 김재인(2001) 역, 600쪽.
59 오영환(1989) 역, 223쪽.

그리와 하트에 의하면[60], 자본주의는 꿀벌이 자기 이익을 위해서만 움직인다는 동일성 사유에 매몰되어 있다고 하며, 사회주의는 꿀벌과 꽃이 상호 부조를 위해 생산을 한다는 유토피아의 연대성을 보여주지만 그것은 결국 부패할 수밖에 없는 정체성의 사랑을 보여준다. 그에 반해 리좀적 사랑은 아름다움을 증대시키는 방향, 기쁨을 증가시키는 방향으로 나가는 '대비'(contrast)의 모습이라고 한다.

우리는 이런 미의 공동체가 적용된 경우를 노나카와 가쓰미의 『생각을 뛰게 하라』 책 6장에서 볼 수 있다. 일본의 사회복지법인 무소는 상식을 뒤엎은 새로운 복지 개념을 탄생시켰다. 사회복지사인 도에다 히로모토는 7년 동안 지적 장애인을 돕는 일을 했지만 장애인들이 실제로 현장에 투입되면 복지시설과 다른 환경 때문에 전혀 도움이 되지 않는다는 사실을 알았다. 이런 이유로 29세에 독립을 결심한 도에다 히로모토는 자신과 뜻을 같이 한 장애인 부모 다섯 명과 함께 100만 엔씩 투자하여 건물을 하나 빌렸다. 그는 기존의 복지시설에서 불가능했던 서비스를 제공하는 민간비영단체 후와리를 설립했다. 철저하게 장애인의 입장에서 생각하는 도에다는 획기적인 복지 방안을 내놓았다. 그에 따르면, "기존 복지시설에서 이루어지는 훈련은 수학을 못하는 사람에게 수학을 반드시 잘해야 사회에 참여할 수 있다는 논리와 같은 겁니다. 수학을 못해도 문과에 진학할 수 있는 것처럼 장애인에게도 일반인과 같은 기회를 주어야 합니다."

중증 장애인들은 거의 움직일 수 없다. 히로모토는 그들 역시 삶의 의미와 내적 생산성을 갖고 있다는 것을 자신의 체험을 통해 알게 되었다고 한다. 장애인의 입장에서, 그는 '아트 스퀘어'라는 식당을 차렸다. 여기서 일하는 지적 장애인들은 일반인과 같은 속도로 일을 처리할 수 없다. 장애인이 손님에게 라면을 가져다주는 속도는 느릴 수밖에 없다. 그래서 그는 식당에 샐러드 바를 만들고 장애인들이 손님에게 20여 종류의 샐러드

---

60 네그리 · 하트, 『공통체』, 정남영 윤영광(2014) 역, 267쪽.

를 제공하면서 장애인과 손님이 모두 만족할 수 있는 시스템을 만들었다. 손님들은 샐러드를 먹으면서 라면을 독촉하지 않고 천천히 기다리게 된다. 속도는 상대적일 뿐이다. 사회복지법인 무소는 항상 장애인과의 관계성을 중시한다. 중증장애인이라고 하더라도 고객에게 웃음을 주고 희망을 주는 역할을 할 수 있으며, 장애인들 역시 보호받는 대상이 아니라 내적 생산성을 갖춘 가치있는 중요한 사람이라는 사실을 이 장애인 공동체는 보여준다. 즉 정태적으로 사물이나 인간을 보는 것이 아니라 동태적이고 과정적으로 사람을 보며, 관계를 통해서 새로운 가치를 창출할 수 있는 것으로 본다. 따라서 그것은 유기체라는 의미가 과정과 결합될 때 이해될 수 있다.

현실적 사물들의 공동체는 유기체이다. 그러나 그것은 정태적인 유기체가 아니다. 그것은 산출의 과정 가운데 있는 미완의 것이다. 따라서 현실적인 것들과 관련한 우주의 팽창이 과정의 일차적인 의미가 된다.[61]

따라서 대비와 리듬을 통해 새로운 미적 실현을 구성하는 것을 미적 공동체로 본다.

노랑어리연꽃 프로젝트를 통해서 볼 때, 개체는 개체군이기에 다양한 잠재성을 그 안에 함축하고 있음을 알 수 있다. 이전에는 호수가 죽어가는 것을 지켜만 보았던 주민들이 노랑어리연꽃을 살리기 위한 활동을 통해 다른 분절 역량들이 자신들 안에 있음을 보여준다. 외부(정부)에서 부과되는 형태가 아니라 내부(주민)의 분절을 통해 자신들의 환경을 아름답게 만들어 갔다. 이것이 바로 미적 공동체를 향한 발걸음으로 보인다. 그리고 사회복지법인 무소는 중증 장애인을 복지시설에서 탈영토화해서 다른 영토에 배치했으며, 장애인에 맞는 속도와 리듬을 통해서 장애인 안에 있는 힘(역량)을 드러낸다. 이것 역시 카오스모스를 보여주는 미적 공동

---

61 오영환(1991) 역, 393쪽.

체라고 할 수 있다. 들뢰즈는 산책, 속보, 달리기는 강도적 속성을 달리하는 방식이라고 한다. 무소는 장애인의 상황에 맞는 고유한 강도적 본성이 있음을 본 것이다. 그것을 통해 사회 속에서 상이한 속도들이 어울려 조화를 이룰 수 있는 '배치'를 찾아냈다고 볼 수 있다. 즉, 우리는 일반인의 속도와 동질화되지 않는 장애인의 고유한 강도적 차이를 알게 될 때, 미적 공동체가 실현될 수 있는 것이다.

5. 결론

과정철학이 무엇이며, 이 사유를 중심으로 과정공동체를 구성할 수 있는지를 살펴보았다. 창조성과 아름다움을 지향하는 과정 공동체를 구상해 보았다. 리프킨에 따르면, 21세기는 소유의 시대가 아니고 유희의 시대라고 한다. 만약 그렇다면, 미의 가치를 중심으로 하는 공동체는 자기이익이나 '국제시장'에 나오는 주인공처럼 가족을 위해 희생하는 공동체보다는 아름다움을 중심으로 하는 공동체를 향해 갈 수 있다. 그것은 실체공동체에 의해 폭력이 자행되는 시대가 아니라 평화를 지향하는 과정공동체가 될 수 있을 것이다. 다시 말해 과정공동체가 지향하는 창조성과 미의 공동체가 실현될 수 있을 것이다.

삶이 과정인 것처럼, 우리가 제시한 과정공동체의 차원들도 미완이다. 물론 그것은 기존의 공동체이론과 크게 다르지 않을 수도 있다. 그러나 공동체 의식 속에 뿌리내리고 있는 실체의 사유를 수정하지 않고는 새로운 공동체를 모색할 수 없다. 지역을 기반으로 둔 사회적 기업과 협동조합에 적합한 새로운 공동체이론이 시급한 실정이다. 왜냐하면 우리는 견고한 절편성에서 거의 모든 생활을 보내고 있고, 가끔씩 미시 정치에 해당하는 협동조합이라든지, 사회적 기업과 같은 공동체를 통해 유연한 분자선을 이 사회에서 보고 있지만, 그것 역시 신중하지 않다면 언제든지 퇴행의 길로 접어들 수 있다. 이것이 들뢰즈와 가타리가 『안티-오이디푸스』와 『천개의 고원』에서 외치는 경고의 목소리이다. 거시정치와 자본주의의 대안으로 제시되는 협동조합과 사회적 기업이라는 미시정치가 반드시 긍정의 공동체에 도달할 수 없다는 것이다.

우리는 그런 조직에 어울리는 새로운 철학을 과정철학이라고 보며, 그 철학에서 제시할 수 있는 공동체이론을 가설적으로 제시해 보았다. 물론 우리의 이런 모험적 시도는 여전히 오해와 불신의 가능성이 있음을 알고 있다. 하지만 철학은 언제나 새로운 개념적 모험에서 비롯된다고 보며, 우리의 이런 응용이 철학과 사회조직의 '합생' 혹은 '리좀'으로 보면 좋을 것이다. 따라서 우리의 이런 시도가 협동조합과 사회적 기업에 어떤 모티브를 제공할 수 있기를 바란다.

지금까지 실체와 이분법의 도식을 버리고 과정 사유를 통해 과정공동체의 가능성을 고려해보았다. 과정공동체는 자기 내부의 창조적인 힘을 긍정하며, 창조성과 아름다움을 실현할 수 있는 잠재적인 다양체로서 개체와 공동체의 관계를 바라본다. 현대철학의 특징은 시간성/무시간성, 역사성/영원성/, 특수/보편 등의 양자택일적 선택지를 넘어서는 데 있다. 니체를 따라 우리는 반시대성을 시간과 영원보다 훨씬 심오한 것으로 발견한다. 즉 철학은 역사의 철학도 영원성의 철학도 아니다. 철학은 반시대적이며, 언제나 그리고 오로지 반시대적일 뿐이다. 과정공동체가 지금-여기에서 반시대를 향해가는 방향이다.

참고 문헌

김영진 · 김상표(2015), 「과정공동체를 향한 모험: 철학과 조직이론의 창조적 전진」, 『사회적 경제 통합학술대회 한국협동조합학회 논문집』.

김영진(2013), 「들뢰즈와 화이트헤드에 환상과 공동체」, 2011.3, 『새한철학회 가을 학술대회 논문집』.

노나카 이쿠지로 · 가쓰미 아키라, 양상철(2012) 역, 『생각을 뛰게 하라』, 흐름출판.

악셀 호네트, 『인정투쟁: 사회적 갈등의 도덕적 형식론』, 이현재 문성훈(1996) 역, 동녘.

안토니오 네그리 · 미아클 하트, 『공통체』, 정남영 윤영광(2014) 역, 사월의 책.

Bakken, Tore, & Tor Hernes(2003), *Autopoietic organization theory: Drawing on Niklas Luhmann's social systems perspective*, Oslo: Abstrakt, Liber,Copenhagen Business School Press.

Chia, Robert(1999), A Rhizomic model of organizational change and transformation: Perspective from a metaphysics of change, *British Journal of management* 10: 209–227.

Chia, Robert(2000), Time, duration and simultaneity: Rethinking process andchange in organizational analysis, *Paper presented at the AmericanAcademy of Management Conference*, Toronto, August 2000.

Cobb, John, B.(2007), Person-in-Community: Whiteheadian Insights intoCommunity and Institution, *Organizational Studies*, 28/4: 567–588.

Deleuze, G., *Différence et Répétition*(DR), 김상환 옮김(2004), 『차이와 반복』, 민음사.

_____., *Le pli:. Leibniz et le baroque*(P), 이찬웅 옮김(2004), 『주름: 라이프니츠와 바로크』 문학과 지성사.

_____., *Dialogues with Claire Parne*(D)*t*, translated by H. Tomlinson and B.Habberjam London: Athlone Press, 1987.

_____., *Logique du sens*(LS), 이정우 옮김(1999), 『의미의 논리』, 한길사.

_____., *Le Bergsonisme*(B), 김재인 옮김(1996), 『베르그송주의』, 문학과 지성사.

Deleuze, G. and Guattari, F., *Mille Plateaux*(MP), 김재인 옮김(2001), 『천개의 고원』, 새물결.

Feldman, Martha(2000), Organizational routines as a source of continuous change, *Organization Science*, 11/6: 611-629.

Griffin, D. R., et al., *Founders of Constructive Postmodern Philosophy*, Albany: SUNY Press, 1933.

Hegel. G. 임석진 옮김(1992). 『역사속의 이성』. 서울: 지식산업사.

Hegel. G. 임석진 옮김(2005). 『정신현상학』. 서울: 한길사.

Johannisson, Bengt(2011), Toward a practice theory of entrepreneuring, *Small Bus Econ* 36: 135-150.

Langley, Ann(1999), Strategies for theorizing from process data, *Academy of Management Review* 24: 691-710.

Luhmann, Nilkas(1995), *Social system*. Stanford, CA: Stanford University Press.

March, James G.(1981), Footnotes to organizational change, *Administrative Science Quarterly*, 26: 563-577.

Morgan, Gareth(1997), *Images of Organization*, 박상언 김주엽(2003) 역, 『조직의 8가지 이미지』, 지샘.

Nonaka, Ryoko, Toyama(2009), *Managing Flow*, 김무겸(2010) 역, 『창조적 루틴』, 북스넛.

Pettigrew, Andrew M.(1987), *The management of strategic change*, Oxford:Blackwell.

Styhre, Alexander(2004), Rethinking knowledge: A Bergsonian critique of thenotion of tacit knowledge, *British Journal of Management*, 15: 177-188.

Sundgren, M & Styhre, A., Creativity and the fallacy of misplaced concretenessin new drug development-Whiteheadian perspective-, *European Journal of Innovation Management*, Vol. 10 No. 2, 2007.

Tsoukas, Haridimos, & Robert Chia(2002), On organizational becoming: Rethinking organizational change, *Organization Science*, 13/5: 567-582.

Van Oorschot, K., Akkermans, H., Sengupta., & Van Wassenhove, L.N.(2013). Anatomy of a decision trap in complex new product development projects. Academy of Management Journal, 56, 285–307.

제2부
과정조직이론을 향한
관념의 모험을 시작하며

경영과 철학의 만남
Management Philosophy

과정철학과 조직이론의 만남[1]

1. 머리말

근대 이후 학문의 최고 정점은 자연 과학에 기반을 두고, 그것을 중심으로 다양한 철학적 분과가 형성되었다. 실제로 근대 철학을 경험론과 합리론으로 구별하는 것 역시 관찰과 이론에 대한 입장 차이로 빚어진 것이다. 양자의 존재론과 인식론에 다소의 차이가 있지만, 뉴턴 패러다임을 과학적 기반으로 받아들이고 있음은 주지의 사실이다. 그런데 뉴턴 과학의 전제가 되는 시공간과 물질의 존재 방식을 폐기하는 과학적 패러다임이 20세기 들어 새롭게 대두됨으로써 과학뿐만 아니라 철학에도 창조적 사유의 길이 열리게 되었다. 뉴턴 과학이 실체 패러다임이라면, 새로운 과학은 과정 패러다임에 서 있다. 과정 패러다임을 체계적으로 연구한 대표적인 철학자가 화이트헤드(Whitehead)인데, 그 스스로 자신의 철학이 상대성 이론(relativity theory), 양자 역학(quantum mechanics), 『수학원리』(Principia Mathematica, 1910)에서 설명된 '관계' 논리학 등 20세기에 출현한 과학에 정초해 있음을 명백히 밝히고 있다.[2] 요컨대, 뉴

---

1 이 논문은 『화이트헤드연구』 제20집(2010년)에 게재되었다.

2 논리학과 수학에서 가장 중요한 관계에 대한 체계적인 설명을 『수학원리』에서 하고 있다. 이 저서는 러셀(Russell)과 화이트헤드의 공저로 수학과 논리학에 큰 진전을 제공하였다. 구체적으로 실체-속성으로 이루어지는 사실과 주어-술어로 이루어지는 명제들로 한정된 서구 철학과 수학에 신선한 지적 혁명을 가져온 저서이다(곽강제 옮김, 2008: 144-149쪽).

턴으로 대표되는 근대 과학이 기계론적 관점을 통해서 실체 철학을 표방했다면, 화이트헤드는 현대 과학의 전개에 힘입어서 유기체적 관점을 통해서 과정철학을 주장했다.

패러다임이란 그 시대의 모든 학문에 사유의 틀을 제공해주는 에피스테메(episteme)이다. 과정 패러다임의 도움으로 과학과 철학에서 실체 패러다임에 대한 한계가 노정되고, 이에 자극받아 다양한 영역에서도 사유의 전환이 시도되고 있다. 대표적인 실체 사유인 신학에서조차도 화이트헤드의 철학을 받아들여서 '과정 신학'을 연구하며, 교육학, 심리학, 법학 등으로 그 적용 범위가 확대되고 있다. 우리는 이 논문에서 경영학, 좁게는 조직이론(organization theory)을 과정 패러다임에 힘입어 새롭게 조망해 보고자 한다. 조직은 복잡함과 모호함으로 가득 차 있어서 동일한 분석대상을 놓고도 학자들마다 다양한 해석을 내놓고 있는데 이는 그들이 전거로 삼는 이론이 다르기 때문이다. 예를 들어, 에치오니(Etzioni, 1975)는 기능주의 조직이론을 고전이론, 인간관계론, 구조이론으로 분류한 바 있다. 또한 해석학적 접근방식을 취하는 볼먼과 딜(Bolman & Deal, 1984)은 크게 구조적 접근방법, 인적 자원적 접근방법, 정치적 접근방법, 상징적 접근방법 등 네 가지로 기존의 조직이론을 구분했다. 버렐과 모건(Barrell & Morgan, 1979)은 사회철학의 기본 전제들을 바탕으로 기능주의 조직이론, 해석학적 조직이론, 반조직이론, 급진조직이론으로 나누었다. 이러한 분류체계는 이론가들이나 실천가들에게 혼란스러운 경영현상을 분석할 수 있는 기준점을 제공해 주는 장점이 있지만, 공통적으로 과정 패러다임을 포섭할 수 있는 이론적 체계를 결여하고 있다는 문제점을 안고 있다.

최근 들어서는 캅(Cobb, 2007), 바켄과 헤네스(Bakken &Hernes, 2006), 스틸레(Styhre, 2002) 등 선구적 연구자들에 의해 과정 패러다임이 조직이론에 수용되기 시작하고 있다. 이들은 안정보다는 변화에, 통일성보다는 다양성에, 존재보다는 생성에 초점을 두고 조직을 바라본다. 이것은 조직 패러다임이 실체 관점에서 과정 관점으로 이동하고 있음을 반증하는 증거들이다. 이러한 문제의식 하에서 우리는 다음과 같은 순서로 논의를 전개할 것이다. 먼저 화이트헤드의 유기체 철학에 기대어 실체 철학의 근본 전제들을 비판적으로 검토할 것이다. 다음으로 실체 철학이 근대 과학에서 기계주의 형태로 변형되고 이것이 현대 조직이론에 어떻게 침투되었는지를 구체적으로 검토할 것이다. 이 과정에서 우리는 조직 내 제도적 메카니즘(institutional mechanism)을 설계하는 데 기본 전제로 작용하는 자유주의와 공동체주의의 존재론 및 인식론이 공통적으로 실체 철학의 범주를 벗어나고 있지 못함을 밝힐 것이다. 마지막으로 유기체 철학 혹은 과정철학을 조직이론에 불러들임으로써 조직이론가들이나 경영자들이 이론적, 실천적 측면에서 어떠한 도움을 받을 수 있는지를 개략적으로 살펴볼 것이다.

2. 과학적 유물론과 유기체론

화이트헤드는 자신의 사유를 유기체(organism) 철학이라고 부른다. 유기체라는 의미는 생물에서 유기적으로 이루어진 생활 기능을 가진 조직체이거나, 혹은 많은 부분이 일정한 목적 아래 통일되거나 조직되어 그 각 부분과 전체가 필연적 관계를 가지는 것으로 알려져 있다. 또한 화이트헤드는 자신의 "유기체 철학은 서아시아나 유럽의 사상보다는 인도나 중국의 사상에 더 가까운 것으로 생각"(PR 7/56)한다고 말한 바 있다. 그렇다면 화이트헤드 철학도 관념 철학의 일종이거나, 기존의 동양과 서양의 철학적 사조와 크게 다르지 않다고 생각될 수 있다. 그러나 그가 자신의 철학적 체계를 '유기체'라고 명명하는 것은 단지 철학적 상상력의 결과물만은 아니다. 러셀에 따르면, "철학자의 상상은 낡은 개념과 방법은 전혀 효과 없다고 증명된 경우에 경험에 의해서 결실이 풍부하다고 증명된 새로운 세계와 새로운 개념과 새로운 방법을 과학이 우리에게 선사한다는 것"(곽강제 옮김, 2008: 394)이다. 화이트헤드의 철학적 성취가 바로 이와 같은 경우를 의미한다. 다시 말해 화이트헤드가 17세기 이후 3세기 동안 서구를 지배해 온 과학적 패러다임을 비판하고 새로운 패러다임을 주장하는 것은 철저한 과학적 탐구를 통해서 이른 결실물이다.

2.1 실체와 단순정위

화이트헤드는 유럽의 사상은 "사실을 궁극자"(PR 7/56)로 본다는 점에서, 아리스토텔레스 이후 대다수의 철학자들이 실체 개념에서 벗어나지 못했다고 비판한다. 실체의 영향력은 상상을 초월할 정도로 깊어서 철학뿐만 아니라 모든 영역에서 실체 개념을 중심으로 사유를 전개하는 것이 당연시 되어 왔다. 화이트헤드에 의하면, 중세의 과학관을 벗어났다는 점에서 진일보한 측면이 있지만, 근대과학의 대표적 인물인 뉴턴 역시 시공간과 물질 개념을 실체 개념에 입각하여 설명했다. 화이트헤드는 패러디(Faraday)와 맥스웰(Maxwell) 그리고 아인슈타인(Einstein)에 의해서 시공간과 물질 개념이 새롭게 제기되기 전까지 그러한 개념들은 과학자들에게 확고한 것으로 받아들여져 근대의 인식론에 지대한 영향을 미쳤다고 지적한다. 흄(Hume)과 칸트(Kant) 또한 인과(causality)를 자연의 대상에서는 찾지 못하고, 정신의 성향(disposition) 내지 범주 형식(form)에서 찾아내었다(김효명, 2001: 276).[3]

화이트헤드에 의하면, 실체 철학의 밑바탕에 깔려있는 17세기 우주론의 전제들 가운데 "제일 먼저 비판해야 할 것은 단순정위(simple location)의 개념"(SMW 84/94)이고, 그것은 아리스토텔레스가 "실체는 다른 주체에 존재할 수 없다"고 정의한 실체 개념에 대한 과학적 각색물에

---

3 흄은 힘의 관념을 자연의 불멸적 연결 현상의 원인에는 사용하지 않고 다만 관념연합 현상에는 힘이라는 원인을 상정한다. 이러한 이유로 흄에게 필연성의 관념은 하나의 심적 '성향'이지 그 관념에 해당하는 인상은 발견할 수 없다고 한다. 흄 역시 철저하게 자연의 대상에는 어떤 힘도 부여하지 않는다. 따라서 인과관계는 회의론에 빠질 수밖에 없는 것이다(김효명, 2001: 252-262).

불과하다.

그 물질이 지니고 있는 여러 시공적 관계를 표현하려 할 때, 다른 공간
의 영역과 다른 시간의 지속에 대해서 그 물질이 지니고 있는 어떠한 본
질적 관련도 떠나서, 그 물질은 공간의 어떤 한정된 영역 안에, 그리고
어떤 한정되고 유한한 시간의 지속 전체에 걸쳐 존재한다고 말하는 것
으로 충분하다는 것이다(SMW 84/94-95).

물론 단순정위는 "과학의 목적을 위해서 …… 가장 명석하게 표명된
진술"(PR 71/164)인 점은 분명하며, 순간적이고 동질적인 시간 개념
이며, 뉴턴의 입장에서는 오직 측정의 측면에서만 시간을 다룬 것이다
(Mechenry, 1992: 53). 즉, "뉴턴의 물리학은 독립된 물질 입자의 개체
성에 기초를 두고 있다"(AI 156/255). 우리가 일상적으로 사용하는 돌멩
이의 존재 방식에 뉴턴의 이론을 적용해 보면 다음과 같다.

각각의 돌은 다른 물질 부분과의 연관을 도외시해도 충분히 기술될 수
있는 것으로 생각되고 있다. 그것은 '우주' 속에 고독하게 존재하는 단
일 공간의 점유자이다. 그것은 여전히 있는 그대로의 돌일 것이다. 또
한 그 돌은 과거나 미래와는 아무런 관련 없이도 충분히 기술될 수 있
을 것이다. 또한 그것은 전적으로 현재의 순간 속에 구성되어 있는 것
으로서 충분하고도 완전하게 파악될 수 있다(AI 156/255).

그러나 양자역학과 상대성 이론의 기초가 된 패러디와 맥스웰의' 전
장'의 개념에서 뉴턴의 패러다임을 거부하는 새로운 물질의 존재방식이
대두된다. 화이트헤드는 『자연의 개념』에서 패러디의 "힘다발(tubes of
force) 이론은, 어떤 의미에서 전하(charges)(전기충전)된 것은 모든 곳
에 존재한다는 것을 함의한다고 언급했다"(CN146). 아인슈타인 역시 상
대성 이론을 통해서 물질과 공간은 단순정위로 설명되지 않는다고 말한

다. "물질이란 거대한 에너지의 저장고를 나타내며, 또한 이 에너지도 물질을 나타낸다는 것을 알 수 있다. 이처럼 우리는 물질과 장 사이를 질적으로 구분할 수 없다"(Einstein, 1938: 242). 동일한 맥락에서 화이트헤드는 새로운 과학적 사유를 받아들여서, "모든 장소는 다른 모든 장소에 있어서의 자신의 양상을 포함하고 …… 모든 시공적 입각점은 세계를 반영하고 있는 것"(SMW 133/144)이라고 주장한다. 결국 화이트헤드는 현대과학 "이론이 단순정위가 사물들이 시공간 속에 포함되는 기본 방식이라는 생각을 전적으로 버린다는 점만을 분명히 해두고자 한다. 그것은 모든 사물은 언제나 모든 곳에 있다고 할 수 있다"(SMW 133/144)는 명제를 수용하는 것이다.

2.2 실체와 주어-술어 문법 형식

근대 철학자들이 아리스토텔레스의 실체 관념을 비판하고, 존재론에 대한 다양한 논의를 제시함에도 불구하고, 아리스토텔레스가 정교하게 설치한 주어-술어 형식의 그물에서는 결코 빠져나가지 못했다. 이것이 고대 이래로 서구 철학이 사실을 궁극자로 보게 되는 원인이 되며, 실제로 아름다운 삶을 추상화시켜서 기술하게 되는 이유이다.

많은 철학자들이 아리스토텔레스의 〈실체〉관념을 명확한 진술로 비판하면서도, 그들의 논의를 통해서 암암리에 명제의 〈주어-술어〉형식이 현실세계에 대한 최종적이고도 충분한 언명의 방식을 구현하고 있는 것으로 가정한다는 사실이다. 아리스토텔레스류의 〈제 1실체〉가 낳은 악은 바로 이처럼 명제의 〈주어-술어〉형식을 형이상학적으로 강조하는 습관인 것이다(PR 30/93).

아리스토텔레스의 논리학은 주어-술어의 일항 논리에 근거한다. 이것은 추상적 분석의 도구로는 유용하나, 우리의 직접 경험을 크게 왜곡하는 경향이 있는 것과 마찬가지로 근대 과학과 철학 역시 이러한 분석도구를 이용하는 까닭에 사물에 대한 인식은 왜곡될 수밖에 없었다.

> 근대 철학은 모두 주어와 술어, 실체와 성질에 비추어 …… 세계를 기술하려는 난점을 둘러싸고 움직이고 있다. 그 결과는 그것은 언제나 …… 우리의 직접 경험을 왜곡시킨다(PR 49-50).

설사 자연에 대한 정확한 관측을 하더라도, 주어-술어 형식으로는 자연에 대한 충분한 기술을 할 수 없다. 다시 말해 이것은 "실체와 속성의 관계를 제외하고는 어떠한 관계들도 전혀 수용하지 않는"(CN 192) 것이다. 실체는 "본질적인 성질로 특징지어지고 우연적 관계와 우연적 성질의 여러 변화 가운데서도 여전히 그 수에 있어 하나로 남아있는 것"(PR 79/176)이라고 보는 것이다. 예를 들어, '인간은 이성적이다'라고 할 때, 이것은 결코 참된 명제가 아니다. "인간은 오직 간헐적으로만 이성적"(PR 79/176)임에도 불구하고, 주어와 술어 형식에 의해 '잘못 놓여진 구체성의 오류'(fallacyof misplaced concreteness)에 빠지게 되는 것이다.

일상적인 예를 들어보자. 6월에 날씨가 화창한 날, 삼천포에 구경을 갔다. 바다를 보고서, "우와! 정말 바다가 푸르다"고 말했다고 하자. 우리는 주어와 술어라는 문법구조를 실체-속성 구조로 확장하면, 실체가 바다가 되고, 술어는 푸르다가 된다. 그런데 우리가 볼 때 푸른색이었던 바다가 직접 들어가서 경험을 해보니, 투명한 무색이었다. 그렇다면 푸른색은 바다에 속하는 것이 아니고, 다만 인간의 사유에 의해서 빚어진 것인가? 이것이 푸름이라는 것은 물체라는 대상의 제 1성질이 아니고 제 2성질이라고 규정하게 되고, 결국 근대 인식론이 관념론으로 나아가게 되는 단초를 제공한다. 화이트헤드는 일상적인 경험을 설명하기 위해서 아리스토텔레스의 논리학과는 다른 논리학이 필요하다는 사실을 언급하며, 이것을 『자연의 개념』에서 일항관계가 아니라 다항관계의 필요성이라고 말한다.

> 다수의 관계로 이루어진 궁극적 사실을 진지하게 받아들이기를 완강하게 거부하는 철학자들을 비판하면서 …… 다수의 관계라고 하는 것은 구체적인 사례에서 사건의 관계가 반드시 두 가지 이상의 관계항을 포함한다는 것을 의미한다(CN 150).

우리가 구체적으로 경험하는 푸른색이라는 것은 물의 상태, 대기의 기온, 빛의 정도, 관찰자의 감각기관, 그리고 그 밖의 다수의 요인들을 포함하는 여러 가지 변항들의 함수로서 복합적 다항관계에 진입되는 순간적이고 의존적인 상태를 수반하는 질적 사건이다. 즉 "파랑에 대한 감각의식은 파랑, 관찰자의 지각하는 사건, 장소 그리고 그 이외의 개입된 사건들 사이에 존재하는 관계에 대한 감각의식"(CN 152)이라는 것이다. 물론 "자연을 실재의 두 체계로 이분화함으로써"(CN 152) 대상을 명석 판명하게 지각하는 것이 가능하게 되었다. 하지만 이분법적 도식은 "일상생활의 평범하고도 굽힐 수 없는 엄연한 사실"(PR xiii/43)을 황폐화시키는 사태를 불러왔다. 따라서 직접적으로 감각된 푸르다는 것은 여러 개의 항들의 관계에 의해서 빚어지는 것이지, 단지 하나의 항인 주어에 의해 제한되는 것은 아니다. 실재 세계에서 물질적 실체나 정신적 실체와 같은 독립적인 하나의 항에 의해서 제한되는 것은 이 세상에 존재하지 않는다. 실체와 속성 혹은 주어와 술어라는 일항 관계에 의해서, 우리는 아름다움이 자연에 있지 않고, 오직 인간의 의식 속에만 존재하는 것으로 설명하는 잘못을 범하게 되었다.

물체는 실재에 있어 물체에 속하지 않는 성질들을 갖고 있는 것으로 지각되는데, 이 성질들은 사실상 순전히 정신의 산물인 것이다. 따라서 실제로 우리 자신에게 마땅히 돌려져야 할 명예를 자연이 대신 얻고 있는 것이다. 그렇다면 장미꽃은 그 향기를, 꾀꼬리는 그 노래를, 태양은 그 광휘를 우리에게 차용한 것이 될 것이니 …… 자연은 소리도 없고, 냄새도 없고, 빛깔도 없는 무미건조한 것, 목적도 의미도 없는 물질의 어수선한 준동에 불과한 것이 되고 만다(SMW 80/89).

이처럼 자연을 제 2성질의 주관적 세계와 제 1성질의 객관적 세계로 분리시킨 결과, 자연이라는 현실태에 내재하는 심미적 파노라마를 상실해 버리고, 우리의 경험 또한 물자체를 인식할 수 없게 되었다. 따라서 그것은 근대 철학자에게 가치론과 인식론의 어려움에 봉착하게 된 주된 요인이 되었다.

2.3 수동적인 물질: 공허한 현실태 개념

실재는 이분법적으로 도식화함으로써, 근대 관념론은 정신에는 능동성을 부여하나, 물질에는 수동성만을 제공했다. 또한 과학적 유물론은 물질을 기계적인 원인만으로 설명할 수 있다고 보았다. 그래서 "공허한 물질은 수동적으로 존속하고, 하나의 원초적인 개별적 속성을 가지며 우유적 모험(accidental adventures)"(PR 309/539)만을 한다. 그러므로 물질적 실체는 "주체적 직접성이 없고"(PR 29/92), "자기 향유를 결여한"(AI 219/342) 존재로 간주했다. 반면에 화이트헤드는 자신의 패러다임을 "유기체"라고 하며, 그것은 "물질의 근원적 요소 하나하나는, 기초가 되는 에너지 곧 활동력의 수축과 팽창으로 이루어지는 진동으로 간주될 수 있다"고 한다.(SMW 148/160). 그렇다면 종래 물질이 가졌던 지위는 에너지로 대체된다. 즉, "질량이란, 에너지가 산출하는 역학적 효과 가운데 일부와 관련해서 고찰되는 에너지의 양"(SMW 148/160)에 지나지 않는다는 점에서 뉴턴이 말한 딱딱하고 단단하며 침투할 수 없는 원자는 더 이상 존재하지 않으며, "원자도 유기체"(SMW 149/160)가 된다.

화이트헤드는 "에너지는 여러 사건으로 이루어지는 조직체의 양적 양상"(quantitative aspect of a structure of happenings)(SMW 149/160)이라고 한다. 이런 시각으로 바다는 푸르다는 명제를 예로 들어 설명하면, 바다는 에너지라는 다항 사건으로 이루어진 조직체이며, 푸르다는 것은 "자연의 사건들 속으로 진입하는 것"(CN 152)이다. 다시 말해 바다는 "유기체적인 결집계"(organized system)(SMW 52/64)라고 할 수 있으며, '푸르다'가 진입된 하나의 사건이 실현된 것이다.

화이트헤드는 물질은 또한 "자연의 벡터 구조로 기술할 수 있다"(AI 188/297)고 본다. 벡터는 방향과 크기라는 속성 때문에, "현재 속에서 활성화되고 있는 과거의 내재설"(AI 188/297)을 설명할 과학적 근거가 된다. 이렇게 되면, 근대 경험론에서 대상에 대한 원초적 지각을 인상으로 하고, 그 인상에서 대상과 대상의 관계를 찾을 수 없다는 논변에 대한 과학적 반박을 제공할 수 있게 된다. 즉 물질이 갖는 벡터적인 힘은 하나의 원인이 되며, "원인은 자신의 느낌을 그 새로운 주체에 의해 그 자신의 것으로서, 그러면서도 그 원인과 분리될 수 없는 것으로서 재생되도록 넘겨주는"(PR 237/430) 것을 할 수 있게 된다.

그런데 인과성의 문제를 제기할 때, 빠뜨릴 수 없는 두 명의 위대한 철학자인 흄과 칸트는 인상을 가장 원초적인 지각으로 보는 것에 동의한다. 인상으로 본 물질과 물질 사이에는 어떤 연관성도 없다. 물질은 단지 그 장소에만 있을 뿐이다. 이러한 이유로 흄과 칸트에게 인과성은 정신의 성향이거나 정신의 형식으로밖에 볼 수 없는 것이다. 그러나 화이트헤드에게는 물질이 벡터라는 힘을 갖고 있기 때문에, 정신에게만 구성 능력이 있다는 것에 반대한다. 그래서 칸트 철학이 '코페르니쿠스적 전회'를 하였다면, 화이트헤드의 철학은 '아인슈타인적 전회'를 한 것이다. 즉 "칸트에 있어서 경험을 성립시키는 과정은 주관성으로부터 현상적인 대상성으로의 과정이다. 유기체 철학은 이러한 분석을 역전시킨다. 그래서 과정을, 대상성으로부터 주체성으로 …… 나아가고 있는 것"(PR 156/299)으로 설명한다.

앞서 살펴본 바와 같이 화이트헤드는 관념론의 방식이 아니라 실재론의 방식으로 문제를 재검토한다. 대상을 구성하는 것은 지각자가 아니다. 반대로 지각자를 구성하는 것은 다수의 대상들이라는 것이다. 경험의 행위가 자기 창조적임은 분명하다. 그러나 "자기 창조적 경험은 그 자신의 여건을 구성하는 것이 아니고, 다만 실재의 순간에 있어 그 여건에 대한 새로운 심미적인 통일성"(안형관 옮김, 1999: 199)을 제공하는 것이다. 그 결과, 화이트헤드는 '주체-대상'이라는 쌍보다는 '주체-자기초월체(subject-superject)' 쌍 개념을 사용한다. 그럼으로써 화이트헤드는 이원론을 극복할 뿐만 아니라, 대상이 갖는 힘을 통한 새로운 구성방식을 보여준다.

우리가 일상적으로 접하는 의자, 책상, 자전거, 소를 보고 있을 때, 하나의 개체를 생각한다. 그 스스로 존재하며, 타자를 필요로 하지 않는 개체라는 개념을 연상한다. 이것 역시 과학적 유물론에서 사용하는 원자 개념이 은유적으로 사용된 경우이다. 물론 "영속적 성질을 유지하고 있는 존속하는 실체라는 단순한 관념은, 생활상의 많은 목적에 있어 유용한 추상을 표현하고 있다. 그러나 형이상학의 경우 이 개념은 전적으로 그릇된 것이다"(PR 79). 화이트헤드에게 바다는 '유기체의 결집계'라고 했다. 마찬가지로 일상적인 개체라고 부르는 것 역시 사건이 실현된 '유기체의 결집계'라고 할 수 있다. 이때 실현이란, "각기 어떤 한정된 길이의 시간을 점유하고 있는 완전한 형태의 원자성으로서"(SMW 185/193) 존재한다. 따라서 "시간화되는 것은 가분적이지만, 시간은 원자적인 것"(SMW 185/193)이다.

화이트헤드에게 실재는 내적 관계를 맺고 있을 뿐만 아니라 "원자"(PR 35)적이다. 그는 원자의 의미를 진동주기라는 개념으로 이해할 필요가 있다고 한다. 진동주기는 자신을 드러내기 위해 주기 전체를 드러내기 때문에 어느 한 순간에 있어서 존재할 수는 없으며, "원자화된 연장량"(PR 73) 혹은 "전체로서의 양자"(PR 283)이다. 즉 물리적 실현이란 어떤 폭을 지니는 시간적 양자를 요구한다. 따라서 화이트헤드에 의하면, "시간에 있어 지속이 없는 하나의 순간이란 상상에 의한 논리적 구성물"(SMW 95/106)에 지나지 않는다.

실재에 관한 우리의 인식은 문자 그대로 지각의 싹 내지 방울과 같은 것들에 의해서 확대된다. 지성적으로는 그리고 반성을 통해서는 이러한 싹이나 방울이 여러 구성요소로 분할될 수 있지만, 직접 주어진 것으로서 놓고 볼 때는, 하나의 전체로서 생기든가, 아니면 생기지 않든가 그 어느 한쪽이다(PR 68)

따라서 그는 현실적 계기를 "획기적 계기"(epochal occasion)(RM 78)로서 쪼개질 수 없다는 의미에서 비연장적인 것으로 이해한다. '획기'라는 의미는 정지 혹은 주기라는 개념으로 이해될 수 있다고 한다(SMW 182–183/190–191).

화이트헤드는 이와 같이 '관계'와 '개체'의 개념을 과학적 유물론이 아니라 유기체의 관점에서 새롭게 구성한다. 이때 그가 가장 중요하게 생각하는 일반적 관념이 '공재'(togetherness)인데, 이성적 존재뿐만 아니라 모든 존재가 공재 능력이 있음을 의미한다. 이것은 "어떤 사물도 경험의 구성요소라든가 자기를 창조하고 있는 계기인 과정의 직접태"(AI 236)로 존재할 수 있음을 의미한다. 따라서 공재라는 의미는 철학적으로 "다자 가운데 일자로, 그리고 다자의 구조에서 생기는 일자로 있다는 자기 향유"(PR 145/282)를 의미한다.

3. 실체 철학과 조직이론

2장에서 화이트헤드의 철학이 뉴턴 패러다임과는 대척점에 있는 다른 자연과학 및 논리학에 기초를 둔 유기체 패러다임이라는 사실을 제시했다. 그는 뉴턴 패러다임의 근본 전제에 대한 비판을 통해서 철학에 대한 새로운 탐색을 시도했다. 하지만 화이트헤드가 뉴턴 패러다임과 아리스토텔레스 논리학을 통해 제시된 근대 철학의 전제들을 비판하였지만, 그 역시 뉴턴 패러다임이 응용된 조직이론에까지 자신의 입장을 적용해 보지는 못했다. 이 장에서 우리는 조직이론에도 뉴턴 패러다임의 근본 전제인 '과학적 유물론'(scientific materialism) 혹은 '기계론'의 입장에서 전개된 조직이론이 무엇인지를 살펴보고, 그것이 결국 어떤 문제에 봉착하게 되는지를 살펴볼 것이다.

인간은 사회적 동물이다. 사회라는 단어를 조직으로 바꾼다면, 인간은 조직의 동물이라고 해도 틀린 말은 아닐 것이다. 그런데 복잡함과 모호함으로 가득 찬 조직을 이해하고 해석하는 데에는 다양한 관점이 존재한다. 버렐과 모건(Burrell & Morgan)(윤재풍 옮김, 1990)은 주관-객관 차원과 규제-변동 차원을 도입하여 조직이론을 네 가지 패러다임, 즉 기능주의 조직이론, 해석학적 조직이론, 급진적 조직이론, 반조직이론(급진적 인간주의)으로 분류한 바 있다. 여기서 기능주의 조직이론이 자연과학에 가장 가까운 방식으로 조직을 보고 있다는 점에서 이것과 화이트헤드 철학과의 연관성을 짚어볼 수 있다.[4] 먼저 기능주의 조직 이론의 효시격인 과학적 관리론을 주창한 테일러(Taylor, 1856-1915)는, 경제인 인간관의 가정하에 최적의 작업방법을 설계하면 최대의 성과를 올릴 수 있다는 식의 기계적 조직관을 표방하였다. 인간관계학파도 기능주의 조직

---

4 반조직이론은 실존주의, 개인주의, 비판이론에 기반을 두고 있고, 해석학적 조직이론은 현상학과 해석학에 기반을 두고 있다는 점에서 이 두 조직패러다임은 관념주의 색채가 강하다고 볼 수 있다. 한편 갈등이론과 마르크스주의에 기원을 둔 급진적 조직이론은 변화를 중요하게 생각한다는 측면에서 화이트헤드 철학과 유사성이 있으나, 이 역시 유기체 철학의 맥락에서는 많이 벗어나 있다(윤재풍 옮김, 1990: 6-21쪽 참조).

이론의 범주에 속한다. 인간관계학파의 창시자인 뢰들리스버그와 딕슨(Roethlisberger & Dickson)의 호손(Hawthorn) 실험(1939)은 초기 단계에서 물리적인 작업조건과 효율성 간의 관계에 초점을 맞추었다. 그런데 호손 실험도 기계적 인과론의 틀을 크게 벗어나지 못한 것이다. 호손 실험이 진행되면서 비로소 실험자들은 직장 상황에서 '인간들 간의 사회적 관계'의 중요성에 주목하기 시작했지만, 여전히 기계적 균형체제는 호손 모형의 기초를 이루는 중심개념으로 남아 있었다. 인간관계학파 이후에 인지이론에 기반한 동기부여이론들이 등장하였는데, 그 중에서 서구적 합리주의 전통에 가장 가까운 것이 기대이론(expectancy theory)이다. 이 이론은 인간행위의 궁극적 동기를 즐거움의 최대화와 고통의 최소화로 본다는점에서 공리주의 전통에 서 있다. 결국 기능주의이론에 속하는 과학적 관리법, 인간관계학파, 인지모형 등은 근대 과학적 유물론·혹은 실체적 패러다임의 변형에 불과할 뿐이다. 앞서 언급한 조직이론들이 주로 조직내부에만 초점을 두었다면 기능주의 조직이론의 대표주자 중의 하나인 상황적합이론(contingency approach)은 개방체계모형으로서 환경과 상황의 문제를 조직이론 영역에 본격적으로 끌어들인다. 그런데 상황적합이론에서는 환경을 조직과 외적 관계를 맺는 것으로 바라본다. 이것이 바로 화이트헤드의 유기체 이론이 상황적합이론과 결별하는 지점이다. 요컨대 외적관계로 환경과 조직을 인식한다는 점에서 상황적합이론은 여전히 단순정위라는 기계적 인과론의 한 유형에 지나지 않는다.(윤재풍 옮김, 1990: 146-267 참조)

한편, 조직내 제도적 메카니즘을 분석하는 기본적 두 가지 패러다임이 자유주의와 공동체주의이다. 배종석 외(2009:60)는 두 가지 패러다임을 통해서 기업지배구조, 사회적 자본, 인적 자원관리, 그리고 기업이론의 다양한 논의를 다음과 같이 정리한다.

자유주의는 홉스, 로크, 칸트, 밀 등의 사상에 기반을 두고 있으며,

〈표 1〉 경쟁적 패러다임과 인사조직 연구영역 논의의 요약

인사조직 주제	자유주의	공동체주의
핵심 주장	• 자유인(free gaent)의 개인적 자유와 선택의 자유 강조 • 옳음이 좋음에, 그리고 본성이 목적에 우선 • 가격이 조정역할	• 관계인(relational agent)의 호혜성(mutuality)을 강조 • 참여와 협력을 통해 공동의 목적과 다른 사람들의 성공에 기꺼이 기여 • 신뢰(trust)가 조정역할
인간에 대한 기본가정	• 원자화된 자유행위자(free agent) • 이기심을 추구하는 경제적 인간(homo economicus)	• 관계인(relational person) : 연고적/구성적 자아 • 호혜성에 기반한 정치적 인간(homopoliticus)
사회적 자본	• 개별행위자를 합리적이고, 목적지향적이며, 자신의 효용을 극대화 하려는 존재로 상정 • 사회적 자본에 의한 개인의 경제적 혜택을 강조하는 도구적 측면을 강조 • 사회적 자본의 "사유재"(privategood)측면과 이 과정에서의 개별행위자에 초점	• 규범, 문화, 네트워크 특성과 같은 구조적 속성에 의해 제한받게 됨을 강조 • 개별행위자들의 사회적 관계에 의해 형성되는 생성적 속성(emergent property)으로서의 문화, 계급, 공동체적 특성, 가치체계, 제도 등의 사회 구조적 특성 측면을 강조 • 사회적 자본의 "공공재"(public good) 측면과 이 과정에서의 사회적 시스템 전체의 특성에 초점
지배 구조	• 주식회사의 대리인과 주주관계에서 대리인 문제가 발생 • 조직은 대리인 비용을 최소화 할 수 있는 메커니즘을 모색 • 이사회를 통한 경영자의 감시가 그 하나의 메커니즘	• 주식회사의 대리인은 성실한 집사처럼 주주를 위해 복무할 것 • 이사회의 가장 중요한 책무는 경영자의 고문으로서 회사 경영에 도움을 주는 것 • 이사회의 제일 큰 업무가 경영자를 감시하기 위한 것은 아님
인적자원 관리	• 조직 내 구성원간 혹은 조직단위 간 경쟁과 그룹화를 통한 관리 • 핵심적인 개별 인재를 확보하고 유지하며 이들을 통한 가치 창출을 추구 • 사람들의 동기부여를 위해 강도 높은 인센티브를 제공	• 조직 내 구성원 전체를 비교적 동질적으로 관리 • 조직의 가치에 대한 적합한 인재를 선발하고 이들의 자발적 참여와 협업을 통해 가치 창출을 추구 • 사람들의 동기부여를 위해 다양한 직원가치 명제를 제공하며, 인센티브 강도는 상대적으로 약한 편임

인사조직 주제	자유주의	공동체주의
기업 이론	• 기업은 비대칭적 정조를 가진 개인간 이해관계의 다툼을 해결하는 조정장치 • 고용관계 혹은 재산권에 기초해서 이해관계의 다툼을 조정하는 계약의 한 형식	• 기업의 상대적 효율성의 원천으로 행위규범의 공유, 인지체계의 공유 그리고 사회정체성에 기반한 지속적 거래관계 등을 제시함 • 상호간 신뢰, 일반화된 상호주의 등의 비계약적인 그리고 자발적인 이행 수단을 통해 자산 특이성이 높은 투자를 유도함

그 가장 큰 특징으로 개인주의와 공리주의 원리를 들 수 있다. '경제적 존재'로서 인간은 자기 이익을 추구하는 방향으로 위험을 회피하고 거짓 약속을 할 수 있는 등의 특징을 지닌 존재로 보았다(Eisenhardt, 1989; Williamson, 1975). 이와는 달리 공동체주의는 아리스토텔레스 (Aristoteles)와 헤겔(Hegel)에 뿌리를 두고 있으며, 그 특징에는 정체성의 원리, 구성원들의 자율적 참여, 다원성의 원리 등이 속한다. 여기서는 인간을 '사회적 존재'로 가정하고, 신뢰를 바탕으로 성실한 거래를 통해서 인간 상호 간에 효용 가치를 극대화할 수 있다고 본다(Ghoshal & Moran, 1996).

조직이론뿐만 아니라 철학 및 사회학에서도 자유주의와 공동체주의에 관한 논쟁은 해묵다고 할 만큼 오랫동안 전개되어 왔다. 일반적으로 자유주의자와 공동체주의자를 나누는 근거가 무엇인가? 자유주의자는 개체를 우선시하고, 공동체주의자들은 관계 혹은 공동체를 우선시 한다고들 한다.[5] 이 두 가지 패러다임 모두 극단적으로 추구될 경우에 문제점에 직면하게 된다. 개체의 선차성을 주장하는 자유주의 입장에서 반드시 생기는 문제가 '소외'이며, 관계를 중시하는 공동체주의자는 '파시즘', '집단주의', '닫혀진 민족주의 혹은 국가주의'의 유혹에 빠져들 수 있다. 자유주의

---

5 우리는 현대 공동체주의와 개체주의 논의에서 Taylor와 같이 개체와 공동체의 개념을 화해, 혹은 조화시키려는 시도가 전개되고 있음은 분명하다. 그런 논의의 중요성에도 불구하고, 여기서는 논의를 제한하기 위해서 근대 철학자들 가운데 자유주의와 공동체주의자로 한정할 것이다.

와 공동체 패러다임이 안고 있는 문제는 자본주의 사회체제와 헤겔 철학, 이 두 가지가 결합되어 초래된 것이다. 그런데 조직이론에서 자유주의자와 공동체주의의 대표적인 사상가로 들고 있는 데카르트, 홉스, 칸트, 아리스토텔레스, 헤겔 등은 모두 실체 철학 혹은 정적 범주에 기초를 두고 있다.[6] 다시 말해서 그들은 실체의 개념에서 한번도 벗어난 적이 없다는 것이다.

그렇다면, 화이트헤드의 '개체'와 자유주의자의 '개체'의 차이점이 무엇인지 간단히 살펴보자. 화이트헤드는 자유주의에서 논의하는 경제적 인간에 대해서는 명시적으로 그 문제점을 밝히고 있다. 추상화된 도식 내에서 인간을 경제적 측면에만 한정해 보는 것은 유용성의 입장에서 긍정적으로 바라볼 수 있다.[7] 하지만 시장과 경쟁으로만 인간을 바라보는 것은 매우 제한적이며, 인간의 삶에서 아름다움과 윤리적 측면을 도외시하는 경향으로 나아갈 수밖에 없다. 화이트헤드의 다음과 같은 말은 이러한 경향을 정확하게 드러내고 있다.

정치 경제학은 그 속성상 추상화시킨 인간만을 대상으로 삼는다. 즉 정치 경제학은 그 관점을 '경제적 인간'이라고 하는 전제에 국한시키는 것이다. 그리고 그것은 많은 중요한 인간적 요소를 외면한 채, 시장과 경쟁에 관한 가설을 세우고 있다. …… 어느 정도까지는 이 도식은 매우 중요하다. …… 그러나 어떠한 도식이든지 그 유효성에는 매우 정확한 한계가 있다. 그 도식이 그것의 적합한 범위를 넘어서서 적용될 때에는 반드시 오류의 결과가 생겨난다(FR 75).

여기서 보는 인간은 "상업상의 업무를 수행할 때 사용되는 추상관념"

---

6 화이트헤드는 PR에서 플라톤이래로 17세기와 18세기에 이르기까지 과정을 존재론적으로 우선시한 대표적인 철학자는 없다고 한다. 대다수의 실체 범주를 사용하며, 과정은 그 실체의 하위 존재로 보았을 뿐이다(PR에서 〈과정〉의 장을 참조).
7 이것은 화이트헤드가 뉴턴의 과학이 '추상적 도식'으로는 가장 명확한 진술이라고 한 점과 일맥상통한다(PR에서 2장을 참조).

(SMW 291/291)이며, 그 이외의 가치는 일요일에 성직자를 만났을 때만 사용하게 되어도 전혀 이상하게 생각하지 않는 것이 자유주의자의 입장이다. 다시 말해서, "경쟁을 위주로 하는 상업 도덕의 신조는 …… 노동자는 노동의 공동 자원에서 끌어온 단순한 일손으로 밖에는 간주되지"(SMW 292/292) 않는 인간관을 품고 있는 것이다. 결국 이것은 자유주의 패러다임의 개체 혹은 원자의 개념이 뉴턴의 과학적 유물론에 기반을 두고 있음을 짐작할 수 있다. 따라서 "각 존재는 발현하는 개별적 가치를 갖는다는 관념이, 각 존재는 각기 독립된 실체로서 존재한다는 전혀 다른 관념으로 변형되어 버린 것이다"(SMW 279/281).

어쩌면, 자유주의자의 개체가 실체 철학에 가깝다는 것은 쉽게 이해할 수 있다. 그런데 원자보다는 공동체 및 관계를 중시하는 공동체주의자들의 입장은 화이트헤드의 유기체 철학과 매우 흡사해 보이기 때문에, 그 안에서 공동체를 실체로 보고, 비판을 제기하는 것은 결코 쉬운 일이 아니다. 하지만 아리스토텔레스와 헤겔과 같은 공동체주의자들 역시 사실 혹은 실체를 궁극자로 보며, 공동체를 '부동의 동자' 혹은 '정신'과 같은 실체로 보고 있다는 점을 염두에 두고 논의를 진행해 보자.

헤겔은 "보편적이고 자기 동일적인 불멸의 실체로서의 정신은 만인의 행위를 받쳐주는 확고부동한 토대이자 출발점이며 동시에 모든 자기의식의 사유 속에서 본원적으로 깃들어 있는 목적"(임석진 옮김, 2005: 2권 19)이라고 한다. 이 정신이 "지금껏 공동세계를 떠받치는 인륜적 실체"(2005: 2권 19)라고 하며, 또한 "인륜적이라는 것은 본래 공동성을 띤 것으로 혈연상의 관계라고 하더라도 본질적으로는 정신적인 것"(2005: 2권 26)이라고 한다. 이때 인륜적 공동체는 가족, 민족, 국가이며, 그것은 순서대로 나타난다. 그런 점에서 공동세계에서 개별성은 "인륜적 실체가 자기의식에 힘입어 현실의 실체가 되면서 절대적인 정신이 현존하는 수많은 의식으로 구체화되어 나타나는 것"(2005: 2권 24)이라고 한다. 헤겔은 이와 같이 공동체를 떠받치고 있는 실체로서의 정신이 있으며, 이것이 개별자에게 현전하고 있다고 주장한다. "절대정신이란 공동체의 정신 바로 그것으로서 이는 방관자로서의 우리에게는 이성의 실천적 형태를 다루는 데서 이미 절대 존재론 나타나는 것"(2005: 2권 24)이다. '인륜'과 '공동체'라는 단어를 헤겔이 사용하고 있기 때문에, 그의 철학은 마치 자유주의자에 대한 적절한 대안과 비판으로 이해하기 쉽다. 하지만 헤겔이 사용하는 공동체와 인륜은 실체이기 때문에, 이미 외부와의 소통이 단절된 성 안의 공동체일 뿐이다.

또한 헤겔은 절대정신인 이성은 그 자체로 서구의 정태적인 신을 모델로 삼고 있다. "신만이 가장 현실적이요. 오직 신만이 참으로 현실적이라는 것"(서동익 옮김, 1983: 66)이다. 그런 점에서 헤겔에게서 "역사란 그 자체로 이미 목적/종말인 이성이 자기를 외화하여 전개해 가는 과정이며, 신이 세계를 만들어 바꾸어 가는 주체인 것처럼, 이성은 자기 외부에 있는 모든 것을 점차 포괄해 가면서 역사를 만들어 가는 주체"(이진경, 2009: 56)이다. 그래서 역사에 있어서의 정신은 "일반적인 성질을 갖는 개체이며, 규정된 개체, 곧 민족 일반이라는 것"(임석진 옮김, 1992: 57-58)이다. 다시 정리하자면, 정신은 실체이며, 이 실체는 공동체 혹은 민족이라는 절대적 자유를 실현하는 것을 의미한다. 따라서 "실체의 바깥에서 진행되는 듯이 보이는 것, 그리고 바로 그 실체에 반하는 행위인 듯이 보이는 것들은 모두가 실체 자체의 활동에 지나지 않을 뿐더러 이제 실체는 본질적으로 주체일 수밖에 없다는 사실"(임석진 옮김, 2005:2권 92-93)이다. 이와 같이 헤겔은 정태적인 신 범주에 토대를 둔 공동체 혹은 민족 개념을 설정하기 때문에, 여기서는 배타적인 민족주의와 국가가 필연적으로 도출될 수밖에 없는 것이다.

〈부동의 동자〉로서의 신 관념은 적어도 서구 사상에 관한 한, 아리스토텔레스에게서 비롯되었다. 〈탁월하게 실재적인〉 것으로서의 신 관념은 기독교 신학이 애호하는 학설이다. 이 두 관념이 결합되어, 근원적이며 탁월하게 실재적인 초월적인 창조자, 즉 그의 명령으로 세계가 존재하게 되고 그가 강요하는 의지에 그 세계가 복종하는 그런 초월적 창조자라는 관념이 된 것은, 기독교와 이슬람교의 역사에 비극을 야기시켜 온 오류이기도 하다(PR 342/588).8

그렇다면 헤겔에게 공동체와 개체의 관계는 어떠한가? "양자는 각기 서로가 불가분의 절대적 독자성을 띠는 가운데 서로를 결합하는 어떤 매개에도 동참하는 일이라곤 없다. …… 공동체를 등에 업고 현존하는 개인을 부정하는 그러한 행위이다"(임석진 옮김, 1992: 2권 163). 다시 말해서 헤겔에게는 공동체로서 정신만이 실재로 인정을 받으며, 개체는 단지 그와 같은 공동체로서의 정신의 활동을 위한 부수적인 지위를 부여받을 뿐이다. 이것은 정태적인 범주에 기반한, 실체적 공동체를 의미한다.

그러나 화이트헤드는 정신이 물리적 경험의 "반작용이며 그것과의 통합"(PR 222)이라는 측면에서는 인정을 하나, 헤겔처럼 "현실태들을 통합하는 별개의 정신성(모든 미국시민 위에 있는 엉클샘과 같은 것)을 요구해서는 안 된다"(PR 222)고 주장한다. 따라서 정신은 각각의 신체와의 상호작용에 의해서 발생하는 것으로 보아야 하고, 정신이 신체보다 우위에 있는 존재로 보아서는 안 된다.

그런데 헤겔은 "정신이란 신체에 생명을 불어넣는 구실을 하는 것이라는 성 토마스 아퀴나스의 스콜라적 견해"(PR 223)를 그대로 수용해서, '공동체'의 개념을 구성하고 있다. 하지만 화이트헤드의 철학에서, "유물론에서 문제되는 정신은 유기체의 기능"(SMW 278/280)에 지나지 않게 된다. 다시 말해서 화이트헤드는 "각 동물신체 속에는 수백만 개의 생명 중추가 있다"(PR 108/222)고 보기 때문에, 절대적인 중심이 되는 하나의 공동체 혹은 '정신'이 있다고 보지 않는다. 즉, 화이트헤드는 우리 신체 속에는 이

---

8 화이트헤드는 9·11테러가 발생할 수밖에 없는 역사적 비극을 이미 예언하고 있는 것처럼 말을 하고 있다. 그는 초월성, 탁월성, 근원성을 믿는 기독교와 이슬람교는 외부를 언제나 열등한 사회라고 보며, 그 사회를 인정할 수 없는 시스템을 갖고 있다고 본다.

미 수많은 사회들과 공동체들이 우글거리고 있다고 한다(Cobb, 2007).

> 높은 유형의 살아있는 신체에 있어서는 그 신체를 통한 그들의 계승
> 경로에 의해 조정되는 계기들의 여러 등급이 있어서, 그 계승의 독특
> 한 풍부성이 그 신체의 몇몇 부분에 들어 있는 계기들에 의해 향유되도
> 록 되어있다. 마지막으로, 두뇌는 계승의 독특한 풍부성을, 때로는 이
> 부분에 의해, 또 때로는 저 부분에 의해 향유할 수 있도록 조정되어 있
> 다. 이렇게 해서 이 특정 순간에 신체 내에 통합적인 인격성이 산출된다
> (PR 108/223).

이와 같이 화이트헤드에게는 "정신의 존속은 신체가 구성되는 보편적
원리에 있어 또 하나의 실례에 지나지 않는"(PR 109/224) 것임에도 불구
하고, 헤겔은 정신을 하나의 실체로 보고, 또한 그 정신을 통해 구성된 공
동체 역시 하나의 실체로 간주한다. 이 경우에 추상적인 보편자가 구성된
공동체에는 어떤 외부도 상정할 수 없다. 그것은 외부와 단절된, 스스로
독립적으로 존재하고 존속하는 공동체로 존재할 뿐이다.

한편 이진경은 서로 상이한 속성을 가진 공동체를 제시하는데, 그것
은 실체 공동체와 과정 공동체로 명명할 수 있다. 외부에 대해 적대적이
고 폐쇄적인 한편, 내부에서 자신들만의 동질적인 세계를 건설하려는 꿈
들이 결부된 공동체가 존재한다. 정체성/동일성에 대한 집착을 보이면서
공동체의 전통과 기원, 그것에 결부된 모든 고통의 기억만을 안고서, 자
신들만의 내부적인-친숙한 세계에 정주하려는 태도의 공동체이다. 여기
에는 외부가 없다(이진경, 2009: 19). 이것이 헤겔 공동체의 모습이며,
실체 공동체의 실상이다(2009: 56-57). 헤겔의 공동체주의를 표방한 국
가나 민족이 타민족을 배척하고, 타국가와의 전쟁을 피하지 않는 것은
이러한 공동체의 당연한 귀결인지도 모른다. 한편 또 다른 새로운 공동
체는 "새로운 외부자와 접속하고 결합함으로써 만들어지는 차이와 변화
그 자체를 긍정"(2009: 22)한다. 이 공동체는 외부의 "이질적이고 우연

적 뜻밖의 것들이 결합하여 하나의 공동세계"(2009: 21)로 구성된 것이다. 공동체에 거주하는 사람들은 "유지하고 보호할 어떤 동일성/정체성도 없다. 사람들이 새로 옴에 따라 끊임없이 변하는 세계에서 살아갈 뿐"(2009: 19)이다. 우리는 이 후자의 공동체를 과정의 공동체에 대한 설명에 가까운 것이라고 부를 수 있다고 본다.

> 인간이 이동을 멈추게 될 때, 인간의 삶에서 향상도 멈추게 될 것이다. ······ 인간 영혼의 〈오디세이아〉에 자극과 양식을 주기 위해서는 인간 공동체(Communities) 사이에 차이(diversification)가 절대적으로 필요하다. 다른 습관을 가진 다른 나라는 적이 아니라 하늘의 선물(godsends)이다(SMW 298/297).

4. 유기체 철학과 조직이론

최근 세계경제환경은 그 어느 때보다 기업에게 효율성과 혁신의 동시적 달성을 강요하고 있다. 이러한 추세 속에서 최근 서구의 경영학 이론이 실체철학에 입각한 기능주의 패러다임의 대표격인 1970-1980년대의 상황적 접근에서부터 크게 이탈하는 경향을 보이고 있다. 즉, 과거 이론들은 상황(예를 들면, 환경의 불확실성 또는 제품수명주기 등)에 따라 여러 상호 배타적인 경영전략과 조직관리방법들(예를 들면, 유연성-효율성, 기계적 조직-유기적 조직 또는 Defender-Prospector-Analyzer 전략) 중에서 가장 적절한 것 하나를 선택할 것을 주장하였다. 그러나 최근 새롭게 등장하는 이론들은 이들 상호 모순적으로 보이는 가치, 목표, 전략, 관리방침 등을 동시에 추구하지 않고서는 기업이 생존할 수 없음을 강조한다(윤세준과 김상표, 2001). 이러한 시대적 상황에서 역설경영(Management of Paradox)이 출현하고 있다.

역설경영은 모순적 요소들이 자신의 내재적 속성을 최대한 발현하면서도 조율된 조화를 이루면서, 하나의 체계 내에서 상보적으로 공존할 수 있도록 하는 관리방식이다(Hampden Turner, 1990). 역설경영이 이루어지는 경우에 모순적 요소들은 서로 독립적이면서도 서로에게 의존하는 형태로 상대적 자율성을 가지고 체계 내에 공존한다. 모순적 요소들은 상호 간에 긴밀하게 연결되어 있지만, 그 정도가 과도할 정도는 아니어서 각 요소들이 체계의 작동에 독립적으로 작용할 수 있는 여지 또한 존재한다(윤세준과 김상표 2000; Stacey, 1996). 이러한 주장은 일견 균형론적 사고와 유사한 것처럼 보인다. 하지만 역설경영은 적합성이라는 개념에서 출발하여 체계의 균형을 추구하는 상황이론과는 다르다. 모순적 경향성들의 동시적 공존은 체계 내에 이들 간 긴장이 상존한다는 것을 포함하기 때문에, 역설경영은 기본적으로 체계가 불균형(disequilibrium) 상태에 놓여 있음을 전제로 한다(Pascale, 1990). 따라서 역설경영은 불균형 속에서 균형을, 부조화 속에서 조화를 추구하는 것이다. 이처럼 역설경영의 패러다임 등장으로 말미암아 조직이론도 실체철학의 어두운 그림자에서 벗어날 전기를 맞고 있다.

우리는 3장에서 이미 자유주의와 공동체주의가 모두 실체 철학에 기반을 두고 있다는 사실을 간단히 기술하였다. 실체 철학의 한계를 공통적으로 안고 있는, 자유주의와 공동체주의에 대한 이분법적 구도로는 경영현상을 정확히 포착해내기 어렵다는 점을 지적한 바 있다. 그런데 역설경영 패러다임에 입각한 조직이론에서는 보전과 변화, 개체와 관계, 경쟁과 협동 등 모순적인 경향성들이 동시에 발현될 수 있는 조직을 구축할 필요가 있음을 강조하고 있다. 예컨대, 마치(March, 1991)는 조직이 안정과 변화를 동시에 달성하려면 탐험(exploration)과 활용(exploitation) 전략 중 어느 하나만에 의존하는 것이 아니라 둘 모두를 동시에 활용할 필요가 있음을 역설한다. 여기서 탐험이란 조직이 스스로 기존의 방식이나 지식을 버리고 새로운 방식이나 지식으로 전환하는 것이며, 활용이란 새로운 지식과 방식을 안정적으로 활용해서 동일한 방법이나 절차를 반복적으로 사용하는 것을 의미한다. 윤세준과 김상표(2000)에 따르면, 초우량 기업들은 모험과 활용 전략은 동시에 구사하는 혼합형(Hybrid) 전략을 채택하여 효율성과 혁신이라는 모순된 목표를 균형있게 달성하고 있다. 나아가 루이스(Lewis, 2000)의 지적처럼, 탐험과 활용은 비록 모순적인 경향성들이 있지만 이 둘은 한 체계내에서 내적으로 상호 연결되어 있기에 상보적으로 공존가능하다.

경영전략뿐만 아니라 경영전략의 효과적인 실행에 가장 중요한 핵심 기제인 인적자원관리 영역에서도 역설경영의 필요성이 주창되고 있다. 윤세준과 김상표(2001)는 인사관리 유형을 크게 시장유형, 관료제 유형, 가족유형으로 구분하는데(12~13), 그 중에서 시장유형은 인적 자원을 경쟁과 가격 기제에 의존하여 관리하겠다는 사고방식이다. 관료제 유형은 조직구성원들의 관계를 공식적 권한을 통해 조정하는 것을 의미한다. 가족 유형에서는 전인격적인 이해와 몰입, 도움의 주고받음, 상호 성장 등이 강조되며 신뢰에 기반한 인간관계가 형성된다. 다시 말해서, 시장유형은 개체 측면을, 가족유형은 공동체 측면을, 관료제 유형은 공식적인 질서를 강조한다. 이 논문의 결론은, 조직이 장기적으로 성과를 내기 위해서는 세 가지 유형의 인사방침이 조직에 공존해야 한다고 밝히고 있다. 요컨대 조직이 인적자원을 관리할 때도 모순을 수용하고, 더 나아가 기업이 이를 적극적으로 활용할 때 최고의 성과를 낼 수 있음을 지적한다.

특히 윤세준과 김상표(2001)는 "인간 자체가 이기심-이타심, 개인주의-공동체주의, 독립성-의존성, 경쟁-협력 등의 이중적 속성을 동시에 갖고 있는 모순적 존재"(Schneider, 1990: 33)임을 인정하면서 서양의 형식논리에 벗어나 동양의 음양이론을 통해 조직 내 모순에 대한 이분법적 인식을 극복하고자 한다. 즉, 역설경영의 원초적 생명력을 인간본연의 속성에서 뽑아내고 동양의 음양오행론에 기대어 이 패러다임의 존재론과 인식론을 수립하려고 시도한다. 철학적 기반 없이 충분한 근거가 마련되지 않은 채로 성급하게 펼치는 주장이기는 하지만, 실체철학에서 벗어날 수 있는 단초가 윤세준과 김상표(2000, 2001)의 연구에서 발견할 수 있다는 점은 고무적인 것이다.

이상에서 우리는 역설경영 패러다임의 등장으로 말미암아 개체와 공동체, 독립성과 의존성 등의 문제가 조직이론에서도 대단히 중요한 개념으로 자리잡아 가고 있음을 확인하였다. 조직이론의 이러한 논의에서 화이트헤드 철학이 어떤 암시나 기여를 할 수 있는 측면이 있을 것으로 기대한다. 이와 같이 생각하는 이유는, 그가 '사물의 본성'에는 이미 변화의 정신(spirit of change)과 보존의 정신(spirit of conservation)이 있다고 보기 때문이다.

> 사물의 본질 그 자체에는, 우리가 어떠한 영역을 탐구하고 있든지 간에 언제나 특수한 것으로 구체화되어 나타나고 있는 두 가지 원리가 내재되어 있다. 곧 변화의 정신과 보존의 정신이 그것이다. 이 양자 없이는 아무 것도 실재할 수 없다. 보존을 동반하지 않는 변화는 무에서 무로의 이행일 따름이다. 그것을 전부 모은다 해도 그 결과는 단순하고 덧없는 비존재로 전락될 뿐이다. 또한 변화를 동반하지 않는 단순한 보존은 자기 유지가 불가능하다. 왜냐하면 궁극적으로 상황은 끊임없이 유동하고 있는 것이어서 단순한 반복하에서는 존재의 신선미가 사라져 버리게 되기 때문이다(SMW 289/289).

그렇다면, 화이트헤드는 '변화'와 '보존'이라는 극단적인 사물 속의 본성의 차이를 어떻게 설명해 내는가? 이것을 이해하기 위해서는, 우선 화이트헤드 철학을 유기체 철학이라고 명명할 때, 그가 사용하는 '유기체'라는 개념이 무엇인지를 이해하는 것이 급선무이다. 이미 유기체라는 개념은 동양과 서양에서 익숙하게 사용된 개념이다. 여기서는 서양에서 사용된 입장으로만 국한해서 살펴보자. 유기체는 플라톤에서 헤겔에까지 미리 질서가 잡혀있는 것을 의미하며, 각각의 기능이 미리 설정된 계획에

따라서 조화를 이룬다.[9]

플라톤 역시 각각의 부분이 제 역할을 하고 이후에 최종적인 이데아의 질서 속으로 모든 것을 종속시킨다. 마찬가지로 헤겔도 보편자인 정신에서 출발해서, 구체적인 것으로 나아가서 부정의 변증법을 통해서 상위의 이념으로 다시 돌아간다. 이 과정을 통해 개체들은 전체 유기체의 질서를 위해서 절대적으로 복종한다. 이것이 우리가 알고 있는 유기체 개념이다 (김영진, 2005: 45). 화이트헤드 역시 그와 같은 입장에서 사용하고 있다고 생각하면 큰 오산이다. 그의 유기체 개념은 훨씬 다양하고 열려진 체계를 포함하는 것이다.

> 유기체 철학의 목적은 '완고한 사실의 궁극적인 작인들로서 개별자(참된 실재)', '한정의 형식으로서 보편자', '목적', '재창조로서 존속', '영속적 소멸로서 시간', '느낌', '경험의 개별적 통일', '완고한 사실', '(데카르트적 의미에서) 참된 실재', '새로움에로의 창조적 전진', '과정', '체계'의 개념들에 근거한 정합적인 우주론을 표현하는 것이다(PR 128/255).

화이트헤드는 "상식에 폭력을 가하지 않고는"(PR 128/255) 이것들 중의 어떤 개념도 생략해서는 안 된다고 한다. '보편자', '존속', '체계' 등이 보존의 정신을 표현하는 유기체의 개념이라면, '느낌', '창조적 전진', '개별자' 등은 변화의 정신을 표현하는 유기체의 개념이라고 할 수 있다. 그러므로 화이트헤드의 유기체 개념에는 변화와 보존이라는 두 개념을 함축한 것이라고 할 수 있다. 그런데 화이트헤드에 따르면, 실체 철학에서는 변화의 정신을 설명할 수있는 유기체 개념이 배제되어 있다고 한다. 예컨대, 공동체주의자로 불리는 헤겔은 추상적인 일자 혹은 실체로 유기체를 보기 때문에, "헤겔과 그의 아류 학파가 내세웠던 진화론적 일원론에서 그것은(새로움에의 창조적 전진) 자취를 감추고 말았다"(PR

---

9 이것은 버렐과 모건의 조직이론에서 기능주의 이론을 크게 기계론과 유기체론으로 나누는데, 여기서 말하는 유기체론과 기능주의 유기체론에 매우 유사한 측면이 있다.

210/386)고 한다. 물론 로크, 흄, 칸트 역시 이러한 의미의 유기체 개념 (새로움에의 창조적 전진)을 상정은 하나, 그들은 "잘못 기술하거나", "무의식적으로 예시"하거나 혹은 "전체적으로 통일"(PR 210/386)시키지 못 했다고 한다. 따라서 화이트헤드가 볼 때, 자유주의자의 선구자라고 할 수 있는 로크, 흄, 칸트 등과 마찬가지로 공동체주의를 대표하는 헤겔 역시 일관된 유기체 개념을 고려하지 못했다고 본다. 하지만 유기체 개념만으로는 철학적 이론 체계를 구축할 수는 없다. 그래서 화이트헤드는 실재의 근본 정신인 '변화'와 '보존'을 유기체에 담기 위해서 일부 개념을 구성해 낸다. 하지만 이 장에서 그의 개념들을 상세하게 탐구하기에는 지면의 제한이 있기 때문에, 일부 개념을 통해서 그와 같은 정신을 어떻게 담아내고 있는지를 간단히 살펴보기로 하자.

한편 화이트헤드에 따르면, "어떤 근거의 탐구는 항상 그 근거의 담지자인 어떤 현실적 사실에 대한 탐구"(PR 40/112)에서 비롯되어야 함을 밝히고 있다. 그는 현실적 사실은 "현실적 존재"(actual entity)에 대한 이해에서 시작되어야 한다고 말한다.

> 현실적 존재–현실적 계기라고도 불린다–는 세계를 구성하는 궁극적인 실재적 사물이다. …… 그런데 비록 그 중요성에서 등급이 있고 그 기능에서 차이가 있기는 하지만, 현실태가 예증하는 여러 원리의 사례에서 볼 때 모든 현실적 존재들은 동일한 지평에 있는 것이다. …… 그리고 이 현실적 존재들은 복잡하고도 상호 의존적인 경험의 방울들이다(PR 18/73).

이 예시를 통해서, 우리는 현실적 존재의 몇 가지 특징을 추론해볼 수 있다. 우선 신이나 미세한 먼지에 해당하는 모든 존재가 '중요성'이나 '기능'에서 차이가 있더라도 현실적 존재라는 동일한 이름을 달고 있다는 것이다. 예컨대, 세포, 파리, 진흙, 비, 고양이, 천안함, 훈장, 눈물, 병사, 대통령, 스님 등의 각 개체 속에서는 현실적 존재라는 것이 내재되어 있는 것이다. 그리고 파리라는 작은 생명체 내부에서 계기들의 생성과 소멸은 상호의존과 독자성을 확보한다는 것이다. 그 이유는, 각각의 계기는 찰나적으로 생성하고 소멸하며 이 가운데 소멸을 통해서 원자성을 확보하며, 그 원자성은 여건이 되어서 또 다른 계기의 생성을 위해서 자신을 내주기 때문이다. 즉, 죽은 것은 자신을 보존하기 위해서는 새롭게 태어난 것의 먹이가 되어야 한다. 그것만이 사는 길이다. 그러므로 작은 생명체인 파리조차도 자신의 생명보존을 위해서 그 안에서 수많은 계기들이 생성과 소멸을 끊임없이 진행하고 있는 것이다. 이를 통해 우리가 파리라고 부르는 하나의 생명체가 동일성을 확보할 수 있는 것이다. 이를 화이트헤드는 바로 '복잡하고도 상호의존적인 경험의 방울'인 현실적 계기라 하며, 이것이 실재의 모습이라고 한다.

화이트헤드는 이 현실적 존재가 환경의 다양한 요소들을 자신의 것으로 만들어 가는 그 활동 과정을 "파악"(prehension)이라고 부른다. 파악은 여건을 수용하는 가장 구체적인 활동(PR 22)이다. 즉, 그것은 대상과 주체라는 양극을 결합시키는 활동이다. 그러므로 파악은 공적이거나 사적일 수 없고, 언제나 그 양자의 결합으로 구성된 것이다(PR 290/509). 이것은 근대 경험론에서 대상이 경험을 결정한다고 주장하는 것이나, 근대 합리론에서 주체가 경험을 결정한다는 두 가지 입장을 모두 반대하며, 대상과 주체, 혹은 공동체와 개체는 파악에 힘입어서 분리되지 않으며, 경험은 이 두 가지의 결합에 의해서만 생겨난다는 것을 의미한다.

또한 파악을 '느낌'(feeling)이라고도 한다. 느낌은 현실적 존재 속에 양극으로 나뉜다. 하나는 물리적 느낌(physical feeling)이고 다른 하나는 개념적 느낌(conceptual feeling)이며, 물리적 느낌은 현실적 존재의 '연속성'을 설명하는 개념적 장치이다(PR 245-246/443). 그와는 달리 개념적 느낌은 현실적 존재의 '불연속성'을 설명하는 개념적 장치이다(PR 26/87, 249/448). 그러므로 화이트헤드에게서, 물질과 정신은 실체가 아니라 현실적 존재의 양극으로 유기적으로 결합되어 있을 뿐이다

(PR 248/447). 이러한 점을 염두에 둘 때, 현실적 존재의 물리적 느낌은 긍정성, 순응성, 안정성 등과 연관이 있으며, 개념적 느낌은 부정성, 일탈성, 자율성과 연관이 있는 개념이다(문창옥, 1999: 65). 따라서 우리는 물리적 느낌과 개념적 느낌을 통해서 화이트헤드가 앞에서 설명한 '변화'와 '보존'이라는 두 정신이 현실적 존재라는 하나의 실재 속에 양극으로 놓여 있음을 볼 수 있다. 즉 실재가 이미 모순된 두 극을 포함하고 있는 것이다.

화이트헤드는 또한 유기체를 '과정'과 동일시하면서, 이 관점에서 '변화'와 '보존'을 설명해 낸다. 그것은 미시적 과정의 합생(concrescence)과 거시적 과정의 이행(transition)이다. 이 두 개념은 앞 장에서 논의된 개체와 공동체의 문제를 이해하는 데 매우 중요한 것이다. 미시적 과정의 유기체는 '합생'이라고 하며, 거시적인 의미의 유기체는 '이행' 과정이라고 한다.

> 미시적인 의미는 경험의 개별적인 통일을 실현하는 과정으로서 고려된, 현실적 계기의 형상적 구성에 관계된다. 거시적 의미는 현실적 계기를 위해서 동시에 기회를 제한하고 제공하는 완고한 사실로서 고려된, 현실 세계의 소여성과 관계된다(PR 128-129/255).

합생과정은 "개별적 존재자의 구조에 내재하는 유동성"(PR 210/386)이며, 이는 "어떠한 두 현실적 계기도 동일한 현실적 세계를 경험할 수 없다"(PR 210/386)는 것이다. 이것은 개체의 원자성을 화이트헤드의 유기체의 입장에서 표현한 것이다. 이행과정은 개별적 존재자와 존재들 사이의 '관계'를 의미하며, 이행은 "불멸하는 과거인 작용인"(PR 210/386)을 보여주는 것이다. 즉 "개별적인 존재자의 완결에 따르는 과정의 소멸이 그 개별적 존재자를, 과정의 반복에 의해 생겨나게 되는 다른 개별적인 존재자들을 구성하는 시원적 요소"(PR 210/386)가 되는 것이다.

이와 같은 개념들이 화이트헤드가 '변화'와 '보존'을 담기 위한 개념적 장치의 일부라고 하는 점을 간단히 지적했다. 하지만 그러한 미시적인 개념만으로는 우리가 일상적으로 경험하는 대상과는 차이가 있기 때문에 쉽게 다가갈 수가 없다. 화이트헤드 역시 그런 점을 고려해서, 유기체 개념을 결합체(nexus)와 현실적 존재라는 두가지 의미로도 규정될 수 있다고 한다. 현실적 존재는 미시적 의미로 유기체를 의미하며, 결합체는 거시적 의미로 유기체를 의미한다. 우선 미시적 의미의 현실적 존재를 알아보면, 앞에서 지적했듯이, 그것은 생성과 소멸하는 찰나의 계기이다. 그것은 영속하거나 불변하는 존재가 아니다. 화이트헤드는 이런 특성을 '주체-자기 초월체(subject-superject)'라고 한다. 이 두 측면의 기술은 "어느 한 순간도 간과되어서는 안 된다"(PR 29)고 한다. 실체 철학은 여건과 만나는 영속하는 주체를 전제로 한다. 하지만 "현실적 존재자는 동시에 자기 실현의 주체이면서 자기 실현된 자기 초월체이다"(PR 222). 따라서 자기 실현과정을 겪는 주체는 불완전한 현실태의 양태이며, 자기 실현이 완성된 자기-초월체는 완전한 현실태이다. 실현 중인 계기와 실현된 계기 혹은 존재는 한 순간도 분리된 적이 없다. 이 설명에서 '불완전한 현실태'는 변화를 겪고 있는 현실태의 양태를 의미하며, '자기 실현이 완성된 현실태'는 보존을 함의하는 현실태의 양태를 보여준다고 할 수 있다. 그러므로 현실적 존재는 "복잡하고도 상호 의존적인 경험의 방울들"(PR 73)이라는 의미를 갖는 것이다. 다시 한 번 말하자면, 현실적 존재는 '변화'와 '보존'이라는 두 정신에서 한번도 벗어난 적이 없는 존재이다.[10]

한편 우리는 결합체라는 개념을 통해서는 '개체성'에 대한 의미를 다르

---

10 모르간(Morgan)은 『조직의 8가지 이미지』에서 '변화 논리의 전개: 흐름과 변화과정으로서의 조직'이라는 장에서 과정 패러다임에 기반을 둔 동양과 서양의 철학과 과학을 탐구하고 있다. 특히 자기-생산(autopoiesis)이론, 복잡성 이론(complexity theory), 자기 조직화 이론(self-organization theory), 음양이론 등을 통해서 과정패러다임이 조직이론에 어떤 기여를 할 수 있는지를 상세하게 밝히고 있다. 이 책에서는 '자연의 조정: 유기체로서의 조직'이라는 3장에서 유기체로 조직을 보는 이론들을 설명하고 있다. 모르간의 글에서 흥미로운 것은, 화이트헤드의 유기체 철학이 모르간의 저서 3장에서 서술하는 유기체로서의 조직보다는 흐름과 변화과정으로서의 조직을 보는 8장의 내용에 훨씬 더 가깝다는 사실을 알 수 있다. 이런 점을 고려해 볼 때, 화이트헤드의 유기체 패러다임은 일반적으로 사용되는 '유기체'보다는 '변화'의 조직이론에 대한 철학적 기초의 역할을 할 수 있을 것으로 보인다(박상언 · 김주엽 옮김, 2004).

게 사고할 수 있는 동인을 얻을 수 있다. 예컨대 존속하는 개체들, 컵, 나무, 책상, 가족, 기업, 민족, 국가 등도 하나의 유기체이다. 과연 생명 없는 물리적 존재와 기업이 동일하게 왜 유기체라는 의미를 가질 수 있을까? 화이트헤드가 볼 때, 거시적 존재 역시 미시적 존재가 갖는 성격을 똑같이 함의하고 있다. 화이트헤드는 이와 같은 유기체를 '결합체'(nexus) 혹은 사회(society)라고 한다. 결합체는 현실적 존재만큼 실재적, 개별적, 개체적이라고 한다. 화이트헤드는 이를 다음과 같이 명시적으로 설명한다.

> 현실적 존재들은 그들 상호간의 파악에 의해서 서로를 포섭한다. 그렇기 때문에 현실적 존재들의 공재라는 실재적인 개별적인 사실들이 존재하며, 그래서 현실적 존재와 파악이 실재적이고 개별적이며 개체적이라고 하는 것과 동일한 의미에서 결합체는 실재적이고 개별적이며 개체적이다. 현실적 존재들 가운데 공재라는 임의의 그런 개체적 사실은 '결합체'라고 부른다(PR 20/75).

화이트헤드는 이처럼 개체성을 현실적 존재 혹은 결합체 모두에 적용한다. 즉 미시적 존재와 거시적 존재가 모두 다수와의 관련성을 독자적으로 품고 있는 개체성이라는 것이다. 이때 개체성은 근대 철학의 실체적 의미에서 사용된 개체와는 매우 다른 방식이라고 할 수 있다. 앞서 비판한 자유주의자와 공동체주의자는 각각 상호 의존적이면서도 원자성을 갖는 개체성의 의미를 설명할 수 없다는 점에서 유기체 철학의 개체성과는 엄연한 차이가 있다고 할 수 있다. 왜냐하면 헤겔의 유기체와는 달리, 결합체라는 공동체는 "정태적인 유기체가 아니다. …… 그리고 그 팽창의 임의의 단계에 있는 우주가 유기체의 일차적인 의미"(PR 393/214)에 해당하는 것이기 때문이다.

그렇다면 다양한 하위 사회들과 현실적 계기들을 제거하고 하나의 나무로 볼 수 있는 것이나, 나무들을 제거하고 하나의 숲으로 볼 수 있는 것은 무엇 때문인가? 화이트헤드는 라이프니츠(Leibniz)의 '단자론

(monadism)'에서 혼란된 지각(confused perception)이라고 언급한 것이 바로 이 문제라고 한다. 화이트헤드가 이와 같은 단자적 우주론에 내재하는 문제에 대처하는 방식은 바로 '변환의 범주(the category of transmutation)'를 통해서 해결한다. 변환의 범주는 화이트헤드의 철학에서 미시와 거시의 상호 관계를 설명하는 제약 범주이다. 우리는 일상에서 모니터와 본체를 합해서 하나의 컴퓨터로 볼 때도 있고, 모니터와 본체를 분리해서 컴퓨터를 설명할 때도 있다. 또한 우리 몸을 하나로 볼 때도 있고, 우리 몸의 세포를 하나로 볼 때도 있다. 그리고 기업을 하나로 볼 때도 있고, 그 기업에 속한 개개인을 하나로 볼 수도 있다. 이것의 공통점은 수많은 다수를 하나로 묶어서 파악하는 활동을 하고 있다는 것이다. 그러면서 또한 그 다수를 하나의 한정 형식으로 의미를 제한할 수 있다는 것이다. 예컨대, 책, 책상, 연필, 참새, 돼지, 기업, 군대 등은 다수의 항들로 구성되지만, 우리는 그것에다 하나의 한정된 의미를 부여한다. 물론 책상이라는 의미가 고정되어 있다고 말하는 것은 아니다. 책상은 주체와 대상의 관계에 따라서 언제든지 밥상이나 침대로 사용되고, 의미될 수 있다. 이와 같이 우리는 일상에서 일과 다의 관계를 자유자재로 사용하면서도 전혀 불편함을 느끼지 않는다. 왜 그럴까? 화이트헤드는 그와 같은 능력을 갖고 있는 것은 바로 변환의 범주가 있기 때문이라고 한다. 즉 다수를 일자로 볼 수 있게 하는 것은 바로 이 제약범주로 가능하다는 것이다.

> 변환이라는 것은 현실 세계가 그것에 편재하는 질서에 힘입어 공동체로서 느껴지는 방식이다. 왜냐하면 그것은 파악된 결합체의 여러 성원들 간의 유사성에 근거하여 생겨나고, 또 그 성원들간의 차이를 배제하기 때문이다. 변환을 떠날 경우, 우리들의 연약한 지성의 활동은 사물의 지배적인 특성을 꿰뚫어 보지 못한다(PR 251/450-451).

화이트헤드는 우리가 일상 삶에서 "관계가 없는 세부적인 것들을 제거하고 현실세계에 들어 있는 체계적 질서의 요소"(PR 254/455)들만 볼 수 있는 것은 이 변환의 범주로 가능하다는 것이다.

이 범주 덕에, 우리는 다수의 여건들을 "이처럼 일자로서의 결합체에 대한 하나의 물리적 느낌으로 변환하는 것을 '변환된 느낌'을 가질 수 있다"(PR 251/451). 따라서 화이트헤드에게는 개체와 공동체라는 의미가 하나의 유기체 속에 모두 다뤄질 수 있다고 본다.[11]

> 어떤 목적을 위해서 하나의 원자적 현실태가 마치 많은 등위적 현실태인 양 다루어지는 것과 꼭 마찬가지로, 다른 목적을 위해서는, 많은 현실태로 된 결합체가 마치 하나의 현실태인 양 다루어질 수 있다는 것이다. 이것은 우리가 분자나 바윗덩이가 인체와 같은 것들을 수명을 다룰 때에 흔히 하고 있는 일이다(PR 287/505).

5. 맺음말

지금까지 우리는 화이트헤드의 유기체라는 개념을 파악, 느낌, 과정, 현실적 존재와 결합체라는 보다 세부적인 개념들로 구성함으로써 변화와 보존 혹은 개체와 공동체에 대한 새로운 사유를 제시하고자 했다. 그리고 우리는 실체 철학이 근대 과학과 어떻게 연관되는지를 살펴보았으며, 또한 그 철학이 조직이론에 어떻게 연장되고 있는지를 검토하였다. 특히 우리에게 익숙한 자유주의와 공동체주의의 패러다임이 실체철학에 토대를 두고 있음을 확인하였다. 하지만 조직에서는 실체 패러다임을 거부하면서, 원자와 관계, 개체와 공동체, 경쟁과 협동 등 모순적 경향성들을 동시에 활용하는 것이 성과에 도움이 된다는 사실을 이미 인식하고 있으며,

---

11 화이트헤드는 이 변환된 느낌이 명제적 느낌들과 매우 유사하며, 인간이 건설한 다양한 제도들, 학교, 공장, 기업, 국가, 민족 등을 일자로 파악하는데 도움이 된다고 한다. 우리는 차후에 명제적 느낌이 갖는 특성을 기업의 다양한 제도에 적용하거나 응용하는 작업을 착수해볼 것이다.

또한 그것들을 제도화해내는 메카니즘들을 구축하기 위해 노력하고 있다. 앞장들에서 우리는 조직이론에서 역설경영 패러다임을 통해 두 가지 모순된 입장을 해결하기 위한 도구적 장치들이 제시되고 있음을 간단히 살펴보았다. 또한 이 패러다임이 조직의 문제를 해결하기 위해서 더욱 확장되려면 확고한 존재론과 인식론에 기반을 둘 필요가 있음을 지적한 바 있다. 따라서 우리는 화이트헤드의 철학이 그러한 모순적 상황을 해결하는 이론적 배경을 제공할 수 있음을 보여주고자 노력했다.

물론 이 논의에서 화이트헤드의 유기체 패러다임이 기존 조직이론의 합리적 핵심들을 모두 보존하면서 새로운 길을 완벽하게 제시해주고 있다고 단언하기는 어렵다. 하지만 그의 논점이 기존 패러다임을 극복하고, 기업 내부의 여러 가지 제도적 메커니즘들에 대한 새로운 이해에 기여하고 있음은 분명하다. 예컨대, 최근 들어 화이트헤드의 철학을 경영학의 제반 분야에 선구적으로 적용하려는 시도가 이루어지고 있다. 치아(Chia)는 "경영 교육에 대한 화이트헤드적 관점"(A Whiteheadian View of Management Education)이라는 논문에서 화이트헤드의 교육관이 이미 시대에 뒤떨어져 버린 현재의 MBA 교육방식에서 탈피하는데 기여할 것이라고 한다. 또한 다키와 디번(D'Archy & Dibben, 2005)은 "화이트헤드와 경영"(Whitehead and Management: Learning from ManagementPractice)이라는 논문에서, 화이트헤드 및 과정 철학이 조직이론에 얼마나 영향을 미쳤고, 미치고 있는지를 자세하게 논의하고 있다. 특히 종업원 문제, 제품 생산의 질 문제, 정책 문제, 프로그램 및 가격의 공정성 문제, 고객과의 의사소통에서 정직성의 문제, 교육훈련 문제, 다국적 기업의 전략계획 문제, 제 3세계 국가의 노동자 취급 문제, 환경 문제, 이사들의 월급 문제 등 많은 영역에서 과정 패러다임이 기존의 패러다임을 넘어서 새로운 창의적 사유를 제공하고 있다고 주장한다(Riffert, 2005).

또한 우드(Wood, 2005)는 "리더십 연구와 전개에서 과정과 실재"

(Process and Reality in Leadership Research and Development)라는 논문에서, 과정 사유를 통해 기존 리더십연구에서 탈피해서 새로운 리더십을 탐구할 때, 화이트헤드와 베르그손의 과정 사유가 크게 기여한다는 점을 밝히고 있다. 과정 사유에서 제기되는 '상호관계성'의 개념은 실체적인 리더에 대한 의미에서 벗어나는데 매우 의미가 있다는 점을 우드는 기술하고 있다. 차후 이와 같은 연구들을 중심으로 화이트헤드 철학에 입각하여 논의를 더욱 더 진전시킬 수 있는 측면들을 집중적으로 검토해 볼 것이다(Riffert, 2005). 자본주의 생산양식에서 우리네 삶에 가장 큰 영향을 미치는 것은 자본주의적 기업이다. 이성이 우리를 더 나은 삶의 공간으로 인도하려면 자본주의적 기업의 제도적 메카니즘이 삶의 예술(art of life)을 촉진하는 방향으로 전환되어야 한다. 우리는 『이성의 기능』에서 과정 패러다임을 제도에서 적극적으로 수용해야 한다는 화이트헤드의 경구로, 향후 우리 작업에 대한 방향성을 지시하며 이 글을 마무리할 것이다.

인간적 관심 속에 노출되는 세계의 일반성격을 표현하는 우주론을 건설하기를 희구하는 것이다. 그러한 우주론이 현실세계와 직접적 연관을 갖는 것이 되도록 하기 위해서는 우리는 각 시대마다 인간사회의 구조를 형성하는 권위있는 제도들의 소용돌이치는 변천사를 잘 고려해야만 한다는 것을 이미 충분히 언급하였다. 우리는 단지 이러한 방식으로써만 비로소 인류의 경험 속에 광범위하게 나타나는 매우 감정적으로 효과적인 요소들을 파악할 수 있게 되는 것이다. 과연 그 시대의 제도가 그 시대의 사람들의 경험 속에서 무엇을 의미하고 있었나 하는 것이야말로 궁극적 권위의 압도적 사실을 대변하는 것이다(FR 85).

참고 문헌

김상표(2002). 「역설의 경영: 조직구조에 대한 새로운 접근방식」, 『인적자원관리연구』 제4호. 151-178.

김영진. 「새로운 형이상학은 가능한가?: '개체성' 문제를 중심으로」, 『화이트헤드 연구』 제11집. 41-67. 2005.

김효명. 『영국경험론』. 서울: 아카넷. 2001.

배종석·김민수·김양민·배종훈·오홍석. 「경쟁적 패러다임과 인사조직연구: 자유주의와 공동체주의를 중심으로」, 『인사·조직연구』 제17권 2호. 17-93.2009.

이진경. 『외부, 사유의 정치학』. 서울: 그린비. 2009.

윤세준·김상표. 「시장, 관료제, 그리고 가족: 인적자원의 역설경영과 기업성과사이의 관계」, 『인사·조직연구』 제9권 2호. 313-356. 1999.

윤세준·김상표. 「역설의 경영을 실현하기 위한 조건에 대한 탐색: 전략, 리더십, 부서간의 권력관계를 중심으로」, 『한국인사관리학회』 제22집 2권. 2000.

이홍·이현. 「양면성(Ambidexterity)을 통한 역동적 역량의 구현: 역사적 조망과이의 효과적 구축을 위한 핵심과제」, 『인사·조직연구』 제17권 2호. 95-124. 2009.

Bakken, T & Hernes. T. "Organizing is Both a Verb and a Noun: Weick MeetsWhitehead". *Organization Studies*. 27(11): 1599-1616. 2006.

Bolman, L. G. & Deal T. E. *Reframing Organizations*. San Francisco: Jossey-Bass. 1991.

Burrell, G. & Morgan. G. 윤재풍 역. 『사회과학과 조직이론』. 서울: 박영사. 1990.

Cobb, J. B. "Person-in Community: Whiteheadian insights into Community andInstitution," *Organization Studies*, 28; 567. 2007.

D'Arch, P & Dibben, M. "Whitehead and management: Learning from managementpractice" in *Alfred North Whitehead on learning and education*. Riffert. G.F. (ed.). Newcastle, UK: Cambridge Scholars Press. 2005.

Einstein, A. & Infeld, L. *The Evolution of Physics*. New York: Simon and Schuster.1938.

Eisenhardt, K. Agency theory: An assessment and review. *Academy of*

Management Review, 14(1): 57-74. 1989.

Etzioni, A. *A Comparative Analysis of Complex Organizations*. Glence,Ⅲ: Free Press. 1961.

Ghoshal, S. & Moran, P. Bad for practice: A critique of the transaction cost theory. *Academy of Management Review*, 21: 13-47. 1996.

Hegel, G. 서동익 역. 『철학강요』. 서울: 을유문화사. 1983.

Hegel, G. 임석진 역. 『역사속의 이성』. 서울: 지식산업사. 1992.

Hegel, G. 임석진 역. 『정신현상학』. 서울: 한길사. 2005.

McHenry, L. B. *Whitehead and Bradley: A Comparative Analysis*. Albany: SunyPress. 1992.

Morgan, G. 박상언 · 김주엽 역. 『조직의 8가지 이미지』. 서울: 지샘. 2004.

Odin, S. 안형관 역 . 『과정형이상학과 화엄불교』. 대구: 이문사. 1999.

Pascale, R. T. *Managing on the Edge: How the Smartest Companies Use Conflict to Stay Ahead*, New York: Simon & Schuster. 1990.

Roethlisberger, F. J. & Dickson, W. J. *Management and the Worker*. Cambridge, MA: Harvad University Press. 1939.

Russell, B. 곽강제 역. 『나는 이렇게 철학을 했다』. 서울: 서광사. 2008.

Stacey, R. D. *Complexity and Creativity in Organizations*, San Francisco: Berreyy-Koehler Publishers. 1996.

Styhre, A. "How Process philosophy can contribute to strategic management". *Systems Research and Behavioral Science*. 19: 577-587. 2002.

Whitehead, A. N. 오영환 역. 『관념의 모험』(AI). 서울: 한길사. 1996.

Whitehead, A. N. 오영환 역. 『과정과 실재』(PR). 서울: 민음사. 1991.

Whitehead, A. N. 오영환 역. 『과학과 근대세계』(SMW). 서울: 서광사. 1989.

Whitehead, A. N. 안형관 · 이태호 · 전병기 · 김영진 역. 『자연의 개념』(CN). 대구:이문출판사. 1998.

Whitehead, A. N. 정연홍 역. 『이성의 기능』(FR). 대구: 이문출판사.

Williamson, O. E. *Markets and hierarchies : Analysis and antitrust implications*. NewYork: Free Press. 1975.

Wood, M. "Process and Reality in Leadership Research and Development" in *Alfred North Whitehead on learning and education*. Riffert. G. F. (ed.). Newcastle, UK: Cambridge Scholars Press. 2005.

기업공동체의
창조적 전진을 위한 길찾기[1]

1. 문제제기

우리는 유동적으로 변동하고 있는 직접적 미래의 상황에 직면하고 있다. 경직된 격언, 눈대중으로 하는 관례적 방식, 틀에 박힌 특정 학설 등은 급기야 파멸을 가져오고야 말 것이다. 미래의 경영은 지난 몇 세기와는 조금 다른 유형의 사람들에 의해 운영될 것이 틀림없다. 유형은 이미 변화하기 시작했고 지도자와 관계되는 한 이미 변화해 왔다. '대학의 경영학부'는 필요에 부응하는 정신성을 산출해낼 목적으로, 세계에서 이러한 새 유형을 전파시키는 일에 관여하고 있다(AI 171-2)

이것은 화이트헤드가 '예견'(foresight)이라는 주제로 1930년대에 미국 하버드대 경영학부에서 강연한 내용이다. 화이트헤드는 무엇을 틀에 박히고 경직된 것으로 보았을까? 화이트헤드 자신의 철학은 유기체 철학 혹은 과정철학이며, 그가 비판하는 철학은 실체철학이다. 아마도 경직된 관례라는 것은 실체철학에 기반을 두고 있는 정치경제학이나 기업경영을 의미할 것이다. 그렇다면 실체철학에 연원을 둔 기업 경영은 어떤 방식을 말하며, 그것은 왜 위기에 봉착했는가?

---

1 이 논문은 『화이트헤드연구』 제22집(2011년)에 게재되었다.

기업인들은 개인적으로 성공하려는 동기가 누구보다 강한 사람들이다. 즉, 기업가정신을 통해서 조직의 번영을 위해 끊임없이 분투하는 사람이다. 그런데 기업인의 성공 동기가 "세계를 괴롭히고 있는 주기적인 불경기"(AI 172)를 가져온다고 한다. 결국 그것은 기업조직과 기업가를 붕괴시킨다. 단지 기업가는 성공하기 위해서 최선을 다했는데, 그 결과는 비참한 몰락을 가져온다는 것이 화이트헤드의 주장이다. 왜? 이 논문은 이러한 문제에 대한 우리의 사유흔적이다.

그런데 미래의 조직은 어떤 모습일까? 페드만(Feldman 2010)에 의하면, "미래의 조직은 주로 활동의 과정이며, 구조에서 행위는 독립된 것이 아니라 오히려 상호관계된 것이다". 그녀에 의하면 조직이 다루는 문제는 대단히 역동적이고, 복합적이며, 상호 의존적인 것들이 대부분이다. 미래에 조직이 바뀐다는 것은 기존의 조직에 어떤 식으로든 변화가 수반됨을 의미한다. 페드만의 이런 언급으로 기존 조직의 모습을 추측해 볼 수 있다. 즉 정태적이고, 독립적이며 개별적인 관점에서 조직의 일반적인 모습을 포착하는 것이 이제까지 기업인과 조직이론가 모두에게 일반적인 경향임을 알 수 있다.

기존의 조직관과 미래의 조직관은 달리 표현하면 '모던'적 사유와 '포스트 모던'적 사유로 구분된다. 그런데 모던의 사유는 개인과 사회, 조직을 이미 완성되고 자기 충족적인 단위로 본다. 모던의 사유는 '잘못 놓여진 구체성의 오류'(fallacy of misplaced concreteness)이다(SMW). 물리적 대상이나 개체가 가장 구체적인 단위가 아니라, 그것들 사이의 관계가 더 구체적인 실재라고 화이트헤드는 주장한다. 이 논문에서 우리는 모던의 사유와 전혀 다른 화이트헤드의 존재론이 미래의 조직이론에 어떤 단초를 제공할 수 있는지를 살펴볼 것이다.

한편 존슨과 먼로(Jones & Munro 2005)는 조직에 대한 연구들을 크게 세 가지 집단으로 구분한다. 즉, 조직이론(organizationtheory), 조직의 이론(theory of organization), 조직을 위한 이론(theory for

organization)이 그것이다. 첫 번째 그룹의 조직 이론가들은 버렐
(Burrell), 클레그(Clegg), 쿠퍼(Cooper), 나이츠(Knights), 윌모트
(Willmott), 와익(Weick) 등이고, 두 번째 그룹의 조직의 이론가들은 바
우만(Bauman), 고즈(Gorz), 루만(Luhmann), 네그리(Negri) 등이며,
세 번째 그룹은 버틀러(Butler), 들뢰즈(Deleuze), 아감벤(Agamben),
라투르(Latour) 등이다. 물론 이들이 언급은 하지 않았지만, 화이트헤드
역시 세 번째 그룹에 속한다. 이 점에서 미루어 볼 때, 국내에서 세 번째
그룹에 해당하는 '조직을 위한 이론' 연구는 거의 진행되지 않았다(김상표
와 김영진 2010). 특히 화이트헤드는 대단히 독창적인 사상가임에도 불
구하고, 조직 연구에서는 거의 무시되어 왔다. 화이트헤드의 철학에서 조
직의 창조적 전진을 위한 길을 찾아보려는 시도는 우리 사회에 논쟁의 공
간을 제공할 것이다.

2. 과정철학의 궁극자의 범주

2.1 내재성

화이트헤드의 궁극자의 범주는 '창조성'(creativity), '일자'(one), '다
자'(many)이다. 이것은 화이트헤드의 철학이 서양 철학사에서 어떤 의미
를 가지는지를 명시적으로 드러낸다. 그의 철학은 변화나 유동을 근본적
인 지위로 삼는다. 이 범주에 대한 설명은 화이트헤드의 형이상학을 이해
하는 단초가 된다. 우선 서구의 형이상학에서 탐구한 것이 무엇인지를 알
기 위해서 하이데거로부터 이 논의를 시작하자. 플라톤을 시작으로 서양
의 형이상학은 '모든 것(존재자)의 원천이자 근거가 되는 본질적이고 불
변적인 실체'에 대해 사유하고 그것을 규명하고자 했다. 플라톤은 존재하
는 모든 것의 원인을 이데아와 같은 근원적인 일자에서 찾았으며, 중세의

신학은 존재하는 모든 것의 원인이지만 그 자신은 어떤 것에 의해서도 창조되지 않은 근거를 창조주 하느님에게서 찾았다. 마찬가지로 아리스토텔레스는 모든 운동의 첫 번째 원인을 탐구하는데, 다른 모든 것을 움직이게 했지만 스스로는 운동하지 않는 근거, 부동의 동자를 찾아낸다. 이처럼 근거를 찾는 것을 '형이상학'이라고 부른다.

> 형이상학은 존재자를 존재자로서, 즉 그것의 보편적인 성격에 있어서 사유한다. 형이상학은 존재자를 존재자로서, 즉 그 전체에 있어서 사유한다. 형이상학은 존재자의 존재를 가장 일반적인 것의 …… 근거를 캐내는 통일성에 있어서 사유할 뿐만 아니라 그 모두를 정초하는 통일성에 있어서 사유한다. 그리하여 존재자의 존재는 근거짓는 근거로서 사유된다. 따라서 모든 형이상학은 근본적으로 철두철미 근거에 관하여 설명하고 근거를 알려주면서 궁극적으로는 근거의 해명을 추구하는 근거지움이다(하이데거 50).

하이데거에 따르면, 서구의 형이상학은 존재가 아니라 존재자를 탐구하였다고 한다. 그는 근거 자리에 어떤 존재자가 들어설 때, 그것을 신이라고 부르든 제1원인이라고 부르든, 부동의 동자라고 부르든, 그것은 본질적으로 초월적 지위를 차지하고 있는 일종의 기독교적 의미의 신이라고 해서, 그는 서양 형이상학을 존재신론(ontotheologie)이라고 명명한다. 이와는 달리 그는 존재를 포착하려면, "존재를 존재자의 근거로서 간주하려는 태도를 버리고 심연 속으로 뛰어 들어가는 행위를"(하이데거 30) 수행해야 한다고 주장한다. 그는 심연에서 나오는 존재의 일어남을 보고, 존재의 목소리에 귀를 기울여야 한다고 말한다. 서양 형이상학의 역사는 한 마디로 존재하는 모든 것의 원인을 찾아냄으로써 세계에 대해 해명하고자 했던 점에서 존재의 철학이다.

존재의 형이상학이란 다름 아닌 영속을 궁극적인 실재로 보는 것이다. 화이트헤드는 이를 '실체의 형이상학'(PR 209)이라고 한다. 고대나 중세

뿐만 아니라, 근대의 과학적 사유를 통해서 전개된 시공간 이론도 여전히 영속하는 시공간을 탐구하였다. 근대 시공간의 근간이라고 할 수 있는 뉴턴의 절대 시간론을 보면, 어떠한 외적인 것과도 관계없이 균등하게 흐르는 절대적인 수학적 시간을 통해 유동을 설명한다. 이것이 근대 철학에서 시간을 양적인 측정으로 보는 이유가 된다. 우리는 근대 과학의 지식을 진리의 전형으로 삼은 근대 철학자들은 매우 추상적인 개념을 통해서 실재에 대한 이해를 구축하고자 하였음을 단적으로 볼 수 있다.

> 철학적 사고가 지금까지 스스로 난점에 빠지게 된 까닭은 그것이 단순한(mere) 의식, 단순한 사적 감각, 단순한 정서, 단순한 목적, 단순한 현상, 단순한 인과작용과 같은 매우 추상적인 개념에 매달려 왔다는 데 있다(PR 18).

이전의 고대 우주론과 근대 우주론(17세기 우주론)은 실재에 대한 이해에 있어서 대체적으로 '과정', '변화', '생성' 등에 열등한 지위를 부여하였다. 반면 화이트헤드는 새로운 형이상학을 모색한다. 기존의 형이상학이 추구한 초월성의 철학이 아니라 내재성의 철학을 탐구한다. 그는 존재가 아니라 존재와 존재 '사이에' 일어나는 변화에 주목한다. 이는 불변의 원리가 아니라 변화의 원리를 궁극자로 삼는 철학을 축조하는데, 이는 초월성의 철학에서 벗어나 내재성의 철학을 사유하게 되는 것이다.

> 형이상학의 요지는, 실재를 위해서 한 요인이 다른 요인에게 어떤 측면을 제공하는 상호 내재에 대한 학설이다(ESP 118).

화이트헤드에 의하면, 대부분의 서구 철학은 구체적인 사건 혹은 경험을 추상화한 것이다. 이는 '인간의 지성이 우주를 공간화한다'는 베르그손의 비난과 일치한다. 즉 '사실'의 철학 혹은 '실체'의 철학은 "유동성을 무시하고 세계를 정적 범주로서 분석하려는 경향"(PR 210)이 있다. 화이트헤드는 정적 범주에 근거한 사유를 추상적인 것으로 비판하고, 궁극자의 범주를 '동적 범주'로 대체한다. 화이트헤드는 자신의 사유의 특성을 드러내기 위해서 새로운 범주와 개념을 창안한다. 그는 경험의 가장 구체적인 요소를 드러내는 개념으로서 '현실적 존재자'(actual entity), '결합체'(nexus), '파악'(prehension), '존재론적 원리'(ontological principle)를 들었다. 그리고『과정과 실재』의 전체적인 논의는 이 개념들과 아래의 네개의 동적 범주들의 "의미와 그 적용 가능성, 충분성"(PR 20)을 밝히는데 그 목적이 있다. 네 개의 범주들은 '궁극자의 범주', '현존의 범주', '설명의 범주', '범주적 제약'[2]이다. 그 밖의 개념들은 이 범주들의 특수 사례이다. 이 논문에서는 궁극자의 범주만 다룬다. 홀(Hall)에 따르면, 화이트헤드의 궁극자의 범주는 '자유', '덧없음', '새로운 목적'이라는 성질을 지닌 '미적 사건'(aesthetic event)이다(Hall23). 궁극자의 범주가 미적 사건이라면, 나머지의 범주는 이 미적사건을 보다 구체적으로 해명하기 위한 사례들이다. 화이트헤드의 현실태 이론은 이 궁극자의 범주에 대한 가장 구체적인 경우라고 할 수 있다. 이것은 실체의 범주가 아니라 과정의 범주를 설정한 것이다. 이럴 경우에 화이트헤드의 철학은 정태적이고 초월적인 범주가 아닌, 동태적, 내재적, 관계적인 범주를 궁극자로 삼게 된다.

> 신도 세계도 정태적인 완전성에 이르지 못한다. 양자는 궁극적인 형이상학의 통제에 있다. 즉 새로움을 향한 창조적 전진 속에 있다. 신과 세계, 이들 중의 어느 것도 타자를 위한 새로움의 도구이다(PR 349).

화이트헤드에게 궁극자의 범주는 "이접에서 연접으로의 전진이며, 이접에서 주어진 존재와는 다른 새로운 존재를 창조하는 것"(PR 21)이다.

---

2 궁극자의 범주, 현존의 범주, 설명의 범주, 범주적 제약이라는 네 가지 범주 유형에서, 현존의 범주는 여덟 개이며, 설명의 범주는 스물 일곱 개이며, 범주적 제약은 아홉 개이다. 이 각각의 범주는 현실태가 생성에서 소멸로 이르는 과정을 설명하기 위해서 설정된 것이다. 이것은 결코 근대철학에서처럼 명석판명하고 확실한 전제를 독단적으로 명시하고, 나아가서 그러한 전제들 위에 연역적 사상 체계를 구축한 것으로 보아서는 안 된다. 화이트헤드의 이 사변적 도식은 "전반적인 성공에서 구해야 할 것이지 그 주요 원리의 특수한 확실성이나 최초의 명석성 같은 데서 구할 일은 아니라고 본다"(PR 57).

신이나, 이데아, 형상, 구조 등은 다양한 구체적인 요소들을 만들어 내는 원리이지만, 결코 그 자신은 만들어지지 않는 것들이다. 이것은 구체적인 개체들 속에는 없고, 그것들의 외부에 존재하는 것이다. 이와는 달리 화이트헤드의 궁극자의 범주는 '사물', '존재'의 의미 속에 근본적으로 포함되어 있는 개념이다. 구체적인 개별적 사물 속에 가장 보편적인 궁극자가 있다. 화이트헤드에 따르면, 철학적 사고는 '궁극자의 형이상학적 범주'를 인정해야 한다. 여기서 궁극자는 초월적인 '일자'를 의미하는 것이 아니다. 그것은 전혀 이질적이고 새로운 궁극자를 정하자는 것이다. 그는 이것을 '우유성'(偶有性, accidents)이라고 한다.

> 모든 철학이론에는 그 자신의 우유성에 의해 현실적이 되는 어떤 궁극자가 있다. 그것은 오로지 자신의 우유적인 것들의 구현을 통해 그 특성이 규정될 수 있고, 이러한 우유성을 제외하면 현실성을 잃게 된다(PR 7).

우유성을 궁극자로 본다면, 더 이상 초월적인 근거로 현실태를 설명하는 원리는 있을 필요가 없다. 레클렉(Leclerc)에 따르면, "화이트헤드는 완전히 초월적인 근거라고 하는 모든 이론들이 부정합을 포함하고 있다고 보며"(2003 124), 이를 다음과 같이 말한다.

> 일원론적 도식들에서 보면, 궁극자에게 그 자신의 우유성들 중의 어떤 것으로 귀속시켰던 그 이상으로 최종적이며 탁월한 실재성이 불합리하게 허용되었다(PR 7).

화이트헤드는 이를 가리켜, '잘못 놓여진 구체성의 오류'라고 부른다. 초월성이 아니라 내재성의 관점에서 실재를 파악하는 것이 옳다고 본다.

> 아무도 같은 강물을 두 번 다시 건너지 못한다는 고대의 가르침이 확장된다. 어떤 사상가도 두 번 다시 사고하지 않는다. 이를 보다 일반화시

켜 말한다면, 어떤 주체도 두 번 다시 경험하지 않는다(PR 91).

내재성의 철학은 한 마디로 헤라클레이토스의 현대적 각색이다. 화이트헤드의 철학은 헤라클레이스토스의 철학을 계승한 현대 철학이며, 일종의 내재성의 철학이다. 이미 들뢰즈는 『주름』이라는 저서에서 화이트헤드의 내재성의 철학을 '카오스모스'(chaosmos)라고도 한다. 특히 초월성의 구도로 오해받을 수 있는 화이트헤드의 신개념마저도 "공존한 것을 선택하는 존재이기를 멈춘다. 그것은 과정, 즉 단번에 공존불가능성을 긍정하고 이것들을 관통하는 과정이 된다"(들뢰즈 111/150)고 한다. 이런 점에서 들뢰즈는 화이트헤드의 철학을 질서와 무질서, 조화와 부조화가 결합된 내재성의 철학으로 본다. 결국 "존재한다는 것의 핵심적 의미는 '작인에 있어서의 요인이라는 것', 즉 '차이를 낳는 것'이라는"(AI 310), 의미를 중심으로 사유를 전개하는 것이다.

2.2 일자와 다자

화이트헤드의 궁극자의 범주에는 '창조성', '일자', '다자'라는 개념이 포함되어 있다. 이 범주를 알기 위해서는 이 용어들에 대한 점검이 요구된다. 화이트헤드에 따르면, 창조성, 일자, 다자는 동의어인 사물, 존재, 존재자의 의미 속에 포함되어 있는 궁극적인 개념이다. 이 세 개의 개념은 궁극자의 범주를 완결지음과 동시에, 보다 특수한 모든 범주의 전제가 된다. 우선 일자부터 살펴보면, 일자라는 용어는 숫자 1이나 유적인 개념을 의미하지는 않는다. 그것은 매우 추상적인 의미의 일자이다. 화이트헤드는 그런 의미로 일자 혹은 '단일성'(singularity)을 규정하는 것은 구체성을 상실한 것으로 본다.

일자라는 용어는 복합적인 특수 개념인 정수의 일자를 의미하지 않는

다. 그것은 부정관사 a, an, 정관사 the, 지시사 this, that, 그리고 관계
사 which, what, how의 밑바닥에 한 결 같이 깔려 있는 일반적인관념
을 나타낸다. 그것은 하나의 존재가 갖는 단일성을 나타낸다(PR 21).

우리는 일자에 대한 화이트헤드의 이러한 의미를 이해하기 위해서, 그
시대의 절대적 관념론자인 브래들리(Bradley)의 명제에 대한 접근에서
시작해 보자. 브래들리는 '늑대가 양을 잡아먹는다'라는 명제가 보편적인
명제로서, 절대자를 규정하는 것으로 간주하였다. 이것이 실재를 표현하
는 참된 명제로 본다. 하지만 화이트헤드가 보기에, 이것은 추상적인 의
미로 늑대와 양을 규정하는 방식이다. 즉 어떤 늑대나, 어떤 양에게도 동
일하게 적용되는 방식이다. 여기에는 구체적인 늑대와 양의 관계가 없
다. 즉 "경험되는 사물과 경험하는 행위의 일관된 개별성(particularity)"
(PR 43)이 빠져 있다.

그 늑대는 그 양을 그 시간 그 지점에서 잡아먹었다. 그 늑대는 그것을
알고 있었고, 그 어린 양도 그것을 알고 있었다. 그리고 독수리도 그것
을 알고 있었다. 명제의 모든 표현은, 그것이 문장으로 표현된 경우에
는 명시적으로, 그리고 그것을 머릿속에서 생각하고 있는 주체의 이해
가운데서도 은연 중에 지시적 요소를 포함하고 있다(PR 43).

예컨대, 우리는 어린 시절 집에서 개나 소, 닭을 키우다가 잡아먹거나
파는 경우가 있다. 이때 우리들은 커다란 슬픔에 잠기게 된다. 어른들은
다른 가축들을 키우자고 위로하는 경우가 있다. 하지만 다른 가축은 우리
가 정을 담뿍 준 그 개나, 그 소, 그 닭이 아니라, 추상적인 개념의 닭, 소,
개일 뿐이다.[3]

---

3 화이트헤드에 따르면 로크는 이런 의미의 사유를 진행하였다고 주장한다. 그는 하나의 잎, 하나의 소, 하나의 양, 한
  알의 모래를 개별적 사물의 관념으로 보았다. 로크의 이러한 사유가 화이트헤드가 가장 구체적인 요소로 보는 현실적
  존재자, 결합체와 관련이 있다. 하지만 로크는 이 경우에 너무나 많은 구체적인 요소들이 생겨나서, 지식이 형성될
  수 없다고 본다. 따라서 그는 최종적으로는 '동일성' 혹은 '재현'의 철학으로 빠지게 된다.

한편 일자에는 다수가 종합하는 양상이 있다. 근대는 새로운 학문의 시작이라고 볼 수 있으나, 여전히 아리스토텔레스의 논리학의 형식에서 벗어나지 못했다. 아리스토텔레스의 논리학은 가장 단순한 문장 형식의 분석에 그 기초를 두고 있다. 예를 들면, '이 물은 뜨겁다'라는 문장은 고온이라는 특성으로 특정한 욕조 속의 특정한 물에 귀속시키고 있다(AI 132). 그런 점에서 아리스토텔레스의 논리학은 실재는 무엇인가라는 질문의 형식으로 제기하는 데 결정적인 역할을 한다. 그는 무엇이라는 본질이나 존재를 묻는 것이 형이상학의 근본적인 탐구라고 한다. 이것은 아리스토텔레스가 플라톤의 이데아와 같은 추상적 존재가 아니라 개별적인 실체들, 철수, 영희 등을 실재로 본다고 하여도 마찬가지이다.

아리스토텔레스의 논리학의 결함은 전치사와 접속사를 무시하고 형이 상학적 사고를 명사와 형용사에 집중시키고 있다는 데 있다(AI 276).

화이트헤드에 의하면, 이것은 현실태와 현실태의 관계를 완전히 무시하는 것이다. 그것은 상호 관련이 없이 그 자체로 충족적인 것에 지나지 않는다. "궁극의 원자, 궁극의 모나드, 궁극의 주체"(AI 133)를 통해서 상호 연관된 세계는 이해 불가능한 것이 된다. 요컨대 아리스토텔레스의 술어설과 제일 실체설은 "속성들의 연접과 제일 실체들의 이접"(AI 133)에 관한 설을 낳는다.

그러나 화이트헤드의 철학을 단지 관계철학으로 이해하는 것은 오해의 여지가 많다. 관계는 너무 보편적이며, 예를 들어서 '~을 사랑한다는 것', '~을 믿는다는 것'도 관계이다. 이 관계를 통해서는 "역사적 경로를 구성하는 현실적인 개별 사물들의 현실적 결합성을 나타내지 못하게 된다."(AI 358) 서울은 경기도와 인천 사이에 있다. 이 도시의 결합은 한강이라는 특수한 부분을 포함하는, "지구상의 실재적인 특수한 사실이지, 보편적 '사이'가 아니다"(AI 359).

일자라는 용어는 이처럼 구체적인 부정관사, 정관사, 지시사, 관계사를 갖는 구체적인 '사건'을 의미한다. 예컨대, 그것은 그 늑대와 그 양이 어떤 시간과 장소에서 어떻게 상호 관계함을 의미하는 것이지 단순한 추상적 개체로써 일자를 의미하는 것이 아니다. 화이트헤드는 구체적 관계를 '파악'(prehension)이라고 한다. 파악은 세계가 발산하는 과정의 조직체라는 사실을 보여주는 개념이다.

만약 일자를 일반적인 개념이나 유로 포착할 수 있다고 본다면, 그것은 구체적 관계가 사상된 일자일 뿐이다. 경험론자와 합리론자 모두 추상적 일자에 머물러 있다. 로크의 물체에 대한 사유나, 데카르트의 자아에 대한 사유에는 과정 속에서도 구체적인 일자가 아니라 영속하고 재현하는 '일자'라는 관념만이 있을 뿐이다. 로크의 일자에 대한 정의는 다음과 같다.

> 로크의 뚜렷한 관심사는 몇 해 동안, 또는 몇 초 동안, 또는 몇 세대 동안 유지되는 하나의 지속하는 물체가 갖는 자기 동일성의 관념이다. 그가 고찰하고 있는 것은 (아리스토텔레스적 의미의) 개체화된 개별적 실체라는 통속적인 철학적 관념인데, 이는 변화하고 있는 우유적 속성들의 한복판에서 그 실체적 형상을 유지하면서 변화의 모험을 겪고 있는 것이다(PR 55).

화이트헤드는 로크가 말하는 '이 개별적 실체'는 결코 일자 혹은 현실태가 아니라고 한다. 참된 일자는 결코 과정을 통해서 동일하지 않다는 것이다. 또한 근대 철학의 시작을 알리는 데카르트의 명제, "나는 생각한다. 고로 나는 존재한다"라는 것에서도 앞에 나오는 '나'와 뒤에 나오는 '나'는 동일한 자아로 상정된다. 이것 역시 추상화된 일자이지, 결코 구체적인 일자는 아니다. 즉 여기서 자아나 물질은 영속에 근거한 것이라고 볼 수 있다. 이것은 정태적인 실체를 궁극자의 범주로 보고, 유동을 하위의 종속물로 보는 모든 실체 철학의 근본적인 형태라고 볼 수 있다. 화이트헤드는 이를 다음과 같이 비판한다.

'나는 있다. 나는 존재한다!' 라는 명제는 내가 그것을 언표할 때마다, 그리고 마음속으로 생각할 때마다 필연적으로 참이다. 데카르트는 그의 철학에서 사고 주체가 계기적 사고를 만들어 내고 있는 것으로 보고 있다. 유기체의 철학은 이러한 순서를 역전시켜, 사고가 계기적인 사고 주체를 만들어 내는데 있어 구성 요소로 작용하고 있는 것으로 본다. …… 이 역전을 통해서 우리는 실체 철학과 유기체 철학 사이의 최종적인 대비에 이르게 된다(PR 150-151).

이와 같이 데카르트 철학의 난점은, 유동성을 하위의 종속물로 보는 데서 오는 관념들을 예시해주고 있다. 화이트헤드는 이러한 종속화는 찬송가와, 아리스토텔레스의 논리적 개념에, 플라톤의 통찰 속에, 데카르트의 수학적 정신 속에, 뉴턴의 시공간 이론에 존재한다고 본다(PR 209-210).[4]

일자라는 용어와 더불어 다자라는 용어는 궁극자의 범주의 한축에 속한다. 일자라는 용어가 화이트헤드의 현실태에 대한 은유적 표현이라면, 다자라는 용어는 가능태에 대한 은유적 표현[5]이다.

다자란 술어는 일자란 술어를 전제하며, 일자란 술어는 다자란 술어를 전제한다. 다자란 술어는 이접적인 다양성의 관념을 전달한다. 이 관념은 존재라는 개념에 있어 본질적인 요소이다. 다수의 존재들이 이접적인 다양성 속에 존재한다(PR 21).

화이트헤드에게 다자는 새롭게 구성되지 않은 '대상화된 현실태'의 다항적 구성 요소들이다. 물론 여기에는 다른 현존의 범주들도 포함될 것이

---

4 우리는 근대 철학이나 근대 과학뿐만 아니라, 근대의 경제학도 동일한 관점에서 서술할 수 있다. 화폐가 지배하는 상품세계에서 새로운 상품은 언제나 얼마짜리의 상품으로 매겨진다. 화폐라는 단일한 척도에 의해, 단지 뉴턴이 말하는 양적 차이만 갖는 상품으로 동질화된다. 즉 일자라는 구체적인 요소는 화폐라는 추상적인 일자로 환원된다. 필자들은 이런 점에서 서구의 과학, 철학, 경제, 예술도 동일한 선상에서 읽을 수 있다고 본다.

5 화이트헤드는 언어라는 것은 어떤 한계를 갖고 있다고 한다. 그래서 언어는 하나의 은유로서 읽어야 하며, 다만 '생략된 형태로서만' 우리에게 주어진다고 한다. 언어는 일정한 체계적인 환경을 전제로 한다. 따라서 언어는 상상력의 비약이 요구된다고 한다(PR, 65).

다. 다자가 존재들이라면, 그 존재들은 아직 현실태로 되기 전에 존재하는 다수의 이접적인 사물이라는 것이다. 예를 들어서, '오늘 저녁 나는 파계사에서 비빔밥을 먹는다'라는 명제는 수많은 이접적인 사물들이 연접해 있는 것이다. 이 시간, 이 장소, 나, 밥, 식당, 주인 등은 하나의 명제로 구성되기 전에는 이접적으로 존재하는 대상화된 현실태일 뿐이다. 물론 그것은 힘을 가진 대상화된 현실태이다. 하지만 그것은 존재할 뿐이지 존재와 존재 사이에 결합된 형태로 있는 것은 아니다. 즉 이것들은 각각 하나의 사건으로 통일되기 전에는 단순한 가능태의 존재에 지나지 않는다는 것이다. 따라서 다자라는 용어는 구체적인 일자 혹은 사건 이전에 존재하는 다양한 사물들을 일컫는 용어라고 할 수 있다.

또한 다자가 '존재들'을 가리킨다고 해서, 화이트헤드가 자기 충족적인 존재를 사유하거나, 존재의 근거를 사유하려는 것이 아니다. 존재들 사이에 상호 관련되는 것을 탐구하려는 의도가 함축되어 있다. 그는 이미 초기 사상에서 점이 아니라, '점들 사이의 관계'가 더 기본적이라는 사실을 역설하고 있다. 이를 통해서 볼 때, 그는 다양한 존재들이 하나의 일자로 통일되는 것에 더 주목하고 있는 것이다.[6] 다시 말해 아리스토텔레스의 철학에서 모순이나 동일성을 통해 실재에 대한 이해를 거부하는 것이다. 즉 절대적 양립불가능성이나 절대적 동일성은 실재 속에 없다는 것이다. 이것은 실재에 '시간'의 의미를 부가해서 다자를 일자로 새롭게 통합해 가는 과정이다.

2.3 창조성

그런데 다자가 일자로 통일된다는 것은 어떻게 가능한가? 그것은 이전의 존재들과는 별개의 사물이 된다는 것인가? 일원론 철학에서는 초

---

6 다자에 대한 논의는 '연장적 질서'에 관한 설명이 요구된다. 이것은 세계 혹은 환경이 갖는 질서에 대한 것이다. 다자라고 해서, 무작위로 결합되지는 않는다. 화이트헤드는 우리가 살아가는 이 지구라는 행성에는 어떤 보편적인 자연법칙이 상존한다고 본다. 다만 그것이 영원하다고 말하지는 않는다.

월적이고, 정태적인 '신'이나 '절대자', 즉 외재적인 원인을 통해서 다자와 일자와의 관계를 설명하는 방식이다. 이것은 정적 범주에 근거한 실체 철학이다. 화이트헤드는 이러한 관계를 '우유성'에 힘입어서 발생한다고 보며, 이를 '창조성'이라고도 한다. 셔번(Sherburne, 1966)에 따르면, "창조성은 구체적인 공재의 원리이며, 새로움의 원리이다". 다시 말해서 창조성을 통하여 다자가 일자로되는 공재(togetherness)는 단순한 결합이 아니다. 이것은 이전의 다자들이 새로운 일자가 되는 것이다. 창조성은 전혀 이질적인 새로운 일자를 구성하는 새로움의 원리를 구성하는 것이다. 창조성은 다자들이 일자로 되는 비대칭적인 결합의 원리이다. 창조성은 어떤 하나의 척도, 하나의 원리로 환원되지 않는 이질적인 것의 결합이며, 하나의 추가가 전체의 의미를 크게 다르게 만드는 원리이다. 우리는 자물쇠의 위치 하나만 바뀌어도 방이 감옥으로 바뀌는 것을 알 수 있다.[7]

> 창조성은 이접적인 방식의 우주인 다자를, 연접적 방식의 우주인 하나의 현실적 계기로 만드는 궁극적 원리이다. 다자가 복합적인 통일 속으로 들어간다는 것은 사물의 본성에 속한다(PR 21).

화이트헤드는 창조성을 아리스토텔레스의 질료 개념과 관련을 짓는다. 창조성의 특징을 가장 두드러지게 보여주는 사례라고 할수 있다. 아리스토텔레스의 질료개념은 "수동적인 수용성의 개념"(PR 31)에 근거해 있지만, 화이트헤드의 창조성은 수동적이지는 않다.

> 창조성은 아리스토텔레스의 '질료' 및 근대의 '중성적 질료'를 달리 표현한 것이다. 그러나 이 술어에는 '형식'이라든지 외적 관계와 같은 수동적인 수용성의 관념이 들어 있지 않다. 그것은 …… 현실세계의 대상적

---

7 여기에 대한 논의는 사영기하학과 위상기하학에서 '순서'를 통해 이해할 필요가 있다.

인 불멸성에 의해 제약되는 활동성의 순수관념이다. 아리스토텔레스의 '질료'가 그 자신의 성격을 갖지 아니한 것과 전적으로 동일한 의미에서 창조성은 그 자신의 성격을 갖지 않는다. 그것은 현실성의 기초에서 가장 높은 보편성의 궁극적 관념이다. 모든 성격들은 특수한 것이기 때문에, 특징지을 수 없다. 그러나 창조성은 늘 여러 조건들 아래서 발견되어지며, 조건적인 것으로 기술된다(PR 31).

창조성의 범주는 우주의 존재 이유를 설명하는데 초월적 창조자가 없어도[8] 우주의 존재를 확보한다. 창조성은 우주의 존재를 위한 궁극적인 근거가 된다. 끊임없이 자기 창조하는 활동이라는 본성을 가진 창조성을 통해서 궁극자의 범주는 규정된다. 따라서 화이트헤드는 다자인 존재들이 창조성을 통해서 하나의 현실태 속으로 '공재'(together)하는 것을 "궁극적인 형이상학적 원리"(PR 21)로 본다. 이런 점에서 화이트헤드의 유기체 철학은 존재의 철학이 아니라, 생성의 철학이라고 할 수 있으며, 존재의 철학에서 사용하는 정적 범주가 아니라, 우유성이라는 창조성과 일자, 다자라는 동적범주를 자신의 궁극자로 간주한다. 이러한 과정은 보다 구체적으로 '이행'(transition) 과정과 '합생'(concrescence) 과정으로 나누어진다. 합생 과정은 질서에서 벗어나서 새로움을 전개하는 것이며, 이행과정은 끊임없이 유동하는 연속성에서 벗어나서 패턴의 안정성을 추구하는 것이다.[9] 이 과정들은 모두 현실태 속에서 발생한다.

정리하자면, 화이트헤드의 유기체 철학은 어떤 방식으로든 동일성이나 영속을 제일 범주로 두는 것을 거부하는 것이다. 그의 궁극자의 범주는 영속을 우위에 두는 것이 아니라, 과정을 우위에 둔다. 반면 실체의 철학 혹은 '사실'의 철학이라고 할 수 있는 플라톤, 아리스토텔레스, 데카르

---

8 플라톤의 선의 형상, 아리스토텔레스의 부동의 동자, 스피노자의 신과 같은 관념들이 그 대표적인 경우라고 할 수 있다(Hall 21~9).
9 서구철학사에서 새로움을 강조하는 베르그손주의 철학이 있으며, 안정적인 형태만을 강조하는 구조주의 형태의 철학이 있다. 화이트헤드는 안정성과 새로움이 결합된 형태로 자신의 우주론을 전개하고자 한다.

트, 스피노자 등의 철학은 영속하는 것을 우위에 두고, 과정을 열등한 것으로 본다. 이러한 점에서 화이트헤드의 철학은 플라톤 및 아리스토텔레스 철학의 전복일 뿐만 아니라, 17세기 우주론에 대한 비판적인 극복이다. 마침내 우리는 초월성의 철학이 아니라 내재성의 철학을 탐구할 수 있게 되었다.

3. 실천적 지혜: 프로네시스와 예견

국가, 가정, 기업, 학교 등의 조직이 잘 굴러가는 이유는 어디에 있을까? 그것은 '관례'가 있기에 가능하다. 사회는 일종의 기계장치와 같다. 우리는 죄를 저지른 사람을 생각해 보면 이 사실을 간단히 이해할 수 있다. 범죄를 저지른 것이 알려지면, 체포되며, 그후 재판이 이루어지고, 유죄가 선고되면 그에 따른 처벌과 교화가 주어진다. 그것은 기업의 운영방식도 마찬가지이다. 따라서 화이트헤드는 모든 조직이 이와 같은 관례적 방식을 따르고 있으며, 그것은 "모든 사회조직의 신"(AI 162)이라고 한다.

사회생활이 관례에 따르고 있음을 이해하는 데서 곧 지혜는 시작된다. 사회 구석구석까지 관례가 충만해 있지 않으면 문명은 소멸하고 만다. 예리한 지성에서 나온 사회학의 많은 학설들이, 이 기본적인 사회학적 진리를 망각함으로써 와해의 길을 걷고 있다. …… 안정성은 관례적인 방식에서 나온다(AI 163).

우리는 곤충들의 미묘한 사회조직을 통해서 철저한 관례의 실례를 보며, 조직의 안정성이 의미하는 바를 뚜렷하게 이해할 수 있다. 문제는 근대의 정치철학이나 교육 이론 역시 이와 같은 "반복의 색조"(AI 166)에 빠져 있다는 것이다. 그러나 인류 공동체는 그것만으로는 문명을 지탱할 수 없다. 우리의 삶에서 지진, 가뭄, 방사능 누출, 금융위기 등과 같이 예기치 않은 사고나 사건이 나는 것은 이 '관례'로는 충분하지 않다. 우리가 현재 겪는 여러 가지 고통은 바로 이러한 사실을 충분히 이해하지 못하는 상황에서 비롯된다. 그런데 "사회학, 정치철학, 대기업의 실제적 운영 그리고 정치 경제학 등의 여러 전통적 학설이, 사회조직을 안정되고 불변의 것으로 암암리에 가정"(AI 167)하며, "인간의 본성은 어떤 주된 자극에 대한 어떤 주된 반응"(AI 167)이라는 입장으로 제한한다. 화이트헤드는 이와 같이 구성된 경제학의 기본 입장을 다음과 같이 재미있게 표현한다.

> 경제인이라는 것의 아름다움은 그가 무엇을 추구하고 있는가를 우리가 정확히 알고 있다는 데 있다. 그의 욕구가 무엇이건 간에 그는 그것을 알고 있었고 그의 이웃들도 알고 있었다. 그의 욕구는 윤곽이 뚜렷한 사회 조직 속에서 전개된 것이었다. 그의 아버지나 할아버지도 같은 욕구를 가졌고, 같은 방법으로 그것을 충족시켰다. …… 상업적 관계에 있어 사람들이 매우 익숙한 자극에 대한 정직한 반응에 의해 지배되었다는 것은 여전히 압도적인 진리로 남아있었다(AI 167–168).

이와 같은 지식은 바로 근대에서 압도적인 진리로 자리 잡은 보편타당한 지식에서 비롯되었다. 물론 근대는 보편타당한 지식이라고 할 수 있는 과학을 통해서 새로운 우주론을 제시했다. 과학은 일반적으로 에피스테메라는 지식의 형태를 띠는 것으로 가장 일반화된 지식을 의미한다. 일반화는 매우 중요한 지식의 형태이지만 그것만으로는 우리의 삶을 지탱하기는 부족하다. 우리는 현재의 지구촌의 삶에서 선진국에서 일어나는 여러 가지 사건을 통해서 충분히 이해할 수 있다. 남미에서, 아시아에서, 미국에서 있었던 금융위기는 결코 과학이라는 지식을 통해서는 배울 수도 없고 가르치지도 않는다. 특히 일본에서 있었던 지진으로 인한 방사능 누출 사건은 과학의 무지함을 충분히 보여주는 실례이다. 화이트헤드는 이를 예견이라도 하듯이 과학의 한계를 명시적으로 다음과 같이 지적한다.

> 이러한 과학의 온갖 결함으로 말미암아 우리는 지구상에 존재하는 미래에 대하여 무지하며, 인류의 미래에 대하여 무지하며, 일년의 역사의 경로에 대하여 무지하며, 내일의 가정생활의 세세한 대부분의 것들에 대해서 무지하며, 우리의 생존 그 자체에 설정되어 있는 한계에 대해서 조차 무지하다(AI 160).

그렇다면 이러한 상황을 타개하기 위해서는 우리에게는 어떤 지식이 필요한가? 화이트헤드는 이를 '예견'(foresight)을 통해서 보충할 수 있다고 한다. 우리는 예견을 통해서 근대의 인간의 본성과는 다르게 "인간성이 어떠한 성격과 강도로 반응하는가를 결정"(AI168)할 수 있다고 한다. 화이트헤드가 설명하는 이 예견은 이미 고대에서 매우 중요한 지식 혹은 덕목으로 사용되었지만, 오늘날의 교육기관에서는 배제된 지식이다. 이것은 이미 플라톤의 국가(IV427e; 법률 I 631c) 및 아리스토텔레스, 토마스 아퀴나스의 사유에서 인간 삶의 매우 중요한 미덕으로 간주되었다. 이것은 용기, 절제, 정의와 함께 고대와 중세에서 지키던 네 가지 근본적인 미덕 중의 하나였다. 이것은 신중이라고 하며, 화이트헤드에게 그것은 예견이라는 의미와 거의 동의어라고 할 수 있다. 그 이유는 다음과 같다.

어원을 통해서 간단히 살펴보자면, 신중은 그리스어 프로네시스(phronesis)를 프루덴티아(prudentia)로 번역했다. 아리스토텔레스의 설명에 의하면, 프로네시스는 진리, 인식, 이성과의 관련 때문에 지적인 미덕이었다. 키케로에 의하면, 프루덴티아는 '예견하다', 또는 '대비하다'라는 의미의 프로비데레(providere)에서 파생되었다. 즉, 신중의 미덕은 예측하고 예상하는 미덕이다. 콩트 스퐁빌(Conte-Sponville 1997)에 의하면, 신중은 지속, 불안한 미래, 적절한 때에 관한 미덕이며, 인내와 예측의 미덕이다. 우리는 순간에 만족하며 살 수 없다. 항상 간편한 쾌락만을 추구하며 살 수는 없다. 무엇을 선택해야 하고, 무엇을 피해야 하는가를 결정하는 것이 신중이다.

완전한 경솔성은 머지않아 죽음을 부른다. 따라서 신중은 미래를 고려하는 미덕이다. 신중은 미덕에 대한 기억이다. 신중은 미래에 대한 역설적, 필연적 성실성이다. 우리는 우리의 삶뿐만 아니라 아이들의 삶, 인류 전체의 삶을 책임지고 있다. 따라서 신중은 특수한 상황에서 무엇이 옳고 그른지에 대해서 여유를 가지고 곰곰이 생각해서 올바르다고 판단되는 바를 행동에 옮길 줄 아는 인간의 성향이다. 토마스 아퀴나스에 의하면 나머지 셋을 인도하는 미덕이 신중이라고 한다. 다시 말해서 신중 혹은 예견은 불안정, 위험, 우연, 미지를 전제하는 미덕이다.[10]

문제는 이러한 예견 능력이 과학의 경우와는 달리 "명쾌하게 기술하는 것만으로는 철저히 규명되지 않는다"(AI 160)는 것이다. 과학은 단지 '법칙'만을 추구하지만, 예견은 법칙 외에도 "미래에 출현하게 될 관련 사실들에 대한 적절한 강조가 필요하다"(AI 160). 따라서 예견에 관한 논리 정연한 학설 같은 것은 불가능하다. 그런데 화이트헤드는 "예견하는 습성은 이해하는 습성"(AI 162)에 의해서 나오므로 충분히 훈련을 통해서 길러진다고 말한다. 이때 훈련은 바로 "철학적 습관"(AI 172)을 의미한다.

단지 삶에서의 성공을 위해서만이라도 특수한 것으로부터 일반성을 이끌어내며, 다양한 환경 속에서 다양하게 예증되어 있는 일반성을 찾아내는 非전문화된 재능이 필요한 것이다. 그러한 반성적 능력은 기본적

---

10 그것은 책임의 윤리에 해당한다. 책임의 윤리란 원칙을 배반하지 않으면서 행동의 결과를 예측하는 윤리이다. 순수한 동기가 최악의 사태를 가져올 수 있다. 책임의 윤리는 우리의 의도 또는 원칙에 대해서 책임을 져야할 뿐만 아니라 할 수 있는 한 행위의 결과를 예측하고 그 결과에 대해서도 책임을 져야 하는 윤리이다. 그것이 바로 신중의 윤리이다.

으로 일종의 철학적 습관이다. 그것은 일반성의 관점에서 사회를 바라
보는 것이다. 새로움을 서슴지 않는 이러한 일반적 사유의 습관은 가장
넓은 의미에서의 철학이 주는 선물인 것이다(AI 172).

　이러한 습관은 거창한 의미의 철학적 사유를 말하는 것이 아니다. 바
로 "삶을 위한 다양한 필수품, 진지한 여러 가지 목적, 하찮은 갖가지 오
락 등에 주목하는 습관"(AI 171)을 의미한다. 이것이 바로 사회가 나갈
방향을 예견하게 하며, 조직을 성공적으로 만들어가는 철학적 습관 혹
은 사유라고 할 수 있다. 화이트헤드는 이를 일종의 "중요성의 감각"(AI
173)이라고도 표현한다.

　화이트헤드는 이런 신중함을 '시의적절함'(seasonable)으로도 표현한
다. 그는 진리가 "반드시 선이라는 것을 잘못된 상투어"(AI 376)라고 하
며, "사소한 진리가 커다란 악을 낳게 될 수도 있다"(AI 376)고 주장한다.
그는 "진리는 반드시 시의적절한 것이어야 한다"(AI 376)고 말한다. 이것
은 근대적 의미의 지식을 말하는 것이 아니다. 왜냐하면 근대에서 지식이
란, 시·공간과는 무관하게 언제나 보편타당한 지식, 혹은 선험적 지식만
이 참된 지식으로 보기 때문이다. 화이트헤드는 그런 지식조차도 거짓이
나 악이 될 수 있다고 한다. 즉, 관례적 지식이 아무리 중요하다고 하더라
도, 시의에 맞게 행동하는 것이 더욱 중요하다고 본다. 요컨대 화이트헤
드는 인간에게 주어진 특별한 재능인 이 예견 능력을 통해서 현재 당면한
여러 가지 문제들을 해결할 수 있다고 본다.

　철학은 가능성을 검토하며, 그 가능성과 현실성을 비교 검토한다. 철
학에서는 사실과 이론과 선택지와 이상이 하나같이 중요시된다. 철학
이 주는 선물은 통찰과 예견, 생명의 가치에 대한 감각, 요컨대 모든 문
명적 노력을 고취하는 중요성의 감각이다. …… 모든 시대의 성격은
그 시대 사람들이 부딪치는 물질적 사건에 그들이 어떻게 반응하느냐
에 따라 결정된다. 이 반응은 그들의 기본적 신념—그들의 희망, 공포,

가치있는 것이 무엇인지에 대한 그들의 판단-에 의해서 결정된다(AI 173-174).

화이트헤드는 예견 능력을 갖추는 것은 지식이 아니라 일종의 '덕'이 라는 사실을 밝히고 있다. 그것은 위험을 감수하고 모험을 추구하되, 무 엇이 중요한지를 알고 있으며, 후대와 공동체에 대해서도 책임감을 가지 는 것이다. 이것이 화이트헤드의 전문용어로, 긍정적 파악이다. 신중함 이란, 지속, 불안한 미래, 적절한 때에 관한 미덕이며, 인내와 예측의 미 덕이다. 그런 점에서 화이트헤드는 "우주의 미래는 그 과거의 내재에 의 해서 제약되었다고는 하지만, 그것이 완전히 결정되기 위해서는 '시의에 맞게' 성립하게 된 새로운 개체적 계기의 자발성을 기다리고 있는 것"(AI 393)이라고 한다. 만약 그렇게 되지 못하는 경우에, "비탄, 공포, 혐오와 같은 물리적 고통 내지 정신적 악의 느낌"(AI 395)이 생겨나며, 이것은 "미적 파괴"(AI 395)를 가져온다고 한다. "과정은 그 자체가 현실태"(AI 421)이므로, "시의적절하게 유한한 실현"(AI 422)을 이끄는 것만이 '에로 스'에 이를 수 있다고 본다.

4. 과정철학의 조직에 대한 이론적 · 실천적 함의

지금까지 화이트헤드의 궁극자의 범주와 예견에 대한 기본적인 내용 을 살펴보았다. 창조성과 예견에 대해서 그 내용을 간단히 정리해 보자 면, 인간은 세계 안에서 세계에 의해 한정되고 자기 스스로를 한정하는 방식으로 새로움을 창조하면서 그 때마다 세계를 창조해 간다. 세계에 의 해 창조되고, 세계를 창조하는 곳에 인간의 경험이 존재한다. 이때 진리 는 세계라는 실재에 순응하는 것이며, 아름다움은 실재에 순응하면서 거 기에 새로움을 창조해 가는 곳에서 성립된다. 이때 예견을 통해서 그 일을 시의적절하게 수행해 나갈 때, 미적인 조화를 갖는 새로운 일자가 탄생할 수 있는 것이다.

4.1 과정공동체와 기업경영

서론에서 기업가의 성공 동기는 오히려 기업가와 조직을 붕괴시킨다고 했다. 화이트헤드는 그런 근시안적 동기로는 결코 기업은 번영할 수 없다고 한다. 왜냐하면 성공은 기업가 자신의 성공만을 의미할 수 있기 때문이다. 그 성공을 위해서는 다른 공동체와 기업이 연결되어 있다는 사실을 기업가들이 분명히 인식해야 한다는것이 화이트헤드의 생각이다. "공동체 전체에 걸쳐 삶을 조절하는 철학이 결여되었을 때는 퇴폐, 권태, 그리고 노력의 둔화 등이 생겨난다"(AI 173). 다시 말해서 기업의 성공은 자유주의적 패러다임인 경쟁과 '단순정위' 혹은 '이다'에서 벗어나서 기업조직을 '사이성', 즉 '그리고'에 따라서 다양한 제도 및 개체들과 연결을 고려할때, 기업의 발전이 가능하다고 본다.

조직이론에서 감정에 대한 자본의 착취 메커니즘의 일종으로 보는 감정노동은 현대 사회에서 심각한 정신적, 신체적 질병을 초래한다. 특히 서비스 산업의 활성화는 감정 착취가 날로 심각해지는 원인이기도 하다. 오늘날 그 대안으로 여성주의적 관점에서 논의되고 있는 '제한된 감정성' (bounded emotionality)의 이론적 논의를 살펴보면 다음과 같다. '제한된 감정성'이 실현된 조직의 특성은 여섯가지로 구분된다(김상표와 윤세준 2002; Mumby & Putnam 1992; Martin, Knopoff & Beckman 1988). 첫 번째 특징이 '상호주관적 한계 설정'(intersubjective limitation)인데, 개인들이 사람들 간의 관계에서 효과적으로 반응하려면, 다른 사람의 감정적 요구와 능력을 민감하게 포착하고 반영하여 그들의 감정표현을 제약해야만 한다. 두 번째 특징은 '자연스럽게 발현하는 작업느낌'(spontaneously emergent work feelings)의 원칙이다.

이것은 작업 관련 느낌들에 대한 상호적 이해의 증대를 통해 개인들 간의 관계를 구축하고, 효율성이나 생산성과 같은 조직목적을 달성하기 보다는 공동체를 형성하는 것을 지향한다. 세 번째의 특징은 '모호성의 수용'(tolerance ofambiguity)이다. 여기서 모호성에 대한 용인은 모순적인 느낌, 입장, 즉 '부조화'를 승인하는 것을 의미한다. 네 번째 원칙은 '가치들의 다층위계'(heterarchy of values)이다. 이것은 위계적 목적들과 가치들은 계속해서 조정되어지는 배치 내에서 그 순서가 예측할 수 없이 바뀌면서 유동한다. 다섯 번째 특징은 '통합된 자아정체성'(integrated self-identity)과 '진정성'(authenticity)이다. 이것은 정신과 육체의 이분법과 소외되고 파편화된 노동을 대체한다. 여섯 번째 특징은 '공동체'(community)의 신장을 들 수 있다. 이는 구성원들이 공동체, 평등주의, 배려와 같은 가치를 공유한다는 것을 의미한다(김상표와 윤세준 2002).

감정에 대한 이러한 연구는 바로 화이트헤드가 궁극자의 범주에서 설명한 내용이 구체적으로 적용되는 사례라고 볼 수 있다. 화이트헤드에게 개인과 공동체는 외적 관계가 아니라 내적 관계(internal relation)를 가지는 것이며, 그것들은 결코 분리된 적이없다. 개체와 공동체는 결코 실체적 존재가 아니다. 개인이 없다면 공동체도 존재할 수 없으며, 개인도 다양한 종류의 공동체에 대한 참여를 통해서 그 자신을 구성한다. 하지만 개인들이 동일한 공동체 안에 있다고 해서 그 개인들을 동일한 규정으로 묶을 수도 없다. 왜냐하면 각 개체는 자신만의 유일한 경험 혹은 강도를 갖고 있기 때문이다. 공동체를 구성하는 개인마다 차이가 있으며, 또한 그 공동체를 구성하는 각각의 개인이 변화할 때, 그들을 구성하는 공동체 역시 변화가 있다. 개인과 공동체는 언제나 과정 속에 놓여 있다. 화이트헤드는 공동체와 사회를 이행으로 보며, 새로운 개체를 합생으로 보는 점에서 창조성이라는 개념에서 결코 벗어나지 않는다. 화이트헤드가 궁극자의 범주로 설명하는 과정 공동체는 타자, 배려, 돌봄, 상호 감수성, 상호 의존성과 상호 독립성, 되기, 긍정적 파악을 통해서 구현된다.

인간이 이동을 멈추게 될 때, 인간의 삶에서 향상도 멈추게 될 것이다. …… 인간 영혼의 〈오디세이아〉에 자극과 양식을 주기 위해서는 인간 공동체 사이에 차이가 절대적으로 필요하다. 다른 습관을 가진 다른 나라는 적이 아니라 하늘의 선물이다(SMW 298).

과정의 공동체는 연결성과 변화에 대한 개방성을 동시에 함의한다. 이는 분리적, 독립적, 불변적, 실체적 존재가 아닌 관계적, 상호의존적, 상호 감수적 과정으로 보는 것이다. 그러므로 과정 공동체는 나와 자신의 과거, 나와 타자들, 나 자신과 세계와의 관련성 속에서 발생하고 변화한다. 그러나 이 상호 관계성이 동일하고 동등한 가치를 의미하지는 않는다. 이 상호성은 관계되는 힘이나 사람에 대한 존중과 진지함을 요구한다. 나는 타자에게 영향을 줄 뿐 아니라, 타자로부터 영향을 받는다. 이 상호성은 상호 의존적이면서도 동시에 상호 독립적인 관계성의 토대이다.

4.2 창조성과 기업경영

조직에서 혁신은 매우 중요한 문제이다. 문제 해결, 의사결정, 연구개발 등은 모두 창조성과 관련이 있다. 과거의 조직이론에서는 창조성을 개인의 위대한 성취 혹은 속성으로 간주했으며(Ford &Gioia, 1995), 그 연구는 대단히 기능주의적이고 도구적인 방식으로 접근했다. 특히 혁신과정을 시간적으로 준비단계, 숙성 단계, 해명단계, 검증단계 등으로 나눌 수 있다고 보았다. 그런데 각각의 단계는 결코 분리될 수 없으며, 준비단계는 앞의 단계와 뒤의 단계가 이미 내재되어 있는 것이다. 만약 각각의 단계를 외재적으로만 고려하면, 이것은 '잘못 적용된 구체성의 오류'를 범하는 것이다. 창조성은 '단순정위'처럼 한 순간에 일어나는 것이 아니며, 지속을 통해서 발생하는 것이다. 창조성은 개인과 조직, 물적, 인적자원들, 고객들을 연결해서 끊임없이 '합생'하는 창조적 일자의 과정이다.

또한 강도와 사이 개념은 창조성에 대한 이해에도 다른 의미를 부여할 것이다. 기존의 창조성은 특출한 인물이나 개인에게 중점을 두지만, 화이트헤드의 철학의 관점에서는 인간과 非인간을 연결하는 능력에서 찾는다. 이런 시각을 갖게 되면, 우리는 창조성을 특별한 엘리트 계층에서 찾지 않게 된다. 그 누구나 접속하는 능력을 갖고 있는 사람은 창조성이 있다는 점을 부각시킬 수 있다. 또한 종업원, 경영자, 소비자 등 다양한 맥락에서 창조성을 이해할 수 있다. 이것은 '예견'에 대한 설명에서 보충될 것이다. 사실상 창조성은 대단히 복잡하고 상호 관련된 것으로 이해하여야 한다. 화이트헤드의 현실적 존재자는 다양한 대상들을 수용하고 영향을 받은 후에, 합생 과정을 통해서 그것을 하나로 통합하고, 다른 대상에게 자신을 제공하는 그 전체 과정을 의미하며, 그 과정에는 언제나 창조성이 내재되어 있다. 일부 연구가들은 창조성을 개인과 개인의 상호 관계로 본다(Drazin et al., 1999).

화이트헤드의 창조성에 대한 이해는 기업가정신에 적합한 의미를 갖고 있다. 기업가정신은 지속적인 변화의 과정 속에서 기회를 포착하는 능력이다. 특별히 앞으로 주목해야 할 것은 기업가정신을 해방적(emancipation) 관점에서 바라보는 시각이다. 해방적 기업가는 변혁의 주체로 전복을 꿈꾼다. 그는 경제뿐만 아니라 정치, 경제, 문화, 사회적 조건을 새롭게 창출하려고 시도한다(Rindova etal., 2009). 린도바(Rindova, 2009)에 의하면, 기업가정신 연구는 개인과 팀(기업가), 기회(환경 조건), 조직화의 양태(새로운 모험)를 개별적으로 분리해서 탐구해서는 안 된다. 실체 관점과는 달리 이제는 활동과 과정이 함축된 기업가정신을 다루어야 한다고 주장한다.이 과정을 해방적 앙트러프레니어링(emancipatory entrepreneuring)이라고 명명한다. 자본주의 사회에서는 교회, 가족, 학교, 병원, 정당, 노조 등이 욕망을 상대적으로 통제하는 실체이다. 이에 반해 해방적 앙트러프레니어링은 사회질서에서의 지위를 변화시키려고 하거나 또는 사회질서 자체를 전복하는 것 등 변화 지향적 노력을 포괄적으로 의미한다. 일반적으로 기회를 인지해서 부를 창출하는것뿐만 아니고, 경제적, 지적, 심리적, 사회적, 제도적, 문화적 측면의 모든 활동을 제약하고 통제하는 것을 제거하고 극복하는 것을 목표로 한다. 해방적 앙트러프레니어링을 대표적인 기업이 구글(Google)이다. 우리는 해방적 앙트러프레니어링에 대한 논의에서 화이트헤드의 창조성의 범주가 존재론적 근거를 제공할 수 있다고 본다.

4.3 프로네시스와 기업경영

티스(Teece)에 의하면 최근 세계 경영 분야에서 가장 큰 업적 및 변화를 주도한 인물은 노나카(Nonaka)이다. 2000년대에 경영자들과 일반 근로자들에게 어떻게 자신의 지식 자산을 개발하고 성장에 활용할 것인지를 제시한 가장 대표적인 지식 창조 이론의 창시자로 노나카를 들고 있다(김무겸 2010). 디지털사회에서 기업 및 경영에서 지식의 중요성을 무엇보다 강조하는 노나카(2009 9)가 『창조적 루틴』이라는 자신의 저서에서, 그의 모든 조직이론 및 실증 연구의 밑바닥에 깔린 사유의 토대는 전적으로 화이트헤드의 세계관에 두고 있음을 명시적으로 밝히고 있다. 노나카의 영향력을 고려해 볼 때, 화이트헤드의 이론이 앞으로 경영 및 조직이론에 지속적인 영향력을 행사할 것으로 보인다. 하지만 이 저서에서 화이트헤드의 개념이 곳곳에 사용되고 있지만, 보다 상세한 비교 및 분석을 시도하지는 않는다. 따라서 우리는 '예견'에 관한 화이트헤드의 사유가 노나카의 조직이론에 어떻게 연관되어 있는지를 간단히 살펴볼 필요가 있다.

아리스토텔레스는 『니코마코스 윤리학』에서 지식을 세 가지 유형으로 나눈다. 그것은 'episteme', 'techne', 'phronesis'이다. 에피스테메는 오늘날의 과학적 지식, 즉 시공간 및 맥락과는 무관한 보편적 지식을 의미하며, 테크네는 말 그대로 실용적 지식이나 기술을 의미하며, 프로네시스는 실용적 지혜 혹은 특정 상황에서 공익을 위해 최선을 행동을 선택하고 실행하는 능력으로 이해된다. 노나카에 의하면, 프로네시스는 신중한 판단으로 이끌고, 상황에 맞는 적절한 행동을 취하게 하며, 가치와 윤리에 따른 행동을 하도록 하는 훌륭한 지식의 유형이나 오늘날에는 더 이상 학교에서 가르쳐지지 않는다(노나카 54). 그런데 오늘날 기업의 흥망성쇠에 가장 중요한 것이 바로 이 지식이라는 것이 노나카의 주장이다. 성공한 기업 및 조직은 프로네시스를 최대한 활용하고 있다는 것이 노나카의 주장이다. 앞에서도 언급했지만, 이것은 예견이라고 화이트헤드가 말한 것과 밀접한 관련이 있는 지식이다.

이 세 가지 지식을 스마트 폰를 통해서 설명해 보자. 필요한 기술과 부품을 가진 사람이라면 누구나 스마트 폰을 만들 수 있다. 그런데 그 스마트 폰을 사용하는 사람과 그것을 만든 사람의 가치가 동일한지는 별개의 문제이다. 일치하는 경우도 있겠지만, 제작자와 사용자의 가치는 분명히 다를 수 있다. 테크네는 스마트 폰을 잘 만들 수 있는지에 대한 지식이라면, 프로네시스는 무엇이 좋은 스마트 폰이고 그런 폰을 어떻게 만들 수 있는지에 대한 예측을 하는 능력이다. 아무리 좋은 기술을 갖고 있다고 하더라도 소비자욕구에 대한 예측 능력이 없다면, 그것은 결코 '좋은 스마트 폰'이 될 수 없다. 우리는 이를 애플사의 아이폰을 통해서 충분히 이해할 수 있다. 에피스테메 역시 무엇이 좋은 스마트 폰인지를 답할 수는 없다. 왜냐하면 '좋은'이라는 개념은 폰을 사용하는 사람의 상황에 따라서 판단되기 때문이다. 이러한 가치는 맥락 의존적이며, 좋다는 것에 대한 인식은 주체와 대상의 상호 작용에서 발생하는 것이지, 결코 객관적인 보편적 지식은 될 수 없기 때문이다(노나카54). 따라서 기업에서의 프로네시스는 "특정 시공간에서 대다수의 고객들이 '좋은'으로 판단하는 것을 이해하고 그에 따른 결실을 맺는 능력"(노나카 54)이다. 이것은 화이트헤드가 설명하는 예견에 대한 이해와 밀접한 관련이 있다고 볼 수 있다.

그렇다면 무엇을 이해해야 예견능력이 키워지는가? 화이트헤드는 두 가지를 들고 있다. 하나는 루틴에 순응하며, 루틴을 감시하며, 루틴을 만들며, 그 루틴을 그 내적 구조와 외적 목적에서 이해하는 것이다. 다른 하나는 사회의 복잡한 흐름을 철학적으로 통찰하는 것이다. 여기서의 철학은 거창한 철학을 의미하는 것이 아니며, 삶을 위한 다양한 필수품, 진지한 여러 가지 목적, 하찮은 갖가지 오락 등에 주목하는 습관이라고 한다 (AI 171). 우리는 화이트헤드의 이런 논의가 노나카가 분석한 '세븐 일레븐(Seven-Eleven)'이라는 일본의 편의점에 어떻게 적용되고 있는지를 간략하게 살펴보자. 1973년 전 세계의 편의점 특허권을 갖고 있는 미국 기업 '사우스랜드는 일본에서 편의점 '세븐 일레븐'을 개발할 수 있는 권리를 일본 기업인 '이토 요카도'에 양도했다. 1974년에 문을 연 세븐 일레븐은 2007년 까지 가장 수익률이 좋은 편의점으로 자리를 잡았으며, 1991년 파산한 원조 기업인 미국의 '사우스랜드'를 인수하였다. 그 결과 세븐일레븐은 하버드 비즈니스쿨 및 기타 비즈니스쿨의 사례 연구 대상 기업으로 자리를 잡았다. 일반적으로 세븐 일레븐의 수익에 대한 분석은 경영 시스템(POS 시스템-아이템 바이 아이템 경영)에 초점이 맞추어졌다. 하지만 노나카는 세븐 일레븐의 성공은 화이트헤드의 사유를 통해 분석한 방식에서 찾는 것이 더 적절하다고 주장한다.

노나카는 세븐 일레븐의 CEO이자 회장인 스즈키(Suzuki)의 말을 직접 인용해서, "세계 어디에서라도 소매점은 지역적인 소비 행태를 충분히 고려해야 하는데, 소비 행태에 세심한 주의를 기울일수록 그 지역에 더 특화된 소매점으로 발전할 수 있고, 그만큼 소매점의 성공 가능성도 높아진다"(노나카 141). 이는 점주가 제품 공급을 수요의 변화에 따라 조절할 수 있고, 그 나라 전반에 걸친 소비행동의 세부적인 면까지 파악할 수 있는 편의점 모델을 창조한다면, 그것은 어떤 장소에서도 성공할 수 있다는 것이다. 즉 "기본적인 루틴이 갖추어진다면, 그것을 그 나라의 특성에 맞게 재단만 하면 되는 것"(노나카 249)이다. 이것은 화이트헤드가 예견 능력을 키우기 위해서 제시하는 루틴과 밀접한 관련이 있음을 알 수 있다.

또한 노나카는 세븐 일레븐 편의점의 가장 큰 장점은 파트−타임근로자도 상상력과 창의성을 갖고 문제를 해결하는 잠재적 능력이 있는 것으로 본다는 점이다. 여기에 화이트헤드가 궁극자의 범주에서 언급한 창조성과 예견 능력을 인간의 기본 능력으로 보고, 모든 종업원들에게 그와 같은 능력을 발현할 수 있는 제도적 장치가 되어 있다(노나카 141−153)는 것이다. 즉, 파트−타임으로 일하는 종업원들이 어떻게 그런 능력을 보여주는 지를 설명한다. 편의점 직원들은 특정 시공간과 상황에 맞는 판단을 내릴 수 있는 능력이 있다는 것이다. 각각의 세븐 일레븐 점포 직원이 직면하는 구체적인 상황은 장소에 따라서만이 아니라 시간에 따라서도 달라진다. "심지어 매일 편의점을 찾는 고객조차도 방문하는 시점에 따라 심리적, 경제적 상태가 달라질 수 있기 때문에 한 명의 고객이 방문 시점에 따라 전혀 다른 고객이 될 수 있다"(노나카 141). 이것은 앞에서 예견 능력을 설명하면서 제시했던 '시의적절함'이라는 점과 같은 맥락에 있다. 보다 구체적인 예를 들자면, 일본의 상업지구 중심에 위치한 어느 세븐 일레븐 파트−타임 직원들은 직장인 여성들이 점심시간에는 샐러드를 많이 구입하고 초과근무를 하지 않는 야간에는 샐러드를 구입하지 않는 사실을 파악해서, 그 상황에 맞게 샐러드를 갖다 놓는다(노나카 145). 따라서 노나카의 세븐 일레븐의 성공에 대한 설명은 바로 화이트헤드의 예견에 대한 이해와 일치한다.

화이트헤드는 이러한 이해를, 질적 변화라는 구체적인 사실을 양적 평가로 전환하는 습관이라고 본다. 일종의 "기업가 정신의 특색"(AI 171)으로서, 결국 이것은 예견 능력이며, "삶을 위한 다양한 필수품, 진지한 여러 가지 목적, 하찮은 갖가지 오락 등에 주목하는 습관"(AI 171)이다. 노나카는 이를 프로네시스 능력으로 명명하며, 기업 활동 및 성공에 가장 중요한 열쇠로 여긴다.

프로네시스(phronesis)는 신중함, 실용적 지혜, 실용적 이성 등을 의미한다. 프로네시스 개념은 일반적으로, 특정 상황에서 공익을 위해 최적의 행동을 결정하고 실행하는 능력으로 이해된다. 프로네시스는 맥락적 상황을 고려하고 세부적인 것에 역점을 두며, 필요한 경우 과정 중에도 목표를 변경한다. 프로네시스는 가치와 관련이 있다. 그것은 분석적이거나 과학적이고 기술적인 지식을 뛰어넘어, 대가가 내릴 것 같은 훌륭한 판단이나 결정을 수반한다. 다시 말해 프로네시스란 가치관과 윤리관을 바탕으로 각각의 상황에 맞는 신중한 결정을 내리고, 그 결정을 시기적절하게 실행에 옮길 수 있게 해주는 실용적인 경험으로 획득되는 양질의 암묵적 지식(tacit knowledge)이다(노나카 14).

우리는 화이트헤드가 예견에 대해 언급한 내용이 근대 실체지식에 기반을 둔 자본주의를 넘어서 디지털 사회에 나아갈 때, 얼마나 중요한 지식의 양상을 예측했는지를 노나카를 통해서 어느 정도 이해할 수 있다.

5. 맺음말

지금까지 우리는 화이트헤드의 궁극자의 범주에 해당하는 일자, 다자, 창조성과 예견 개념을 살펴보았으며, 이러한 개념들이 오늘날의 조직이론에 어떤 기여를 할 수 있는지를 살펴보았다. 서양 철학에서 동일성과 재현의 범주는 서구 전 역사를 지배해 온 가장 강력한 패러다임이다. 20세기에 접어들면서 포스트모던 사유를 중심으로 그 패러다임을 해체하려고 노력하였다. 하지만 해체가 전부일 수는 없다. 해체 후에는 그것에 상응하는 구성이 있어야 한다. 인간의 삶에서 '조직'은 필연이며, 그것에서 벗어난다는 것은 현대사회에서 더욱 불가능하다. 실체 조직관에서 벗어나려면, 새로운 조직관을 필요로 하는 것을 의미한다. 우리는 화이트헤드의 과정철학을 새로운 패러다임의 하나로 보며, 특히 그 철학에서 제기하는 다양한 개념들은 현재 기존의 조직이론에서 벗어나서 새로운조직이론을 모색하는 논의에 있어서 핵심적인 역할을 할 수 있을 것으로 기대된다.

앨빈 토플러(Toffler)는『부의 미래』에서, "오늘날에도 경제의 많은 부분은 애덤 스미스, 데이비드 리카르도, 칼 마르크스, 존 메이나드 케인스, 밀턴 프리드먼의 유산을 비롯하여, 적어도 부분적으로 뉴턴식의 역학과 데카르트적인 논리를 기반으로 하고 있다"고 한다(2007: 158). 그러나 양자론, 상대성 이론 등에 의해 기계적 모델의 한계를 지적하였으며, 모든 것이 항상 예측 가능한 상황으로 움직일 수 없다는 것을 보여주었다. 토플러에 의하면, 신 경제의 요구와 구 사회의 타성적인 조직구조가 일치할 수 없다고 하며, 그와 같은 조직의 위기는 미국에 국한되는 것이 아니라 중국, 인도, 일본, EU 등 세계 경제에 속한 모든 국가에 속한다고 말한다(토플러 72). 그 위기를 극복하기 위해서는 시간, 공간, 지식에 대한 새로운 이해가 필요하다고 보며, 그 중에서 가장 중요한 것은 '타이밍'(timing)에 대한 연구라고 한다. 물론 "경제의 타이밍을 연구하는 크로노믹스(chronomics)라 불릴 만한 분야는 아직 발달되지 않은 상태"(토플러 77)라고 한다. 토플러에 의하면, 현재 다소 어려움을 겪고 있기는 하지만, 세계적인 자동차 기업인 토요타(Toyota)가 처음 개발한 JIT(Just-in-Time, 적시생산) 시스템을 통해서 변화하는 고객의 욕구에 맞춰서 생산을 조정할 수 있었다고 보며, 이것이 '타이밍'을 실용화한 경우라고 말한다(토플러 78). 우리는 토플러가 말하는 타이밍이 화이트헤드가『관념의 모험』에서 진리는 '시의적절함'에 있다고 말하며, 그것은 앞에서 다룬 예견 혹은 프로네시스 지식이라고 말한 것과 그 맥을 같이하고 있음을 알 수 있다. 따라서 화이트헤드는 이미 1920년대에 '타이밍'이 인간과 조직의 삶에 가장 중요한 요인이 될 것임을 예견하고 있었다. 다시 말해서, 산업화시대는 근대의 철학과 과학을 통해서 그 길을 닦고, 보수할 수 있었지만, 더 이상 그런 시대의 세계관을 통해서 인간의 삶과 조직을 설명할 수도 없고 지탱할 수도 없는 시대에 접어들었으며, 그것을 대체하는 새로운 패러다임으로 화이트헤드의 과정철학이 가능하다는 사실을 살펴보았다.

물론 조직이론은 이미 과정철학을 수용해서 다양한 영역에서 활발하게 적용되고 있다. 하지만 과정철학의 핵심개념이 산발적으로 조직이론에 적용되고 있을 뿐이다. 여전히 일관된 측면은 부족한 부분이 있기 때문에, 우리는 과정철학의 핵심개념 및 방법론 그리고 가치라는 측면을 종합적으로 살펴볼 필요가 있다. 향후에도 지속적인 작업이 필요하다. 다음과 같은 화이트헤드의 경구를 통해서 우리의 시대적 소명을 다시 한번 되새겨 보며 이 글을 마무리한다.

오늘날 인류는 사물을 보는 자신의 관점을 변화시켜 보려는 보기드문 분위기 속에 있다. 전통에 의한 단순한 강요는 그 힘을 잃었다. 사회를 혼란에 빠지지 않도록 하는 위엄과 질서의 요소들을 포함하고 있을 뿐만 아니라 불굴의 합리성이 철저하게 깃들어 있는 하나의 세계관을 재창조하고 재가동시키는 것이다. 우리 즉 철학자, 학생, 기업가들의 책무인 것이다. 그러한 세계관은 플라톤이 덕과 동일시했던 지식이기도 하다. 그 발전의 한계 내에서 이러한 세계관이 널리 퍼져 있던 시대야 말로 인류의 기억에서 사라지지 않고 남아 있는 시대인 것이다(AI 174).

참고 문헌

김상표 · 김영진(2010), 「화이트헤드 철학과 조직이론의 만남-실체철학을 넘어서-」, 『화이트헤드 연구』 제20집, 2010.

김상표 · 윤세준. 「감정노동: 인간감정의 상업화에 대한 평가와 대안의 모색」, 『연세경영 연구』, 제39권(2호), 2002.

Bradley, F. H., The Principles of Logic, London: Oxford Univ Press, 1922.

Conte-Sponville, A., 조한경 옮김, 『미덕에 관한 철학적 에세이』, 서울: 까치. 1997.

Deleuze, G., 이찬웅 옮김, 『주름: 라이프니츠와 바로크』(P), 서울: 문학과 지성사, 2004.

Drazin, R., Glynn, M.A. and Kazanjian, R. K., "Multilevel theorizing about creativity in organizations: A sense-making perspective", *Academy of Management Review*, Vol. 24, 1999.

Feldman, M. S., "Managing the Organization of the Future", *Public Administration Review*, 2010.

Ford, C. M. and Gioia, D. A., "Factors Influencing Creativity in the Domain of Managerial Decision Making", *Journal of Management*, Vol. 26 No. 4, 2000.

Hall, D. L., *The Civilization of Experience: A Whiteheadian Theory of Culture*, New York: Fordham Univ Press, 1973.

Heidegger, M., 신상희 옮김, 『동일성과 차이』, 서울: 민음사. 2000.

Jones, C. and Munro, R., *Contemporary Organization Theory*, Oxford: Blackwell, 2005.

Leclerc., I., 안형관 · 이태호, 『화이트헤드의 형이상학 이해의 길잡이』, 이문출판사, 2003.

Martin, J.,Knopoff, K. and Beckman, C., "An Alternative to Bureaucratic Impersonality and Emotional Labor: Bounded Emotionality at the BodyShop", *Administrative Science Quarterly* 43, 1998.

Mumby, D. K. and Putnam, L. L, "The Politics of Emotion: A Feminist Reading of Bounded Rationality", *Academy of Management Review* 17, 1992.

Nonaka, I., 김무겸 옮김, 『창조적 루틴-1등 기업의 특별한 지식 습관-』, 북스넛, 2010.

Nonaka, I., Toyama, R., and Hiratam T. *Managing Flow : A Process Theory of the Knowledge−Based* Firm, Palgrave Macmilian, 2009.

Rindova, V., Barry, D. and Ketchen, JR. D. J., "Entrepreneuring as Emancipation", *Academy of management Review*, Vol 34. 2000.

Sherburne, D., *A Key to Whitehead's Process and Reality*, the Chicago Univ Press, 1966.

Toffler, A., 김중웅 옮김, 『부의 미래』, 청림출판, 2006.

Whitehead, A. N. 오영환 옮김, 『관념의 모험』(AI), 서울: 한길사, 1996.

Whitehead, A. N. 오영환 옮김, 『과정과 실재』(PR), 서울: 민음사, 1991.

Whitehead, A. N. 오영환 옮김, 『과학과 근대세계』(SMW), 서울: 서광사, 1989.

Whitehead,, A. N. 안형관 외 옮김, 『자연의 개념』(CN), 대구: 이문출판사, 1998.

제3부
창조성의
과정공동체에 대한 모색

경영과 철학의 만남
Management Philosophy

조직의 창조성과
실천적 프로네시스[1]

1. 서론

지금까지 창조성이 어떻게 이해되어 왔으며 그 대안은 무엇일까? 이 논문은 화이트헤드(Whitehead 1861-1947)와 들뢰즈(Deleuze 1925-1995)의 과정철학에서 '창조적 전진'이 어떤 의미가 있으며, 또한 이들의 철학체계 내에서 '관계성' 개념이 어떤 역할을 하는지를 탐구한다. 나아가 들뢰즈와 화이트헤드의 창조성에 대한 입장이 조직의 창조성에 대한 논의에 어떤 기여를 할 수 있는가도 살펴볼 것이다.

정치계와 산업계 인사들도 창조에 대해서 이야기 한다. 이명박 대통령도 8월 15일 경축사에서 '더불어 사는 사람들을 사랑하는 사회, 창조적 혁신이 흘러넘치는 사회, 책임을 공유하는 사회'로 가는 것이 세계 경제가 지속적으로 성장할 수 있다고 한다. 국내 IT 산업의 선두 주자인 삼성역시 경쟁력 있는 콘텐츠와 개방형 운영체제(OS) 사업을 위해서 창의적인 기술 개발에 전력을 다하고 있다. 이와 같이 창조성은 모든 조직에서 가장 중요한 과제로 선정되고 있다.

도대체 정치와 산업 전반에서 말하는 창조성은 어떤 의미일까? 기존의 합리주의 철학에서는 창조성, 공동체, 책임을 '자기 충족적인 실체적 관

---

1 이 논문은 『동서철학연구』 제61호(2011년)에 게재되었다.

점'으로 다루었지만, 포스트—모더니즘 이후의 철학에서는 관계적 관점에서 이해한다. 그렇다면 이것들은 어떤 관련을 맺고 있는가? 다시 말해서 함께 하는 삶, 창조적인 삶, 책임을 공유하는 삶을 포착할 수 있는 존재론이 가능한가? 우리가 이 글에서 다룰 주제는 그러한 현실적인 문제제기에 대한 새로운 사유의 흐름을 보여주는 것이다.

이 글의 순서는 다음과 같다. 우선 기존 조직이론의 창조성에 대한 논의를 리드(Reed)의 입장을 통해서 간단히 분류하고, 화이트헤드와 들뢰즈의 과정철학과 어떤 연관을 가질 수 있는지를 검토할 것이다. 다음으로 베르그손의 과정 철학은 대표적인 창조성의 철학이다. 문제는 이질적인 생성만을 논하는 베르그손의 입장은 '고체'에 해당하는 '양자'(quantum)를 도외시한다. 이 차이점에 대해서 다루어 볼 것이다. 이어서 화이트헤드와 들뢰즈의 철학이 창조성을 이해할 때, 본질주의와 유형주의 철학과 다른 점은 잠재태 혹은 실재적 가능태에 있다는 점을 밝혀볼 것이다. 그 다음으로 화이트헤드의 궁극자의 범주인 창조성과 들뢰즈의 영원회귀 혹은 기관없는 신체에서 창조성은 어떻게 이해될 수 있는지를 살펴볼 것이다. 마지막으로 창조성이 새로움을 가져오기는 하나, 조직의 붕괴를 가져올 수 있다는 점을 보여주고, 그것을 막기 위해서는 실천적 프로네시스(practical phronesis)가 필요하다는 점을 주장할 것이다.

2. 기존 조직이론의 창조성에 대한 논의: Reed의 틀 중심으로

조직이론에서 지금까지 조직은 어떻게 이해되어 왔는가? 우리는 리드(Reed, 1997)의 입장을 통해서 조직에 대한 기본 이해를 그려보자. 리드는 조직이론을 세 가지의 틀로 나눈다. 그것은 각각 균형이론(equilibrium—based theory), 과정이론(process—based theory), 재귀이론(recursivity-based theory)이다.

먼저, 균형이론(equilibrium-based theory)은 안정된 존재를 가정하며, 전통적인 체계이론과 기능주의에 기반을 두고 있다. 이 이론은 지난 반세기 이상 조직이론을 지배했다. 이것은 다양한 영역에서 다양한 사상가들에 의해서 제기되고 구성되었다(Barley & Kunda, 1998; Dooley & Van de Ven 1999; Katz & Kahn, 1978; Simon, 1976; Schein, 1985 등). 치아(Chia 1999)에 의하면, 그런 입장은 플라톤, 아리스토텔레스, 린네, 다윈 등에 의해서 추구된 것이며, 매우 정태적이며, 불변하는 실재를 기본 가정으로 삼고 있으며, 안정된 존재들 사이의 조건만을 탐구하는 방식이라고 한다(김상표와 김영진 2010).

이 조직 이론에 기반을 둔 창조성 역시 기능주의적이고 도구적인 방식으로 이해되며(Sundgren & Styhre 216), 안정된 조건 속에서 한 개인의 위대한 성취를 통해서 창조성이 이루어질 수 있는 것으로 본다(Gioia 1995; Isaksen 1987). 포드(Ford, 1995)에 의하면, 화이트헤드는 이것을 "잘못 놓여진 구체성의 오류"(fallacy of misplaced concreteness)라고 한다. 이러한 입장은 화이트헤드와 들뢰즈가 비판하는 본질주의 혹은 유형 이론에 기반을 두고 있다. 따라서 이러한 입장은 뒤에서 자세히 밝혀볼 것이다.

과정이론(process-based theory)은 화이트헤드와 들뢰즈의 철학과 매우 근접한 조직이론이다. 와익(Weick 1974, 1979)은 과정이론 관점으로 조직을 연구한 선구적인 인물이다. 이것은 앞에서 논의할 균형이론을 비판적으로 대체하는 이론이다. 구조 혹은 안정보다는 변화와 과정에 초점을 두는 것은 조직 이론의 연구에 대단히 큰 시사점을 제공했다. 이것은 베르그손 철학의 영향에 힘입은 바가 크다.

하지만 과정 기반 이론의 대표적 사상가인 와익 역시 여전히 정태적 양식에서 완전히 벗어나지는 못했다. 쿠퍼(Cooper)와 버렐(Burrell)에 의하면, 와익이 베르그손의 영향으로 이질적인 창조성을 실재로 받아들이고 조직이론에 그것을 적용하였음에도 불구하고, 와익이 사용하는 다의성(equivocality)과 설정(enactement)과 같은 개념들은 여전히 "정태적인 통제 양식"(static control mode)으로 표현하기 때문에, 들뢰즈의 "노마드"(nomadic)라는 과정적 입장을 수용하기에는 역부족이라고 말한다(587). 다음 장에서 우리는 화이트헤드와 들뢰즈의 철학이 베르그손의 철학을 계승하면서도, 데모크리토스의 원자론에 해당하는 '양자'의 개념을 수용하는 입장임을 밝혀볼 것이다.

재귀이론은 루만(Luhmann)의 오토포이에시스(Auto-poiesis)의 입장과 맥을 같이한다. 이것은 과정이론과 균형이론이 각각 강조하는 변화와 안정을, 상보적으로 받아들이는 입장이다. 즉, 과정과 구조 혹은 안정과 변화가 상호작용하는 것으로 본다. 이것은 일종의 역설이론과 그 맥을 같이한다(윤세준과 김상표 2002, 2000). 이런 입장은 기능주의와 과정주의에서 한쪽 입장만을 강조하는 약점을 보완할 수 있다. 이는 안정과 변화를 한 체계 내에서 함께 설명할 수 있는 이론이다(Hernes & Bakken 1528). 특히 루만의 오토포이에시스이론은 조직에서 어떤 프로젝트를 위해서 일시적으로 형성된 소집단이 본래의 집단과 차이가 있는 새로운 구조를 만들 수 있다는 점을 보여준다. 이 소집단은 일시적으로 폐쇄적인 구조를 형성하면서도 본래의 집단과도 열린 관계를 맺을 수 있다. 그런데 그 이론의 논리성과 정합성에 대해서는 충분한 공감이 형성되고 있지만, 실증적 연구가 부족한 까닭에 뜨거운 논쟁이 진행 중이다(Hernes & Bakken 1528).

한편 들뢰즈와 화이트헤드의 존재론은 세 번째 조직이론과 가깝다. 왜냐하면 그들 역시 구조와 행위 혹은 '양자'(quantum)와 '생성'(becoming)을 실재의 양면적인 모습으로 보며, 새로운 공간이나 배치가 사건에 의해서 진행됨을 보여주기 때문이다. 그러나 루만의 경우에 구조와 행위에만 초점을 맞추고, 가치 혹은 덕에 관해서는 전혀 언급하지 않는다(Hernes & Bakkens 2003) 사실과 가치는 불가분의 관계에 있다.

초월성을 거부하고 우연성을 통해서 행위와 구조의 상호 작용을 설명한다는 점에서 들뢰즈와 화이트헤드의 이론에 근접해 있지만, '프로네시스'(phronesis) 혹은 '시의적절함'과 같은 가치는 배제하고 있다. 조직은 인간과 마찬가지로 생성과 소멸을 겪는다. 언제, 어떻게, 왜 생성하고 소멸할 것인지에 대한 문제제기가 있다. 인간의 삶이 기쁜 만남과 슬픈 만남에 의해서 그 운명이 결정되듯이, 조직 역시 동일한 운명의 손을 겪는 것이 아닐까? 이 논문에서는 조직의 창조성이 조직에 기여하기 위해서 구조와 행위라는 상보적인 관계뿐만 아니라 '프로네시스' 혹은 신중함이라는 가치가 내재되어야 함을 보여줄 것이다.

3. 화이트헤드와 들뢰즈는 베르그손과 무엇이 다른가?

철학의 역사는 베르그손의 비난, 즉 인간의 지성은 우주를 공간화한다는, 다시 말해서 그것은 유동성을 무시하고 세계를 정적 범주로서 분석하려는 경향이 있다(PR 385).

우선 21세기에 사변 철학의 부활을 이끈 들뢰즈(Deleuze 1925-1995)가 화이트헤드(Whitehead 1861-1947)의 철학을 어떻게 평가하는지를 검토해 보자. 들뢰즈는 자신의 저서 『차이와 반복』에서 기술하는 개념들[강도-짝짓기-공명-강요된 운동]은 "재현의 세계에 속하지 않는다"(DR 364/595)고 한다. 재현의 세계에서 범주들은 "존재자들 사이에서 존재가 어떤 정착적 비율 규칙에 따라 할당되는 어떤 분배의 형식들을 구성"(DR 364/595)하기 때문이다. 그러나 철학에서 범주와 재현 개념에 대립되는 "경험론적이고 다원론적인"인 것과 "본질적인 것에 맞서는 실존적인 것"(DR 364/595)을 제시한 사상가들이 있다. 들뢰즈는 그 대표적인 인물로 화이트헤드를 들고 있다.

화이트헤드에게서 엿볼 수 있고, 그의『과정과 실재』가 현대의 가장 위대한 철학 책들 중의 하나로 평가받는 이유인, 그 경험─이념적인 기초 개념들의 목록을 들 수 있다. 이와 같은 기초 개념들은 환영이나 허상들에 적용되는 한에서 '환상적'이라 불러야 하지만, 그 밖의 여러 관점에서도 재현의 범주들과 구별된다. 우선 이 기초 개념들은 실재적 경험의 조건이지, 결코 가능한 경험의 조건으로 그치는 것이 아니다(DR 364/595).

이처럼 들뢰즈는 화이트헤드의 존재론을 서구의 대표적인 동일성, 혹은 재현의 철학에 맞서는 사상으로 본다. 또한, 들뢰즈는 자신의 저서에서 직접적으로 화이트헤드를 언급한다. 그는『주름, 라이프니츠와 바로크』(Le Pli, Leibniz et le baroque)와『철학이란 무엇인가』(Qu´est-ce que la philosophie?),『차이와 반복』(Différence et répétition) 등 에서 화이트헤드의 철학적 사상이 자신의 철학과 밀접한 연관이 있다는 사실을 드러낸다. 예컨대『주름』6장에서 '사건'에 관한 논의에서 사건 철학자로 화이트헤드를 들고 있으며, 화이트헤드가 라이프니츠의 계승자로 20세기에 새로운 신바로크 철학을 구성한 것으로 본다.[2] 그리고 비트겐슈타인 이전까지 영미 철학자들 가운데 가장 위대한 철학자라고 한다.

그는 속성의 도식에 대한 근본적인 비판, 원리들의 거대한 놀이, 범주들의 다양화, 보편과 경우의 일치, 개념에서 주어로의 변형에 다시 착수한다: 엄청난 욕심, 비트겐슈타인의 제자들이 자신들의 난해한 문제들, 자만, 공포에 도달하기 전까지, 이것은 임시적으로 앵글로─아메리카의 최후의 위대한 철학이다(P 103/140).

---

2 들뢰즈는 화이트헤드의 사건을 4가지 요소로 구별한다. 전체와 부분들이라는 연결(connexion), 극한들 사이의 관계비는 하나의 연접(conjonction), 개체(합생, 파악, 느낌), 영원한 대상이다. 들뢰즈는 라이프니츠의 '공존 가능한 세계'로는 현대를 충분히 설명할 수 없다고 보며, '공존 불가능성', '불협화음'을 설명할 수 있는 사건 철학자로 화이트헤드를 들고 있다.

이와 같이 들뢰즈는 영미철학자들 가운데 화이트헤드에 관해서 매우 좋은 평가를 내린다. 그 이유 가운데 하나는 화이트헤드가 베르그손 이후에 생성 혹은 과정을 통해서 플라톤의 동일성 철학 혹은 재현 철학을 극복하기 때문이다.[3]

한편 서구 철학의 역사는 주지하는 바와 같이, 실체 혹은 공간 중심의 철학을 전개하였으며, 이는 플라톤, 아리스토텔레스, 데카르트, 뉴턴에게 동일하게 적용되는 의미이다. 설사 그들이 시간이나 과정에 대해서 언급을 하고 있더라도, 그것은 존재론적으로 열등한 지위를 갖는다(PR 385). 이와는 달리 서구 철학을 과정 혹은 시간철학으로 작업한 대표적인 인물들이 베르그손(Bergson), 화이트헤드(Whitehead), 들뢰즈(Deleuze)이다. 베르그손, 화이트헤드, 들뢰즈는 공히 '창조적 전진'(creative advance)을 핵심적인 주제로 삼고 있다는 점에서 매우 유사하다고 할 수 있다. 하지만 베르그손은 '고체의 논리'(la logique des solides)를 부정하고 오직 이질적으로 연속하는 방식으로 창조적 전진을 설명한다(EC v, 151-156). 베르그손은 우리가 경험하는 모든 것은 상호 긴밀하게 조직화되어 있어 한 상태에서 다른 상태를 분리해서 보는 것은 불가능하다고 본다. 실재는 시작과 끝을 알 수 없는 것이라고 한다(PM 183). 이것은 우리가 경험하는 것이 상호 관련되어 있음을 설명하는 것이다.

화이트헤드와 들뢰즈 또한, 베르그손과 동일한 입장에서 그런 논의를 제시하고 있다. 즉 주체의 속성이나 성질보다는 관계를 더 중시하며, 이러한 관계를 통해서 창조적 전진이 가능하다고 밝힌다.

> 이 강의에서 '관계성'은 '성질'보다 지배적이다. 모든 관계성은 현실태의 관계성에서 그 기초를 얻는다. 그리고 이 관계성은 살아 있는 자에 의해 죽은 자 혹은 '대상적 불멸성'의 전유와 관계된다. 다시 말해서 '대상

---

3 화이트헤드와 들뢰즈 철학이 카오스와 코스모스의 결합에서 생겨난 '카오스모스' 철학에 해당하는 점을 기술한 바가 있다(김영진 2011b).

적 불멸성'을 통해서 그 자신의 살아있는 직접성을 잃어버린 것은 다른 살아있는 생성의 직접성에 실질적인 구성요소가 된다. 이것이 세계의 창조적 전진과 더불어 완고한 사실을 구성하는 그런 사물들의 생성, 소멸, 대상적 불멸성이라는 학설이다(PR xiv).

리좀은 시작도 하지 않고 끝나지도 않는다. 리좀은 언제나 중간에 있으며 사물들 사이에 있고 사이—존재이고 간주곡이다. 나무는 혈통 관계이지만 리좀은 결연 관계이며 오직 결연 관계일 뿐이다. 나무는 "~이다"라는 동사를 부과하지만, 리좀은 "그리고…그리고…그리고…"라는 접속사를 조직으로 갖는다. 이 접속사 안에는 〈이다〉라는 동사를 뒤흔들고 뿌리뽑기에 충분한 힘이 있다(MP 54-55).

그러나 들뢰즈와 화이트헤드는 베르그손이 거부하는 공간 혹은 고체에 해당하는 '양자'를 받아들인다. 그들은 흐름을 일정하게 품고 있는 양자(quantum)가 있다는 사실을 인정한다. 다시 말해서 '모든 사물은 흐른다'는 헤라클레이토스의 격언을 수용하면서도 '에너지의 흐름은 양자 조건'이라는 데모크리토스의 원자론도 받아들이는 것이다(PR 539). 화이트헤드와 들뢰즈이 입장을 각각 살펴보면, 다음과 같다.

물리과학은 자연적 계기를 에너지의 장소(locus of energy)로 보고 있다. 그 계기가 다른 무엇이건 간에 그것은 에너지를 품고 있는 개체적 사실인 것이다. 전자, 양성자, 광자, 파동, 속도, 투과성이 강한 방사선과 약한 방사선, 화학원소, 물질, 공허한 공간, 온도, 에너지의 전화 등등의 낱말들은 모두 다음과 같은 사실을 나타내고 있다. 물리학은 각 계기가 그 에너지를 품고 있는 방식에 관해서 계기들 간에 질적 구별을 인정하고 있는 것이다. …… 에너지 흐름의 양자라는 것이 있다. 연속성과 원자성이라는 이러한 자연의 대비되는 양상은, 서구 사상에서 그리스인들에게서 이루어진 과학의 기원으로까지 거슬러 올라가는 긴 역사를 가지고 있다. 더욱 확실한 결론은 연속성과 원자론 중에 어느 것도 없어서는 안 된다는 것, 그리고 우리가 목격하고 있는 것은 과학의 현단계와 관련된 그와 같은 대비의 현대적 국면에 지나지 않는다는 것이다(AI 293-294).

문제는 그램분자적인 것과 분자적인 것은 크기, 단계, 자원뿐만 아니라 고려되는 좌표계의 본성에 의해서도 구분되느냐 하는 것이다. …… 실제로 우리가 잘 규정된 절편들로 이루어진 선을 정할 수 있을 때면 항상 우리는 그 선이 다른 형식 하에서 양자들로 이루어진 흐름으로 연장된다는 것을 보아왔다(MP 413).

이것은 베르그손과는 달리 현대 과학과 철학을 서로 대립적인 구도로 놓는 것이 아니라, 철학이 과학을 포괄하는 형이상학(meta-physics)을 구축하겠다는 것이다. 그것이 들뢰즈와 화이트헤드의 의도이다. 물론 베르그손이 지성이나 개념을 거부한다는 입장에서 볼 때도 이들과는 차이가 있다(문창옥 2003). 왜냐하면 들뢰즈와 화이트헤드는 합리적 사유 및 개념 구축을 옹호하기 때문이다. 다시 말해서 화이트헤드는 자신의 사변 철학의 목표는 우리가 경험하는 모든 영역, 과학, 종교, 예술 등의 경험들을 포괄하는 체계를 구성하는 것이며,(PR 3-4/49-51) 들뢰즈도 철학이란, "개념들을 형성하고, 창안하고, 만드는 예술이라고 한다."(WP 2)[4] 따라서 들뢰즈와 화이트헤드는 과정 철학에서도 개념 구축은 철학자의 필연적인 운명이라고 본다.

4. 창조성의 내재적 장: 잠재태와 실재적 가능태

존재한다는 것의 핵심적 의미는 '작인에 있어서의 요인이라는 것', 즉

---

4 QP는 Deleuze와 Guattari의 What is Philosophy?(translated by H. Tomlinson and G. Burchell. New York: Columbia University Press. 1994)의 약칭.

'차이를 낳는 것'이라는 플라톤의 금언도 받아들인다(AI 310).

화이트헤드 역시 '차이'를 낳는 것이 존재의 이유라고 한다. 즉, 현실태는 "경험의 과정"이며, 이는 새로운 것을 실현하는 과정이다. 이와 마찬가지로 들뢰즈도 자신의 철학을 차이의 철학이라고 하며, 자신의 존재론을 '일의적'이라고 한다. 일의적 존재라는 것은 "개체화하는 차이들에 관계한다"(DR 53/102). 즉 존재는 "차이 자체를 통해 언명된다"(DR 53/103). 들뢰즈에 따르면, "사물은 결코 동일자일 수 없다. 오히려 보고 있는 주체의 동일성과 마찬가지로 보이고 있는 대상의 동일성이 모두 소멸해 버리는 어떤 차이 안에서 사분오열되어야 한다"(DR 79/144). 따라서 지젝(Zizek)에 의하면, "들뢰즈의 중심문제, 새로운 것의 출현"(213)이다.

그러나 서양 사상은 존재와 동일성에 기초해 왔다.[5] 들뢰즈는 이러한 철학을 '초월성'에 빠진 철학이라고 보며, "초월성은 유럽에 고유한 질병"(MP 28)이라고 한다. 즉 모든 것의 원인을 찾아 거슬러 올라가는 사유이며, 그 첫 번째 원인을 통해 모든 것을 설명하려는 사유이다. 또한 그는 근대철학에서 주체나 대상을 통해서 그러한 근거를 찾는 것 역시 초월 철학의 일종으로 본다.

우선 서양 철학에서 동일성을 탐구하는 것은 플라톤의 '형상'이론과 아리스토텔레스의 '유기체'이론 혹은 '유형'이론의 방식이다. 유기체 철학의 시조인 아리스토텔레스의 '유형'철학에서 종은 이미 유에 의해서 결정된 존재이다. 결코 새로운 존재가 탄생할 수 없다. 모든 것이 정돈되고, 유기적으로 조직되는 통일적인 계열을 형성하는 것도 재현 철학의 특징이다. 재현의 철학에는 다음과 같은 법칙이 있다.

---

5 들뢰즈는 헤겔보다는 베르그손을 통해서 존재가 아니라 생성을 통해서 형이상학을 탐구한다. 그는 초월성의 철학을 비판하고, 내재성의 철학을 고찰한다. 즉 존재가 아니라 존재 사이에서 벌어지는 변화의 내재성에 주목한다. 그것을 통해 끊임없이 탈영토화되고 변이하는 삶을 촉발하는 생성을 사유한다. 이때의 생성은 자기-동일적인 상태에서 벗어나 다른 것이 되는 것이고, 어떤 확고한 것에 뿌리를 찾는 것이 아니라, 그것에서 끊임없이 탈주하는 것이다. (관성이나 중력에서 벗어나서 클리나멘이 되는 것) 따라서 내재성이란, 어떤 사람에게 있고, 다른 사람에게 없다는 것을 비교해서 만들어 내는 초월적 개념이 아니라, 어떤 사람이 다른 것이나 사람의 접속을 통해서 그 자신이 변화하는 것을 내재적 변화라고 한다.

이 형식은 때로는 재현되는 것의 즉자 존재(A는 A이다)를 구성하고, 때로는 재현하는 것의 대자 존재(자아=자아)를 구성한다. 재현이라는 말에서 접두사 재(RE-)는 차이들을 종속시키는(subordonné)[6] 이 동일자의 개념적 형식을 뜻한다(DR 79/144)

재현의 방식을 통해서 차이를 볼 때, "차이는 '매개'(médiatisée)된다" (DR 45/89). 매개한다는 것은 선별하는 것이요, 그 선별은 기준을 정해 놓고 보는 것이다. '인간은 이성적 동물이다'라는 명제는 차이를 개념 일반에 묶어 두는 가장 대표적인 것이다. 동물이라는 유에 인간과 다른 동물의 종 사이의 차이는 종차에 의해서 구별된다. 이때의 차이는 "개념의 내포 안에 있는 하나의 술어에 지나지 않는다. 아리스토텔레스는 끊임없이 종차의 이런 술어적 성격을 환기시킨다"(DR 48/94). 이것은 차이를 무화시키는 전략이다.

화이트헤드 역시 아리스토텔레스의 생물학에서 구분하는 방식으로는 "혼합에 대한 분석"(AI 365)이 나올 수 없다고 한다. 다시 말해서 유, 종, 종차로 구분한 수직적 질서의 자연 생태계 구분 방법으로는 살아있는 동물들을 이해할 수 없다고 한다.

어떠한 유도 그 본질상, 그것과 양립가능한 다른 유를 보여주지 않는다. 예를 들면, 등뼈의 관념은 포유한다는지, 물 속을 헤엄친다는 관념을 보여주지 않는다. 따라서 그 자체로 고찰되는 척추동물이라는 유에 대한 성찰은 포유동물이나 어류를 추상적 가능성으로조차도 시사할 수 없다. 종도 사례도 유에 의해서는 '주어지지' 않는 형태를 포함하고 있기 때문에 유만으로는 발견할 수 없다. 종은 여러 유의 잠재적 혼합이며, 개개의 사례는 많은 현실적 혼합을 다른 사실들과 함께 포함하고

---

6 김상환이 subordonné를 '잡아먹는 것'으로 번역하였다. 우리는 본래의 의미를 살려서 '종속시키다' 혹은 '아래에 두다'로 번역할 것이다. 그 이유는 재현이나 동일자는 영속하는 성질을 가진 것으로 차이를 종속시키고자 하며, 이것은 실체철학과 과정 철학에서 영속과 과정 가운데서 무엇을 존재론적으로 우위에 두느냐에 따라서 철학의 전개가 달라진다는 화이트헤드의 사유와 들뢰즈의 사유의 관련성을 보다 쉽게 찾기 위한 방편이다.

있다(AI 365).

화이트헤드는 '나무'와 같은 방식으로 분류하는 것은 여러 측면을 사상하는 것이며, 무엇보다도 "새로운 결합 가능성"(AI 365)을 차단하는 것으로 본다. 화이트헤드에게 이러한 논의가 가능한 이유는, 생물학적 발견도 있겠지만 수학에서 물리적 세계에 적용하는 기하학이 '임의적인 선택의 요소'가 가능해졌기 때문이다. 우리는 '유클리드 계량 기하학', '타원형의 계량 기하학', '포물선의 계량 기하학'이 모두 타당하다는 사실을 익히 알고 있다. 이 보다 더 중요한 것은 기하학이 '계량', '거리', '좌표'와는 상관없는 '비계량 기하학'에 해당하는 사영 기하학(non-metrical projective geometry)이 있다. 화이트헤드는 이를 '교차 분류학'(the science of cross-classification)이라고 부른다. 이것은 '점'과 '직선'이 일방적인 관계가 아니라, 점과 직선이 서로 상대방을 포함할 수 있다. 그런데 아리스토텔레스의 분류학은 "유, 종, 아종으로 분류하는데, 이것은 서로 배제시키는 분류법"(AI 231)이다. 이것은 유클리드의 계량 기하학의 영향이다. 화이트헤드는 '교차 분류학'인 사영 기하학을 통해서 유와 종의 관계는 그 역도 성립가능하다는 사실을 말한다. 즉 종이 유를 포함할 수 있다.

다음으로 본질 철학 혹은 형상 철학의 문제점을 간단히 살펴보자. 들뢰즈에 따르면, "플라톤주의의 전복, 이것이 현대 철학의 과제를 정의한다"(DR 82/149).[7] 그 전복이란, "모사에 대한 원본의 우위를 부인한다는 것"(DR 92/162)이다. 또한 플라톤 철학에서는 올바름이 있고, 이 근거를 통해서 참된 철학자, 혹은 참된 존재를 탐구한다.[8] 하지만 들뢰즈에 따르면, 그 선별의 근거는 '신화'이며, 따라서 신화는 결코 참된 선별의 기준이

---

7 G. Deleuze(1968), 『차이와 반복 Différence et Répétition』,(김상환 옮김 민음사, 2004). 앞의 수는 원문의 쪽이고, 뒤의 수는 번역 쪽이다. 번역된 들뢰즈의 책은 이후에 동일한 방식으로 기술할 것이다.

8 이때 올바름이 올바르다는 것은 단순한 분석명제가 아니라, 그 근거를 기준인 이데아가 있음을 의미한다. 이 이데아의 본성을 통해서 분유가 발생하며, 그 분유의 정도 차이에 따라서 이데아의 멀고 가까움이 발생한다(DR 156 참조).

될 수 없다고 한다(DR 85/153).

화이트헤드 또한 형상의 독립을 주장하는 플라톤의 인식론을 세계에 대한 확실성 갖기를 바라는 서구 역사의 뿌리 깊은 전통이라고 한다. 이 것은 과정이 실재라는 것을 거부하게 되는 결정적인 동인이다(MT 67-71, 92-93; ESP, 80, 96, 121). 화이트헤드에 의하면, 이러한 믿음은 "독단론자들이 총애하는 미망"이라고 하며, 그 확실성은 "역사의 변천 속 에서 더 이상 생존하지 못함을 보았다"(MT 58)고 한다. 즉 "수학 역시 플 라톤이 그것을 인식했던 의미에서 참은 아니다"(MT 58). 화이트헤드는 이를 "잘못 놓여진 구체성의 오류"를 범한 사유 형태라고 본다. 그러므로 들뢰즈와 화이트헤드는 플라톤 철학에서 시작되었다고 할 수 있는 영속 의 철학과 행위와 지식의 기준인 선의 이데아를 거부한다. 즉, 플라톤의 전복이라는 선상에서 철학적 작업을 수행하였다.

보다 구체적으로 살펴보면, 서구 철학은 항구적인 정초와 근거를 통해 서 코스모스의 세계를 구성하고자 하는 것이었다면, 들뢰즈의 철학은 코 스모스의 시작과 목적지는 카오스이며, 이는 질서를 무바탕으로 만드는 것이다. 이에 따라서 코스모스와 카오스는 서로 이어지며, 이것은 '카오 스모스'(chaosmos)라고 한다. 카오스와 코스모스는 잠재적인 것과 현실 적인 것의 관계라고 할 수 있다. 여기서도 플라톤의 형상의 재현에서 벗 어나기 위해서는 '가능성'과 '잠재성'을 구분해야 한다. 중요한 것은 시공 간을 '실존'과 분리불가능한 요인임을 인정하느냐에 달려 있다. 플라톤 철학에서는 오직 시공간을 배제하고 가능성과 실존의 관계만을 보았다.

이 모든 것에서 피해야 할 유일한 위험은 잠재적인 것과 가능한 것을 혼 동하는 데에 있다. 왜냐하면 가능한 것은 실재적인 것에 대립하기 때문 이다. 따라서 가능한 것의 절차는 '실재화'이다. 반면 잠재적인 것과 실 재적인 서로 대립하지 않는다. 잠재적인 것은 그 자체로 어떤 충만한 실재성을 소유한다. 잠재적인 것의 절차는 현실화이다. …… 즉 여기서 중요한 것은 실존 자체이다. 가능한 것과 실재적인 것을 중심으로 문제를 설정할 때마다 우리는 어쩔 수 없이 실존을 어떤 급작스러운 출현으로 파악할 수밖에 없다. 다시 말해서 실존을 '전부 아니면 무'라는 법칙의 지배 아래 있는 것으로 파악하고, 또 실존을 언제나 우리의 등 뒤에서 일어나는 어떤 순수한 활동, 도약으로 이해하게 되는 것이다. 만일 실존하지 않는 것이 이미 가능하고 개념 속에 자리한다면, 또 개념이 가능성으로서 부여한 모든 특성들을 지니고 있다면, 실존하는 것과 실존하지 않는 것 사이에 어떤 차이가 있을 수 있단 말인가? 실존은 개념과 똑같은 것이지만 그 개념의 바깥에서 성립한다. 그러므로 실존은 시간과 공간 속에서 설정되기는 하지만 이 시간과 공간은 무관심하거나 무차별한 환경에 해당한다. 여기서 실존은 아직 어떤 특성을 띤 시간과 공간 속에서 산출되지 않고 있다. 차이는 개념을 통해 규정된 부정성 이상의 어떤 것이 될 수 없다. ······ 실존은 잠재적인 것의 실재성으로부터 산출되고, 이 산출은 이념에 내재하는 어떤 시간과 공간에 따라 이루어진다(DR 455).

가능성 속에 모든 것이 자리를 잡고 있다면, 어떤 차이도 이 세상에는 존재하지 않는다. 하지만 잠재적으로 있는 우발적이고 역동적인 시공간 속에서 실존은 새로움을 산출할 수 있다. 즉, "현실화, 분화는 언제나 진정한 창조"(DR 456)라는 들뢰즈의 입장을 받아들이기 위해서는 가능성과 잠재성을 반드시 구분해야 한다. 왜냐하면 "가능한 것은 개념 안의 동일성 형식에 의존하는 반면, 잠재적인 것은 이념 안의 순수한 다양성을 지칭하기"(DR 456) 때문이다. 이념은 합리주의자가 의미하는 "추상적이고 죽어있는 본질"이 아니며 '사건, 변용, 우연'(DR 408) 쪽에 있는 것이다. 우연을 긍정하면, 발산하는 계열들을 공명하게 만드는"(DR 430) 것이다. 들뢰즈는 "신들 자체도 아낭케, 다시 말해서 하늘-우연에 종속되어 있는"(DR 431) 것으로 본다.

존재론, 그것은 주사위 놀이-코스모스가 발생하는 카오스모스-다. 만일 존재의 명법들이 '나'와 어떤 관계를 맺는다면, 그것은 균열된 나와 맺는 관계이고, 이 균열된 나의 틈바구니는 그 존재의 명법들을 통해 매번 시간의 순서에 따라 자리를 바꾸고 재구성된다(DR 431).

김상환에 따르면, 이러한 카오스모스는 "모든 사물은 잠재적 상태에서 현실적 상태로 그리고 다시 잠재적 상태로 변화해 간다"(DR 669)[9].

한편 화이트헤드는 "한정성은 현실태의 생명"(PR 406)이라고 주장한다. 현실태에 한정성의 역할을 하는 것은 화이트헤드의 용어로 보면, '영원한 대상'(eternal object)이며, 가능태이다. 화이트헤드에 의하면, "현실적 존재와 영원한 대상은 어떤 극도의 궁극성을 띠고서 두드러진 위치에 놓여 있다"(PR 22). 그러므로 화이트헤드는 『티마이오스』에서 "사물들의 행위를 사물들의 형상적 본질과 결합시키려는 플라톤의 노력"(PR 94)을 탁월한 통찰이며, 올바른 인식 방법이라고 한다. 이런 관점에서 본다면, 화이트헤드의 가능태는 들뢰즈가 비판하는 플라톤의 입장과 거의 유사한 면이 있다. 물론 앞에서 말했듯이 화이트헤드는 형상의 존재론적 우위를 주장하고 있지는 않다.

그러나 화이트헤드 역시 들뢰즈에게 잠재태에 해당하는 '실재적 가능태'(real potentiality)가 있다. 그것은 '수동적 가능태'에 의해서 현실태가 되지 않는다는 점을 분명히 보여준다. 그 이유는 현실태가 자신이 원하는 '만족'에 도달한 후에 "새로운 대상적 조건으로서의 그 대상적 불멸성으로 이행"(PR 223/406)하기 때문이다. 화이트헤드에게 이것은 "창조의 작업"에 기여하는 최초의 활동 조건이라고 볼 수 있으며, 시공간적인 역동성을 함축하고 있는 것이다.

---

9 이 글은 김상환의 옮긴이 해제에서 참고한 것으로, 번역 쪽수만을 명기하였다.

최초의 상황은 활동성이라는 요인을 포함하고 있는데, 그 요인이야말로 저 경험의 계기가 발생한 최초 상태의 근거가 된다. 이 활동성의 요인을 나는 '창조성'이라고 불렀다. 이 창조성을 동반하고 있는 최초의 상황을 새로운 계기의 원초상이라고 부를 수 있을 것이다. 그것은 그 계기와 관계되는 현실세계라고 부를 수도 있다. 그것은 그 자신의 일정한 통일성을 지니고 있으며, 이 통일성은 새로운 계기에게 필수적인 객체를 공급하기 위한 잠재력을 표현하고 있다. 그리고 최초의 상황은 그 연대적 활동성을 표현하고 있고, 이 활동성에 의해서 그것은 본질적으로 새로운 계기의 원초상이 된다. 그래서 그것은 '실재적 가능태'(real potentiality)로 불릴 수 있다. '가능태'는 수동적 능력과 관계되며, '실재적'이라는 용어는 창조적 활동성—과 관계된다. 이러한 기본적인 상황, 이러한 현실세계, 이러한 원초상, 이러한 실재적 가능태는 전체적으로 그것에 내속해 있는 창조성과 더불어 작용한다(AI 286).

새로운 현실태가 만들어지는 이러한 과정을 합생 과정이라고 부르고, 그 과정이 종결되고 객체로 이해되는 과정을 이행 과정이라고 부르며, 이것이 실재적 가능태가 된다. "전자의 과정은 '현실적'인 것에서 '단지 실재적인 것'으로 이행을 촉발하며, 후자의 과정은 실재적인 것에서 현실적인 것으로 성장을 촉발한다"(PR 214). 즉 화이트헤드도 실재적 가능태에서 현실태로, 현실태에서 실재적 가능태로 끊임없이 변화하는 것이 현실태 혹은 실존을 창조하는 것으로 본다. 따라서 화이트헤드와 들뢰즈도 마찬가지로 "잠재적인 것에 대하여 현실화된다는 것은 언제나 발산하는 선들을 창조한다는 것"(DR 456)이다. 화이트헤드에게 '합생'과 '이행'에 해당하는 것을, 들뢰즈는 '차이'와 '반복'을 통해서 해명한다.

그러므로 들뢰즈는 자신의 저서『주름』에서 화이트헤드의 사건철학을 '카오스모스'라고 한다. 그는 화이트헤드의 '신'개념 역시 "공존한 것을 선택하는 존재이기를 멈춘다. 그것은 과정, 즉 단번에 공존불가능성을 긍정하고 이것들을 관통하는 과정이 된다"(P 111/150)[10]. 이런 점에서 들뢰즈와 화이트헤드는 질서와 무질서, 조화와 부조화가 "시의"(PR 223/406)에 맞는다면 새로운 창조로 연결될 것으로 보며, 현대는 '부조화의 조화'라는 신바로크철학을 위한 모험을 시도해야 한다고 보고 있다. 따라서 화이트헤드와 들뢰즈는 잠재태 혹은 실재적 가능태에서 현실태로, 현실태에서 잠재태 혹은 실재적 가능태로의 창조적 과정을 설명하는 철학이라고 할 수 있다. 우리는 들뢰즈와 화이트헤드의 중심 개념을 통해서 새로움에 대한 이해를 확대하고자 한다.

5. 창조성과 영원회귀(혹은 기관없는 신체)

화이트헤드와 들뢰즈의 철학은 플라톤과 아리스토텔레스 철학을 비판하고는 있으나, 그 사유의 방향에 있어서는 여전히 '플라톤의 주석'에 해당한다. 실재적 가능태 혹은 잠재태와 현실태의 관계를 동원하여, 실재를 탐구한다는 점에서 그들은 플라톤, 라이프니츠의 철학의 계보를 잇고 있다. 플라톤에 따르면, 세계는 관념에 대한 참여라면, 라이프니츠에 따르면, 세계는 가능 세계의 실현이다. 화이트헤드에게 세계는 영원한 대상(가능태)이 현실적 존재로 진입하는 과정이다. 들뢰즈에게도 현실태의 세계는 잠재태의 실현이다. 결국 들뢰즈와 화이트헤드의 관점에서 볼 때, 잠재태는 현실태와 관련을 맺음으로써 새로움을 발생시킨다. 하지만 들뢰즈와 화이트헤드에게 이 관계는 초월성에서 만들어지는 것이 아니라 내재성의 장에서 행해진다.

화이트헤드에게는 영원한 대상, 신, 창조성이 가능태이며, 이것의 상호 작용 속에서 현실태는 한정된다. 즉 새로움이 나오기 위해서 형성적

---

10 P(1988)는 들뢰즈의 『주름: 라이프니츠와 바로크 Le pli. Leibniz et le baroque』(이찬웅 옮김, 문학과 지성사, 2004)의 약칭.

요소에 해당하는 이것들과 실재적 가능태의 결합에 의해서 새로운 현실
태가 합생될 수 있다. 다만 이 글에서는 논의를 한정하기 위해서 궁극자
의 범주로 제한할 것이다. 대체적으로 화이트헤드의 '창조성'이라는 개념
을 보게 되면, 새로움과 밀접한 관련이 있는 일종의 창조 개념이다. 하지
만 화이트헤드에 의하면, 궁극자의 범주로 사용하는 창조성은 단순히 새
로움만을 생산한다는 의미는 아니다. 우리는 창조성을 어떤 새로운 생산
품 혹은 발명이나 발견을 할 때 사용하지만, 화이트헤드는 일상적으로 보
는 책, 연필, 숟가락, 강아지, 나비 등에도 창조성이라는 개념을 사용하고
있기 때문이다.

> '창조성', '다자', '일자'는 '사물', '존재', '존재자'라는 동의어들의 의미와
> 관련된 궁극적인 개념들이다. 이 세 가지 개념들은 궁극자의 범주를 완
> 성하며, 보다 특수한 모든 범주들을 전제한다(PR 21).

이와 같이 화이트헤드는 우리가 고체 혹은 명사로 규정하는 각각의 개
체들은 이미 다자, 일자, 창조성이 결합된 방식으로 보고 있다. 물론 창조
성은 "새로움의 원리"(PR 21)이다. 하지만 그것은 '상황'(situation)만 바
뀌어도 새로운 것이다. 예컨대, 화물을 싣고 가는 배는 해적에게 납치되
는 순간 감옥으로 바뀐다. 이때 배라는 사물은 상황에 의해서 새로운 모
습으로 탈바꿈한 것이다. 이것은 이전의 다자들이 새로운 일자가 된 것이
다. 이런 의미에서 창조성은 새로움이라는 의미를 가진다. 즉 창조성은
다자들이 일자로 되는 비대칭적인 결합의 원리이다. 따라서 창조성은 다
자로 일자로 만드는 무규정의 '힘'의 역할을 한다.

> 창조성은 이접적인 방식의 우주인 다자를, 연접적 방식의 우주인 하나
> 의 현실적 계기로 만드는 궁극적 원리이다. 다자가 복합적인 통일 속으
> 로 들어간다는 것은 사물의 본성에 속한다(PR 21).

이러한 원리에 따르면, 창조성은 다자와 일자를 연결시키는 법칙이다. 이 법칙은 현실적 계기의 합생과 이행에도 똑같이 적용되는 법칙이다. 하지만 창조성은 이행과 합생 사이에 있지, 그 어떤 초월적 지위를 차지하고 있는 것은 아니다. 그런 점에서 창조성은 아리스토텔레스의 질료 개념과 매우 유사하다. 즉 아리스토텔레스의 질료는 어떤 성격을 갖고 있는 것으로 규정할 수 없기 때문이다. 하지만 화이트헤드의 창조성은 성격은 없지만 질료처럼 수동적이지는 않다.

> 아리스토텔레스의 '질료'가 그 자신의 성격을 갖지 아니한 것과 전적으로 동일한 의미에서 창조성은 그 자신의 성격을 갖지 않는다. 그것은 현실성의 기초에서 가장 높은 보편성의 궁극적 관념이다. 모든 성격들은 특수한 것이기 때문에, 특징지을 수 없다. 그러나 창조성은 늘 여러 조건들 아래서 발견되어지며, 조건적인 것으로 기술된다(PR 31).

따라서 화이트헤드의 창조성은 단순히 창조의 의미는 아니다. 그에게 창조성은 다자인 존재들이 하나의 현실태 속으로 '공재'하는 것을 의미한다. 그래서 우리가 개체, 실체, 사물이라고 하는 것은 이미 창조성, 일, 다가 함의된 것이며, 다시 말해 일종의 흐름 속에서 공재되어 있는 것이다. 이러한 과정은 앞서 잠깐 언급했지만, 이행과정과 합생과정으로 나누어진다. 합생과정은 기존의 질서에서 벗어나서 새로운 차이가 발생하는 것이며, 이행과정은 끊임없는 차이 속에서 일종의 안정된 패턴을 제공해 주는 것이다.

화이트헤드에게 창조성 개념이 궁극자의 범주이며, 모든 현실적 계기를 설명하는 궁극적인 법칙인 것처럼, 들뢰즈에게도 "영원회귀는 존재의 일의성이며, 그런 일의성의 실체적 실현"(DR 114)이다. 그렇다면 이 일의성은 동일성을 설명하는 원리인가? 들뢰즈는 단연코 영원회귀가 "동일자의 회귀를 의미할 수는 없다"(DR 112)고 한다. 그것은 일종의 새로움이 발생하는 원리이다. 즉 "영원회귀의 바퀴는 차이에서 출발하여 반복을 산출하는 동시에 반복에서 출발하여 차이를 선별한다"(DR 114).

> 영원회귀 안에서 카오스-유랑은 재현의 일관성에 대립한다. 이 유랑은 재현 대상의 일관성은 물론이고 재현 주체의 일관성을 배제한다. 반복은 재현에 대립한다. 여기서 접두사의 의미는 바뀌었다. 왜냐하면 후자의 경우 차이는 단지 동일자에 대한 관계 안에서 언명되지만, 전자의 경우는 일의적인 것이 차이나는 것에 대한 관계 안에서 언명되기 때문이다. 반복은 모든 차이들의 비형식적 존재이고 바탕의 비형식적 역량이다. …… 반복의 궁극적 요소는 계속되는 불일치에 있으며, 재현의 동일성에 대립한다(DR 146).

이와 같이 반복은 새로움의 요인이 끊임없이 발생하는 차이이다. 반복은 "헤라클레이토스주의자들의 진정한 문제"(DR 114)라고 한다. 이는 플라톤 철학에서 보는 모상과 원형의 관계는 아니다. 다시 말해서 영원회귀는 차이나는 것을 끊임없이 되풀이하는 것이다. 서동욱에 따르면, "반복은 존재자의 성질들의 반복이 아니다. 즉 물리적 실재가 되돌아온다는 뜻에서 반복이 아니라 존재자들에게 동일성을 향해 전진하지 않는 차이나는 것으로서의 존재자성을 부여하는 원리라는 뜻에서의 반복이다"(306). 과정(시뮬라르크)으로 고려된 존재들은 개별자에서 동일자로, 불완전한 상태에서 완전한 상태로 나아가는 존재가 아니라, 그저 차이를 긍정하는 반복이다. 즉 "영원회귀는 동일자와 유사자를 전제하지 않는다. 단지 차이를 낳는 유일한 동일자와 비통일성을 낳는 유일한 유사자를 만들어낼 뿐이다. …… 그것은 발산과 탈중심화를 긍정하는 잠재력"(MP 421)이다. 그러므로 들뢰즈에게도 영원회귀는 차이를 비대칭적인 종합으로 구성하는 힘이다.

화이트헤드에게 창조성은 이행과 합생의 결합이듯이, 들뢰즈에게 영원회귀는 차이와 반복의 결합이다. 이것은 계절의 반복 같은 자연의 질서와는 상관이 없으며(LS 305), 영원회귀에서는 "모든 것을 되돌아오게 하지 않는다"(LS 306). 따라서 반복은 물리적 법칙의 반복이 아니며, 수평선과 수직선의 관계를 통해서 근거 와해로 이어지는 카오스모스이다.

들뢰즈는 『천개의 고원』에서 영원회귀에 해당하는 개념으로 '기관없는 신체'(CsO)라는 개념을 설정한다. 기관없는 신체는 질료적 흐름이며, 탈영토화하려는 흐름이며, 이를 통해서 새로운 것을 만들고 창조하는 것이다.

> 질료라고 불리는 것은 고른판 또는 기관없는 몸체이다. 즉 형식을 부여받지 않았고 유기적으로 조직화되지 않았으며 지층화되지 않은, 또는 탈지층화된 몸체이다. 또한 그런 몸체 위를 흘러가는 모든 것, 다시 말해 분자나 원자 아래의 입자들, 순수한 강렬함들, 물리학과 생물학의 대상이 되기 이전의 자유로운 독자성들이다(MP 92)

> 그것은 …… 강렬함=0이다. 하지만 이 0에는 어떠한 부정적인 것도 없으며, 부정적인 강렬함들, 반대되는 강렬함들 따위는 존재하지 않는다. 이 물질은 에너지와 똑같다. 강렬함이 0에서 출발해서 커지면서 실재가 생산된다. 우리가 CsO를 유기체의 확장과 기관들의 조직화 이전의, 지층 형성 이전의 충만한 알, 강렬한 알로 다루는 것이 이 때문이다. 이 알은 축들과 벡터들, 구배들과 문턱들, 에너지의 변화를 수반하는 역학적 경향들, 그룹의 이동을 수반하는 운동학적 움직임들(MP 294).

화이트헤드의 창조성에서 설명한 바와 같이, CsO도 어떤 형식이 없는 질료의 형태이다. 물론 무기력한 수동적인 것이 아니라 브라운 운동처럼 무작위로 움직이는 뜨거운 어떤 것이 들어 있는 몸이다. 그리고 새로운 어떤 것을 생산하는 강렬도 0의 존재이다. 화이트헤드에게 새로움의 발생이 언제나 현실적 계기의 긍정적 파악을 통해서 일어나듯이, 들뢰즈에게도 긍정을 통한 생산이 CsO의 참된 구도이다. 따라서 창조성과 기관없는 신체(CsO)는 함께 무규정성과 새로움의 원리를 갖고 있다.

화이트헤드에게 창조성은 합생과 이행이라는 두 가지 과정을 연결하는 '사이'의 힘이다. 마찬가지로 CsO도 잠재성과 현실태 '사이'의 힘이다. 기관없는 신체는 일종의 '알'이다. 화이트헤드의 이행이 실재적 가능태로, 대상화로 힘을 가지고 있는 것과 마찬가지로 알도 잠재적 힘을 갖고 있다. 알은 하나의 신체이지만 아직까지는 그 어떤 기관도 생겨나지 않는 기관없는 신체이다. 다시 말하자면, 화이트헤드의 창조성이 다와 일을 연결하는 힘이듯이, 기관없는 신체 역시 두 가지 역할을 안고 있다. 들뢰즈와 가타리는 기관없는 신체에 두 가지 역할을 부여한다.

> 한 쪽은 기관 없는 신체를 만드는 것이고, 다른 한 쪽은 이 기관없는 신체를 무언가가 순환하거나 통과하도록 하는 것이다. 동일한 절차들이 두 국면 모두에서 쓰이고 있지만, 그것들은 되풀이되어야 하고 두 번 반복해 수행될 필요가 있다(MP 188/291).

첫 번째 국면은 기존에 영토화된 것을 탈영토화하는 것이다. 두 번째 국면은 탈영토화된 것을 새로운 영토로 만드는 것이다. 들뢰즈의 철학에서 흐름은 영토화, 탈영토화, 재영토화라는 양자(quanta)의 형식을 갖는다. 다시 말해서 영토화된 것을 탈영토화하고, 탈영토화된 것은 재영토화된다. 화이트헤드 역시 현실적 계기는 타자에 의한 원인, 자기-원인, 타자에게 원인을 제공하는 것으로 분석할 수 있다. 즉, "(i) 그것은 과거에 의해서 그것을 위해서 주어진 성격을 가지며, (ii) 그것은 합생 과정에 지향된 주체적 성격을 가지며, (iii) 그것은 자기-초월체적 성격을 가지며, 그것은 초월적 창조성을 한정하는 특수한 만족의 실용적 가치이다"(PR 87). 이러한 삼중적 성격은 창조성이라는 무규정자에 의해서 이루어지듯이, 들뢰즈에게도 기관없는 신체는 무규정적인 질료적 흐름으로 영토화를 탈영토화하고 재영토화하는 힘을 갖는다. 들뢰즈에게 "주체가 항상 살아 있다"(MP 239)는 것은 탈영토화의 선을 따라가는 것이다.

6. 창조성과 실천적 신중함

김상환은 '들뢰즈의 CsO'을 통해 발생하는 탈영토화를 4가지로 나눈다. 부정적이고 상대적인 탈영토화(자본주의), 부정적이고 절대적인 탈영토화(전제군주), 적극적이지만 상대적인 탈영토화(독신자 기계, 배신), 적극적이고 절대적인 탈영토화(새로운 대지의 창조)이다(170-171). 김상환은 데리다(Derrida)의 입장에서는 적극적이고 절대적인 탈영토화는 도달할 수 없다고 지적한다. 적극적이고 절대적인 탈영토화가 새로운 대지나 실재를 의미하기 때문에, 무에서의 창조를 의미하는 것으로 귀결되기 때문이다. 이것은 들뢰즈와 가타리의 탈영토화의 첫 번째 공리를 위반하는 것이며, 데리다의 차연 개념과 상반된다는 점이다. 이것은 일종의 칸트식의 이념이라고 규정한다(김상환 172-173). 즉 결코 도달할 수 없는 어떤 지점을 상정해 놓고 있다는 것이다.

이것은 들뢰즈의 의도를 곡해할 여지가 있다. 들뢰즈는 아이들은 매번 내재성의 장에서 끊임없이 쉽게 탈영토화에 도달하지만, "현대적이고 견고한 절편성"(MP 400)의 이항 대립적인 구도에 갇힌 우리는 "3중의 저주"(부정적 법칙의 저주, 외재적 규칙의 저주, 초월적 이상의 저주; MP 296)에 빠지게 된다는 것이다. 이것은 "욕망이 배반당하고 저주받아 그것의 내재성의 장에서 떼어져 나갈 때"(MP 296) 발생하는 것이다. 다시 말해서 잠행자가 되어서 절대적 긍정을 통해서 곳곳에 리좀을 만드는 일이 결코 쉽지 않다는 것이다(MP 363). 들뢰즈는 그 이유를 다음과 같이 설명한다.

> 당신은 두 번 모두 실패할 수도 있는데, 그것은 똑같은 실패, 똑같은 위험이다. 한번은 기관없는 신체의 구성이라는 층위에서, 그리고 이 위를 지나가거나 지나가지 않는 것의 층위에서 이다. 하나의 좋은 기관없는 신체를 만들었다고 믿고, 장소, 역량, 집단(설령 혼자 있더라도 항상

집단이 존재한다)을 선택해도 역시 아무 일도 일어나지 않고, 순환하지 않으며, 또는 무엇인가가 더 이상 아무 일도 일어나지 않도록 저지하기도 한다(MP 189/292).

기관없는 신체로 나아가지 못하는 경우가 있다. 이 경우는 앞에서 말한 것처럼, 3중의 저주에 묶이는 것이다. 즉, "욕망에 결핍이라는 부정적 법칙을, 쾌락이라는 외적 규칙을, 환상이라는 초월적 이상"(MP 297)에 결부되는 것이다. 이것은 20세기에 전개된 심리학의 발전과 밀접한 관련이 있다. 또 하나는 기관없는 신체를 만들어서 그 위를 경유하고 있으나, 새로운 영토화 혹은 대지를 만들 수 없는 기관없는 신체가 있다. 들뢰즈는 그것을 "우울증의 신체, 편집증의 신체, 분열증의 신체, 약물 중독된 신체, 마조히스트의 신체"(MP 186/288–289)라고 한다. 이런 신체들은 죽음에 이르는 기관없는 신체이며, 암적인 기관없는 신체에 이르는 것이다. 즉 "전쟁과 돈의 신체"(MP 313)를 통해서 탈영토화하는 것이다.

> 화폐의 기관없는 신체가 있으며(인플레이션), 국가, 군대, 공장, 도시, 당(黨) 등의 기관없는 신체가 있다. …… 지층들은 나름대로 기관없는 신체를, 즉 고른판에 대한 전체주의적이고 파쇼적이고 무시무시한 캐리커쳐들을 만들어 낸다. 따라서 고른판 위에 있는 충만한 기관없는 신체들과 너무 폭력적인 탈지층화에 의해 파괴된 지층의 잔해 위에 텅 빈 기관없는 신체들을 구별하는 것만으로는 충분하지가 않다. 이미 증식되기 시작한 한 지층 안에 있는 암적인 기관없는 신체들도 고려해야 한다(MP 313).

이와 같은 기관없는 신체들은 결코 긍정적 욕망이 아니다. 그것은 부정의 욕망이다. 물론 "돈의 욕망, 군대의 욕망, 경찰과 국가의 욕망, 파시스트–욕망, 파시즘조차도 욕망"(MP 316)이다. 그러나 이러한 욕망에 의해 빚어진 기관없는 신체는 텅 빈 신체이거나 암적인 몸체이기 때문에,

결코 "긍정적인 집합을 만들 수 없다"(MP 317).

한편 화이트헤드에게 존재론적 원리는 새로움의 원리이다. 현실적 계기가 사물들의 질서에서 계승한 것을 자신의 주체적 지향에 근거해서 새로운 합생을 이끄는 과정이 존재론적 원리에 함의되어 있다. 그런데 주체적 지향의 최초의 단계는 두 가지 질서에 기반을 두고 있다. "신의 본성 속에서 개념적으로 실현된, 사물들의 불가피한 질서로부터 그 주체가 계승한 기본 재산"(PR 440)이다. 합생하는 현실적 계기가 최종적으로 자신이 지향하는 바를 구성하지만, 그 지향의 최초 단계는 "신의 본성에 뿌리를 두고"(PR 44) 있다. 현실적 계기에게 최초로 제공되는 지향점은 현실 세계의 질서에서 "최선의 것"(PR 441)일 수 있으며, 그 계기는 자신의 주체적 지향에 의해서 최종적으로 자기 초월적 주체로 넘어간다. 그런데 초월적 주체로 넘어간 것은 그 다음 현실적 계기의 대상적 불멸성이 될 수 있는가? 즉 이행하는 작용인의 역할을 할 수 있는가? 현실적 계기의 모든 활동이 이후의 현실적 계기의 작용인의 역할은 할 수 없다.

> 신의 잔인성은 재해의 여신 아테로 의인화될 수 있다. 쭉정이는 불 속에 던져진다. 신이 행하는 냉혹한 작용은 질서를 향한 지향으로서의 가치 평가이다. 그리고 질서란, 조정된 대비에서 생긴 패턴화된 강도의 느낌을 수반한 현실태를 허용하는 사회를 의미한다. …… 따라서 현실 세계로부터 그 세계와 상관적인 새로운 합생으로의 창조성의 이행을 조건짓는 것은 신의 전 포괄적인 개념적 가치평가와, 현실 세계로부터 전달되는 특정한 가능태와의 관련성 및 이 현실 세계와 최초의 느낌에 있어 이용될 수 있는 최초의 주체적 형식의 여러 가능들과의 관련성이다(PR 441).

이와 같이 긍정적 파악으로 들어오지 않는 대상적 불멸성의 존재는 '대비에서 생긴 패턴화된 강도의 느낌'을 제공하지 않는 경우에는 배제될 수밖에 없다. 들뢰즈도 기관없는 신체는 알이며, 이 알은 "순수한 강렬함의 환경이며 내포적 공간"(MP 314)이기 때문에 거기에 어떤 신체를 구성하는 것은 각자의 선택의 자유가 있다고 본다. 하지만 "절대적으로 긍정적이 되는 '자동유동장치'의 비인간성"(MP 363)이 되지 않을 경우에는 지속적으로 리좀을 만들 수 없다는 것이다.

기관없는 신체(CsO)를 만들기 위한 다양한 시도들은 텅 빈 몸체, 암적인 몸체가 될 수밖에 없는가? 들뢰즈와 가타리는 기관없는 신체(CsO)를 만들기 위한 싸움에서 인간들 대부분은 패했다고 한다(MP 289). 적극적이고 절대적인 탈영토화라는 개념이 되기 위해서는 지속적으로 내재성의 장을 만드는 것, 그리고 충만함과 기쁨을 매번 '되기'에서 느끼는 것이다. 그런데 우리는 "자아도 타자도 없게 되는 기관없는 몸체"(MP 300)를 만들지 못하고, 내재성의 장에서 벗어나서 유기체, 주체화, 기표화에 매몰된 '사제'가 되는 것이다. 김상환이 논의한 것 중에서 적극적이고 절대적인 탈영토화를 제외하고는 모두 종국에 가서는 내재성에서 벗어난 모습을 보여준다. 그 점에서 들뢰즈와 가타리는 기관없는 몸체를 찾기 위해서 지속적으로 "상기를 망각으로, 해석을 실험으로 대체"(MP 290)하는 자세가 필요하다고 역설한다. 그것만이 내재성의 장에 머물 수 있는 방법이다. 그들이 유기체에서 벗어나는 것으로 들고 있는 사례들은 우리에게는 너무나 익숙한 내재성의 형태들이다. '요가', '크리쉬나', '사랑', '실험' 등이 바로 적극적이고 절대적인 탈영토화를 전개하는 형태라고 할 수 있다.

문제는 CsO, 즉 적극적이고 절대적인 탈영토화에 이르기를 실패하는 이유가 무엇일까? 들뢰즈와 가타리는 다음과 같이 말한다.

> 너희들은 충분히 신중했는가? 지혜같은 것이 아니라 정량같은, 실험에 내재하는 규칙같은 신중함, 신중함의 주입 말이다(MP 289).

유기체이기를 멈추는 것은 과연 무엇을 의미하는가? 이것이 얼마나 쉬운지, 우리가 매일 하고 있는 일에 불과하다는 것을 어떻게 말할 수 있을까? 어떤 신중함과 정량 투여 기술이 필요하며, 어떤 위험과 남용이 있는지를? 이를 위해서 우리는 망치로 마구 치는 방법이 아니라 아주 섬세하게 줄로 갈아 가는 방법으로 나아가야 한다(MP 306). 따라서 이 "세 영역(유기체, 의미생성, 주체화)에 공통되는 기예(art)가 신중함"(MP 307)이라고 들뢰즈는 본다.

신중함이라는 용어를 들뢰즈와 가타리는 매우 중요하게 생각하고 있지만, 국내에서는 별로 관심이 없다. 이진경도『노마디즘』1권에서, 신중함을 '조심성'으로 번역하며, 매우 중요한 기술이라고 하지만, "솔직히 말해서 그 또한 얼마나 모호한 말인지 모릅니다"(490)라는 표현으로 어물쩍 넘어가고 만다. 여기서 조심성은 신중함에 대한 또 다른 표현이다(이진경 481). 하지만 피어슨(Pearson)은 탈영토화에 대한 신중함은 "스피노자의 의미에서의 윤리학적 물음"(295)의 한 단면이라고 한다. 다시 말해서, 도덕은 사제에 의한 부정적 함축을 갖는다면, 윤리는 내재성의 장 안에서 끊임없이 영토와 탈영토화를 연결되는 방식이라고 한다.

> 신중함에 대한 강조. 너무 거칠게 탈층화하는 것에 대한 이들의 경고는 바로 윤리학과 적절히 공명한다. 그래서 이 윤리학은 강도들의 분배와 작동에 대한 지식에 관련된다. …… 우리는『의미의 논리』에서 전개된 사건(싹트는 생명의 사건)의 윤리학을 상기하게 된다. …… 사실상 이것은 들뢰즈와 가타리가 '도덕의 지질학'을 통해서 윤리학을 다시 쓰려고 시도할 때의 근본적인 문제이다(Pearson 295-296).

신중은 용기, 절제, 정의와 함께 고대와 중세에서 지키던 네 가지 근본적인 미덕 중의 하나였다. 신중은 그리스어 프로네시스(phronesis)에서 왔다. 아리스토텔레스의 설명에 의하면, 프로네시스는 진리, 인식, 이성과의 관련 때문에 지적인 미덕이었다. 신중은 특수한 상황에서 무엇이 옳고 그른지에 대해서 여유를 가지고 곰곰이 생각해서 올바르다고 판단되는 바를 행동에 옮길 줄 아는 인간의 성향이다. 프로네시스는 어떤 실천적 지혜를 의미한다. 행동의, 행동을 위한, 행동속의 지혜이다. 그러므로 플라톤의 국가(iv, 427e, 법률 I 631c참조)편에서도 중요한 덕목으로 간주했다.

스퐁빌(Sponbille)에 의하면, 신중의 미덕은 예측하고 예상하는 미덕이다. 키케로에 의하면, 프루덴티아는 예측하다, 또는 대비하다라는 의미의 프로비데레(providere)에서 파생되었다. 신중은 지속, 불안한 미래, 적절한 때에 관한 미덕이며, 인내와 예측의 미덕이다. 우리는 순간에 만족하며 살 수 없다. 항상 간편한 쾌락만을 추구하며 살 수는 없다. 무엇을 선택해야 하고, 무엇을 피해야 하는가를 결정하는 것이 신중이다. 완전한 경솔성은 죽음을 부른다. 따라서 신중은 미래를 고려하는 미덕이다(Conte-Sponbille, 1997).

화이트헤드는 『관념의 모험』에서 신중을 영어로 '예견'(foresight)이라고 한다. 화이트헤드는 이 예견을 통해서 근대에서 보는 인간관과는 다른 입장에 설 수 있으며, 특히 "인간성이 어떠한 성격과 강도로 반응하는가를 결정"(AI 168)할 수 있다고 한다. 이것은 또한 "새로움을 서슴지 않는 이러한 일반적 사유의 습관"(AI 172)이라고 하며, 철학이 주는 '선물'이라고 화이트헤드는 말한다. 그렇다고 해서 신중함이 거창한 어떤 덕목을 말하는 것이 아니다. 말 그대로 신중함은 "삶을 위한 다양한 필수품, 진지한 여러 가지 목적, 하찮은 갖가지 오락 등에 주목하는 습관"(AI 171)이다. 또한 화이트헤드는 신중함을 '시의적절함'(seasonable)으로 표현한다(김상표와 김영진 2011). 화이트헤드는 개인이나 사회가 살아나기 위해서는 과학 법칙만으로 부족하다고 주장한다. 보편타당한 지식이라고 하더라도 시의적절하지 못하다면 커다란 악을 낳을 수도 있다고 한다(AI 376).

그렇다면 어떻게 하는 것이 신중한 것인가? 우리가 매일하는 사랑하기, 먹기, 잠자기 등은 가장 일상적인 것이다. 어떻게 하면 신중하게 사랑을 하고, 먹고, 잠을 잘 수 있는가? 화이트헤드와 들뢰즈의 명법으로 한다면, 그것은 차이 만들기, 구체적인 사건을 진리로 인정하는 것이다. 우선 들뢰즈의 다양체 혹은 차이 만들기를 살펴보자.

> 남녀 양성은 다양한 분자적 조합들을 이루며, 여기에 여자 안의 남자나 남자 안의 여자뿐만 아니라 남녀 각각이 상대방의 성의 내부에서 동물이나 식물 등과 맺는 관계도 포함되기 때문이다. 요컨대 수없이 많은 자그마한 성들이 존재하는 것이다. 그리고 사회 계급들 자체도 동일한 운동, 동일한 분배, 동일한 목적을 갖지 않으며, 동일한 방식의 투쟁을 전개하지 않는 "군중들"과 관련되어 있다(MP 406)

이것은 수많은 리좀과 다양체의 잠재성을 말하는 것이다. 이것을 달리 표현하면, "각자가 타인의 안에 미지의 거대한 넓이를 남겨두는 관계"(MP 359)이다. 잠재성은 새로운 현실화가 될 무궁무진한 힘이 있는 것이다. 결코 재현의 논리에 매몰되지 않는 것이다. 이러한 관계는 창조이며, 일종의 '도주선'을 타는 것이다. 사랑하는 한 명의 연인 혹은 부인과 섹스를 할 때, 긍정적인 기관없는 신체를 이루는 것이다(MP 67). 그 한 명에게는 수많은 도주선이 내재되어 있는 것이다. 소크라테스는 이미 에로스를 말하면서 이와 같은 사랑을 말하지 않았던가?

보다 구체적으로 논의하자면, 이것은 '부정관사'를 이해하는 것이다. 사람들은 "'하나의' 배, '하나의' 눈, '하나의' 입"(MP 315)을 망각하고 있다. 이 망각이 그들로 하여금 절대적 탈영토화에 이르지 못하게 하는 것이다. 만약 우리가 이 부정관사를 제대로 이해한다면, 누구나 쉽게 도주선, 긍정적인 탈영토화에 이를 수 있다. 들뢰즈는 이를 "강렬함의 차이"(PR 315)를 아는 것이라고 한다.

> "하나의" 배, "하나의" 눈, "하나의" 입. 부정관사는 아무 것도 결핍하고 있지 않으며, 또 그것은 비결정적이거나 미분화된 것이 아니며, 단지 강렬함의 순수한 결정을, 강렬함의 차이를 표현할 뿐이다. 부정관사는

욕망의 지휘자이다. …… 기관들의 강렬한 근거들의 분배가 있는데, 이
러한 분배는 긍정적인 부정관사들을 수반해서 어느 집단이나 다양체의
한 가운데서, 또 어떤 배치물 속에서, 또 기관없는 신체 위에서 작용하
는 기계적 연결접속들에 따라 행해진다(MP 315).

기관없는 신체는 언제나 '부정관사'의 신체이다. 그 경우에만 그것은
"창조적이고 동시간적인 역행"(MP 315)이 가능하다.

한편 화이트헤드는 예견에 관한 논의에서 사소한 것에 집중할 필요가
있다고 한다. 이때 사소함이란 흐름 속에서 하찮은 것일 수 있지만, 언제
나 새로움을 의미한다. 우리는 신중함 혹은 예견이 이런 의미라면, 화이
트헤드도 바로 들뢰즈처럼 부정관사의 중요성을 언급했을 수 있다. 화이
트헤드 철학에서 궁극자의 범주는 '일', '다', '창조성'이다. 여기서 일은 추
상적인 숫자 1이나 유적인 개념을 의미하지는 않는다. 그것은 구체성을
상실한 추상으로 '일'을 보는 것이다.

일자라는 용어는 복합적인 특수 개념인 정수의 일을 의미하지 않는다.
그것은 부정관사 a, an, 정관사 the, 지시사 this, that 그리고 관계사
which, what, how의 밑바닥에 한결같이 깔려있는 일반적인 관념을
나타낸다. 그것은 하나의 존재가 갖는 단일성을 나타낸다(PR 21).

헤겔 철학을 계승한 브래들리(Bradley)[11]는 그 누구보다 관계의 이해
에 탁월한 기여를 했지만, 그의 관계는 추상적인 관계일 뿐이다. 예컨대,
'늑대가 양을 잡아먹는다'는 명제는 가장 일반적인 육식동물과 초식동물
의 관계를 보여준다. 이것은 진화론의 입장에서 보더라도 명석판명한 명
제이다. 우리는 이런 지식을 학교에서 충분히 배워 왔다. 문제는 시의적
절함에 있다. 배부른 늑대나, 아픈 늑대 등은 양을 잡아먹지 못한다. 여

---

11 F. H. Bradley, 1883. 제 1권 제 2장 42절 참조.

기에는 '하나의' 늑대와 '하나의' 양의 관계가 없다고 볼 수 있다. 즉 "경험되는 사물과 경험하는 행위의 일관된 개별성(particularity)"(PR 43)이 빠져 있다.

그 늑대는 그 양을 그 시간 그 지점에서 잡아먹었다. 그 늑대는 그것을 알고 있었고, 그 어린 양도 그것을 알고 있었다. 그리고 독수리도 그것을 알고 있었다. 명제의 모든 표현은, 그것이 문장으로 표현된 경우에는 명시적으로, 그리고 그것을 머릿속에서 생각하고 있는 주체의 이해 가운데서도 은연중에 지시적 요소를 포함하고 있다(PR 43).

예컨대, 우리는 시장에서 사 와서 먹은 가축과 집에서 키워서 먹은 가축을 동일하게 취급할 수 없다. 어린 시절 누구나 그런 경험을 했다. 하지만 어른이 되었을 때, 우리는 그런 부정관사를 더 이상 이해하지 못하고, 받아들이지도 않는다. 사실 우리의 기쁨과 슬픔은 바로 그 부정관사에서 비롯되고 있지만 아무도 그 사실을 이해하려고 하지 않는다. 그 이유는 우리가 이제 차이가 없는 '견고한 절편성'에 갇혀 살기 때문이다. 우리는 매 번 섹스를 하지만, 그 섹스를 하기 위해서 실험하지 않고 다만 망각 속에서 섹스를 할 뿐이다.[12]

이와 같이 화이트헤드에게 일이라는 용어는 이처럼 부정관사, 정관사, 지시사, 관계사이다. 화이트헤드는 그 늑대와 그 양이 잡아먹히는 관계를 '파악'(prehension)이라고 한다. 모든 파악에는 세 가지 구성요소가 있다. 파악하는 주체, 파악된 여건, 그 주체가 그 여건을 파악하는 방식인 주체적 형식이다. 이 파악은 자기 실현 과정이며, 발산하는 조직체이다.

다자 역시 브래들리가 의미하는 관계 보다 구체적이다. 예를 들어서 '~을 사랑한다는 것', '~을 미워한다는 것'도 일종의 관계이다. 이러한 관계는 "역사적 경로를 구성하는 현실적인 개별 사물들의 현실적 결합성을 나타내지 못하게 된다."(AI 358) 철수는 영희를 사랑한다. 그러나 대구의

---

12 화이트헤드에 따르면 로크는 이런 의미의 사유를 진행하였다고 주장한다. 그는 하나의 잎, 하나의 소, 하나의 양, 한 알의 모래를 개별적 사물의 관념으로 보았다. 로크의 이러한 사유가 화이트헤드가 가장 구체적인 요소로 보는 현실적 존재자, 결합체와 관련이 있다. 하지만 로크는 이 경우에 너무나 많은 구체적인 요소들이 생겨나서, 지식이 형성될 수 없다고 본다. 따라서 그는 최종적으로는 '동일성' 혹은 '재현'의 철학으로 빠지게 된다.

어떤 아파트에서 철수와 영희는 사랑한다. 이것은 "지구상의 실재적인 특수한 사실이다. 그것은 보편적 '사이'가 아니다"(AI 359)이다. 이것이 질서를 계승하고 있는 '다자'의 모습이며, 작용인이다. 이러한 다자의 질서를 계승해서 자신의 주체적 형식에 입각해 철수와 영희는 사랑을 하는 것이다. 이것이 곧 구체적 관계인 파악이다.

들뢰즈와 가타리가 설명하는 부정관사, '하나'는 바로 '이것임' 혹은 '개체화된 배치물'의 의미이다.

> 어느 시각, 어느 계절, 어느 분위기, 어느 공기, 어느 삶과 분리되지 않는 배치물들 속에서 주체이기를 그치고 사건이 되는 것은 바로 늑대 자신 또는 말 또는 아이이다. 거리는 말과 합성되고, 죽어가는 쥐는 공기와 합성되고, 짐승과 보름달은 둘이 서로 합성된다. …… "마른 개가 거리를 달린다. 이 마른 개가 거리다"라고 버지니아 울프는 외친다. 이런 식으로 느껴야 한다. 관계들, 시공간적 규정들은 사물들의 술어가 아니라 다양체들의 차원들이다(MP 498).

이것은 "강렬함의 지대들 또는 근방역들에 의해 규정되는 기관없는 신체를 만드는 것"(MP 519)이다. 다시 말해서 개와 거리라는 근방역은 기관없는 신체를 통해서 새로운 개-거리가 되는 것이다. 들뢰즈는 "실천적 신중함"(MP 358)만이 긍정적인, 기관없는 신체를 만들 수 있다고 하며, 그것은 '부정관사'를 통해서 강렬함의 차이를 만들어가는 것이라고 한다. 화이트헤드 역시 일과 다의 관계에서 창조성이 새로운 일을 만든다는 것은 바로 부정관사, 정관사, 관계사를 이해하는 것이라고 한다. 즉 새로운 상황에 놓인다는 것이 바로 부정관사의 의미에서 하나인 것이다. 따라서 들뢰즈와 화이트헤드에게는 '양자'(quantum)의 조건에 해당하는 흐름을 이해하는 것이 바로 창조이며, 새로움의 길이라고 할 수 있다. 또한 창조성 혹은 기관없는 신체가 '긍정적인' 새로운 길로 가기 위해서는 만족에 도달한 현실적 계기가 새로운 존재의 작용인으로 사용되거나, 봉인된 양이 새로운 차이로 반복되는 경우에만 생겨난다. 이 경우에만 '부정관사'에 해당하는 사건이 지속적으로 일어난다.

7. 조직 창조성에 대한 열린 논의를 위한 도전

이명박 대통령은 세계의 지속적인 성장을 위해서는 더불어 사는 삶, 창조적인 삶, 책임지는 삶이 있어야 한다. 그렇다면 우리는 어떤 세계관으로 혹은 존재론으로 이와 같은 삶을 살아갈 수 있을까? 이를 위해서 우리는 성질이나 실체보다는 관계 및 리좀을 보아야 하며, 일상적 삶에서 창조성이 항상 숨쉬고 있음을 느껴야 하며, 실천적 프로네시스를 통해서 긍정적인 기관없는 신체를 만들어서 미래의 작용인으로 제시해야 한다.

우리는 지금까지 화이트헤드와 들뢰즈의 과정 철학의 기본 입장들을 비교 분석해 보았다. 그들에게 창조성은 '부정관사'에 해당하는 '일'(一)과 '프로네시스'가 결합할 때만이 긍정적인 새로운 구조가 생겨날 수 있다. 창조적인 행위를 하더라도, 그것이 암적인 신체이거나 텅빈 신체가 된다면, 결코 미래에 계승될 수 없다. 들뢰즈와 화이트헤드의 존재론의 핵심을 한 마디로 요약하면, 프로네시스 없이는 행위에서 새로운 구조가 만들어질 수 없다는 것이다.

서문에서 간략하게 기술했듯이, 화이트헤드와 들뢰즈의 철학은 루만에 근거한 조직이론에 근접해 있다. 하지만 루만의 조직이론에서는 프로네시스 혹은 시의적절함에 대한 논의는 빠져 있다. 조직의 행위와 구조의 상호작용이 시의 적절하지 않으면, 조직의 성장은 지연되거나 붕괴될 수 있다. 이 점은 화이트헤드의 세계관에 바탕을 두고 지식경영을 주도하는 노나카(Nonaka)의 논지에서 잘 드러난다. 그는 프로네시스가 기업의 흥망성쇠에 가장 중요한 덕목임을 보여준다(김상표와 김영진 2011).

창조성은 이 시대의 화두이다. 모든 조직의 리더는 새로운 것을 만들기 위해서 최선을 다한다. 하지만 그 행위에서 프로네시스가 없을 때, 그 조직은 암적인 기관없는 신체가 되거나 텅빈 신체로 전락할 수 있다. 그렇다면 새로움 혹은 강도는 어디서 오는가? 바로 가장 구체적인 관계인 부정관사에 해당하는 '일'에 있다. 이를 파악하는 것이 예견능력이며, 철학이 우리에게 줄 수 있는 선물이다. 오늘날 조직에서 다가오는 여러 가지 불미스러운 사태들은 지구 공동체에 엄청난 피해를 양산하고 있다. 결국 우리의 공동체는 가장 뛰어난 사람들이 새로운 신체를 만드는 것이 아니라 '텅빈 신체'로 자신들을 망가뜨릴 수도 있다. 따라서 화이트헤드는 "우주의 미래는 그 과거의 내재에 의해서 제약되었다고는 하지만, 그것이 완전히 결정되기 위해서는 '시의에 맞게' 성립된 새로운 개체적 계기의 자발성을 기다리고 있는 것"(AI 393)이라고 한다. 그렇게 되지 않으면, 텅빈 기관없는 신체처럼 "비탄, 공포, 혐오와 같은 물리적 고통 내지 정신적 악의 느낌"(AI 395)이 생겨나며, 이것은 "미적 파괴"(AI 395)로 연결된다. "과정은 그 자체가 현실태"(AI 421)이자 새로움이므로, "시의적절하게 유한한 실현"(AI 422)을 이끄는 것만이 '생명'을 지킬 수 있다.

철학은 가능성을 검토하며, 그 가능성과 현실성을 비교 검토한다. 철학에서는 사실과 이론과 선택지와 이상이 하나같이 중요시된다. 철학이 주는 선물은 통찰과 예견, 생명의 가치에 대한 감각, 요컨대 모든 문명적 노력을 고취하는 중요성의 감각이다. …… 모든 시대의 성격은 그 시대 사람들이 부딪치는 물질적 사건에 그들이 어떻게 반응하느냐에 따라 결정된다. 이 반응은 그들의 기본적 신념―그들의 희망, 공포, 가치있는 것이 무엇인지에 대한 그들의 판단―에 의해서 결정된다. …… 오늘날 인류는 사물을 보는 자신의 관점을 변화시켜 보려는 보기 드문 분위기 속에 있다. 전통에 의한 단순한 강요는 그 힘을 잃었다. 사회를 혼란에 빠지지 않도록 하는 위엄과 질서의 요소들을 포함하고 있을 뿐만 아니라 불굴의 합리성이 철저하게 깃들어 있는 하나의 세계관을 재창조하고 재가동시키는 것이, 우리 즉 철학자, 학생, 기업가들의 책무인 것이다. 그러한 세계관은 플라톤이 덕과 동일시했던 지식이기도 하다(AI 173-174).

참고 문헌

김상표 · 김영진(2010), 「화이트헤드철학과 조직이론의 만남-실체철학을 넘어서-」, 『한국화이트헤드학회』 20권, 145-188.

김상표 · 김영진(2011), 「과정철학과 프로네시스-조직의 창조적 전진을 위한 길찾기」, 『한국화이트헤드학회』 22권, 41-80.

김상환(2006), 「데리다의 CsO: 들뢰즈 비판을 위한 입론」, 『영미문학 연구회』 21권, 165-186.

김영진(2011), 「21세기 조직화의 새로운 패러다임-화이트헤드와 들뢰즈의 과정 철학과 카오스모스-」, 『철학논총』 제 65집, 새한철학회.

문창옥(2003), 「창조적 전진: 베르그송과 화이트헤드」, 『철학연구』 제 61집, 철학연구회.

서동욱(2002), 『차이와 타자』, 문학과 지성사.

윤세준 · 김상표(2000), 「역설의 경영을 실현하기 위한 조건에 대한 탐색: 전략, 리더십, 부서간의 권력관계를 중심으로」, 『인사관리연구』, 제 22집 1권, 129-163.

김상표(2002), 「역설의 경영: 조직구조에 대한 새로운 접근 방식」, 『인적자원관리연구』, 제 4호, 151-178.

이진경(2002), 『노마디즘』, 휴머니스트.

Bakken, Tore, & Tor Hernes(2003), *Autopoietic organization theory: Drawing on Niklas Luhmann's social systems perspective*, Oslo: Abstrakt, Liber, Copenhagen Business School Press.

Bergson, Henri(1955), *La pensee et le mouvant(PM)*, Paris: P.U.F.

Bergson, Henri(1969), *L'evolution creatrice*, Paris: P. U. F.

Bradley, F. H(1922), *The Principles of Logic*, London: Oxford Univ Press.

Chia, Robert(1995), From modern to postmodern organizational analysis, *Organization Studies*, 16/4, 579-604.

Chia, Robert(1999), A Rhizomic model of organizational change and transformation: Perspective from a metaphysics of change, *British Journal of management* 10: 209-227.

Conte-Sponville, A., 조한경(1997) 옮김, 『미덕에 관한 철학적 에세이』, 까치.

Cooper, Robert(2005), Relationality, *Organization Studies*, 26/11: 1689-1710.

Copper, R & Fox, S(1989), Some notes on postmodern thinking and organizational analysis, *The International School of Philosophy*.

Deleuze, G., *Différence et Répétition(DR)*, 김상환(2004) 옮김, 『차이와 반복』, 민음사,

Deleuze, G., *Logique du sens(LS)*, 이정우(1999) 옮김, 『의미의 논리』, 한길사, 1999.

Deleuze, G. and Guattari, F., *Mille Plateaux(MP)*, 김재인(2001) 옮김, 『천개의 고원』, 새물결.

Feldman. M. S., "Managing the Organization of the Future", *Public Administration Review* (December 2010).

Fordm C. M(1995), Creativity is a mystery, in Ford, C.M & Gioia, D.A. (Eds), *Creative Action in Organizations: Ivry Tower Visions and Real World Voices*, Sage Pub, Thousand Oaks, CA, 12–53.

Hernes T & Bakken, T(2003), Implications of self–reference" A Whiteheadian perspective, *European Journal of Innovation Management*, 10, 215–235.

Isaksen, S. G(1987), *Frontiers of creativity research: Beyond the basics*, Bearly, Buffalo, NY.

Reed, M(1997), In praise of duality and dualism: Rethinking agency and structure in organizational analysis, *Organizational Studies*, 18/1, 21–41.

Weick, Karl E.(1979), *The Social psychology of organizing*, 2nd edn, New York: Random House.

Whitehead. A. N., *Process and Reality(PR): An Essay in Cosmology*. 오영환(1991) 옮김, 『과정과 실재』, 서울: 민음사.

Whitehead, A. N., *Modes of Thought(MT)*, New York: The Free Press, 오영환, 문창옥(1992) 역, 『열린사고와 철학』, 서울: 고려원.

Whitehead, A. N(1948), *Essays in Science and Philosophy*, New York: Philosophical Library.

Whitehead. A. N. *Adventure of Ideas(AI)*. 오영환(1996) 옮김, 『관념의 모험』, 한길사.

Whitehead. A. N., Science and *The Modern World(SMW)*, 오영환 (1989) 옮김, 『과학과 근대세계』, 서광사.

Zizek, S., *Organs without bodies*(2004), 김지훈·박제철·이성민(2006) 역, 『신체 없는 기관-들뢰즈와 결과들-』, 도서출판 b.

조직의 창조성에 대한
4개의 사례연구[1]

1. 서론

이 논문의 목적은 화이트헤드의 창조성이라는 개념이 조직의 창조성에 어떤 기여를 할 수 있는지를 살펴보는 것이다. 오늘날 정치, 경제, 학문 영역에서 창조성은 가장 중요한 화두로 등장했다. 창조성은 기업가정신(entrepreneurship)과 마찬가지로 기존의 것을 파괴하고 새로운 것을 만드는 일이다. 그런데 우리는 창조성이라는 개념을 두고 실제로 논의를 하게 되면 대단히 어려운 문제에 봉착하게 된다. 창조성은 마치 시간에 대해서 우리가 알고 있지만, 시간에 대해서 묻게 되면 대답하기 어려운 것과 마찬가지로 그 대답은 매우 모호하고 불분명하다.

예컨대, 애플의 창업자인 잡스는 위대한 경영자이며, 뛰어난 혁신자로 알려져 있다. 그의 창의적인 작품들은 기존의 시장체계를 흔들어 놓은 혁신적인 것들이었다. 따라서 우리는 창조성을 한 위대한 개인의 속성으로 보는 경향이 있다(Ford & Gioia, 1995). 하지만 창조성은 한 개인의 속성이나 특성으로 보는 것은 대단히 추상적인 행위이다. 우리가 이를 구체적인 것으로 보는 것은 근대철학의 단상에서 비롯된다. 근대 철학에서 개

---
1 이 논문은 『화이트헤드연구』 제26집(2013년)에 게재되었다.

체를 가장 구체적인 단위로 보는 까닭에, 그 개체를 구성하는 특성 중의 하나인 창조성 역시 한 개체에게 한정하는 경향이 있어 왔다. 이에 조직에서 발생하는 창조성에 대한 이해 역시 한 개인에게 한정시켜 왔음은 주지의 사실이다. 화이트헤드는 이를 '잘못 놓여진 구체성'의 오류로 본다.

일반적으로 조직은 안정된 루틴을 갖고서 창조성을 조작 가능한 일종의 행위라고 생각하는 경향이 있다(Amabile & Conti, 1999: Jeffcut, 2000). 다시 말해서 조직에서 창조성에 대한 연구는 기능적이고 도구적인 방법을 통해 수행한다. 그러나 그 방법이 얼마나 추상적이며 구체성을 간과하고 있는지를 안다는 것은 매우 어렵다. 와익(Weick, 1990)에 따르면, "조직이라는 단어는 하나의 명사로서, 이는 또한 하나의 신화"(115)라고 한다. 따라서 조직과 창조성에 대한 기존의 연구는 논리적 '명사'에서 연구되는 까닭에 조직과 창조성에 대한 연구가 편협해질 수밖에 없다. 한편 철학사에서 창조성이나 새로움은 크게 주목받지 못한 개념이다. 안정을 탐색하는 철학사조는 변화는 말단적인 것으로 취급하는 경향이 있다. 하지만 우리의 삶이 예기치 않은 변화 속에 있음은 주지의 사실이며, 과학에서 혼돈과 무질서 역시 질서나 안정만큼 중요한 요인으로 인정받고 있으며, 철학에서 베르그손, 제임스, 듀이, 들뢰즈, 화이트헤드 등이 실재는 과정이라는 사유의 전개를 시도하면서 창조성은 중요한 자리를 차지하게 된다.

아직까지 과정의 사유가 사회의 모든 영역에서 지배적인 사유습관으로 자리 잡고 있지는 않으나, 점차적으로 과정 사유는 조직 이론 및 조직 창조성 이론에서 중요한 사유의 틀로 연구되고 있다(Bissola & Imperatori, 2011: Styler, 2006). 하지만 쉰켈(Schinkel, 2004)에 의하면, 화이트헤드는 20세기에 가장 독창적인 철학자로 알려져 있지만, 조직 연구에서는 다른 사상가들에 비해서 무시되어 왔다고 한다. 따라서 이 연구는 화이트헤드의 창조성 개념이 조직의 창조성 연구에 지속적으로 어떤 기여를 할 수 있는지를 검토할 것이며, 잘못 놓여진 구체성의 오류를 범하는 측면들을 기술해볼 것이다.

2. 조직 창조성의 이미지

최근에 조직의 창조성 연구는 많은 영역에서 다양한 의미로 정의되고 있지만, 크게 세 가지로 나누어볼 수 있다(Runco, 1999). 첫 번째는 개인의 창조적 태도, 기술, 행위 및 동기를 통해 조직의 창조성을 이해하는 것이다(Ramamoorthy et al., 2005). 두 번째는 조직의 맥락 및 작업 디자인과 창조성 성과 사이의 관계를 통해 창조성을 이해하는 것이다(Dorenbosch et al., 2005). 세 번째는 집단의 창조적 과정을 통해서 창조성을 이해하는 것이다(Hargaden & Buchky, 2006).

한편 창조성에 대한 이와 같은 입장을 자세하게 기술하기 전에, 아리스토텔레스가 구분한 지식의 유형들을 간단히 기술할 필요가 있다. 왜냐하면 창조성은 결국 '새로운 지식' 혹은 아이디어에 기반을 두기 때문이다. 아리스토텔레스는 『니코마코스 윤리학』에서 지식을 '소피아(sophia)', '에피스테메(episteme)', '테크네(techne)', '프로네시스(phronesis)'로 구분한다. 소피아는 지혜를 탐구하는 지식이며, 에피스테메는 오늘날 수학이나 물리학과 같이 보편타당한 지식을 의미하며, 테크네는 말 그대로 장인들의 기술이나 공학, 경영학 등과 같은 전문적 지식을 의미한다. 프로네시스는 실용적 지식이며, 특정한 상황에서 어떻게 행동하는 것이 적절한 것인지를 판단하는 능력이다. 현재 교육 시스템에서 소피아와 프로네시스는 사실상 배제되고 있는 지식이라고 해도 과언이 아니다.

예를 들면, 휴대 전화기를 만들기 전에 자연의 원리 및 추상적인 논리를 이해할 필요가 있다. 이를 위해서는 수학과 물리학이라는 기초적인 지식이 필요하다. 그런 지식이 없다면 휴대 전화기는 원천적으로 만들 수 없다. 이런 지식이 에피스테메 지식이다. 휴대 전화기를 만들기 위해서는 수학과 물리학에 기초를 둔 공학적 지식이 요구된다. 휴대 전화기 부품에 대한 세부적인 지식이 필요하다. 이러한 지식 때문에 휴대 전화기의 기능은 급격하게 우수해지고 있다. 이런 지식을 테크네 지식이라고 한다. 그런데 왜 삼성의 휴대 전화기가 세계에서 가장 많이 팔리게 되었는가? 물론 테크네 지식의 우수함도 결코 간과할 수 없다. 하지만 삼성이 소비자가 좋아하는 휴대 전화기가 무엇인지를 예견하는 능력이 있었기 때문에 가능하다. 이와 같은 지식은 프로네시스 지식이다. 이 지식은 맥락 의존적이며, 좋음에 대한 주체와 대상의 상호 작용을 통해 발생하는 것이다. 즉 많이 팔리는 휴대 전화기는 특정한 시공간 영역에서 생산자와 소비자가 상호 작용해야 가능하다(김상표 & 김영진 2011).

먼저 창조성을 개인의 측면에서 이해하는 이론들은 상당히 이데올로기적이다(Osborne, 2003). 창조적 산업인 디자인, 소프트웨어, 비디오 게임, 광고, 예술 등의 폭발적인 생산과 수요는 창조성을 더욱 왜곡하는 방향으로 이끌어 가는 경향이 있다. 그 이유 중의 하나는 창조성이 에피스테메와 테크네 지식에 한정하는 경향을 갖고 있기 때문이다. 이 지식들은 명석·판명한 지식이며, 수학, 물리학, 경영학, 공학 등과 같은 특별한 지식을 갖춘 사람만이 창조적 사고와 행위를 할 수 있다고 믿게 하는 경향이 있다. 이와 같은 지식은 합리주의 철학과 그 맥을 같이한다. 오스본(Osborne)에 따르면, 심리학자와 경영학자라는 두 전문 집단은 근대의 '테크네' 지식을 통해 창조성을 보며, 창조성은 한 개인의 특수한 동기, 전문 지식과 창조적 능력을 통해 이루어지는 것으로 본다. 물론 에피스테메와 테크네 지식에서 아주 많은 창조적 사유와 행위가 나왔음은 부정할 수 없는 사실이다. 하지만 창조성을 특출한 개인에게 제한하는 것은 마치 명석 판명한 사유만을 실재로 인정하는 오류를 범하게 된다. 화이트헤드는 다음과 같이 그 오류를 비판한다.

술 취한 경험과 맑은 정신의 경험, 잠자는 경험과 깨어나는 경험, 꾸벅 꾸벅 조는 경험과 눈을 크게 뜨고 있는 경험, 자기 의식적인 경험과 자기 망각적인 경험, 지성적인 경험과 신체적인 경험, 종교적인 경험과 회의적인 경험, 근심스러운 경험과 근심없는 경험, 예기의 경험과 회상의 경험, 행복한 경험과 비통한 경험, 감정에 의해 지배되고 있는 경험과 자기 억제하에 있는 경험, 빛 속의 경험과 어둠 속의 경험, 정상적인 경험과 비정상적인 경험, 이들 가운데 그 어느 하나도 간과되어서는 안된다(AI 290~1).

화이트헤드는 이 경험들이 인간을 구성하는 요소들이며, 그 경험의 차이는 자신의 목적과 이상에 따라서 달라질 뿐이지 더 우월한 경험은 없다고 한다. 우리가 잠을 잔다고 해도, 그 잠은 경험의 상황에 따라 달라진다. 예컨대, 야영장에서 자는 경험, 군대에서 자는 경험, 집에서 자는 경험, 외국에서 자는 경험, 술을 먹고 자는 경험, 밤에 폭식을 취하고 자는 경험에 따라서 그 잠의 경험은 달라진다. 화이트헤드는 이를 '강도'(intensity)라고 한다.

다음으로 조직의 맥락에서 창조성을 제시하는 입장을 살펴보자. 이 입장은 모든 사람이 상황에 따라서 창조적 행위 및 사유가 가능하다고 본다. 철학사적으로는 이것은 경험주의에 가까운 입장이다(Styler, 2006). 칙센트미하이(Csikszentmihalyi, 1996)에 의하면, 창조적 인물은 위대한 에너지를 가진 보통 사람이다. 어떤 경우에는 아주 평범해 보이며, 어떤 경우에는 매우 어리석어 보이기도 한다. 칙센트미하이의 입장은 에피스테메와 테크네도 중요한 지식이지만, 프로네시스 지식의 입장에 더 가까운 방식으로 창조성을 그리고 있다. 즉 모든 사람이 시의적절한 상황이 된다면, 누구나 창조적 행위를 할 수 있다고 보는 것이다. 이 점에 대해서는 뒤에서 보다 자세하게 살펴볼 것이다.

마지막으로 조직 전체 혹은 집단으로 창조성을 제시하는 입장을 살펴보자. 최근에 와서 창조성을 개인이라는 독자적인 힘에서 벗어나 조직 전체에서 찾고자 하는 입장이 대두되고 있다(Williamson, 2001). 오스본(Osborne, 2003)에 의하면, 창조성은 개인의 속성이 아니라 체계의 속성, 특히 네트워크의 속성으로 이해되어야 한다고 본다. 다시 말해서 창조성은 어떤 목적을 위해 만들어진 팀이나 종업원들 사이에서 발생하는 집단적 과정의 결과라고 보며, 조직과 팀 수준뿐만 아니라, 그것들의 관계에서 창조성을 이해할 것을 요구한다(Ohly & Fritz, 2010). 또한 창조성은 사회적이고 집단적인 상호작용을 통해서 구성된다고 한다(Csikszentmihalyi & Sawyer, 1995). 그러나 집단창조성에 대한 이해 및 내용은 여전히 부족한 실정이다(Bissola & Imperatori, 2011).

3. 과정철학

화이트헤드는 그 어떤 철학자보다 개체, 시간, 공간에 대한 사유를 새롭게 전개한다. 그에 따르면, 우리가 일상적으로 보는 대상들이나 개체들은 시공간적으로 연장되는 일종의 장(fields)으로써 이해되어야 하며, 일종의 '공재'(togetherness)의 양상으로 되어 있음을 강조한다. 그런 점에서 화이트헤드의 과정 철학은 당대의 주류의 철학인 분석철학에서 소외되었다(Burke, 2000). 하지만 그의 철학은 점차적으로 흥미의 대상이 되어 가고 있다. 특히 그는 전체론적 사고, 상호 연결성, 비-이원론에 대한 선구적인 연구를 시도한 사상가로 알려져 있다. 현재 많은 사회학자들과 조직 이론가들이 자신들의 이론에 과정 철학의 특성들을 통합하고 있지만, 여전히 시간에 기초한 이론들은 부족한 실정이며, 시간은 지금도 뉴턴의 시간 개념의 형태로 전개되는 경향이 있다(Weik, 2004). 따라서 화이트헤드의 시간이론은 여전히 우리를 유혹하는 그 무엇이 있다.

화이트헤드에게 근본적인 존재론적 원리는 세계가 과정으로 구성되어 있다는 것이다. 현실적 존재(actual entity)는 화이트헤드의 체계에서 세계를 구성하는 궁극적인 실재이다. 이 현실적 존재는 물질이 아니라 과정의 단위들이다. 그는 생성의 과정을 '경험의 방울들'(drops of experience)이라고하며, 이것은 복잡하고 상호 의존적이라 한다. 셔번(Sherburne)에 따르면,

> 현실적 존재들은 물질의 질료도 아니며, 라이프니츠의 영혼도 아니다. 오히려 물질의 시간적 가닥을 형성하는 다른 현실적 존재들에 연결될 수 있는 과정의 단위들이거나 아마도 다른 복잡한 현실적 존재들과 관계되는 것이다. 이 모든 것은 본질적으로 뇌와 같은 복잡한 사회와 관련되는 것이며, 우리가 영속하는 인간의 의식적 영혼과 동일시하는 계승의 루트를 형성한다(1966, 208).

화이트헤드는 현실적 존재를 궁극적인 실재로 보는 까닭에 시간을 단순 정위로 보는 것은 잘못된 구체성의 오류를 저지르는 것이라고 한다. 그 점을 간단히 짚어볼 것이다.

3.1 단순 정위

과학이론은 세계를 지각하고 측정하는 방식에서 나온 패턴이다. 17세기 이후 전개된 자연에 관한이론은 '단순 정위'(simple location)의 학설에 기초를 둔다. 주지하는 바와 같이 뉴턴의 물리학이 근대자연 이론의 주축을 이루었다. 그것은 물질과 운동을 분석하는 데 탁월한 성과를 이룩한다. 하지만 구체적인 시간을 사상한 것이 뉴턴 물리학에서 다룬 물질 입자의 특성이라고 한다.

> 뉴턴 물리학은 독립된 물질 입자의 개체성에 기초를 두고 있다. 각각의 돌은 다른 물질 부분과의 연관을 도외시해도 충분히 기술될 수 있는 것으로 생각한다. 그것은 '우주' 속에 고독하게 존재하는 단일 공간의 점

유자이다. 그것은 여전히 있는 그대로의 돌일 것이다. 그 돌은 과거나 미래와는 아무런 관련이 없이도 충분히 기술될 수 있을 것이다. 또한 그것은 전적으로 현재의 순간 속에 구성되어 있는 것으로서 충분하고도 완전하게 파악될 수 있다(AI 156).

근대 물리학에서 '현재의 한 시점'에서 입자를 충분히 기술할 수 있다고 생각하는 것을 화이트헤드는 '단순 정위'의 학설에 기반을 둔 것이라고 한다. 하지만 현대 물리학에서 단순 정위 학설은 더 이상 받아들여지지 않는다. 화이트헤드에 따르면, "별, 행성, 물질의 덩어리, 분자, 전자, 양자, 에너지의 양자 따위로 불리고 있는 물리적 사물이라는 것은 각각 그 전 영역에 걸쳐 있는 시공간 속의 변용으로 이해되어야 한다."(AI 157)라는 것이다. 그러므로 우리가 완전한 존재를 표현하기 위해서는 발산하는 사건 그 자체를 드러내야 한다.

하지만 언어와 상징은 단순 정위된 사물을 가장 구체적인 표현으로 드러내는 경향이 있다. 그것은 철학뿐만 아니라 대부분의 경영과 조직 문헌에서도 동일한 경향이 일어난다. 물론 일상에서 명사를 통해 대상을 구별하는 것은 충분한 효용성이 있는 행동이다. 하지만 그 추상적 명사가 구체적인 경험과 동일시하는 것은 매우 위험한 일이다. 화이트헤드는 이를 '잘못 놓여진 구체성의 오류'(fallacy of misplaced concreteness)라고 부른다. 이는 어떤 목적을 위해 추상을 만들어서 사용하지만, 곧 그 목적을 잊어버리고 마치 그것이 실재를 반영하는 것으로 오해하는 것이다. Burke(2000)에 의하면, 리더십, 권한위임, 다양성과 창조성은 조직이 안정과 예측가능성을 만들기 위해 사용되는데, 실제적으로 이 개념들은 결코 안정적인 명사로 규정해서는 안 된다는 것이다. 그 경우에 개체와 조직을 단순 정위가 가능한 명사적 존재로 오인하게 된다는 것이다. 양자론에서 물질은 에너지이며, 에너지는 이미 상호 관계된 체계에 따라 구성된 것이기에, 물질은 영속적이지 않고 일시적으로 안정된 상태를 유지할 뿐이다. 따라서 우리가 명사로 부르는 개체들은 모두 사건의 관점에서, 변화의 전망에서 바라볼 필요가 있다는 것이다.

한편 화이트헤드는 양자론을 통해 물질은 에너지로 말할 수 있으며, 그 에너지를 물질의 기초관념으로 삼는다면, "근원적 요소 하나 하나는 진동하는 에너지 흐름의 유기체적인 체계(organizedsystem)"(SMW 53)로 볼 필요가 있다고 한다. 근원적인 요소를 구성하는 이 결집계는 어떤 순간에 존재하는 것이 아니라 그 자신을 표현하기 위해 온전한 주기가 필요하다. 진동수를 가진 빛이 실어 보내는 에너지가 임의의 강도나 임의의 양을 갖고 있는 것으로 생각하기 쉬우나, 사실은 "더 이상 분할될 수 없는 어떤 최소량의 에너지가 있는 것처럼 보인다"(SMW 188).

> 그것은 마치 음악에 하나의 음색이 어떤 순간에 존재하지 않는 것과 같다. 음색이라는 것도 자신을 표출하기 위해서는 자신의 온전한 주기를 필요로 하는 것이다. …… 만약 근원적 요소의 소재가 어디냐를 밝히려고 한다면, 우리는 각 주기의 중심에 있는 그 평균 위치를 결정해야만 한다(SMW 54).

존재란 결국 진동으로 이루어진 것이다. 우리가 물질의 본질이 진동이라는 가설을 받아들인다면, 물질의 궁극적 요소는 주기를 갖는 계를 떠나서는 존재하지 않는다는 것을 알 수 있다. 따라서 화이트헤드에게 모든 존재는 '주기적인 사건'이 된다. 그렇다면 이와 같은 주기적인 사건은 어떻게 표현해야 하는가? 그는 이런 구조를 갖는 존재를 '유기체적인 체계'(organized system)라고 하며, 실재로 발생하는 가장 구체적인 사실로 간주하였다(SMW 55). 그는 이를 간단히 '유기체'(organism)라고 명명했다. 물리적인 유기체들도 다른 유기체들과 상호 작용하며, 이 상호 작용을 통해 하나의 경험 혹은 기능이 발생한다. 화이트헤드는 자신의 사변철학에서 이러한 경험 혹은 기능을 '느낌'(feeling)이라고 한다.

3.2 창조성

화이트헤드, 베르그손(Bergson), 들뢰즈(Deleuze)의 철학은 공히 '창조적 전진'을 핵심적인 주제로 잡고 있다. 베르그송은 지속으로, 들뢰즈는 차이로, 화이트헤드는 느낌을 통해 창조적 전진을 진술한다. 화이트헤드는 성질 보다는 관계를 통해서 창조적 전진이 가능하다고 본다. 특히 화이트헤드는 창조성을 궁극자의 범주 중의 하나로 본다. 창조성은 일과 다를 연결하는 핵심적인 역할을 한다. 그렇다면 화이트헤드가 생각하는 창조적 전진은 어떻게 이루어지는가?

이 강의에서 '관계성'은 '성질'보다 지배적이다. 모든 관계성은 현실태의 관계성에서 그 기초를 얻는다. 이 관계성은 살아있는 자에 의해 죽은 자 혹은 '대상적 불멸성'의 전유와 관계된다. 다시 말해서 '대상적 불멸성'을 통해서 그 자신의 살아있는 직접성을 잃어버린 것은 다른 살아있는 생성의 직접성에 실질적인 구조요소가 된다. 이것이 세계의 창조적 전진이 더불어 완고한 사실을 구성하는 그런 사물들의 생성, 소멸, 대상적 불멸성이라는 학설이다(PR. xiv).

현실태는 삶과 죽음이라는 두 가지 극을 안고 있다. 살아있을 때는 죽은 것을 전유하고 죽었을 때는 산자를 위해 주어진다. 이것이 화이트헤드가 고려하는 궁극적인 관계이다. 즉 타자와의 관계보다는 자기와 자기-초월체(superject)와의 관계를 우선적으로 고려한다. 이것은 관계로 볼 수 있지만, '자기되기의 차이'라고 말할 수도 있다. 이것이 일종의 자기가 새롭게 변모되는 자기-초월체가 된다는 점에서 창조적 전진이다. 화이트헤드는 이와 같은 구체적인 관계를 '파악'(prehension)이라고 한다.

그러나 화이트헤드의 철학을 단지 관계철학으로 보는 것은 오해의 여지가 많다. 관계는 너무 보편적이다. '～을 좋아한다는 것', '～을 미워한다는 것'도 관계이다. 하지만 이 관계들은 "역사적 경로를 구성하는 현실적인 개별 사물들의 현실적 결합성을 나타내지 못하게 된다."(AI 358) 대구는 경산과 현풍 사이에 있다. 이 도시들의 결합은 낙동강이라는 특수한 부분을 포함하는, "지구상의 실재적인 특수한 사실이지, 보편적 '사이'가 아니다."(AI 359)

베르그손과는 달리 화이트헤드에게 창조적 전진은 일정한 구조가 내재되어 있다. 구조적 조건속에서 창조적 전진이 이루어진다는 것이다. 화이트헤드는 이를 '한정성'이라고 하며, '독특한 한정성의 달성'(PR. 406)이 그 현실태의 과정에 생기를 불어넣는다. 화이트헤드는 이와 같이 생기를 불어넣는 과정은 모든 현실태에게 일어난다고 본다. 그는 이를 '궁극자의 범주'라고 하며, 일, 다, 창조성이라는 세 가지 요소의 관계를 통해 설명한다. 우리가 일상적으로 접하는 모든 대상들, 책, 연필, 숟가락, 강아지, 연인도 모두 이 궁극자의 범주가 내재되어 있다.

> 창조성, 다자, 일자는 사물, 존재, 존재자라는 동의어들의 의미와 관련된 궁극적인 개념들이다. 이 세 가지 개념들은 궁극자의 범주를 완성하며, 보다 특수한 범주들을 전제한다.(PR. 21)

이와 같이 화이트헤드는 우리가 명사 혹은 개체로 규정하는 대상 역시 일, 다, 창조성이 결합된 것으로 본다. 물론 창조성은 '새로움의 원리'이다. 하지만 "창조적 전진은 각각의 새로운 상황에 대한 창조성의 궁극적인 원리의 적용"(PR. 21)이다. 즉 그것은 여러 가지 존재들의 종류들이 하나의 현실적 계기에서 공재하는 경우에 생기는 것이다. 예컨대, 화물을 실고 가는 배가 해적에게 납치되는 순간에 그것은 새로운 상황, 즉 억류의 상태로 바뀐다. 우리는 배라는 대상을 하나의 한정된 사건으로 보아야 한다.

창조성은 이접적인 방식의 우주인 다자를, 연접적 방식의 우주인 하나의 현실적 계기로 만드는 궁극적 원리이다. 다자가 복합적인 통일 속으로 들어간다는 것은 사물의 본성에 속한다(PR. 21).

이런 점에서 화이트헤드의 유기체 철학은 존재의 철학이 아니라, 생성의 철학이라고 할 수 있으며, 존재의 철학에서 사용하는 정적 범주가 아니라, 우유성이라는 창조성과 일, 다라는 동적 범주를 자신의 궁극자로 간주한다. 이러한 과정은 보다 구체적으로 '이행'(transition)과정과 '합생'(concrescence)과정으로 나누어진다. 합생과정은 질서에서 벗어나서 새로움을 전개하는 것이며, 이행과정은 끊임없이 유동하는 연속성에서 벗어나서 패턴의 안정성을 추구하는 것이다. 이것은 개별적 현실태 속에서 발생하는 것이다. 이런 점에서 볼 때, 창조성이라는 과정은 내적 관계를 통해 구성되는 것이다.

3.3 프로네시스와 가추법

그렇다면 '상황'에 따라서 새로운 공재의 가능성이 있다는 것, 즉 창조적 행위가 가능하다는 것을 어떻게 받아들여야 하는가? 우리는 창의적인 행위를 대단히 거창하거나 위대한 것으로 보는 경향이 있다. 이로 말미암아 아리스토텔레스가 말한 네 가지 지식(episteme, techne, phronesis, sophia) 가운데 에피스테메와 테크네 지식을 중요한 것으로 취급하는 성향을 갖게 되었다. 왜냐하면 수학과 물리학, 공학적 지식은 보통의 사람으로는 행할 수 없는 매우 창의적인 지식의 형태이기 때문이다. 이를 통해 천재와 평범한 사람을 이분법적으로 나누게 되며, 창조적 행위는 특별한 사람의 몫이 된다. 물론 근대는 보편타당한 지식이라고 할 수 있는 과학을 통해서 새로운 우주론을 제시했으나, 그것만으로는 지구상에서 일어나는 우발적 사건들을 모두 예견할 수 없다. 예컨대, 일본에서 쓰나미로 인한 방사능 누출의 사건은 과학(에피스테메)에 대한 맹목적인 신앙이 가져온 재앙 중의 하나이다. 화이트헤드는 이를 예견이라도 한 것처럼 과학의 한계를 명시적으로 다음과 같이 지적한다.

이러한 과학의 온갖 결함으로 말미암아 우리는 지구상에 존재하는 미래에 대하여 무지하며, 인류의 미래에 대하여 무지하며, 일 년의 역사의 경로에 대하여 무지하며, 내일의 가정 생활의 세세한 대부분의 것들에 대해서 무지하며, 우리의 생존 그 자체에 설정되어 있는 한계에 대해서조차 무지하다(AI 160).

그렇다면 우리는 과학의 이러한 결점을 보완하기 위해 어떤 인간 본성을 갖추어야 할까? 화이트헤드는 이를 '예견'(foresight)을 통해서 가능하며, 그것은 "인간성이 어떠한 성격과 강도로 반응하는가를 결정"(AI 168)할 수 있다고 한다. 화이트헤드가 지적한 이 예견이라는 지식은 신중이라는 의미와 대등하다.

어원을 통해 볼 때, 신중은 그리스어 프로네시스(phronesis)를 프루텐티아(prudentia)로 번역했다. 스퐁빌에 의하면, 아리스토텔레스에게 프로네시스는 인식 혹은 이성과의 관련 때문에 지적인 미덕이며, 키케로는 프루덴티아는 예견하다, 또는 대비하다라는 의미의 프로비데레(providere)에서 파생된 것으로 보았다. 즉, 신중의 미덕은 예측하고 예상하는 미덕이다. 따라서 신중은 지속, 불안한 미래, 적절한 때에 관한 미덕이며, 인내와 예측의 미덕이다(스퐁빌, 1997). 따라서 신중은 특수한 상황에서 무엇이 옳고 그른지에 대해서 여유를 가지고 곰곰이 생각해서 올바르다고 판단되는 바를 행동에 옮길 줄 아는 인간의 성향이다.

화이트헤드에 의하면 이 예견 능력이 과학의 경우와는 달리 "명쾌하게 기술하는 것만으로는 철저히 규명되지 않는다"(AI 160)는 것이다. 과학은 단지 '법칙'만을 추구하지만, 예견은 법칙 외에도 "미래에 출현하게 될 관련 사실들에 대한 적절한 강조가 필요하다"(AI 160)는 것이다. 즉, 예견에 관한 '논리정연한 학설 같은 것은 불가능하다'고 말한다. 그러나 화이트헤드는 "예견하는 습성은 이해하는 습성"(AI 162)에 의해서 나오므로 충분히 훈련을 통해서 가능하다고 말한다. 이때 훈련은 바로 "철학적 습관"(AI 172)을 의미한다.

> 단지 삶에서의 성공을 위해서만이라도 특수한 것으로부터 일반성을 이끌어내며, 다양한 환경 속에서 다양하게 예증되어 있는 일반성을 찾아내는 비전문화된 재능이 필요한 것이다. 그러한 반성적 능력은 기본적으로 일종의 철학적 습관이다. 그것은 일반성의 관점에서 사회를 바라보는 것이다. 새로움을 서슴지 않는 이러한 일반적 사유의 습관은 가장 넓은 의미에서의 철학이 주는 선물인 것이다(AI 172).

화이트헤드는 특수성에서 일반성을 끌어내는 이 습관은 전문가만의 사유 습관이 아니라 모든 사람이 가져야 할 재능으로 보며, 이를 통해 새로움을 탐색하는 가능성이 열린다고 한다. 이것이 철학이 우리에게 주는 선물이라고 한다. 이것은 "삶을 위한 다양한 필수품, 진지한 여러 가지 목적, 하찮은 갖가지 오락 등에 주목하는 습관"(AI 171)을 의미하며, 일종의 "중요성의 감각"(AI 173)이라고 한다.

화이트헤드는 이러한 '예견 능력' 혹은 '신중함'을 '시의 적절함'(seasonable)으로도 표현한다. 그는 진리가 "반드시 선이라는 것을 잘못된 상투어"(AI 376)라고 하며, "사소한 진리가 커다란 악을 낳게 될 수도 있다"(AI 376)고 주장한다. 그는 "진리는 반드시 시의적절한 것이어야 한다"(AI 376)고 말한다. 이것은 근대적 의미의 지식을 말하는 것이 아니다. 왜냐하면 근대의 지식은 시공간과는 무관하게 언제나 보편타당한 지식, 혹은 선험적 지식만이 참된 지식으로 보기 때문이다. 화이트헤드는 그런 지식조차도 거짓이나 악이 될 수 있다고 한다. 즉, 관례적 지식이 아무리 중요하다고 하더라도, 시의에 맞게 행동하는 것이 더욱 중요하다고 본다. 따라서 화이트헤드는 인간에게 주어진 특별한 재능인 이 예견 능력을 통해서 현재 당면한 여러 가지 문제들을 해결할 수 있다고 본다.

> 철학은 가능성을 검토하며, 그 가능성과 현실성을 비교 검토한다. 철학에서는 사실과 이론과 선택지와 이상이 하나같이 중요시된다. 철학이 주는 선물은 통찰과 예견, 생명의 가치에 대한 감각, 요컨대 모든 문명적 노력을 고취하는 중요성의 감각이다. …… 모든 시대의 성격은 그 시대 사람들이 부딪치는 물질적 사건에 그들이 어떻게 반응하느냐에 따라 결정된다. 이 반응은 그들의 기본적 신념-그들의 희망, 공포, 가치있는 것이 무엇인지에 대한 그들의 판단-에 의해서 결정된다. … 오늘날 인류는 사물을 보는 자신의 관점을 변화시켜 보려는 보기 드문 분위기 속에 있다. 전통에 의한 단순한 강요는 그 힘을 잃었다. 사회를 혼란에 빠지지 않도록 하는 위엄과 질서의 요소들을 포함하고 있을 뿐만 아니라 불굴의 합리성이 철저하게 깃들어 있는 하나의 세계관을 재창조하고 재가동시키는 것이, 우리 즉 철학자, 학생, 기업가들의 책무인 것이다. 그러한 세계관은 플라톤이 덕과 동일시했던 지식이기도 하다 (AI 173-174).

그렇다면 시의적절한 행동은 어떻게 가능한가? 우리는 추론의 방법으로 연역법과 귀납법만을 고려하는 경향이 있다. 연역법은 그 추론의 자명성에도 불구하고 새로움을 생산할 수 없는 한계가 있다. 귀납법은 관찰이라는 사실을 통해 확실성을 입증한다. 과학자 혹은 흄과 같은 철학자는 관찰이란 인간이 눈을 열고 보는 것이며, 사실이란 단순히 발생하는 어떤 것이며, 가장 견고한 것이라고 한다. 여기서 관찰은 시간을 배제한 무시간적인 단순 정위의 방식으로 기술된다. 사실 관찰은 이미 어떤 '유기적인 시스템' 혹은 '조직화의 과정'이라고 할 수 있다. 이론과 해석은 우리가 보는 행위 속에 존재한다. 어떤 그림을 볼 때, 젊은 여자로 보거나 늙은 노파로 보는 것은 그 행위 속에 해석이 들어가기 때문이다(김영진, 2011.

76~7). 이러한 조직화가 없다면, 우리에게 남는 것은 이해할 수 없는 선들의 배열뿐이다. 우리는 물리학자나 음악가처럼 대상을 볼 수 없다. 왜냐하면 시각 영역의 요소들이 물리학자의 시각 영역 요소들과 동일하더라도, 그 요소들의 조직화가 다르기 때문이다. 이런 점에서 화이트헤드도 관찰은 어떤 도식에 근거한 것임을 분명하게 진술한다.

> 관찰한다는 것은 사실의 어떤 측면을 선택한다는 것을 의미한다. 따라서 아주 넓은 범위에서 성과를 거두고 있는 추상화의 도식을 초월한다는 것은 어려운 일이다(SMW 38).

화이트헤드는 '명확한 이론 없이 생산적 사고의 모험을 감행한다는 것은 할아버지 세대에서 유래한 학설에 안주하는 것'(AI 348)임을 밝히고 있다. 다시 말해서 연역법을 통해서 생산적 학문을 수행하는 것은 매우 제한적이며, 관찰을 통해서만 지식을 탐색하는 귀납법도 실제로는 불가능한 가정에서 비롯된 것이다. 그렇다면 제한된 합리성과 생산성이 결합된 방법이 없는가? 화이트헤드는 이를 귀추법 혹은 가추법(abduction, retroduction)이라고 한다. 가추법은 확실성에서는 연역법이나 귀납법에 비해서 부족하나, 생산성과 창조성은 증가한다는 것이다. 또한 가추법은 과학자의 전유물이 아니라, 우리의 일상적 삶이 거의 가추적 방식으로 추론된다는 것이다(김영진, 2011). 예컨대, 집 밖에 땅이 젖어 있다는 것을 볼 때, 우리는 어제 밤에 비가 왔다는 사실을 추정한다. 물론 아파트 수위 아저씨가 물을 뿌려놓았을 수도 있다. 그런 경우는 잘못된 추정이 될 것이다. 하지만 그 추정은 사실을 확인한 후에 참과 거짓이 판명날 것이다. 이것이 우리가 일상에서 행하는 추론방식이다. 따라서 가추법은 과학이나 철학과 같은 추상적 범주 수준뿐만 아니라 일상에서 일어나는 다양한 사건들을 이해하는 보편적 추론 방식이다.

코데(Code)에 의하면 화이트헤드의 논리학에 적용된 방식은 가추법의 전형이라고 한다(1985, 31). 화이트헤드는 기존의 이론을 비판할 때, '오컴의 면도날'을 통해 그 이론들을 비판하는데, 이는 실체가 필요 이상으로 늘어나서는 안 된다는 사유의 경제 법칙을 적용한 것이다. 가추법을 설명하는 논의에서 화이트헤드가 사용하는 오컴의 면도날은 가추적 추론 과정을 보여주는 또 다른 표현법이라는 Code(코데)의 주장은 설득력이 있다. 화이트헤드는 이 방법은 인간 사유의 '습관적 경험의 본능적 절차'라고 한다.

이 방법은 습관적 경험의 '본능적 절차의 체계화'에 지나지 않는다. 일상적 삶의 접근 절차는 시·공간의 연장에서 충분히 제한된 사건들의 고찰에 의해서 사건들 속의 관계의 단순성을 추구하는 것이다. 즉 이때 사건들은 충분히 작다(PNK76).

여기서 사용된 '습관적', '일상적', 본능적'이라는 형용사는 화이트헤드가 오컴의 면도날에 관한 자신의 표현을 설명하는 용어들이라고 본다. 사유의 경제법칙이라고 하는 이 이론은 관계의 단순성이라는 표현으로 대체되어서 사용된다. 화이트헤드는 흄이나 뉴턴이 주장하는 단순 정위의 가설을 거부하고 사물들이 상호 관계되어 있다는 가설을 설정한다. 이 경우에 그는 철학적으로 모든 현실태는 상호 결합의 관계라는 도식을 세울 수 있다. 그는 상상적 합리화를 통해 이 도식을 합리화한다.

사람의 직접적인 현재적 경험의 계기와 사람의 직접적인 과거 계기와의 결합에 관한 직접적인 증거는 자연에 있어서 모든 계기의 결합에 타당한 범주를 시사하는 것으로서 정당하게 사용될 수 있게 된다(AI 136).

과정세계는 끊임없이 변하는 세계이며, 이 세계의 실재는 다수의 사건들의 양상이라고 할 수 있다. 그렇다면 사건이 유동하기만 한다면, 인식은 어떻게 가능한가? 화이트헤드가 존 듀이의 물음에 대한 응답으로 쓴 『의미의 분석』(The Analyse of Meaning)에서, 우연적인 사건과 그 사건을 결합시키는 어떤 패턴들(이다, 의, 또는, 더하기, 빼기, 보다 많은, 보다 적은 등)이 실재 속에 작용하며, 이 패턴을 통해 우리의 인식은 가능하다고 본다.

화이트헤드에게 사건의 유동 속에서 패턴의 규칙성이 실제로 드러난다면, 이것을 어떻게 설명할 것인지가 문제로 대두된다. 그는 이 비우연적이고 추상적인 질서의 형식과 과정이라는 구체적 사건을 가추적 방법으로 탐구한다. 화이트헤드는 자신의 형이상학에서 추상적 패턴 및 구조와 사건을 설명할 새로운 개념을 설정한다. 즉 영원한 대상과 현실적 존재라는 가설을 통해 다양한 영역에 그 적용가능성을 실험한다. 화이트헤드는 이러한 도식을 경험 혹은 사실을 설명하는 전제로 사용하기 위해서는 "대담하고도 엄밀한 논리를 가지고 그 모체에 의거하여 논의를 밀고 나가야 한다"(PR. 10)고 주장한다. 그러므로 우리가 도식이 참이라고 하는 것은 "새로운 해석의 가능성을 인정한다는 조건하에서 참이 된다" (PR. 10)는 의미이다. 즉 화이트헤드에게는 확실성을 지식의 합리성을 보장하는 근거로 삼아서는 안 된다고 보며, 확실성보다는 생산성에 더 주목할 필요가 있다고 본다.

4. 화이트헤드디안의 창조성 사례 연구

4.1 세븐-일레븐과 무소 사례

티스(Teece)에 의하면, 지식 정보화 사회에서 지식창조에 대한 이론가로 가장 두각을 드러내는 인물로 노나카 이쿠지로(Nonaka Ikujiro)를 든다(김무겸, 2009). 지적 창조성을 중요하게 고려하는 Nonaka(2007, 9)가 『Managing Flow』라는 자신의 저서에서, 그의 모든 조직이론 및 실증 연구의 밑바닥에 깔린 사유의 토대는 전적으로 화이트헤드의 세계관에 두고 있음을 명시적으로 밝히고 있다. 노나카의 영향력을 고려해 볼 때, 화이트헤드의 이론은 지속적인 관심의 대상이 될 것이다. 우리는 화이트헤드의 개념들이 노나카가 분석한 사례들 중 일부를 통해 어떻게 적용되는지를 살펴볼 것이며, 또한 일부 구체적인 실증사례를 통해서도 설명해 볼 것이다.

노나카는 인터뷰 방식을 통해 화이트헤드의 개념들이 어떻게 적용되는가를 보여주고 있다(2009; 2012). 1974년에 문을 연 세븐 일레븐은 2007년까지 가장 수익률이 좋은 편의점으로 자리를 잡았으며, 1991년 파산한 원조 기업인 미국의 '사우스 랜드'를 인수하였다. 그 결과, 세븐일레븐은 하버드 비즈니스 스쿨 및 기타 비즈니스 스쿨의 사례 연구 대상 기업으로 자리를 잡았다. 일반적으로 세븐 일레븐의 수익에 대한 분석은 경영 시스템(POS 시스템; 아이템 바이 아이템 경영)에 초점이 맞추어졌지만, 노나카는 세븐 일레븐의 경영의 성공은 화이트헤드의 사유가 분석한 방식에서 찾는 것이 더 적절한 것으로 본다.

노나카는 세븐일레븐의 CEO이자 회장인 스즈키(Suzuki)의 말을 직접 인용해서, "세계 어디에서라도 소매점은 지역적인 소비 형태를 충분히 고려해야 하는데, 소비 형태에 세심한 주의를 기울일수록 그 지역에 더 특화된 소매점으로 발전할 수 있고, 그만큼 소매점의 성공 가능성도 높아진다"(2007, 141). 이는 점주가 제품 공급을 수요의 변화에 따라 조절할 수 있고, 그 나라 전반에 걸친 소비 형태의 세부적인 면까지 파악할 수 있는 편의점 모델을 창조한다면, 그것은 어떤 장소에서도 성공할 수 있다는 것이다. 즉 "기본적인 루틴이 갖추어진다면, 그것을 그 나라의 특성에 맞게 재단만 하면 되는 것"(2009, 249)이다. 이것은 화이트헤드의 '관계'이론에 상당히 근접한 방식으로 기업을 운영하고 있는 것으로 보인다.

또한 Nonaka는 세븐일레븐 편의점의 가장 큰 장점은 파트−타임 근로자도 상상력과 창의성을 갖고 문제를 해결하는 잠재적 능력이 있는 것으로 본다는 점이다. 여기에 화이트헤드가 언급하는 궁극자의 범주에서 언급한 창조성과 예견 능력 및 가추적 능력을 인간의 기본 능력으로 보고, 모든 종업원들에게 그와 같은 능력을 발현할 수 있는 제도적 장치를 마련했다(2007, 141~53)는 것이다. 즉, 파트-타임으로 일하는 종업원들이 어떻게 그런 능력을 보여주는지를 설명한다. 편의점 직원들은 특정 시공간과 상황에 맞는 판단을 내릴 수 있는 능력이 있다는 것이다. 각각의 세븐 일레븐 점포 직원이 직면하는 구체적인 상황은 장소에 따라서만이 아니라 시간에 따라서도 달라진다. "심지어 매일 편의점을 찾는 고객조차도 방문하는 시점에 따라 심리적, 경제적 상태가 달라질 수 있기 때문에 한 명의 고객이 방문 시점에 따라 전혀 다른 고객이 될 수 있다"(2007, 141). 이것은 앞에서 예견능력을 설명하면서 '시의적절함'이 진실이라는 점과 같은 맥락에 있다. 보다 구체적인 예를 들자면, 일본의 상업지구 중심에 위치한 어느 세븐일레븐 파트 타임 직원들은 직장인 여성들이 점심시간에는 샐러드를 많이 구입하고 초과근무를 하지 않는 야간에는 샐러드를 구입하지 않는 사실을 파악해서, 그 상황에 맞게 샐러드를 갖다 놓는다(2007, 145). 따라서 노나카의 세븐일레븐의 성공에 대한 설명은 바로 화이트헤드의 예견 및 가추법에 대한 이해에 상응하는 것으로 볼 수 있다(김상표 & 김영진, 2011).

또한 노나카는 『생각을 뛰게 하라』(2012)에서, 우리는 중증 장애인은 사회 복지 시설에서 보호받아야 할 대상으로 간주하지만, 그와 같은 우리의 일상적 생각을 뒤집고 중증 장애인 역시 내적 생산성, 혹은 창조성이 있음을 증명한 복지사가 있다고 한다. 일본의 치타 반도의 중심지인 아이치현 한다市 교외에 위치한 한 잡화점에서 중증장애인 미사키가 바코드를 갖고 계산대에 앉아 있다. 그는 팔과 다리의 장애뿐만 아니라 지적 장애도 심각해서 의사표현도 거의 할 수 없는 사람이다. 단지 바코드 리더기를 손에 쥐고 있을 뿐이다.

그런데 고객이 상품을 골라서 바코드를 마사키가 갖고 있는 리더기에 갖다 놓으면, '삐-' 하는 소리가 난다. 그러면 마사키는 상품이 팔린 사실을 알고 기쁨의 미소를 짓는다. 고객들 역시 그 미소를 보고 감동의 미소나 눈물을 흘린다.

이 잡화상을 만든 사회복지법인 무소의 도에다 히로모토는 일상인의 기준에서 장애인을 명사적으로 다루는 개별적 존재가 아니라, 사람과 사람의 관계 속에서 장애인을 보았다. 잡화점의 마사키는 병원이나 복지기관에서 무용한 존재에 지나지 않으나, 잡화점에서는 잡화점과 고객을 연결하는 유용한 존재가 된다. 히로모토는 인간의 생산성을 다음과 같이 말한다.

> 저는 '눈에 보이는 결과를 꼭 만드는 것'이 생산이라고 생각하지 않습니다. 상대방이 뭔가를 느끼거나 변화하는 등 서로 영향을 주고 받는 것이 진정한 생산이 아닐까요? 아트 스퀘어도 음악가도 작가도 마찬가지일 겁니다. 인간으로 살아있는 한, 죽는 그 순간까지 타인과의 관계 속에서 끊임없이 생산을 합니다. 저는 이것을 '내적 생산성'이라고 부릅니다(2012 155).

노나카에 따르면, 사회복지법인 '무소'는 중증 장애인도 고객에게 웃음과 희망을 주고 관계를 맺으면서 내적 생산성을 갖고 있다고 말한다. 즉 "장애인의 능력을 항상 맥락 속에서 바라보고, 주변도 맥락의 일부가 되어 장애인과 체험을 공유하는 관계성에 주목했다. 주체와 객체를 분리하는 것이 아니라 주객 미분의 상태에서 상대방의 입장이 되어 있는 그대로 느꼈다. 이것이 바로 관계적 발상의 세계다."(2012 164) 따라서 우리가 관계적 입장에서 세계를 바라본다면, 인간은 누구나 새로운 창조적 관계를 만들 수 있는 것이다. 이것은 화이트헤드가 말하는 창조성에 대한 사례와 그 맥락을 같이 한다고 볼 수 있다.

한편 화이트헤드의 철학에 대한 실증 분석의 기업 사례로 2편 정도를 들어보자. Sundgren & Styhre(2007)는 "creativity and the fallacy of misplaced concreteness in new drug development: A Whiteheadian perspective"라는 논문에서, 창조성이 제약 회사에서 어떻게 사용되며, 그 사용에서 빚어지는 오류 및 정당성을 화이트헤드의 철학에서 찾는다.

Zackariasson, Styhre & Wilson(2006)은 "Phronesis and Creativity: Knowledge Work in Video Game Development"라는 논문에서 직접적으로 화이트헤드를 언급하지는 않으나, 비디오게임 개발에서 창조성은 프로네시스 지식과 밀접한 관련이 있다는 사실을 보여주고 있다. 특히 스티어(Styhre)는 화이트헤드의 철학 및 과정 철학을 조직이론에 적용한 사상가로 잘 알려져 있다. 따라서 이 실증연구를 통해 화이트헤드의 창조성 개념이 어떻게 적용되고 있는가를 간단히 정리해볼 것이다.

4.2 제약회사 사례

4.2.1 내러티브(narrative) 방법

내러티브 역시 조직에서 중요한 방법론 중의 하나로 이미 받아들여지고 있다(Czarniawska,2004, 1998; Boje, 2001). 그들은 내러티브 방식이 일반적으로 사용되는 사회적 조건, 조직과 경영의 목적과 별개로 진술되는 자기-폐쇄적인 형식을 취하지 않고, 대담자들이 자신의 신념, 지혜, 설정된 세계관을 표현할 수 있는 '상황(situation)'에서 인터뷰를 했다. 이 인터뷰 상황에서, 대담자들은 자신들이 회사를 대표하는 전문성, 신뢰성, 도덕성을 갖춘 인물이라고 생각했다. 물론 인터뷰는 사실과 '허구(fiction)' 사이의 분할이 명확하지 않다(Gubrium & Holstein, 2003). Sundgren & Styhre는 인터뷰 상황에서 벌어지는 인식론적 모호성은 당연한 것으로 받아들인다. 또한 그들은 Atkinson & Coffrey(2003)가 경고하듯이 인터뷰한 내용이 '행위'에 근접한다고 생각하지 않는다. 말도 하나의 실재이며, 행위도 또 하나의 실재라는 사실을 받아들이며, 특히 독자에게 상황과 별개의 요약을 제공하지 않기 위해서 인터뷰한 내용을 그대로 인용을 한다.

이 방법에서 Sundgren & Styhre(2007)는 '각각의 상황'을 매우 중요 하게 생각하며, 인식론에 있어서도 명석 판명한 경험만을 진리로 보지 않고 애매하고 모호한 것과 명석하고 판명한 것 사이에서 지식을 보고 있다.

4.2.2 데이터 수집

2002~3년에 신약을 개발하는 3개의 제약회사에서 연구자, 프로젝트 경영자, 고위 경영자, 회사감독관 등을 함께 30개에 해당하는 밀도 있는 질문을 시도했다. Sundgren & Styhre는 리더십과 조직의 창조성의 관 점에서 조직구조, 디자인, 일상적인 작업 양상, 의사 결정 과정, 문제 해 결, 위험 감수, 신뢰, 복잡성 등에 대한 설문지를 작성해서 인터뷰를 시도 했다.

4.2.3 데이터 분석: 제약 회사 신약 개발 과정에서의 창조성

본 연구에서 인터뷰는 세 가지 측면에서 이루어졌다. 첫째는 개인들이 창조성 개념에 대한 견해를 조사했고, 둘째는 창조성이 집단 노력과 개인 노력 가운데 어느 쪽에 더 부합되는지를 조사했고, 셋째는 조직에서 창조 성을 전달하는 능력을 조사해 보았다.

4.2.4 창조성: 모호한 개념

본 연구에서 먼저 연구자들과 경영자에게 창조성 개념을 정의하도록 요구했다. 그들은 창조성에 대한 다양한 견해를 제시했다. 예컨대, 이야기를 만드는 능력, 기존의 지식을 이용해서 새로운 제품을 만드는 능력, 큰 그림을 그리는 능력 등으로 정의한다. 연구에서 인용한 글을 간추려 보면, 다음과 같다.

① 먼저 창조성은 이야기를 하는 능력을 의미한다. 이것이 의미하는 바는 모든 정보를 모아서 다른 사람이 이해할 수 있는 형식으로 만드는 능력이다.
② 제약 산업에서 창조성은 사람들이 전에는 행하지 못한 것들을 이해하고 제안할 유용한 지식을 만들어 내는 능력이다.
③ 창조성은 큰 그림을 그리는 능력이다. 창조성은 신약 개발 종사자들에게는 고정된 의미가 아니라 다양한 전망에서 다양한 방식으로 정의되고 있음을 알 수 있다.

4.2.5 창조성: 집단 노력 대 개인 노력

창조성의 개념은 전통적으로 창조적 개인이라는 신화에 둘러싸여 있다. 그러나 신약개발을 위해서는 창조성은 집단적 과정이 필요하다는 것을 종사자들은 거의 모두 인정하였다. 직접 인용한 내용을 살펴보면, 다음과 같다.

① 우리는 조직의 창조성에 이르기 위해서 개인의 창조성을 필요로 한다. 하지만 개인 창조성이 반드시 조직의 창조성을 이끌어 가지는 못한다. 진정으로 중요한 것은 가치들이 조직 속에 있는 것이다. 저

는 리더와 종업원들 사이의 상호 작용이 이 경우에 결정적이라고 생
각한다. 저는 창조성을 위한 리더십은 대화라고 본다.

② 저의 생각으로는, 창조성은 본래 집단 과정이다. 오늘날 어떤 문제
를 다룰 수 있는 충분한 정보가 여러분에게 주어지지 않는다. 여러
분은 약간의 정보만이 있을 뿐이다. 그런데 여러분은 사람들과 대
화를 나누기 전까지는 여러분이 창조적이라는 것을 심지어 깨닫지
못할 수도있다. 여러분의 생각이 사람들을 열광적으로 만들게 되
면, 그들은 여러분에게 이렇게 말할 것이다. "우와! 내가 당신이라
면, 나는 이것을 할 것이다."

4.2.6 새로운 신약 개발을 위한 창조성: 잃어버린 개념

이 연구에서 대다수 사람은 창조성이 조직에서 가장 중요한 능력이며,
기업 전략에서도 가장 중요한 측면임을 인정한다. 하지만 일부를 제외하
고는, 모든 신약 개발과정에서 창조성이 전혀 언급되지 않는다는 점을 인
정했다. 그들의 인터뷰 내용을 인용하면 다음과 같다. ① 맞습니다. 창조
성에 관해서 말하지 않습니다. 연구자들 가운데 어느 누구도 진정으로 말
하지 않는 아주 추상적인 단어가 창조성입니다. ② 맞습니다. 우리는 창조
성에 관해서 논의하지 않습니다. 아마도 그 이유는, 우리가 생산해야 하기
때문입니다.

4.2.7 토의

창조성은 제약 회사에서 대단히 모호한 개념으로 수용되고 있다. 하지
만 창조성은 특수한 영역의 정확한 지식에 기반을 두어야 한다. 그러므
로 신약 개발에 대한 조직의 창조성은 특수한 과학적 영역의 숙련자들이
되기 위한 조직의 능력을 요구한다. 하지만 조직의 창조성은 거의 언급이

되고 있지 않다. 즉 조직의 창조성은 존재함에도 불구하고 그것에 대한 논의는 부족하다는 것이 나타났다.

인간 지성은 과정을 고정된 범주로 만든다고 했다. 잘못 놓여진 구체성(fallacy of misplacedconcreteness)의 오류는 여전히 경영과 리더십 등에 지속적으로 남아 있다. 조직은 모든 창조적 작업의 하부 구조이다. 하지만 조직이 창조적 해결과 발견물을 생산하는 것으로 간주하는 것은 수단과 목적이 전도되는 것이다. 조직은 연속적인 계열을 통해서 드러나는 결과물일 뿐이지, 원인이 결코 아니다. 요약하자면, 신약 개발에서 창조성의 개념은 '단 하나의 일반적인 단순 정위'로 구축될 수 없다는 것이다. 조직에서 창의성 개발 혹은 신약 개발에서 창의성 개념은 '의미를 만드는 과정'이다. 화이트헤드에 의하면, 조직의 창조성은 실천의 영역 내에서 일련의 연결과 결합을 통한 현실화의 형식이라고 한다. 예컨대, 신약 개발에서 인간, 기술, 이론적 토대, 실험실 동물, 기타 자원을 특정한 목적을 위해서 결합하는 것에 의해서 조직 창조성이 발생한다. 이에 조직의 창조성은 비-선형적이며, 혼돈적인 형식이다. 하지만 이런 형식은 조직과 조직 창조성을 명확히 규정하려는 시도를 무의미하게 만들 수 있다. 이런 이유로 여전히 조직과 조직 창조성을 선형적으로 규정하려는 시도는 지속적으로 진행되고 있다. 실재를 단순한 모델로 추구한다는 것이 반드시 경영실천에 도움을 주지는 않는다. 따라서 창조성은 한 개인의 뛰어난 능력이 아니라 상호 관계성의 과정이라는 사실이다.

4.3 비디오 게임 개발 사례

다른 한편은 Zackariasson, Styhre & Wilson(2006)은 "Phronesis and Creativity: Knowledge Work in Video Game Development"에서는 직접적으로 화이트헤드를 언급하지는 않으나, 비디오게임 개발에서

창조성은 프로네시스 지식과 밀접한 관련이 있다는 사실을 보여주고 있다. 우리는프로네시스 지식이 과정철학과 밀접한 연관이 있으며, 이것은 가장 구체적인 사건에 대한 판단능력에서 비롯된다는 사실을 밝혔다(김상표와 김영진, 2011).

4.3.1 연구 방법

본 연구는 스웨덴에 소재하는 비디오 게임을 만드는 회사를 대상으로 하였다. 현재 회사의 규모는 65명의 종업원을 두고 있으나, 연구 당시에는 30명 정도이었다. 여기서 방법은 민속지 방법을 택했다. 이 방법은 Mintzberg(1973)와 Carlson(1964)에 의해 입증된 것이다. 이 방법의 장점은 현장의 목소리 및 상황을 목격하고 체험한다는 것이다. 또한 리더들과 인터뷰할 수 있는 설문지를 작성한다. 그 내용은 리더십, 그룹 문화, 가치, 기술, 전략, 윤리 등이다. 창업자는 두 명이며, 그들은 대학 졸업 후에 공동의 관심으로 의기투합하여 회사를 설립해서, IT 버블에 다소 위축되기는 했지만 지속적으로 성장하는 회사를 만들었다. 이 회사의 관계자들을 관찰은 네 가지 범주로 나누어져서 이루어졌다. 조직, 리더십, 인적 자원, 기술이다.

4.3.2 조직

〈도표 1〉을 보면, 조직은 크게 프로그램 팀, 예술 팀, 디자인 팀, 오디오 팀으로 나누어졌다. 비디오 게임의 연구자에게 가장 중요한 요소는 '재미'와 '몰입'(immersion)이다. 왜냐하면 생산된 게임에 소비자들 역시 재미를 느끼고 몰입을 하는 것이 게임 개발업자에게 흥망성쇠를 좌우하기 때문이다.

〈도표 1〉 비디오 게임 개발 조직도

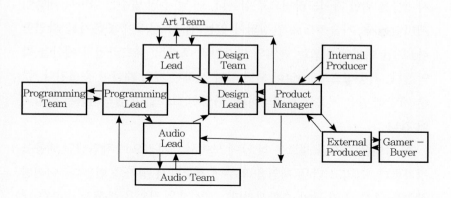

이 팀들은 상호 간에 깊은 영향을 주고받는다. 〈도표 2〉를 보면, 게임 개발은 10일 단위로 순환된다. 첫 날에 모든 팀이 만나고, 5일 날에 다시 만나서 기존에 작업한 내용을 다시 평가한다. 10일에 최종적으로 그 계획이 완성된다.

〈도표 2〉 비디오 게임 개발의 작업과정

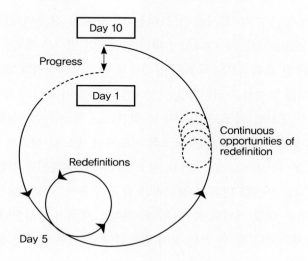

첫 날에 팀들은 이전 사이클에서 수행했던 작업을 평가하고, 현재의 사이클을 위한 가이드라인으로 삼는다. 이 날 주된 범주는 얼마나 게임이 재미있는가, 기술적으로 안정되어 있는가, 팀 협력이 좋은가를 확인한다. 또한 이번에 만드는 게임의 디자인과 조건 및 데드라인과 예산을 파악한다. 최종적으로 10일이 되면 일단 시작된 게임 개발이 종결된다. 물론 게임 개발은 처음에는 엉성하나, 다양한 요소들이 첨가되면서 완성되어 간다.

이 작업은 다시금 새로운 첫 날에 모여서 내부적으로 작업했던 내용을 평가한다. 그리고 만든 게임을 외부에 제공해서 평가를 받는다. 이러한 작업을 다시 10일 동안 순환시킨다. 그와 같은 작업을 통해서 충분한 재미와 몰입이 느껴지면, 소비자에게 그 게임은 전달된다.

이 연구를 통해서 볼 때, 어떤 변화도 예측이 가능하지 않으며, 순환 동안에 엄청난 변화의 가능성이 생긴다. 이를 통해서 기술과 조직의 본성이 재평가한다.

4.3.3 리더십

리더십은 우수한 회사를 창조하는 데 중요한 요소이다(Drucker, 1993; Collins, 2001). 리더십에 대한 일반적인 생각은 개인들이나 집단에 가능한 한 효과적으로 목표를 성취하게 이끄는 능력이다. 또한 종업원에게 동기를 부여하고 리더십을 권한 위임하는 것이 리더의 역할이다. 리더의 가장 중요한 덕목 중의 하나는 생산되는 제품을 잘 이해하는 것이다. 창조성의 문헌에 의하면 창조적 지도자가 반드시 창조적 조직을 만들지는 않는다(Rickards, 1994). 창조성과 혁신을 촉진할 적합한조건은 일정한 작업 루틴을 만들고 창의적인 팀을 구축하는 것이다. 이 회사의 성공 요인은 다섯 가지로 볼 수 있다. 첫째는 재무적 안정성이 확보되어 있다. 둘째는 성공할 수 있는 곳에 집중했다. 셋째는 리더와 종업원들이 창조적으로 조직에 몰입할 수 있는 순환 주기를 만들었다. 넷째는 리더는 게임 개발에 도움을 줄 수 있는 지식과 기술을 가진 종업원들을 선별적으로 선택했다. 그들은 고도의 뛰어난 프로네시스(phronesis) 지식을 가졌다. 다섯째는 CEO가 팀을 형성해서 운영하는 탁월한 능력이 있다. 여기서 중요한 것은 '느슨함과 빡빡함(loose-tight)'을 동시에 수용하는 CEO의 능력이다. 즉, 일상적 활동에서는 느슨하게 하면서도, 10일이라는 데드라인은 종업원들이 반드시 지키게 하는 것이다. 즉 자율과 통제를 역설적으로 함께 작동시키는 것이 CEO의 능력이다.

4.3.4 인적 자원

이 회사의 모든 직원은 비디오 게임을 즐기는 사람이다. 게임에 대해서 상당한 숙련이 되어 있는 사람이 직원으로 채용된다. 정식 교육을 받은 사람이 중요한 것이 아니라, 기술에 뛰어나고 게임에 몰입할 수 있는 사람들이 직원으로 선택된다. 이 직원들이 회사의 성장과 게임의 개발에 기여할 수 있는 방법은 두 가지가 있다. 첫째는 이 회사의 조직은 10일이라는 순환 구조로 되어 있다. 5일마다 재평가되는 날에 직원들은 자신들이 가진 게임 지식과 보편 지식(techne & episteme)을 동원해서 게임 개발에 기여한다. 이때 직원들이 고려하는 지식에서 재미와 몰입을 제공할 수 있을 것이라고 예견하는 지식이 바로 'phronesis' 지식이다. 둘째는 직원 채용에 기여한다. 직원들은 어떤 직원이 자신의 조직에 가장 적합한 인물인지를 누구보다 잘 평가할 수 있다. 직원들은 새롭게 채용할 직원들과 식사 혹은 술을 마시면서 자연스럽게 직원 채용에 도움을 준다.

4.3.5 기술

이 회사에서는 모든 직원들에게 컴퓨터 외에도 기업 내 컴퓨터를 연결

하는 종합 통신망인 인트라넷(intranet)이 주어진다. 종합 통신망은 세
개의 영역으로 나누어진다. 표준 통신망, 프로젝트 통신망, 이슈 통신망
이다. 이들 통신망에서 주어지는 문서들은 고정된 것이 아니라, 계속해서
버전이 바뀌는 것이다. 이 망에 들어 있는 문서들은 단순한 저장물이 아
니라 대단히 '미적인 영역'으로 구성된 것이다. 그 이유는 직원들이 통신
망에 들어 있는 문서들에 새로운 요소들을 첨가해서 기존의 내용과는 다
른 새로운 문서들로 만들어서 게임 개발에 기여하기 때문이다.

4.3.6 토의

이 연구는 스웨덴에 적을 둔 게임 개발 회사를 네 가지 범주로 나누어
서 분석했다. 이 조직은 팀원에서 팀장까지, 그리고 팀장에서 경영자에
이르기까지 지속적인 상호 작용을 통해서 창조적인 작업을 수행해 간다.
결국 재미있고 몰입할 수 있는 게임을 만들기 위한 지식은 직원들 사이의
창조적인 상호작용의 결과에서 나오는 것이다. 특히 직원들 간의 상호 작
용과 협상은 재미있는 게임을 평가하는 능력인 'phronesis'에서 좌우된
다. 물론 이런 관점은 techne 지식을 무시하자는 것은 아니다. 본 연구
에서는 게임 기술에 해당하는 techne 지식을 기본으로 하고, 게임을 하
는 소비자들을 제대로 이해하고 흥미를 유발할 수 있는 통찰력의 지식,
즉 phronesis 지식을 겸비한 직원들이 창조적인 작업을 수행할 수 있다
는 것이다.

5. 결론을 대신하여

조직이론에서 단순 정위와 같은 잘못 놓여진 구체성의 오류는 부지불
식간에 이루어진다. 종업원과 CEO는 사건이라는 경험을 통해 상호 작용

하는 현실적 존재라기보다는 별개로 존재하는 개체들로 본다. 그런 까닭에 창조성도 다수의 존재들과의 정보와 네트워크, 의사소통을 통해 창조성이 발생하는 것으로 보지 않고, 한 개인에게 제한해서 보는 경향이 있다. 화이트헤드의 철학에서 본다면, 조직에서 창조성은 '주기적인 사건'이다. 즉 창조성은 "상호 관계성을 통한 체계적인 복합적인"(1925, 161) 사건인 것이지, 한 개인의 속성이 아니라는 것이다.

조직에서 혁신은 매우 중요한 문제이다. 문제 해결, 의사결정, 연구 개발 등은 모두 창조성과 관련이 있다. 과거의 조직이론에서 창조성을 개인의 위대한 성취 혹은 속성으로 간주했으며(Ford & Gioia, 1995), 그 연구는 대단히 기능주의적이고 도구적인 방식으로 접근했다. 특히 혁신을 하기 위해서 공간적으로 준비단계, 숙성 단계, 해명단계, 검증단계 등으로 나눌 수 있다고 보았다. 각각의 단계는 결코 분리될 수 없으며, 준비단계는 앞의 단계와 뒤의 단계가 이미 내재되어 있는 것이다. 만약 각각의 단계를 외재적으로만 고려하면, 이것은 '잘못 적용된 구체성의 오류'를 범하는 것이다. 창조성은 '단순 정위'처럼 한 순간에 일어나는 것이 아니며, 지속을 통해서 발생하는 것이다. 창조성은 개인과 조직, 물적, 인적 자원들, 고객들을 연결해서 끊임없이 '합생'하는 창조적 일자의 과정이다.

또한 강도와 사이 개념은 또한 창조성에 대한 이해에도 다른 의미를 부가할 것이다. 기존의 창조성은 특출한 인물이나 개인에게 중점을 두지만, 화이트헤드의 철학의 관점에서는 인간과 비─인간을 연결하는 능력에서 찾는다. 이런 점은 창조성을 특별난 엘리트 계층에서 찾는 것이 아니라, 그 누구나 접속하는 능력을 갖고 있는 사람은 창조성이 있다는 점을 부각시킬 수 있으며, 그것은 종업원, 경영자, 소비자 등 다양한 맥락에서 창조성을 이해할 단초를 제공할 것이다. 따라서 창조성은 대단히 복잡하고 상호 관련된 것으로 이해하여야 한다. 화이트헤드의 현실적 존재자는 다양한 대상들을 수용하고 영향을 받은 후에, 합생 과정을 통해서 하나로 통합하고, 다른 대상에게 자신을 제공하는 그 전체 과정을 의미하며, 그 과정에서 언제나 창조성이 내재되어 있다. 일부 연구가들 중에서도 창조성은 개인과 개인의 상호 관계로 본다(Dazin et al., 1999).

우리는 화이트헤드의 철학이 조직의 창조성 개념을 이해하는 데 어떤 기여를 할 수 있는지를 살펴보았다. 화이트헤드에게 모든 존재는 이미 관계적 존재이며, 그 관계에서 자신의 목적에 따라서 다양한 관계적 전망이 발생하는 것으로 보며, 이러한 활동이 창조적 활동이라고 본다. 따라서 화이트헤드의 철학에서 창조성은 특별한 존재가 가진 특별한 능력이 아니라, 모든 존재가 항상 지니고 있는 일상적이고 세속적인 능력이라고 본다. 그는 이런 능력을 '프로네시스'라는 지식의 형태로 보여준다. 테크네와 에피스테메 지식에 대한 강조로 인해서 더 이상 학교에서 주된 과목으로 가르치고 있지 않는 것이 프로네시스 지식이다. 하지만 창조성이 하나의 사건에서 일어나는 일상적인 일이며, 누구나 원한다면 프로네시스 지식을 통해서 그 상황에 맞는 행동을 할 수 있다는 점에서 창조성은 항상 우리 곁에 머물러 있다.

이 논의를 통해서 우리는 창조성에 대한 실증적이고 경험적 연구에서도 이미 화이트헤드의 입장과 그 맥을 같이하고 있는 것을 일부 논문을 통해서 보았다. 하지만 그 논의는 만개한 것이 아니라 지속적으로 실증적 연구가 필요한 부분이다. 창조성은 합리주의적 관점에서 보는 것처럼, 하나의 주체나 개인에게 제한하는 것은 매우 부적절하다. 화이트헤드의 과정 철학적 관점에서 볼 때, 창조성은 다수의 이질적인 요소들이 공제되면, 언제나 새로운 일자가 창출될 수 있는 일상적인 경험이다.

참고 문헌

김상표 · 김영진, 「화이트헤드 철학과 조직이론의 만남—실체철학을 넘어서」, 『화이트헤드연구』 제20집. 2010.

김상표 · 김영진, 「과정 철학과 조직이론—창조성과 예견을 중심으로」, 『화이트헤드연구』 제22집. 2011.

김상표 · 김영진, 「화이트헤드와 들뢰즈의 과정철학: 조직의 창조성을 위한 새로운 문제 설정」, 『동서철학연구』 제61집. 2011.

김영진, 『화이트헤드의 유기체 철학』, 그린비, 2012.

Amabile, M., "A model of creativity and innovation in organization", in *Research in Organizational Behavior*, Vol. 10. 1998.

Amabile, T. M. & Conti, R., "Changes in the work environment for creativity during downsizing", in *Academy of Management Journal*, Vol. 42, No. 6. 1999.

Andriopoulos, C., "Determinants of organizational creativity: A literature review", in *Management Decision*, Vol. 39, No. 10, 2001.

Atkinson, P. and Coffery, A., "Revisiting the relationship between participant observations and interviewing", in Guibrium, J.F. and Holstine, J. A. (Eds), *Postmodern Interviewing*, Sage, London, Thousand Oaks, CA and New Delhi, 2003.

Bissola, R., & Imperatori, B., "Organizing Individual and Collective Creativity: Flying in the Face of Creativity Cliches", in *Blackwell Publishing Ltd*, Vol 20 No 2, 2011.

Bohm, D., in Nichol, L. (Ed.), *On Creativity*, Routledge, London, 1998.

Boden, M. A., ed., *Dimensions of Creativity*. MIT Press, Cambridge MA., 1996.

Boje, D. D., *Narrative Methods for Organization Research & Communication Research*, in Sage, London, Thousand Oaks, CA and New Delhi, 2001.

Burke, T. E., *The Philosophy of Whitehead*, Greenwich Exchange, Billericay, 2000.

Chia, R., "From modern to postmodern organizational analysis", in

Organizational Studies, Vol. 16 No. 4, 1995.

Code, M., *Order and organism: Steps to A Whiteheadian Philosophy of Mathematics and the Natural Science*. Albany: StateUniversity of New York Press, 1967.

Conte-Sponville, A., 조한경 역, 『미덕에 관한 철학적 에세이』, 서울: 까치. 1997.

Csikszentmihalyi, M., "The domain of creativity", in Feldman, G. H., Csikszentmihalyi, M. and Gardner, H. (Eds), *Changingthe World: A Framework of the Study of Creativity*, in Praeger, Westport, CT, 1994.

Csikszentmihalyi, M. & Sawyer, K., "Shifting the focus from individual to organizational creativity", in Ford, C. M. andGioia, D. A. (Eds), *Creativity Action in Organization: Ivory Tower Visions and Real World Voices*, in Sage Publications, Thousand Oaks, CA, 1995.

Czarniawska, B., *Narratives in Social Science Research*, in Sage, London, Thousand oaks. CA and New Delhi, 2004.

Dorenbosch, L., van Engen M. L. & Verhagen M., "On-the-Job Innovation: The Impact of Job Design and Human Resource Management through Production Ownership", *in Creativity Innovation Management*, Vol. 14, 2005.

Drazin, R., Glynn, M.A. and Kazanjian, R. K., "Multilevel Ttheorizing about Creativity in organizations: A sense-makingperspective", in *Academy of Management Review*, Vol. 24, 1999.

Ford, C. M., "Creativity is a mystery", in Ford, C. M. and Gioia, D. A. (Eds), *Creativity Action in Organization: Ivory Tower Visions and Real World Voices*", in Sage Publications, Thousand Oaks, CA, 1995.

Ford, C. M. and Gioia, D. A., "Factors Influencing Creativity in the Domain of Managerial Decision Making", in *Journal of Management*, Vol. 26 No. 4, 2000.

Gubrium, J. F. & Holstein, J. A., *Postmodern Interviewing*, in *Sage*, London, Thousand Oaks, Ca and New Delhi, 2003.

Hargadon, A. B. & Bechky, B. A., "When Collections of Creatives Become Creative Collectives: A Field Study of ProblemSolving at Work", in

Organization Science, Vol. 17, 2006.

Isaksen, S. G., *Frontiers of Creativity Research: Beyond the Basics*, in Bearly, Buffalo, NY, 1987.

Jeffcut, P., "Management and the Creative Industries", in Studies in Cultures, *Organizations and Societies*, Vol. 6, 2000.

Kazannjian, R. K., Drazin, R. & Glynn, M., "Creativity and technological learning: the roles of organization architecture andcrisis in large-scale project", in *Journal of Engineering Technology Management*, Vol. 17, 2000.

Lucas, G. R., *The Rehabilitation of Whitehead: An Analytic and Historical Assessment of Process Philosophy*, State Universityof New York Press, New York, NY. 1989.

Mumford, M. D., Scott, G. M., Gaddis, B. and Strange, J. M., "Leading creative people: orchestrating expertise and relationships", in *The Leadership Quarterly*, Vol. 13, 2002.

Nonaka, I., 김무겸 역, 『창조적 루틴-1등 기업의 특별한 지식 습관-』, 북스넷, 2010.

Nonaka, I., & Katsumi, A., 『생각을 뛰게 하라-』, 흐름출판, 2012.

Nonaka, I., Toyama, R., and Hiratam T. *Managing Flow: A Process Theory of the Knowledge-Based Firm*, PalgraveMacmilian, 2009.

Oldham, G. R. & Cummings, A., "Employee Creativity: Personal and Contextual factors at Work", *Academy of Management Journal*, Vol. 39, 1996.

Osborne, T., "Against 'creative': a philistine rant", *Economy and Society*, Vol. 32 No. 4, 2003.

Pfeffer, J. *Human equation*, Boston: Harvard Business School Press, 1998.

Ramamoorthy, N., Flood, P. C., Slattery, T. & Sardessai, R., Determinants of Innovative Work Behavior: Development andTest of an Integrated Model, *Creativity and Innovation Management*, Vol. 14, 2005.

Rickards, T., *Creativity and the Management of Change*, Blackwell Business, Oxford. 1999.

Rose, P., *On Whitehead, Wadsworth*, Belmont, CA, 2002.

Runco, M. A. & Sakamoto, S. O., "Experimental studies of creativity", in Sternberg, R. J. (Ed.), *Handbook of Creativity*, Cambridge University Press, Cambridge, 1999.

Shalley, C. E., Zhou, J. & Oldham, G. R., "The Effects of Personal and Contextual Characteristics on Creativity: Where Should We Go from Here?" *Journal of Management*, Vol. 30, 2004.

Sherburne, D. W. ed. *A key to Whitehead's Process and Reality*, Indina University Press, 1966.

Schinekel, A., "History and historiography in process", *History and Theory* Vol. 43 No1, 2004.

Styhre, A., "Organization Creativity and the Empiricist Image of Novelty", *Blackwell Publishing*, Vol 15 No 2, 2006.

Styhre, A. & Sundgren, M., *Managing Creativity in Organizations: Critique and Practices*, Palgrave Macmillan, New York,NY, 2005.

Sundgren, M & Styhre, A., "Creativity and the fallacy of misplaced concreteness in new drug development—Whiteheadian perspective—", *European Journal of Innovation Management*, Vol. 10 No. 2, 2007.

Ulrich, D., "Intellectual capital= competence * commitment", *Sloan Management Review*, 39(20), 1998.

Weick, K. E., 배병룡과 김동환 역, 『조직화이론』(The Social Psychology of Organizing), 서울: 율곡, 1990.

Whitehead, A. N. 오영환 역, 『관념의 모험』(AI), 서울: 한길사, 1996.

Whitehead, A. N. 오영환 역, 『과정과 실재』(PR), 서울 민음사, 1991.

Whitehead, A. N. 오영환 역, 『과학과 근대세계』(SMW), 서울: 서광사, 1989.

Williamson, B., "Creativity, the corporate curriculum and the future: a case study", *Future*, Vol. 33, 2001.

Young, R. M., *Mental Space*, Process Press, London, 1994.

Zackariasson, P., Styhre, A., Wilson, T., "Phronesis and Creativity: Knowledge Work in Video Game Development", *Black Publishing*, Vol. 15 No. 4, 2006.

제4부
모험의
과정공동체에 대한 모색

경영과 철학의 만남
Management Philosophy

현실적 존재와
공동체 기업가정신[1]

1. 서론

이 연구의 목적은 화이트헤드(A. N. Whitehead: 1861-1947)의 과정철학에서 핵심적 개념인 현실적 존재(actual entity)가 공동체 기업가정신(community entrepreneurship)의 대두와 어떤 관련을 가지는지를 검토하는 것이다.

화이트헤드의 과정철학은 20세기 초에 새롭게 전개된 수학, 논리학, 물리학, 생물학 등에 대한 심도 깊은 연구와 사유를 통해 등장한 사변철학이다. 그는 자신이 전공한 일부의 전문 영역을 통해 사변철학을 구성하였으며, 그의 주저인『과정과 실재』에서 제기한 범주들은 확실성에서 보장받는 것이 아니라 적용가능성에 그 의미와 기능이 있음을 강조했다. 따라서 우리는 공동체 기업가정신에 화이트헤드의 철학적 개념, 특히 현실적 존재를 적용해 보고자 한다.

슘페터(Schumpeter, 1942)는 자본, 토지, 노동을 중시했던 종래의 경제 이론에서 외생 변수에 해당하는 기업가정신을 중요한 변수로 도입하고, 자본주의의 지속가능성은 창조적 파괴를 통한 혁신이라는 비합리적 요인을 통해 새로운 상품, 새로운 생산방법, 새로운 시장, 새로운 원

<hr />

1 이 논문은『환경철학』제17집(2014년)에 게재되었다.

료, 새로운 조직의 개발을 통해 가능하다고 주장했다. 이와 같은 창조적 파괴를 수행하는 개인을 '기업가'(entrepreneur)라고 부른다. 예를 들자 면, 이건희, 빌 게이츠, 손정의 등이다. 애플(Apple)의 CEO인 잡스가 사 망했을 때, 전 세계적인 애도의 물결은 그가 경영자라는 사실보다는 창조 적 파괴를 통한 기업가정신을 보여주었기 때문이다. 과거에는 존경의 대 상이 전쟁의 영웅들이나 정치가들이었다면, 현재는 혁신과 창조를 통해 새로운 질서를 창출하는 기업가들이다.

한편 일반적인 기업뿐만 아니라 사회적 기업 및 협동조합에서도 기업 가정신은 중요한 요인으로 자리를 잡고 있다. 캐나다 퀘벡은 사회적 경 제 기업을 대표하는 지역으로 알려져 있으며, 한국에서도 연구모델로 삼 는 곳이다. 사회적 기업이라는 용어는 지역사회에 기반을 둔 기업의 형 태를 의미한다. 사회적 기업은 그 지역의 지리적, 문화적, 역사적 특성 에 따라 전개되는 것이 그 특징이라고 할 수 있다. 그러한 사회적 기업 의 장기적 생존을 위해 가장 중요하게 생각하는 것이 협동적 기업가정신 (Entrepreneuriat collectif)이다. 요컨대 사회적 기업의 구성원들이 협 동적 기업가정신을 통해 인격적으로 결합해서 각자의 전문지식과 노하우 를 민주적인 방식으로 수행하느냐의 여부는 사회적 경제 기업의 흥망을 결정하는 핵심적인 요인이라고 할 수 있다.

이와 같이 기업가정신에 대한 관심과 새로운 경제모델인 협동조합이 나 사회적 기업이 대두되는 시점에서, 공동체 기업가정신은 기업가정신 에 대한 기존의 연구를 넘어서 다른 방향에서 기업가정신을 보고 있다. 기존의 연구는 개인 기업가정신에 한정하거나, 경제적 측면에만 제한해 서 다루는 경향이 있었다. 하지만 공동체 기업가정신은 말 그대로 공동 체와 기업가의 활동은 결코 분리될 수 없으며, 그것은 대단히 역동적이고 긴밀한 관련을 맺고 있다는 것이다.

우리는 개인 기업가정신에서 공동체 기업가정신으로의 전환이 과정 철학과 밀접한 관련이 있다는 점을 밝히고자 한다. 이 연구는 구체적으로 두 가지 문제에 천착한다. 첫째, 우리는 기업가정신에 대한 연구가 개인에서, 집단으로, 다시 공동체로 어떻게 전개되고 있는가를 살펴볼 것이다. 둘째, 화이트헤드의 과정철학의 핵심적 개념인 '현실적 존재'가 공동체 기업가정신에 대한 철학적 토대, 즉 존재론과 인식론의 기초가 될 수 있음을 규명해 보일 것이다.

2. 기업가정신의 전개

어원학적으로 '기업가'(entrepreneur)는 두 가지 용어의 결합에서 도출된다. entre는 사이에서 혹은 사이를 관통하다(penetrate in between)이며, prendere 혹은 prehendere는 포착하다(grasp) 혹은 잡다(seize hold of)를 의미한다. 그러므로 기업가는 기존의 경계 사이에서 시공간을 관통하는 사람이며, 다른 사람이 간과한 기회를 잡는 사람이다(Chia, 1996: 413). 다시 말해서 그것은 기존의 관습을 넘어가는 능력이며, 생각할 수 없는 것을 생각하는 능력이다.

흥미롭게도 어원을 통해 살펴본 기업가 개념은 화이트헤드의 과정철학의 핵심적인 개념과 상통하는 측면이 있다. '현실적 존재(actual entity)'는 그 자신을 구성하는 파악(prehension)이라는 구체적인 관계를 통해 구성된다. 파악은 여건을 주체적 형식에 맞춰서 주체로 받아들이는 행위이다.

파악이라는 단어는 라틴어로 'prehendere'로 포착한다는 의미를 갖고 있다. 우연하게도 기업가정신과 동일한 라틴어 어원을 갖고 있음을 발견한다. 화이트헤드는 파악을 '물리적 파악'(physical prehension)과 '개념적 파악'(conceptual prehension)으로 나누며, 물리적 파악이 과거를 계승하는 측면이라면, 개념적 파악은 새로운 측면을 받아들이는 것으로 양극적인 성격을 보여준다.

국내외적으로 기업가정신에 대한 연구가 활성화되고 있다. 기업가정신에 대한 문헌은 다양한 측면에서 이론적으로 논의될 뿐만 아니라(성태경, 2002; Cooper, 2005; Johannison, 2011), 다양한 영역에서 실천적으로 탐구된다. 이 논문에서는 실체에 기초를 둔 기업가정신에서 과정 중심의 기업가정신으로 이행해 가는 양상을 검토해 볼 것이다. 우선 개인 기업가정신의 특성에 대해서 살펴보자. 조직을 실체와 같은 안정적 단위로 보는 경우 창조성 및 기업가정신 역시 개체중심으로 다루는 경향이 있다. 왜냐하면 기업가정신을 조직이론과 창조성에 대한 입장과 분리해서 생각할 수 없기 때문이다.

Chia에 따르면, 조직이론에서 기능주의의 토대 위에 안정된 존재를 가정해서 조직을 탐구하는 이론을 균형-기반이론(equilibrium-based theory)이라고 한다(1999: 212). 이 조직이론에 기반을 둔 창조성 역시 기능주의적이고 도구적인 방식으로 이해되며, 안정된 조건 속에서 한 개인의 위대한 성취를 통해 창조성이 이루어질 수 있다고 본다(Isaksen, 1987). 창조성에 대한 이와 같은 입장은 기업가정신에 대한 연구 역시 단독적인 개별자에 초점을 두는 경향이 있다(Reynolds, 1991: 47). 단독적인 개별자들은 오로지 자기 이해와 관련된 경제적 동기에 초점을 두는 경향이 있다. Chia(1999)에 의하면, 그런 입장은 플라톤, 아리스토텔레스, 린네, 다윈 등의 사유를 계승한 것으로 매우 정태적이며 안정된 존재로 조직을 바라보면서, 이 틀 안에서 창조성과 기업가정신을 이해한다 (212-214).

그런데 과연 기업가정신을 한 개인의 속성에 초점을 맞추는 것은 타당한 일인가? 물론 우리는 한 개인의 기업가정신이 기업의 성공과 생존에 지대한 영향을 미친다고 생각할 수 있다. 하지만 우리는 한 개인을 구체적인 시간과 공간을 배제하고서 설명하는 것이 정당한가? 이와 같은 입장은 우리가 조직과 기업가와 같은 개념을 명사로 설명하기 때문에, 그것들을 정태적인 입장으로 보는 경향이 있다. Weick(1990: 115)은 "조직이라는 단어는 하나의 명사로서, 이는 또한 하나의 신화"라고 한다. 기업가정신에 대한 대부분의 문헌 역시 단독적인 개별자에 초점을 두며, 한 개인의 특성이나 스타일에 제한해서 주로 조사된다고 한다(Styler, 2004).

이미 칸트가 말했듯이 한 개체에 대한 인식에서는 시공간을 배제할 수 없다. 물론 칸트의 시공간은 보편적인 시공간을 의미한다. 그러나 칸트와 달리 과정철학에서는 보다 구체적인 시공간을 상정한다. 따라서 개인이 시공간을 통해 영향을 주고받는 관계를 배제하고 정태적 입장에서만 보는 관점을 화이트헤드는 "잘못된 구체성의 오류"(fallacy of misplaced concreteness)를 범하는 전형이라고 한다. 이는 결국 서구의 지배적 패러다임인 개체 중심의 관점을 기업가정신에도 그대로 수용한 결과이다. 특히 미국을 중심으로 한 서방 문화에서 주장되어 온 개별주의는 기업가정신을 일방적으로 경제적 관점에서만 다루고자 한다(Dana, 2002: 38-42). 이 결과 개발도상국들은 자신들의 사회-문화적 맥락은 도외시한 채 일방적으로 서구 문화와 결합된 기업가정신을 당연하게 받아들였다. 하지만 각각의 사회가 개체중심의 기업가정신을 받아들인다고 하더라도 그 강도에서 차이가 있음은 분명하다.

다음으로 Weick(1979)은 과정이론(process-based theory)을 적극적으로 수용한 조직이론을 전개한다. 이 외에도 이미 다양한 연구자들에 의해 조직이론과 기업가정신은 과정적 전망에서 연구되고 있다(Chia et al, 2006; Van de Ven et al, 2005; Steyaert, 2007). 특히 Steyaert(2007)는 기업가정신을 과정으로 보기 위해 기업가-되기(entrepreneuring)라는 개념을 제시했다. 또한 과거의 경제학 문헌에서는 기업가정신을 한 기업가의 통제 하에 수직적이고 계층적인 명령체계로 보고 연구했으나(Stevenson et al., 1990), 1980년대부터 기업가정신에 대한 새로운 전망이 생겨났는데, 이는 기업가정신을 상호기업가정신(intra-preneurship)으로 보는 것이다. 이것은 기업가정신을 위로부터 보는 것이 아니라 아래로부터 발생하는 것으로 볼 뿐만 아니라 상호 관계적 전망에서 보는 것이다.

이는 기업가정신과 혁신에 대한 입장에서도 중요한 변화를 가져온다. 이질적인 구성원이 결합해서 하나의 집단을 구성하여 혁신과 창의성을 도출하는 기업가정신을 집단 기업가정신(collective entrepreneurship) 이라고 한다. Reich(1987)에 따르면, 집단 기업가정신은 영웅적인 한 개인의 기업가정신을 거부하고 집단 수준에서 기업가정신을 고려하는 것이며, 이때 개인 수준에서 기업가정신을 다룬 것이 집단 기업가정신을 자동적으로 보장해주지는 않는다고 한다. 즉, 기업가정신은 한 명의 CEO 혹은 천재보다는 현장에서 협력을 통해 만들어지고 있다는 것이다. 집단적 기업가정신은 개인이 조직에 기여하는 단순한 합의 총량을 넘어선다. 각 구성원의 창의성과 노력을 함께 모아서 팀으로 구축된 모험이 집단적 기업가정신이다. 따라서 많은 조직들은 한 명의 기업가 영웅이라는 신화를 벗어던지고 협력적 기업가들로 바뀌고 있다. 즉 종업원들의 협력을 통한 기업가정신이 적극적으로 연구되고 있다(Reich, 1987). Stewart(1989) 역시 집단 기업가정신은 종업원들로 구성된 팀 기업가정신과 밀접한 관련이 있다고 한다. 그는 협력을 통해 상호 이익과 그 중요성을 이해하는 것을 축구팀을 그 예로 들고 있다. 집단적 기업가정신은 집단이 하나가 되어서 창의성을 도출하는 것을 함축한다. 기회에 대해서 모든 사람이 동질적으로 반응하는 것이 집단 기업가정신에서 중요하다.

하지만 집단 기업가정신은 지나치게 '경제적 요인'에만 기업가정신을 한정하는 경향이 있다. 대부분의 기업가정신 연구는 기업가들의 성장배경이 된 계층을 무시하는 경향이 있으며, 기업가의 경제적 행위가 그 자신의 사회-문화적 요인과는 전혀 별개인 것처럼 말한다(Dana, 1995). 이에 비해 사회과학자인 Bourdieu(1992), Putnam(1995) 등에 따르면, 개인이든 기업이든 사회적 자본(social capital) 속에서 활동하며, 그 내부적 네트워크와 신뢰가 매우 중요한 요인이라고 한다. 따라서 경제적 환경이 기업가의 지각과 선택에 영향을 미치는 것은 부정할 수 없는 사실이다 하더라도, 사회적이고 문화적 기원과 맥락의 영향 역시 무시할 수 없다고 한다. 다시 말해서 기업가정신은 사실상 문화적 배경에 의존한다는 것이다(Dana et al, 2011).

집단 기업가정신은 실체 패러다임에서 과정 패러다임으로 인식의 전환이 진행되는 과도기의 시점에서 전개된 것이라고 볼 수 있다. 최근에는 공동체 기업가정신을 통해 과정철학의 전망에 더 근접해 있는 기업가정신이 도출되고 있으며, 그것에 관련된 논문들이 나오고 있다.

Johannisson은 현재 유럽에서 가장 주목받은 기업가정신 연구자이며, 그 선두적인 역할로 인해서 여러 가지 상을 수상했다. 그는 자신의 논문에서 "진행 중인 창조적 조직화 과정으로써 기업가정신을 생각하기 위해서는 개인들의 다양한 관계의 묶음을 고려해야 한다고 주장한다"(2011: 136). 그는 기업가정신은 실천적이고 창조적이며 사회적이며 집단적인 조직화 과정이라고 한다.

이를 위해 Johannisson(2011)은 조직과 기업가정신을 바라볼 때, 과정과 공동체 기업가정신을 적극적으로 수용할 필요가 있다고 주장하며, 특히 과정적 전망(process perspective)에서 기업가정신을 보는 것을 기업가-되기(entrepreneuring)라고 한다. 여기서 과정적 전망에서 기업가정신을 본다고 해서 오해를 하는 경우가 종종 있다. 경영 이론에서는 이것을 마치 속도 경영(speed management)이라고 생각한다. 그러나 이것은 크로노스 시간(chronos)과 기업가정신을 결합하는 것이다. 하지만 기업가-되기는 타이밍, 누군가의 행위, 차이가 적절할 때 이루어지는 것을 의미한다. 즉 카이로스(kairos)의 시간이며, 적절한 전망 과정과 공명(synchronizing)을 의미한다(Johannisson, 2011: 144).

이것은 뉴턴의 시간과 같은 등질적인 시간의 의미가 아니라 각각의 시간이 '시의적절한 방식'에 따라 행동이 이루어지는 시간을 의미하며, 각 시간은 결코 동질적이거나 등질적인 것이 아니라 다양하며 차이가 발생하는 시간을 의미한다.

그는 또한 그러한 시간은 각 기업가들이 활동하는 지역이라는 공간과 분리될 수 없다고 본다. 모든 기업가는 자신이 태어난 가족과 그가 속한 지역의 문화에 영향 받으면서 기업 활동을 수행한다. 따라서 기업가는 이미 자신의 행위에 영향을 미치고 있는 자신의 공간과 불가분의 관계를 맺고 있다.

> 지역 공동체와 동일화되는 기업가들은 자신의 인격, 가족, 사회적 삶과 분리해서 이해될 수 없다. 지역 공동체와 기업가들이 결합해 있다고 고려할 때, 기업가들은 지역-은행처럼 지역 전체의 맥락과 함께 보아야 한다는 것을 함의한다(Johannisson, 1987a: 56).

Fletcher에 의하면, 기업가 활동은 결코 공허하지 않으며, 맥락을 배제하고는 이해할 수 없는데, 그는 이것을 일종의 네트워킹(networking) 개념으로 본다(Fletcher, 2006). Gartner(2011)에 의하면, 네트워크(networking)의 개념은 기업가와 기업가정신은 필수불가결하게 연결되어 있고, 나아가 기업가의 삶의 맥락을 배제하고는 기업가의 의미를 이해할 수 없다는 것을 의미한다.

> 어떤 실재와 어떤 문화가 구성되고 전달되는지는 그 '행위자'를 정의하는 방식에서 상당히 중요하다. 조직 연구는 종종 그를 조직의 대표이며 위임된 역할을 하는 것으로 본다. 그러나 여기서의 행위자는 완전한 인간 존재로 간주되어야 함을 주장한다. 오직 그 때만이 정서적 잠재성을 포함해서 그의 모든 잠재성이 설명된다. 그 때만이 개인과 집단의 행위가 진정으로 이해될 수 있다. 행위는 자신이 옳다고 믿고 느끼는 확신에서 비롯된다. 행위의 전망에서 합리화는 합법적이고 기능적이다 (Johannisson, 1987b: 10).

Gartner(2011)에 의하면, '완전한(perfect) 인간 존재'의 관념은 기업
가들이 단지 행동하는 사람이 아니라 조직화 과정 동안에 풍부하고 다양
한 방식에서 타자와의 맥락에서 상호작용한다는 것을 표현한다. 타자―
기업가(otherpreneurs)들은 조직 과정에서 기업가를 도울 뿐만 아니라,
직접적인 활동 과정에 개입한다. 이는 단지 조직 '팀'의 일원이거나 느슨
하게 연결된 것을 의미하지 않는다. '타자―기업가'는 이미 기업가 내부의
관계 속에 있다. 타자―기업가는 기업가들에게 사회적이고 정서적인 지지
를 제공해줄 뿐만 아니라 이 타자―기업가에 속하는 개인들은 조직 과정
에서 다양한 방식으로 기업가에게 영향을 주고 미치며, '완전한 인간 존
재'와 분리할 수 없다. Dana et al(2011)에 의하면, 이것은 공동체 기업
가들이 경제적 활동과 자신의 개인적 활동을 화해시키고 공명하고자 하
는 욕망이라고 한다.

따라서 과정에 기반을 둔 공동체 기업가정신은 그것을 한 개인 기업가
의 특성이나 성격에만 제한해서 보지 않으며, 그 개인에게는 이미 타자에
속하는 개인과 문화, 지역이 내재화되어 있다는 사실을 중요한 요소로 이
해한다. 또한 그러한 공동체 기업가는 시의 적절한 방식에서 자신에게 내
재된 여건들을 결합해서 새로운 결단을 내리는 사람이라는 것이다.

다음으로 우리는 이와 같이 전개되는 공동체 기업가정신이 화이트헤
드의 과정철학과 밀접한 관련이 있음을 살펴볼 것이다.

3. 과정철학

철학의 역사는 베르그손의 비난, 즉 인간의 지성은 우주를 공간화한다
는, 다시 말해서 그것은 유동성을 무시하고 세계를 정적 범주로서 분석
하려는 경향이 있다(PR 209).

　주지하는 바와 같이 서구 철학의 역사는 실체 혹은 공간 중심의 철학을 전개하였으며, 이는 플라톤, 아리스토텔레스, 데카르트, 뉴턴에게 동일하게 적용된다. 이 철학은 안정성이나 코스모스를 중요하게 생각하는 까닭에 '창조성'이나 '새로움'에 대한 개념을 극단적으로 회피하는 경향이 있다. 이것이 기존의 질서를 파괴할 수밖에 없기 때문이다. 이런 까닭에 기업가정신에서 제기되는 창조적 파괴는 기존의 철학체계와는 양립하기가 쉽지 않다.

　이와는 달리 서구 철학을 과정 혹은 시간철학으로 작업한 대표적인 인물들이 베르그손(Bergson), 화이트헤드, 들뢰즈((Deleuze) 등이다. 베르그손, 화이트헤드, 들뢰즈는 공히 '창조적 전진'(creative advance)을 핵심적인 주제로 삼고 있다는 점에서 매우 유사하다고 할 수 있다. 이 글에서는 화이트헤드의 과정철학의 전망에 대해서만 살펴볼 것이다. 그는 우리의 경험이 상호 긴밀하게 조직화되어 있어 한 상태에서 다른 상태를 분리해서 보는 것이 불가능하다고 본다. 경험은 이미 상호 관련성 속에서 시작한다는 것이다. 화이트헤드는 자신의 주저인 『과정과 실재』에서 다음과 같이 말한다.

> 이 강의에서 '관계성'은 '성질'보다 지배적이다. 모든 관계성은 현실태의 관계성에서 그 기초를 얻는다. 그리고 이 관계성은 살아 있는 자에 의해 죽은 자 혹은 '대상적 불멸성'의 전유와 관계된다. 다시 말해서 '대상적 불멸성'을 통해서 그 자신의 살아있는 직접성을 잃어버린 것은 다른 살아있는 생성의 직접성에 실질적인 구성요소가 된다. 이것이 세계의 창조적 전진이 더불어 완고한 사실을 구성하는 그런 사물들의 생성, 소멸, 대상적 불멸성이라는 학설이다(PR xiv).

　세계와 인간을 실체적 모델이 아니라 관계적 의미로 구성된 모델로 보는 화이트헤드의 유기체 철학은 '현실적 존재의 관계성'(PR 43)을 사유해야 한다. 화이트헤드가 관계를 가장 중요한 현실태의 특성으로 볼 때, 그것은 시간에 대한 입장과 밀접한 관련이 있다. 근대 철학 및 과학의 무의식적인 전제는 시간을 '단순정위'(simple location)로 본다. 따라서 단순정위로 시간을 보는 것과 화이트헤드의 시간이론이 어떤 차이가 있는지를 간단히 검토해볼 것이다. 이것은 개체중심의 기업가정신에서 공동체 기업가정신의 전개 과정을 이해하는 단초를 제공해 줄 것이다.

3.1 단순정위와 외적 관계

화이트헤드에 따르면 17세기 이후 3세기 동안 지배적인 우주론은 뉴턴의 패러다임에 근거하고 있으며, 이 우주론이 보여주는 시공간의 특성은 '단순정위'라고 한다. 화이트헤드는 뉴턴의 패러다임을 극복하기 위해서는 단순정위 개념을 가장 먼저 비판해야 한다고 본다(SMW 73).

> 하나의 물질 조각이 단순 정위한다는 말은 다음과 같은 의미이다. 즉 그 물질이 지니고 있는 여러 시공적 관계를 표현하려 할 때, 다른 공간의 영역과 다른 시간의 지속에 대해서 그 물질이 가지고 있는 어떠한 본질적 관련도 떠나서, 그 물질은 공간의 어떤 한정된 영역 안에, 그리고 어떤 한정되고 유한한 시간의 지속 전체에 걸쳐 존재한다고 말하는 것으로 충분하다는 것이다(SMW 72).

단순정위는 시공간에서 물질이 '여기'에만 있다는 것을 의미한다. 그것은 다른 것과 관련을 맺지 않고 오직 '여기'에 있다는 의미이다. 과연 화이트헤드가 언급하는 이 단순정위가 근대 철학자의 사유 속에 어떻게 뿌리를 내리고 있고, 그 결과 어떤 상황이 벌어지는가? 결론을 말하자면 그것은 사물들 사이의 어떤 관계도 설명할 수 없게 한다. 우리는 이를 위해 합리론과 경험론을 대표하는 데카르트와 흄의 철학에서 단순정위가 어떻게 전개되는가를 살펴볼 것이며, 이후 칸트의 철학에 확고하게 뿌리를 박는 모습을 간단히 검토해볼 것이다. 이를 통해서 관계를 단지 '외적 관계'로 보면서, 개체가 우선적으로 존재하며, 개체들 사이의 관계는 단지 외적 관계로 머무를 수밖에 없음을 볼 수 있다.

데카르트 철학에서 시간은 지속하지 않으며 독립적인 성격으로 존재한다. 그는 사물과 시간의 본성을 동일하게 실체의 관점에서 고려한다. 즉 어떤 실체도 다른 실체와 무관하게 존재할 수 있다는 것이다.

> 사물의 지속의 본성이나 시간의 본성은 다음과 같다. 시간이나 지속의 부분들은 서로 의존해 있지 않으며 또 결코 동시에 존재하지도 않는다. 따라서 만일 어떤 원인, 즉 당연히 우리를 처음 만들었던 그 원인이 우리를 마치 재창조하듯이 계속 보존하지 않는 한 우리가 지금 존재한다는 것으로부터 우리가 눈 깜박할 사이의 최단 시간 후에도 계속 존재하게 된다는 것이 귀속되지 않는다(Descarte, 2002: 23).

데카르트의 시간 이해는 사물의 이해와 동일하다. 그는 사실을 "순간 안에서 보는 것이지, 존속 가운데에서 보지 않으며, 존속도 순간적인 사실들의 단순한 계기"(MT 199)로만 본다는 것이다. 또한 그는 존속을 구성하는 원인은 처음 존재를 만든 '신'과 같은 존재에게 그 원인을 돌리고 있지, 과정 그 자체의 활동성에서 보지 않는다. 따라서 데카르트에게 존속 과정은 우리의 힘으로 이해할 수 없는 비가시적인 힘이 그 원인이다.

한편 우리가 일상적으로 알고 있는 것처럼, 흄은 실체 개념을 거부하며, 엄격한 경험주의적 관찰에 근거를 둔 철학자이다. 그는 모든 경험의 기본적인 여건은 감각인상이라고 한다. 하지만 그가 엄격하게 규정하는 대상인 단순 인상은 다른 단순 인상과 전혀 관련이 없다. 그 이유는 데카르트와 마찬가지로 그 역시 단순정위에 해당하는 시간 관념을 그대로 받아들이기 때문이다.

> 시간은 공존하지 않는 부분들로 구성되어 있다. 그런데 변치 않는 대상은 공존하는 인상을 낳을 뿐이다. 그러므로 불변의 대상은 시간관념

을 제공할 수 있는 그 어떤 것도 낳지 않는다. 따라서 시간관념은 가변
적인 대상들의 계기에서 오는 것임이 틀림없다. 또 시간이 처음부터 이
러한 계기와 무관하게 출현한다는 것은 전적으로 불가능하다(Hume,
1978: 36).

사실상 단순정위라는 시간 개념에서 보자면, 경험론과 합리론이라는
근대 철학의 이분법적 구분은 허구에 지나지 않는다. 데카르트는 실체는
상호 무관하다고 하며, 흄 역시 인상은 자기 충족적인 것이라고 본다. 그
들은 시간을 단지 계기하며 공존하지 않는 것으로 본다. 특히 흄의 단순
인상은 보편적 속성만을 지각하는 것이 가장 구체적인 지각이라는 환상
을 품게 한다. 이 경우에 감각들은 사적인 경험만을 충족시킬 뿐이다. 그
러므로 데카르트와 흄은 공히 동일한 시간개념에서 자신의 철학을 전개
했다. 즉 "계기하는 시간적 계기들이 개체적으로 독립해 있다는 것"(PR
137)이다. 그런 점에서 흄은 데카르트의 주관주의 원리를 경험론의 방식
으로 변형시켰을 뿐이다.

> 흄이 했던 것은 주관주의적 및 감각주의적 원리를 '경험의 여건'에 적용
> 하는 것으로서 제멋대로 주장한 일이었다. 회색의 이 감각이라는 개념
> 은 다른 어떠한 현실적 존재와도 아무런 관련이 없다. 따라서 흄은 존
> 재하기 위해 다른 현실적 존재를 필요로 하지 않는다는 데카르트의 원
> 리를, 경험하고 있는 주체에 적용하고 있는 것이다(PR 159-160).

다른 한편 칸트의 철학은 인간의 비극을 보여주는 대표적인 철학이다.
그것은 기계론적으로 이해된 자연의 인과성과 자유와 책임이 실현되어야
하는 윤리의 인과성이라는 이분법의 세계를 제시하기 때문이다. 전자의
인과성만을 우리의 논의를 위해서 간단히 검토해 보자. 칸트에 의하면,
"세계에서의 모든 변화에도 불구하고 실체는 존속하고 그것의 우유성만
이 변화"(CPR 214)한다. 그는 실체가 없이는 시간관계가 성립할 수 없다

고 본다. 즉 "실체는 모든 시간규정의 기체"(CPR 217)라고 하며, "현상들의 다양체의 통각은 언제나 계기적이라"(CPR 219)고 주장한다.

이와 같은 시간을 칸트는 "모든 직관은 외연량"(CPR 197)이라고 말한다. 외연량이라는 것은, "부분의 표상이 전체의 표상을 가능하게 하는 것"(CPR 198)이다. 이 외연량에서 본 시간은 "한 순간에서 다른 순간으로의 계기적인 진행"(CPR 198)이며, 이 시간들의 총합을 통해서 시간량이 만들어진다고 본다. 그는 이 외연량을 설명하기 위해 유클리드 기하학의 공리를 들고 있다. 칸트에게 외연량으로서 시간은 "수학의 선험적 원칙"(CPR 200)에 근거를 두고 있다.

> 칸트의 시간적 세계는 그 본질에 있어 죽어 있는 것, 환상적인 것, 현상적인 것이었다. 물론 칸트는 수리물리학자였고, 그의 우주론적 해결은 수리물리학이 다루는 추상개념들을 수용하여 설명하기에 충분했던 것이다(PR 355).

칸트 역시 흄이나 데카르트에게서 계승한 계기적인 시간 혹은 외연량에 기초를 둔 시간이론을 제시한다. 화이트헤드에 의하면, 이는 "물리학에 적용된 데카르트적 주관주의는, 단지 외적 관계만을 갖는 개체적 존재로서의 물체에 관한 뉴턴의 가설"(PR 309)을 위한 철학적으로 진술한 것에 지나지 않는다. 뉴턴 우주론의 물질, 시간, 공간이라는 절대적인 삼위는 스스로의 힘으로는 소통할 수 없는 실체들로 자리를 잡는다. 뉴턴은 신을 통해 소통을 언급하지만, 그 이후 뉴턴 패러다임을 중심으로 전개되는 정치, 경제, 사회는 신의 소통없이 전혀 별개의 독립된 존재로 자리를 잡는다.

> 뉴턴 물리학은 독립된 물질 입자의 개체성에 기초를 두고 있다. 각각의 돌은 다른 물질 부분과의 연관을 도외시해도 충분히 기술될 수 있는 것으로 생각되고 있다. 그것은 '우주' 속에 고독하게 존재하는 단일 공간의 점유자이다. 그것은 여전히 있는 그대로의 돌일 것이다. 또한 그 돌

은 과거나 미래와는 아무런 관련이 없이도 충분히 기술될 수 있을 것이다. 또한 그것은 전적으로 현재의 순간 속에 구성되어 있는 것으로서 충분하고도 완전하게 파악될 수 있다(AI 156).

결과적으로 뉴턴의 패러다임에 기반을 둔 철학은 개체들 사이의 상호관계를 전혀 설명할 수 없다. 근대 물리학은 '현재의 순간'을 통해서 입자를 충분히 기술할 수 있다고 보았지만, 이것은 매우 추상적인 형식이라고 할 수 있다. 화이트헤드는 이러한 시공간에 대한 기술 방식을 '단순정위'라고 하며, 이것은 사물들 간의 상호 관계를 이해할 수 없는 것으로 만든다고 한다.

그러나 현대 물리학은 단순 정위 학설을 통해 더 이상 물질의 운동을 설명하지 않는다. 물론 우리는 한 곳에 놓인 대상에 초점을 두다보면, 그것으로 사물을 충분히 기술할 수 있다고 생각한다. 그러나 현대 물리학에서는 "사물 자체는 그 사물이 행하는 것에 지나지 않으며, 그 사물이 행하는 것은 이처럼 발산하는 영향의 흐름인 것이다. 또한 그 초점적 영역은 외적 흐름과 분리될 수 없다"(AI 256). 즉, 초점적 영역은 그 대상이 흘러가는 과정에서 단지 현저하게 지배적인 성격을 보여주는 것이지 외적인 흐름과 동일하게 진동 상태로 있는 것이다. 따라서 우리가 언어를 통해 어떤 대상을 일시적으로 지시할 수는 있지만, 대상은 결코 고정된 것이 아니다.

3.2 연장적 결합과 내적 관계

칸트철학과 뉴턴 과학이 유클리드 기하학에서 시공간 이론을 도출하듯이, 화이트헤드는 사영 기하학과 위상 기하학을 통해 자신의 시공간 이론을 전개한다. 유클리드 기하학이 부동의 원리에 입각해 있다면, 위상 기하학은 '변화와 운동을 기본 원리'로 삼는 기하학이다(김용운, 1998:

114). 크라우스(Kraus, 1979), 키튼(keeton, 1984) 등은 화이트헤드의 시공간 개념이 위상적 변환과 연관이 있음을 지적하고 있다. 따라서 화이트헤드의 연장적 결합(extensive connection)은 위상학의 개념을 통해 구성된 인과성 이론이다.

화이트헤드는 자신의 연장적 결합 이론을 통해 근대 철학자들이 제기한 인과성이라는 문제를 다룬다. 그는 현실적 존재는 그 내부에서, 그 외부와 이미 관계를 맺고 있다. 그의 시공간 이론의 특징은 상호 관계망의 방대한 체계를 형성하는 연장적 결합이다. 즉 이것은 "모든 가능한 대상화들이 그들의 적소를 발견하는 하나의 관계적 복합체"(PR 66)이다. 이는 시공간이 부분과 전체의 관계로 되어 있다는 것이다.

> 연장적 연속체는, 단위 경험과 이에 의해 경험된 현실적 존재자들이 하나의 공통 세계의 연대성에 있어서 결합되는, 경험 내의 일반적 관계의 요소이다(PR 72).

유기체 철학에서 현실적 존재는 물리적 극과 개념적 극으로 구성되어 있다. 물리적 극은 긍정적 파악에 따라 구성된 것이다. 긍정적 파악은 여건을 무조건 받아들이는 과정이다. 이 과정은 현실 세계에서 주어지는 다른 물리적 계기를 계승하는 성격을 갖는다. 이러한 과정에서 발생하는 관계는 모든 현실적 계기가 순응해야 하는 조건을 결정한다. 여기서 간과하지 말아야 할 점은 현실적 존재의 개념적 극에 해당하는 주체의 통일이나 주체적 지향은 배제되어 있다는 것이다. 물리적 극과 개념적 극 중에서 "분할 가능한 것은 물리적 극에만 해당하며, 정신적 극은 절대적으로 하나이기"(PR 285) 때문에 분리불가능하다. 따라서 연장적 연속체는 현실적 존재의 이행 과정(transition process)만을 분석한 것이다.

이 방식에서 우리는 현실적 존재에 대한 분할에서 연장적 관계(시공간적 관계)라는 가장 보편적인 관계를 발견한다. 연장 이론은 본질적으로 수학적이다. 이는 결코 무작위로 주어지는 것이 아니라 어떤 체계적인 도식 속에서 주어진다. 이에 대해 화이트헤드는 주저인 『과정과 실재』 IV부에서 연장적 결합을 영역(region)이라는 개념을 사용해서 설명한다. 우리는 화이트헤드가 수학 시기부터 수학을 점이나 양이 아니라 선을 통한 연장 관계를 사유하고자 하였다는 점을 고려해야 한다(Keeton, 1984). 따라서 화이트헤드의 시공간이론이 근대 철학 및 과학에서 단순 정위로 본 시공간이론과는 다른 입장에 있다는 것은 명확하다. Keeton은 화이트헤드의 시공간이 위상적 특성을 갖고 있다는 점을 다음과 같이 기술한다.

> 화이트헤드는 기초적인 자연의 추이의 방향성에다가 점복합성 직관을 체계적으로 적용함으로써 경험의 세계의 이러한 근본적인 구조에 이르게 되었다. …… 우리는 이 구조에 느낌의 위상학이라는 용어를 주조하였다. "느낌의 위상학"이라는 구는 느낌-경험의 세계로부터 일정하고 근본적으로(위상적으로) 불변하는 구조가 발견될 수 있다는 의미를 전달하기 위해 고안되었다(Keeton, 1984: 327).

화이트헤드의 이 위상적 구조는 "수리 물리학은 '모든 사물은 흐른다'는 헤라클레이토스의 격언을 따르면서 현대 학문의 전개 과정을 자신의 언어로 번역한 것이다. 즉, 이 격언은 모든 사물은 벡터"(PR 309)라는 것이다.

화이트헤드는 현실적 존재의 구체성과 관계성을 설명하기 위해 두 가지 관점으로 현실적 존재를 기술한다. 하나는 새로움이 발생하는 과정이며, 다른 하나는 연대성이 발생하는 과정이다.

> 다수성에 대한 개념에는 두 가지가 있다. 하나는 끊임없이 새로운 현실태가 창출되는 다원론적인 다수성이 있으며, 다른 하나는 현실세계의 분할에 있어서 무한한 다수성이 있다는 것이다. 하지만 후자의 다수

성이 무작위로 발생하는 것이 아니다. 여기에는 '연장적 질서'의 원리가 있다. 따라서 원자들의 다수성으로 표현된 세계의 원자적 통일은 연장적 연속체의 연대성에 의해서 대체된다(PR 286).

전자의 다수성은 다자가 일자로 되는 합생과정(concrescence process)이며, 이 과정은 어떤 것으로 대체될 수 없는 유일한 현실적 존재의 생성과정을 의미한다. 이는 비시간적인 보편적인 일자, 수학적인 일자로 환원할 수 없는 생성의 다질성이다. 후자의 다수성은 이행과정(transition process)이며, 이 과정은 칸트의 자연의 인과성에 해당한다. 즉, 수렴하는 양적인 다수성을 말한다. 우리는 이 후자의 다수성을 '실재적 가능태'(real potentiality)라고 하며, 여기에는 어떤 위상적 질서가 내재되어 있다는 것이다.

물리적 세계는 이러한 관계성의 방식으로 결합되어 있다. 전체와 부분의 연장 관계는 우주에서 모든 사물의 내적인 관계성을 위한 기초이다. 다시 말해서 연장적 결합은 물리적 세계를 하나의 '공동체'로 적절하게 기술할 수 있는 근본적인 유기적 관계성이다(PR 288). 이러한 우주의 성격이 어떤 사물도 고립해서 존재할 수 없게 만든다.

화이트헤드는 사물들의 내적인 관계를 양자역학에 대한 사례를 통해 제시한다. 근대 유물론을 통해 분자의 운동을 설명한다면, 중성의 수소 원자는 최소한 두 개의 물질 조각으로 구성되어 있다고 가정된다. 그 한 조각은 양전기라 부르는 물질로 된 핵이며, 다른 한 조각은 음전기라는 하나의 전자이다. 핵은 보다 미소한 조각들로 분석될 수 있는 복합체의 특성이 있다. 원자 안에서 일어나는 진동은, 다른 조각에서 떨어져 있는 어떤 물질 조각의 위치에 귀속시킬 수 있는 것으로 가정된다. 이 경우에 물질을 이해하는 데 어려움이 발생한다.

양자론에서 전자와 양자는 물질을 구성하는 기본적인 존재이다. 이들의 존재 방식이 연속이 아니라 불연속이라면 근대 우주론의 물질에 대한 관념은 수정되어야 한다. 즉 전자가 공간에 있어 불연속적으로 존재한다고 할 때 그것의 존재방식은 일상적으로 설명하는 물리적 사물의 연속적인 존재방식과는 다르다는 사실이다. 그러한 이론이 주어진다면, "우리는 전자의 궤도를 연속적인 선으로가 아니라 떨어져 있는 위치들의 계열로 간주할 수 있게 될 것이다"(SMW 196). 따라서 양자 역학이 이끌어 낸 불연속이라는 개념은 물리학적 개념들을 수정하기를 요구한다. 우리는 이를 다음과 같은 비유로 설명할 수 있다.

위의 가설에 입각할 때, 우리는 원자를 진동이 일어날 수 있는 유일한 길임에도 고전 과학이 제공해 주지 못하고 있는 그러한 한정된 수의 일정한 궤도를 구비하고 있는 것으로 묘사해야만 한다는 것이다. 양자론은 한정된 수의 노선을 지닌 전차를 필요로 하는데, 고전 과학에서는 제공하는 것은 초원을 자유롭게 질주하는 말인 것이다(SMW 190).

양자론에서 물질은 에너지로 대체가능하다. 우리가 에너지를 물질의 관념으로 삼는다면, "근원적 요소 하나 하나는 진동하는 에너지 흐름의 유기체적인 체계(organized system)가 될 것이다"(SMW 53). 또한 이 요소들 하나 하나는 "일정한 주기를 가질 것이며, 이 주기 속에서 그 에너지 흐름의 결집계는 한 정점의 극대치로부터 다른 정점의 극대치로 움직일 것이다"(SMW 53). 근원적 요소를 구성하는 이 결집계는 그 자신을 드러내기 위해 온전한 주기가 필요한 것이지, 한 순간에 존재할 수는 없다. 화이트헤드는 이를 음악에 비유해서 다음과 같이 설명한다.

그것은 음악에 하나의 음색이 어떤 순간에 존재하지 않는 것과 같다. 음색이라는 것도 자신을 표출하기 위해서는 자신의 온전한 주기를 필요로 하는 것이다. …… 만약 근원적 요소의 소재가 어디냐를 밝히려고 한다면, 우리는 각 주기의 중심에 있는 그 평균 위치를 결정해야만 한다(SMW 54).

이와 같이 우리는 더 이상 시간을 단순정위로 보아서는 안 되며, 일종의 진동으로 이루어진 주기를 갖춘 계열로 보아야 한다. 이러한 진동을 이루는 주기로 보는 것이 현대 양자역학의 불연속적인 궤도의 원리를 가장 잘 설명할 수 있는 것으로 보인다. 그리하여 물질의 본성에 대한 양자역학적 설명은 외관상 분해될 수 없는 것처럼 보이는 '존속'에 대한 새로운 관념을 제시해 준다. 따라서 화이트헤드에게 "자연의 전 생명이란, 언어에 의한 왜곡이 없다면, 사건들은 동일한 사건들의 재현이라고 부를 수 있는 서로 간에 아주 유사한 계승적인 사건들의 존재들 혹은 주기적 사건들의 존재에 의해서 지배받는다"(MT 121).

결론적으로 화이트헤드가 자신의 시공간이론이 내적 관계라는 주장은 현대 양자역학의 전개와 밀접한 관련이 있다.

4. 현실적 존재와 공동체 기업가정신

우리는 유동적으로 변동하고 있는 직접적 미래의 상황에 직면하고 있다. 경직된 격언, 눈대중으로 하는 관례적 방식, 틀에 박힌 특정 학설 등은 급기야 파멸을 가져오고야 말 것이다. 미래의 경영은 지난 몇 세기와는 조금 다른 유형의 사람들에 의해 운영될 것이 틀림없다. 유형은 이미 변화하기 시작했고 지도자와 관계되는 한 이미 변화해 왔다(AI 171-172).

화이트헤드는 '예견'(foresight)이라는 주제로 1930년대에 미국의 하버드대 경영학부에서 이와 같은 강연을 했다. 그는 무엇을 틀에 박힌 특정 학설로 보았을까? 추측컨대, 그것은 실체 철학에 기반을 둔 외적 관계로 경제 및 경영을 바라보는 시각을 말한 것이다. 기업인들은 개인적으로 성공하려는 동기가 아주 강한 사람들이며, 소위 말하는 기업가정신을 갖춘 인물들이다. 그런데 기업인의 성공 동기가 오히려 "세계를 괴롭히고 있는 주기적인 불경기"(AI 172)를 가져온다. 기업가는 성공을 위해

매진을 하는데 역설적으로 그 결과는 비참한 몰락을 가져오게 될까?

외적 관계로 인식론을 세운 자본주의는 호모 에코노미쿠스(Homo economicus)라는 입장에서 인간을 본다. 그 개념은 "실체적 사고에 의해 깊이 형성된 것"(Cobb, 2007: 573)이다. 즉, 그것은 각 개인을 하나의 실체로 보고 계약을 통해 상호 관계를 맺는다. 여기에는 본래 공동체라는 의미가 들어올 수 없다. 그 결과 자본주의 사회에서 소외당한 개체는 외적 관계의 필연적인 소산이라고 할 수 있다. 단순정위에 기반을 둔 인식론을 따를 때 공동체는 단지 허구적인 의미에 지나지 않는다.

그러나 시공간 속에 개체는 이미 상호 관계를 맺고 있으며, 서로 영향을 주고 받는 내적 관계라고 한다면, 기업가들은 전혀 다른 방식으로 조직 및 경영을 수행할 것이다. 화이트헤드의 연구자로 잘 알려진 Cobb(2007)은 공동체 속의 개인(person-in-community)이라는 개념을 주조해서 화이트헤드의 현실적 존재의 특성을 잘 보여주고 있다. Cobb은 현실적 존재의 구체적인 개별성과 그 연대성을 표현하기 위해 이와 같은 단어를 만들었다. 앞에서 기업가와 파악의 어원이 동일하다고 했다. 화이트헤드가 내적 관계를 설명하기 위해 만든 개념이 '파악'이다. 그는 파악 개념을 통해 기억, 인과성, 인식론을 새롭게 전개한다(Cobb, 2007: 569-570). 따라서 현실적 존재는 내적 관계를 통해 이미 다른 존재와 상호 관계를 맺고 있는 열린 존재이다.

현실적 존재는 개체성과 관계성을 모두 함축한 개념이다. 현실적 존재는 과거와 미래 사이의 연결이다. 그것은 과거의 결과물이자, 미래의 원인이다. 화이트헤드에게 존속의 의미는 영속의 의미가 아니라 한 원자적 현실적 계기가 다른 원자적 현실적 존재로 전달되는 방식으로 성립한다. 따라서 현실적 존재는 고립된 개별자가 아니라 '개별자 사이의 공동체' 혹은 개체들의 연대성으로 존재하는 것이다.

또한 현실적 존재의 원자적 특성은 목적이라는 개념에 관련이 있다. 모든 현실적 존재는 한정된 목적을 갖는다. 이것은 현실적 존재가 공동체 혹은 연대성 속에서 자신만의 고유한 이상과 목적을 성취하는 능력을 갖고 있다는 것이다. 이러한 새로운 모험을 향해 열려 있는 현실적 존재는 언제나 열려 있는 공동체를 제공할 수 있다.

하지만 화이트헤드의 공동체가 헤겔과 아리스토텔레스가 의미하는 공동체는 아니다. '인륜'과 '공동체'라는 단어를 아리스토텔레스와 헤겔이 사용하고 있기 때문에, 그들의 사상은 개인의 자유주의를 중심으로 전개된 자본주의에 대한 일종의 대안으로 제시되는 경우가 많이 있다. 하지만 그들의 공동체는 실체이며 유형주의 입장에 있기 때문에 이미 외부와의 소통이 단절된 성 안의 공동체이기에 새로움을 받아들일 수 없다. 여기에는 어떤 외부도 없다. "절대정신이라는 공동체의 정신 바로 그것으로서 이는 방관자로서의 우리에게는 이성의 실천적 형태를 다루는 데서 이미 절대 존재로 나타나는 것"(Hegel, 2005: 2권 24)이다.

우리는 이진경이 제시한 공동체의 구분을 통해 헤겔 공동체와 화이트헤드의 공동체의 차이를 단적으로 구분해볼 것이다. 이진경(2009)은 서로 상이한 속성을 가진 공동체를 제시하는데, 한 마디로 그것은 실체공동체와 과정공동체라고 할 수 있다. 전자는 외부에 대해 적대적이고 폐쇄적인 한편, 내부에서 자신들만의 동질적인 세계를 건설하려는 꿈들이 결부된 공동체이다. 정체성/동일성에 대한 집착을 보이면서 공동체의 전통과 기원, 그것에 결부된 모든 고통의 기억을 안고서, 자신들만의 내부적인 친숙한 세계에 정주하려는 태도의 공동체이다. 여기에는 외부가 없다(이진경, 2009: 19). 이것이 헤겔 공동체의 모습이며, 실체 공동체의 실상이다(이진경, 2009: 56-57).

후자의 공동체는 "새로운 외부자와 접속하고 결합함으로써 만들어지는 차이와 변화 그 자체를 긍정"(이진경, 2009: 22)한다. 이 공동체는 외부의 "이질적이고 우연적 뜻밖의 것들이 결합하여 하나의 공동세계"(이진경, 2009: 21)로 구성된 것이다. 이 공동체에는 존속시킬 어떤 동일성도 없다. 이러한 공동체를 우리는 과정 공동체로 본다. 이진경 역시 외재적 관계와 내재적 관계로 실체 존재론과 과정 존재론을 구분하고 있다(이진경, 2009).

이와 같이 화이트헤드의 '공동체 속의 개인' 역시 외부의 다양한 대상들과 우발적으로 결합하여 새로운 공동체를 구성하는 자이다. 다시 말해서 자유주의적 패러다임과 과거의 공동체 패러다임이 모두 실체와 단순정위의 의미로 규정되기 때문에 새로운 일자가 결합되는 공동체 사이의 개인을 의미하는 화이트헤드의 방식과는 차이가 있다.

> 인간이 이동을 멈추게 될 때, 인간의 삶에서 향상도 멈추게 될 것이다. …… 인간 영혼의 '오디세이아'에 자극과 양식을 주기 위해서는 인간 공동체 사이에 차이가 절대적으로 필요하다. 다른 습관을 가진 다른 나라는 적이 아니라 하늘의 선물이다(SMW 298).

따라서 내적 관계를 중시하는 과정 철학에서는 개인이나 공동체를 실체적 단위로 보지 않으며, 공동체는 그것을 구성하는 개인이 없이는 존재할 수 없고, 개인은 여러 공동체에 참여함으로서 자신의 정체성을 확보하는 공동체 사이의 개인이라는 의미를 통해서만 제대로 이해될 수 있다.

우리는 내적 관계를 중심으로 하는 이러한 '공동체 속의 개인'을 과정공동체라고 부를 것이다. 과정의 공동체는 연결성과 변화에 대한 개방성을 동시에 함의한다. 이는 분리적, 독립적, 불변적, 실체적 존재가 아닌 관계적, 상호 의존적, 상호 감수성을 주고받는 원자적 존재로 보는 것이다. 그러므로 과정 공동체는 나와 나의 과거, 나와 타자들, 나 자신과 미래의 세계와의 상호 관련성 속의 개체를 의미한다. 나는 타자에게 영향을 줄 뿐 아니라, 타자로부터 영향을 받는다. 따라서 기업의 성공을 위해서는 기업가정신이 자유주의적 패러다임인 '단순정위' 혹은 '이다'에서 '유기체적인 조직화' 혹은 '그리고'라는 의미를 통해 이해 될 필요가 있다. 즉, 현실적 존재에 해당하는 기업가–되기는 일정한 정합성을 위해 정보 혹은 외적 자원을 준안정적인 상태로 공존하게 하거나 배치하는 과정이다. 그러면서 그것은 뿌리처럼 고정되는 것이 아니라, 시의적절한 상황에 따라 뿌리를 내려서 새로운 원자를 만들어 간다.

이 글에서는 과정적 전망과 일상생활 속에서 창조적 혁신을 추구하는 사람들로 논의를 구성한 Nonaka & Katsumi(2008)의 저서를 통해 앞에서 제시한 현실적 존재 개념이 공동체 기업가정신으로 적용 가능한지를 볼 수 있다. 즉 내적 관계라고 할 수 있는 공동체 기업가정신이 어떻게 실현 가능하지를 볼 수 있다. 일본의 한 평범한 젊은이가 자신이 살고 있는 마을 환경을 개선하려고 한다. 이 행동은 우연히 발생하며, 그 행위는 다양한 대상들을 준안정적인 상태로 공존하게 만든다.

이지마 히로시는 고등학교를 졸업하고 아르바이트를 하고 틈나는 대로 책을 읽고 자연을 관찰하는 소시민이다. 그는 우시쿠시에서 동네 아이들과 자연을 관찰한 성과를 전철역에 붙였다. 우연히 농업환경기술연구소 연구원이 그것을 본 계기로 임시직 직원으로 채용되었다.

일본에서 두 번째로 큰 호수인 가스미라가우라 호는 지역 개발로 수질이 크게 악화되어 물고기, 새, 식물들이 거의 사라졌다. 환경 오염이 심각해도 그 누구도 어떤 대안도 제시하지 못하고 있는 실정이었다. 그는 초등학생들을 데리고 둘레가 250킬로미터나 되는 호수를 걸어서 관찰했다. 한 바퀴 돌려면 약 8일이 소요되었다. 그는 아이들과 걷다가 노랑어리연꽃을 보았다. 그는 이 꽃에서 자연회생의 열쇠와 미래 환경 운동의 방향성을 보았다. 생활하수와 인이나 질소와 같은 부영양화 물질을 노랑어리연꽃이 흡수하며, 그 잎사귀는 새와 곤충의 먹이가 된다. 그는 이 꽃을 하나의 '점'이 아니라 '움직이는 선'으로 본다.

한 대상은 다른 성질의 대상과 만나고, 경계를 넘어 서로 협동하며 새로운 관계를 형성한다. 사실은 대상을 객관적인 사물로 바라보는 것이라면, 현실적 존재는 사물의 이면에 숨겨진 관계성을 바라보는 것이다. 이지마 히로시와 같은 평범한 인물이 바로 존재를 사실이 아니라 관계로 본 것이다.

그 결과 주민, 지역 슈퍼마켓, 학생, 농어업, 유통업, 양조 공장, 대기업들을 연결하는 하나의 선을 만들어 가스미가우라 호수의 환경이 개선되고 있다. 이 목표를 위해서 1995년 이후 14동안 17만 명의 사람들이 노랑어리연꽃 프로젝트에 참여했다. 여기서 우리는 이지마 히로시를 하나의 정태적인 개체로 보면 안 되며, 이미 다수의 사물들과 결합된 히로시로 보아야 한다. 더 나아가 우리는 그것을 오직 호수의 환경 개선으로 결합된 '공동체 사이의 개체'로 보아야 한다.

이 사례는 다양한 여건들에 해당하는 것들을 호수의 환경개선이라는 목적을 위해 결합한 시도의 결과이다. 이것은 공동체 기업가정신을 보여주는 대표적인 경우이다. 즉 '공동체 속의 개인'이라는 의미가 잘 드러나는 경우이다. 한 개인은 이미 공동체 속에 있으면서, 자신의 지역환경을 개선하기 위해서 새로운 방식으로 공동체를 구성해 갔다. 우리는 이를 유기체 철학에서 '변환의 범주'(the category of transmutation)를 통해 이해할 수 있다.

> 전적으로 동일한 하나의 개념적 느낌이, 파악하는 주체에 의해서 현실적 세계 속의 여러 현실적 존재에 대해 유사하고 단순한 물리적 느낌들로부터 공평하게 도출된다(PR 27).

이와 같이 다수의 이해관계자들을 공동의 관심사로 결합해서 하나의 일자로 묶는 과정이 변환의 범주이다. 이것은 영속적인 일자는 아니지만, 하나의 주체적 지향을 위해서 일정한 주기를 형성해서 하나의 결합체로 개체를 형성하는 과정이다. 기업가정신에서는 불확실성을 가장자리에 두어야 한다. 우리는 안정이나 고정된 존재의 방식으로 기업가정신을 고려해서는 안 된다. 기업가-되기가 의미하는 것은 개인과 환경 사이의 경계지대를 끊임없이 침투해 들어가는 것이다. 기업가는 자신이 활동의 일부이고, 활동이 기업가를 새로운 개체로 만든다. 화이트헤드에게는 주체와 대상이 현실적 존재 속에서 함께 일어나며, 이행과 합생에 해당하는 과정인 것처럼, 공동체기업가는 자신이 환경에 대해 생산적 관계를 창출하는 능력을 통해 기업가—되기에 이른다. 기업가는 언제나 '사물의 중앙' (middle of things)에 있다. 중앙에 있다는 것은 지속적으로 환경과 상호작용하는 것이다. 다른 것이 일상적 되기에 머물러 있다면, 공동체기업가—되기는 생산적이고 새로운 되기를 지속적으로 추구하는 것이다. 특히 이는 구체적으로 자신이 향유하는 지역에서 실천하는 개인이라고 볼 수 있으며, 이런 점에서 앞서 말한 공동체 기업가정신에 대한 철학적 토대를 제시할 수 있을 것으로 보인다.

5. 결론

지금까지 혁신과 모험을 상징했던 기업가정신은 개체 기업가정신에서 공동체 기업가정신으로 전환되어야 한다는 점을 검토했다. 우리는 또한 공동체 기업가정신은 화이트헤드의 과정철학의 핵심 개념인 현실적 존재에 대한 실천적 응용이라는 사실 역시 주장했다. 다시 말해서 개체 기업가정신의 철학적 토대가 실체철학에 있었다면, 공동체 기업가정신의 철학적 기반은 과정철학에 있다는 사실을 밝혔다. 특히 개체 기업가정신은 외적 관계를 중심으로 전개되며, 공동체 기업가정신은 내적 관계를 중심으로 진행된다는 점을 검토했다.

최근 기업가정신에 대한 많은 연구에 따르면, 기업가의 길을 가는 것이 특별한 일이 아니며, 심사숙고한 실천에 의해 창출되는 시스템에 그 근원을 두고 있다고 한다. 결국 그것은 창조와 혁신이 특별한 한 명의 영웅에 의해 만들어지는 것이 아니라 다양한 사람들의 관계와 지향에 따른 결합에 의해 만들어진다는 것이다. 그런 점에서 공동체 기업가정신에 대한 우리의 연구는 그 맥락을 같이 수행하고 있다고 볼 수 있다.

하지만 여전히 기업가정신을 실체적 개인으로 제한해서 바라보는 경향이 있다. 사회적 기업과 협동조합에 대한 논의는 일종의 '공동체' 내에서 경제적 활동을 바라보는 시선이라고 할 수 있다. 일반적으로 사회적 기업에 대한 연구에서 사회적 기업가정신은 4가지 구성요소(혁신추구성, 진취성, 위험감수성, 사회적 사명)로 보고, 그 타당성을 구조방정식을 이용하여 검증한다. 이는 Weerawarden & Mort(2006)의 설문내용을 바탕으로 하고 있다. 국내 사회적 기업 및 협동조합에서 기업가정신 연구는 거의 이 내용을 중심으로 구성된다. 여기서 조사된 사회적 기업과 협동조합은 사회서비스와 일자리 제공에 대한 요인은 높게 나타나지만, 지역사회 공헌에 대한 요인은 대체적으로 낮게 나타난다. 이러한 결과가 나오는 이유는 지역사회와 개체가 분리될 수 없는 '내적 관계'라는 의미보다는 '외적 관계'라는 무의식이 지배하기 때문이다. 대다수의 연구자들은 이와 같은 무의식적인 가정에서 사회적 기업 및 협동조합에 대한 기업가정신을 연구하고 있다. 이것은 연구자들이 원하는 결과는 아니다. 결국 이것은 설문내용이 여전히 실체철학에 그 기반을 두고 있음을 연구자들이 인식하지 못한 결과이다.

협동조합의 7대 원칙에서도 '지역사회기여'를 통한 지역사회의 지속가능한 발전이 가장 중요한 요인임에도 불구하고, 기업가정신에 대한 연구는 '지역사회'를 설명할 설문내용을 구축하지 못하고 있다고 할 수 있다. 따라서 기업가정신에 대한 연구는 기업가 자신이 지역과 사적인 삶이 분리될 수 없다는 '공동체 기업가정신'을 중심으로 연구할 필요가 있다. 이를 통해 협동조합과 사회적 기업을 중심으로 한 기업가정신에 대한 신뢰도 및 타당성 조사는 그 정당성을 확보할 수 있다.

참고 문헌

김용운 · 김용국(1998). 「인간학으로서의 수학」. 서울: 우성문화사.

성태경(2002). 「기업가이론의 고찰을 통한 벤처경영자의 바람직한 역할 모색」. 『벤처경영연구』 5. 37-59.

이진경(2009). 『외부, 사유의 정치학』. 서울: 그린비.

Bourdieu, P.(1992). *The logic of practice*. Cambridge: Polity Press.

Chia, R., & Holt, R.(2006). Strategy as practical coping: A Heideggerian perspective. in: *Organization Studies*, 39. 634-655.

Chia, R.,(1996). Teaching paradigm shifting in management education: university business schools and the enterpreneural. in: *Journal of Management Studies* 33. 410-428.

Chia, Robert(1999). A Rhizomic model of organizational change and transformation: Perspective from a metaphysics of change. in: *British Journal of management* 10. 209-227.

Cobb, John, B.(2007). Person-in-Community: Whiteheadian Insights into Community and Institution. in: *Organizational Studies*, 28. 567-588.

Comeche Joe M. & Loras J.(2010). The influence of variables of attitude on collective entrepreneurship. in: Int Entrep Manag. 5. 23-38.

Cooper, Robert(2005). Relationality in: *Organization Studies*, 26. 1689-1710.

Dana L. Paul & Light. I.(2011). Two forms of community entrepreneurship in Finland: are there differences between Finnish and Sami reindeer husbandry entrepreneurs?. in: *Entrepreneurship & Regional Development*, 23. 331-352.

Dana, L. P.(2002). Entrepreneurship and public policy in Gibralta. in: *International Journal of Entrepreneurship and Innovation Management*, 2. 38-42.

Descartes, R(2002). 『철학의 원리』, 원석영 옮김. 서울: 아카넷.

Fletcher, D.(2006). Entrepreneurial processes and the social construction of opportunity. in: *Entrepreneurship and Regional Development*, 18.

421-440.

Gartner, W. B.(2007). Entrepreneurial narrative and a science of the imagination. in: *Journal of Business Venturing*, 22. 613-627.

Gartner, W. B.(2011). When words fail: An entrepreneurship glossolalia. in: *Entrepreneurship & Regional Development*, 23. 9-21.

Hegel, G(2005). 『정신현상학』, 임석진 옮김, 서울: 한길사.

Hume, D.(1994). 『오성에 관하여』, 이준호 옮김, 경기도: 서광사.

Johannisson, B.(1987a). Beyond process and structure: Social exchange network. in: *International Studies of Management and Organization*, 17. 3-23.

Johannisson, B.(1987b). Anarchists and organizers: Entrepreneurs in a network perspective. in: *International Studies of Management and Organization*, 17. 49-63.

Johannisson, B.(2011). Toward a practice theory of entrepreneuring. in: *Small Bus Econ*, 36. 135-150.

Jones, Campbell & Munro, Rolland(2005). Organization Theory: 1985-2005. in: *The Editorial Board of the Sociological Review*.

Kant, I(1965). *Critique of Pure Reason*, Trans by N. K.. Smith, Macmillan Press.

Keeton, H. C. S. Jr.(1984). *The Topology of Feeling*(Doctoral dissertation, Graduate Theological Union).

Kraus, E. M.(1979). *The Metaphysics of Experience: A Companion to Whitehead's Process and Reality*, New York: Fordham University Press, 1979.

Nonaka & Katsumi(2008). 『씽크이노베이션』, 남상진 옮김, 서울: 북스넛.

Putnam, H.(1995). *Pragmatism: An open question*, Oxford: Blackwell.

Reich, R. B.(1987). Entrepreneurship reconsidered: the team as a hero. in: *Harvard Business Review*, 65. 77-77.

Ribeiro-Soriano D & Urbano D(2008). Overview of collaborative entrepreneurship: and integrated approach between business decisions and negotiations. in: *Group Decis Negot*, 18. 419-430.

Stevenson. H. & Jarillo, J. C.(1990). A paradigm of entrepreneurship: entrepreneurial management. in: J. Kao & H. Stevenson.(Eds.), Entrepreneurship: *What Is Is and How to Teach It*. Cambridge, MA: Harvard Business School.

Stewart, A.(1989). *Team Entrepreneurship*, London: Sage.

Steyaert, C.(2007). Entrepreneuring as a conceptual attractor? A review of process theories in 20 years of entrepreneurship studies. in: *Entrepreueurship & Regional Development*, 19. 453–477.

Styhre, A.(2004). Rethinking Knowledge: A Bergsonian critique of the notion of tacit knowledge. in: *British Journal of management*, 15. 177–188.

Van de Ven, A. H., & Poole, M. S.(2005). Alternative approaches for studying organizational change. in: *Organization Studies*, 26. 1377–1400.

Weerawardena J. & Mort, G. S.(2006). Innovation Social Entrepreneurship: A Multidimensional Model, in: *Journal of World Business*, Vol. 41. 21–35.

Weick, K. E.(1979). *The Social psychology of organizing*, 2nd edn, New York: Random House.

Weick, K. E.(1993). The collapse of sensemaking in organization: The Mann Gulch disaster. in: *Administrative Science Quarterly*, 38. 628–652.

Whitehead. A. N(1989). 『과학과 근대세계』(SMW), 오영환 옮김, 경기도: 서광사.

Whitehead. A. N(1991). 『과정과 실재』(PR), 오영환 옮김, 서울: 민음사.

Whitehead. A. N(1996). 『관념의 모험』(AI), 오영환 옮김, 서울: 한길사.

Whitehead. A. N(2003). 『사고의 양태』(MT), 오영환 · 문창옥 옮김, 서울: 다산글방.

리좀과
공동체 기업가정신[1]

1. 서론

현대 사회는 자본주의가 지배하고 있다. 곧 자본이 한 개인의 정체성
이다. 왜냐하면 자본을 얼마나 소유하고 있는가를 통해 그 사람이 어떤
사람인가를 평가하기 때문이다. 이미 로크(Locke)는 개인의 소유권을 주
장함으로써 자본주의의 길을 정치적으로, 사회적으로 제시했다. 이는 인
간이 이성을 부여받은 존재가 아니라, 소유에 의해 정의될 수 있다는 것
이다. 이제 개체는 외부에 놓인 대상을 자신의 노동을 투입해서 얼마나
소유할 수 있는지에 의해 설명된다. 따라서 소유에 따라 위계와 종속을
분류하는 것이 자본의 법칙이며, 그것은 눈에 보이지 않는 법칙으로 우리
모두를 지배하고 있다. 즉 자본이 그 사람의 정체성과 존엄에 중요한 요
소라고 할 수 있다.

물론 자본주의는 봉건사회의 해방에 기여하였지만, 그 부작용에 따른
고통 역시 수반되고 있다. 자본주의는 부의 엄청난 생산이 그 장점이었지
만, 갈수록 부의 편중은 심화되고 있다. 고대 아테네에서 볼 수 있듯이,
민주 정치는 경제적 분배가 공정하지 않고는 존속할 수 없다. 부의 쏠림

---

1 이 논문은 『민족문화논총』 제64집 (2016년)에 게재되었다.

은 권력의 편중을 낳으며, 정치와 경제의 불균형에 의해 사회 전체의 신뢰가 무너지게 된다. 한국 사회의 비정규직 문제, 부의 편중은 결코 간과할 수 없는 심각한 상황에 처해 있다. 그것은 사회의 공동체 의식을 붕괴시키며, 자본주의가 제대로 작동할 수 없는 상황에 봉착할 수 있다. 자본주의가 건강하게 유지되기 위해서는 사회적 신뢰 및 사회적 자본 없이는 결코 성공할 수 없음을 이미 공산주의에서 해방되었던 초기 동구권을 통해서도 충분히 입증되었다. 그렇다면 현재의 자본주의 생산 양식과 부의 편중을 그대로 지켜보고 있어야만 하는가?

우리는 이 글에서 자본주의의 문제점을 자본주의 방식으로 바로 잡는 대안으로 기업가정신에 있다고 본다. 드러커(P. Drucker)에 따르면, 자본, 노동, 토지가 부족한 한국이 고성장을 지속할 수 있었던 것도 '기업가정신'에 있다고 보며, 전 세계에서 지난 40년 동안 기업가정신이 가장 높았던 곳이 한국이었다. 하지만 과거와는 달리 현재 한국의 기업가정신은 점차 쇠퇴하고 있다. 그 결과 지금 정부는 창조경제를 화두로 기업가정신을 제시하고 있지만, 거의 효과가 없는 것으로 드러나고 있다. 그 이유는 여러 가지가 있겠지만, 근본적으로는 시대에 적합한 기업가정신에 대한 관점의 전환이 없기 때문이다. 이제 기업가정신의 연구는 모든 사람이 능동적이고 자발적인 능력이 있음을 전제로 이루어져야 함에도 불구하고, 지금까지 기업가정신에 대한 대다수의 연구는 한 개인(실체)을 영웅으로 만들고, 나머지는 그 영웅을 수동적으로 따르는 방식으로 이루어졌다. 결국 그것은 기업가정신의 이해가 실체철학의 인식에 머물고 있기 때문이다.

기업가정신을 어떤 개체와 속성을 통해 보는 것은 여전히 플라톤과 아리스토텔레스의 동일성의 사유가 그 저변에 흐르고 있다고 볼 수 있다. 그들의 사유는 철저히 위계적이며 이분법의 방식으로 이루어진다. 그 방식은 자본과 노동에도 그대로 적용된다. 예컨대, 자본주의에서 자본가는 능동적인 생산능력을 갖춘 자이며, 노동자는 수동적으로 생산을 수행하

는 자로 인식된다. 아리스토텔레스 철학에서 본다면, 자본가는 형상인이
며, 노동자는 질료인에 해당된다고 할 수 있다. 공동의 부를 지향하는 사
회주의 역시 국가는 생산능력을 갖고 과제를 할당하면, 노동자는 그 방식
에 따라 생산을 하는 질료인이다. 자본주의와 사회주의 양자는 모두 노동
자의 자율성을 최대한 억제하고 생산 능력을 갖추지 못한 수동적인 질료
인으로 보는 경향이 있다. 이것은 능동과 수동, 자율성과 타율성이라는
이분법적 사유를 그대로 수용한 결과이다. 이와 같은 사유는 교육을 통
해, 문화를 통해 무의식적인 기초가 되었다. 이를 통해 자본은 소수의 있
는 자에게 집중되고, 다수에게는 결핍된 방식으로 운영되어 온 것은 당연
한 것으로 받아들여지게 되었다. 따라서 기업가정신을 한 개인의 성격으
로 보는 것은 그런 실체 철학의 유산이라고 할 수 있다.

　그러나 현대는 자연과학에서 실체철학이 아니라 과정철학으로 전개됨
을 보여주는 다양한 증거들이 도출되고 있다. 물리학에서 포텐셜 에너지,
생물학에서 시공간에 따른 다양한 공생 이론 등이 제시되고 있다. 우리는
기업가정신의 연구에서도 과정철학의 관점에서 재편될 필요성이 있다고
본다. 그것만이 시대에 어울리는 기업가정신의 방식이라고 할 수 있다.
이미 새로운 삶의 양식에 적합한 재료들이 우리 앞에 와있다. 『공통체』의
저자인 네그리(Negri)와 하트(Hardt) 역시 과정철학의 전망에서 '다중
기업가정신'을 제시하고 있다. 그들은 공통의 부(common wealth)를 위
해서는 과정철학에 기반을 둔 기업가정신이 필요하다고 본다. 그들에 따
르면, 기업가정신은 위험을 감수하는 정신은 아니라고 하며, 그런 정신은
'투기'에 지나지 않으며, 그것은 '새로움을 도입하는 사람, 창조의 즐거움
에 의해 추동되는 혁신가'[2]라고 한다.

　따라서 이 논문의 목적은 기업가정신의 연구에 과정철학의 전망을 도
입해 보고자 하는 것이다. 기업가정신(entrepreneurship)의 어원은 두
가지 용어의 결합에서 비롯된다. 'entre'는 사이에서 혹은 사이를 관통하

2 Negri, A. & Hardt, M., 정남영·윤영광(2014) 역, 410쪽.

다(penetrate in between)라는 의미이며, 'prendere'는 포착하다 혹은 잡다(seize hold of)를 의미한다. 기업가정신이란 기존의 사물들 사이에서 새로운 기회를 포착해 내는 것이다. 그것은 기존의 관습을 넘어서고, 생각할 수 없는 것을 생각하는 능력이라고 할 수 있다. 기업가정신의 이런 역동적인 이미지는 실체철학보다는 과정철학에서 추구하는 의미와 밀접한 관련을 갖는다.

그럼에도 불구하고 기업가정신의 연구에서 다룬 개체 중심의 기업가정신의 연구뿐만 아니라 대다수의 기업가정신 연구의 철학적 토대는 실체철학이라고 할 수 있다. 기업가정신의 본래의 의미를 충분히 담아낼 수 없는 존재론과 인식론에 근거해서 기업가정신에 대한 이론적, 실증적 연구가 수행되어 왔다고 볼 수 있다. 이 논문에서는 그런 점을 비판적으로 조망하고 그 대안을 제시할 수 있는 과정철학의 전망에서 기업가정신을 살펴보고자 한다. 특히 들뢰즈(Deleuze)와 가타리(Guattari)의 '리좀(rhizome)' 개념을 중심으로 논의를 진행해 보고자 한다. 이 논의는 '공동체 기업가정신'(community entrepreneurship)이라는 개념이 리좀 개념과 맞물려 있음을 또한 제시하게 될 것이다. 왜냐하면 리좀 개념은 이분법 도식을 거부하기에, 개체란 개체군(populations)의 의미로 이해되기 때문이다. 그것은 개체란 이미 '사이'의 존재이기에 공동체와 분리될 수 없다.

과정 존재론은 이미 조직 이론 및 조직의 창조성이론과 기업가정신에도 주요한 영향을 미치고 있으며, 특히 들뢰즈와 가타리의 리좀적 개념(rhizomatic conception)은 기업가정신 연구에 가장 급진적이고 실험적인 사고로 이해되고 있다.[3] 하지만 공동체 기업가정신과 리좀 개념을 다룬 논문은 국내외적으로 연구된 바가 없다. 따라서 우리는 들뢰즈와 가타리의 '리좀'이라는 개념을 통해 '공통의 부'의 생산의 전초기지라고 할 수 있

---

3 Steyaert, C.(2007), "Entrepreneuring as a conceptual attractor?: A review of process theories in 20 years of entrepreneurship studies?" *Entrepreneurship and Regional Development*, 19(6), 453-477쪽.

는 협동조합과 사회적 기업에 적합한 공동체 기업가-되기(community entrepreneur-ing)에 대한 포괄적인 이해에 접근해 볼 것이다.

2. 기업가정신의 이미지

기업가정신을 과정철학의 전망에서 본다는 것은 동태적이며 내적관계(internal relation)의 입장에서 본다는 것이다. 내적관계란 시공간 속에서 개체는 다른 개체와 끊임없이 영향을 주고 받는다는 것이다. 캅(Cobb)은 '공동체 속의 개체person-in-community'라는 용어를 통해 개체는 이미 공동체 속에 있고, 공동체 역시 개체의 영향 속에 있다고 주장한다. 내적 관계를 중시하는 과정철학에서는 개인이나 공동체를 실체적 단위로 보지 않으며, 공동체는 그것을 구성하는 개인이 없이는 존재할 수 없고, 개인은 여러 공동체에 참여함으로써 자신의 정체성을 확보하는 '공동체 속의 개체person-in-community'로 본다.[4]

하지만 기업가정신과 경영 이론의 기본적인 패러다임은 여전히 실체 철학에 영향을 받고 진행되어 왔으며, 그 철학에 따른 실천적 행위를 당연한 것으로 인정하였다. 그런 실체 철학에 영향을 받은 기업가정신과 경영 이론은 외적 관계(external relation)이론을 암암리에 전제한다. 외적 관계란 개체가 다른 개체와 어떤 영향도 주고받지 않고 존재할 수 있다는 의미이다. 우리는 이 장에서 이런 이론을 비판적으로 조망하고 공동체 기업가정신이 과정철학, 특히 리좀의 개념과 연관성을 가질 수 있다는 실마리를 제시해볼 것이다. 한편 기업가정신은 기회에 초점을 두고 총체적 접근방법과 리더십을 통해 사고하고 행동하는 것이라고 한다.[5] 즉, 창조적 파괴를 수행하는 개인을 '기업가'(entrepreneur)라고 했다. 예를 들자

---

4 Cobb, B.(2007), "Person-in-Community: Whiteheadian Insights into Community and Institution", *Organizational Studies*, Vol 28, 567-588쪽.

5 배종태·차민석(2009), "기업가정신의 확장과 활성화", 「한국중소기업연구」, 114쪽.

면, 이건희, 빌 게이츠,손정의 등이다. Apple의 CEO인 잡스가 사망했을 때, 전 세계적으로 애도의 물결이 일어난 것은 그가 경영자라는 사실보다는 창조적 파괴를 통한 기업가정신을 보여주었기 때문이다. 과거에 전쟁의 영웅들이나 정치가들이 존경의 대상이었다면, 현재는 혁신과 창조를 통해 새로운 시장과 상품을 창출하는 기업가들이라고 할 수 있다. 이와 같이 기업가정신에 대한 대부분의 문헌 역시 단독적인 개별자에 초점을 두었다(Reynolds 1991).[6]

또한 기업가정신에 대한 국내외적인 연구는 여전히 실체철학의 근간이 되는 주체와 속성이라는 틀에서 착수되고 있다. 배종태와 차민석은 기업가정신의 확장 가능성을 제시하면서, '사내 기업가정신', '대학 기업가정신', '사회적 기업가정신'으로 구분한다.[7] 김종관은 기업가정신을 혁신성, 진취성, 위험감수성이라는 세 가지 차원의 속성으로 개념화한다.[8]

기업가정신에 대한 이와 같은 연구는 모두 주체에 대한 속성의 관련에서 벗어나지 못하고 있다. 형용사 혹은 속성은 모두 주체와의 관련에서 고려해야 하며, 그것의 철학적 토대는 실체철학이라고 할 수 있다. 암암리에 주체는 명사에 의해 고정되고 관계를 맺지 않는 고립된 존재라는 생각을 제시한다. 따라서 기업가정신을 연구하는 학자들은 자신들도 모르게 서양의 고대 및 근대 철학의 실체적 사유를 그대로 계승하고 있다고 볼 수 있다. 치아(Chia)에 의하면, 그런 입장은 플라톤, 아리스토텔레스, 린네, 등의 사유를 계승한 것으로 기업가정신을 이해하는 것이다.[9] 다시 말해서 개체 혹은 계통 중심의 사유에 초점을 둔 연구라고 볼 수 있다.

개체 중심의 사유를 통한 외적 관계 이론으로 경영교육과 그 현장에

---

6 Reynolds, P. D.(1991), Sociology and entrepreneurship: Concepts and contributions, *Entrepreneurship Theory and Practice* 16: 50쪽.

7 배종태 · 차민석,(2009), "기업가정신의 확장과 활성화", 「한국중소기업연구」, 112쪽.

8 김종관(1994)은 박사학위논문인 「경영조직에서의 기업가정신과 그 영향요인 및 성과와의 관계」에서 기업가정신의 연구초점이 심리적 특성, 개인적 가치체계, 민첩성, 창조성, 동기부여 등 대체적으로 개인의 역량에 초점을 두고 진행되어 왔음을 밝히고 있다. 부산대학교 대학원 박사학위 논문, 68쪽.

9 Chia, R.(1999), A Rhizomatic model of organizational change and transformation: Perspective from a metaphysics of change, *British Journal of Management* 10: 212-214쪽.

적극적으로 도입된 대표적인 이론들이 대리인이론(agency theory) 혹은 거래비용이론(transaction cost theory) 등이다. 그런 이론들의 잘못된 적용은 사회 및 기업의 노동자들에게 큰 고통을 안겨주었다. 예를 들어서, 페퍼(Pfeffer)는 자신의 저서에서 '잘못된 영웅, 잘못된 이론들, 잘못된 언어'(wrong heroes, wrong theories, wrong language)라는 장에서, 당시의 경영 분위기는 노동자를 탄압하고 해고한 기업가들을 영웅으로 칭송하는 것이 미국 경영학교와 주주들의 전반적인 추세였다고 한다.[10] 그에 따르면, 경영학교의 교육 및 기업조직은 대리인이론(agency theory)과 거래비용(transaction cost)이론을 경제학의 기본적인 모델로 받아들였다. 대리인이론을 적용한 대표적인 CEO로 Frank Lorenzo, Robert McNamara 등은 단기적인 성과를 냈지만, 결국 그들이 맡은 기업은 장기적으로 파산이나 엄청난 손실을 겪었다고 한다. 그들 기업가들은 대리인들은 일하기를 원하지 않으며 소유주와 노동자 사이에는 이해관계(interest)에 근본적인 차이가 있다는 전제를 그대로 밀어붙인 결과이다.[11] 이것은 외적 관계로 기업을 운영하는 대표적인 경우라고 할 수 있다. 즉, 죄수의 딜레마 게임처럼 개인의 이기적 행위를 전제로 한 조직운영이라고 할 수 있다. 또한 거래비용이론을 적용한 Macy's 역시 큰 규모의 스토어 체인이었지만 결국 엄청난 부채와 함께 도산한다. 그 회사는 감시와 위계적 질서의 관점에서 종업원들을 통제하고 감시했지만, 조직의 생산성은 더욱 낮아지는 결과를 낳았다. 이러한 기업들은 종업원에 대한 신뢰에도 의지하지 않았고, 권위를 위임하거나 권한을 분권화(decentralize)하지도 않았다. 즉 종업원들에 대한 자주관리(self-managing) 정책을 시도하지 않았다.[12] 이런 점은 여전히 실체적 자연에 관해 바탕을 둔 뉴턴의 운동법칙을 노동자에게 적용한 방식이라고 바론

---

10 Pfeffer, J.(1994), 『Competitive avvantage through people』, 93쪽.

11 Pfeffer, J.(1994), 『Competitive avvantage through people』, 94~95쪽.

12 Pfeffer, J.(1994), 『Competitive avvantage through people』, 94~99쪽.

(J. Baron)은 말한다.

> 이런 모델에서 노동자의 이미지는 다소 뉴턴의 운동 제일 법칙과 유사
> 하다. 즉 종업원들은 보다 강력한 힘에 의해 그 상태를 바꾸고자 강요
> 하지 않는다면, 종업원들은 지속해서 정지 상태에 있을 것이다. 과거의
> 경제학 문헌에서는 기업가정신을 한 기업가의 통제 하에 수직적인 계
> 층적인 명령체계로 보고 연구했다.[13]

이것은 사유하는 정신과 연장하는 물질로 실체를 나누는 데카르트의
철학, 분해와 조립이 언제나 가능한 기계와 같은 이미지로 자연을 본 뉴
턴의 사유를 노동자에게 부과했다고 볼 수 있다. 특히 연장하는 물질과
같은 이미지로 노동자를 보았다고 할 수 있다. 실체 패러다임은 노동자
를 연장적이고 수동적인 물질로 보며, 기업가는 사유하는 능동적인 정신
으로 보는 관점으로 자본가와 노동자를 이분화한다. 테일러(Taylor)가
시간에 따른 노동자의 생산성을 높이기 위해 한 것도 결국 노동자는 수
동적이고 테일러 본인은 능동적인 작인으로 보는 것이다. 이를 극복하기
위해서는 고용관계에서 노동자를 바라보는 관점의 전환이 필요하다. 페
퍼에 따르면, Baldrige Award(1989)을 받은 Milliken & Company는
14,000직원이 자율성이 부과되는 수평적 경영(flat management)을 통
해 지속적인 성과를 낼 수 있었다고 한다.[14] 이와 같은 입장은 기업가정신
을 수직적인 위계적 명령체계로 보는 것이 아니라 아래로부터 발생하는
관계적 전망으로 이해하는 것이다. 따라서 노동자들이 자발적이고 능동
적인 존재로 인정하는 관계적 전망의 기업가정신은 종업원의 사기와 생
산성을 높이며 경영성과를 증대시키는 기반을 제공한다. 이것은 관계를
존재보다 우선적으로 간주하는 과정철학의 관점에서 기업을 운영한 경우

---

13 James N. Baron, "The employment relation as a social relation", *Journal of the Japanese and International Economies* 2(1988), 494쪽.

14 Pfeffer, J.(1994), 『Competitive avvantage through people』, 213쪽.

라고 할 수 있다.

　한편 미국을 중심으로 한 서방 문화에서 주장되어 온 개별주의 기업가 정신은 경제적 속성만을 다루고자 한다.[15] 즉, 대다수의 기업가정신에 대한 초기 연구는 기업가를 모나드적 개별자(monadic individuals)로 보았고, 오로지 경제적인 자기 이해에 관련된 것으로 보았다.[16] 하지만 그 연구는 기업가정신이 사회 문화적 맥락에서 발생하는 것을 배제하는 것이다. Davison & Delmar에 따르면, 대부분의 기업가정신 연구는 기업가들이 발생하는 계층을 무시하는 경향이 있으며, 기업가의 경제적 행위가 그 자신의 사회-문화적 요인과는 전혀 별개인 것처럼 말한다.[17] 다시 말해서, 대부분의 기업가정신 연구에서 기업가들은 사회-문화적 기원이라는 개체군(populations)에서 생겨나지만, 그런 전개체화 과정을 무시하는 경향이 있다는 것이다.[18] 개체군이란, 바로 사회와 문화라는 맥락 속에서만 기업가들은 활동한다는 것이다. Dana 역시 기업가정신에 대한 기회의 지각(perception)은 문화적 배경에 달려 있다고 한다.[19] 따라서 Drakopoulou-Dodd & Anderson(2007)은 기업가의 지각과 행위는 경제적 환경에 감응하며, 그 감응에는 사회-문화적 기원과 맥락이 함께 간다는 것이다.[20] 그러나 개발도상국들에서 기업가정신의 연구들은 자신들의 사회-문화적 맥락은 도외시한 채 일방적으로 서방문화와 결합된 기업가정신을 당연하게 받아들인 까닭에, 잘못된 연구결과가 도출되는 경

---

15 Dana, L. P.(1995), Entrepreneurship in a remote sub-arctic community-Nome, Alaska. *Entrepreneurship Theory and Practice* 20, 72쪽.

16 Reynolds, P. D.(1991), Sociology and entrepreneurship: Concepts and contributions, *Entrepreneurship Theory and Practice* 16: 50쪽.

17 Davidsson, P., and Delmar, F.(1992), Cultural values and entrepreneurship, *Frontiers of entrepreneurial research*, 58쪽.

18 비르도에 따르면, 어떤 것이 현실화된다는 것은 반드시 전-개체화의 실재성이 없이는 불가능하다고 본다. 그것은 생물학적 토대인 감각기관, 공동체의 언어와 역사, 오늘날의 지배적인 생산관계 등에 의해 개체화가 가능하다고 본다. 이것은 개체화가 개체군이라는 동태적인 구조 안에서 차이가 생겨남을 의미한다. 김상운(2013) 역, 128-129쪽.

19 Dana, L. P.(1995), Entrepreneurship in a remote sub-arctic community-Nome, Alaska. *Entrepreneurship Theory and Practice* 20, 72쪽.

20 Drakopoulou-Dodd, S., and Anderson, A. R.(2007), Mumpsimus and the mything of the individualistic entrepreneur, *International Small Business Journal* 25: 341쪽.

우가 있다. 따라서 사회와 문화의 맥락이라는 개체군에서 기업가정신이 배출된다는 것은, 그것이 바로 시공간이라는 지역적 특성의 독특성에서 생겨난다는 것이다.

이와 같은 입장은 리좀 철학의 핵심적인 내용을 담고 있다. 리좀은 언제나 '사이' 속에 발생한다. 즉, 일종의 동태적 관계 속에 모든 존재는 있다는 것이다. 기업가 역시 자신과 구체적인 시공간의 맥락에 있는 지역과 분리될 수 없는 사이이며, 그 사이 속에서 독특한 기업가정신이 새롭게 형성되는 것이다. 우리가 의미하는 공동체 기업가정신에서 공동체란 그런 열린 사이의 의미로 보아야 한다.

물론 20세기 동안에 사회주의 이념을 통해 권력을 유지한 공산주의와 일부 사상가들의 입장으로 인해서 '공동 소유'(common ownership)라는 단어는 금기시되거나 부정적인 의미로 인식되었다. 하딘(Hardin)의 『공유지 비극』(The tragedy of the common; 1968)과 같은 글은 공동체보다는 이기심이 자본주의 시스템을 유지하는 데 나을 것이라는 이미지를 제공했다.[21] 하지만 여기서 의미하는 공동체는 바로 개체와 분리된 의미로 이해된 것이다. 우리는 원초적으로 분리된 개체는 존재하지 않으며, 개체는 결과이며, 그 결과는 사이에서 발생한 개체이며, 개체는 언제나 공동체와 분리될 수 없는 사이의 존재로 보아야 한다.

그런 점에서 조하니슨(Johannisson)은 지역을 기반으로 하는 공동체 기업가정신의 가능성을 선도적으로 개진하며,[22] '기업가-되기'(entrepreneuring)라는 개념을 적극적으로 수용한 연구가이다.

> 지역 공동체와 동일화되는 기업가들은 자신의 인격, 가족, 사회적 삶과 분리해서 이해할 수 없다. 지역 공동체와 기업가들이 결합해 있다고 고려할 때, 기업가들은 지역-은행처럼 지역 전체의 맥락과 함께 보아야

---

21 Ostrom, E. 1990. *Governing the commons: The evolution of institutions for collective action.* Cambridge: Cambridge University Press. 등은 공동체에 대해 부정적인 입장을 표명했다.

22 이 문제는 들뢰즈와 가타리의 '신중함'에 대한 논의에서 그 관련성을 짚어볼 것이다.

한다는것을 함의한다.[23]

기업가-되기란, 지역, 가족, 기업가 사이에서 이루어지는 창조적 행위이다. 그것은 고유한 시공간 안의 맥락에서 적절한 전망 과정과 사이에서 공명(synchronizing)을 통해 형성된다. 공동체에서 이루어지는 기업가-되기란, 바로 인간-인격-가족-사회 등의 상호 공명을 통해 이루어진다. 그런 공명은 사이에 존재하는 것들 사이의 공존을 통해 가능한다. 이러한 공동체에 기반한 기업가정신은 경제적 활동과 전통의 삶의 대비를 통해 공동체의 욕망에 공감하고 이해한다는 것이다(Dana & Light).[24]

그는 또한 지식을 에피스테메(episteme), 테크네(techne), 프로네시스(phronesis)로 나누면서, 프로네시스 지식은 지적이며 도덕적 판단을 동시에 요구하는 것이며, 이것은 시공간에 대한 적절한 판단에서 수행되는 상황적 지식이라고 하며, 이 지식이 기업가-되기에 가장 적합한 지식이라고 주장한다.[25] 그런 지식과 맞물려 있기에, Steyaert와 Johannisson는 기업가정신의 연구는 이제 기업가-되기(entrepreneuring)라는 개념으로 사용해야 함을 주장한다.[26] 이와 같은 기업가정신의 연구방향은 바로 과정철학의 입장을 적극적으로 수용한 결과라고 볼 수 있다.[27]

지금까지 논의한 내용을 간단히 정리하자면, 과정철학의 입장을 수용하는 기업가정신은 개체와 공동체를 분리할 수 없으며, 공동체 기업가정신이라는 개념은 개체들 사이에는 일정한 시공간의 맥락에서 공명하는 사건의 공동체가 형성됨을 의미한다. 다시 말해서, 공동체 기업가정신은

23 Johannison, B.(1987), Beyond process and structure: social exchange network, *International Studies of Management and Organization*, 17; 56쪽.

24 Dana L. P. & Light, I.(2011), Two forms of community entrepreneurship in Finland: Are there differences between Finnish and Sami reinder husbandry entrepreneurs?, *Entrepreneurship & regional Development*, 23; 334쪽.

25 Johannisson, B.(2011), Towards a practice theory of entrepreneuring, *Small Bus Econ*, 138쪽.

26 Johannisson, B.(2011), Towards a practice theory of entrepreneuring, *Small Bus Econ*, 36, 135–150쪽.

27 Steyaert, C.(2007), "Entrepreneuring as a conceptual attractor?: A review of process theories in 20 years of entrepreneurship studies?" *Entrepreneurship and Regional Development*, 19(6), 453–477쪽.

전-개체화라고 할 수 있는 개체군에서 다양한 이질적인 존재들의 상호 만남을 통해 공명함으로써 그 지역의 사회적, 경제적으로 지속가능한 삶을 신중하게 선택하는 행위라고 할 수 있다.

물론 공동체 기업가정신의 특징은 지역에 따라 다를 것이다. 하지만 공동체 기업가정신의 보편성은 지속가능성과 공정한 분배에 달려 있다. Wenger에 따르면, "공동체의 역할은 협력과 조화(coordinating)의 스타일이 가장 중요한 상호 작용 시스템의 유형으로써 행위하는 것이다."[28] 따라서 공동체 기업의 주된 목표는 경제적, 사회적, 정치적으로 지속가능한 가치를 유지하여, 그 지역의 사회적 문제들 일, 고용, 개인적 발전에 깊이 관련을 맺는 것이다.[29]

앞에서 언급한 공동체 기업가정신에 대한 이미지는 바로 들뢰즈와 가타리의 '리좀' 개념에서 가장 선명하게 드러난다. 하지만 국내외에서 공동체 기업가정신을 '리좀' 개념을 통해 철학적으로 해부한 논의는 아직까지 전개된 적이 없다. 따라서 우리는 다음 장에서 공동체 기업가정신을 보다 정합적이고 일관성 있게 논의되기 위해서는 들뢰즈와 가타리의 '리좀' 개념을 이해할 필요가 있음을 제시해볼 것이다.

3. 리좀과 공동체

과정철학은 시간의 철학이다. 시간이라고 할 때, 이 시간은 추상적이고 단일한 의미의 시간이 아니다. 자본주의에서는 양적이고 보편적인 시간으로 환원되며, 그로 말미암아 모든 노동을 하나의 측정단위인 시간으로 계산하는 것이 가능해진다. 피어슨(Pearson)에 따르면, "근대 사유를

28 Wenger, E., 1999. *Communities of practice: Learning, meaning and identity.* Cambridge: Cambridge University Press.

29 Peredo, A. M., and Chrismen, J. J., 2006. Toward a theory of community based entreprise. *Academy of Management Review* 31. no. 2: 328쪽.

특징짓는 등질적인 시공간 개념은 사물들의 객관적 성질들도 아니고 그 것들에 대한 우리 지식의 본질적 조건들도 아니다."[30] 그것은 물질에 효율적인 작용을 가하기 위한 방식에 지나지 않는다. 이때 물질은 죽은 것이다. 하지만 과정철학에서 보는 시간은 알과 같이 점진적으로 분화하는 지속의 시간이다. 내 앞에 놓인 책상이나 연필은 각자의 지속하는 시간이 있으며, 나 역시 지속하는 시간이 있다. 내가 책상을 본다는 것은 수동적인 책상을 내가 능동적으로 구성한다는 것이 아니다. 책상이라는 지속과 나라는 지속이 함께 공존(co-existence)한다는 것을 의미한다. 이것은 시간의 복수성을 인정하는 것이다. 이런 복수성은 "분할의 독특한 양태와 공존의 독특한 방식"[31]이다.

> 강둑에 앉아 있을 때 보게 되는 삼중의 흐름−물의 흐름, 새의 비상, 내 내면에서 흘러가는 생명의 속삭임−을 생각해 보자. 여기에서 나의 지속은 계속되는 흐름들의 한 요소이며, 하나의 공존 속에서 타자들을 포함하고 있다. 흐름들 중 두 가지는 그것들이 세 번째 것에 포함되어 있는 만큼만 동시적 또는 공존적이라고 할 수 있다. 그렇지만 자신뿐만 아니라 다른 지속들까지도 무한히 품음으로써 그것들을 개현할 수 있는 힘을 가지고 있는 것은 바로 나의 지속인 것이다.[32]

공존이 곧 새로움의 탄생이다. 이러한 공존의 경험을 하는 누구나 새로운 배치를 만들 수 있는 것이다. "지속은 시간 개념에 입각해서가 아니라 양태 개념에 입각해서 이해되어야 한다."[33] 양태란 여러 요소들이 독립해서 존재하지 않고 관계 속에 있다는 것이다.

지속을 통한 공존은 일종의 내적 관계이며, 들뢰즈는 내적 관계라는 관념을 개진하기 위해 리좀(rhizome) 개념을 창안한다. 나무가 초월적

---

30 Pearson, K. A. 이정우(2005) 역, 『싹트는 생명』, 산해, 73쪽.

31 위의 책, 68쪽.

32 위의 책, 67−68쪽.

33 위의 책, 30쪽.

모델을 상징한다면, 리좀은 내재적 모델을 상징한다. 리좀은 "정복, 변이, 팽창, 포획, 꺾꽂이의 의미"를 갖는다. 리좀은 생산되고 구성되어야 하며, 항상 분해될 수 있고 연결 접속될 수 있고 역전될 수 있고 수정될 수 있는"[34] 것이다. 나무는 언제나 중심으로 귀착되는 이미지를 가진다면, 리좀은 줄기가 무한히 분화되며, 각 분절점이 그 자체로 뿌리가 되므로 중심이 없다. 결국 리좀은 끊임없이 생성변화하고 창조가 발생하는 그런 부분을 상징한다. 따라서 리좀은 나무의 이미지와는 달리 자발적이고 예측될 수 없고 이질적인 요소들을 연결하는 역동적인 이미지이다.

이와 같은 리좀의 이미지는 외적 관계를 중심으로 전개하는 자본주의와 공산주의의 이분법의 방식을 적극적으로 극복하기에 중요한 장치라고 할 수 있다. 외적 관계로 인식론을 세운 대표적인 사회가 자본주의와 공산주의이다. 인간을 상징하는 Homo economicus는 인간을 하나의 실체로 보고 계약을 통해 상호 간에 일정한 관계를 맺는 것으로 본다. 여기에는 본래 공동체가 들어올 여지가 없다. 그 결과 지금도 자본주의사회에서는 소외당한 개체는 언제나 당면한 문제이다. 그리고 맑스주의자와 같은 집단주의자들에게 개인을 실체로 간주하지는 않으며, 국가 혹은 공동체의 행위의 단위에 지나지 않는다고 본다. 집단주의자들은 개체를 무시한다. 대체적으로 사회주의에서는 개인의 자유를 말살하고, 종교 등과 같은 다른 조직을 배제함으로써 20세기에 파국을 맞이하였음을 잘 알고 있다. 따라서 개체 중심이든, 공동체 중심이든 하나를 택하게 되면, 다른 하나를 배제하는 이원론의 입장이다. 이것들은 모두 실체 중심이며, 관계는 부차적인 외적 관계에 해당된다.

> 이원론, 여기와 저기의 존재론적 이원론, 좋음과 나쁨이라는 가치론적 이원론, 미국적인 혼합 또는 종합이란 존재하지 않기 때문이다. ......
> [리좀에는] 자신의 고유한 위계를 구성하고 독재적 수로를 생겨나게 하

---

34 들뢰즈·가타리, 『천개의 고원』, 김재인(2001) 역, 48쪽.

면서도 그러한 모델을 전복시키고 지도를 스케치하는 내재적 과정으로
서 작동한다. …… 중요한 것은 끊임없이 건립되고 파산하는 모델, 끊
임없이 확장되고 파괴되고 재건되는 과정이다. …… 모든 이원론을 통
과함으로써 우리 모두가 추구하던 〈다원론=일원론〉이라는 마법적인
공식에 도달해야 한다.[35]

그렇다면 어떻게 우리는 들뢰즈와 가타리의 리좀 개념을 통해 공동체
와 개체라는 이분법의 사고를 극복할 수 있고, 공생이라는 입장을 전개할
수 있는가? 그러기 위해서는 우선 진화론을 살펴볼 필요가 있다. 왜냐하
면 진화론은 개체의 이기주의 행위를 옹호하는 단초를 제공하는 것으로
일반적으로 받아들여지고 있기 때문이다. 하지만 진화론 역시 공생이라
는 입장이 가능한 측면이 있음을 보여줄 것이며, 이것이 리좀 개념을 이
해하는 중요한 측면이며, 공동체에 대한 새로운 사유를 전개하는데 핵심
적인 역할을 할 것이다.

3.1 리좀과 진화론

들뢰즈와 가타리의 '리좀' 개념은 진화론과 밀접한 관련이 있다. 진화
론 역시 과정과 실체라는 두 가지 관점으로 양분해서 볼 수 있다. 진화론
은 여전히 혈통이나 계보 중심의 사유로 전개된다. 도킨스는 『이기적 유
전자』에게 '자기 복제자'는 "단순히 존재하는 것이 아니라 계속 존재하기
위해 자신을 담을 그릇, 즉 운반자(vehicle)까지 만들기 시작했다"[36] 그는
이를 '생존기계'(survival machine)라고 하며, 그것은 혈연관계를 통해
"개체 이기주의"[37]를 유지한다. 그러면서 도킨스는 운반자로서의 개체가
집단을 이긴다고 말한다.

---

35 들뢰즈 · 가타리, 『천개의 고원』, 김재인(2001) 역, 45-46쪽.
36 Dawkins, R., 홍영남 · 이상임(2010) 역, 64쪽.
37 위의 책, 190쪽.

집단은 하나의 실체로서는 너무 시시하다. 사슴, 사자 또는 늑대의 무리는 약간의 결속력과 단일화된 목적의식을 갖고 있다. 그러나 이것은 한 마리의 사자, 늑대 또는 사슴의 몸에서 볼 수 있는 결속력과 단일화된 목적의식에 비하면 하찮다.[38]

이와 같이 도킨스는 혈통이나 계보를 우선시하는 것을 무의식적으로 받아들이게 된다. 즉, 진화론을 통해 '계보학적이고 혈통적인 모델'은 암암리에 개체 중심의 관점을 유지한다. 그는 한 개체의 유전자가 늑대의 무리보다 훨씬 결속력이 있다고 본다. 이것은 여전히 실체주의 사고가 남아 있다. 왜냐하면 유전자는 자식을 통해 동일한 유전자를 보존하고자 하기 때문이다. 그가 말하는 '이기적 유전자'는 과학이라는 미명하에 실체 중심의 사유를 존속시키고자 한다. 마치 유전자가 자신의 후손에게 전달하고자 하는 욕망이 당연한 것처럼, 자신의 소유재산을 자식에게 물려주는 것 역시 필연적이라는 인식을 갖게 할 것이다.

그러나 들뢰즈와 가타리는 도킨와는 달리 집단의 결속이 개체의 유전자보다 진화적으로 더 중요하다고 본다. 하지만 그들은 동질적인 개체군이 아니라 이질적인 개체군을 의미한다. 그것은 공생의 형태이다. 다시 말해서 생존기계가 되어서 자기를 보존한다는 것은 일종의 환경에 대한 적응이라고 할 수 있다. 데란다(Delanda)에 따르면, "공생(symbiosis)이란 결합을 통해 협력자 모두가 이익을 얻는 것을 의미했지만, 오늘날의 공생은 상호 작용하는 유기체들의 세대 시간에 비해서 오랜 기간 동안 존속하는, 전형적으로 적어도 결합자들 중 하나에서 새로운 신진대사적 수용력의 출현을 가져오는 이질적인 종들 사이의 배치로 정의된다."[39] 그런 점에서 되기는 수직적인 질서보다는 수평적인 이질적 종합에 더 연관을 갖는다.

---

38 위의 책, 411-412쪽.
39 DeLanda, M. 이정우 · 김영범(2009) 역, 『강도의 과학과 잠재성의 철학』, 207쪽.

결국 되기는 진화, 적어도 혈통이나 계통에 의한 진화는 아니다. 되기는 계통을 통해 아무 것도 생산하지 않는데, 모든 계통은 상상적인 것이기 때문이다. 되기는 항상 계통과는 다른 질서에 속해 있다. 되기는 결연과 관계된다. 만일 진화가 참된 생성들을 포함한다면, 그것은 어떠한 가능한 계통도 없이, 전혀 다른 생물계와 등급에 있는 존재자들을 이용하는 공생(symbioses)이라는 광활한 영역에서이다.[40]

이와 같이 진화에 대한 들뢰즈와 가타리의 관점은 계보학보다는 '소통'이나 '결연'에 우선성을 부과하려는 노력이다. 결국 개체보다는 관계를 우선시하는 것이다. 들뢰즈와 가타리는 전이가 아니라 소통에 초점을 두고 진화를 살펴보아야 한다고 주장한다. 그들에게 과정은 지속이며, 리좀이라는 개념으로 전개되며, 리좀은 다양한 이질적인 대상들이 공생하는 형태를 이해하기 위한 이미지이다. 들뢰즈와 가타리에게 공생은 새로운 진화론을 표방하며, 실질적으로 소통의 방식이라고 할 수 있다. 따라서 그들이 받아들이는 진화론은 계통이나 혈통보다는 이질적인 개체군의 수평적인 소통을 더 중요하게 보는 것이다.

그 유명한 사례인 말벌과 서양란을 취하는 생성의 블록이 있다고 해보자. 여기서 어떠한 말벌—서양란도 자손을 낳을 수 없으며, 고양이와 비비를 취하는 생성의 블록인 경우에는 이질적인 종합인 C형 바이러스가 결연을 이루어낸다. 이것이 들뢰즈가 의미하는 극단적인 소통의 사례이다. 이것이 바로 리좀이다.[41]

들뢰즈와 가타리의 리좀 개념은 이질적 것들 사이의 소통을 통한 공동체를 의미한다. 여기에 대해서 두 가지의 오해가 있다. 하나는 타자와의 소통은 결국 자기 보존이라는 자기 조직화의 한 사례에 지나지 않는다는 것이며, 다른 하나는 리좀에서 논의되는 탈영토화란 결국 자본주의 안에서 작동하는 욕망에 지나지 않는다는 것이다.

---

40 김재인(2001) 역, 454쪽.
41 위의 책, 453쪽.

들뢰즈와 가타리의 리좀 개념은 기계적 생성(heterogenesis)과 밀접한 관련이 있다. 이것은 자기조직화(autopoiesis)라는 이론과는 다르다. 자기조직화는 여전히 생존과 자기보존의 입장에서 진행된다면, 리좀은 자기를 버리는 n−1의 과정에서 전개되는 것이다. 결국 리좀은 기존의 자기를 버려야만 가능한 활동이다. 피어슨에 따르면, 자기조직화 이론은 모든 생명계들과 그 경계선들이 횡단적 생성−되기의 방식들을 포함하는 기계적 배치들에 관련되어 있다는 사실을 음미하는 것에 실패하는데, 그 이유는 자기조직화 이론이 생명계에 상당한 자율성을 부여하고는 있지만, 엔트로피의 맥락에서 그리고 정보의 맥락에서 닫혀 있는 계들을 제시하고 있을 뿐이기 때문이다.[42] 즉 생존과 자기 보존의 관점에서만 생명을 보는 것이지, 이질적인 새로운 종합으로써 생명을 보는 것이 아니라고 할 수 있다. 따라서 리좀에서 조직화란, 이질적인 것들의 종합을 의미하며, 그런 종합을 들뢰즈와 가타리는 배치(agencement)라고 한다. 이것은 외부적인 생명체를 없애거나 배제해서 자신의 생명을 유지하는 진화 모델은 거부하는 것이다.

또한 들뢰즈와 가타리는 리좀 개념을 되기(becoming)라는 입장에서 제시하기 위해 동물되기(animal−becoming), 영토화, 탈영토화라는 개념을 만들어낸다. 이 개념은 여러 가지 오해를 불러왔다. 특히 보드리야르는 들뢰즈와 가타리의 탈영토화 개념은 여전히 영토성의 법칙에 제한받을 수밖에 없다고 주장한다. 동물이 유목적이고 방황하는 것처럼 보이지만, 동물들은 영토성의 법칙에 지배를 받고 있다고 주장한다. 보드리야르에 따르면, 들뢰즈는 욕망, 동물성, 리좀을 특권시하면서 자본의 탈영토화의 가능성을 제시하고 있으나 그것은 허황된 자유에 지나지 않는다고 주장한다.[43]

---

42 이정우(2005) 역, 322쪽.
43 위의 책, 326쪽.

자연, 자유, 욕망 등은 자본에의 대립이라는 꿈을 표현조차 하지 못한
다. 그것들은 이 문화의 발달 또는 파괴를 직접 옮기며 나아가 기대까
지 한다. 왜인가? 그것들은 총체적 탈영토화를 꿈꾸며, 그 결과 체계는
오로지 상대적인 것에만 반할 수 있기 때문이다. '자유'에의 요구는 결
국 체계와 같은 방향으로, 그러나 더욱 더 많이 나아가게 된다.[44]

그러나 들뢰즈와 가타리가 구성하는 이질적인 요소들은 강도
(intensity)이다. 강도는 분해할 수 있으나, 분해되면 다른 성질을 갖게
되는 양이다. 그것은 다른 것과 비교될 수 없는 절대적인 차이의 성격을
가진다. 그 되기는 "상대적인 느림과 지연을 통해서 도달할 수 있는 것"이
다.[45] 만약 보드리야르 말처럼, 탈영토화에 대한 욕망이 자본주의 안에 종
속된 것이라면, 강도적 차이라는 개념은 결코 사용될 수 없고, 그것은 자
본주의 욕망의 연장이라고 할 수 있다. 하지만 과정인 리좀은 언제나 중
심이 주변이 되고, 주변이 중심이 되는 것이며, 새로운 탈영토화가 이루
어진다. 차이는 결코 동일자로 회귀될 수 없다. 만약 리좀이라는 개념이
자본이라는 욕망에서 벗어날 수 없다면, 그것은 여전히 실체철학의 망령
에 갇혀 있는 것이라고 할 수 있다.

리좀은 시작도 하지 않고 끝나지도 않는다. 리좀은 언제나 중간에 있으
며 사물들 사이에 있고 사이−존재이고 간주곡이다. 나무는 혈통 관계
이지만 리좀은 결연 관계이며 오직 결연 관계일 뿐이다. 나무는 "~이
다"라는 동사를 부과하지만, 리좀은 "그리고…그리고…그리고…"라는
접속사를 조직으로 갖는다. 이 접속사 안에는 〈이다〉라는 동사를 뒤흔
들고 뿌리뽑기에 충분한 힘이 있다.[46]

---

44 위의 책, 326쪽.
45 위의 책, 327쪽.
46 김재인(2001) 역, 54−55쪽.

들뢰즈에 따르면, "사물은 결코 동일자일 수 없다. 오히려 보고 있는 주체의 동일성과 마찬가지로 보이고 있는 대상의 동일성이 모두 소멸해 버리는 어떤 차이 안에서 사분오열 되어야 한다"[47]. 따라서 들뢰즈철학에서 강도는 결코 동일한 중심으로 환원되지 않기에 자본주의라는 의미 속에 과도하게 탈영토화 개념을 귀속시킬 필요는 없다.

3.2 실체 공동체와 리좀 공동체

들뢰즈와 가타리는 『천의 고원』에서 리좀학을 통해 베르그손의 지속 개념을 확장한다. 피어슨에 따르면, 이 저작의 핵심적인 주제는 "공동체"(community)[48]라고 한다. 우리는 들뢰즈와 가타리의 공동체를 '리좀적 공동체'라고 부를 것이다. 그것은 다양한 이질적인 요소들의 결합을 통해 새로운 배치를 형성하는 것이다.

들뢰즈와 가타리는 『천의 고원』의 핵심적인 주제가 공동체라면, 그것은 아리스토텔레스에 비롯된 공동체에 대한 개념과 비교해볼 필요가 있다. 아리스토텔레스의 공동체는 실체 철학에서 비롯되며, 그것은 질료 및 형상 이론을 통해 전개되어 왔다. 아리스토텔레스의 공동체는 '유형'(type)론의 일종으로 폐쇄된 공동체라고 할 수 있으며, 들뢰즈와 가타리의 리좀 공동체 이론은 열린 공동체라고 할 수 있다. 이 양자의 비교를 통해 '공동체'라는 입장에서 들뢰즈와 가타리의 공동체의 의미를 살펴볼 것이다.

3.2.1 유형이론과 개체군이론

들뢰즈의 리좀을 통한 공동체는 개체군이론을 통해 전개된다. 개체군

---

47 Deleuze, G., 김상환(2004) 역, 『차이와 반복』, 144쪽.
48 이정우(2005) 역, 27쪽.

이론은 기존의 아리스토텔레스의 공동체이론을 비판적으로 극복하는데
중요한 의미를 지닌다. 고대와 근대의 대표적인 공동체 철학자는 아리스
토텔레스와 헤겔 철학이다. 아리스토텔레스의 철학은 초월성의 철학이
나 본질주의 철학은 아니지만, 유형학에 근접해 있는 철학이다. 유형학은
여전히 개체들을 묶는 초월적인 형식을 설정한다. 아리스토텔레스는 개
체를 종들로, 종들은 유들로 묶는 방식을 통해 n+1의 사유를 전개한다.
그것은 추상을 통해 구체성을 묶는 방식이다. 들뢰즈의 철학은 이에 반해
개체군의 입장에 있으며, 이것은 n−1의 사유를 전개한다. 개체군의 입장
에서는 개별적인 것들 모두가 각각 유일성을 가진다. 결국 유형이론은 유
형은 실재하고 변화는 환영이라는 입장이라면, 개체군의 입장에서는 유
형이란 추상이며 오직 변이만이 있다. 들뢰즈와 가타리는 유형과 개체군
의 차이를 다음과 같이 설명한다.

> 형태들은 개체군보다 먼저 존재하지 않는다. 그것들은 통계학적인 결
> 과에 더 가깝다. 어떤 개체군이 각기 다른 형태들을 나타낼수록, 그 개
> 체군의 다양체는 다른 본성을 지닌 다양체들로 더 많이 나뉜다. ……
> 개체군은 더욱 효율적으로 환경 안에서 퍼지거나 환경을 분할한다.
> …… 정도들은 더 이상 증가하는 완전성에 의해 측정되지 않는다.……
> 그것들은 도태압, 촉매작용, 번식 속도, 성장률, 진화, 변이 등과 같은
> 미분적인 관계들과 미분계수들에 따라 측정된다. …… 다원주의의 근
> 본적인 두 가지 기여는 다양체들의 과학이라는 방향으로 이동한다. 유
> 형들이 개체군들로 대체되고 정도들이 비율 혹은 미분적인 관계들로
> 대체된다.[49]

이것은 같은 종에 속하지만 다른 공동체에 속하는 경우에 그 환경 차
이에 따른 다른 형질을 보여줄 수 있다는 것이다. 햇빛이나 천적관계라는

---

49 김재인(2001) 역, 481쪽.

비율에 따라 두 공동체의 유기체들은 다른 성장 속도를 보여줄 수 있다. 이 경우에 어떤 유기체가 더 완벽한 종의 형태를 보여준다고 할 수 없다. 즉 표현형들은 일정한 한계 안에서 유동적이므로, 그 한계 내에서 유전자형이 현실화되는 것이다. 그런 변화의 비율은 동태적이므로 정확하게 예측할 수 없다. 유기체들이 생태계에 살고 있는 구체적인 생식공동체를 딤 (deam)이라고 한다. 딤이란 유기체들과 그것들이 구성하는 종들 사이에 중간단위가 있다는 것이며, 딤이란 주어진 생태계에 살고 있는 구체적인 생식 공동체를 의미한다.[50] 딤은 강도의 속성인 비율에 따라 달라진다. 그 공동체를 지배하는 출생율, 사망률, 이동율에 따라 달라질 것이다. 예컨대, 참새는 그 지역의 먹이와 천적과 기온에 따라서 차이가 있을 것이다. 이것은 "두개의 공동체가 여전히 같은 종일지라도 환경차이들이 각기 다른 형질을 줄 수 있다는 사실"[51]을 의미한다. 이것은 어떤 것이 고정형이고 완전한 지를 설명할 수 없다는 것이다.

따라서 기업가정신에서 설명한 사회와 문화 차원의 '개체군'의 의미가 바로 들뢰즈가 논의하는 생물체의 개체군과 그 맥락을 같이한다. 기업가는 자신의 지역이 가지는 독특성에서 기업적 활동을 운영하는 것이라고 볼 수 있다.

3.2.2 질료와 형상

유와 종으로 구분하는 아리스토텔레스의 유형이론의 분류체계의 더 깊은 사상체계는 질료와 형상도식이다. 서양의 존재론과 인식론에 뿌리 깊이 박혀 있는 사상이다. 들뢰즈와 가타리는 시몽동(Simondon)의 도움을 받아서 질료형상 도식을 극복할 수 있는 개체화이론을 설정한다. 질료는 대체적으로 초월적 형상에 종속되는 지위에 있으며, 형상이 능동적이

---

50 이정우 & 김영범(2009), 107쪽.
51 이정우 & 김영범(2009), 106쪽.

라면 질료는 수동적이라고 할 수 있다. 이를 통해 개체의 형성과정이 설명되었다.

일반적으로 질료와 형상이론의 구체적인 사례로 점토와 주형을 제시한다. 점토는 질료이며, 주형은 형상이라고 보며, 주형이 점토에 형상을 부여해서 벽돌을 만든다는 것이다. 하지만 시몽동은 점토 역시 질료와 형상을 갖고 있으며, 주형도 질료와 형상을 갖추고 있다고 보았다. 안 소바냐르그(Anne Sauvagnargues)에 따르면, "점토는 불활성의 재료가 아니라 준비된 재료로서, 자신의 화학적 구성, 가변적 조형성, 장인의 작업을 통해 형태가 부여되는 점증하는 내생적 속성들과 더불어 고유의 함축된 형태를 지닌다. 다음으로 주형은 추상적 형식이 아니라 물질적 장치로서, 자신의 재료 및 기하학적 형식 안에서 틀의 물리적 기능 전체를 실현하며 인내심을 요하는 제작, 선별작업, 재료의 배치로부터 만들어진다."[52] 이와 같이 점토와 주형은 각자가 갖고 있는 형상과 질료의 상호 소통을 통해 벽돌을 만드는 것이다.

> 따라서 추상적인 개념인 형상과 질료는 개체화를 설명하기에 충분하지 못하다. 고려되어야 하는 것은 전개체적 환경과 새롭게 나타나는 독특성 사이의 틈에서 산출되는 매개지대, 그리고 주형의 힘과 점토의 힘이 상호 소통하는 한에서 힘의 평면에서 벌어지는 분자적인 변조, 이 두 가지가 시몽동이 '내적 공명'이라고 부르는 것으로 들어간다."[53]

이러한 논의는 수동적인 질료와 외적인 능동적인 힘인 형상의 불모의 만남이 아니라 언제나 주형과 재료의 공동작용을 통해 공명이 생긴다는 것이다.

그러나 아리스토텔레스의 질료/형상 도식은 능동과 수동으로 대상의 속성들을 이분화하고 , 그것은 사회 및 정치적 영역에도 그대로 수용되었

---

52 Sauvagnargues, A., 성기현(2016) 역, 『들뢰즈, 초월론적 경험론』, 346쪽.
53 위의 책, 347쪽.

다. 즉, 자본가는 형상이며, 노동자는 질료라는 이미지를 갖고서, 노동자
는 명령을 받는 자이며, 자본가는 명령을 하는 자라는 이분법의 도식이
형성된다. 이와 같이 질료 형상 도식은 실체 철학에서 사회 내의 계급분
화를 필연적으로 받아들이는데 결정적인 기여를 했다. 따라서 질료/형상
도식은 사유와 물질의 이원론뿐만 아니라 노동과 자본이라는 이원론의
기초가 되었다.

> 이론가들은 자신을 주인계급과 동일시하며, 결코 작업실로 내려가지
> 않는다. 사상가들이 기술적인 분석에다 노동에 대한 사회화된 표상을
> 암묵적으로 채택하고 적용하는 것은 바로 이 때문이다. 사상가들은 이
> 러한 표상을 어떤 질서를 수반하는 기술적 작업, 다시 말해 작업을 실
> 행하는 노예에게 부과되는 바 주인의 추상적인 명령을 수반하는 기술
> 적 작업과 혼동했다.[54]

이런 점에서 볼 때, 조직에서 한 개인에게 기업가정신을 부여하는 것은
질료 형상 도식의 방식이라고 할 수 있다. 그러나 들뢰즈와 가타리는 주
형과 점토는 서로 공명하는 힘들의 관계를 통해 일정시간 동안 공존하는
것으로 본다. 그들은 노동과 자본 역시 식별 불가능한 분자적인 근방역
에서 상호 간의 힘이 공명하면서 일정한 시간 동안만 공존하는 것으로 본
다. 주형과 점토가 모두 질료와 형상을 갖고 공명하듯이, 모든 공동체 구
성원들은 각자의 재료와 힘을 통해 공명하는 것이 가능해진다. 즉 수직적
인 질서가 아니라 수평적인 질서를 통해 사회를 고려할수 있는 단초가 생
겨난다. 따라서 들뢰즈의 철학에서 중요한 강도라는 물리적 개념은 이러
한 불균등한 힘의 종합이며, 공명하는 차이의 상태라고 할 수 있다.[55]
한 대상이나 존재 속에 질료와 형상이 함께 있으며, 다른 대상이나 존
재와의 만남 속에서 새로운 공명을 통해 배치가 된다는 것은, 자본과 노

---

54 위의 책, 351쪽.
55 위의 책, 427쪽.

동이라는 이분법, 능동과 수동이라는 이분법을 극복할 수 있는 인식론이라고 할 수 있다. 이를 통해 우리는 공동체 구성원들이 함께 역량을 공유하고 실천할 수 있는 인식적 자양분을 얻을 수 있다.

3.2.3 신중함과 프로네시스

그렇다면 이질적인 기계적 배치를 만들기 위해서는 어떻게 해야 하는가? 기업가정신이 새로운 창조에 있다고 할 때, 그것은 기존의 것을 넘어서는 창조적 행위가 수반된다는 것이다. 마찬가지로 이질적인 기계적 배치라는 것은 기존의 것을 버리는 작업을 수행하여야 하고, 새로운 지층을 만들어야 한다. 들뢰즈는 그런 작업을 '기관없는 신체'(corpssans organes: CsO; body without organs)라는 개념으로 설명을 한다.

그것은 질료적 흐름이며, 탈영토화하려는 흐름이며, 이를 통해서 새로운 것을 만들고 창조하는 것이다. CsO는 어떤 형식이 없는 질료의 형태이다. 물론 무기력한 수동적인 것이 아니라 브라운 운동처럼 매우 무작위로 움직이는 뜨거운 어떤 것이 들어 있는 몸이다. 그리고 새로운 어떤 것을 생산하는 강렬도 0의 존재이다. 기관없는 신체(CsO)는 무규정성과 새로움의 원리를 갖고 있다. CsO도 가능성과는 달리 잠재성의 차원에서 이해할 필요가 있다. 기관없는 신체는 일종의 '알'이다. 알은 하나의 신체이지만 아직까지는 그 어떤 기관도 생겨나지 않는 기관없는 신체이다. 하지만 어떤 기관이 생겨날 잠재적 힘을 안고 있는 것이다. 들뢰즈와 가타리는 기관없는 신체에 두 가지 역할을 부여한다.

한 쪽은 기관 없는 신체를 만드는 것이고, 다른 한 쪽은 이 기관없는 신체를 무언가가 순환하거나 통과하도록 하는 것이다. 동일한 절차들이 두 국면 모두에서 쓰이고 있지만, 그것들은 되풀이 되어야 하고 두 번

반복해 수행될 필요가 있다.[56]

첫 번째 국면은 기존에 영토화된 것을 탈영토화하는 것이다. 두 번째 국면은 탈영토화된 것을 새로운 영토로 만드는 것이다. 들뢰즈의 철학에서 흐름은 영토화, 탈영토화, 재영토화라는 양자(quanta)의 형식을 갖는다. 다시 말해서 영토화된 것을 탈영토화하고, 탈영토화된 것은 재영토화된다.

하지만 기관없는 신체를 통해 탈영토화에 도달하는 것이 마냥 좋은 것만은 아니다. 그것은 암적인 기관없는 신체에 이르게 할 수도 있다.이와 같은 기관없는 신체들은 결코 긍정적 욕망이 아니다. 그것은 부정의 욕망이다. 물론 "돈의 욕망, 군대의 욕망, 경찰과 국가의 욕망, 파시스트-욕망, 파시즘 조차도 욕망"[57]이다. 그러나 이러한 욕망에 의해 빚어진 기관없는 신체는 텅 빈 신체이거나 암적인 몸체이기 때문에, 결코 "긍정적인 집합을 만들 수 없다".[58]

> 화폐의 기관없는 신체가 있으며(인플레이션), 국가, 군대, 공장, 도시, 당(黨) 등의 기관없는 신체가 있다. …… 지층들은 나름대로 기관없는 신체를, 즉 고른판에 대한 전체주의적이고 파쇼적이고 무시무시한 캐리커쳐들을 만들어낸다. 따라서 고른판 위에 있는 충만한 기관없는 신체들과 너무 폭력적인 탈지층화에 의해 파괴된 지층의 잔해 위에 텅 빈 기관없는 신체들을 구별하는 것만으로는 충분하지가 않다. 이미 증식되기 시작한 한 지층 안에 있는 암적인 기관없는 신체들도 고려해야 한다.[59]

---

56 김재인(2001) 역, 291쪽.
57 위의 책, 316쪽.
58 위의 책, 317쪽.
59 위의 책, 313쪽.

이것은 "욕망이 배반당하고 저주받아 그것의 내재성의 장에서 떼어져 나갈 때"[60] 발생하는 것이다. 다시 말해서 잠행자가 되어서 절대적 긍정을 통해 곳곳에 리좀을 만드는 일이 결코 쉽지 않다는 것이다.[61] 이 경우는 3 중의 저주에 묶이는 것이다. 즉, "욕망에 결핍이라는 부정적 법칙을, 쾌락 이라는 외적 규칙을, 환상이라는 초월적 이상"[62]에 결부되는 것이다. 이런 신체들은 죽음에 이르는 기관없는 신체이며, 암적인 기관없는 신체에 이 르는 것이다. 즉 "전쟁과 돈의 신체"[63]를 통해서 탈영토화하는 것이다. 그 렇다면, 왜 적극적이고 절대적이고 긍정적인 탈영토화에 이르기를 실패 하는 이유가 무엇일까? 들뢰즈와 가타리는 다음과 같이 말한다.

> 너희들은 충분히 신중했는가? 지혜같은 것이 아니라 정량같은, 실험에
> 내재하는 규칙같은 신중함, 신중함의 주입 말이다.[64]

신중함이라는 용어를 들뢰즈와 가타리는 매우 중요하게 생각하고 있 지만, 국내에서는 별로 관심이 없는 듯 하다. 이진경도 『노마디즘』 1권 에서, 신중함을 '조심성'으로 번역하며, 매우 중요한 기술이라고 하지만, "솔직히 말해서 그 또한 얼마나 모호한 말인지 모릅니다"[65]라는 표현으 로 어물쩍 넘어가고 만다. 피어슨(Pearson)은 탈영토화에 대한 신중함은 "스피노자의 의미에서의 윤리학적 물음"[66]의 한 단면이라고 한다. 다시 말 해서, 도덕은 사제에 의한 부정적 함축을 갖는다면, 윤리는 내재성의 장 안에서 끊임없이 영토화와 탈영토화가 연결되는 방식이라고한다.

---

60 위의 책, 296쪽.
61 위의 책, 363쪽.
62 위의 책, 297쪽.
63 위의 책, 313쪽.
64 위의 책, 289쪽.
65 이진경(2012) 『노마디즘 I』, 490쪽.
66 이정우(2005) 역, 295쪽.

신중함에 대한 강조. 너무 거칠게 탈층화하는 것에 대한 이들의 경고는 바로 윤리학과 적절히 공명한다. 그래서 이 윤리학은 강도들의 분배와 작동에 대한 지식에 관련된다. …… 우리는『의미의 논리』에서 전개된 사건(싹트는 생명의 사건)의 윤리학을 상기하게 된다. …… 사실상 이 것은 들뢰즈와 가타리가 '도덕의 지질학'을 통해서 윤리학을 다시 쓰려고 시도할 때의 근본적인 문제이다.[67]

신중은 특수한 상황에서 무엇이 옳고 그른지에 대해서 여유를 가지고 곰곰이 생각해서 올바르다고 판단되는 바를 행동에 옮길 줄 아는 인간의 성향이다. 이런 점에서 신중은 미래를 고려하고 예측하는 미덕이다. 사실 신중은 용기, 절제, 정의와 함께 고대와 중세에서 지키던 네 가지 근본적인 미덕 중의 하나였다. 신중은 그리스어 프로네시스(phronesis)에서 왔다. 사실 프로네시스는 예견의 지식을 말한다. 시의적절한 방식으로 기호를 읽어내는 지식이다. 프로네시스는 진리, 인식, 이성과의 관련 때문에 지적인 미덕이었다.[68] 들뢰즈는 "실천적 신중함"[69]만이 긍정적인 기관없는 신체를 만들 수 있다고 한다.

들뢰즈는 신중함이라는 프로네시스 지식에 이르기 위해서는 '기호에 대한 감수성'이 필요하다고 본다. 실천적인 전문가는 각각 기호에 대한 감수성이 있다. 병에 대한 감수성을 지닌 사람은 의사이며, 나무에 대한 감수성을 지닌 사람은 목수다. 신중함이란 주형과 점토의 공명, 나무와 대패의 공명에 대한 기호를 읽을 수 있는 장인들이다. 장인들은 물질과 연장을 질료나 형상을 보는 것이 아니라 재료와 힘의 공명을 통해 소통가능한 지대를 만드는 자들이라고 할 수 있다.

장인의 기술은 그가 연장에서 느껴지는 긴장감을 통해 재료가 방출하

---

67 이정우(2005)역, 295-296쪽.
68 김상표·김영진(2011), "과정철학과 조직이론-창조성과 예견을 중심으로",「화이트헤드 연구」, 61-62쪽.
69 김재인(2001) 역, 358쪽.

는 기호를 식별할 수 있다는 사실에서 성립하는 것이다. 시몽동이 보기에, 좋은 목수는 기술적 행위를 통해 재료가 함축하고 있는 형태를 간파하는 사람이다. 대패는 나무껍질 부스러기를 제거하는 데에만 사용되는 것이 아니다. 대패는 나뭇결에 대한 정보를 전달하면서, 나뭇결의 반응을 평가하고 나뭇결의 내구성, 방향, 유연성을 가늠할 수 있게 해준다. 기술적 행위는 사실 기호에 대한 수용성에서 성립하는 것으로서, 재료는 연장을 통해 장인에게 이 기호를 전달한다. 우리는 나무가 방출하는 기호에 민감해질 때에만 목수가 될 수 있다.[70]

이와 같은 신중함은 바로 그 지역에서 활동하는 구성원들이 다른 구성원들과 함께 모색할 때, 가장 적합한 생산이 가능하다는 것을 생각해 볼 수 있다. 신중함은 프로네시스 지식으로 알려져 있으며, 시공간이라는 구체적인 상황 속에서 공동체에 적합한 행위가 무엇인지를 숙고하는 지식으로 알려져 있다. 이것은 보편적이고 추상적인 지식보다는 기업가 및 경영이론에 필수적인 지식이지만, 지금까지는 충분히 고려되지 않는 지식의 영역이었다. 물론 수학이나 공학과 같은 보다 추상적이고 보편화된 지식도 필요하지만, 그런 지식은 언제나 시공간이라는 구체적 상황에 맞게 활용하는 능력이 매우 중요하다는 것이다.

지금까지 리좀 개념을 개체군, 질료와 형상, 신중함(혹은 프로네시스)을 통해 살펴보았다. 이 차원들은 기존의 공동체 개념에서 비롯된 이분법의 사유를 넘어서는 새로운 공동체 개념을 과정철학의 전망에서 이해하는데 핵심적인 의미를 담고 있다고 볼 수 있다. 지면 관계상 더 자세하게 들뢰즈의 리좀 개념을 살펴볼 수는 없지만, 그 개념이 개체 중심의 기업가정신이 실체 철학에 근간을 두고 있으며, 이를 극복하는데 중요한 자리를 차지하는 것이라고 할 수 있다. 우리는 다음 장에서 그런 논의가 적용 가능한 일부 사례들을 살펴볼 것이다.

---

70 성기현(2016) 역, 207쪽

4. 리좀적 기업가-되기를 통한 공동체 기업가-되기

자본주의는 수학이나 통계를 통해 경제를 파악하기에, 경제의 본래의 의미인 오이코노미아(oikonomia)를 상실한지 오래이다. 가정의 살림살이를 의미하는 오이코노미아는 일상의 삶과 지리적 관계를 통해서만 이해될 수 있는 경제이다. 수적 질서를 통해 계산된 경제에는 삶의 기쁨과 가치는 배제된 형식으로만 이해될 뿐이다. 여기에 맞서서 경제적 활동을 하는 노동자들이 공동체의 삶을 향유하고 자신의 역량과 창조적인 힘을 긍정적으로 생산할 수 있는 조직의 방식이 필요하다. 이 조직에서는 모든 참여자들이 자신의 힘을 생산하고 공유할 수 있어야 한다. 네그리와 하트 그런 조직을 위해 다음과 같은 세 가지 강령을 제시하고 있다.

① 정부가 모든 이들에게 기본적 생활수단을 제공할 것을 요구해야 한다. 이것은 비참에 맞선 삶의 유지를 위한 조건이다.
② 위계에 맞서 평등을 요구하여 모두가 사회의 구성, 집단적 자치, 다른 이들과의 건설적 상호 작용에 참여할 수 있어야 한다. 이런 참여는 권력을 공유하고 결정하는데 관여할 수 있는 힘을 갖게 한다.
③ 사적 소유의 장벽들에 맞서 공통적인 것에 대한 자유로운 접근을 요구해야 한다. 이것은 참여하는 모두가 자원과 부를 자유롭고 평등하게 사용하고 또 그것을 가지고 생산하는 일에 관여하는 것이다.[71]

네그리와 하트가 주장하는 이런 강령은 국가라는 조직을 통해 구축되기는 결코 쉬운 것이 아니다. 그것은 국가의 시스템이 자본주의 생산양식과 분리될 수 없는 시점에서 이러한 강령을 국가단위에서 주장하는 것은 새로운 공산주의라는 오해와 불신을 낳을 수 있다. 경쟁이라는 개념은 협력이라는 개념만큼 인간 조직에는 필수적인 것이다. 네그리와 하트의 공

---

71 정남영·윤영광(2014)역, 519-520쪽.

통의 부의 주장에는 일정한 경쟁이라는 논의는 완전히 배제하는 것이다. 우리는 경쟁을 배제하는 것 역시 보편성이나 동일성의 철학의 과오를 범할 수 있다고 본다. 마치 그것은 보노보의 공감 능력은 인정하면서, 침팬지의 경쟁 능력은 우리의 유전자 속에 없는 것처럼 말하는 것이다. 우리는 경쟁과 협력 사이에 존재하고, 그 사이를 공명시키는 것 역시 중요한 화두라고 할 수 있다.

우리는 Nonaka & Katsumi(2008)의 사례인 '무소'에서 공동체 기업가-되기가 리좀적 기업가-되기의 방식으로 전개되고 있음을 보여줄 것이다. 무소는 일본에서 회원들의 기금을 모아서 운영되는 장애인 협동조합의 일종이며, 우리는 이 조직에서 앞에서 다룬 리좀의 개념들이 적용된 측면들을 볼 수 있다. 또한 우리는 진주에서 자주관리로 운영되는 삼성버스회사 역시 리좀의 방식으로 실천되고 있다고 본다. 이 회사는 공동체 기업가-되기가 실현되는 현실적인 모습이라고 보며, 이를 통해 네그리와 하트가 주장하는 강령은 '개체군' 혹은 '지역'이라는 것을 염두에 두고 실현되어야 함을 간단히 살펴볼 것이다. 이 버스회사는 다양한 문제들을 안고 있지만, 우리는 이 회사가 실체 공동체보다는 과정 공동체에 근접하는 방식으로 조직을 운영해 왔다고 생각한다. 이 사례를 통해 공동체 기업가 정신의 단초를 찾아볼 수 있기를 바란다.

4.1 공동체 기업가-되기와 무소

일본의 사회복지법인 무소는 상식을 뒤엎은 새로운 복지 개념을 탄생시켰다. 사회복지사인 도에다 히로모토는 7년 동안 지적 장애인을 돕는 일을 했지만 장애인들이 실제로 현장에 투입되면 복지시설과 다른 환경 때문에 전혀 도움이 되지 않는다는 사실을 알았다. 그에 따르면, "기존 복지시설에서 이루어지는 훈련은 수학을 못하는 사람에게 수학을 반드시 잘해야 사회에 참여할 수 있다는 논리와 같은 겁니다. 수학을 못해도 문과에 진학할 수 있는 것처럼 장애인에게도 일반인과 같은 기회를 주어야 합니다." 중증 장애인들은 거의 움직일 수 없다. 그들 역시 삶의 의미와 내적 생산성을 갖고 있다는 것을 히로모토는 복지사 체험을 통해 알게 되었다.

29세에 독립을 결심한 도에다 히로모토는 자신과 뜻을 같이 한 장애인 부모 다섯 명과 함께 100만 엔씩 투자하여 건물을 하나 빌렸다. 여기에 기존의 복지시설에서 불가능했던 서비스를 제공하는 민간 비영리단체 후 와리를 설립했다.

철저하게 장애인의 입장에서 생각하는 도에다는 획기적인 복지 방안을 내놓았다. 그에 따르면, "처음에 만들어진 설계도는 기존의 복지시설과 별다른 차이가 없었습니다. 남향의 햇볕이 가장 잘 드는 곳이 직원 사무실이었죠. 기존의 복지가 누구를 중심에 두었는지 고스란히 대변한 셈이죠. 그래서 저는 종업원 휴게실을 가장 좋은 자리에 두는 상점이 어디 있냐고 따졌습니다. 결구 직원 사무실은 다락방으로 밀려나게 됐지요.

"그는 '아트 스퀘어'라는 식당을 차렸다. 여기서 일하는 지적 장애인들은 상황에 따라 일의 처리 속도를 조절하기 어렵다. 주문받은 라면이 손님에게 갈 때까지 일반 라면집보다 속도가 더 걸린다. 그래서 그는 식당에 샐러드 바를 만들고 장애인들이 손님에게 20여 종류의 샐러드를 제공하면서 장애인과 손님이 모두 만족할 수 있는 시스템을 만들었다. 속도는 상대적일 뿐이다. 장애인-정상인-샐러드바를 상호 공명하게 하는 방식으로 배치를 만든 것이다. 이것은 또한 강도라고 할 수 있다.

사회복지법인 무소 사례는 항상 장애인과의 관계성을 중시한다. 중증 장애인이라고 하더라도 고객에게 웃음을 주고 희망을 주는 마스코트 역할을 할 수 있으며, 장애인들 역시 보호받는 대상이 아니라 내적 생산성을 갖춘 가치 있는 중요한 사람이라는 사실을 보여준다. 즉 정태적으로 사물이나 인간을 보는 것이 아니라 동태적이고 과정적으로 사람을 보며, 관계를 통해서 새로운 가치를 창출할 수 있는 것으로 본다. 사회복지법인 무소는 장애인이 정상인과 감응할 수 있음을 보여주는 사례라고 볼 수 있다. 즉, 장애인과 정상인은 배치에 따라 서로 영향을 줄 수 있는 것임을 보여준다. 지역에 기반을 두고 장애인에게도 능동적인 작인이 있다는 사실을 통해 프로네시스 지식을 실행한 측면에서 고찰할 때, 무소는 리좀적 공동체 기업가-되기의 성공적인 사례로 볼 수 있다.

4.2 공동체 기업가-되기와 진주 삼성버스

〈표 1〉 삼성자주관리버스의 개요

법인소재	경남 진주시 초전동118-3번지
업종	버스여객 자동차 운수사업
차량대수	96대(일반시내버스, 저상버스)
종업원수	232명(승무원: 198명, 정비원외: 34명)
자본금	159,375,000
발행주식	31,875주

2005년 9월 삼성교통은 삼성노동자 자주관리기업으로 새롭게 태어났다. 이전 사업주의 총체적 기업경영의 부실과 장기적이며 상습적인 임금체불은 심각한 수준이었다. 그로 인하여 노동자들은 악성적인 임금체불에 항의하며 103일 간 파업을 했다. 사업자는 부도를 내었으며 버스노동자는 일자리 보존과 체불임금을 해결하기 위해서 여러 가지 대안을 검토했다.

첫 번째로는 진주시에서 완전공영제 방식으로 운영하는 것과 둘째는 건실한 제3자가 인수하는 방식이었으며 마지막으로는 자주관리기업을 채택하는 것이었다. 하지만 부실기업을 인수하는 상황이었기 때문에 진주시나 건실한 제3자가 인수하기에는 어려운 상황이었다. 즉 버스노동자들은 고용보장과 체불임금을 해결하기 위해서 어쩔 수 없이 부실회사를 인수하게 되었으며 부채 78억 원과 버스 90대를 넘겨받게 된 것이다. 삼성노동자 자주관리기업의 초기운영 자금 확보를 위해서 조합원들이 스스로 해결점을 찾아냈다. 즉 회사에서 조합원에게 1인당 300만원씩 임차하는 방식으로 초기 운영자금을 확보하였다.

그리고 진주시 보조금 8억원을 선 집행할 수 있게 진주시의 도움을 이끌어냈다. 한국의 자주관리기업의 경우 민노총이라는 상위의 관리단이 현장 기업에 파견됨으로서 기업이 만들어지는 경우가 있다. 진주 삼성버스의 경우에도 민주노총의 관리단이 파견되어 버스회사를 지휘하고 운영하는 책임을 맡았다. 하지만 그 결과는 실패로 끝나버렸다. 삼성 버스 관리를 하는 노동자와의 인터뷰 내용을 인용하면 다음과 같다.[72]

민주노총과 조합원들 사이에 기대치는 상당한 차이가 있었다. 이것이 민주노총을 탈퇴하는 계기가 되었다. 민주노총은 민주버스를 통하여 자금을 마련하는 등 자기 세력을 불리려고 시도하고, 또 관리단이라는 대리인을 내세워서 주인행세를 했다. 조합원들의 기대는 민노총의 관리단들이 자신들을 교육하고 기업의 비전을 함께 공유해주기를 원했지만 이러한 작업은 이루어지지 않았다. 초기 자주관리기업으로 출범할 때, 조합원들은 자주관리기업이라는 것이 무엇인지 몰랐고 파업을 하다보니까 어쩔 수 없는 선택이 자주관리기업이 된 것이고, 민노총에서도 "자주관리기업을 하게 되면 월급도 한 달에 300만원씩 받아가고, 복지도 좋아질 것이다"라고 설명했는데 민노총으로부터 자주관리기업에 대한 교육을 받지도 않았고 더욱이 재무 분석을 잘못하여 3개월 만에 모든 자금이 바닥나 버리고 말았다. 이렇게 됨으로써 조합원들은 "이제 우리가 힘들게 벌어오는데 돈 다 어디 같네? 너희들이 다 떼먹는 것 아니냐?" 라며, 민노총 관리단에 대한 불신을 표현한다. 이렇게 해서 1기

---

72 김상표 · 최용석 · 김영진 · 장인권(2013), "자주관리기업은 유토피아인가?: 모순의 제도화 과정으로서 조직민주주의", 「한국창업학회 춘계학술대회 발표 논문집」.

관리단들이 철수하게 되고 이후 2기 관리단도 물러나게 된다. 이는 이후에 민노총을 지지하는 조합원과 그렇지 않은 조합원으로 분열되어 "노노 갈등"을 낳는 핵심적 도화선이 되었고 심지어 파벌이 생기기 시작한다.

우리는 이 인터뷰를 통해 볼 때, 민주노총 역시 위계적이고 수직적인 조직 운영방식을 모델로 하고 있었으며, 그것은 실패로 종결된다. 결국 민주노총 역시 노동자의 입장에 있다고 말하면서도 그 조직의 모델은 여전히 위계적인 질료/형상 도식에 머물러 있다. 질료형상 도식으로 볼때, 민주노총은 형상이며, 버스기사들은 질료로 본 것이다. 그들이 통제하고 운영하면 좋은 결과가 있을 것이라고 노총 직원들은 생각한 것이다. 이런 생각은 결국 자본가와 노동자를 양분하듯이, 민주노총과 노동자를 양분하는 것과 동일한 사고방식이라고 할 수 있다. 하지만 지금 초월자에 해당하는 외부의 개입이 거의 없이, 노조원들 스스로의 생각을 통해 빚도 갚아나가고 질서도 유지되고 있다. 이런 점에서 공동체기업가-되기가 노조원들 사이에서도 가능함을 보여주고 있다.

일반 자본주의 기업에서 뿐만 아니라, 자주관리기업이나 사회적 경제기업에서 조합원들의 자발적인 참여를 통한 민주적 의사소통체계는 조직의 생명력과 비전을 유지할 수 있는 핵심 요소이다. 그러나 그것은 정태적인 방식으로 균형을 잡고 있는 평화로운 방식이 아니라 언제나 불균등의 방식으로 전개되고 있음을 볼 수 있다.

평소에는 개인주의나 이기주의로 있다가 회사가 어렵거나 외부에서 위기가 닥치면 단합이 잘 됩니다. 그러나 일상적 경영에 참여는 상당히 좋지 못하다. 참여를 하려는 사람이 많아야 발전이 되고, 개선이 될 것인데 아무도 안 하려고 합니다. 책임을 져야 하니까? 조합원들이 조합원으로서의 권리와 의무가 수반되는데 권리를 내세우면서 의무는 다하지 않습니다. 권리는 많이 내세우지만 실제 현장에 가서는 엉망진창입니다. 노선에 가서는 중요한 노선이 있습니다. 아침마다 법인과 노조

간부들이 가서 시간별로 움직이라고 노래를 부르지만 우리가 있을 때
는 지켜지지만 우리가 나오면 똑같아집니다. 그런 문제가 정말 해결되
지 않을 것 같습니다. 조합원들이 내가 주인이면 주인의식을 가지고 더
잘 해야 되는데 그것이 잘 안 됩니다.

우리는 이런 조직을 보면 매우 불안정하고 위태로워 보이기에 제대로
운영되지 않을 것이라고 생각한다. 그래서 초월적인 이데아에 해당하는
기업가를 필요로 한다는 생각에 빠지기 쉽다. 그것은 동질적이고 안정된
질서의 모습을 이상적이라 생각하기 때문이다. 비르노(Virno)에 따르면,
개체화된 '나'는 생물학적 토대인 감각, 공적인 성격을 지닌 모국어, 생산
적 협력과 공존하지만, 그것은 언제나 평화로운 것은 아니라고 한다. 그
와는 달리 다양한 위기가 발생하는 것이 당연하다고 한다.[73] 버스기사인
나-버스회사-동료들은 언제나 새로운 배치로 드러난다. 그것은 기관없
는 신체가 되는 것이며, 새로운 영토화를 추구해야 한다. 하지만 언제나
암적인 기관없는 신체들, 부정적이고 쾌락적인 영토화로 귀착될 소지가
있는 것이다. 그래서 신중하지 않으면, 공명이 일어나는 것이 어려운 일
이며, 공명은 언제나 불안한 상태로 존속하는 것이다. 따라서 비르노는
20세기 프랑크푸르트 학파가 주장한 내용, 즉 개체가 보편적인 생산력에
서 소외되어서 불안을 느낀다는 것은 거짓이라고 한다. 사실 노동자들이
불안과 불행을 느끼는 것은 "개체적 실존과 전-개체적 역량의 분리로부
터 도출되는 것이 아니라 그것들이 아주 긴밀하게 뒤섞이는 것으로부터
불협화음, 병리적인 동요, 위기가 도출"된다고 한다. 노동자들이 동질적
이지 않다는 것, 그것은 강도의 모습을 보여주는 전형이라고 할 수 있다.
　간단히 살펴본 버스 자주관리기업은 경제적 민주주의를 실현을 위해
만든 기업이지만, 그 기업에 속한 노동자들은 이미 몸에 박혀 있는 노/사
라는 이분법 사유를 그대로 받아들이는 경향이 있고, 민노총 관리단 역시

---

73 Virno, P. 김상운(2013) 역, 『다중』, 132쪽.

노동자들은 일방적으로 배워야 한다는 이분법적 사유에서 벗어나지 못하고 있음을 볼 수 있다. 즉, 실체 철학의 사유의 근간인 개체 중심과 질료 및 형상 분리의 사유가 몸에 배여 있기 때문이다. 하지만 자주관리로 운영되는 버스회사에서 노동자들은 민노총이나 기업가 없이도 스스로 능동적인 작인으로써 시공간 맥락에 맞는 프로네시스 지식을 실천할 수 있는 역량이 있음을 보여주고 있다.

여기에는 어떤 중심적인 작인이나 주체가 존재하지 않는다. 중요한 것은 개개의 구성 요소가 아니라 그들 사이의 역동적인 상호작용이 발생한다는 것이다. 이것은 삼성버스라는 배치 속에서 구성원들이 리좀으로 활동하는 것이며, 그 리좀 속에서 다양한 신체들의 만남을 통해 어떤 강도를 실천할 것인지를 구성원들은 그 누구보다도 잘 알고 행동한다는 것이다.

이것은 기존 사주와 노동자의 관계에서 탈영토화한 것이기에 결코 쉬운 일은 아니다. '신중함'이 없다면, 언제나 그것은 암적인 기관없는 신체로 전락할 수 있다. 따라서 자주관리 조직은 강도들의 분배와 작동에 관한 신중한 지식을 언제나 고려해야 한다. 이와 같이 공동체 기업가-되기는 다양한 지역에서 적절한 공명을 통해 실천되고 있다고 볼 수 있다.

5. 결론

새로움의 출현은 공통적으로 공진화하는 탈주선에서 이종적인 협력자와 함께하는 능력에, 혹은 들뢰즈의 말처럼, '전적으로 상이한 개체들을 포함하는 속력들과 감응태들의 조성, 즉 공생'에 더 많이 좌우된다.[74]

지금까지 들뢰즈와 가타리의 리좀 개념과 공동체 기업가정신의 관련

---

74 김재인(2001) 역, 258쪽.

성을 짚어보고, 향후에 기업가정신의 전개에서 어떤 철학적 전망으로 전개되어야 할 것인지를 조망해 보았다. 우리 사회는 다양한 지역과 대학에서 기업가정신에 대한 새로운 연구가 활발하게 진행되고 있다. 하지만 그런 연구가 어떤 철학적 전망에서 이해되고 모색해야 하는지는 거의 전무한 상황이다. 융합이라는 의미는 바로 세계관과 그 구체적인 영역이 함께 가야하는 것을 의미한다. 오늘날의 세계관은 생성이나 과정의 존재론이며, 그것은 이미 자연과학의 영역을 비롯해서 다양한 영역에서 뉴턴의 실체 존재론을 극복하기 위해 전개되고 있으며, 새로운 융합이 생성의 존재론의 전망에서 시도되고 있다고 볼 수 있다. 하지만 가장 최첨단이라고 할 수 있는 기업가정신의 연구의 경우에도 여전히 실체철학의 주변에서 실증연구가 지속되고 있다는 것이다. 특히 사회적 기업과 협동조합에서 논의되는 기업가정신은 과정철학의 전망을 갖지 않고는 그 유효성을 얻을 수 없을 것이다. 왜냐하면 과정철학 내에서만 오늘날의 공동체의 의미가 적절하게 이해될 수 있기 때문이다. 혹자들은 들뢰즈와 가타리의 철학이 정체성과 공동체 의식이 없는 유목적 사유라고 비판을 한다. 하지만 본론에서 언급했듯이, 들뢰즈와 가타리의 사유는 공생이라는 진화론을 근거로 한 새로운 공동체를 탐색하는 작업이라고 할 수 있다. 우리는 유행이나 시류에 의해 잘못 이해된 과정철학을 받아들이지 말고, 보다 적극적으로 과정 사유를 기업가정신 연구의 철학적 기반으로 받아들여야 할 것이다.

　기존의 기업가정신은 동질적이고 보편적인 관점에서 기업가정신을 바라보고 이해한다. 그것을 통해서는 협동조합과 사회적 기업의 기업가정신을 이해하는 것은 쉽지 않다. 사회적 기업이나 협동조합은 각 지역마다, 각 구성원들마다 그 속도나 감응이 다를 수밖에 없다. 그런 점을 우리는 받아들이고 이해할 필요가 있다. 다문화 사회적 기업, 장애자 사회적 기업 및 협동조합, 소수자 등의 협동조합 및 사회적 기업이 다양한 지역에서 발생하고 활동을 하고 있지만, 이들이 어떤 방식으로 이해해야 할지는 철학적으로는 막연한 상황이다. 우리는 이런 점을 적극적으로 변호하고 받아들일 수 있는 철학적인 토대로 '리좀' 개념을 제시하고, 이를 통해 '리좀적 기업가—되기'를 제시해 보았다. 이것은 오늘날 공동체 기업가정신을 이해하는 단초를 제공할 수 있을 것이라고 본다.

공동체 기업가정신은 공동체의 경제적 문제와 공동체의 삶의 역량을 함께 고민하는 것이다. 공동체 기업가정신은 미래 세대에게 지속가능한 삶과 세계를 제시하는 것과 관련되어 있기에, 보다 많은 조직과 사람들이 관심을 가지게 될 것이다. 다시 말해서 공동체 기업가정신에 대한 관심은 경제적 이익과 사회 혹은 공동체를 함께 유지할 수 있는 방법으로 주목을 받을 것이다. 국가 혹은 민간에서 다양한 형태로 모색되는 사회적 기업과 협동조합에 관심이 증대되고 있기에, 우리의 실험적인 사유가 행위의 출발점이 되기를 바란다. 우리 역시 향후에 보다 실증적인 사례들을 통해 우리의 사유와 이론에 대한 근거를 제시할 수 있도록 시도할 것이다.

참고 문헌

김상표 · 김영진(2011), 「과정철학과 조직이론─창조성과 예견을 중심으로」, 『화이트헤 드 연구』, 61-62.

김상표 · 김영진(2013), 「리좀과 공동체 기업가정신: 과정철학의 관점」, 『한국창업학회 춘계학술대회 발표논문집』.

김영진 · 김상표(2016), 「과정공동체를 향한 모험: 철학과 조직이론의 창조적 전진」, 『민족문화논총』 제 62집.

김상표 · 최용석 · 김영진 · 장인권(2013), 「자주관리기업은 유토피아인가?: 모순의 제 도화 과정으로서 조직민주주의」, 『한국창업학회 춘계학술대회 발표논문집』.

김영진(2014), 「현실적 존재와 공동체 기업가정신: 과정철학의 관점」, 『환경철학』 제 17집.

배종태 · 차민석(2009), 「기업가정신의 확장과 활성화」, 『한국중소기업연구』, 31 집:109-128.

성태경(2002), 「기업가이론의 고찰을 통한 벤처경영자의 바람직한 역할 모색」, 『벤처경 영연구』 제5권 2호: 37-59.

정영민 · 김현정(2015), 「기업가정신, 경영활동, 조직문화와 기업성과에 관한 연구: 인 간중심경영을 중심으로」, 『창조와 혁신』, 219-250.

최종열 · 정해주(2008), 「경영학 교육이 기업가정신 함양에 미치는 영향에 관한 연구」, 『인적자원관리연구』, 9집: 213-230.

Bakken, Tore, & Tor Hernes(2003), *Autopoietic organization theory: Drawing on Niklas Luhmann's social systems perspective*, Oslo:Abstrakt, Liber, Copenhagen Business School Press.

Bateson, Gregory(1972), *Steps to an ecology of mind*, Northwhale, NJ: Jason Aronson.

Bergson, Henri(1988), *Matter and memory*, New York: Zone Books.

Carlson, Arne(2006), Organizational becoming as dialogic imagination ofpractice: The case of the indomitable Gauls, *Organization Science* 17/1:132-149.

Chia, Robert(1999), A Rhizomic model of organizational change andtransformation: Perspective from a metaphysics of change, *British Journal of management* 10: 209-227.

Chia, Robert(2000), Time, duration and simultaneity: Rethinking processand change in organizational analysis, *Paper presented at the American Academy of Management Conference*, Toronto, August2000.

Ciborra, Claudio(2002), *The labyrinths of information: Challenging the wisdom of systems*, Oxford: Oxford University Press.

Cobb, John, B.(2007), Person-in-Community: Whiteheadian Insights into Community and Institution, *Organizational Studies*, 28/4: 567-588.

Comeche Joe M. & Loras J.(2010), The influence of variables of attitudeon collective entrepreneurship, Int *Entrep Manag* 5: 23-38.

Cooper, Robert(1976), The open field, Human Relations, 29/11: 999-1017.

Cooper, Robert(2005), Relationality, *Organization Studies*, 26/11: 1689-1710.

Dana L. Paul & Light. I.(2011), Two forms of community entrepreneurship in Finland: are there differences between Finnish and Samireindeer husbandry entrepreneurs?, *Entrepreneurship & Regional Development*, 23: 331-352.

Deleuze, G., *Différence et Répétition(DR)*, 김상환 옮김(2004), 『차이와 반복』, 민음사.

_____., *Le pli:. Leibniz et le baroque(P)*, 이찬웅 옮김(2004), 『주름: 라이프니츠와 바로크』문학과 지성사.

_____., *Dialogues with Claire Parne(D)t*, translated by H. Tomlinson and B. Habberjam London: Athlone Press, 1987.

_____., *Logique du sens(LS)*, 이정우 옮김(1999), 『의미의 논리』, 한길사.

_____., *Le Bergsonisme(B)*, 김재인 옮김(1996), 『베르그송주의』, 문학과 지성사.

Deleuze, G. and Guattari, F., *Mille Plateaux(MP)*, 김재인 옮김(2001), 『천개의 고원』, 새물결.

Deleuze, G and Parnet, C., *Dialogues*, 허희정 · 전승화 옮김(2005), 『디알로그』, 동문선.

Delanda, M., *Intensive science and virtue philosophy*, 이정우 · 김영범(2009) 역,

『강도의 과학과 잠재성의 철학』, 그린비.

Dowkins, R., *The Selfish Gene*, 홍영남/이상임 옮김(2010) 역, 『이기적 유전자』, 을유문화사.

Feldman, Martha(2000), Organizational routines as a source of continuous change, *Organization Science*, 11/6: 611-629.

Giddens, Anthony(1984), *The constitution of society*, Cambridge: Polity Press.

Johannisson, Bengt(2011), Toward a practice theory of entrepreneuring, *Small Bus Econ* 36: 135-150.

Jones, Campbell & Munro, Rolland(2005), Organization Theory, 1985-2005, *The Editorial Board of the Sociological Review*.

Hartshorne, Charles(2003), *A new world view*, Herbert F. Vetter(ed.) Cambridge, MA: Harvard Square Library.

Langley, Ann(1999), Strategies for theorizing from process data, *Academy of Management Review* 24: 691-710

Luhmann, Nilkas(1995), *Social system*. Stanford, CA: Stanford University Press.

March, James G.(1981), Footnotes to organizational change, *Administrative Science Quarterly*, 26: 563-577.

Morgan, Gareth(1997), *Images of Organization*, 박상언 · 김주엽(2003) 역, 「조직의 8가지 이미지」, 지샘.

Negri, A., & Hardt, M., *Common wealth*, 정남영 · 윤영광(2014) 역, 『공통체』, 사월의 책.

Nonaka, Ryoko, Toyama(2009), *Managing Flow*, 김무겸(2010) 역, 「창조적 루틴」, 북스넛.

Nonaka & Katsumi(2007), *The art of innovation*, 남상진(2008) 역, 『씽크이노베이션』, 북스넛.

Paolo Virno, *A Grammar of the multitude*, 김상운(2013) 역, 『다중』, 갈무리.

Pettigrew, Andrew M.(1987), *The management of strategic change*, Oxford: Blackwell.

Pfeffer, J., (1994), *Competitive advantage through people*, Boston: stanford university graduate school of business.

Reed, Michael(1997), In Praise of duality and dualism: Rethinking agency and structure in organizational analysis, *Organization Studies*, 18/1: 21-41.

Ribeiro-Soriano D & Urbano D(2008)., Overview of collaborativeentrepreneurship: and integrated approach between businessdecisions and negotiations, *Group Decis Negot* 18: 419-430.

Sauvagnargues, A. Deleuze: *L'empirisme transcendantal*, 성기현(2016)역, 『들뢰즈, 초월론적 경험론』, 그린비.

Steyaert, C.,(2007), 'Entrepreneuring' as a conceptual attractor? a review of process theories in 20 years of entrepreneurship studies, enttrepreneurship & religion development, 19: 453-477.

Styhre, Alexander(2004), Rethinking knowledge: A Bergsonian critique ofthe notion of tacit knowledge, *British Journal of Management*, 15: 177-188.

Tsoukas, Haridimos, & Robert Chia(2002), On organizational becoming: Rethinking organizational change, *Organization Science*, 13/5: 567-582.

Weick, Karl E.(1979), *The Social psychology of organizing*, 2nd edn, NewYork: Random House.

Weick, Karl E.(1993), The collapse of sensemaking in organization: The Mann Gulch disaster, *Administrative Science Quarterly*. 38: 628-652.

Weick, Karl E.(1995), *Sensemaking in organizations*, Thousand Oaks, A: Sage.

제5부
아름다움과 평화의
과정공동체에 대한 모색

경영과 철학의 만남
Management Philosophy

미적 존재론과
느낌의 윤리[1]

1. 서론

시간이 우리를 지배한다. 우리의 삶은 시간에 따라 생활 패턴이 결정된다. 오늘날 우리 삶은 점성술이나 주역에서 만든 시간이 아니라 선형적이고 가역적이고 측정가능하고 예측가능한 시간 속에 살아가고 있고, 그것은 네트워크 사회에서 심화되고 있다. 이런 시간은 뉴턴 패러다임에서 비롯된 것이다. 카스텔(Castells)은 이와 같은 시간을 '초시간적 시간'(timeless time)이라고 한다.[2] 초시간적 시간은 지상에서 영원한 우주를 만들려는 뉴턴의 망령이며, "줄곧 자본주의 시스템의 경향"[3]이라고 한다. 금융자본축적의 핵심도 시간이다. 금융자본에서 시간은 이윤창출의 핵심이며, 그것은 컴퓨터로 진행된다. 거래의 속도가 이익과 손해를 결정한다. 거의 대다수의 금융거래는 현재의 거래에서 미래의 시간을 포획해서 가치를 만들어내고 있다. 금융자본은 한 순간에 기업을 망하게 해서 기업인과 종업원을 길거리로 쫓아낸다. 그런 까닭에 기술 및 과학 문명은 우리의 구체적인 삶을 앗아가는 양상이 있기에, 다수의 현대 철학자들은 자

---

1 이 논문은 『철학논총』 제90집 제4권(2017년)에 게재되었다.
2 마뉴엘 카스텔, 『네트워크 사회의 도래』, 김묵한 · 박행웅 · 오은주 역, 한울아카데미, 2008, 561쪽.
3 같은 책, 561쪽.

본주의 및 기술문명에 대해 혹독한 비판을 제시해 왔다. 하지만 여전히 우리의 삶을 지배하는 패러다임은 뉴턴적이며, 그것에 의해 제시된 윤리 이론들이 우리 삶을 재단하고 있다. 그것은 칸트의 윤리이론과 벤담의 공리주의 윤리이론이다. 우리는 암암리에 이 이론들 속에서 뉴턴의 시간이론에 의해 제기된 윤리의 양상들을 볼 수 있다.

이 논문의 보다 구체적인 목적은 '이분화'(bifurcation)를 극복하고 그 대안을제시하려는 과정철학, 특히 화이트헤드(Whitehead)의 철학을 중심으로 '느낌의 윤리'(ethics of feeling)를 구성해 보고자 한다. 또한 느낌의 윤리 이론을 통해 자본주의에서 금과옥조로 여기는 뉴턴의 시간이 얼마나 추상적이며, 그런 시간이 실제의 우리의 삶과 이분화되어 있는지를 함축적으로 제시해 보고자 한다. 따라서 느낌의 윤리는 자연과 인간, 인간과 비인간 등을 새롭게 통합할 수 있는지를 고려하는 것이다. 그것은 신체와 세계를 분리하지 않고, 정신이 아니라 신체가 이미 윤리에 대한 이해에 초석이며, 그런 신체들의 연결이 어떻게 윤리를 가능하게 하는지를 살펴볼 것이다.

이분화는 근대철학에서 현대철학까지 연결되는 중요한 철학적 질문이다. 우리는 하나를 얻기 위해 또 다른 하나를 배제하는 방식을 취해왔다. 예컨대, 데카르트(Descarte)의 철학이 자연과 인간을 분리하는 데 기여했으며, 그것은 인간을 세계에서 주체로 만드는 데 중요한 의미부여를 했다. 그것은 윤리이론에도 영향을 주어서, 칸트는 인식과 실천을 분리하는 자신의 윤리이론을 제시했으며, 벤담 역시 질적인 사건은 도외시하고 다수가 만족하는 행복이라는 추상도구로 윤리이론을 제시했다. 이 점에 관해서는 본문에서 자세히 살펴볼 것이다.

지금까지 현대 철학은 뉴턴 패러다임에서 비롯된 기술문명의 문제점을 지적하는 데 많은 지면을 할애했다. 특히 하이데거(Heidegger)는 기술과 과학이 우리의 삶을 질식시키는 점들을 집중적으로 고찰하고 비판했다. 베르그송(Bergson) 역시 지식은 실재를 '공간화'시키며, 그 원흉은 수학 및 자연과학의 추상에 있다고 보며, 그 영역들은 실재를 이해할 수 없다고 말한다. 사실 철학자들 역시 과학자들과 마찬가지로 중요성을 위해 다른 영역을 배제하는 모습을 보여준다.

그렇다면 우리는 기술과 과학 없이 우리의 삶이 가능한가? 느낌의 철학을 제시하는 화이트헤드는 전문적으로 수학, 논리학, 물리학을 연구한 학자였다. 그는 그 영역들이 가진 장점과 단점을 충분히 수렴한 후에, 철학을 연구했다. 그는 과학과 기술이 '추상'(abstraction)의 유형임을 잘 알고 있었다. 추상은 일종의 단순화 및 환원의 일종이다. 하지만 우리는 추상 작용 없이는 사유도 행동도 할 수 없다. 다만 그런 영역이 무작위로 확대되는 경우에 문제가 생기는 것이다. 화이트헤드는 이를 "잘못된 구체성의 오류"(the fallacy of misplaced concreteness)라고 한다. 화이트헤드의 느낌 이론은 '반복', '존속', '생겨남'이라는 기본 조건이 자연과학뿐만 아니라 기타의 영역, 즉 윤리의 영역에서도 기본 요소들로 보고 있다. 이런 점에서 볼 때, 추상과 구체의 상호 결합은 형이상학의 조건이자 윤리를 이해하는 단초가 된다. 우리는 이런 점을 본문에서 보다 자세하게 다룰 것이다.

한편 윤리 이론에는 개체의 본질적 가치와 다수의 도구적 가치라는 두 가지 측면이 근대 윤리의 핵심적인 전제로 자리를 잡고 있다. 전자는 의무윤리이며, 후자는 공리주의 윤리이다. 개체의 목적 그 자체를 윤리이론의 핵심으로 규정하는 칸트(Kant)의 윤리이론과 다수에게 결과적으로 유용성을 제공하는 경우에 윤리적이라는 벤담(Bentham)의 입장은 매우 상반된다. 그것은 옳고 그름을 떠나서, 근대윤리를 대표하는 칸트와 벤담의 입장은 이분화의 지점에 있다. 즉 본질적 가치와 도구적(유용성) 가치로 나누어지고 있다. 우리는 본질적 가치와 도구적 가치 역시 양분될 수 없다는 점을 느낌의 윤리를 통해 제시하고자 한다. 실재하는 현실적 존재(actual entity)는 본질적 가치와 도구적 가치를, '시공간'의 간격을 두고 모두 실현하고 있다는 점을 보여 주고자 한다.

이 논문의 순서는 다음과 같다. 첫째, 능력 심리학을 통해 근대 윤리이론의 무의식적인 가정이 무엇인지를 짚어볼 것이다. 둘째, 과정철학의 기본 개념들이 인지과학의 연구에 의해 그 근거가 뒷받침되고 있다는 점을 간단히 지적할 것이다. 셋째, 느낌의 윤리를 조화, 강도, 생생함으로 나누어 설명해 볼 것이다. 결론은 이와 같은 느낌의 윤리 이론이 기업윤리에 어떠한 함의를 주는지를 간략하게 제시해볼 것이다.

2. 능력 심리학과 윤리

화이트헤드에 따르면, 정치, 종교, 과학, 윤리의 영역은 한 우주시대에 거의 유사한 패턴 속에 활동하고 있다고 한다. 이미 우리는 푸코의 '에피스테메'와 쿤의 '패러다임' 이론을 통해 그런 사유에 익숙해 있다. 다시 말해 그 시대를 대표적으로 반영하는 추상관념이 있으며, 그런 추상관념들이 그 시대의 지배적 사고 유형이라고 할 수 있다. 화이트헤드는『과학과 근대세계』(SMW)[4]에서 그런 무의식적인 가정들이 자연과학의 기초가 되는 수학 논문에서도 발견된다고 한다.

> 응용 수학 분야의 뛰어난 저서나 논문을 비판할 때, 처음의 1장, 심지어 첫 페이지의 내용만으로도 커다란 문제가 될 때가 흔히 있다. 왜냐하면 논의의 출발선에서 저자가 설정한 가정들 자체에서 과오가 발견되는 수가 있기 때문이다. 게다가 그러한 문제는 저자가 말하고 있는 것에 관련되어 있기 보다는 그가 말하고 있지 않은 것에 관련되어 있다. 또한 그것은 저자가 의식으로 가정한 것보다도 그가 무의식적으로 가정한 것에 관련되어 있는 것이다. 우리는 저자의 성실성을 문제삼으려는 것이 아니다. 우리가 비판하려고 하는 것은 그의 통찰력이다. 각 세

---

4 A. N. Whitehead, *Science and the Modern World*(1925), 오영환 역, 『과학과 근대세계』, 서울: 서광사, 1989, 앞으로는 'SMW'로 약칭하여 본문에 바로 표기함.

대는 그 전 세대가 취했던 무의식적인 가정들을 비판한다.(SMW 47)

오늘날 우리 역시 이와 같은 무의식적 가정에 의해 사유하고 행동하고 있는지도 모른다. 어쩌면 한 시대의 사유 양태는 이미 나를 그렇게 사유하고 행동하게 이끌고 있는지도 모른다. 내 욕망이 이미 '타자의 욕망'인 것처럼. 윤리적 사유 및 행동에서도 이미 그 시대의 관습 속에서 행위하고 있을 수 있다. 가장 무의식적인 사유를 지배하는 개념들 중에는, 이성, 의지, 열정, 지각과 같은 개념들이다. 이것은 이미 플라톤에 의해 집대성되며, 줄곧 윤리적 사유의 초석이 되었다. 마치 유클리드 기하학의 '점'을, 사영기하학이 나오기 전까지 모든 기하학의 출발점으로 삼은 것과 같다.

화이트헤드가 볼 때, 고대부터 근대까지 서구 윤리는 '능력'이라는 기본적 얼개를 통해 진행되어 왔다. 다시 말해서 윤리학에는 '능력 심리학'(facultypsychology)이라는 무의식적인 가정이 내재되어 있다고 본다. 우리는 이 능력 심리학을 일종의 '잘못 놓여진 구체성의 오류'(fallacy of misplaced concreteness)의 전형이라고 본다. 그것은 점과 같은 추상을 통해 이데아를 상정한 플라톤의 사유처럼, 이성, 의지, 감정과 같은 개념들은 구체성을 상실했음에도 불구하고, 마치 그것들이 인간의 구체적인 행위를 설명하는 것처럼 사용되어 왔다.

화이트헤드는 자신의 주저인 『과정과 실재』[5] 서문에서 19세기까지 서구를 지배해 온 9가지 신화적 사유를 지적한다. 그것들은 대체적으로 표현의 주술 형식, 사변철학에 대한 불신, 언어에 대한 절대적인 신뢰 등을 기술하고 있다.(PR xiii) 그 아홉 가지 중에서 이 논문의 목적과 직접적으로 관련이 있는 신화적 사유가 있다. 그것은 '능력 심리학'(faculty psychology)에 대한 비판이다. 심리학을 전공하지 않은 철학 전공자 입장에서는 무심코 지나치기 쉬운 대목이다. 하지만 이 능력 심리학이 고대

---

5 A. N. Whitehead, *Process and Reality*(1929), 오영환 역, 『과정과 실재』, 민음사, 1991. 앞으로는 'PR'로 약칭하고 본문 안에 표기함.

부터 근대까지 지속되어 온 서구 윤리학에 대한 비판을 담고있는 문장이라면 그 의미의 파장은 상당할 수 있다.

능력 심리학에서 제기하는 기본 개념들은 정신적 영역들이 존재하며, 그것들은 지각, 열정, 의지, 이성으로 구분할 수 있다는 것이다. 지각은 몸을 통해 감각적 인상을 받아들인다. 의지는 자유롭게 행위를 결정할 수 있다. 이성은 감각 자료를 분석하는 계산을 할 수 있다. 열정은 의지에 힘을 행사한다. 이성, 의지, 열정, 지각은 각각 힘을 가지며, 그 힘을 누가 지배하는지에 따라 인간의 행위가 달라진다.[6] 이 능력 심리학은 플라톤이 『국가』에서, 아리스토텔레스가 『니코마코스 윤리학』에서, 칸트와 벤담이 각각 자신들의 윤리 저서에서 제시한 무의식적인 가정이다. 이와 같은 가정은 마음을 하나의 사회로 보며, 그 안에서 지각, 열정, 의지, 이성과 같은 개념들이 상호 충돌하고 권력 투쟁을 하는 것으로 간주한다. 우리는 칸트, 벤담, 흄이 각각 어떤 능력을 우위에 두는지에 따라 그 윤리적 관점이 달라지고 있음을 간단히 지적해볼 것이다.

존슨(Johnson)에 따르면, 서구 윤리 사상사에서 유대 기독교의 전통은 도덕성의 기원이며, "서구 세계의 유일한 도덕이론"[7]이다. 여기에서는 모든 도덕적 제약이 신적 '이성의 힘'에서 비롯된다.[8] 그 힘은 명령을 내리며, 그 명령만이 유일한 정당한 근거를 갖는다. 이와 같은 입장은 칸트에 의해 신이 제거된 보편적 이성으로 주장된다. 신적 명령은 보편 이성으로 대체된다. 즉 이성의 정언 명법을 통해 윤리 규칙을 확립한다. 존슨에 따르면, "칸트가 유대 기독교 전통을 따라 인간 본성, 그리고 이성과 의지 개념에 관해 인간의 신체와는 전혀 상관이 없는 이분법적 견해를 유지"[9]하고 있다는 것이다. 즉 신이 은폐된 초월성에 기초를 둔 합리성의 윤리학이라고 할 수 있다. 그는 칸트의 『실천이성비판』에서 나오는 내용을 다

---

6 마크 존슨, 『도덕적 상상력―체험주의 윤리학의 새로운 도전―』, 노양진 옮김, 서광사, 2008, 52―54쪽.

7 같은 책, 60쪽.

8 같은 책, 61쪽.

9 같은 책, 74쪽.

음과 같이 인용을 한다.

> 도덕법칙은 지성—상상력이 아니다—이외에 도덕 법칙의 자연 대상들
> 에 대한 적용을 매개하는 다른 어떤 인식 능력도 갖지 않는다. 지성은
> 이성의 이념의 기초에 감성의 도식이 아니라, 법칙을 그것도 감관의 대
> 상들에서 구체적으로 그려내 잴 수 있는 그러한 법칙으로서 놓을 수 있
> 고, 이것을 우리는 그래서 윤리 법칙의 범형이라고 부를 수 있다.[10]

칸트에게는 자연 법칙과 도덕법칙은 무관하며, 도덕법칙의 자율성이
자연에게는 적용될 수 없다. 정언명령은 오로지 형식적인 보편성만을 갖
는다. 칸트의 도덕법칙은 경험 세계와 별도로 존재하며, 오직 명령체계로
만 존재한다. 칸트는 뉴턴의 과학이 자연 결정론의 모습을 보여주듯이,
자신의 윤리 법칙도 결정적인 체계이기를 꿈꾼다. "그 준칙이 보편적 법
칙이 될 것을, 그 준칙을 통해 네가 동시에 의욕할 수 있는, 오직 그런 준
칙에 따라서만 행위하라."[11] 따라서 칸트는 뉴턴과 동일한 보편성을 윤리
이론에서 찾고자 했다.

한편 칸트가 뉴턴 역학과 당대의 종교적 전통과 관련성 속에서 윤리를
고려했다면, 벤담과 콩트는 오로지 당대의 자연과학의 성과 위에서 도덕,
종교, 법률의 명백한 기초를 발견했다.[12](AI 96) 하지만 화이트헤드에 따
르면, 벤담과 콩트는 "확실성을 얻고자 '플라톤과 종교'를 포기하였으나
거기서 얻은 바가 아무것도 없었다."(AI 96) 왜냐하면 칸트는 종교의 영
향으로 여전히 인간 전체를 초점에 두고 윤리이론을 작업하였다면, 벤담
과 콩트는 다수와 소수라는 틀을 통해 소수를 박멸해도 어떠한 윤리적 책
임도 떠맡을 필요가 없기 때문이다. 그것은 너무나 많은 '소수'를 다수라

---

10 같은 책, 69쪽.
11 임마누엘 칸트, 『윤리형이상학 정초』, 백종현 역, 아카넷, 2013, 132쪽.
12 A. N. Whitehead, *Adventure of Ideas*, 오영환 역, 『관념의 모험』, 민음사, 1996. 앞으로는 'AI'로 약칭하고 본문
　안에 표기함.

는 우리와 구별하는 관점에 서게 되더라도 어떤 법적, 윤리적 책임도 느낄 필요가 없다. 벤담에 따르면, 이성의 능력을 통해 쾌락과 고통의 가치는 계산 가능하며, 그것은 유용성에 따라 행복을 측정할 수 있다.

> 모든 쾌락들의 가치를, 다른 한편으로 모든 고통들의 가치를 합한다. 그 균형이 쾌락 쪽에 있다면 그것은 그 개별적 인간의 이해관계라는 관점에서 전반적으로 좋은 행위 성향을 제공할 것이다. 만약 그 균형이 고통 쪽에 있다면 전반적으로 나쁜 행위 성향을 제공할 것이다.[13]

벤담은 쾌와 불쾌라는 신체적 지각의 힘을 염두에 두지만, 최종적인 계산은 이성을 통해 측정가능한 것으로 본다. 칸트, 벤담의 윤리 이론은 분명히 그 차이가 있음에도 불구하고, 그 모두가 능력 심리학에 기초해 있음은 분명하다. 존슨에 따르면, "현대의 도덕적, 사회적, 정치적, 경제적, 심리학적, 교육학적 이론의 대부분이 가정했던 능력 심리학 통속 이론과 '도덕 법칙' 통속 이론에 근거한 것이다."[14] 다시 말해서 "이 모든 것은 이성과 욕망의 분리에서, 즉 이분화된, 깨어진 자아에서 비롯된다."[15] 그런 입장은 오늘날에도 여전히 상존해 있다는 것이 존슨의 입장이다. 그는 헤어(Hare), 기위스(Gewirth), 롤스(Rawls), 노직(Nozick) 등에 '힘으로서의 이성'이 무의식적으로 전제되어 있다고 본다.[16] 화이트헤드는 이와 같은 능력 심리학에 따른 철학적 사유를 다음과 같이 비판한다.

> 철학적 사유는 단순 지각, 단순 사적 감각, 단순 정서, 단순 목적, 단순 현상, 단순 인과작용과 같은 매우 추상적인 개념들만을 오로지 다룸으로써 스스로 어려움에 처해졌다. 이것들은 심리학에서는 폐기되었

---

13 제러미 벤담, 『도덕과 입법의 원칙에 대한 서론』, 강준호 역, 아카넷, 2013, 218쪽.
14 존슨, 같은 책, 257-258쪽.
15 같은 책, 292쪽.
16 같은 책, 75쪽.

지만 형이상학에 여전히 맴돌면서 괴롭히는 낡은 '능력들'(faculties)
의 유령들이다. 결코 그런 추상들의 '단순한' 공재는 있을 수 없다. 이
결과가 철학적 논의에서 잘못된 구체성의 오류에 빠지게 되는 이유이
다.(PR 18)

이와 같은 칸트의 의무윤리와 벤담의 공리주의 윤리는 능력심리학에
서 의미하는 추상적 개념들을 통해 윤리 이론을 제시하고 있기 때문에,
무엇보다 우리에게 가장 구체적인 몸에 대한 이해가 배제되어 있다. 신체
는 이성과 의지, 욕구라는 추상적인 능력 이전에 있으며, 그것들은 이미
자연과 상호 내재적인 관계 속에 있다. 이것이 느낌의 윤리를 이해하는
단초이다. 여기에 대해서는 뒤에서 좀더 다루어 볼 것이다.

서양 윤리학사를 저술한 애링턴(Arrington 2011)을 통해서도 그 점
을 확인할 수 있다. 그에 따르면, 최근 서양의 도덕적 논의는 크게 두 가
지로 나누어진다고 한다. 윤리적 행위의 착수는 욕구인가? 이성인가? 도
덕 판단은 형식을 기초로 하는가? 내용을 기초로 하는가? 그런 질문은
칸트, 벤담, 흄의 윤리이론에서 비롯된다. 따라서 이성과 욕구라는 능력
에 따라 윤리 이론을 나누는 것이 근대 윤리학의 무의식적인 가정이며,
잘못된 구체성의 오류이자 이분화의 형태를 갖고 있다고 볼 수 있다.[17]

한편, 화이트헤드에 따르면, 자연과학이 다루는 주제는 크게 네 가지
로 나눌 수 있다고 본다. 1) 존속하는, 진정한 실재적 사물, 2) 생겨나는,
진정한 실재적 사물, 3) 반복되는 추상적 사물, 4) 자연의 법칙이 그것이
다. 첫 번째는 바위 조각이나 인간의 영혼과 같은 것을 의미하며, 두 번째
는 거리, 방, 동물의 몸에서 일어나는 임의의 사건들, 세 번째는 바위의
형태 등과 같은 것이다. 네 번째는 만유인력의 법칙 등이다.(AI 97)

이 네 가지 주제를 화이트헤드는 형이상학의 원리라고 본다. 그렇다면
이것은 다른 영역에도 적용 가능하다고 볼 수 있으며, 특히 윤리이론을

---

17 로버터 애링턴, 『서양윤리학사』, 김성호 역, 서광사, 2003. 서문 참조.

비판적으로 조망하는 도구가 될 수 있다. 우리는 이를 통해 공리주의 윤리 이론과 칸트의 의무윤리에 적용해 보자.

"공리주의의 원리에 대한 진술에는 '최대 다수의 최대 행복'이라는 구절이 있다. 분명히 이 구절은 적어도 우리가 행동하는 데 일반적인 지침으로 삼을 만한 충분한 의미를 지니고 있다. 그러나 다른 견해를 비판하기 위해 이 정식을 사용할 경우, 우리는 그것이 무엇을 의미하는지 마땅히 물어보아야 한다. '행복'은 반복이며, '최대 다수의 인간'은 존속이며, 행복이 일어난 '사건'은 생겨남이다.

'행복'은 분명히 반복되어야 한다. 존속하는 한 인간에게 혹은 다수의 존속하는 인간들에게 행복은 어떤 사건에서 비롯된다. 그런데 일어나는 사건은 각각 그 강도마다 다를 것이다. 그런 강도를 다 합한다면, 행복이 되는 것인가? 실제적으로 산술적으로 가산된 행복을 수반하는 생겨남은 존재하지 않는다. 오전의 좋은 사건과 오후의 불행한 사건을 합해서 자신의 행복을 결정짓지는 않는다. 설사 아무리 많은 행복이 있었다고 하더라도, 한 번의 교통사고는 그 모든 행복을 앗아갈 수도 있다. 그 사건들의 강도가 다르기 때문이다.

또한 존속은 영원한 존속을 의미하는 것인가? 우리는 그런 존속을 인정한다면, 플라톤주의의 이데아 철학이나 실체 철학을 통해 수적으로 동일한 존속을 지칭해야 한다. 그러나 현대 양자역학에서 존속은 리듬이나 주기를 통해 설명하고 있으며, 일정한 관계나 성질자체가 하나의 존속이며, 무차별적인 존속은 없다. 존속은 오로지 차이를 통해 가능할 뿐이라는 것이다. 우리는 존속을 '연장화된 양자'(extensive quanta)와 같은 입장에서 본다. 그렇다면 단명한 다수인 세 사람의 존속과 장수한 한 명의 존속은 누가 더 행복한 것인가? 공리주의는 추상적 반복과 구체적으로 존속하는 다수의 인간을 상정해서 윤리이론을 지칭하고 있지만, 가장 중요한 생겨남이라는 요소를 간과하는 측면이 있다. 이런 점에서 공리주의 윤리이론 역시 구체성을 가장한 추상화된 윤리이론이라고 할 수 있다.(AI 98-99) 즉, 반복이 행복이고, 존속이 최대다수의 인간이라면, 행복은 매 사건마다 모은다고 해서 과연 가능할까? 행복은 절대로 총량이 될 수 없다. 행복은 각자가 갖는 사건마다 그 강도는 다를 수 있다.

칸트 역시 뉴턴이 외부 세계에서 자연법칙을 찾듯이, 우리 내부에서 윤리 법칙을 찾고자 한다. 그는 뉴턴이 제시한 자연의 결정론적 체계에 대한 관점을 빌려와서 자신의 윤리이론에도 결정론적 체계를 확립하고자 한다. 그는 『윤리 형이상학 정초』에서 다음과 같이 언급한다.

> 나는 나의 준칙이 보편적인 법칙이 되어야만 할 것을 나 또한 의욕할 수 있도록 오로지 그렇게 처신해야 한다.[18]

칸트는 자연법칙이 영속할 것이라고 생각했기에, 도덕법칙 역시 시공간에 구애받지 않고 영속할 것이라고 보았다. 화이트헤드에 따르면, "뉴턴 물리학은 독립된 물질 입장의 개체성에 기초를 두고 있다. 각각의 돌은 다른 물질 부분과의 연관을 도외시해도 충분히 기술될 수 있는 것으로 생각되고 있다."(AI 255) 뉴턴의 물리학이 이성을 통해 절대적으로 추상화된 시공간 개념을 사용한 것과 마찬가지로 칸트의 "도덕적 가치는 선한 의지, 즉 이성적 의지와 그러한 의지의 행위가 갖는 속성"으로 김석수는 바라본다.[19] 선의지는 "보편적 법칙으로 의욕될 수 있는 준칙에 따라 행위할 때 도덕적 가치를"[20] 가진다는 것이다. 결국 칸트에게는 이성적 존재만이 자유로운 의지를 갖고 보편적 법칙을 수행할 수 있다는 것이다. 하지만 자율성은 이성이 아니라 신체를 통해 제기된다면, 칸트의 그 준칙은 대단히 제한된 의미의 도덕법칙이 될 수밖에 없다.

우리가 일상적으로 과학에서 탐구하는 사물들인, 별, 행성, 분자, 전자, 양자 등을 독립된 개체로 보고, 그 개체가 변하지 않고 어떤 운동을

---

18 칸트, 같은 책, 94쪽.
19 김석수, 「칸트의 관계적 자율성」, 『철학논총』, 제 70집, 2012, 213쪽.
20 같은 책, 213쪽.

수행하고 있다고 보아서는 안 된다. 오히려 그것들은 "각각 전 영역에 걸쳐 있는 시-공 속의 변용으로 이해되어야 한다."(AI 256) 이와 같은 입장을 수용한다면, 개체는 독립된 것이 아니라 상호 관계 속에 있는 것이며, 그 내부의 차이에 의해 존속이 생겨나는 것이다. 절대적인 자연법칙이 반복되는 것이 아니라, 사건의 생겨남에 의해 존속과 반복이 발생하는 것이다. 이것이 뉴턴 과학을 넘어서는 현대 과학의 논의의 정수를 설명하는 화이트헤드의 입장이다. 우리가 볼 때, 반복과 존속에 대한 뉴턴의 입장을 윤리의 영역으로 전환한 것이 칸트라고 볼 수 있다.

그렇다면 어떻게 이와 같은 개념에서 빠져나올 수 있는가? 그것은 현대 인지과학의 도움을 받을 필요가 있다. 왜냐하면 흄, 벤담, 칸트의 윤리학 역시 당대의 자연과학과 조우에서 자신들의 윤리학을 정초하기 때문이다. 더 이상 신학에 기댈 수 없는 윤리는 자연과학과 보조를 맞추지 않고는 지탱될 수 없다. 그런 점에서 현대 인지과학이 우리에게 제공하는 인식론이, 느낌의 철학과 어떤 관계를 가질 수 있는지를 우선적으로 살펴보고 그 논의를 중심으로 느낌의 윤리학을 전개해 볼 것이다.

일반적으로 자연은 우리의 지각 외부에 있으며, 우리는 자연을 지각하면서 재현한다고 생각한다. 이것이 이분화이다. 여기서 문제는 자연과 지각을 이분화하기 전에, 우리 자신이 자아와 지각하는 것을 분리하는 것이다. 이때 지각하는 추상적인 '나'는 초월적인 자리가 배정된다. 이것이 정신과 자연이 두 가지 실체로 설정되고 분리되는 방식이다.

하지만 화이트헤드에게 정신과 물질은 없고 오직 사건만이 존재한다. 자연이란, "지각되어지는 모든 것"[21](CN, 29)이다. 이 의미는 자연은 우리의 지각과 분리되지 않는다는 것이다. 자연은 지속을 통해 지각된다. 사건은 "시간의 한 시기를 통해 지속하는 한 장소의 특정한 성격"(CN, 52)이다. 우리의 지각은 지속의 연장의 한 유형이며, 그것은 자연

---

21 A. N. Whitehead, *The Concept of Nature*, 안형관, 전병기, 이태호, 김영진 역, 이문출 판사, 1998. 앞으로 'CN'으로 약칭하고 본문 안에 표기한다.

속의 사건의 연장이라고 할 수 있다. 즉, "앎의 행위를 위한 자연 속에 초점을 가리키며, 바로 그것을 바라봄으로써 다른 사건들이 지각된다." (CN, 107) 스탕제(Stenger, 2011)에 따르면, 이 사건에 대한 전망은 주관적 관점이 아니며, 그 전망은 내가 점유하는 것이 아니라 오히려 나를 점유하는 것이다.[22] 새로운 전망은 주체가 주체적으로 결단하는 것이 아니라 주체에게 '일어나는 일'로서, 이 전망을 제공하는 사건은 "사건들의 거대한 비인격적 망에 속한다."[23] 우리가 일반적으로 지각을 통해 정신에 드러난 사건은 "현재의 지속"과 "지각 사건"의 결합이며, 현재의 지속은 앎의 때(When)를 보여주고, 지각 사건은 앎의 자리(where)와 앎의 방식(how)을 보여준다.[24] 현재의 지속이 지각 사건과 결합되는 것을 공액(cogredience)이라고 한다. 따라서 지각하는 사건은 지속하는 자연의 한 단면이 공액하는 것이며, 우리는 이를 몸을 통해 볼 수 있다.

그렇다면 사건은 일정 기간 동안 공액을 통해 두 항에 일정성을 부여한다. 일정성은 한정의 성격을 갖는다. 자연의 파랑과 지각의 파랑이 하나의 사건 속에 결합되어야 한다. 화이트헤드는 이를 위해 '대상' 혹은 '영원한 대상'(eternal object)의 개념을 사용한다. 이 대상은 우리의 지각이나 정신에만 속하는 것이 아니라 자연 속에 내재되어 있다. 자연의 이분화는 파랑이 우리에게만 있다고 생각하는 것이다. 샤피로(Shapiro, 2011)에 따르면, 체현적 인지(embodied cognition)를 주장하는 이들은 인지와 세계 사이는 몸의 활동(enacting)이 보완된다고 한다. 우리가 경험하는 색에 대한 경험이 세계에 없다고 하는 것은 논리적 비약이라고 한다. 파랑에 대한 우리의 경험이 세계 내 속성과 일대일로 대응하지 않는다고 해서, 세계에 파랑이 없다는 것은 별개의 문제라고 한다.[25]

몸은 '나'에서 볼 때는 외부이면서 동시에 외부에서 '나'를 볼 때는 내부

---

22 I. Stengers, *Thinking with Whitehead—A Free an Wild Creation of Concepts—*, trans. M. Chase, Harvard University Press, 2011, 65쪽.

23 같은 책, 65쪽.

24 같은 책, 107쪽.

25 L. Shapiro, *Embodied Cognition*, Routledge, 2011, 84쪽.

가 된다. 내가 인식하고 지각하는 것은 또 하나의 공액적인 사건의 나이지만, 그것은 지속을 통해 사라지는 나이다. 영원한 대상은 지각하고 인식하는 사건들에 진입해서 일정한 주기 동안 하나의 성격을 부여하지만, 지속 속에서 결국 그 파란색은 사라진다. 화이트헤드는 그런 대상을 크게 세 가지로 구분한다. 소리, 색, 냄새와 같은 감각 대상, 전자나 세포와 같은 과학적 대상, 그리고 인문대 앞에서 울고 있는 저 새라는 지각 대상이 있다.(CN 149) 이러한 지각 대상은 감각 대상들의 항들이 결합된 것이며, 일종의 '경험의 습관의 산물'(CN 155)이다. 이와 같은 대상들이 사건 속에 진입하면서 일정한 질서체계가 이루어진다. 따라서 우리의 몸은 하나의 사건이며, 그것은 일정한 지속 속에서 공액을 통해 자연과 몸을 통한 지각이 하나의 영원한 대상을 통해 한정된다. 화이트헤드는 이러한 이해를 위해 '파악'(prehension) 혹은 '느낌'(feeling)이라는 개념을 새롭게 도입한다. 따라서 느낌은 자연과 몸이 하나의 한정 속성으로 결합된 것이며, 그 한정된 사건은 최소 두항 이상이 상호 조정되어 있기에 가치라는 개념이 사용될 수 있다. 가치란 한정된 성취를 의미한다. 무제약적인 가치는 이 세계에는 없다. 오직 가치는 상호 공명이나 조정을 통해 이루어진 것을 의미한다.

그렇다면 일정한 체계를 구성하는 사건과 대상의 결합은 어떻게 존속하는가? 존속을 위해서는 어떤 목적이 필요하다. 목적이 없다면, 결코 존속될 수 없다. 그렇다면 어떻게 존속과 목적을 결합할 수 있는가? 화이트헤드는 존속을 위해서는 '감염'(infection)이 필요하다고 본다. "지속하는 데 성공한 모든 것은 그의 환경을 이 지속과 양립할 수 있는 방식으로 감염시키는 데 성공한 것이다."(SMW 148) 이 감염은 이제 '파악의 양식들이 서로를 반영하는 방식'을 가리키면서, 존속이란 '사건 전체의 시간적인 부분들 속에 자기 패턴을 재현시키는 것에' 성공했음을 가리킨다. (SMW 225) 감염이란 나의 방식대로 환경을 바꾸는 것이 아니라, 나의 지속 방식이 주변 환경에 설득력을 갖는다는 것이다. 이런 의미에서 '가치의 상호 적응'을 의미한다. 예컨대, 우리 몸은 가치의 상호 적응의 일종이다. 왜냐하면 몸안의 전자와 밖의 전자의 활동은 전혀 다르다. 몸 안의 전자는 몸의 가치 혹은 목적에 따라 움직인다. 몸이라는 지속은 그만의 고유한 공액적 관계를 갖고 있다. 화이트헤드에게 상대성이란 바로 '몸의 다중 위치'(multiple location)를 의미한다.

화이트헤드의 이와 같은 입장은 최근의 인지 과학에 의해 어느 정도 그 정당성을 인정받고 있다. 발레라(Varela)와 톰슨(Thompson)과 로쉬(Rosch)에 따르면, 인지는 순수한 정신활동이나 연산작용이 아니라, 그것은 몸의 의한 체현이나 상황과 밀접한 관련을 맺는다. 즉, 지각과 인지는 활동이며, 그것은 특히 몸의 활동과 밀접하게 관련이 있다. 몸의 구조가 다르면 인지 형식도 달라진다. 이런 입장은 전통적인 실재론과 관념론을 모두 거부한다. 세계는 언제나 몸의 활동과 동시에 주어진다. 즉 세계는 지각자와 관련해서 발생한다. 또한 지각자가 세계를 표상하는 형식은 단지 정신적 특성에만 관련되는 것이 아니라 우리 몸의 구조와 기능에 밀접하게 관련을 맺고 있다. 이들의 입장에 따르면, 색은 세계 내에 존재하는 것이 아니다. "색 범주 전체가 어떤 것은 종 특수적이고 어떤 것은 문화특수적인 지각인지 과정의 복잡하게 얽힌 계층적 구조에 의존"하며, "이 범주들은 우리의 구조적 연합의 생물학적, 문화적 역사에 의존"[26]한다. 따라서 색은 역사와 문화의 산물이다. 흥미롭게도 그들의 입장은 앞에서 능력 심리학을 비판하고 신체적 경험이 개념을 만든다는 마크 존슨과 그의 동료 레이코프(Lakoff)의 사유와 일치한다.[27]

화이트헤드의 유기체적인 체계(organized system)는 가장 미시적 존재인 전자와 양성자의 관계에서부터 "서로 연결된 조직체 내에 배치되어 있는 사건들이 실현되어 가는 과정"(SMW 225)이라고 보며, 각 유기체는 그런 환경과 "고유한 가치"(SMW 283)를 실현하는 관계를 통해서만 설

---

26 바렐라 외 지음, 『몸의 인지과학』, 석봉래 역, 김영사, 2016, 277쪽.
27 같은 책, 288쪽.

명될 수 있다고 한다.

이와 같은 논의는 분자와 원자로 구성된 기계와 로봇 역시 가치 실현의 담지자가 될 수 있다는 것을 함축한다. 다시 말해서 대상, 주체와 같은 명사가 가치의 담지자가 되는 것이 아니라 그것들 '사이'의 상호 작용을 통해 유기적인 체계를 보여주며, 이것은 일종의 가치를 담고 있다고 볼 수 있다. 마찬가지로 두뇌의 역할 역시 외부로부터 주어지는 정보를 해독하는 연산작용이 아니라 주어지는 외부정보와 '공명'(resonating) 혹은 조율(tuning)을 의미하는 것이다.[28] 따라서 화이트헤드의 느낌의 윤리는 현대 인지과학에서 활발하게 논의되는 몸과 개념이 분리될 수 없다는 기본적인 입장과 그 맥을 같이한다.

3. 느낌의 윤리

느낌의 윤리는 과정의 윤리이다. 과정은 선과 악 혹은 질서와 무질서를 이분법으로 분리하지 않는다. 따라서 느낌의 윤리에서는 약탈과 살인도 무엇과 연결되고 어떤 상황에서는 윤리라는 표현을 사용할 수도 있다. 과정은 모순에서 벗어나는 유일한 통로이다. 화이트헤드에 따르면, "사물의 본성 속에는 논리적 술어로 표현되는 것과 같은 궁극적인 배제가 존재하지 않는다. 왜냐하면 우리가 시간의 추이를 따라 우리의 주의를 확대할 경우, 보다 먼 과거의 어느 날 이 지구상에서 서로 모순되어 공존할 수 없었고 또 최근의 어느 날에도 역시 그랬던 두 존재가, 이들 중 하나를 보다 과거에 그리고 다른 하나를 보다 최근에 존립시키는 것으로서의 저 시간 전체를 우리가 포섭하게 됨으로써 무모순적인 것이 될 수 있기 때문이다."[29](MT 71)

---

28 같은 책, 36쪽.

29 A. N. Whitehead, *Modes of Thought*, 오영환·문창옥 역, 고려원, 1992. 앞으로 'MT'로 약칭하고 본문 안에 표기한다.

현대 서양 문명의 사상은 일반 관념들의 전통에서 비롯된다. 그 전통의 대표적인 종족은 그리스인, 셈족, 이집트인들이다. 그 전통의 세부 영역에서 볼 때, 그리스인은 미적이고 논리적이며, 셈족은 도덕적이고 종교적일 것이며, 이집트인들은 실천적인 것이다. 화이트헤드에 따르면, 향유, 숭배, 관찰의 전통이 세 종족에서 비롯되었다고 한다.(MT 18-19) 현대적 어감으로 본다면, 그것은 미학, 종교, 과학이라는 영역으로 나눌 수 있다. 오늘날 이 영역은 더 이상 분리해서 볼 수 없는 시대에 접어들었다. 종교, 미학, 과학에서 다루는 영역은 더욱 전문화되고 세분화되고 있지만, 그 영역의 핵심적인 주제는 사실과 당위이다. 흄은 일찍이 사실과 당위는 철저히 구분해서 다루어야 한다고 보며, 자연과학과 윤리학 및 미학의 영역을 분리했다. 그러나 화이트헤드 역시 사태와 중요성으로 존재를 나누기는 하지만, 그가 볼 때, 사태와 중요성은 나눌 수 없이 얽혀 있다고 본다.(MT 20) 우리는 사실을 고려할 때, 주관적인 판단을 배제하고자 하는 것이 공평하다고 생각한다. 하지만 사태는 중요성과 결코 분리될 수 없다. 마치 빗으로 먼지를 제거한다고 해도 그것은 언제나 방안에 있는 것과 같다. 즉, 중요성을 아무리 밀어내도 그것은 다시 제자리로 온다. 그것은 '이발사의 역설', 혹은 기자가 사회를 비판하지만, 그 기자 역시 사회의 일부라는 역설과 같은 상황이 발생한다.

과학적 사고에 있어 객관성을 가장 열성적으로 옹호하는 사람들은 객관성의 중요성을 역설한다. 사실상, 하나의 학설을 옹호한다는 것, 그것은 하나의 역설을 역설한다는 것이다. 관심의 느낌을 떠날 경우, 우리는 단순히 학설을 들여다보기만 하고 그것을 지지하지는 않게 될 것이다. 진리에 대한 열정은 관심을 전제로 한다. 그리고 지속되는 관찰은 관념을 전제로 한다. 왜냐하면 주의를 집중시킨다는 것은 관련이 없는 것들은 무시해 버린다는 것을 의미하는데, 그와 같은 무시는 오직 어떤 중요성의 느낌에 의해서만 지속될 수 있는 것이기 때문이다.(MT 21)

이와 같은 입장에서 볼 때, 과학, 미학, 윤리는 모두 어떤 사태에 대한 중요성을 말하고 있는 것이다. 과학만이 사태를 의미하고, 미학과 윤리는 중요성만을 다루는 것이 아니다. 각자는 자신들의 영역에 적합한 사태와 중요성을 상호 관련짓고 있는 것이다. 따라서 자연과학과 윤리 및 미의 이분화는 근대의 잘못된 구체성의 오류를 범하고 있다는 것이 화이트헤드의 주장이다. 우리는 여기서 논의를 한정해서 사태와 중요성이 느낌의 윤리에서는 어떻게 전개되는지를 살펴보도록 하자.

화이트헤드에 따르면, "도덕성은, 그 계기에 있어서의 완전한 중요성을 포함하는 조화(harmony), 강도(intensity), 생기(vividness)의 결합을 지향한다(MT 27).여기서 계기는 현실적 계기(actual occasion)를 의미하며, 앞에서 제기한 '존속'과 '생겨남'이라는 사태를 말하는 것이다. 도덕에서 중요성이라고 표현하는 것은 조화, 강도, 생기라는 요소들이다. 여기서 강도는 존속과 관련이 되며, 생기는 생겨남과 연관이 되며, 조화는 반복이라는 추상적 요소들과 관계된다. 또한 조화는 이집트의 전통을, 강도는 셈족의 전통을, 생기는 그리스인의 전통을 새롭게 각색한 개념들이다. 조화는 관찰을 통해 일구어낸 기하학이라는 수학적 개념과 연관이 있으며, 강도는 셈족의 통일성을 의미하는 종교라는 개념과 관련이 있으며, 생기는 그리스인의 향유를 의미하는 구체적인 미적 개념과 관계가 있다. 물론 이것은 다소 거친 해석일 수 있지만, 화이트헤드는 수학, 종교, 미학에서 다루는 요소들이 어떤 식으로든 분리될 수 없다고 본다. 물론 화이트헤드가 보는 수학적 질서, 종교적 강도, 미적 향유는 기존의 방식과는 다름은 분명하다.

질서가 혼란보다 더 근본적인 것이라는 주장에는 어떠한 근거도 없다. 우리의 과제는 이 양자를 공히 용인할 수 있을 뿐만 아니라 나아가 우리의 통찰의 확대를 위한 통로를 시사해줄 수 있는 그런 일반적인 개념을 창출해 내는 데 있다. 여기서 내가 말하고자 하는 바는 우주의 두 측면에 대한 관념이 우리의 출발점이라는 것이다. 우주는 그 본질 가운데 사물들의 관계성, 목적의 통일성, 향유의 통일성을 수반하는 통일성의 요소를 지니고 있다. 중요성이라는 관념 전체는 이와 같은 궁극적인 통일성과 관련되어 있다. 그런데 우주에는 이런 통일성에 못지않게 근본적인 것으로서 다수성(multiplicity)의 요소가 들어 있다. 제각기 그 나름의 경험을 갖고 있으면서 개체적으로 향유하고 또 그러면서도 서로를 필요로 하고 있는 그런 다수의 현실태들이 있는 것이다.(MT 66-67)

이제 우리는 화이트헤드가 보는 조화, 강도, 생기에 대해 보다 자세한 분석을 통해 느낌의 윤리에 대한 입장을 고찰해 보자.

3.1 카오스모스의 윤리

들뢰즈는 자신의 저서『주름』6장에서 화이트헤드를 사건의 철학자로 언급한다. 그는 화이트헤드를 라이프니츠의 계승자로서 20세기의 신바로크주의자로 명명한다. 바로크가 조화의 질서를 의미한다면, 신바로크는 '부조화의 조화' 혹은 '카오스모스'(chaosmos)를 의미한다. 라이프니츠에게는 공존불가능한 세계는 철저히 배제된다. 즉 차이는 인정되지 않는다. 그것은 결국 고대와 중세의 초월적 신관에 기초를 둔 윤리 이론이 나올 수밖에 없다.

부동의 동자로서의 신의 관념은 적어도 서구 사상에 관한 한, 아리스토텔레스에게서 비롯되었다. 탁월하게 실재적인 것으로서의 신의 관념은 기독교 신학이 애호하는 학설이다. 이 두 관념이 결합되어, 근원적이며 탁월하게 실재적인 초월적인 창조자,즉 그의 명령으로 세계가 존재하게 되고 그가 강요하는 의지에 그 세계가 복종하는 그런 초월적 창조자라는 관념이 된 것은, 기독교와 이슬람교의 역사에 비극을 야기시켜 온

오류이기도 한다.(PR 342)

이와는 달리 화이트헤드는 열려진, 이질적인 체계를 받아들인다. 공존이 되지 않고 양립할 수 없는 요소들이 세계 내에 함께 존재해야 한다. 우리는 동일성에 들어오지 않는 이질적인 것들이 역사 속에서 얼마나 큰 고통을 겪어 왔는지를 알고 있다. 우리는 미국 흑인들의 삶에서 그런 질곡을 충분히 이해할 수 있다. 들뢰즈는 화이트헤드의 '파악'이 바로 '부조화의 조화'를 설명하는 새로운 경험의 조건이라고 하며, 그가 상정한 신관념조차도 공존불가능성을 인정하는 신바로크주의 한정성의 형식이라고 한다.

> 모든 파악이 이미 또 다른 파악의 파악이게 하는 것은 바로 열려 있음의 조건이다. 그 다른 파악을 포획하기 위해서이건, 그것을 배제하기 위해서이건 말이다. 파악은 본성상 열려 있다. 창을 통과할 필요도 없이 세계에 열려 있다. …… 화이트헤드에게는 그 반대로 분기, 발산, 공존 불가능성, 불협화음은 여러 색으로 칠해진 같은 세계에 속한다. 그리고 이 세계는 더 이상 표현하는 단일성들 안에 포함될 수 없으며, 파악하는 단일성들에 따라 그리고 가변적인 형태 배치들 또는 변화하는 파악들에 따라 형성되거나 해체될 뿐이다. …… 이것은 '카오스모스'이다. 신조차 세계들을 비교하고 가장 풍부하고 공존 가능한 것을 선택하는 존재이기를 멈춘다: 그것은 과정, 즉 단번에 공존 불가능성을 긍정하고 이것들을 관통하는 과정이 된다.[30]

파악은 부정적 파악과 긍정적 파악이 있다. 부정적 파악은 양립할 수 없는 것을 배제하는 것이라면, 긍정적 파악은 양립 불가능한 것을 양립가능하게 하는 활동이다. 그런 긍정적 파악을 우리는 '느낌'이라고 한다. 느낌은 언제나 새로운 공존 가능성을 향해 활동하는 과정적 활동이라고 할

---

30 들뢰즈, 『주름: 라이프니츠와 바로크』, 이찬웅 역, 문학과 지성사, 2004, 149-150쪽.

수 있다. 한편 기존의 근대 윤리이론은 합리성, 공평성, 보편적 준칙 등과 같은 단어를 통해 윤리의 의미를 설명한다. 칸트의 의무윤리와 벤담의 공리주의는 이와 같은 입장을 대변한다. 어쩌면 윤리는 질서와 관련이 있고, 무질서와는 무관한 측면이라고 설명하는 것이 대다수 윤리이론의 특성이다. 플라톤의 선의 이데아, 칸트의 정언명법, 벤담의 공리주의 등은 모두 질서를 강조하는 측면에서 논의된 윤리이론이라고 할 수 있다. 그들은 경험을 설명하기 위해 추상을 사용한다.

> 에피쿠로스, 플라톤, 아리스토텔레스는 하나같이 그들이 경험하는 다양한 요소들은, 정확히 그들이 이들을 이해하는 형식 그대로의 것이라고 확신하고 있었다. 그들의 추상에 따르는 위험을 깨닫지 못하고 있었다. 후일 칸트는 그의 『순수이성비판』에서 우리가 그렇게 확신하지 않을 수 없는 이유를 교묘한 방식으로 설명하였다.(MT 74)

하지만 추상은 반복의 핵심적인 요소이지만, 실재의 탐구에는 존속과 생겨남이라는 두 요소도 필수적인 것들이다. 윤리는 행복과 준칙과 같은 요소에 너무 매몰된 나머지 존속과 생겨남이라는 두 요소가 실재의 구체적인 요소임을 간과해왔다. 이런 요소들을 이해하지 못한다면, 사물들이 못한 것에서 보다 나은 것으로, 혹은 나은 것에서 보다 못한 것으로 가는 이유를 설명할 수 없다.(MT 66) 따라서, "질서가 혼란보다 더 근본적인 것이라는 주장에는 어떠한 근거도 없다. 우리의 과제는 이 양자를 공히 용인할 수 있을 뿐만 아니라 나아가 우리의 통찰의 확대를 위한 통로를 시사해 줄 수 있는 그런 일반적인 개념을 창출해 내는 데 있다"(MT 66).

한편 수학은 질서의 표준이며, 그것은 윤리 이론의 전개에도 절대적인 영향을 주었다. 칸트의 정언명법이나 벤담의 양적 계산 역시 수학의 원리를 그대로 응용한 측면들이 있다. 화이트헤드 역시 수학과 선은 밀접한 관련이 있다고 본다. 왜냐하면 "수학적인 이해야말로 선의 본성에 대한 최초의 통찰 사례"(MT 95)이기 때문이다. 플라톤의 '선의 이데아'의 관점은 바로 수학적 통찰에서 비롯된 것이며, 도덕적 신이 절대적이고 완전한 이성을 갖춘 존재라는 데카르트의 인식을 통해볼 때 그 관련성은 충분히 짐작할 수 있다.

하지만 이제 수학 역시 하나의 '조건'에서만 참이라고 인정되고 있다. 즉 "사유는 강조(emphasis)의 한 형식"[31](MG 672)이라고 한다. 그것은 윤리도 예외가 아니라고 한다. 플라톤의 선의 이데아, 구약의 십계명은 하나의 도덕규칙이며, 그 시대의 질서를 통합하고 조화로운 사회를 만드는데 기여했다. 아리스토텔레스 역시 '중용'을 통해 도시국가에서 행동에 대한 기본적인 규범을 제시했다. 화이트헤드에 따르면, 그것은 수학에서 수와 생물학에서 '유', '종', '종차'의 구분방식을 암암리에 전제하고 있다고 하며, 그것은 명석성, 질서, 선은 결코 변화하지 않고 보존될 것이라고 고려한다. 그 점에서 "도덕 철학과 수학은 보편적 삶에 해당하는 내용의 일부를 분리하고자"(MG 667) 한다.

그러나 화이트헤드는 십계명, 플라톤의 선의 이데아, 아리스토텔레스의 중용은 일정한 한계 속에 제공되는 것이지 보편적인 도덕적 이상으로 생각하지 말라고 주장한다.(MT 27) 그런 경우에 "새로운 결합 가능성"(AI, 365)을 차단하게 된다. 다르게 말해서 기존의 윤리가 사건에 따라 악이 될 수 있다는 것을 인정하지 못하게 된다. 우리의 경험의 본성은 명석과 모호, 질서와 무질서, 선과 악을 모두 갖는다. 질서는 패턴으로 주어진다. 미술이 새로운 패턴의 전개이듯이, 과학 및 수학 역시 그와 같다. 윤리 역시 "선의 실현을 위해서는 패턴의 변경은 필수 조건"(MG 678)이다. 화이트헤드에 따르면, "이제 우리의 경험을 근본적으로 특징짓는 세 가지 분할의 원리를 제시하고자 한다. 이들은 각각 세 개의 대립쌍, 즉 명석성과 모호성, 질서와 무질서, 선과 악으로 표현된다".(MT 94) 파괴가 곧 악인가? 이 문제는 질서를 혼돈으로 만드는 것은 일종의 악이라고 하

---

31 A. N. Whitehead, *Interpretation of Science*, eds. A. H. Johnson, New York: Bobbs-Merrill Co., 1961. 이 책 속에 「수학과 선」이라는 내용에 해당하고, 'MG'로 본문 안에 표기함.

는 생각과 연관이 있다. 대체적으로 기존의 질서에 순응하는 것 역시 사회의 안전과 개인의 자유를 위해 하나의 선택이라고 할 수 있다. 하지만 역사를 통해 볼 때, 예술에서 장르의 변화는 관념의 모험과 실천의 모험의 결합에 따른 것이라고 할 수 있다. 그것은 기존의 질서에 대한 파괴없이는 일어날 수 없는 것이다. 즉, 완전성의 실현에 안주하는 행위는 그 문명이 쇠퇴의 길에 접어들었다는 것을 반영하는 것이다. 화이트헤드에 따르면, 그리스 문화가 헬레니즘 문화로, 헬레니즘 문화가 기독교와 이슬람교로 전환이 일어난 것은 생기없는 반복에 따른 결과라고 할 수 있다.

> 고대 그리스 문화는 반복에 의해 천재가 질식된 헬레니즘 시대와 교체되었다. 지중해 문명이 야만족들의 침입과 기독교와 이슬람교라는 두 개의 신흥종교의 발흥 없이 지냈더라면 그 운명은 더 물어볼 것이 없다. 그 모든 것은 2천 년 동안 생기없이 반복된 그리스적 예술양식, 스토아파, 에피쿠로스파, 아리스토텔레스파, 신플라톤파 등과 같이 불모의 공식들을 가지고 논쟁하는 희랍의 철학파들, 인습적인 역사, 습관적인 경건으로 뒷받침된 고대의 신성한 의식을 수반한 안정된 정부, 깊이 없는 문학, 또한 확실한 전제로부터의 연역에 의해 세부적인 것을 설명해보려는 과학, 강건한 모험심이 없는 섬세한 감수성 따위로 드러나 있다.(AI 396)

역설적으로 질서와 아름다움 속에는 이미 파괴와 추가 함께 들어있다. 기존에는 질서와 혼돈은 별개의 것이며, 아름다움과 추 역시 함께하는 것은 모순이라고 보았다. 하지만 아름다움과 악은 언제나 함께 할 수밖에 없다는 것이 화이트헤드의 관점이다. 한 개체가 형성될 때, 세 가지 원리가 결합되어 발생하기 때문이다. 즉, (1) 일체의 현실화는 유한하다는 것, (2) 유한성이 양자택일적 가능성의 제거를 포함한다는 것, (3) 물리적 실현의 완결성으로부터 제외된, 당면 문제와 관계가 있는 선택지에 순응하는 주체적 형식을 정신적 기능이 실현시킨다는 것이다.(AI 398)

　세계는 곧 과정이며, 그것은 기존의 조화와는 다른 것을 향해가게 되어있으며, 그 결과 새로운 현실적 계기는 조화될 수 없는 상황에 직면하게 된다. 기존의 반복에서 벗어난 새로운 조화를 꿈꾸게 되는 이유가 바로 현실세계가 지속적으로 변화한다는 것과 새로운 계기의 정신적 자발성이 기존의 것에서 벗어날 수 있는 힘이 있다는 것이다.

　그렇다면 우리가 부조화의 세계에서 벗어날 수 있는 방법은 무엇인가? 화이트헤드에 따르면, 세 가지의 방식이 있다고 한다. 첫째는 억제이며, 둘째는 마비이며, 셋째는 부조화의 적극적 느낌을 수반한 적극적 실현이라고 한다.(AI 398)

　억제를 예로 들어 보자면, 조선시대 후기의 실학자들이 '자유'와 '평등'이라는 개념이 서구에서 밀려올 때, 그것을 받아들이지 말라는 상소를 조선의 왕인 고종에게 올린다. 또한 우리는 움베르트 에코의 소설『장미의 이름』에서 수도원의 살인 사건은 결국 늙은 수도사가 '죄인'과 '웃음'을 대비 속에 넣을 수 없다는 이유로 아리스토텔레스의 책을 읽은 수도사를 모두 죽이는 것을 볼 수 있다. 이와 같은 경우가 억제의 경우라고 볼 수 있다.

　마비의 경우는 현재의 상황을 그대로 수용하면서 반복하는 것이다. 조세희의 소설,『난장이가 쏘아올린 작은 공』에서 나오는 여러 주인공들은 자본주의 물결에 마비되어 살아간다. 그들은 자신들의 삶과 자본주의를 조화시키지 못한다.

　부조화의 적극적 느낌을 수반한 적극적 실현은 결코 쉬운 일은 아니다. 각각의 경험에 주체적 형식이 있고, 이것을 어떻게 조화시키는가에 달려 있다. 화이트헤드에 따르면, 그것은 하나의 주체적 형식의 강도를 배경이나 전경으로 만드는 방법이다.(AI 399) 우리는 19세기에 유럽의 대기근으로 미국으로 이주한 유럽의 가난한 농사꾼들을 생각해볼 수 있다. 그들은 초창기에 저임금에 시달리면서 노동자로 미국에서 삶을 살아간다. 하지만 그들은 거기에 멈추지 않는다. 결국 그들은 서부에서 다시

금 자신의 땅에서 농사를 짓고 살아간다. 우리는 영화 『파 앤드 어웨이』에서 탐 크루즈의 주연을 통해 볼 수 있다. 그것은 영화를 통해 당시 아일랜드 농군들이 얼마나 큰 고통 속에서 미국으로 이주하게 되었는지를 잘 보여준다. 이것은 고향과 농사라는 두 경험을 각각 배경과 전경 속에 넣고 조화를 이룬 역사적 사례라고 할 수 있다. 따라서 화이트헤드는 우리가 일상적으로 경험하는 대상은 변환의 범주를 통해서 "개념적 느낌 속에 평가절상이 있게 될 경우 물리적 느낌은 그 주체적 형식에 있어서 강도가 강화되어, 새로운 합생으로 전달"(PR455)되었다고 본다. 이와 같은 경우가 부조화의 상황을 조화로 적극적으로 만들어가는 과정이라고 할 수 있다. 따라서 화이트헤드에게 윤리란, 질서와 무질서의 반복 속에서 일정기간 동안만 존속하는 한정된 조화이다.

3.2 강도와 도구적 가치

강도란 만족(satisfaction)의 양적 개념이다. 만족은 느낌이 최종적으로 도달한 것이며, 다른 존재를 위해 대상적 불멸성이 되는 것이다. 그런 점에서 만족은 성취이며, 결과를 통해 평가하는 것이다. 공리주의를 결과주의라고 부르듯이, 만족은 성취를 통해 이루어진 결과이다. 이 결과는 대상적 불멸성을 통해 그 이후의 새로운 현실적 계기를 위한 여건이 된다. 자기 성취 과정을 마치고, 다른 존재를 위한 여건이 되는 순간에만 현실적 계기는 완전한 '나의 것'이 된다. 여전히 합생과정 중에는 나의 것이라고 할 수 없다. 내 것이라는 것은 그 계기가 타자에게 자신을 내어줄 때만이 성립한다. 따라서 여건이란, 바로 새로운 계기가 순응해야 할 조건이 되며, 새로운 현실적 계기는 타자의 손에 좌우된다.

화이트헤드에 따르면, 만족은 네 가지 요소들로 분석될 수 있다. 사소성, 협소성, 모호성, 광범성이다. 사소성은 요인들 사이의 양립 불가능성에 의해 대비에 이를 수 없는 것이며, 모호성은 동일화의 과잉으로 인해 대비가 희미하게 이루어진다. 사소성과 광범성이 무질서의 측면을 갖는다면, 협소성과 모호성은 질서의 측면이 있다. 이런 요소들의 혼합을 통해 질서가 이루어진다. 따라서 혼돈은 곧바로 악은 아니다.(PR 227-228) 그런데 강도는 왜 일어나는가? 그것은 협소성의 보상이다. 유기체가 협소성을 유지하는 것은 강도가 그 보상으로 주어지기 때문이다. 즉 협소성은 존속을 위해 유리한 조건을 만든다. 생물체들이 일정 기간 동안 성장을 하다가 멈추는 것은 바로 협소성을 통해 강도를 증대시키기 위함이다. 고등 유기체는 보다 높은 범주에서 '강화된 대비'로 그 협소성을 유지한다. 따라서 강도는 환경에서 자신의 지배를 강화하는 유기체의 방식이다. 협소성은 일종의 추상과 연관된다.

화이트헤드에 따르면, 모든 경험의 계기는 양극적(dipolar)이며, 그 양극에서 사용되는 추상적 형식은 두 가지의 의미를 가진다. 물리적 경험에서 사용되는 형식은 "한정하는 요소들"이며, 정신적 경험에서 사용되는 형식은 "직접적 계기와 그 계기를 넘어서는 계기들을 연결"[32](FR 32)한다. 따라서 현실태는 "복합적 통일"(FR 31)로 이루어진 것이다. 화이트헤드는 이를 '존재론적 원리' 혹은 '작용인'과 '목적인'의 상호 짜임이라고 한다. 새로운 현실적 계기는 이전에 모순된, 상호 양립불가능한 요소들의 대비를 통해 새로운 질서를 만든다. 이것이 바로 협소하지만 강도를 통해 보상을 받는 방식이다. 화이트헤드는 이를 '주체적 강도'의 범주라고 하며, 도덕이 성립하는 주된 근거로 삼는다.

주체적 강도의 범주, 개념적 느낌의 기점이 되고 있는 주체적 지향은 (a) 직접적 주체에서의, 그리고 (b) 이에 관련된 미래에서의 느낌의 강도를 지향하고 있다. 직접적 현재와 이에 관련된 미래를 지향하는 이 이중의 지향은 겉보기만큼 그렇게 분리되어 있는 것이 아니다. 왜냐하면 관련된 미래를 결정하는 일이나 그 강도를 예비하는 데 관여하는 예

---

32 A. N. Whitehead, *The Function of Reason*, Beacon Press, 1958. 'FR'로 본문 안에 표기함.

측적 느낌은 모두 느낌의 직접적 복합체에 영향을 끼치는 요소이기 때문이다. 도덕성의 대부분은 미래와의 관련성을 어떻게 결정하느냐에 달려 있다. 관련된 미래는 예측된 미래의 요소들로 이루어져 있는데, 이 요소들은 현재의 주체 자체로부터 도출될 실재적 가능태이기 때문에 현재의 주체에 의해 현실적 강도로써 느껴지고 있는 것들이다.(PR 88)

실재적 가능태는 '연대적 활동성'(AI 286)을 표현하는 개념으로 결코 수동적인 의미가 아니다. 그것은 잠재적이면서 능동적인 활동력이다. 그것은 긍정적이든 부정적이든 한 시대의 윤리적 활동의 초석이 된다. 왜냐하면 윤리는 과거, 현재, 미래와 밀접한 관련이 있는 행위이기 때문이다.

그런 점에서 강도의 범주에서 제시하는 '미래와의 관련성'이 중요한 잣대이다. 강도는 현재보다는 미래에 얼마나 존속하는가에 달려있다. 윤리의 결과주의를 표방하는 공리주의는 쾌와 고통의 문제를 현재의 유용성이나 결과에 초점을 둔다. 다수가 원하는 것을 오로지 현재의 유용성에만 둔다면, 그것은 비도덕적인 결과를 초래할 수 있다. 과거의 역사에서 제국주의를 수행하는 국가들의 관료들은 당대의 다수의 국민들의 입장에서 올바른 행위를 했다고 생각할 수 있다. 오늘날 환경의 문제도 결국 현재의 쾌락과 유용성에만 한정을 한다면 해결할 수 없는 문제이다. 매킨타이어에 따르면, 정서주의가 오늘날 우리가 겪고 있는 도덕적 혼란의 주범이라고 한다. 그 이유는 도덕적 판단이 오로지 선호의 표현, 태도나 느낌만을 표현하기 때문이라고 한다. 그것은 공동체에 대한 어떤 윤리적 근거도 제시하지 못한다.[33]

그런 결과주의 윤리이론이 배태된 것은 벤담의 공리주의가 흄의 정서이론과 밀접한 관련을 맺고 있기 때문이다. 흄은 자신의 인식론에 기초해서 정서의 문제를 바라본다. 그의 인식론에서는 현재와 미래를 인과적

---

33 A. MacIntyre, *After Virtue*, University of Nortre Dame Press, 1984, 12쪽.

으로 연결할 수 없다. 왜냐하면 흄이 제시한 인상은 다른 인상과 전혀 관련을 맺지 않기 때문이다. 그것은 결코 연대나 공동체를 설명할 수 없다. 오로지 '현시적 직접성'(presentational immediacy)에 해당하는 인상만을 지각으로 , 과거, 현재 및 미래를 연결하는 '인과적 유효성'(causal efficacy)을 제시할 수 없다. 결국 그것은 흄의 인식론에서 따른 벤담의 공리주의 윤리이론의 당연한 결과라고 할 수 있다.

> 우리는 항상 제약 속에 살고 있다. 우리는 의도하지 않았던 상황에 직면하여, 우리 자신이 우리가 하지 않았던 행위의 일부가 되어 있다는 사실을 알게 된다.[34]

이것은 특정한 역사에서 빚어진 각 개인의 역할은 과거와 필연적인 연결이 있다는 것이다. 설사 그 개인이 그것에서 벗어날 수 있다고 하더라도, 그 특정한 역사적, 문화적 전제 조건에서 벗어남이라고 할 수 있다. 하지만 우리는 매킨타이어의 이런 입장을 충분히 인정하지만, 정서에 대한 그의 입장을 그대로 수용할 수 없다. 왜냐하면 원초적인 정서는 개인의 선호도에 앞서 과거의 조건에서 비롯된 것이라고 할 수 있다. 왜냐하면 그 정서는 실재적 가능태로서에서 비롯된 것이기 때문이다. 위안부에 대한 정서는 과거의 기억을 염두에 두지 않는다면, 결코 설명할 수 없다.

그러므로 화이트헤드에 따르면, 느낌은 사실에 대한 전망이라고 한다.(MT 22) 전망이란 바로 중요성(importance)이 드러나는 것이다. "중요성이란 느껴진 사물들의 우주에 하나의 전망을 부여하는 느낌의 한 측면"(MT 24)이다. 우리가 일상적으로 고려하는 도덕, 논리, 종교, 예술은 과정 혹은 지속하는 세계에 중요성을 부여한 것이다. 그래서 우리는 "도덕성과 관련이 없는 우주에 대한 전망이 있고, 종교와 관련이 없는 우주에 대한 전망이 있고, 예술과 관련이 없는 우주에 대한 전망이 있다."(MT

---

34 같은 책, 213쪽.

24-25) 그러나 이것은 전망을 "부당하게 제한"(MT 25)한 방식이다.

한편 강도는 모든 시대에 동일하게 적용될 수 있는 것인가? 화이트헤드는 사실에는 이미 가치가 내재되어 있지만, 다만 그 전망에 따라 중요성이 달라진다고 본다. 모든 사실은 이미 대비된 두 항들의 관계 속에 있다. 다만 그 사건에 대한 전망에 따라 해석이 달라진다고 볼 수 있다. 가핀켈(Garfinkel)은 『설명의 형식들』(Forms of Explanation)에서 그런 전망에 따른 가치의 차이를 다음과 같이 보여주고 있다.

> 서튼이 감옥에 있을 때, 그를 개종시키려 노력하고 있던 목사가 왜 은행에서 도둑질을 했냐고 물었다. 글쎄요. 거기가 돈이 있는 곳이잖아요. 여기에서 둘은 서로 의사소통이 되지 않았다. 그들은 서로 엇나가고 있다. …… 분명 문제와 해답을 형성하는 데는 서로 다른 가치와 목적이 있게 마련이다. 그 두 사람은 다른 것들을 가지고 문제를 제기하거나 설명을 요구했던 것이다. 목사에게 설명이 필요한 것은 바로 강도짓을 하려는 결심이었다. 그는 서튼이 실제 무엇을 털려고 했는지 관심이 없다. 하지만 서튼에게는 바로 그 문제야말로 모든 문제이다. 문제가 되는 것은 무엇을 털 것인지를 결정하는 것이다.[35]

목사는 강도와 정직한 삶 사이의 대비를 물었다면, 강도는 보석상과 은행 사이의 대비에 있다. 이 사건에서 그들 각자의 질문과 대답이 달라지는 것은, 중요성에 대한 전망에서 차이가 발생하기 때문이다. 다시 말해서 사실 속에는 그 중요성에 따라 그 대비가 달라진다. 각자가 안고 있는 실재적 가능태에 따라 주체적 강도가 달라지는 것이다. 물론 도둑의 강도 역시 또 다른 도둑에게 하나의 실재적 가능태로 주어질 것이다. 일반적으로 도둑의 대비는 대다수의 사람들에게 혐오라는 주체적 형식을 가져오지만, 가끔씩은 애착이라는 주체적 형식을 불러오기도 한다. 각 대

---

35 A. Garfinkel, *Forms of Explanation*, New Haven: Yale University Press, 1981, 21쪽.

비의 강도는 타자에게 애착으로 다가오느냐? 혹은 혐오를 가져오느냐에 따라 달라진다. 강도는 결국 지속하는 역량으로 자신을 타자 및 환경에 '감염'시켜 가는 것이다. 개체의 행위는 감염의 정도에 따라서 평가를 받는다. 이것이 느낌의 윤리의 강도가 도구적 가치를 가지는 방식이다. 화이트헤드는 이런 강도가 신학이 존재하는 이유라고 본다.

> 신학의 임무는 어떻게 '세계'가 단순히 변천하는 사실을 초월한 그 무엇에 근거하고 있는가를 보여주는 데에 있으며, 또 어떻게 '세계'가 소멸하여 가는 계기들을 초월한 그 무엇에 귀속되는가를 보여주는 데 있다. 시간적인 '세계'는 유한한 성취의 무대이다. 우리가 신학에 요구하는 것은, 소멸하여 가는 삶 속에서도 우리의 유한한 본성에 고유한 완성을 표현하는 가운데 불멸하는 그런 요소를 표현해 달라는 것이다. 이렇게 하여 우리는 어떻게 해서 삶이 기쁨이나 슬픔보다도 더 깊은 만족의 양상을 포함하는가를 이해하게 될 것이다.(AI 275)

우리는 그 사회가 얼마나 건전한지를 보기 위해서 대체적으로 그 사회에서 통용되는 도덕적 교훈과 종교적 신앙 및 제도를 보면 된다(AI 439). 그런 제도들은, "삶의 완성이란 개인적 인격을 초월하는 목표 속에 있음"(AI 439)을 보여주기 때문이다. 우리는 앞에서 도둑의 만족에 따른 강도와 목사의 삶에 대한 만족의 강도가 다름을 알 수 있다. 이 중에서 어떤 강도가 결과적으로 그 사회에서 받아들일 수 있는지를 정할 수 있는 것은 개인적인 인격을 초월해 있다.

로마 공화국 시절에서 레굴루스(Regulus)는 카르타고로 돌아가면 죽을 것을 알면서도 자신의 의무를 다하고 카르타고로 가서 죽음을 맞이한다. 그의 희생은 개인적인 인격이나 존속을 초월해 있으며, 로마공화국의 가치를 위대하게 만들었다. 그 행위는 로마 농민들에게 가장 광범위한 찬동을 불러일으켰다, 즉 "정서의 본능적 고동"(AI 439)을 발생시키는 행위이다.

하지만 세계는 시대에 적합한 '정서의 고동'을 상승시키지도 않음에도 과거의 영광에 머물러 있는 다양한 윤리이론들이 상존한다. 화이트헤드에 따르면, "산상의 '신'에 의해서, 동굴의 '성인'에 의해서, 왕좌의 신격화된 '독재자'에 의해서, 혹은 최소한 후대가 의심할 여지도 없는 지혜를 구비한 조상에 의해 제시되었다. 어떤 경우에도 각각의 규칙은 개선될 수 없다."(AI 440) 그러나 불행하게도 그 이론들은 현재의 도덕적 직관과 맞지 않거나 세부적인 점에서 일치하지 않는 경우로 인해서 문명에 바람직스럽지 못한 결과를 낳는 경우가 있다. 우리는 이점에서는 의무윤리나 공리주의 역시 마찬가지라고 할 수 있다. 신체들 사이의 관계를 간과한 그런 윤리이론들은 현대에 일어나는 다양한 사건들을 충분히 설명해낼 수 없고, 윤리적 정당화를 밝혀낼 수도 없다는 점이다. 즉, 모든 도덕적 행동은 각각의 사회적 상황에 따라 그 만족의 강도는 달라져야 한다고 본다.

이러한 규칙의 세부적인 것들은 직접적 환경의 사회적 상황—예컨대 한 시기 아라비아 사막의 비옥한 주변에서의 생활, 히말라야 산맥의 비교적 낮은 경사 지대에서의 생활, 중국 평원의 생활, 인도 평원에서의 생활, 혹은 저 대하의 델타 지대에서의 생활—과의 관계에서 정해진다. 그리고 결정적 용어의 의미, 예를 들면 소유, 가족, 결혼, 살인, 신 등과 같은 관념의 의미는 변천하며 모호하다. 어떤 환경, 어떤 단계에서는 그 나름대로 조화로운 만족을 산출하는 행동이, 다른 경우의 다른 단계에서는 파괴적인 것으로 타락한다. 각각의 사회는 그 자신의 완전성의 유형을 가지고 있으며, 그 단계에서 불가피한 오점을 참고 견딘다. 그렇기 때문에 '지구상의' 모든 이성적 존재자에게, 위성에게 그리고 모든 별자리에게 일일이 세밀한 행동을 규정할, 어떤 정밀한 통제적 관념이 있다는 생각은 당장 버려야 한다. 그것은 '우주'가 지향하는 하나의 완전성의 유형이 있다는 생각이다. 모든 '선'의 실현에는 한계가 있으며, 거기에는 반드시 어떤 별개의 유형을 배제하고 있다.(AI 440)

존속하는 것은 사회마다 다르며, 그 존속은 언제나 소멸하기 마련이다. 하지만 기존의 윤리는 존속을 영속으로 생각했다. 행복은 존속에 따라 달라지며, 그런 존속 역시 시대마다 다른 방식으로 받아들여야 한다.

3.3 생생함과 본질적 가치

생생함이란 구체적인 관계를 의미한다. 화이트헤드는 그런 구체적인 관계를 '파악'이라고 한다. 파악이란 조화와 부조화에 대한 평가 및 생생함에 대한 의미이다. 우리는 이것을 우정이라는 의미를 통해 설명해 볼 수 있다. "우정이라는 것을 예로 들어 보면, 거기에는 언제나 친구가 되고 있는 두 인물의 독특한 성격이 들어 있다. 그들 두 사람 이외의 다른 사람은 이와 완전히 똑같은 성격의 우정을 나눌 수 없다."(MT 75). 이때 우정은 반복이며, 그 친구들은 존속이며, 독특한 성격은 생겨남이라는 생생함과 직결된다. 이 절에서는 생생함을 중심으로 살펴보자.

화이트헤드에게 '존재론적 원리'는 작용인과 목적인의 원리이다. 작용인이 연대성을 설명하는 원리라면, 목적인은 내재적인 가치이자 결단을 설명하는 원리이다. 다소 역설적이지만 연결은 곧 한정된 연결이며, 그런 연결 속에서만 한정된 힘과 가치를 가진다. 그것은 내재성 속의 초월성이라고 할 수 있다.

> 존재론적 원리는 결단의 상대성을 주장한다. 여기서 결단의 상대성이란, 그것에 대해서 결단이 내려지는 현실적 사물과 그것에 의해서 결단이 내려지는 현실적 사물과의 관계를 표현하는 말이다. 그러나 결단이 현실적 존재의 일시적인 부속물과 같은 것으로 이해되어서는 안 된다. 그것은 현실태 그 자체의 의미를 이루고 있다.(PR120)

그렇다면 이와 같은 결단은 어디서 나오는가? 화이트헤드는 이를 욕구(appetition)와 관련짓는다. 프로이트에 의한 욕구는 성욕과 가족의 성애의 관점에서 매우 편협하게 사용되었다.(PR 99) 특히 욕구는 플라톤 부터 라캉에 이르기까지 부정성 혹은 결핍의 관점에서 사용되어 왔다. 어떤 의미에서 모든 윤리적 행위, 혹은 프로이트 관점에서 본다면 초자아의 행위는 이 욕구 혹은 욕망을 억제하는 데 있다. 칸트의 윤리는 이성과 의지를 통해서 욕망을 억제하거나 제어하는 것이다. 하지만 화이트헤드에게 욕구는 일종의 긍정적 파악이자 느낌의 본질적 가치이다.

> 욕구란 지금은 없지만 있게 될지도 모르는 것의 실현을 수반하는 불안 정의 원리를 자기 자신 속에 간직하고 있는 직접적인 사태이다. 이것에 의해 직접적 계기는, 여러 개념적 파악에 본질적으로 내재해 있다는 다양한 가치 평가에 따라, 미래에 있어 그 정신적 극의 물리적 실현을 달성하기 위해 창조성을 제약한다. 모든 물리적 경험에는 그것을 지속시키려고 하거나 지속시키지 않으려고 하는 욕구가 수반되어 있다. 자기 보존의 욕구는 그 한 예가 된다.(PR 99)

욕구는 환경에 자신의 가치를 감염시켜가는 활동이다. 물론 욕구는 과거에 제공되는 것과 관련이 있지만, 최종적인 결단은 새로운 경험의 계기가 하는 것이다. 이것은 식물이나 곤충도 역시 마찬가지이다. 다시 말해서 모든 생명체가 욕구를 가진다. 화이트헤드에 의하면, "인간, 곤충, 나무, 파르테논 신전 등을 파괴하는 일은 도덕적일 수도 있고 비도덕적일 수도 있다"(MT 28)고 하며, 극단적으로 표현해서 우리가 살인을 하는 경우도 경험의 중요성을 보호하고 있다면 그 행위는 도덕적이라고 할 수 있다.(MT 28) 그렇다면 그런 살인의 행위가 도덕적이라고 할 수 있는가? 화이트헤드에게 그것은 생생함에 달려 있다.

화이트헤드에 따르면, 우리의 삶은 "사는 것, 잘 사는 것, 더 잘 사는 것"(FR18)으로 나눌 수 있다. 이때 더 잘 살기 위한 방법은 "새로움의 섬광"(FR 20)의 모험 속에 들어가는 것이다. 새로움이란 곧 생명의 길로 접어드는 것이다. 대체적으로 안정은 피로 속에 물들며, 곧 퇴행의 길로 접어들게 된다. 종이나 한 국가의 문화가 종결되는 것은 바로 그런 안정 속에 들어갈 때이다. 안정을 마치 윤리 이론의 초석으로 보는 것은 대단히 잘못된 생각이다. 실제로 윤리 혹은 도덕은 생명을 살리는 길에 서있는 것이다. 즉 "좋은 삶은 불안정한"(FR 18) 것이다.

하지만 안정이 없는 삶은 무가치한 삶이고 덧없는 삶이다. 화이트헤드에게 안정과 생명을 함께 유지하는 방법은 "리듬의 방식"(the way of rhythm)이다. 그것은 대비를 통해 새로운 삶의 가능성을 보여주는 것이다. 대체적으로 기존의 윤리는 안정의 방식으로 "맹목의 방식"(the way of blindness)을 취했다.(FR 20)

> 생명이란 자유를 얻으려는 노력이다. 존속하는 존재는 그것의 모든 계기 하나하나를 그 계통의 노선과 결부시킨다. 영속하는 특성을 지니는 존속하는 영혼을 주장하는 학설은 생명이 제기하는 문제에 대해 전적으로 부적절한 답변이다. 그 문제는 어떻게 독창성이 존재할 수 있는가 하는 것이다.(PR 215)

따라서 "생명의 특성은 환경의 광범한 다양성 속에서 강도를 포획하기에 적합한 반작용이다. 하지만 그 반작용을 지시하는 것은 현재이지 과거가 아니다. 그 반작용은 생생한 직접성(vivid immediacy)을 부여잡는다."(PR 216) 하지만 생명이 자유를 위한 노력이라고 하지만 이것만으로는 도덕이나 선을 설명할 수 없다. 왜냐하면 생명은 "약탈행위"(PR 217)이기 때문이다. 여건을 자기를 위해서 사용할 때는 어떤 정당화가 필요하다. 이것이 환경과 인간의 문제, 선진국과 후진국의 문제의 핵심적인 상황이다. 화이트헤드에 의하면, 현실적 계기와 결합체가 추구하는 욕구가 그 정당화를 확보하려면, '보존'에서 머무르는 것이 아니라 '강도'를 가져다 주어야 한다. 결국 인간의 윤리적 행위에서 강도는 다양한 요소들의

'대비'를 통해서 '균형 잡힌 복합성'을 추구하는 것이다. 양립불가능한 사소성과 동일화의 과잉을 피하고 협소성과 광범성을 통해서 조화를 이룩하는 것이 윤리의 문제이다.

> 생명은 비록 그 본질에 있어 자유를 통한 강도의 획득이라고 하지만, 그럼에도 방향설정에 예속될 수 있고, 그래서 질서의 견실성을 획득할 수 있는 것이다. 따라서 생명은 물리적 질서로부터 순수한 정신적 독창성으로의, 그리고 순수한 정신적 독창성으로부터 방향이 설정된 독창성으로의 추이인 것이다. 또한 그 순수한 정신적 독창성은 신의 원초적 본성에서 생겨나는 관련성의 방향설정에 따라 활동한다는 데 주목해야 한다.(PR 221)

그렇다면 생명이 지속하기 위해서는 현실적 계기가 그 여건을 수용하는 방식에 달려 있다. 화이트헤드에 의하면, "달성된 강도는 만족의 주체적 형식에 속한다"(PR 191). 주체적 형식에는 정서, 평가, 목적, 의식, 애착(혹 역작용), 혐오 등이 있다. 이 중에서 애착과 혐오의 관계를 살펴보자. 역작용은 가치에 대한 평가절상이라고도 하며, 혐오는 평가절하라고도 한다. 혐오는 평가절하를 하기 때문에, 여건이 주체에 의해 지속될 수 없다. 이것은 일종의 악이 된다. 악은 느낌의 과정에서 배제된 요소이며, 선택받지 못한 요소이다.

> 악의 본성은 사물의 성격이 서로 방해가 되고 있다는 데에 있다. 따라서 생명의 깊이는 선택의 과정을 필요로 한다. 그러나 선택은 방해하는 양상을 최소화시키려고 하는 별개의 시간적 질서를 향한 첫걸음으로서의 제거이다. 선택은 악의 척도인 동시에 그 악을 회피하는 과정이다 (PR 586).

우리는 움베르트 에코의 소설 『장미의 이름』에서 '맹목의 방식'으로 전통의 도덕을 유지하려는 늙은 수도사의 고집에 따른 비극적인 사건을 고려해 볼 수 있다. 이것은 좋은 삶을 위해 향유와 숭고의 대비를 생생하게 즐기는 젊은 수도사를 그 늙은 수도사는 결코 이해하지 못한다. 그는 죄와 숭고의 대비만이 신을 모시는 유일한 방법이라고 생각한다. 늙은 수도사는 '죄인'과 '웃음'을 대비 속에 넣을 수 없기에 아리스토텔레스의 책을 읽은 젊은 수도사를 혐오한다. 그 늙은 수도사에게 웃음은 신의 경배에서 선택할 수 없는 요소이다. 하지만 젊은 수도사들은 신의 경배와 미적인 향유를 대비 속에 품을 수 있는 주체적 형식, 애착을 갖는다. 화이트헤드는 "개념적 느낌 속에 평가절상이 있게 될 경우 물리적 느낌은 그 주체적 형식에 있어서 강도가 강화되어, 새로운 합생으로 전달된다. 이것이 곧 애착이다."(PR 455)

우리는 '주체적 강도의 범주'로 되돌아가서 왜 도덕성이 미래와 관련되는가에 대해서 한번 더 이해할 필요가 있다. 이제 늙은 수도사의 행위는 더 이상 존속될 수 없다. 왜냐하면 존속은 결국 행위의 생생함이 대비를 통해 향유될 때만이 가능하기 때문이다. 즉, 개체의 이익이라는 작은 강도를 넘어서 타자와 공동체라는 큰 강도로 나아갈 때, 그것은 보편적 선이 될 수 있다.

이 물리적 느낌에 부여되는 가치평가는 초월적인 창조성에다 애착이나 혐오의 성격을 제공한다. 애착의 성격은 자신을 넘어서는 주체의 객체화에 있어서의 한 요소로서, 물리적 느낌을 재생시킨다. …… 그러나 그 가치 평가가 애착을 낳게 되는 물리적 느낌은, 이때에 그 자신의 주체를 넘어서서 미래에로 영속해 가는 어떤 힘을 갖는 요소가 된다. 그것은 존속하는 객체를 형성하고 있는 계기들의 경로를 따라 느껴지고 재연된다. 최종적으로 이 일련의 전달은 여러 양립불가능한 것과 만나서, 약화되거나 변형되거나 더 이상 지속될 수 없게 된다. 역작용 대신 혐오가 있는 경우, 초월적 창조성은 그 느낌을 구실로 하여 그 주체의 객체화를 억제하거나 약화시키는 성격을 띤다. 그래서 혐오는 주제가 미래에 있어서 스스로 객체화될지도 모르는 하나의 가능성을 제거시키는 경향이 있다. 따라서 애착은 안정성을 조장하고, 혐오는 변화의 종류에 대한 아무런 지침도 없이 변화를 조장한다. 혐오는 그 본질에 있어, 내용의 배제와 사소성으로의 전이를 조장한다.(PR 490)

한편 느낌의 윤리의 본질적 가치인 생생함은 아름다움과 분리될 수 없다. 류시화가 엮은 법정 스님의 이야기에서, 우리는 생생한 대비를 통해 몸으로 체현된 윤리적 행위를 볼 수 있다.

한 여인이 있었다. 온통 검은 옷을 입고서 그녀는 간신히 울음을 삼키며 우리와 함께 밥상머리에 앉아 있었다. 이제 막 그녀는 죽은 아들을 위한 49재를 마쳤다. …… 아들은 외국 유학을 마치고 군 입대를 준비하던 중, 어느 날 친구들과 저녁을 먹고 돌아와서는 돌연 심장 마비로 세상을 떠났다. …… 그녀가 하는 이야기. 음식을 입에 넣고는 우물거리는 것까지도 울음 그 자체였다. 슬픔이 깊으면 모든 동작이 다 울음이 된다.
밥을 먹다 말고 내가 법정 스님을 돌아보았다. 나는 이제쯤 스님이 여인에게 어떤 위로의 말을 할 때가 되었다고 생각했다. 아들이 그 인연만으로 그녀에게 왔다가 간 것이다. 이 우주가 잠시 그녀에게 아들을 맡겼다가 데리고 간 것일 뿐이다. 그러니 너무 슬퍼하지 말라. …… 스님이 그렇게 여인을 위로하리라고 나는 짐작했다.
그러나 스님은 아무 말씀이 없으셨다. 그냥 묵묵히 식사를 하면서 그녀 앞으로 반찬을 끌어다 주기도 하고 어서 먹으라고 권할 뿐이었다. 여인은 계속해서 아들에 대한 이야기를 하고, 스님을 귀를 기울여 그 모든 이야기를 들어주었다. 그리고 또 연신 다른 반찬을 그녀 앞으로 옮겨다 놓았다.
식사가 끝나갈 무렵, 나는 두 사람 사이에 어떤 화학 작용이 일어나는 걸 느낄 수 있었다. 겉으로는 아무 일도 일어나지 않았고 어떤 위로의 말도 건네지지 않았지만, 분명 여인의 얼굴 어딘가에 안정과 평화의 분위

기가 감돌기 시작했다. 그것은 마치 눈물로 일렁이던 바다에 한 줄기 평
화로운 빛이 스며들어 물결이 그 빛을 반사하기 시작하는 것과 같았다.

그것이 어떤 힘인지는 알 수 없었다. 법정 스님이 가진 현존의 힘이라
고 해야 할까. 하지만 좀더 현실적인 차원에서 말하면, 그때 스님은 단
한순간도 그 여인을 소홀히 하지 않았다. …… 그 강렬한 집중이 아마도
그녀의 슬픔을 위로하고, 나아가 그것을 삶의 한계에 대한 이해로 승화
시켰는지도 모른다. 그때의 그의 모습은 마치 고통받는 환자를 치료하는
의사의 그것과도 같았다. 그 분위기의 신성함이 서서히 그녀를 슬픔 밖
으로 인도했을 것이다.[36]

보통 윤리는 주체의 관점에서 설명된다. 칸트의 윤리이론과 벤담의 윤
리이론에서도 주체가 중심이 된다. 공평성과 보편적 준칙은 모두 주체의
관점에서 논의가 된다. 하지만 법정 스님은 어떤 주체적 행위도 하지 않았
음에도 불구하고, 그 여인은 생생함을 되찾는다. 그 이유는 어디에 있을
까? 바로 그것은 주체와 대상의 상호작용을 통해 힘이 발생하기 때문이다.

화이트헤드에 따르면, 주체와 대상에 관계없이 '있음'이라는 정의를
"힘(power)"이라고 정의한다. 이것은 존재론에서도, 윤리이론에서도 매
우 중요한 의미를 함축한다. 모든 존재가 있음이며, 그것이 힘이 있다는
것은 기존의 주체 중심의 철학과는 다른 관점에서 윤리이론을 제시할 수
있음을 의미한다. 윤리적 행위는 결국 주체와 대상 사이의 관계에서 이루
어지는 것이다. 그런데 주체에게만 힘이 있는 것이 아니라, 주체와 다른
주체 혹은 타자 사이에 힘의 관계로 보는 것은 일종의 부조화를 통한 조
화가 필요하다. 처음부터 주체의 일방적인 생각으로만 윤리적 행위가 이
루어지는 것이 아니다.

나로서는 이렇게 말하고 싶다. 즉 그 어떤 것이건 간에 단 한순간이라

---

36 법정 · 류시화, 『살아있는 것은 다 행복하라』, 조화로운 삶, 2006, 9-10쪽.

도 다른 것에 영향을 끼치거나 다른 것의 영향을 받는 것은 그 원인이
아무리 보잘것없고 그 결과가 아무리 미소하고 순간적인 것이라 하더
라도, 참으로 존재한다는 것이다. 따라서 나는 있음의 정의는 단적으로
힘이라고 생각한다.(AI 204)

따라서 이런 입장에 설 때, 조화나 공명의 의미가 왜 중요한지를 이해
할 수 있다. 왜냐하면 일방적인 구성은 있을 수 없기 때문이다. 언제나 부
조화 속에서 조화를 꿈꾸어야 한다. "인간들 사이에 차이가 절대적으로"
(SMW 297)이며, "다른 습관을 가진 다른 나라는 적이 아니라 하늘의 선
물"(SMW 297)이라고 할 수 있다. 이러한 차이는 생기를 가져오며, 비결
정성을 또한 가져온다.

대체적으로 우리가 윤리이론의 초석으로 받아들이는 플라톤의 타자의
변증법과 헤겔의 모순의 변증법은 차이를 부정으로 본다. 이런 차이는 결
국 타자를 거부하거나 반대하는 입장에 서게 한다. 그러나 느낌의 윤리에
서 차이는 긍정적 느낌이며, 그것은 존속에게 언제나 생기적 차이를 만들
어 주는 것이다. 따라서 생명이 존속한다는 것은 바로 이런 힘들의 긍정
적인 새로운 대비로 고양하는 데 있다. 한편 류시화는 한 여인과 법정 스
님의 관련된 두 항의 느낌에서 평화라는 명제를 건져 올린다. 법정 스님
이 실재적 가능태로써 강도 깊은 행위가 그 슬픈 여인에게 점차적으로
생명과 평화를 찾아들게 한다. 화이트헤드 역시 평화는 "영혼에 있어 '생
명과 운동'의 왕관인 긍정적 느낌"(AI 432)이라고 한다. 평화는 "자아가
상실되고 흥미가 인격성보다 넓은 조정으로 전이되었다는 의미에 있어
서 자기 제어"(AI 433)라고 한다. 이것은 '인류의 사랑 자체'(AI 433)이
다. 우리가 볼 때, 스님은 자기를 버리고, 그 여인과 하나가 되는 사랑을
보여준 것이다.

법정 스님은 경전의 내용을 통해 여인을 억압한 것이 아니라 그 여인과
조화를 이루는 방식을 찾는다. 평화는 "비극에 대한 이해인 동시에 그것

의 보존"(AI 434)이라고 한다. 법정 스님은 억지로 그 슬픈 여인의 슬픔을 앗아간 것이 아니라, 그녀의 비극을 고스란히 보존하는 행위를 보여준다. 화이트헤드에 의하면, 죽음이 조잡한 악이 되지 않고 비극적 악이 되어야 하며, 이를 위해서 아름다움이 있어야 한다고 본다. 아름다움만이 악을 비극적으로 보존하며, 이것은 '애착'으로 새로운 대비로 계승될 수 있다. 따라서 슬픔, 악, 무질서를 조잡한 방식이 아니라 비극을 통해서 아름다움으로 보존하는 것이 바로 평화를 가져올 수 있다고 한다(AI 435). 화이트헤드는 이를 "최고의 비전에 대한 파악"(SMW 278)이라고 한다. 법정 스님의 행위는 바로 죽음이라는 악을 조잡한 악이 아니라 비극적 악으로 보고서 아름다움으로 승화시킨 것이다. 우리는 법정 스님의 사례가 고통과 슬픔을 새로운 주체적 형식으로 가져오는 생생함의 표현이라고 본다. 따라서 생생함은 새로움의 섬광이 가져오는 느낌의 윤리의 본질적 가치라고 할 수 있다.

여인과 스님은 새로운 대비를 이룬 것이다. 그 시공간에서 여인은 죽음과 슬픔의 대비 속에 빠져 있었다. 그 누구도 그런 슬픔의 혐오 속에 빠진 여인을 구해낼 수 없었다. 하지만 스님과 여인은 하나가 되어서 평화라는 새로운 대비를 이룬 것이다. 생생한 미적 향유를 여인과 스님은 누린 것이다. 즉 아름다움이 보존된 것이다. 화이트헤드는 이와 같이 수학적 질서, 종교적 숭배, 미적 향유를 느낌의 윤리를 통해 새롭게 통합하는 도덕적 모험을 감행하였다.

4. 결론

우리는 이 논의를 통해 이분법으로 나누어진 의무윤리와 공리주의 윤리 이론의 관점들을 새로운 방식으로 통합해 보았다. 물론 그 논의는 여전히 미진한 측면이 있다. 하지만 오늘날 우리는 근대의 윤리이론으로는 해소할 수 없는 다양한 문제에 봉착해 있다. 특히 환경과 인간의 관계, 기계와 인간의 관계, 다른 생물들과 관계, 자본과 노동자의 관계 등 다양한 상황에 대한 문제들에 직면해 있다. 이런 문제들은 새로운 윤리적 관점을 요구하고 있다. 우리는 그런 문제를 바라보는 새로운 시선을 위해 화이트헤드의 느낌의 철학에서 언급된 카오스모스, 강도, 생생함이라는 요소들을 제시해 보았다.

지금까지 근대의 윤리학이 능력 심리학에 근거를 두고 있었다는 점을 밝혀 보았다. 대표적인 근대의 윤리학이라고 할 수 있는 칸트의 의무윤리와 벤담의 공리주의는 이성과 감정을 중심으로 윤리학을 전개하지만, 그것들은 모두 추상화된 능력을 윤리적 행동의 모토로 삼았다. 그것은 신체와 신체, 혹은 느낌들 사이의 상호 작용이라는 생겨남을 간과한 윤리이론을 전개함으로써, 잘못된 구체성의 오류를 범한 경우라고 할 수 있다. 우리는 인지과학의 도움을 통해 개념은 신체들을 별개로 해서는 나올 수 없다는 점과 신체는 자연과 내적 연결이 있다는 점을 밝혔다. 결과적으로 본질주의 윤리학인 칸트의 의무윤리와 결과주의 윤리학인 벤담의 공리주의는 반복과 영속적인 존속으로 윤리이론을 제기하는 바람에 일정 시간 동안의 존속과 생생함을 충분히 설명하지 못했다.

우리는 그 대안으로 화이트헤드의 느낌이론에 근거한 윤리의 요소들을 제시했다. 그것은 각각 카오스모스, 강도, 생생함이다. 카오스모스는 질서와 무질서, 선과 악은 절대적으로 모순된 것이 아니며, 그것은 상황 혹은 시공간에 의해 달라질 수 있다. 화이트헤드에 따르면, 윤리는 결코 고정되거나 정태적인 방식이 될 수 없다는 점을 명확히 선언하는 방식이 카오스모스이다. 이것은 선과 악이라는 이분법의 방식에서 벗어나서 윤리이론을 조망하는데 중요한 열쇠가 될 것이다. 다음으로 강도는 결과주의를 표방하는 공리주의에 대한 입장을 다른 방식으로 제기해 본 것이다. 공리주의가 자신의 이익이나 쾌의 관점에서 윤리이론을 본다면, 그에 반해 강도는 현재와 미래의 관계에서 윤리를 고려해야 함을 보여준다. 물론 시대마다 강도에 대한 입장은 달라질 수 있지만, 다수의 사람들이 자신들의 인격을 희생하고 흥미를 갖게 하는 것이 강도의 윤리이론의 핵심적인 내용이라고 할 수 있다. 그것은 특히 소수와 다수라는 입장보다는 현재와 미래의 대비를 통해 윤리이론을 제시하고 있다는 점에서, 공리주의가 너무나 현재의 쾌와 불쾌에만 초점을 맞추는 점을 개선할 수 있는 방향을 제시하고 있다.

마지막으로 생생함은 본질적인 가치와 관련이 있다. 그것은 구체적인 파악을 의미한다. 그것은 가장 잘 사는 길은 생명의 리듬을 파악하고 존속시키는 것을 의미한다. 생명의 선은 텅빈 공간에서 충만된 방식으로 표현되는 것이다. 이런 선은 새로운 대비를 만들어서 슬픔이나 악을 비극적인 아름다운 대비로 승화시키는 길을 찾는 것이다. 생생함은 기존의 윤리이론이 추상과 수적 존속에만 초점을 맞춘 나머지 간과해버린 측면이다. 이 시공간에서 일어나는 생생함은 현실적 경험에서 유일한 것임에도 불구하고, 지금까지 대다수의 윤리이론은 실체철학에 근거를 두고 있기에 반복과 추상을 통해 보편화에 중점을 둔 나머지 생생한 생명을 설명하지 못했다. 그것은 슬픔에 빠진 여인에게 인생은 업이라든지, 하느님의 뜻이라고하는 것과 같다. 우리는 대상과 주체가 서로의 있음을 힘으로 인정하는 것, 즉 그것이 내적 관계를 맺으며 새로운 대비의 방식을 '시의적절'(seasonable)함에서 찾는 것이다. 이것이 느낌의 윤리의 본질적인 가치에 해당한다고 본다.

한편 이와 같이 사실과 가치를 결합하려는 노력은 20세기에 와서 다양한 연구자들이 제시하고 있다는 점에서 화이트헤드만의 관점은 아니다. 퍼트남에 따르면, 퍼스(Peirce), 제임스(James), 듀이(Dewey), 미드(Mead)는 모두 가치와 규범이 모든 경험에 들어 있으며, 과학철학에서 규범적 판단은 과학 자체의 실천에 본질적이라고 한다.[37] 사회 과학도 예외가 아니다. 베버와 같은 사회과학자도 어떤 물음을 탐색하는지, 또 탐

---

37 힐러리 퍼트남, 『사실과 가치의 이분법을 넘어서』, 노양진 옮김, 서광사, 2010, 65쪽.

색해야 하는지에 관한 결정은 윤리적 가치를 포함한 결정이며, 사회과학을 기술하는 용어조차도 이미 윤리적 의미가 내재되어 있다고 보았다.[38] 우리는 이 논문을 통해 볼 때, 퍼트남의 내용 속에 화이트헤드 역시 반드시 포함해야 한다고 본다. 화이트헤드는 모든 경험 속에 사태와 중요성은 결코 분리해서는 안 된다는 점을 역설했다.

오늘날. 세계는 자본주의라는 경제체제가 지배하고 있으며, 그 속에 작동의 열쇠는 여전히 자본과 노동이다. 하지만 그 작동의 방식이 테일러이즘처럼 이성에 의해 노동자를 재단하는 일보다는 감정을 통해 노동자를 재현하는 구조가 많아지고 있다. 그 이유 중의 하나는 서비스 산업이 제조업보다는 그 비중이 확대되고 있는 것에 있다고 볼 수 있다. 이와 같은 감정 노동의 확산은 여러 가지 문제를 야기하고 그에 따라 다양한 해결책이 제시되고 있다. 우리 사회에서도 언론매체를 통해 감정노동과 관련된 사건을 가끔 접할 수 있지만, 앞으로는 그런 일이 훨씬 더 빈번해질 것이다. 최근에도 세간의 주목을 끈 사건들이 몇 건 발생했다. 2013년 4월 대기업 간부가 서비스 문제로 항공사 승무원을 폭행한 사건이나 2015년 땅콩 회항 사건 등을 통해 감정 노동자들이 처한 현실이 어떤지를 엿볼 수 있다.

기업과 경영에서 보는 감정 노동이란 육체노동과 정신노동으로 노동의 형태를 정의했던 이전의 자본주의와는 달리, 개인의 감정 관리가 노동력으로 환원되어 판매되며, 이때 그 일에 종사하는 서비스 종사자들이 자신의 감정들을 고객의 욕구에 맞추어서 억제하거나 고무시키는 행위를 말한다.[39] 감정 노동의 문제점은, 개인의 고유한 성격인 감정이 기업에 의해 관리되고 규제됨으로써 서비스 종사자들은 자신의 진짜 감정에서 소외되는 감정 부조화(emotional dissonance)를 경험한다는 것이다.[40] 이에 따라 종사자들은 우울증과 다양한 질병이 생겨나고 있고 이직의도 및

---

38 같은 책. 113쪽.

39 A. R. Hochschild, *The managed heart: commercialization of human feeling*(Berkeley CA: University of California Press 1983).

40 윤세준 · 김상표 · 김은민, 「감정노동 · 감정표현규범에 관한 질적 연구」,『산업노동연구』, 제 6권 제 1호(2000), 215-254쪽 참조.

직무 소진이 늘고 있는 실정이다.

하지만 이러한 감정노동을 바라보는 이론은 근대 이성에 기반을 둔 실체 철학 및 주체 중심의 윤리이론이 전제되어 있다. 이는 감정 노동에서 감정은 한 개인에게 한정될 수 있다는 사유가 전제되어 있다. 감정은 영향을 주고 영향을 받는 일종의 힘이다. 그런데 감정을 영향을 받는 것보다는 영향을 주는 것에만 초점을 맞추어서 관리되고 있다.

느낌의 윤리에서 힘은 주체와 대상, 혹은 주체와 다른 주체가 모두 향유하며, 그 힘은 주체와 타자 사이에서 발생하는 것이며, 상호간에 영향을 주고 받는 것이며, 감정의 촉발점은 신체 사이의 느낌이다. 즉, 파악은 주체와 대상 및 주체적 형식의 상호 관계를 통해 본다. 하지만 감정 노동에 대한 논의 및 해결책은 여전히 '단지' 감정이라는 추상의 형식에 매몰되어서 논의가 전개되고 있다. 그것은 능력 심리학의 후손이라고 할 수 있다.

감정노동의 관리방식에서, 대상이나 주체 사이에 강도와 생생함을 가져오는 신체의 힘들 사이의 관계는 배제되고 있다. 다시 말해서, 느낌의 윤리의 입장에서 볼 때, 강도와 생생함이 결여되어 있는 감정 노동에 대한 논의 및 해결책은 결국은 근대의 주체 중심의 윤리적 논의에 갇혀 있다고 볼 수밖에 없다. 향후에 여기에 대해서 보다 실증적이며, 질적인 차원의 연구를 시도해볼 것이다.

이분법은 모든 영역에 어려움을 던지는 과제이다. 근대의 지식 패러다임이 제공한 이분법의 공식은 그 나름의 공헌한 바가 적지 않다. 하지만 시대는 변했고, 우리의 삶은 새로운 변화 속에서 그런 이분법을 극복하고자 한다. 정치, 과학, 윤리의 영역은 근대의 지식 나무에서 분리되고, 그것은 각각의 전문화를 요구하는 것으로 이해되어 왔다. 그러나 추상의 역량인 지성은 역설적이게도 존속과 생생함을 포착해서 이분법을 극복할 수 있는 윤리이론을 제시할 수 있다는 점이다. 이것은 추상과 구체를 다시금 결합할 수 있는 시도라고 할 수 있다. 이 논문이 그런 시도의 한 칸의 디딤돌이 되기를 바란다.

참고 문헌

김상표 · 김영진, 「화이트헤드와 들뢰즈의 과정철학: 조직의 창조성과 실천적 프로네시스를 위한 새로운 문제 설정」, 『동서철학연구』, 제61호(2011), 163-192.

김상표 · 김영진, 「화이트헤드의 유기체 철학과 경영 교육」, 『인문연구』, 제71호(2014), 375-405.

김영진, 「21세기 조직화의 새로운 패러다임: 화이트헤드와 들뢰즈의 과정철학과 카오스모스」, 『새한철학회 논문집』, 제65집 3권(2011).

김영진, 『화이트헤드의 유기체 철학: 위상적 세계에서 펼쳐지는 미적 모험』, 그린비, 2012.

김영진, 「현실적 존재와 공동체 기업가정신: 과정철학의 관점」, 『환경철학』, 제17집(2014), 36-66.

문창옥, 『화이트헤드 과정철학의 이해』, 통나무, 1999.

바렐라 · 톰슨 · 로쉬(석봉래 역), 『몸의 인지과학』, 김영사, 2016. 칸트(백종현 역), 『윤리형이상학 정초』, 아카넷, 2013.

박헌준 · 이제구, 「기업윤리에 대한 연구방법론 탐구」, 『경영학연구』, 제 25권 3호(1996), 247-283.

서인덕 · 배성현, 『기업윤리』, 경문사, 2011.

애링턴(김성옥 역), 『서양 윤리학사』, 서광사, 2011.

윤세준 · 김상표 · 김은민, 「감정노동 · 감정표현규범에 관한 질적 연구」, 『산업노동연구』, 제 6권 제 1호(2000), 215-254.

정원교, 「경영자를 위한 기업윤리 교육과정에 대한 철학적 반성과 제안」, 『철학』, 제 90집(2007), 160-190.

카스텔(김묵한 · 박행웅 · 오은주 역), 『네트워크 사회의 도래』, 한울아카데미, 2008. 존슨(김가연 역), 『도덕적 상상력』, 글항아리, 2016.

퍼트남(노양진 역), 『사실과 가치의 이분법을 넘어서』, 서광사, 2010.

한의진 · 조여일, 「감정노동을 수행하는 항공 객실승무원들의 우울이 이직의도에 미치는 영향: 직무만족과 조직몰입의 매개효과」, 『관광연구』, 제 28권 제 4호(2013), 117-135.

헨리 민츠버그, 성현정 옮김, 『MBA가 회사를 망친다』, 북스넛, 2009.

Alex Arthur, A Utility Theory of 'truth', *Organization*, 2003.

Campbell Jones, As if Business Ethics were Possible, 'within Such Limits'.., *Organization*, 2003.

Edward Wray-Bliss, Research Subjects/Research Subjections: Exploring the Ethics and Politics of Critical Research, *Organization*, 2003.

Griffin, D. R., et al., *Founders of Constructive Postmodern Philosophy*, Albany: SUNYPress, 1933.

Herman E. Daly and John B. Cobb, Jr., *For The Common Good*(Boston: Beacon Press,1989).

Hochschild, A. R., *The managed heart: commercialization of human feeling*(BerkeleyCA: University of California Press 1983).

John Roberts, The Manufacture of Corporate Social Responsibility: Constructing Corporate Sensibility, *Organization*, 2003.

Lawrence Shapiro, *Embodied Cognition*, Routledge, 2011.

Martin Parker, Introduction: Ethics, Politics and Organizing, *Organization*, 2003.

Nick Crossley, Even Newer Social Movements? Anti-Corporate Protests, Capitalist Crises and the Remoralization of Society, *Organization*, 2003.

Whitehead. A. N., *Process and Reality*(PR): An Essay in Cosmology. 오영환 옮김(1991). 『과정과 실재』, 서울: 민음사.

Whitehead. A. N. *Adventure of Ideas*(AI). 오영환 옮김(1996). 『관념의 모험』, 서울: 한길사.

Whitehead. A. N., *Science and The Modern World*(SMW), 오영환 옮김(1989), 『과학과 근대세계』, 서광사.

Whitehead. A. N., *The Concept of Nature*(CN), 안형관 · 전병기 · 이태호 · 김영진 옮김(1998), 『자연의 개념』, 이문출판사.

Whitehead, A. N., *Process and Reality: An Essay in Cosmology* (New York: The FreePress, 1978).

Whitehead, A. N., *Symbolism: its Meaning and Effect*(New York: Capricorn Books,1959).

Whitehead, A. N., *Adventures of Ideas*(New York: The Free Press, 1933).

유용성의 경영교육을 넘어서: 생명과 아름다움에 대한 감각의 고양[1]

1. 문제제기

이 논문의 목적은 기업이 원하는 인재상과 현재 경영 교육의 상관성을 살펴보고, 유기체 철학이 경영 교육에 어떤 통찰을 제공할 수 있는지를 검토하는 것이다. 대학 교육에서 화이트헤드의 유기체 철학과 그 교육 이론이 어떤 통찰을 제공해 줄 수 있는지는 이미 어느 정도의 논의가 있었다(오영환 2003: 박상태 2006). 하지만 지금까지 화이트헤드의 교육 이론을 구체적인 어떤 학과나 대학원에 적용한 논의는 없었다. 현재 사회의 요구와 학생들의 요구에 상응해서 인문사회과학에서 경영학과 및 경영대학원에 대한 관심이 지대하다. 그것은 기업과 밀접한 학과가 경영학과이며, 대다수의 취업의 기회가 기업을 통해 열리기 때문이다. 그렇다면 경영학과와 그 소속 학생들은 무엇을 배워서 기업에 취업하는가? 그리고 기업은 어떤 인재를 원하는가? 이것이 대학 경영 교육이 나갈 방향을 정하는 것이다.

여기에 기업에서 어떤 인재를 바라는지를 잠깐 살펴보자. 신입 사원을 채용할 때 최고경영자들이 중요하게 생각하는 것은, 회사 내에서 다른 사람들과 협력해서 일하는 능력, 업무처리 의욕, 리더가 될 잠재력, 원만한

---

[1] 이 논문은 『인문연구』 제71호(2014년)에 게재되었다.

대인관계 등 인성 및 인간관계에 관한 항목들이 높은 중요성을 보이며, 외국어구사 및 국제적 시야는 그 다음이며, 계량적, 분석적 능력을 상대적으로 덜 중요한 기준으로 본다(지용희 & 강호상, 1996: 73).

2013년에 대한상공회의소가 국내 매출액 상위 100대 기업의 홈페이지에 기재돼 있는 인재상 정보를 분석한 보고서에 따르면, 국내 상위권 기업들은 함께 일하고 싶은 직원의 인재상으로는 전문성(Specialty), 창의성(Unconventionality), 도전정신(Pioneer), 도덕성(Ethicality), 주인의식(Responsibility)을 갖추기를 원하고 있다. 그 중에서 가장 중시하는 부분은 '도전정신'인 것으로 나타났다. 100대 기업들 중 '도전정신'을 뽑은 기업이 88개사로 가장 많았고, 이어 '주인의식' 78개사, '전문성' 77개사, '창의성' 73개사, '도덕성' 65개사 순으로 나타났다.

보다 세부적으로는 건설사업 관리를 주로 하는 '한미글로벌'회사는 1996년 창업 이래로 2010년 매출액이 창업 당시의 14배를 넘어선다. 이러한 경영 실적과 더불어 '대한민국 훌륭한 일터상', '지식경영 대상', '기업혁신대상', '국무총리상' 등을 수상했고, 창업자인 김종훈 회장도 한국을 대표하는 CEO로 선정되었다. 이 한미글로벌 회사의 성장에 중요한 영향을 미친 핵심가치는 정직과 같은 도덕적 가치, 관계의 문화, 개방적 문화, 도전적 문화 등으로 나타난다(노부호, 2013). 따라서 앞에서 언급한 내용을 수렴해서 보자면, 기업이 원하는 인재는 도전정신, 관계 역량 및 공동체 가치를 중요하게 여기는 교육을 받은 자들이다.

그렇다면 우리의 경영 대학의 교육 현실은 어떤지를 보자. 2014년 현재 서울대학교 경영학과 커리큘럼을 잠깐 살펴보자. 1학년은 경영학원론, 경제원론, 회계원리를 배우며, 2학년은 중급회계, 경영과학, 조직행위론, 기업법, 조직구조론, 재무관리, 경영정보론 등을 배우며, 3학년은 관리회계, 재무제표분석 및 기업가치 평가, 기업과 경력개발, 보험과 위험관리, 기업지배구조의 이론과 실제, 투자론, 인사관리, 금융기관경영론, 생산관리 등을 배우며, 4학년은 고급회계, 마케팅조사론, 파생금융

상품론, 경영정보 컨설팅 방법론, 노사관계론, 광고관리론, 국제금융관리론 등을 배운다.

서울대학 경영학부뿐만 아니라 대다수 우리 경영 대학의 커리큘럼은 거의 대동소이하다고 볼 수 있다. 이러한 경영 교육은 보편학문이라는 근대 인식론의 틀에 기반을 두고 있다. 시공간에 관계없이 대상에 대한 보편적 인식을 제공하는 방식으로 구성되는 것이다. 이것은 표상 지식을 습득하는 방식이다. 즉 대상과 관념이 대응하는 방식으로 교육이 이루어지는 것이다.

그렇다면 이와 같은 교육을 통해 기업에서 중요하게 생각하는 도전정신, 창의성, 도덕성, 주인의식 및 인간관계 등은 어떻게 교육할 수 있는가? 도전정신과 창의성은 다른 말로 모험심을 갖추어야 할 자질이며, 도덕성과 주인의식 및 인간관계는 가치에 대한, 특히 윤리적 가치에 대한 품성을 갖추어야 하는 것이다. 그렇다면 이론 중심의 경영학부 교육을 통해 이와 같은 모험심과 가치가 형성될 수 있는가? 따라서 이 논문의 목적은 화이트헤드의 유기체 철학을 통해 현재 경영 교육의 문제점을 지적하고 그 방향성을 예비적으로 제시해볼 것이다.

2. 표상지식과 수학교육

현재의 대학 경영 교육은 명사 중심 혹은 표상 중심의 교육이 주를 이루고 있다. Sumnatra & Ghoshal(2005)에 따르면, 경영학부에서 가르치는 것은 명석 판명한 개념과 보편화된 지식이며, 각 개념에서 설명되는 대상은 외적 관계를 통해 명료하고 고립된 현상이다. 경영 교육에서 가르치는 이와 같은 지식을 우리는 표상지식(representation knowledge)이라고 한다. 표상지식이란, 경영 교육에서 다루는 개념이 현재 경영 실재를 정확하게 반영하는 것이다. 관찰자의 입장은 배제하고, 이론과 현상이 정확하게 대응한다는 입장이다(Chia & Holt, 2008). 따라서 표상 지식은 큰 샘플과 통제된 실험실에서 성과를 비교하는 지식이며, '무엇'에 관한 지식이다.

이것은 경영 학부뿐만 아니라 대학원에서도 가장 중요한 지식 규범으로 자리를 잡고 있다. 대상을 실재로 보는 연구 방법에서 지식은 독립변수, 종속변수, 매개변수, 조절 변수들 사이의 상관관계를 다루는 신뢰도와 평균분산추출을 통해 얻어진 각 문항별 회귀계수 자료에 의해 그 객관성을 확보한다. 즉, 대다수의 석박사 논문이 예측가능하다는 선형적 인과관계에서 도출되어 나온다(Taleb, 2007: 238). 우리는 이를 실증주의 경영 이론이라고 부른다.

그러므로 실증주의 경영 이론인 표상 지식은 실체 패러다임의 전형이라고 할 수 있으며, 안정이나 존재를 실재로 인정하는 패러다임이기에 '균형기반이론'(equilibrium-based theory)이라고도 한다. 고대 그리스 아리스토텔레스의 철학의 기원에서 보자면, 그것은 에피스테메(episteme)와 테크네(techné) 지식에 근거를 두고 있다(Aristoteles, 2014: 207). 에피스테메는 시공간과 무관하게 추상적이고 일반화된 지식을 의미하며, 테크네는 양적 측정을 통해 표현된 기술적 특성을 의미한다(Baumard, 1999). Raphals(1992: 227)에 의하면, 이러한 지식은 그리스 사유에서 수와 밀접한 관련이 있는 지식이며, 특히 정교한 측정을 위한 과학적 전통에 따른 것이다.

하지만 이런 지식은 '시간'을 무시하거나 비교적 정태적인 방식으로 상황을 이해할 뿐이며, 맥락은 무시되고 분산추출 일반화를 통해 무시간적인 명제만을 진리로 받아들인다(Sandberg & Tsoukas, 2011: 342). 하지만 기업의 활동은 전혀 예측할 수 없는 의사결정을 통해 이루어지는 경우가 허다하다. 또한 실제의 삶에서도 역사와 환경의 특이성, 각 지역의 상식, 보편적으로 이해할 수 없는 도덕적 전통을 통해 의사결정을 내리는 경우가 많다(Bourdieu, 1990: 86). 그렇다면 표상 지식을 가르치는 경영 교육은 기업현장과 우리의 삶에서 어떤 부분을 강조하고, 어떤 부분을 배제하고 있는지를 살펴보도록 하자.

기업은 생존과 번영을 위해 경영 환경에 효과적으로 적응하는 것이 필수적이다. 조직은 그 적응을 위해 합리성과 혁신성이라는 두 마리 토끼를 동시에 잡아야 한다. 보통 이를 양면성(ambidexterity)이라고 한다. 이 양면성을 실천하는 방법은 탐험(exploration)과 활용(exploitation)이라는 속성을 함께 수행하는 것이다. 탐험이란 위험을 두려워하지 않는 태도, 참신함, 자유로운 발상, 유연한 규율, 느슨한 통제를 통해 이루어진다. 활용이란 단기적인 개선, 개량, 습관화, 정교화를 의미하며, 이를 위해서는 집중, 정확성, 반복성, 분석, 건전성, 규율과 통제가 있어야 한다. 다시 말해서 탐험은 조직의 혁신성을 강조하는 변화의 속성과 연관이 있고, 활용은 조직의 합리성, 경제성, 예측성을 강조하는 안정적 속성과 관련이 있다(이홍·이현, 2009: 99). 이처럼 활용과 탐험은 둘 다 가장 핵심적인 기업역량이기에 어떤 속성도 간과할 수 없다.

그러나 탐험과 활용을 조직에서 함께 운영하는 것은 결코 쉽지 않다. 우리는 탐험과 활용의 균형에 실패한 대표적인 사례로 애플(Apple)을 들수 있다. 잡스(Jobs)는 탐험 역량은 탁월했기에 애플의 창업이 가능했다. 성공적인 창업 후에 당시 활용 능력이 부족했던 애플사는 곧 위기에 봉착하게 되었다. 이에 잡스는 그 방면에 탁월한 역량을 갖춘 존 스컬리를 펩시에서 영입했다. 스컬리는 자신의 뛰어난 활용 능력을 발휘해서 애플의 성장을 주도했다. 하지만 스컬리의 활용 능력은 애플사에 탐험의 비중을 낮추는 바람에 기술적 혁신 능력이 떨어지면서 매출도 떨어지고 고객의 불만도 높아졌다. 애플사는 스컬리를 떠나게 한 후, 창업자인 잡스를 다시 복귀시켜서 아이맥이라는 혁신적인 제품을 시장에 내 놓아 공전의 히트를 기록한다. 즉 활용에서 탐험의 시대로 되돌아가면서 현재의 스마트폰 시장을 주도하는 회사가 되었다(Mintzberg, 2009: 212-213).

하지만 탐험형인 잡스는 쿡(Cook)이라는 CEO를 영입해서 자신에게 부족한 활용 능력을 보완하고 있다. 현재 잡스 사망 후에 애플사는 탐험 역량의 인재들이 이직을 하고 있는 것으로 보여서 차후에 모험적인 제품을 계속해서 출시할 수 있을지는 두고 볼 일이다. 애플의 사례를 통해 보듯이 탐험과 활용 역량에 균형을 잡는 것이 기업의 생존에 가장 중요한 측면이지만, 이 둘을 함께 유지한다는 것은 결코 쉽지 않다. 그렇다면 경영 교육에서는 이 두 속성을 어떻게 가르치고 있는가?

역사적으로 볼 때, 미국 경영대학에서 엄격한 계량화 및 통계분석과 같은 활용 역량인 합리성을 금과옥조로 여긴 것은 조셉 와튼(Wharton)이 독일 동북부에 있었던 프로이센의 관료 양성학교를 모방해서 펜실베이니아 대학의 비즈니스 학교가 완성된 이후였다고 한다(Mintzberg, 2009: 44). 경영 교육에서 합리적 역량인 활용을 키우기 위해 대다수의 학생들은 재무자산의 포트폴리오 모델, 전략 자원의 경쟁 분석, 회계 등을 배운다. 이 지식은 모두 수학을 전제로 한다. 이 전통은 계승되어 많은 경영대학 교육이 보편성과 엄밀성을 갖춘 수학을 중심으로 운영되어 왔다. 서울대학교의 경영 교육뿐만 아니라 세계적으로 우수한 경영 대학 교육의 목표는 우수한 수학적 매니저들을 대량생산하는 것이다. 기초적인 산술, 대수 능력과 미분과 적분의 기초 과정은 경영 교육에서 가장 중요한 도구로 자리를 잡고 있으며, 학생들이 우수한 경영자가 되기 위해서는 가장 우선적으로 익혀야 할 방법이 되었다. 따라서 미국 경영학부 및 대학원(MBA) 과정에서 수학 능력을 통해 입학자를 선발하는데, 그 이유는 수학 능력이 측정하기에 비교적 신뢰할 수 있는 기준이 되기 때문이다(Mintzberg, 2009: 78).

수학은 시간과 공간에 관계없는 언제나 보편적 진리를 제공하는 지식이다. 화이트헤드에 따르면, 근대 이후에 "우리는 수량으로부터 도피할 수 없다. 세계는 철두철미 수량으로 물들어 있다"(Whitehead, 2004: 50). 그는 수량을 모르고는 우아한 지성은 "절반밖에 발달하지 못한 지성"(Whitehead, 2004: 50)이 된다고 한다. 따라서 수를 배우는 과정은 경영 교육에서 매우 중요한 과정이며, 이것은 합리적 속성인 활용을 키우는 중요한 교육 과정이라고 할 수 있다.

> 수학은 잘 가르쳤을 경우에는 이 관념의 보편성을 점차적으로 머릿속에 심어주는 데 가장 강력한 도구가 된다.…… 여기서 우리는 거듭 신중해야 한다. 만일 우리가 수학을 단지 일반적 진리를 인각시키는 것으로만 사용한다면 우리는 수학 교육을 망치고 말 것이다. 일반적 관념은 특정한 결과와 연관시키는 연결수단이다. 결국 중요한 것은 구체적인 개별적 사례들이다(Whitehead, 2004: 133-134).

하지만 이러한 경영 교육은 "분석만 하는 매니지먼트"(Mintzberg, 2009: 72)만을 양성할 뿐이다. 이는 매니지먼트를 완전한 신체라고 할 때, 이것은 골격만을 보여주는 것이지 그 골격 사이를 연결하는 근육이나 힘줄, 피부, 혈액, 영혼 등은 배제되어 있는 방식이라고 한다(Mintzberg, 2009: 72). 물론 추상성은 기업 경영에서 필수적인 부분이다. 추상이나 수 개념 없이 사물을 이해하는 것은 불가능하다. 그러나 수가 아무리 현대 사회에 중요하다고 하더라도 분절된 방식으로 수를 가르치는 것은 해가 되고, 수가 "생명의 다양한 양상을 밝혀내는"(Whitehead, 52) 데 기여할 때만이 그 의미가 있다. 특히 사회 현상을 통계만으로 판단할 때, 즉 시간을 무시하고 비교하는 것은 대단히 위험한 발상이라고 한다. 시간을 무시하고 한 나라와 다른 나라를 비교하는 것은 매우 추상적인 구조를 드러낼 뿐이다(Whitehead, 2004: 53). Mintzberg에 따르면, "언어나 숫자는 풍부한 실제 체험, 즉 기업의 중역실이나 대학 교실 밖의 세계에 단단한 뿌리를 내림으로써 의미"(2009: 98)를 가질 수 있다. 따라서 현재 경영 교육에서는 지식의 명석 판명함의 잣대인 수학을 가장 중요한 교육의 지렛대로 삼고 있는 까닭에, 분석은 있으나 통합은 없다고 한다(Mintzberg, 2009: 71).

경영은 전체와 생명을 보는 능력이 필요하다. 달리 말하면 비전과 통찰 능력이 필요하다. 분석적 능력만으로는 경영을 할 수는 없다. 미국의 금융위기를 가져온 모기지론은 사실상 가장 뛰어난 수학적 능력을 갖춘 매니저들에 의해 빚어진 결과라고 해도 과언이 아니다. 그들은 분석적 역량이 타고난 인재들이었으며, 경영 교육의 대부분을 그와 같은 전문능력을 배우는데 보냈을 것이다. 하지만 그들의 행동과 생각이 사회에 어떤 파장을 미칠 수 있는지를 보다 심사숙고했다면, 그와 같은 비극적 사태에까지 이르지 않았을지도 모른다. 이것은 결국 부분적인 이익이 아니라 "전체적으로 잘 살아가는 것과 관련해서 무엇이 좋고 유익한지 잘 숙고하는"(Aristoteles, 2014: 210) 실천적 지혜(phronesis)가 부족한 경우라고 볼 수 있다.

화이트헤드는 이러한 교육은 "생기없는 관념"(inert ideas)(Whitehead, 2004: 38)을 가르치는 것이며, "서로 연관성도 없는 관념들을 수동적으로 검토하면서, 자신의 영혼을 경직되게 만들고 있는"(Whitehead, 2004: 41) 것이라고 주장한다. 단지 이것은 "획일적이고 형식적인 시험"(2004: 45)을 통해 감수성과 상상력을 죽이는 결과로 비롯된 것이다.

> 내가 역설하고 싶은 해결책은 현대 교육 과정의 생명력을 죽게 만드는, 과목들 간의 치명적인 단절을 뿌리째 뽑아버리는 것이다. 교육을 위해서는 오로지 하나의 교과밖에 없다. 그것은 찬차만별로 나타나는 것이지만, '생명'이라는 교과이다. 우리는 이 단일 통합 대신에 생명과 단절된 대수, 기하, 과학, 역사, 능통하게 숙달시킬 가망도 없는 두 개의 외국어 과목들을 어린이들에게 부과해 왔다(Whitehead, 2004: 48).

교육의 형식은 오직 '생명'에 대한 이해와 직결된다. 즉, 화이트헤드는 모든 교육 과정에서 배워야 할 것은 오로지 '생명'이라는 교과라고 한다. 교육의 요체는 "학생들로 하여금 나무를 통해서 숲 전체를 보도록 하자는데 있다"(Whitehead, 2004: 48)는 것이다. 어떻게 하면 나무를 통해 숲 전체를 보게 할 수 있는가? 그것은 생명을 보게 하는 것이며, 생명을 본다는 것은 전체와 연결될 수 있는 것이다. 따라서 활용을 중심으로 배우고 가르치는 현재의 경영 교육은 전체를 보는 시야를 제공하지 못하며, 단지 표상 지식을 가르치고 있을 뿐이다.

3. 사례 연구 수업과 잘못 놓여진 구체성의 오류

한편 경영 교육에서 탐험은 어떻게 가르쳐야 하는가? 탐험은 잡스가 예증했듯이 모험심과 상상력이 필요하다. 화이트헤드에 따르면, "통상(通商)은 상상력과 함께 자란다"(2004: 203)고 하며, 상상력은 위대한 통상민족들에게 가장 중요한 선물이었다고 한다(Whitehead, 2004: 203). 따라서 경영 교육이 나갈 방향은 합리적 속성인 '활용'을 가르치는 것도 중요하지만, 혁신의 속성인 '탐험'을 기를 수 있는 상상력을 가르치는 것이 무엇보다 중요하다.

화이트헤드는 상상력은 사실과 분리되어서는 안 된다고 하며, 상상력은 사실과의 관계 속에서만 그 의미가 발현될 수 있다고 본다. 학생인 청년은 사실은 부족하나 상상력이 풍부하고, 학자인 노년은 상상력은 고갈되었으나 사실적인 지식은 많다. 대학은 바로 이 두 양상을 결합해야 하는 것이 본래의 기능이라고 한다.

> 대학의 본래 기능이란 상상력이 풍부한 지식을 획득하는 데 있다. 상상력의 중요성을 제쳐 놓는다면 기업가나 다른 전문직 사람들이 특정한 기회가 있을 때마다 그런 사실들을 단편적으로 배워간다는 것이 나쁘다고 할 이유가 없는 것이다. 대학은 상상력이 풍부한 곳인데, 그렇지 못하다면 그것은 아무것도 아닌, 심지어는 아무런 쓸모도 없는 곳이다 (Whitehead, 2004: 206-207).

우리는 1927년에 화이트헤드가 '미국 경영대학원 협회'에서 강연한 내용이 탐험을 위해 가장 필요한 교육 방법에 대해 말하고 있음에 놀라지 않을 수 없다. 화이트헤드는 대학은 행동의 모험과 사고의 모험이 만나 상상과 경험을 통합할 수 있어야 한다고 주장한다. 화이트헤드는 대학의 이러한 일반 기능은 경영대학의 특수 기능에 즉시 응용되어야 한다고 주장한다. 특히 경영 교육은 삶에 대한 열정과 모험을 느낄 수 있는 방식으로 가르쳐야 한다. 이를 위해 상상력은 필수적인 항목이다. 화이트헤드에 따르면, '사람들의 다양한 심리상태를 파악하기 위한 상상력', '다양한 지역을 이해하는 상상력', '조직의 작용과 반작용을 전체적으로 이해하는 상상력', '추상성과 구체성을 함께 파악하는 상상력', '조직을 결속시키는 힘에 대한 상상력', '생산 공장의 조건이 사회에 미치는 파장을 생각하는 상상력'등이 필요하다고 한다(Whitehead, 2004: 203). 따라서 경영 교육은 학생들에게 상상력을 사실과의 관련 속에서 키워주는 것이다.

하지만 우리의 경영 교육은 엄격한 시험, 압력을 가하기 위해 설계된 교실, 학생들 간에 소통이 불가능한 구조로 되어 있다(Mintzberg, 2009: 426). 즉, 학생들이 교실에서 여유롭게 대화하고 성찰하고 신선한 충격을 받는 것은 대체적으로 불가능한 방식으로 구조화되어 있다. 따라서 탐험 능력을 경영 교육에서 배운다는 것은 결코 쉬운 일이 아니다.

한편 활용 중심으로 경영 교육을 하는 와튼 스쿨의 분석적 경영 교육 방법을 타개하고 탐험을 가르치기 위해 만들어진 방법이 하버드 경영 학교를 중심으로 전개된 사례 연구 수업이다. 2014년 하버드의 웹사이트에는 사례 연구란 실제 기업 현장에 가장 근접한 방식으로 학생들에게 도전 연구를 성취시키는 방식으로 살아있는 토론을 제공하는 것이라고 적시되어 있다. 그것은 구체적 경험에서 발생하는 다양한 사건들을 통해 경영 교육을 하는 것으로, 현재의 경영 교육 중에서 최고의 방법이라고 한다. Mintzberg에 따르면, 하버드 비스니스 스쿨에서 가르치는 사례 연구의 특징은 다음과 같이 요약될 수 있다.

1. 교실에서 경영을 접해볼 수 있다. 이 방법은 매니저의 입장에서 현실의 경영 상황을 분석하고 토론할 수 있다.
2. 전체적인 사고를 할 수 있게 된다. 하버드 비스니스 스쿨은 사례 연구 수업을 통해 학생들이 전체적인 큰 그림을 볼 수 있도록 한다.
3. 최고 경영자로서 필요한 스킬을 습득할 수 있다. 사례 기법은 매니지먼트 실무에 관여하게 되었을 때, 어떤 상황에 부딪히더라도 당황하지 않을 수 있으며, 그 상황을 파악하기 위해 어떻게 해야 하는지 신속하게 알아차릴 수 있다.
4. 참여적인 수업방식이다. 교실에서 민주주의를 실천함으로써 교수가 아닌 다른 학생들을 주목하게 된다(Mintzberg, 2009: 94).

요컨대 하버드 중심의 사례 연구는 탐험 중심의 교육 방식 방식이라고 찬양받고 있다. 수학적 기법을 통한 분석 방식의 경영교육을 보완할 수 있다는 것이다. 그럼에도 사례 연구 기법은 오히려 검토하고 있는 상황과는 동떨어진 말이나 숫자를 주고받는 경우가 생겨난다. 즉 "상황에 대한 주관적인 인식과 직관은 배제하고 탁상공론만을 펼칠 수가 있다" (Mintzberg, 2009: 98). 왜냐하면 이 사례는 개개인의 학생이 직접 경험한 것이 아니라 미리 주어지는 자료를 통해 제시되기 때문이다.

> 방대한 양의 무질서한 정보를 한꺼번에 흡수하고 컴퓨터보다 빠른 속도로 그것을 정리한다. …… 학생들은 주어진 데이터를 분석하여 각자 자신의 주장을 명확하게 밝히고 토론을 전개해 나간다. 하지만 교실에 있는 어느 누구도 그 상황을 실제로 경험한 사람은 없으며, 고작 종이에 쓰인 내용을 읽은 것이 전부다. 수업에서 도출된 결론이 실행에 옮겨지는 일도 결코 없다. 참으로 대단한 의사결정과 경영이 아닐 수 없다(Mintzberg, 2009: 96).

직접적인 경험을 하지 않고 교실에서의 사례 연구와 토론으로 그 상황을 경험해볼 수 있는 하버드 사례 연구 기법은 추상을 구체적 경험으로 오인하는 것이다. 화이트헤드는 이를 "잘못 놓여진 구체성의 오류"(the fallacy of misplaced concreteness)라고 하며, "대부분의 책을 통한 학습은 간접적인 지식을 줄 뿐이며, 이러한 지식은 결코 직접적인 실천의 자리에 오를 수 없다"(Whitehead, 2004: 130)고 한다. 교실에 있는 어떤 학생도 경영자가 접하는 그 긴장과 고도의 집중 상태를 이해할 수 없지만 마치 사례를 연구하면서 구체적인 경험을 하고 있다는 착각에 빠진다. 하지만 학생들은 그 경영자의 사례를 직접 이해하고, 판단할 수 있는 것으로 착각하게 된다. 이것은 경영 교육이 여전히 '재현'(representation)의 구조에 빠져 있는 경우라고 할 수 있다. Mintzberg에 따르면, 이 사례 기법은 "다른 사람의 경험에 대해 토론하고, 그 경험에 대해 영향을 받을 수도 있겠지만, 그것은 결코 경험이 아니다. 매니지먼트 실무는 교실에서는 재현할 수가 없다. 실험실에서 화학반응을 재현하는 것과는 차원이 다르다"(2009: 97).

한편 화이트헤드는 사례 기법에서 사용하는 문장은 구체적인 경험의 문장이 아니라 이미 추상화된 문장으로 본다. 보통 우리에게 수와 통계와는 달리 문장으로 기술되는 사례 기법은 훨씬 구체적인 경험으로 다가오는 경우가 많다. 하지만 그 문장이 '명제'로 되어 있는 이상은 추상적일 수밖에 없다. 예컨대, 헤겔학파인 브래들리(Bradley)는 "늑대가 양을 잡아먹는다"는 명제를 가장 보편적인 진리이며, 명석 판명한 진리라고 간주했다. 물론 추상된 명제에서는 진리임이 분명하지만, 그 명제에서는 "경험되는 사물과 경험하는 행위의 일관된 개별성"(PR 43)이 빠져 있다.

그 늑대는 그 양을 그 시간 그 지점에서 잡아먹었다. 그 늑대는 그것을 알고 있었고, 그 어린 양도 그것을 알고 있었다. 그리고 독수리도 그것을 알고 있었다. 명제의 모든 표현은, 그것이 문장으로 표현된 경우에는 명시적으로, 그리고 그것을 머릿속에서 생각하고 있는 주체의 이해 가운데서도 은연중에서 지시적 요소를 포함하고 있다(PR 43).

여기서 '그'라는 지시사가 생략되어 있는 것이 브래들리의 명제라면, 실제적인 세계에서는 '그'라는 구체적인 지시사가 들어가야 그 늑대와 그 양의 상호 관계를 파악할 수 있다. 그 상황은 유일한 것으로 다른 늑대와 다른 양으로 대체할 수 없으며, 동일한 늑대와 양이라도 다른 시공간에서는 다른 관계를 맺을 수 있는 것이다(김영진, 2011: 17). 다시 말해서 '늑대가 양을 잡아먹는다'는 명제는 보다 구체적인 사건을 통해 진술되어야 한다. 사건은 늑대와 양의 관계를 일항 관계로 보는 것이 아니라 다항 관계로 본다. 우리가 경험하는 늑대와 양의 관계는 대기의 기온, 빛의 정도, 늑대의 감각 기관, 늑대의 배고픔의 정도, 양의 건강 상태 등, 그 사건을 제약하는 다수의 다른 요인들을 포함하는 다항 함수로 되어 있다. 따라서 '늑대가 양을 잡아먹는다'는 그 사건은 유일한 사건이며, 그것은 어떤 것으로도 대체할 수 없는 개별성을 갖고 있다(김영진, 2011: 18).

기업 경영 사례를 들어보자면, 세계 최대 편의점 기업인 〈세븐 일레븐〉은 그와 같은 구체적인 상황에서 고객과 점원의 입장을 보고 영업을 한다. 이 기업의 사장인 스즈키는 점포 직원이 직면하는 구체적인 상황은 장소에 따라서만이 아니라 시간에 따라서도 달라진다고 본다. 그는 현재의 상황은 과거와 미래의 상황과 결코 동일하지 않다고 한다. 심지어 매일 편의점을 찾는 고객도 방문하는 시점에 따라 심리적, 경제적 상태가 달라질 수 있기 때문에 한 명의 고객이 방문 시점에 따라 전혀 다른 고객이 될 수 있다고 한다(Nonaka · Toyama, 2009: 256). 예컨대, 어제의 바깥 온도가 20도이고 오늘의 온도가 25도라면 오늘이 따뜻하다고 생각하지만, 어제의 온도가 30도였다면 오늘은 시원하다고 생각할 수 있다. 전자의 경우에는 빙설 판매가 증가하지만, 후자의 경우에는 그렇지 않을 수도 있다. 이와 같이 구체적인 상황은 시간과 공간이라는 장에 따라 달라지며, 다양한 항들이 관련되어 있는 것이 경험의 장이다. 따라서 사례 기법이 실재 세계의 경험에 가장 가까운 경영 교육이라는 것은 '잘못 놓여진 구체성의 오류'를 범하는 전형적인 사례라고 할 수 있다.

4. 삶과 교육의 분리

성공하려는 동기만으로 불충분하다. 그것은 자신의 번영의 원천을 무
너뜨리는 근시안적 세계를 낳는다. 세계를 괴롭히고 있는 주기적인 불
경기는 기업관계가 근시안적 동기라는 병원균에 철저하게 감염되어 있
다는 것을 경고하고 있다. 노상강도 귀족들 가운데 일부는 부유한 가
운데 침상에서 죽음 사람들도 있었지만 중세 유럽의 번영에 기여하지
는 않았다. 그들의 존재는 우리의 문명에 경종을 울리고 있다. 또 우리
는 기업경영 세계를 다른 공동체의 부분과 분리시켜 생각하는 오류를
범해서는 안 된다. 기업경영 세계는 바로 우리의 연구주제인 공동체 그
자체의 주요 부분인 것이다. 그 공동체의 행동은 대부분이 기업경영의
정신에 의해서 지배되고 있다. 위대한 사회란 기업가가 자신의 역할을
위대하다고 생각하는 사회이다. 저급한 사상이란 저급한 행동을 의미
하며, 저급한 행동은 생활 수준의 하향을 의미한다(AI 172).

화이트헤드에 따르면, 중세에 귀족 중의 일부는 자신의 영지를 지나가
는 과객에게 통행세를 부과했다. 화이트헤드는 이를 노상강도 귀족이라
고 하며, 이들은 자신의 부의 축적에는 성공했을지 모르나 중세유럽의 번
영에는 전혀 기여한 바가 없다고 한다. 오늘날 기업 역시 공동체의 가치
를 무시한다면, 중세의 귀족과 동일한 실수를 저지를 수 있다고 경고하
고 있다. 대다수의 기업은 공동체 가치를 중요한 기업 덕목으로 간주하
고 있다. 하지만, 인간관계 및 도덕적 가치를 중시하는 기업 현장과는 달
리 경영 교육은 공동체에 대한 가치는 거의 가르치고 있지 않거나 무시하
는 경향이 짙다. 오직 개인의 이익이나 주주의 이익을 중심으로 경영 교
육이 이루어지고 있다. 학생들은 현재 기업의 매니저에 비해 사회적 행동
에 대한 관심이 적은 편이다. 현역 매니저의 24%가 서로 교감할 수 있는
'공감'의 태도를 미래의 리더에게 가장 중요한 자질로 인식하고 있는 반면
에, 실제 MBA학생들은 겨우 4% 정도만 그렇게 생각한다. 그 밖에도 지

역 사회를 위한 가치 창조나 자연환경에 대한 관심이 부족한 편이며, 오로지 주주가치의 최대화에만 관심이 집중되는 경향이 있다(Mintzberg, 2009: 130). 즉, 분석형 매니저를 키우는 경영 교육은 오로지 사실만을 보고 숫자를 통해 계산하는 방법만 가르칠 뿐이다. 그들은 다른 사람과 관계를 형성하는 데 있어서 전적으로, 지적이고 인지적인 수준에만 머물기 때문에 타인의 감정을 이해하는 능력은 결여되어 있다.

경영 교육은 경영에 대한 수월성(excellence)교육이라고 할 수 있다. 수월성은 개인이 특정한 분야에서 뛰어난 비범성, 창의성, 천재적인 능력을 보여주는 것이다(한범숙, 2009; Gardner, 1993). 다중지능이론 (Multiple Intelligences Theory)을 주장하는 가드너(2007)는 지능을 7가지 범주로 나눌 수 있다고 보며, 그 각각의 지능을 직업 세계에 걸맞게 양성하는 것이 중요하다고 말한다. 최은순에 따르면, 가드너의 다중 지능 연구를 교육에 적용을 한다면, "교육은 개인의 역량을 강화하는 일이며, 개인이 가지는 흥미와 역량에 알맞게 그를 직업세계에 배치시키는 일로 규정"(2014: 125)하는 것이라고 본다.

그러나 수월성이 개인의 역량을 키우는 데만 초점을 맞추는 경우에는 교육의 보편적 목적으로 제시하는 교육의 이념과는 맞지 않는 경우가 발생할 수 있다. 오늘날의 보편적 교육 이념은 '평등'(equity)이다. 화이트헤드에 따르면, 민주주의 시대에 살아가는 우리에게 남겨진 가장 중요한 과제이자 가치는, "인간의 평등성의 실현이 높은 수준에서 이루어지느냐 아니면 낮은 수준에서 이루어지느냐는"(Whitehead, 2004: 161) 하는 것이다. 그것은 오로지 "위대함의 감각"(Whitehead, 2004: 161)을 통해서만 실현할 수 있는 것이다.

하지만 우리가 수월성 교육에만 초점을 맞추는 경우에, "교육 내용은 경제적 생산수단을 소유하기 위한 일종의 '재화'인데, 그것은 특정 계급의 이익을 대변하고 있는 것이어서 특정 계급에 속한 사람의 접근을 더욱 유리하게"(최은순, 2014: 127) 만드는 것에만 초점을 두게 된다. 아마도 현재 교육 이론의 핵심에 속하는 '형식도야이론'과 '타일러(Tyler)의 교육 과정모형'도 수월성 교육과 상당히 유사하다(최은순, 2014: 133). 결국 분석을 중심으로 하는 경영 교육에서 그 역량을 개발하는 것은 하나의 기능인을 양산하는 것을 교육이라고 보는 것이다. 따라서 이것은 교육의 목적을 유용성에만 한정하고, 오직 수단으로 교육을 전락시키는 것이다. 즉, 오늘날 교육은 "명확한 목적의 결여로, 그리고 생명력을 죽이는 외재적인 기계성의 피해"(Whitehead, 2004: 61)로 인해 많은 것을 잃어가고 있다.

대체 어린이에게 2차 방정식의 해법을 가르치는 목적은 무엇일까? 이 물음에는 전통적으로 다음과 같은 해답이 있다. 즉 정신은 하나의 도구이며, 그 도구를 먼저 예리하게 만들어야 하고, 예리하게 만든 도구를 사용한다. …… 하지만 그것은 어디까지나 반쪽짜리 진리에 지나지 않는다. 그런 해답 속에는 현대 세계의 재능을 질식시킬 만한, 근본적인 오류가 들어 있다. …… 아무리 그 권위의 문제나 승인의 높이가 대단한 것일지라도 내가 주저없이 말하고 싶은 것은 일찍이 교육 이론에 도입된 것 중에서 이런 해답이야말로 가장 치명적이고, 잘못된 것이고 위험천만한 사고의 하나라고 비난하지 않을 수 없다는 것이다. 왜냐하면 정신이란 결코 수동적인 것이 아니고 어디까지나 다양한 자극에 섬세하고 강한 감수성으로 반응하는, 끊임없는 활동이기 때문이다. 정신을 예리하게 만들 때까지 삶을 뒤로 미루어놓을 수는 없다"(Whitehead, 2004: 46-47).

한편 교육의 목적이 인간의 삶에 필요한 정신능력을 기르기 위함이라고 하는 것은, 교육과 삶을 분리해서 둘 사이를 수단과 목적의 관계로 이분화하는 것이다. 그렇다면 우리는 목적과 수단이 분리되지 않는 고대 교육이 그 대안인가? 플라톤은 자기 본연의 임무를 탁월하게 수행하는 것을 '덕'(arete)이라고 하며, 이것은 오늘날 용어로 수월성이라고 할 수 있다(최은순, 2014: 128). 플라톤에게 최고 지식은 '선의 이데아'를 습득하는 것이다. 플라톤의 선의 이데아이론은 수단과 목적이 결합된 방식으로 이루어지는 대표적인 교육이론이다.

이 입장은 수월성의 가치를 도구적으로 파악하는 가드너와 같은 교육이론을 비판하면서 인간의 수월성 교육은 인간 본연의 완전한 이념을 구축하는 것으로 본다(최은순, 2014: 132). 최은순(2014)은 플라톤 교육의 수월성은 한 명의 철인왕이라도 만드는 것이라고 하며, 기독교 교육의 수월성은 타자의 사랑을 위해 기꺼이 고난을 당할 수 있는 사람을 만드는 것이라고 결론을 짓고 있다(2014: 134-135).

하지만 교육을 도구적 관점에서만 가르치는 오늘날 경영 교육의 문제점을 타개하기 위해서 고대나 중세의 초월적 이념을 교육의 목적으로 삼을 수는 없다. 초월적 이념은 '형식'을 중시하거나 '초월자'를 우선적으로 보는 존재론이기에, 생명을 열등한 존재로 보거나 덜 중요한 것으로 보는 관점이 들어 있다. 플라톤의 선의 이데아는 가치와 목적을 교육에 담고 있기는 하지만, 그것은 선에 대한 형식을 교육에서 우선시 하기에 삶이나 생명을 열등하게 볼 수밖에 없다. 즉 이데아라는 형상 속에서 가치를 보기에 구체적인 삶과 생명을 도외시하기가 쉽다. 또한 기독교의 관점 역시 상대주의로는 받아들일 수 있지만, 절대주의로는 인정할 수는 없다는 것이 일반적인 교육 이론의 입장이다. 따라서 초월적 이념을 목적으로 제시하는 것을 경영 교육의 도구적 수월성 교육의 대안으로 도입하기는 결코 쉬운 일이 아니다.

한편 화이트헤드의 관점에서 볼 때, 플라톤의 목적과 기독교의 목적은 초월적 가치를 중심으로 전개되는 교육 내용이다. '존재' 혹은 '실체'와 같은 고정된 것보다 '과정' 혹은 '사건'을 중심으로 사유하는 과정철학자인 화이트헤드는 품격(style)을 교육의 목적으로 본다. 품격이란 가장 뛰어난 의미에서 교육 받은 정신의 최종적인 획득물이다. 이 말은 올바른 교육을 받은 자가 지니게 되는 품격을 보게 되면 자연적으로 교육을 통해 이루어지는 일이 무엇인지를 알 수 있게 되고, 그것이 바로 교육의 목적이라는 것이다.

> 품격이란 국면 전체를 내다보는 안목이며, 하나의 관념 체계와 다른 관념 체계와의 연관성을 포착하는 안목이다. …… 품격에 대한 감각은 심미적 감각이며, 간결하고도 낭비가 없는, 예견된 목적을 직접 달성한 것을 감탄하는 경험에 기초를 두고 있는 감각이다. …… 품격은 전문가에게 주어지는 특권이다. 품격은 항상 전문가적 연구 성과의 산물이며, 문화에 대한 전문성의 특이한 공헌이기도 한 것이다. 품격에 대한 감각을 가지고 있는 예술가는 걸작을 선호한다. 품격이란 정신의 궁극적 도덕성이다(Whitehead, 2004: 58-59).

화이트헤드는 품격을 가진 자는 전문가이며, 그것을 갖추지 못한 자는 아마추어라고 한다. 여기서 말하는 전문가는 교과공부를 했음을 의미한다. 교과 공부를 통하여 사람은 품격을 지니게 되고, 이 품격의 수준에 따라 전문가와 아마추어로 구분된다. 그러므로 화이트헤드가 주장하는 교육의 목적은 인간의 품격을 제공시켜 전문가를 양성해 내는 것이다(Whitehead, 2004: 60-61).

하지만 여기에서 말하는 전문가란 일반적으로 생각하듯 한 가지 일에만 능통한 사람을 뜻하는 것은 아니다. 교과 공부를 통하여 갖추게 되는 스타일이란 예술적 품격, 문학적 품격, 과학적 품격, 논리적 품격 등 모든 분야의 기본에 자리잡게 되는 '심리적 감각'을 의미한다(Whitehead, 2004: 59). 그러므로 사람이 품격을 지니게 된다는 것은 어떠한 한 가지 일에 능통한 사람이 되기보다는, "심리적 특질, 즉 능통한 것(attainment)과 억제력(restraint)을 겸비"(Whitehead, 2004: 59)하는 것이다.

아리스토텔레스는 행위를 통해 그 자신과 사람들을 위해서 좋은 것들을 분별해 낼 줄 아는 지혜를 "실천적 지혜"(phronesis)라고 한다(2014:

210). 이와 같은 실천적 지혜를 잘 보존하고 절제할 줄 아는 사람을 '소프로시네'(sophrosyne)라고 한다. 절제의 원어 소프로시네는 'so'와 'phronesis'가 결합한 용어이다(Aristoteles, 2014: 211). 즉, 소프로시네는 즐거움과 고통에 의해 잘못된 행위를 하지 않고 "이성을 동반한 참된 실천적 품성상태로서 인간적인 좋음들"(2014: 212)을 실천할 수 있는 지혜를 갖춘 것을 의미한다. 그렇다면 아리스토텔레스의 실천적 지혜인 '프로네시스'는 행위를 통해 자기와 타인에게 유익한 행위를 하며, 그 행위에서 생겨날 다양한 고통과 즐거움의 유혹을 이겨내고 자신이 원하는 목적을 위해 절제(소프로시네)를 할 줄 아는 것을 의미한다.

결국 능통한 것과 억제력을 겸비한 품격은 '프로네시스'와 '소프로시네'를 함축하는 의미를 담고 있다. 화이트헤드에 따르면, 품격이란 "정신의 도덕성"이며, "의지의 힘"(Whitehead, 60)이기에 품격을 갖춘 전문가는 옆길로 새지 않고, 바라던 목적을 달성하는 힘이 있다(Whitehead, 2004: 60). 결국 무엇이 올바른 길인지를 누구나 알고 있지만, 의지의 박약 때문에 자신의 품격을 유지할 수 없는 것이다. 이를 방지하는 것이 바로 품격이다. 품격을 갖춘 전문가는 "가치에 대한 감각"과 "중요성에 대한 감각"(Whitehead, 2004: 111)이 있다. 이 감각이 자신의 삶을 아름답게 만들고, 아름답게 실현된 위대한 완성품을 감상하고 본받을 수 있는 자질을 길러준다.

이 감각은 경이감, 호기심, 경외하는 마음, 숭배, 자기를 초월하는 그 무엇인가에 자아를 융합시켜 보고 싶은 격렬한 욕망 등과 같은 다양한 형태를 취한다. 이러한 가치 감각이 인생에 믿을 수 없는 노고의 짐을 지우게 하고, 가치 감각으로부터 떨어졌을 때 인생은 낮은 수준의 수동적인 것으로 가라앉는다. 이러한 가치 감각의 힘이 가장 깊게 침투하여 나타나는 것은 아름다움에 대한 감각이며, 실현된 완성품을 감상하는 감각이다(Whitehead, 2004: 111).

화이트헤드는 이와 같이 우리의 교육이 삶의 목적과 분리해서는 안 된다고 한다. 하지만 그는 교육의 목적은 초월적 이념을 향해 가기보다는 생명과 생명의 아름다움에 대한 감각을 키우는 데 있어야 한다고 본다. 즉 모든 생명체의 아름다움을 보존하고 기르는 것이 교육의 목적으로 본다. 따라서 교육이 곧 삶이요, 삶이 곧 교육이라는 등식이 성립될 수 있다.

구체적인 경영 사례를 하나 들어 보자. 1948년에 설립된 혼다(Honda)는 일본을 대표하는 세계적인 자동차 회사이다. 1970년 미국에서 배출가스 규제를 강화하는 머스키법이 제안되었다. 그 당시의 기술 수준으로는 맞추기가 불가능했기에 미국의 3대 자동차는 이 법안을 강력하게 반대했다. 이 회사 사장인 소이치로는 혼다가 세계적인 기업으로 발돋움 할 수 있는 절호의 기회로 보고 경쟁사를 이기기 위한 엔진개발을 엔지니어에게 강력하게 요구했다. 하지만 혼다 엔지니어들은 경쟁사를 이기는 것이 아니라 환경을 생각하고, 미래의 아이들을 위해 새로운 엔진을 개발하고 싶다고 사장인 소이치로에게 말했다. 혼다의 사장인 소이치로는 이 사건으로 큰 충격을 받고, 은퇴를 결심하기까지 했다고 한다. 결국 1972년 10월에 동급의 엔진 중 세계 최초로 머스키법의 기준에 부합하는 CVCC 엔진을 내놓았고, 도요타, 포드, 크라이슬러 등에 혼다의 기술을 팔았다(Nonaka · Toyama, 2010: 162-163). 이것이 기업이 품격을 갖춘 경영을 통해 중요성의 감각, 가치에 대한 감각을 보존한 사례라고 볼 수 있다.

5. 결론

지금까지 화이트헤드의 유기체 철학과 경영 교육의 관련성을 살펴보았다. 일반적으로 경영 교육은 수학을 중심으로 한 분석 역량과 사례 수업을 중심으로 탐험 능력을 양성하는데 초점을 두고 있다. 그러나 그 실제적인 내용에 있어 여러 가지 문제를 안고 있음을 각각 살펴보았다. 특히 '전체를 보는 능력', '상상력' 그리고 '품격'을 갖춘 인재를 키우기에는 현재의 경영 교육에는 한계가 있음을 보았다.

다시 말해서 이런 교육은 실제 기업에서 필요로 하는 도전정신과 창의성이 있는 인재를 양성하기는 부적절하다는 사실을 밝혀보았다. 또한 삶과 교육이 분리되어 있기에 품격이 있는 삶을 살아가는 전문가를 양성하는데도 실패하고 있음을 살펴보았다. 우리는 이런 교육의 문제점을 화이트헤드와 민츠버거를 중심으로 검토해 보았다. 화이트헤드는 그 문제점의 대안으로 '리듬의 교육'을 주장한다. 그것은 '로맨스'의 단계, '정확성'의 단계, '일반화'의 단계로 나눈다. 로맨스의 단계에서는 구체적인 경험을 습득해서 호기심과 열정을 키우는 단계이다. 이때 좋은 교재는 문학과 체험이다. 문학은 객관주의와 주관주의를 극복하는 좋은 방법이다. 문학에서 개인이 느끼는 감동은 대상과 거리를 두는 것이 아니라 대상과의 뜨거운 마주침을 통해 하나가 되는 지점이 생겨나게 한다(김재춘·김비아: 2012). 이를 통해 삶의 열정과 로맨스를 배울 수 있다. 그 다음으로 수학과 같은 지식을 습득해서 규율을 몸에 배기게 한다. 최종적으로 상상력을 통해 로맨스와 정확성의 단계들을 일반화시켜서 각 개인이 몸담고 있는 영역에서 모험적인 실험을 하는 것이다. 화이트헤드는 이러한 단계를 '리듬의 교육'이라고 한다. 우리는 차후에 다른 논문을 통해 그 내용을 보다 자세하게 다룰 것이다.

한편 경영 교육이 표상 지식을 중심으로 전개된 것이 여러 가지 문제점을 양산하고 있음을 지적했었다. 이와 같은 양상을 극복하기 위한 대안으로 미국의 최고 저널 중에 하나인 Academy of management Journal(2013: 56-1)에서 과정 패러다임에 대한 특집호가 나왔다. 이 특집에서 100편이상의 논문이 제출되었으며, 그 중에서 13편이 실렸다. 이는 표상 지식의 전제가 되는 실체 패러다임이 아니라 과정 패러다임에 대한 연구가 지속적으로 전개될 신호탄이라고 할 수 있다. 이는 활용 역량뿐만 아니라 탐험 역량이 경영 조직뿐만 아니라 교육 현장에서도 확대될 수 있는 단초를 제공한다. Langley 등(2013)은 13편의 논문에 대한 요약을 통해 과정 패러다임의 의의와 향후 전개 방향에 대해 검토하면서, 이 논문들은 시간과 변화가 조직과 경영에 미칠 영향이 갈수록 증대될 것임을 확신하고 있으며, 이것은 다양한 영역에서 실증주의 기반의 실체 패러다임에서 시간 기반의 과정 패러다임으로 전환되고 있음을 보여준다.

화이트헤드는 대학교육이 나아갈 방향을 다음과 같이 주장한다.

> 청년은 상상력이 풍부하고, 훈련을 통해 상상력이 강화되었을 때, 이 상상력의 에너지는 한 평생 상당한 수준에서 보존된다. 상상력이 풍부한 사람에게는 인생의 경험이 부족하고, 경험을 거친 사람들에게는 빈약한 상상력밖에 없다는 것은 이 세상의 비극이다. 어리석은 자는 지식 없이 상상에 모든 것을 맡긴 채 행동한다. 현학자는 상상력 없이 지식에만 의존해서 행동한다. 대학의 과제는 상상력과 지식을 굳게 결합시키는 것이다(Whitehead, 2004: 201).

화이트헤드는 대학교육이 상상력과 지식이 결합되는 방식으로 이뤄져야 한다고 보며, 다만 상상력은 훈련을 통해 보강되지 않는다면 오랫동안 유지할 수 없다고 한다. 화이트헤드는 학생들이 가진 풍부한 상상력을 다양한 지식을 갖춘 교수들이 어떻게 훈련을 통해 보강해주는 지가 교육의 핵심적인 과제라고 한다. 즉 학생들의 호기심과 열정을 체계적인 지식으로 심화시켜 나가는 것이 교육의 핵심이라는 것이다. 이는 경영 교육뿐만 아니라 다른 교육 현장에도 동등하게 적용되어야 할 측면들이다.

하지만 알다시피 우리의 경영 교육은 여전히 실체 패러다임에 입각하여 분석적 경향을 주로 가르치고 있다. 조직 생존의 필수 요건인 '탐험'과 '활용' 중에서 합리적 속성인 활용만을 교육하고 있는 실정이다. 그 경우에 모험을 할 수 있는 탐험은 교육에서 배제되고 있다. 탐험이 없는 교육은 지식 정보화 사회에서 경쟁력과 창의성을 생산할 수 없다. 그것이 우리 사회 및 교육이 안고 있는 현실이다. 대학 교육, 특히 모험심과 상상력이 요구되는 경영 교육에서 탐험을 가르칠만한 인식론과 방법론이 배제된다는 것은 참으로 안타까운 현실이다. 교육, 특히 경영 교육은 '삶의 예술'(art of life)을 개인에게 가르치는 것이다(AOE 109). "현실의 환경에 직면하여 그 잠재 능력을 발휘함으로써 다양한 행동을 가장 완전하게 달성하는 방법"(AOE 109)을 가르쳐서 인생의 '모험'에 풍덩 뛰어들게 하는 것이다.

> 모험은 한계 내에서 작용한다. 그때 모험은 그 목표를 계산하고 거기에 도달할 수 있다. 이러한 모험은 한 유형의 문명 내부에서 변화의 잔물결이며, 그것으로 말미암아 주어진 유형의 시대는 그 신선함을 유지한다. 그러나 일단 모험의 활력이 주어지는 날에는 조만간 상상력이 그 시대의 안전한 한계의 저편으로, 학습된 취미의 규칙의 안전한 한계 저편으로 비상한다. 그때 그것은 문명화된 노력을 위한 새로운 이상의 도래를 반영하는 이탈과 혼란을 불러일으킨다(AI 424).

화이트헤드가 이 글에서 의미하는 내부의 변화는 활용의 역량을 의미하며, 상상력을 통해 안전한 단계를 넘어서는 것은 탐험의 역량이라고 할 수 있다. 즉, 활용이 내부에서의 모험이라면, 탐험은 외부로 비상하는 모험이다. 각각의 모험은 다양한 경험과 관념간의 대립을 어떻게 대비로 전환해 가느냐에 따라서 성공여부가 달려 있다고 할 수 있다. 결국 활용과 탐험의 성공 여부는 "시의(seasonable)를"(AI 424) 얻는 경우에만 가능하다. 따라서 우리의 경영 교육은 탐험과 활용을 함께 모색하는 방향으로 전환되어야 할 것이다.

참고 문헌

김영진(2011), 「21세기 조직화의 새로운 패러다임: 화이트헤드와 들뢰즈의 과정철학과 카오스모스」, 『새한철학회 논문집』 제65집 3권, 145-167.

김재춘·김비아(2012), 「들뢰즈의 기호론에 따른 문학교육 방법 탐색」, 『인문연구』 제64호, 149-188.

노부호(2013), 「힌미글로벌의 성공요소: 우수기업 경영모델을 중심으로」, 『KBR』 제17권, 89-121.

박상태(2006), 「화이트헤드의 교육론과 대학 교육 개혁」, 『동서철학연구』 제42호, 248-269.

오영환(2003), 「화이트헤드의 교육론과 유기체 철학」, 『화이트헤드연구』 제7집, 20-36.

이홍·이현(2009), 「양면성을 통한 역동적 역량의 구현: 역사적 조망과 이의구축을 위한 핵심과제」, 『인사·조직연구』 제17권 2호, 95-124.

지용희·강호상(1996), 「경영학 교육과정에 관한 연구 : 미국 주요 경영대학 교과과정을 중심으로」, 『한국경영학회: 창립 40주년 기념 심포지움』, 71-95.

최은순(2014), 「교육의 내재적 관점에서 본 수월성의 의미」, 『교육철학연구』 36권 1호: 119-138.

Baumard, P.(1999), *Tacit Knowledge in organization*, London: Sage.

Bourdieu, P.(1990), *The logic of practice*, Cambridge: Polity Press.

Chia, R., & Holt, R.(2008), The Nature of knowledge in business schools, *Academy of Management Learning & Education*, 7(4): 471-486.

Ghoshal, S.(2005), Bad management theories are destroying good management practices, *Academy of Management Learning and Education*, 4(1): 75-91.

Langley, A., Smallman, C., Tsoukas, H., & Van De Ven, H., "Process studies of change in organization and management: Unveiling temporality, activity, and flow", *Academy of Management Journal* 56, 2013, pp. 1-13.

Nonaka, Ryoko, & Toyama(2009), 김무겸(2010) 역, 『창조적 루틴』, 북스넛.

Mintzberg, H.(2004), 성현정(2009) 옮김, 『MBA가 회사를 망친다』, 북스넛.

Taleb, N.(2017), *The black swan: The impact of the highly improbable*, London: Allen Lane.

Whitehead. A. N(1991). 『과정과 실재』(PR), 오영환 옮김, 서울: 민음사.

Whitehead. A. N(1996). 『관념의 모험』(AI). 오영환 옮김, 서울: 한길사.

Whitehead. A. N(1989). 『과학과 근대세계』(SMW), 오영환 옮김, 서광사.

Whitehead. A. N(2003). 『사고의 양태』(MT), 오영환, 문창옥 옮김, 다산글방.

Whitehead. A. N(2004). 『교육의 목적』(AEO), 오영환 옮김, 궁리.

제6부
과정공동체에
대한 보론

경영과 철학의 만남
Management Philosophy

과정공동체는
지금 여기에 있다

1. 무엇을 할 것인가?

모든 존재는 힘(Power)이 있다. 그 힘은 양 방향으로 흘러간다. 우리는 영향을 받는 힘도 있고, 영향을 주는 힘도 있다. 그 힘은 두 가지 방식으로 작동한다. 하나는 폭력을 통한 방식이고 다른 하나는 설득을 통한 것이다. 폭력이라는 강제적인 방식은 필연적으로 다가오는 힘이다. 경쟁이라는 근대의 관념은 폭력의 힘을 합리적으로 정당화하는 시대였다. 자연과학, 사회학, 인문학은 경쟁을 가르치고 배우는 곳으로 한 시대의 패러다임을 형성했다.

그러나 경쟁 패러다임 속에서도 설득의 힘은 항상 폭력의 힘과 공존한다. 가족, 지식, 상업의 활동은 폭력의 힘에 저항해서 설득을 통해 상대방에게 영향을 미치는 방식이다. 그것은 결코 폭력을 통해 이루어질 수 없다. 과거 철학자인 소크라테스, 플라톤, 공자와 맹자, 원효, 이황 등은 모두 상대방을 대화를 통해 설득하였다. 또한 고대부터 현대까지 기업인들은 자국에서든 타국에서든 상대방에게 자신이 가져온 물품을 팔기 위해서 지속적인 유혹을 통해 설득했다. 또한 가족은 인류 역사상 가장 오래된 설득의 선물이라고 할 수 있다. 원시시대에는 부부가 자식을 낳고서 3년이 지나면 헤어지고 다른 남자와 여자를 만난다는 기록이 있다. 그러나 지금은 그것보다 훨씬 오랫동안 부부관계를 맺고 있다. 그것은 바로 설득의 힘이라고 할 수 있다.

　한국 사회는 가족 공동체의 힘이 매우 강한 사회였다. 한때 크게 흥행에 성공한 〈국제시장〉이라는 영화를 봐도 알 수 있다. 가족을 위해 희생하는 장남의 모습은 우리 과거 부모세대의 전형이라고 할 수 있다. 그런 공동체는 부모세대에게는 향수를 불러오나, 지금의 세대는 이해할 수 없는 공동체의 모습일 수 있다. 그 영화의 주인공은 죽은 아버지에게 인정을 받고자 하나, 그 자식과 주변 사람들에게는 전혀 인정받지 못하는 별난 노인으로 취급받는다. 그것은 결코 평화로운 공동체가 될 수 없다. 물론 영화의 결말은 부부사이의 화해를 통해 일정부분 해소를 한다. 하지만 그의 행위는 줄곧 자신을 옥죄고 가족 공동체를 힘들게 하는 요인이 되었다.

　그렇다면 그런 공동체가 부재한 현재의 대한민국은 더 행복한가? 아니면 사람들의 삶의 질은 더 높아졌는가? 오늘날에는 가족공동체의 모습을 보여주는 김장을 담는 곳조차 보기가 힘들어졌다. 경제적 이유와 바쁜 일상이 그런 공동체의 모습을 점차적으로 사라지게 하고 있다. 우리 사회는 과거보다 경제적으로 부유해진 것은 사실이지만, 다른 문제들에 봉착해 있다. 대체적으로 그것은 경제적 양극화, 삶의 질, 다문화 등이다.

　상대적으로 인구 밀도가 높은 한국사회에서 경제적 양극화의 심화는 시민들이 정치나 경제에 적극적으로 참여할 수 있는 방식을 저해한다. 현재 사회에서 회자되는 부동산 정책 역시 양극화의 주범이기에 관심의 대상이 되는 것이다. 다음으로 삶의 질의 문제이다. 어느 정도 사회 전체의 소득이 일정 수준에 도달하면 행복 지수에 대한 관심이 높아진다는 것은 여러 선진국을 통해 알 수 있다. 국내에서 환경운동, 교육운동 등도 삶의 질에 대한 관심이라고 할 수 있다. 예컨대, 학교 존에서 교통사고가 발생하는 경우에는 더욱 강력한 처벌을 가할 것이라는 법안이 통과되었다. 이것 역시 양이 아니라 질적인 삶에 대한 관심에서 통과된 법안이라고 할 수 있다. 마지막으로 한국사회의 경제 성장은 많은 외국 이주민과 동포들을 한국으로 오게 했다. 이질적인 그들의 문화와 어떻게 공존하는 삶을 살 것인지는 과거에는 경험하지 못한 과제이다. 이와 같은 문제를 어떻게 풀어갈 것인가?

우리는 서구 근대 담론에서 배운 개체주의로는 이 문제를 풀 수 없다. 마찬가지로 과거의 전통을 그대로 답습하는 방식으로도 해결할 수 없다. 그것은 현재의 서구의 담론과 우리의 시대적 상황에 맞는 새로운 공동체를 모색할 필요가 있다.

이와 같이 우리 사회는 분배의 문제, 삶의 질의 문제, 다문화 문제 등으로 사회적 갈등이 심화될 수 있는 상황에 놓여 있다. 그렇다면 이와 같은 문제를 해결하기 위한 방안은 있는가? 물론 이것은 국가적인 차원의 문제이다. 그렇다고 해서 국가는 모든 일을 해결할 수도 없고, 그 방법이 최선이 아닐 수도 있다. 우리 사회는 매우 자발적인 건강한 공동체들이 있다. 다시 말해서 이미 많은 사회적 기업과 협동조합 등이 이런 문제를 직시하고 그 해결책과 방안을 제시하고 있다고 본다. 왜냐하면 그런 공동체에는 이미 인간이 원하는 인정 욕구인 우정(혹은 사랑), 법적 권리, 공동체 가치가 실현되고 있기 때문이다.

한편 협동조합과 사회적 기업을 운영하기 위해서는 최소한 생산, 마케팅, 재무, 철학이라는 네 가지 요소들이 잘 작동되어야 한다. 협동조합과 사회적 기업의 대다수가 처음에는 생산과 마케팅 위주로 운영이 되며, 어느 정도 소득이 증대되면 재무적인 부분에도 성과를 이룬다. 하지만 일정한 시간이 지나면 대다수의 공동체는 붕괴되거나 마비현상을 가져온다. 그 이유는 그 공동체가 모색해야 할 철학적 이론이 부재하는 경우가 많기 때문이다.

따라서 이 연구의 목적은 한국 사회가 지향해 가는 사회적 기업과 협동조합에 대한 철학과 조직이론에 대한 존재론적 탐색을 시도하는 데 있다. 우리는 이 탐색을 위한 공동체의 모델을 과정공동체(process-community)라고 하며, 이 과정공동체의 의미를 규정하고, 그 제약범주를 제시해볼 것이다. 그것은 '창조성의 과정공동체', '익명의 과정공동체', '아름다움의 과정공동체', '평화의 과정공동체'이다.

우리는 자유주의와 공동체주의로 나누어진 일반적인 형태를 실체적 자유주의와 실체적 공동체주의로 보면서 이를 극복할 수 있는 대안적 형태로 과정공동체를 살펴볼 것이다. 서구의 근대 및 고대 담론에서 핵심은 실체(substance) 관념이다. 이 관념은 근원적으로 모순율과 배중율의 원리에 기반을 둘 수밖에 없고, 또 공동체와 타—공동체라는 이분법적 구도의 형태를 취할 수밖에 없다. 우리가 사랑하는 플라톤, 아리스토텔레스, 데카르트, 헤겔 등은 모두 질료/형상이라는 이분법의 도식을 가지고 실체를 통해 개체와 공동체의 사유를 전개했다고 볼 수 있다. 우리는 현대의 서구 철학에서 화이트헤드와 들뢰즈의 철학을 통해 그들의 전통을 비판적으로 극복하고 우리 사회에 '과정공동체'의 관념 및 그것의 실현가능성을 모색해볼 것이다.

2. 어떤 공동체로 나아가야 하는가?

2.1 과정공동체: 실체공동체에 대한 대안의 모색

대체적으로 공동체의 핵심적인 전제는 아리스토텔레스 철학에 기대고 있다. 그의 철학은 이미 좋은 유에 의해서 결정된 존재이다. 예컨대, '인간은 이성적 동물이다'라는 명제는 차이를 개념 일반에 묶어 두는 방식이다. 동물이라는 유에 인간과 여타의 동물 사이의 차이는 종차에 의해서 구별된다. 이때의 차이는 "개념의 내포 안에 있는 하나의 술어"(DR 48/94)를 규정하는 방식이다.

그러나 아리스토텔레스의 철학에서는 새로운 존재가 탄생할 수 없는 방식이다. 모든 것이 정돈되고, 유기적으로 조직되는 통일적인 계열을 형성하는 재현 철학의 일종이다. 재현 철학의 방식에서 본, "차이는 '매개'(médiatisée)된다"(DR 45/89). 매개란 선별하는 것이요, 그 선별은 기준을 정해놓고 보는 것이다. 다시 말해서, "재현이라는 말에서 접두사 재(RE-)는 차이들을 종속시키는(subordonné) 이 동일자의 개념적 형식을 뜻한다"(DR 79/144).

화이트헤드도 아리스토텔레스 철학에서는 "혼합에 대한 분석"(AI 365)이 나올 수 없다고 한다. 즉, 어떠한 유도 양립 가능한 다른 유를 보여주지 않는다. 예컨대, 등뼈의 관념은 포유라든지, 물속을 헤엄치는 관념을 보여주지 않는다. 종의 사례도 유에 의해서는 '주어지지' 않는 형태를 포함하고 있기 때문에 유를 통해서 발견할 수 없다. 화이트헤드에 따르면, 종은 여러 유의 잠재적 혼합이며, 개개의 사례는 많은 현실적 혼합을 함께 포함하고 있다(AI 365). 이런 점에서 아리스토텔레스의 공동체 철학은 "새로운 결합 가능성"(AI 365)을 원초적으로 막고 있다.

화이트헤드는 수학을 전문적으로 연구한 사상가답게 아리스토텔레스의 생물학은 당대의 유클리드 기하학의 접근법과 유사하다고 본다. 아리스토텔레스의 분류학은 "유, 종, 아종으로 분류하며, 이것은 서로 배제시키는 분류법"(AI 231)이다. 이것은 유클리드 기하학과 같은 형태라고 할 수 있다. 그러나 비유클리드 기하학에 해당하는 사영기하학과 위상기하학에서는 '계량', '거리', '좌표'와는 상관없이 닮음을 확장한다. 화이트헤드는 이를 '교차 분류학'(the science of cross-classification)이라고 부른다. 화이트헤드는 수학적 통찰을 통해 점과 선이 위계적인 관계가 아니라 상호 포함관계라는 사실을 지적하면서, 유와 종 역시 상호 포함 관계로 설명한다. 마치 개체와 공동체가 위계적 관계가 아니라 상호 영향을 주고 받는 포함관계로 보는 것과 마찬가지이다.

한편 근대의 가장 대표적인 공동체주의 철학은 헤겔철학이다. 헤겔은 변증법적 운동을 통해서 모순을 극복하며, 공동체의 가능성을 제시한다.

그러나 변증법적 운동은 실체 운동이라고 할 수 있으며, 그것은 자기 동일성을 해체하지 않는 운동이다. 헤겔은 『정신현상학에서』, "보편적이고 자기동일적인 불멸의 실체로서의 정신은 만인의 행위를 받쳐주는 확고부동한 토대이자 출발점"(2005 2권 19)이라고 하며, 이 정신이 "공동세계를 떠받치는 인륜적 실체"(2005 2권 19)라고 한다. 헤겔의 실체는 신의 구현이며, 이러한 절대정신인 이성은 서구의 정태적인 신의 구현이다.

그런데 헤겔에게 공동체와 개체의 관계는 어떠한가? 헤겔에 따르면, 개체와 공동체는 각기 서로가 절대적 독자성을 가지기는 하나, 오로지 공동체만 있을 뿐 개체는 의미도 없다고 한다(1992 2권 16). 헤겔에게는 공동체만이 실체이며, 개체는 공동체라는 실체를 이해하는 껍데기에 지나지 않는다. 이런 변증법적 운동은 들뢰즈가 볼 때, 타자를 배제하는 방식의 운동이다. 왜냐하면, 실체의 운동에는 다른 실체와의 관계는 철저히 배제될 수밖에 없기 때문이다. 따라서 헤겔철학은 "부정성을 통한 동일자의 무한한 순환(DR 131)이다. 다시 말해서 헤겔의 실체 공동체 철학에서는 타자가 배제된다. 타자는 진정으로 나와는 차이가 나는 것이며, 내 속에 포함될 수 없는 존재를 의미한다. 즉 그것은 '즉자적 비동등'이다. 하지만 헤겔철학에서 타자는 이미 내 안의 타자이므로 결국에 동일자로 해소되는 타자이다. 이것은 타자를 배제하는 거짓 운동일 뿐이다. 참된 운동은 타자를 포함하면서 자신을 새롭게 바꾸어가는 것이다. 화이트헤드는 참된 차이를 다음과 같이 언급한다.

인간 영혼의 〈오디세이아〉에 자극과 양식을 주기 위해서는 인간 공동체(Communities) 사이에 차이(diversification)가 절대적으로 필요하다. 다른 습관을 가진 다른 나라는 적이 아니라 하늘의 선물(godsends)이다(SMW 297).

차이는 소통의 근본이다. 동등은 소통이 되지 않는다. 왜냐하면 동등은 자기 목소리를 듣는 것에 지나지 않는 거짓 운동이기 때문이다. 돌아옴은 언제나 차이가 있음을 의미한다. 타자는 곧 차이이며, 그 차이가 '사이'이며, 나와 타자는 언제나 사이의 존재이다.

아리스토텔레스와 헤겔의 철학은 실체 중심의 공동체 철학이며, 그런 관계는 외적 관계(external relation)라고 할 수 있다. 이에 반해 들뢰즈와 화이트헤드는 차이를 중심으로 하는 내적 관계(internal relation)라고 할 수 있다. 다시 말해서 외적 관계는 실체를 중심으로 사유한다면, 내적 관계는 '리좀'이나 '현실적 계기'들 사이를 더 중요하게 고려하는 사유방식이다.

존 캅(Cobb: 2007)은 외적 관계는 현대 사회를 상징하는 대표적인 철학적 전제라고 본다. 자본주의의 중심은 개체이며, 그 개체는 계약을 통해 외적 관계를 맺는다. 이 관계는 개체들 사이에 '경제적 관점'만을 고려하는 형태이다. 역설적으로 기업가는 경제적 이익을 창출하는 존재로 규정할 때, 그 기업이나 기업가는 번영할 수 없다. 다시 말해, "공동체 전체에 걸쳐 삶을 조절하는 철학이 결여되었을 때는 퇴폐, 권태 그리고 노력의 둔화 등이 생겨난다"(AI 173). 화이트헤드가 볼 때, 기업의 장기적인 지속은 다른 공동체와 기업이 연결되어 있다는 사실을 깨닫는 것이다.

헤겔과 아리스토텔레스는 '인륜'과 '공동체'라는 개념을 사용하고 있기 때문에, 현대 자본주의 병폐에 대한 적절한 대안으로 보일 수 있다. 하지만 앞에서 보았듯이, 실체 공동체이기에 이미 외부와의 소통이 단절된 폐쇄된 성일 뿐이다. 그러나 들뢰즈와 화이트헤드의 공동체는 외부에 열려 있는 공동체이다. 그것은 '이다'가 아니라 '그리고'를 통해서 열린 공동체를 지향한다. 우리는 개체 중심의 철학을 극복하기 위해 공동체에 대한 주장을 역설하지만, 그것은 플라톤과 헤겔 철학처럼 닫힌 공동체를 지향하는 방향이 될 수 있다. 일종의 이원론이다. 들뢰즈와 화이트헤드의 과정 공동체의 지향점은 열린 공동체의 방향이다.

"이원론, 여기와 저기의 존재론적 이원론, 좋음과 나쁨이라는 가치론적 이원론, 미국적인 혼합 또는 종합이란 존재하지 않기 때문이다. …… [리좀에는] 자신의 고유한 위계를 구성하고 독재적 수로를 생겨나게 하면서도 그러한 모델을 전복시키고 지도를 스케치하는 내재적 과정으로서 작동한다. …… 중요한 것은 끊임없이 건립되고 파산하는 모델, 끊임없이 확장되고 파괴되고 재건되는 과정이다. …… 모든 이원론을 통과함으로써 우리 모두가 추구하던 〈다원론=일원론〉이라는 마법적인 공식에 도달해야 한다(MP 45-46)."

따라서 과정 공동체는 개체와 공동체에 대한 이분화를 극복하는 방향으로 진행된다.

2.2 실체적 조직관에서 과정적 조직관으로의 전환

조직과 경영 연구는 대체적으로 실체(substance) 중심의 패러다임을 통한 실증연구가 그 주류를 차지하고 있다. 지금까지 실재는 대상이나 주체와 같은 '존재'(entity)로 보는 실체 패러다임을 중심으로 연구가 진행되었으며, 그 방법은 실증연구라는 통계 방법으로 전개되었다. 즉, 독립변수, 종속변수, 매개변수, 조절 변수들 사이의 상관관계를 다루기 위해 신뢰도와 평균 분산추출을 통해 얻어진 각 문항별 표준화된 회귀계수 자료에 의해 객관성을 확보했다. 객관성의 대가로 이어지는 이런 연구 방식은 변수를 한정하고 시간을 무시하는 '비교적 정태적'(comparative statics)인 방식으로 연구되어 왔다(Pittigrew, Woodman, Cameron 2001: 697). 다시 말해서 이와 같은 방식으로 지식을 탐색하는 방식은 실천가능하게 하는 개별자들, 즉 무엇을 하고, 어떤 시점에서 하고, 어떤 맥락에서 하는 것을 무시하는 경향이 있으며, 단지 분산추출 일반화를 통해 무시간적인 명제를 진리로 받아들였다(Sandberg & Tsoukas, 2011: 342). 이것은 여전히 명석 판명한 확실한 지식을 얻는 토대로 인정을 받고 있다.

그런데 2008년 미국의 금융위기를 겪은 후에, 조직과 경영이론에 대한 새로운 물결이 자본주의의 중심인 미국을 중심으로 일어나고 있다. 그것은 실체 패러다임이 아니라 과정(process) 패러다임을 중심으로 연구를 전개한 것이다. 이것은 결국 Academy of Management Journal(AMJ: 2013: 56-1)에서 특집의 형태로 변화에 대한 과정 연구(process studies of changes)호가 나왔으며, 이 특집에 실리기 위해 100여 편의 논문이 제출되었으며, 이 가운데 13편이 실렸다. 이 저널에서는 과정 패러다임으로 문제를 이해하는 것이 경영과 조직의 지식을 발전시키는 데 아주 중요하며, 이와 같이 탐색하는 연구자들이 크게 증대되고 있다는 사실을 밝히고 있다. 지금까지 경영 이론에서 과정 연구는 역사적으로 저평가되어 왔음은 분명하다(Langley, Smallman, Tsoukas, Van De Ven; 2013). 이것은 실증연구를 금과옥조로 여기는 미국의 아카데미에서는 쉽게 발생할 수 없는 일이다. 과연 우리는 이러한 경향을 일시적인 유행으로 볼 것인가?

그렇다면 이와 같은 사태는 왜 일어나는가? 그 이유는 실증주의 경영이론과 조직은 아카데미 저널에는 적합하지만 실질적인 경영 문제의 해결책에는 적합하지 않은 경우가 다반사이기 때문이다. 실증주의 경영이론에 따르면, 큰 샘플과 통제된 실험실에서 성과를 비교하는 지식은 '무엇'의 지식과 연관이 되며, 이것은 분산추출을 통해 제공되는 것이다. 하지만 이런 지식에서는 중요한 것을 간과하게 된다. 다시 말해서 실천 가능한 지식을 만드는 것이 중요하며, 그 지식은 그 증거가 제시하는 변화를 산출하는 '방식'에 관한 지식이다. Langley & Tsoukas(2010)에 따르면, 조직에서 어떤 행위 A를 실천하는 것이 조직에서 어떤 행위 B를 실천하는 것보다 더 효과적이라는 사실을 안다는 것은 바로 B에서 A로 시간적으로 이행하는 '방식'을 아는 것이다. 이러한 변화 사이에서 자원, 정치적 역동, 조직의 격변 등이 수행되는 것이다. 이때의 시간은 속도 경영

(speed management)과 같은 크로노스(chronos) 시간을 의미하는 것이 아니라 타이밍과 차이를 의미하는 카이로스(kairos)의 시간을 의미한다. 즉 적절한 전망 과정과 공명(synchronizing)을 수행하는 시간이다(Johannisson, 2011: 144). 그렇게 하지 못하면 한 시기에 좋았던 결정이 다른 시기에는 대재앙이 되는 경우를 보여주며(MacKay & Chia, 2013), 또한 현재의 시간적 활동이 미래의 시간적 활동을 희생시키는 결과로 빚어지는 '결정의 덫'에 걸리는 경우도 있다(Van Oorschot et al, 2013). 이와 같이 시간은 의사결정에서 무엇보다 중요한 영역이다.

실체 패러다임 역시 뉴턴의 시간과 같이 등질적인 시간을 사용한다. 하지만 조직과 경영에서 시간은 결코 상수가 될 수 없다. 조직과 경영은 '시의적절한 방식'(seasonable)에 따라 행동이 이루어져야 하며, 끊임없이 그 차이가 발생하는 과정이다. 그런 점에서 AMJ(2013) 대다수의 논문의 핵심 주제는 인간의 삶과 조직에서 '시간'은 필수불가결한 것임에도 불구하고, 대다수의 경영 저널에서는 "시간을 배제하는 경향"(2013: 4)이 있었다고 주장하는 것이다.

그렇다면 향후 조직과 경영은 어떤 모습을 갖출 것인가? 다시 말해서 미래에 조직의 모습이 현재의 조직과는 다른 모습을 보여준다면, 그것은 어떤 존재론과 인식론에 기반을 둘 것인가? 페드만(Feldman 2010)은 "미래의 조직은 주로 활동의 과정이며, 구조에서 행위는 독립된 것이 아니라 오히려 상호 관계된 것"이라고 한다. 이는 조직이 대단히 역동적이고, 복합적이며, 상호 의존적인 형태가 된다는 것이다. 또한 지식창조 이론의 창시자로 알려져 있는 노나카(Nonaka) 역시 『Managing Flow: 창조적 루틴』(2010)이라는 책에서 "지금까지의 경영은 지식을 실체로 다루었다. 하지만 이제 근본적으로 지식을 실체로서가 아니라 일상의 과정, 즉 '루틴'(routine)으로 이해해야 한다."(2010: 31)고 주장한다. 그러면서 "이 책의 세계관이 화이트헤드(Alfred North Whitehead)의 과정철학(process philosophy)의 세계관과 일치한다"(2010: 31)고 주장한다.

결국 Feldman과 Nonaka는 현재의 지식 정보화 사회와 향후의 조직과 경영 이론의 방향은 과정철학의 패러다임에 그 기반을 두고 있음을 밝히고 있다.

한편 패러다임이란 그 시대의 모든 학문에 사유의 틀을 제공해주는 에피스테메(episteme)이다. 과정 패러다임의 도움으로 과학과 철학에서 실체 패러다임에 대한 한계가 노정되고, 이에 자극받아 다양한 영역에서도 사유의 전환이 시도되고 있다. 대표적인 실체 사유인 신학에서조차도 화이트헤드의 철학을 받아들여서 '과정 신학'을 연구하며, 교육학, 심리학, 법학 등으로 그 적용 범위가 확대되고 있다.

실체 패러다임은 개인과 사회, 조직을 이미 완성되고 자기 충족적인 단위로 본다. 화이트헤드는 이와 같은 사유를 '잘못 놓여진 구체성의 오류'라고 한다. 다시 말해서 물리적 대상이나 자기 충족적인 개체가 가장 구체적인 단위가 아니라, 그것들 사이의 관계가 보다 구체적이라는 것이 과정 패러다임이다.

최근 들어서는 캅(Cobb, 2007), 바켄과 헤네스(Bakken & Hernes, 2006), 스틸레(Styhre, 2002) 등 선구적 연구자들에 의해 과정 패러다임이 조직이론에 수용되기 시작하고 있다. 이들은 안정보다는 변화에, 통일성보다는 다양성에, 존재보다는 생성에 초점을 두고 조직을 바라본다. 이것은 조직 패러다임이 실체적 관점에서 과정적 관점으로 이동하고 있음을 반증하는 증거들이다. 물론 과정의 패러다임이 사회의 모든 영역에서 지배적인 사유습관으로 자리잡고 있지는 않으나, 점차적으로 과정 사유는 조직 이론 및 조직 창조성 이론에서 중요한 사유의 틀로 연구되고 있다(Bissola & Imperatori, 2011: Styler, 2006).

다음 장에서 우리는 적극적으로 과정 공동체를 지향하는 조직의 방향성을 네 가지로 구축해볼 것이다. 이를 통해 실체공동체와는 다른 모습을 보여줄 것이다.

3. 과정공동체: 21세기 새로운 문명화를 위한 조건의 모색

우리는 화이트헤드와 들뢰즈의 철학을 통해 과정 공동체가 지향해야 할 제약범주를 네 가지로 구성해볼 것이다. 그것은 창조성의 공동체, 익명의 공동체, 미의 공동체, 평화(생명)의 공동체이다. 이것은 과정 철학의 전망 하에 구성된 공동체의 제약범주들이다. 각각의 제약범주에 대해 간단한 논거를 통해 그것이 가지는 의미를 살펴보도록 할 것이다.

3.1 창조성의 과정공동체

조직에서 '균형 이론(equilibrium-based theory)'은 실체적 관점이다. 그것은 안정된 존재를 가정하며, 전통적인 체계 이론과 기능주의에 기반을 두고 있다. 이 이론의 영향력은 대단하며, 다양한 사상가들에 의해 제기되었다(Barley & Kunda, 1998; Katz & Kahn, 1978; Schein, 1985 등). Chia(1999)에 의하면, 이 입장은 고대 철학을 대표하는 플라톤, 아리스토텔레스로부터 근대 진화론을 대표하는 다윈 등에 의해 추구되었다. 이것은 매우 정태적이며, 불변하는 실재를 기본 가정으로 삼는다.

창조성 역시 기능주의적이고 도구적인 방식으로 이해되며(Sundgren & Styhre 216), 안정된 조건 속에서 한 개인의 위대한 성취를 통해서 창조성이 이루어 질 수 있는 것으로 본다(Gioia 1995; Isaksen). 이런 조직에서 '지식'은 명석 판명한 것으로 보고, 수학이나 공학과 같은 특별한 지식을 가진 사람들이 창의적인 작업 및 연구를 할 수 있다고 생각한다. 우리는 애플의 창업주인 잡스에 대한 언론 매체의 전달은 한 위대한 개인에 의해서 애플의 스마트 폰이 만들어 졌다는 환상을 가져오게 한다. 마치 위인은 어린 시절부터 특별나며, 이를 통해서 우리는 함부로 창조적인 행위나 사유를 할 수 없다는 것을 일반인에게 심어준다. 즉 창조성을 한 위대한 개인의 속성으로 보는 것이다(Ford & Gioia, 1995; Isaksen, 1987). 따라서 전문가들인 심리학자와 경영학자라는 두 전문가 집단은 근대의 기술 지식을 잘 다루는 것을 창조성으로 본다.

오스본에 의하면, 더 이상 위대한 특권을 가진 천재를 통해서 창조성이 가능하다는 논리는 받아들여서는 안 된다고 한다(Osborne, 2003). Csikszentmihalyi(1996) 역시 창조적 인물은 위대한 에너지를 가진 보통 사람이며, 어떤 경우에는 조용한 경우도 있다. 어떤 인물은 동시에 스마트하기도 하고 어리석기도 하다. 또 어떤 이는 장난기가 있기도 하고 근엄하기도 하다. 최근의 연구에 따르면(Ford & Gioa, 2000; Kazanjian et al., 2000; Mumford et al., 2002; Williamson, 2001; Hargaden & Bechky, 2006), 개인 창조성 보다는 집단 창조성을 통해서 문제를 해결하는 것이 더 중요해지고 있다고 한다. 창조성을 이해할 때, 우리는 개인이라는 독자적인 힘에서 벗어나서 창조적 인물이 작동하는 사회적, 문화적 맥락을 포함하는 체계적인 전망으로 이동해야 한다(Csikszentmihalyi, 1994)고 주장한다. Ford(1995)에 의하면, 창조성은 한 개인의 고유한 사람, 생산물, 혹은 장소의 성질이 아니라 특수한─사회적 구성물이며, 특히 창조적 인물은 특수한 영역의 문지기로 기여할 뿐이다. Osborne(2003)에 의하면, 창조성은 개인의 속성이 아니라 체계의 속성 특히 네트워크(network)의 속성으로 보아야 한다.

우리는 기업가라는 개념에서도 홈 파인 공간과 매끈한 공간이 동시에 있다고 본다. 과정 철학 역시 사람뿐만 아니라 모든 존재가 창조성을 갖고 있다고 본다. 왜냐하면 모든 존재는 시공간이라는 상황에 의해 새로움을 펼쳐낼 수 있는 잠재적 힘을 갖고 있기 때문이다. 들뢰즈의 철학은 잠재태와 현실태의 비대칭성에 기반을 두고 있으며, 이것은 일종의 창조성이라는 개념으로 말할 수 있다. 그는 이를 위해 리좀(rhizome) 개념을 창안한다. 나무가 초월적 모델을 상징한다면, 리좀은 내재적 모델을 상징한다. 리좀은 "정복, 변이, 팽창, 포획, 꺾꽂이의 의미"를 갖는다. 리좀은 생산되고 구성되어야 하며, 항상 분해될 수 있고 연결접속될 수 있고 역전될 수 있고 수정될 수 있는"(MP 48) 것이다. 따라서 리좀은 나무의 이미지와는 달리 자발적이고 예측될 수 없고 이질적인 요소들을 연결하는 역동적인 이미지이다(Linstead & Thanem, 2007).

화이트헤드에게 궁극자의 범주는 일(one), 다(many), 창조성(creativity)이라고 한다. 그는 모든 사물과 존재에는 일, 다, 창조성이라는 요인들이 함축되어 있다고 본다. 그래서 사물이라고 우리가 일상적으로 지칭하는 것은 이미 어떤 다가 새로운 일로 되어가는 창조적 과정을 잠재적으로 품고 있는 것이다.

> "창조성은 새로움의 원리이다. 현실적 계기는 그것이 통일하고 있는 다자에 있어서의 어떠한 존재와도 다른, 새로운 존재이다. 그러므로 창조성은 이접적인 방식의 우주인 다자의 내용에 새로움을 도입한다. 창조적 전진이란, 창조성의 궁극적 원리가 그 창조성이 만들어내는 각각의 새로운 상황(situation)에 적용되는 것을 말한다(PR 78)."

시간은 언제나 분열이나 새로운 상황을 가져온다. 창조성은 주체가 아니라 시공간이라는 상황과 관련되어 있으며, 새로운 상황에 따른 이질적인 연결이나 배치(agencement)를 만들어낸다. 그런 까닭에 창조성은 과정 철학에서 가장 핵심적인 개념이다. 따라서 과정 공동체가 지향해야 할 첫 번째 공동체의 특성은 창조성의 공동체라고 할 수 있다. 그렇다면 구체적으로 화이트헤드의 철학의 핵심적인 전제를 통해 설명되는 2가지 사례를 간단히 살펴볼 것이다. 이 두 가지 사례에서 창조성은 '상황'이라는 개념과 밀접하게 관련되어 있음을 보여준다.

사례 1

Sundgren & Styhre(2007)는 창조성이 제약 회사에서 어떻게 사용되고 있는가를 조사하고, 그 사용에서 빚어지는 오류 및 정당성을 화이트헤드의 철학에서 찾는다. 그들의 연구방법은 내러티브 방법(Czarniawska, 2004, 1998; Boje, 2001)이다. 이 논문에서 연구자들은 2002-2003년에 신약을 개발하는 3개의 제약회사에서 연구자, 프로젝트 경영자, 고위 경영자, 회사 감독관 등과 함께 30개에 해당하는 심도 있는 질문을 검토했다. 그들은 일반적으로 사용되는 사회적 조건이나 조직과 경영의 목적과는 별개로 진술되는 자기-폐쇄적인 형식을 취하지 않고, 대담자들이 자신의 신념, 지혜, 설정된 세계관을 표현할 수 있는 '상황(situation)'에서 인터뷰를 했다. 이 인터뷰 상황에서, 대담자들은 자신들이 회사를 대표하는 전문성, 신뢰성, 도덕성을 갖춘 인물이라고 생각했다. 물론 인터뷰는 그 특징상 사실과 '허구(fiction)'사이의 분할이 명확하지 않다(Gubrium & Holstein, 2003). Sundgren & Styhre는 인터뷰 상황에서 벌어지는 인식론적 모호성을 당연한 것으로 받아들인다. 이것은 들뢰즈가 애매와 모호 속에서 명석 판명함이 나올 수 있다고 한 역설적 상황과 같은 맥락이라고 할 수 있다. 다시 말해서 Sundgren & Styhre(2007)는 '각각의 상황'을 매우 중요하게 생각하며, 명석 판명한 경험만을 진리로 보지 않고 애매하고 모호한 것과 명석하고 판명한 것 사이에서 지식을 보고 있다. 요약하자면, 인간 지성은 과정을 고정된 범주로 만든다고 했다. 잘못 놓여진 구체성(fallacy of misplaced concreteness)의 오류는 여전히 경영과 리더십 등에 지속적으로 수행되고 있다. 조직은 모든 창조적 작업의 하부 구조이다. 하지만 조직이 창조적 해결과 발견물을 생산하는 것으로 간주하는 것은 수단과 목적이 전도되는 것이다. 조직은 연속적인 계열을 통해서 드러나는 결과물일 뿐이지, 원인이 결코 아니다. 그들의 연구결과에 의하면, 신약 개발에서 창조성의 개념은 '단 하나의 일반적인 단순 정위'(simple location)로 구축될 수 없다. 조직에서 창의성 개념은 '의미를 만드는 과정'이다. 화이트헤드에 의하면, 조직의 창조성은 실천의 영역 내에서 일련의 연결과 결합을 통한 현실화의 형식이라고 한다. 예컨대, 신약 개발에서 인간, 기술, 이론적 토대, 실험실 동물, 기타 자원을 특정한 목적을 위해서 결합하는 것에 의해서 조직 창조성이 발생한다. 결국 조직의 창조성은 비−선형적이며, 혼돈적인 형식이다. 그것은 카오스모스이다. 하지만 이런 형식은 조직과 조직 창조성을 명확히 규정하려는 시도를 무의미하게 만들 수 있다. 이런 이유로 여전히 조직과 조직 창조성을 선형적으로 규정하려는 시도는 지속적으로 진행되고 있다. 문제는 실재를 단순한 모델로 추구한다는 것이 반드시 경영 실천에 도움을 주지는 않는다는 사실이다. 그럼에도 창조성은 한 개인의 특출한 능력이 아니라, 상호 관계성의 과정이라는 진실은 부정할 수 없다.

사례 2

Zackariasson, Styhre & Wilson(2006)은 "Phronesis and Creativity: Knowledge Work in Video Game Development"이라는 논문에서 직접적으로 화이트헤드를 언급하지는 않으나, 비디오 게임 개발에서 창조성은 프로네시스(phronesis) 지식과 밀접한 관련이 있다는 사실을 보여주고 있다. 이것은 가장 구체적인 사건에 대한 판단능력에서 비롯된다는 사실을 밝혔다(김상표와 김영진, 2011). 프로네시스는 아리스토텔레스의 철학에 나온다. 이 지식은 보통 실천적 지식이라고 하며, 상황에 맞추어서 지식을 구현하는 것을 의미하며, 공익에 맞는 행동을 하는 윤리적 지식을 함의한다. 이 논문을 정리해보자면, 연구대상 기업은 스웨덴에 소재하는 비디오 게임을 만드는 회사이며, 규모는 65명의 종업원을 두고 있으나, 연구 당시에는 30명 정도이었다. 여기서 연구방법으로는 민속지 방법을 사용했다. 이 방법의 장점은 현장의 목소리 및 상황을 목격하고 체험한다는 것이다. 이 연구는 스웨덴에 적을 둔 게임 개발 회사를 분석했다. 이 조직은 팀원에서 팀장까지, 그리고 팀장에서 경영자에 이르기까지 지속적인 상호 작용을 통해서 창조적인 작업을 수행해 간다. 결국 재미있고 몰입할 수 있는 게임을 만들기 위한 지식은 직원들 사이의 창조적인 상호작용의 결과에서 나오는 것이다. 특히 직원들 간의 상호 작용과 협상은 재미있는 게임을 평가하는 능력인 'phronesis'에서 좌우된다. 물론 이런 관점은 기술(techne) 지식을 무시하자는 것은 아니다. 본 연구에서는 게임 기술에 해당하는 techne 지식을 기본으로 하고, 게임을 하는 소비자들을 제대로 이해하고 흥미를 유발할 수 있는 통찰력의 지식, 즉 phronesis지식을 겸비한 직원들이 창조적인 작업을 수행할 수 있다는 것이다.

부가적인 사례를 설명을 덧붙인다면, 지식 창조 경영 사상을 대표하는 Nonaka는 자신의 지식 창조 경영이 화이트헤드의 철학적 세계관을 반영하는 것이라고 하면서, 몇 가지 예를 통해서 프로네시스 지식이 창조성과 밀접한 관련이 있다는 사실을 보여준다(2009). Nonaka는 세븐−일레븐의 성공은 지역에 특화된 소매점을 만들고, 파트−타임 직원에게도 자율권을 제공해서 원하는 제품을 판매할 수 있게 한 것 때문이라고 주장했다. 즉 편의점 직원 역시 특정한 시공간과 상황에 맞게 제품을 판매할 수 있는 창의적인 판단 능력을 갖추고 있다는 것을 조직에서 인정한 결과이다. 또한 매일 편의점을 찾는 고객 조차도 방문하는 시점에 따라 심리적, 경제적 상황이 달라질 수 있기 때문에, 한 명의 고객조차도 방문 시점에 따라서 전혀 다른 인물로 볼 수 있다. 이것은 고객과 점원의 상호작용은 시점에 따라, 상황에 따라 달라진다는 사실을 반영한다(김상표 & 김영진, 2011). Nonka 자신이 밝히고 있듯이, 이미 프로네시스 지식은 기업에서 창조성을 획득하는 방법으로 적극적으로 수용되고 있다.

3.2 익명의 과정공동체

오늘날 우리는 자본주의의 극단적인 이윤추구로 인한 위협과 혐오에서 벗어나기 위한 대안으로 협동조합이나 사회적 기업을 많이 논의하며 실행하고 있다. 이것은 자발적이고 개방적인 조합과 조합원을 통해서 진정으로 열린 공동체를 구축하려는 시도이다(Birchall 2003). 이것은 견고한 절편성을 깨기 위해 유연한 미시 조직을 만드는 일이다. 하지만 이 조직들 역시 재현의 구조에 빠질 위험이 도사리고 있다. 즉 미시 파시즘에 빠지는 경우가 있다(MP 409). 그것은 결국 파괴와 폭력을 수반하는 형태를 띄게 된다. 즉, 견고한 절편성에 해당하는 자본주의에 대한 대안은 될 수 있지만 협동조합 역시 미시적 파시즘의 위험에 빠질 수 있다.

예를 들면, Meister(1974)는, 노동자 협동조합에 대한 퇴행 모델을 제안했다. 그는 직접 민주주의와 잘못 전개된 경제적 기능 사이의 갈등 등에 의해 퇴행이 발생할 수 있다고 주장한다. 또 Conforth et al.(1988)는 노동자 협동조합의 퇴행에 대한 세 가지 이론을 제시한다. (1) 합헌적 퇴행: 소유의식은 최종적으로 소수의 엘리트, 종종 설립자의 손에 달려있다. (2) 자본주의적 퇴행: 자본의 힘 등이 최종적으로 조직과 환경 사이에 관련되게 한다. (3) 기타: 기강 해이와 같은 내적 압력이 통제주의자의 통제로 이끈다.

우리는 그것이 부정적 차이를 통한 필연적인 결과라고 본다. 개체나 주체는 일종의 정체성을 유지한다. 자아 개념을 극복하지 않고는 이러한 퇴행을 막기는 쉽지 않다. 그렇다면 어떻게 해야 하는가? 네그리와 하트(2014)도 밝히고 있듯이, 정체성을 극복하기 위해서는 과정 개념을 사용해야 하며, 특히 들뢰즈와 가타리의 특이성(singularity) 개념을 차용해야 한다고 주장한다. 특이성 개념은 '관계', '자신 내부의 다양성', '다르게 되기'라는 시간적 다양성을 함축한다(2014: 463). 이 개념은 아도르노와 같은 변증법적 도식이나 하버마스, 롤스, 기든스, 벡의 초월적 구조를 넘어서는데 중요한 의미가 있다고 네그리와 하트는 자신의 저서(2014: 150, 49-50)에서 말하고 있다. 다시 말해서 특이성 개념은 우리에게 변증법적 환상과 초월적 구조에서 벗어나게 하며, 소유의 논리를 파괴할 수 있는 의미를 함축하고 있다(2014: 463).

들뢰즈는 죽음을, 표상하는 주체로서의 죽음과 익명으로서의 죽음으로 나눈다. 표상하는 주체로서의 죽음은 무기적 물질로 사라지는 엔트로피의 죽음이며, 바깥에서 오는 죽음이다. 이와는 달리 익명으로서의 죽음은 나의 인격이 사라지는 죽음이다. 따라서 과정 공동체는 동일한 주체를 상정하지 않는 현실적 계기와 특이성 개념을 통해 '익명의 공동체'를 상정할 것이다.

"죽은 것은 익명인 아무개이다. 거기서 익명인은 끊임없이 죽고 또 멈추지 않고 죽는다. …… 나의 죽음보다 훨씬 더 심층적인 아무개의 죽음이 상존하며, 끊임없이 죽고 다채로운 방식으로 죽는 신들 이외에 다른 신은 없다(DR 255-256)."

실제 익명의 공동체를 통해 운영되는 조직에 관한 사례를 한번 살펴보자. 베이트슨(Bateson 2006)에 따르면, 자존심과 독립심이라는 형태는 음주 습관에서 강하게 부각된다고 한다. 이것은 인간의 경쟁문화의 가장 강력한 무의식의 전형이다. 베이트슨에 따르면, 음주습관에는 상당히 강한 대칭적 경향이 있고, 상대와의 경쟁에서 이기고자 하는 마음이 있다고 한다. 특히 알코올 중독자는 술과의 경쟁에서 결코 질 수 없다는 생각을 가진다. 그는 자기 영혼의 선장이기에 피투성이가 되어도 술에 질 수 없다고 생각한다. 술중독자는 비대칭보다는 대칭적 사고의 전형적 결과라고 볼 수 있다. 가상적 상대인 술병과의 영웅적 전투는 들뢰즈의 말처럼 '마지막 한 잔 전에' 끝나는 것은 거의 불가능하다. 언제나 마지막 잔까지 가서 술과 키스하면서 끝난다. 이것이 알코올 중독자의 최후의 모습이다. 중독자는 신체적 죽음으로 소멸한다.

그렇다면 어떻게 알코올 중독에서 치유될 수 있을까? 미국에서 가장 큰 공동체 중에 하나에 해당하는 "알코올 중독 방지회"(Alcoholics Anonymous Comes of Age)는 알코올 중독자를 치료하는 데 큰 기여를 하고 있다. 여기 나오는 회원 강령 중에서 특별한 강령이 하나 있다. 그것은 '익명'을 중요한 강령 덕목으로 본다는 것이다. 알코올 중독 방지회가 사회적으로 영향력이 커져 갈수록 많은 단체들이 알코올 중독 방지회의 대표를 초대하고, 그 대표의 이름을 공유하려는 욕망이 많아졌다. 그것은 결국 하나의 절편에 갇히게 된다는 것을 알고 있기에, 알코올 중독 방지회는 모든 회원들의 행위를 '익명'으로 처리한다. 즉 명사인 이름을 거부한다. 강령 중의 몇 가지를 소개하면 다음과 같다.

6. 알코올 중독회 방지회 그룹은 관계기관이나 외부의 기업에 보증을 서거나 융자를 해주거나 알코올 중독 방지회의 이름을 빌려주는 일 등을 일체 하면 안 된다. 돈이나 재산, 명성의 문제는 근본 목적에서 우리를 벗어나게 할 우려가 있기 때문이다.

10. 알코올 중독 방지회는 외부의 문제에 대해 어떤 의견도 가지지 않는다. 그러므로 알코올 중독 방지회의 이름이 공론에 거론되어서는 안 된다.

12. 익명은 우리 전통의 정신적 기반이며, 언제나 개성보다 원칙을 앞세울 것을 우리에게 상기시킨다.

알코올 중독 방지회의 생각에서는 익명이 단순히 신분 노출과 수치심으로부터 회원을 보호하려는 것보다 훨씬 더 많은 의미를 함축하고 있다. 전반적으로 조직의 명성과 성공이 커지면서, 회원들은 자신들의 회원 자격을 공적 관계, 정치, 교육 및 다른 분야에서 긍정적 자산으로 이용하고 싶은 유혹을 느낀다. 조직의 공동 창립자인 빌 더블유 자신도 초창기에 이런 유혹에 사로잡혔고, 그 문제를 출판된 논문에서 논했었다. 그는 우선 어떤 것이든 세상의 주목을 움겨쥐는 것은 그런 이기주의를 가질 여유가 없는 회원에게 개인적 및 정신적 위험이 되며, 나아가 이것은 정치, 종교적 논쟁 및 사회개혁에 연관되며 전반적인 조직에 치명적인 형향을 끼칠 것이라고 본다. 그는 "익명은 우리 전통의 정신적 기반이며, 언제나 개성보다 원칙을 앞세울 것을 우리에게 상기시킨다."라고 말한다. 따라서 과정 공동체의 두 번째 차원은 '익명의 공동체'이다.

3.3 아름다움의 과정공동체

플라톤에서 근대철학까지 가치 개념의 우선 순위는 진 혹은 선의 가치였다. 플라톤은 감각 세계와 이데아 세계를 이분화하고, 이데아 가운데 선의 이데아에 최고의 가치를 부여하였다. 이것은 중세까지 지배적이었으나, 데카르트, 뉴턴, 라이프니츠 이후부터 진리의 가치에 해당하는 수학적 패러다임에 우선 순위를 부가하였다. 그런데 진리와 선의 가치는 매우 인간 중심적이며, 그것은 플라톤 이래로 자연과 인간을 이분법적인 구도로 혹은 인간과 인간을 이분법적인 구도로 형성하도록 했으며, 목적론적인 구도로 공동체를 형성하게 했다.

그러나 화이트헤드와 들뢰즈는 진리와 선보다는 미의 가치를 더 중요하게 생각한다. 그들은 공동체의 가치는 그 무엇보다 미적인 가치를 함의할 필요가 있다고 본다. 진리와 선은 매우 제한된 가치를 가지지만 미는 모든 존재가 가지는 특권이다. 따라서 들뢰즈와 화이트헤드의 세 번째 공동체는 미의 공동체이다.

앞에서 우리는 들뢰즈와 화이트헤드의 존재론을 카오스모스(chaosmos)라고 했다. 카오스모스는 혼돈을 이겨내기 위해 리듬을 타야 한다. 리듬은 박자가 하나의 절편을 갖고 있다면, 리듬은 "불평등한 것 혹은 공동의 척도를 갖지 않는 것"(MP 595)이다. 리듬은 언제나 차이를 만들며, 이것이 "음악으로서의 자연"(MP 596)이 발생하는 이유이다. 그뿐만 아니라 우리가 공동체를 형성하는 기본 틀인 영토도 모두 예술성을 지니고 있으며, 하물며 소유도 예술적인 것이라고 한다(MP 600). 화이트헤드 역시 현실적 존재는 리듬의 존재로 보며, 모든 존재는 미적인 가치를 실현한다고 본다. 따라서 화이트헤드에게 미란 여러 구체적 사실에 의해 실현되는 하나하나의 가치에 주목하도록 하기 위해 그 사실들을 배열하고 조정하는 어떤 선택활동이다(SMW 223).

그렇다면 카오스모스에 해당하는 미적인 활동이란 무엇인가? 그것은 반드시 생산이나 자기이익만을 의미하지 않는다. 물론 그 활동이 생산을 가져올 수 있다. 하지만 더 중요한 것은 서로의 기쁨을 증대시키고 부조화를 조화시키는 힘에 있다. 이러한 미적 활동에 대한 예를 들뢰즈와 가타리는 자신들의『천개의 고원』에서 말벌과 난초의 되기 과정을 통해 보여준다. 그들의 행위는 어떤 것도 생산하지 않는다. 그들은 즐기고 미적으로 창조적 행위를 할 뿐이다. 생산이 없는 생식 행위를 즐긴다. 말벌과 난초는 자기 이익을 꿈꾸는 일벌의 생산적 행위도 아니고, 꽃과 일벌의 상호 이익이나 상호 부조를 위한 행위도 아니다. 네그리와 하트(2014: 267)에 의하면, 자본주의는 꿀벌이 자기 이익을 위해서만 움직인다는 동일성 사유에 매몰되어 있다. 사회주의는 꿀벌과 꽃이 상호 부조를 위해 생산을 한다는 유토피아의 연대성을 보여주지만 그것은 결국 부패할 수밖에는 정체성의 사랑을 보여준다. 리좀적 사랑은 아름다움을 증대시키는 방향, 기쁨을 증가시키는 방향으로 나가는 '대비'(contrast)의 모습을 보여준다.

노나카는 자신의 조직 이론은 화이트헤드의 세계상과 동일하다고 보고 있기에, 그의 실례를 통해 미적으로 조직된 공동체를 살펴보기로 하자. 노나카(Nonaka) & 가쓰미(Katsumi)의『씽크이노베인션: 2008』과 노나카 & 요코(Rypko) & 토야마(Toyama)의『창조적 루틴: 2010』을 중심으로 간략하게 설명할 것이다.

사례1: 노랑어리연꽃 프로젝트와 이질적 연결

아무 관련이 없는 것들이 만나 화합을 이루고 질적으로 다른 새로운 부가가치를 낳는 것을 '창발'(emergence)이라고 한다. 한 대상이 다른 성질의 대상과 만나고, 경계를 넘어 서로 협동하며 새로운 관계를 형성한다. 현실적 계기와 리좀은 사물과 사물의 관계를 통해 이질적인 종합을 형성해 가는 것이다. 그 예를 일본에서 있었던 노랑어리연꽃 프로젝트와 연결해서 검토해보자. 이지마 히로시는 고등학교를 졸업하고 아르바이트를 하고 틈나는 대로 책을 읽고 자연을 관찰하는 소시민이다. 그는 우시쿠시에서 동네 아이들과 자연을 관찰한 것을 전철역에 그 성과를 붙였다. 우연히 농업환경기술연구소 연구원이 그것을 본 계기로 임시직 직원으로 채용되었다. 일본에서 두 번째로 큰 호수인 가스미라가우라 호는 지역 개발로 수질이 크게 악화되어 물고기, 새, 식물들이 거의 사라졌다. 환경 오염이 심각해도 그 누구도 대안을 제시하지 못하고 있는 실정이었다. 그는 초등학생들을 데리고 둘레가 250킬로미터나 되는 호수를 걸어서 관찰했다. 한 바퀴 돌려면 약 8일이 소요되었다. 그는 아이들과 걷다가 노랑어리연꽃을 보았다. 그는 이 꽃에서 자연회생의 열쇠와 미래 환경운동의 방향성을 보았다. 생활하수와 인이나 질소와 같은 부영양화 물질을 노랑어리 연꽃이 흡수하며, 그 잎사귀는 새와 곤충의 먹이가 된다. 그는 이 꽃을 하나의 '점'이 아니라 '움직이는 선'으로 본다. 그 결과 주민, 지역 슈퍼마켓, 학생, 농어업, 유통업, 양조 공장, 대기업들을 연결하는 하나의 선을 마들어 가스미가우라 호수의 환경은 개선되고 있다. 이 목표를 위해서 1995년 이후 14년 동안 17만 명의 사람들이 노랑어리연꽃 프로젝트에 참여했다. 현재 이 호수에서 생산되는 다양한 먹거리들이 주민들에게 판매되고 있다. 따라서 연꽃이 단지 연꽃이라는 사실로 보는 것이 아니라 하나의 선으로 볼 때, 우리는 새로운 창발적 연결을 만들 수 있다. 즉, 연꽃의 본성은 정해진 것이 아니라 내재적 관계에 따라 그 본성을 달리하는 것이다.

사례2: 무소와 중요성

일본의 사회복지법인 무소는 상식을 뒤엎은 새로운 복지 개념을 탄생시켰다. 사회복지사인 도에다 히로모토는 7년 동안 지적 장애인을 돕는 일을 했지만 장애인들이 실제로 현장에 투입되면 복지시설과 다른 환경 때문에 전혀 도움이 되지 않는다는 사실을 알았다. 그에 따르면, "기존 복지시설에서 이루어지는 훈련은 수학을 못하는 사람에게 수학을 반드시 잘해야 사회에 참여할 수 있다는 논리와 같은 겁니다. 수학을 못해도 문과에 진학할 수 있는 것처럼 장애인에게도 일반인과 같은 기회를 주어야 합니다." 중증 장애인들은 거의 움직일 수 없다. 그들 역시 삶의 의미와 내적 생산성을 갖고 있다는 것을 히로모토는 복지사 체험을 통해 알게 되었다. 29세에 독립을 결심한 도에다 히로모토는 자신과 뜻을 같이 한 장애인 부모 다섯 명과 함께 100만 엔씩 투자하여 건물을 하나 빌렸다. 여기에 기존의 복지시설에서 불가능했던 서비스를 제공하는 민간비영리단체 후와리를 설립했다. 철저하게 장애인의 입장에서 생각하는 도에다는 획기적인 복지 방안을 내놓았다. 그에 따르면, "처음에 만들어진 설계도는 기존의 복지시설과 별다른 차이가 없었습니다. 남향의 햇볕이 가장 잘 드는 곳이 직원 사무실이었죠. 기존의 복지가 누구를 중심에 두었는지 고스란히 대변한 셈이죠. 그래서 저는 종업원 휴게실을 가장 좋은 자리에 두는 상점이 어디 있냐고 따졌습니다. 결국 직원 사무실은 다락방으로 밀려나게 됐지요." 그는 '아트 스퀘어'라는 식당을 차렸다. 여기서 일하는 지적 장애인들은 상황에 따라 일의 처리 속도를 조절하기 어렵다. 주문받은 라면이 손님에게 갈 때까지 일반 라면집보다 속도가 더 걸린다. 그래서 그는 식당에 샐러드 바를 만들고 장애인들이 손님에게 20여 종류의 샐러드를 제공하면서 장애인과 손님이 모두 만족할 수 있는 시스템을 만들었다. 속도는 상대적일 뿐이다. 사회복지법인 무소는 항상 장애인과의 관계성을 중시한다. 중증장애인이라고 하더라도 고객에게 웃음을 주고 희망을 주는 마스코트 역할을 할 수 있으며, 장애인들 역시 보호받는 대상이 아니라 내적 생산성을 갖춘 가치 있는 중요한 사람이라는 사실을 보여준다. 즉 정태적으로 사물이나 인간을 보는 것이 아니라 동태적이고 과정적으로 사람을 보며, 관계를 통해서 새로운 가치를 창출할 수 있는 것으로 본다. 사회복지법인 무소는 왜 장애인은 내적 생산성이 없는 존재로 보아야 하는가? 또한 왜 일반인의 속도와 업무 환경에 맞추어야 하는가? 라는 질문을 던진다.

노랑어리연꽃 프로젝트를 통해서 볼 때, 개체는 개체군이기에 다양한 잠재성을 그 안에 함축하고 있음을 알 수 있다. 이전에는 호수가 죽어가는 지켜만 보았던 주민들이 노랑어리연꽃 살리기 위한 활동을 통해 다른 분절들이 자신들 안에 있음을 보여준다. 외부(정부)에서 부과되는 형태가 아니라 내부(주민)의 분절을 통해 자신들의 환경을 아름답게 만들어가는 것을 가능하게 했다. 이것이 바로 미적 공동체를 향한 발걸음으로 보인다.

그리고 사회복지법인 무소는 중증 장애인을 복지시설에서 탈영토화해서 다른 영토에 배치했으며, 장애인에 맞는 속도와 리듬을 통해서 장애인 안에 있는 힘(역량)을 드러낸다. 이것 역시 카오스모스를 보여주는 미적 공동체라고 할 수 있다. 들뢰즈는 산책, 속보, 달리기는 강도적 속성을 달리하는 방식이라고 한다. 무소는 장애인의 상황에 맞는 고유한 강도적 차이를 이해한 것이다. 우리는 일반인의 속도와 동질화되지 않는 고유한 강도적 차이를 알게 될 때, 각 공동체의 아름다움을 만들어낼 수 있다.

3.4 평화의 과정공동체

과정 공동체가 제시하는 네 번째 차원은 긍정 혹은 평화의 공동체이다. 이것은 일종의 어떤 윤리를 받아들일 것인지에 대한 숙고이다. 평화란 대립되는 것을 긍정하고, 양립불가능한 것을 고양시켜서 새로운 대비를 가져오는 행위이다. 화이트헤드에 따르면, 누구도 세상을 전부 다 볼 수 없으며, 언제나 전망에 의해 볼 뿐이라고 한다. 그 전망은 중요성에 따라서 달라지며, 그것은 언제나 도덕적 행위를 수반하고 있다. 전망은 강도를 수반하며, 그 강도는 하나의 상황에서 평화를 가져올 수 있는 행위를 하는 것이다.

그런데 우리는 경제적 관점을 옹호하다 보면, 어떤 규범도 배제하는 경향이 있다. 호네트에 의하면, 대표적인 사회학자인 루만과 하버마스가 규범과 무관한 경제체계가 있다고 언급했지만, 물질적 분배는 이미 어떤 노동을 가치 있는 것으로 평가하고 존중할 것인가 하는 특정한 가치 평가, 인정질서를 전제로 해서만 성립할 수 있다고 한다. 그렇다면 어떤 전망을 갖고 경제체계를 볼 것인가? 과정 공동체에서는 이 시대에 가장 중요한 전망을 생명으로 그려본다.

물론 생명을 마냥 보존하는 것을 의미하지는 않는다. 유기체는 파괴나 약탈 없이는 생존할 수 없기 때문이다. 화이트헤드에 의하면, "인간, 곤충, 나무, 파르테논 신전 등을 파괴하는 일은 도덕적일 수도 있고 비도덕적일 수도 있다"(MT 28). 극단적으로 표현해서 우리가 살인을 하는 경우도 경험의 중요성을 보호하고 있다면 그 행위는 도덕적이라고 할 수 있다(MT 28). 그렇다면 어떤 중요성을 보호할 때 도덕적이라고 할 수 있는가? 우리는 '생명'과 '강도'의 개념의 결합에서 그 의미를 찾을 수 있다고 한다.

> "생명이란 자유를 얻으려는 노력이다. 존속하는 존재는 그것의 모든 계기들 하나하나를 그 계통의 노선과 결부시킨다. 영속하는 특성을 지니는 존속하는 영혼을 주장하는 학설은 생명이 제기하는 문제에 대해 전적으로 부적절한 답변이다. 그 문제는 어떻게 독창성이 존재할 수 있는가 하는 것이다(PR 215)."

따라서 "생명의 특성은 환경의 광범위한 다양성 속에서 강도를 포획하기에 적합한 반작용이다. 하지만 그 반작용을 지시하는 것은 현재이지 과거가 아니다. 그 반작용은 생생한 직접성(vivid immediacy)을 부여잡는다"(PR 216). 하지만 생명이 자유를 위한 노력이라고 하지만 이것만으로는 도덕이나 선을 설명할 수 없다. 왜냐하면 생명은 "약탈행위"(PR 217)이기 때문이다. 주어진 여건을 자기 자신을 위해서 사용할 때는 어떤 정당화가 필요하다. 이것이 환경과 인간의 문제, 선진국과 후진국의 문제의 핵심적인 상황이다. 화이트헤드는 현실적 계기와 결합체의 욕구가 정당화를 확보하기 위해서는 '보존'이 아니라 '강도'를 가져오는데 있다고 한다. 결국 인간의 윤리적 행위에서 강도는 다양한 요소들을 '대비'를 통해서 '균형 잡힌 복합성'을 추구하는 것이다. 양립불가능한 사소성과 동일화의 과잉을 피하고 협소성과 광범성을 통해서 조화를 이룩하는가가 문제이다.

> "생명은 비록 그 본질에 있어 자유를 통한 강도의 획득이라고 하지만, 그럼에도 방향설정에 예속될 수 있고, 그래서 질서의 견실성을 획득할 수 있는 것이다. 따라서 생명은 물리적 질서로부터 순수한 정신적 독창성으로의, 그리고 순수한 정신적 독창성으로부터 방향이 설정된 독창성으로의 추이인 것이다. 또한 그 순수한 정신적 독창성은 신의 원초적 본성에서 생겨나는 관련성의 방향설정에 따라 활동한다는 데 주목해야 한다(PR 221)."

그렇다면 생명을 지속하기 위해서는 현실적 계기가 그 여건을 독창적으로 수용하는 방식에 달려 있다. 그 수용 방식을 주체적 형식(subjective form)이라고 한다. 주체적 형식이 역작용을 할 때는 가치에 대한 평가절상이 있고, 혐오는 평가절하이다. 혐오는 평가절하를 하기 때문에, 여건이 주체에 의해 지속될 수 없다. 이것은 일종의 악이 된다. 악은 느낌의 과정에서 배제된 요소이며, 선택받지 못한 요소이다.

> "악의 본성은 사물의 성격이 서로 방해가 되고 있다는 데에 있다. 따라서 생명의 깊이는 선택의 과정을 필요로 한다. 그러나 선택은 방해하는 양상을 최소화시키려고 하는 별개의 시간적 질서를 향한 첫걸음으로서의 제거이다. 선택은 악의 척도인 동시에 그 악을 회피하는 과정이다 (PR 586)."

우리는 움베르트 에코의 소설 『장미의 이름』에서 수도원의 살인 사건은 결국 늙은 수도사가 '죄인'과 '웃음'을 대비 속에 넣을 수 없기에 아리스토텔레스의 책을 읽은 수도사를 독살하게 된다. 그 늙은 수도사에게 웃음과 죄는 양립할 수 없는 것이다. 그 늙은 수도사는 죄와 웃음의 결합이 슬픔이 아니라 기쁨을 증대시키고 생명을 강화하는데 도움이 된다는 사실을 간과했다. 따라서 그 늙은 수도자는 자신의 이익이라는 작은 강도를 넘어서 타자와 공동체라는 큰 강도로 나아가지 못했다. 우리는 생명을 강화시키는 방향으로 전개시킨 법정 스님의 사례를 살펴볼 것이다. 류시화(2006: 9-10)는 그 일을 다음과 같이 기술한다.

"한 여인이 있었다. 온통 검은 옷을 입고서 그녀는 간신히 울음을 삼키며 우리와 함께 밥상머리에 앉아 있었다. 이제 막 그녀는 죽은 아들을 위한 49재를 마쳤다. 그리고 절 주지의 안내로 방으로 들어와 우리와 합석을 했다. 그녀의 존재 전체가 슬픔으로 일렁이고 있었다. 아들은 외국 유학을 마치고 군 입대를 준비하던 중, 어느 날 친구들과 저녁을 먹고 돌아와서는 돌연 심장 마비로 세상을 떠났다. 밥을 먹다 말고 내가 법정 스님을 돌아보았다. 나는 이제쯤 스님이 여인에게 어떤 위로의 말을 할 때가 되었다고 생각했다. …… 그러나 스님은 아무 말씀이 없으셨다. 그냥 묵묵히 식사를 하면서 그녀 앞으로 반찬을 끌어다 주기도 하고 어서 먹으라고 권할 뿐이었다. 여인은 계속해서 아들에 대한 이야기를 하고, 스님은 귀를 기울여 그 모든 이야기를 들어주었다. 식사가 끝나갈 무렵, 나는 두 사람 사이에 어떤 화학 작용이 일어나는 걸 느낄 수 있었다. 겉으로는 아무 일도 일어나지 않았고 어떤 위로의 말도 건네지지 않았지만, 분명 여인의 얼굴 어딘가에 안정과 평화의 분위기가 감돌기 시작했다. 그것은 마치 눈물로 일렁이던 바다에 한 줄기 평화로운 빛이 스며들어 물결이 그 빛을 반사하기 시작하는 것과 같았다. 그것이 어떤 힘인지는 알 수 없었다. 법정 스님이 가진 현존의 힘이라고 해야 할까. 하지만 좀더 현실적인 차원에서 말하면, 그때 스님은 단 한 순간도 그 여인을 소홀히 하지 않았다. 사실 그 자리에는, 모처럼 산을 내려온 그를 만나기 위해 여러 사람이 자리를 함께하고 있었다. 그러나 투명한 오라가 두 사람을 감싸고 있는 것처럼 그는 한순간도 그 여인에게서 눈과 귀를 떼지 않았다. 그 강렬한 집중이 아마도 그녀의 슬픔을 위로하고, 나아가 그것을 삶의 한계에 대한 이해로 승화시켰는지도 모른다. 그때의 그의 모습은 마치 고통받는 환자를 치료하는 의사의 그것과도 같았다. 그 분위기의 신성함이 서서히 그녀를 슬픔 밖으로 인도했을 것이다."

류시화는 한 여인과 법정 스님의 그 사건에서 평화라는 단어로 윤리적 행위가 수행되는 것을 설명한다. 법정 스님의 강도 깊은 행위가 자식을 잃은 슬픈 여인에게 점차적으로 생명과 평화를 찾아들게 한다. 화이트헤드 역시 평화는 "영혼에 있어 '생명과 운동'의 왕관인 긍정적 느낌"(AI 432)이라고 한다. 평화는 "자아가 상실되고 흥미가 인격성보다 넓은 조정으로 전이되었다는 의미에 있어서 자기 제어"(AI 433)라고 한다. 이것은 '인류의 사랑 자체'(AI 433)이다. 우리가 볼 때, 스님은 자기를 무아로 만들고, 그 여인과 하나가 되는 사랑을 보여준 것이다.

또한 평화는 "비극에 대한 이해인 동시에 그것의 보존"(AI 434)이라고 한다. 법정 스님은 억지로 그 슬픈 여인의 슬픔을 앗아간 것이 아니라, 그녀의 비극을 고스란히 보존하는 행위를 보여준다. 화이트헤드에 의하면, 죽음이 조잡한 악이 되지 않고 비극적 악이 되어야 하며, 이를 위해서 아름다움이 있어야 한다고 본다. 아름다움만이 악을 비극적으로 보존하며, 이것은 '역작용'으로 새로운 대비로 계승될 수 있다. 따라서 슬픔, 악, 무질서를 조잡한 방식이 아니라 비극을 통해서 아름다움으로 보존하는 것이 바로 평화를 가져올 수 있다고 한다(AI 435). 법정 스님의 행위는 바로 죽음이라는 악을 조잡한 악이 아니라 비극적 악으로 보고서 아름다움으로 승화시켰다는 것이다. 어떤 전망도 느낌도 없는 영역은 없다. 특히 윤리는 미적 경험과 종교적 경험과 마찬가지로 느낌 속에서 선과 악을 산출한다는 것이다.

우리는 법정 스님과 같이 고통과 슬픔을 함께 공유할 수 있는 태도가 생명을 경외하는 모습이라고 본다. 우리는 과정 공동체의 네 번째 차원이 생명 혹은 평화의 공동체가 되어야 한다고 본다.

4. 공동체 기업가-되기:
노동자자주관리 기업의 과정공동체를 향한 긴 여정

실체공동체와 과정공동체는 모두 시간에 관해 사유한다. 근대의 실체공동체의 시간은 등질적인 시간이며, 그것은 언제나 동일한 시간개념이 사용된다. 현대 경영학의 탄생을 알리는 테일러이즘 역시 동일한 시간에 동일한 노동을 통해 생산을 늘리는 것이다. 그것은 결국 속도경영이라는 발상을 낳았으며, 한국의 근대화에 큰 역할을 한 것도 사실이다. 하지만 과정공동체는 시의적절함과 차이를 낳은 시간을 통해 구성한다. 그것은 공명을 통해 새로운 차이 및 생산을 만들어 가는 과정이며, 동일한 시간이 아니다. 장애인이 일하는 시간과 연구자가 일하는 시간 및 자동차를 조립하는 노동자의 시간이 동일할 수는 없다. 여전히 우리 사회 역시 동질적인 시간에 대한 과도한 의식에 사로잡혀 있다는 점에서 실체공동체의 사유에 매달리고 있다. 과정공동체는 '시의적절함(seasonable)'을 통해 공동체를 구성하는 것을 의미하며, 이것은 공동체 구성원 상호간의 창발적 관계에서 발생하는 것이다. 우리는 과거의 수직적이고 정태적인 공동체 기준에 매달릴 필요가 없다. 과정공동체는 현대 과학 및 철학을 통해 그 근거를 확보했으며, 그것은 지속적으로 다양한 분과 학문 및 경험으로 입증될 것이다. 정리하자면, 과정공동체란, 창발적인 다수가 무질서를 질서로 만들 수 있는 역량이 있으며, 그것은 진정한 조화와 긍정으로 구성된 공동체를 말한다. 이를 위해서 우리는 과정공동체를 네 가지 제약범주로 구성해 보았다. 창조성, 익명, 아름다움, 평화의 공동체가 그것이다.

그 구체적인 실례는 '리좀과 공동체 기업가정신'에서 사례로 제시한 진주의 삼성버스를 들 수 있다. 한국 사회에서 기업가들만이 아니라 노조역시 실체공동체의 사유에 물들어 있음을 알 수 있다. 민주 노총 역시 플라톤, 아리스토텔레스, 헤겔, 마르크스에서 비롯되는 질료와 형상 도식에서 벗어나지 못하고 있다. 질료와 형상 도식은 언제나 한쪽이 수동적이고 다른 한쪽은 능동적이라는 생각을 갖게 한다. 그런 위계적인 질료/형상 도식을 통해 민주노총이 노동자를 편드는 방식은 결코 작동되지 않는다. 그것은 실체공동체의 사유와 실천에서는 당연한 것으로 여겨졌겠지만, 더 이상 우리 사회는 그런 방식으로 돌아가고 있지 않다. 물론 상급노조의 개입에 의해 보다 나은 조직이 된 경우도 있을 것이다. 하지만 그것은 여전히 질료/형상의 도식의 산물일 뿐이다. 그런 이분법의 도식으로는 현대 지식/정보화 사회에서 새로운 공동체를 모색할 수 없다. 우리는 삼성버스 회사를 통해 과정공동체의 네 가지 차원을 어떻게 적용되는지를 간단히 살펴보자.

먼저, 삼성버스는 외부의 우월적인 존재의 개입이 없이도 스스로 창발적인 구성을 통해서 빚도 갚고 질서도 유지되고 있다. 이것은 과정공동체의 제약범주인 창조성의 과정공동체이다. 두 번째로 삼성버스는 형식적인 대표는 있지만, 그 대표가 의사결정을 하지 않으며 다수의 조합원들의 자발적인 참여를 통한 민주적 의사소통체계를 통해서 이루어진다. 여기에서 나의 이름이 중요한 것이 아니다. 삼성버스라는 회사를 위해서 자신을 내세우지 않는다. 우리는 자신의 이름을 알리기 위해서 얼마나 많은 경쟁과 조직 이기주의에 내몰리는 경우가 다반사인가. 그런 점에서 부분과 전체가 상호 작용을 통해 상생하는 과정공동체의 제약범주를 익명성의 공동체라고 한다. 셋째로 삼성버스 조직원들도 다른 조직처럼 이기주의 행동을 하지만, 회사가 어렵거나 위기에 닥치면 조직원들은 단합한다. 그것은 선택활동을 통해 새로운 조화와 공명을 달성하는 것이다. 조직원들의 그런 선택은 미적인 행위이며, 우리는 그런 행동이 조화로운 조직의 핵심이라고 본다. 불균형 속에서 새로운 균형을 찾아가는 이런 모습이 과정공동체의 제약범주들 중 하나인 아름다움의 공동체라고 할 수 있다. 마지막으로 조직원들은 작은 임금으로 생활한다는 것은 결코 쉬운 일이 아니다. 그것은 조직원뿐만 아니라 자식과 부인의 희생을 담보로 하는 것이다. 그런 경우에 대체적으로 마비가 일어날 수 있다. 마치 조세희의 소설 속에 등장하는 인물처럼 말이다. 평화란 '생명'과 '운동'을 믿는 것이다. 평화는 상실에 대한 아픔을 창조성과 아름다움을 통해 영속해가는 것이다. 즉, 평화는 비극을 직시하고 보존하는 활동이다. 그것은 눈앞에 보이는 자기 이익과 인격성이 상실되고 '흥미(interest)'를 보존하는 것이다. 흥미란, 개인이 자신의 인격을 초월해서 사이에(inter) 놓는 것이다. 버스회사와 조직원들 사이에 자신을 놓은 것이다. 더 이상 조직원의 각 개인의 이익이 중요한 것이 아니라, 자신이 어떤 사이에 놓여 있는지에 흥미를 갖는 것이다. 즉, 그것은 버스회사의 영속에 흥미를 갖는 것이다. 우리가 사랑하는 많은 사람들은 그런 사이에서 자신의 영속을 걸어둔 사람이다. 우리의 기억 속에 영속하는 종교인, 철학자, 정치가, 기업가, 노동자 등은 어떤 이름으로 불리든 간에 그런 흥미 속에 살아간 사람들이다. 우리는 그와 같은 과정공동체의 제약 범주를 평화의 공동체라고 한다.

물론 우리가 제시한 이런 과정공동체의 제약범주들로 삼성버스의 사례를 설명하는 것이 부적절하다고 볼 수 있을지도 모른다. 하지만 삶은 불완전속에 있으며, 그 안에서 일정한 조화를 추구해가는 것이다. 우리가 이 글을 적고 있는 상황에서 삼성버스는 그런 과정공동체의 범주적 제약에서 벗어나 있을 수도 있다. 그건 상관없다. 다만 그런 모습으로 수 십 년을 영속한 삼성 버스를 우리가 파악했다는 사실이다. 다시 말해서 어떤 조직이든 그런 과정공동체의 형태를 갖출 수 있다는 것이다.

우리는 앞 장에서 살펴본 '창조성의 과정공동체', '모험의 과정공동체', '아름다움과 평화의 과정공동체' 등을 구성했으며, 이 장은 그것에 대한 일종의 결론의 장이라고 할 수 있다. 여기서 모험의 공동체 장에 대한 내용은 빠져 있으나, 그것은 전체 내용 속에 자연스럽게 녹아져 있다고 본다. 모험의 과정 공동체 역시 하나의 제약범주라고 할 수 있다.

과연 과정공동체가 가능한가? 어쩌면 불가능한 꿈을 꾸고 있는지도 모른다. 우리는 유토피아주의자가 아니다. 푸코는 우리가 유토피아가 아니라 헤테로토피아의 시대에 살고 있다고 주장한다. 그렇다면 과정공동체가 헤테로토피아가 되지 말라는 법은 없다. 이제 우리는 실체공동체가 아니라 과정공동체를 다수에게 설득하는 헤테로토피아주의자들이 곳곳에 잠재해 있다고 믿는다.

어쩌면 과정 공동체를 모색하고 실천한 삼성버스 구성원들은 '공동체 기업가-되기'의 전거로 삼을 수 있는 사례이다. 이미 서구에서도 기업가-되기라는 용어가 사용되고 있지만, '공동체 기업가-되기'라는 용어는 아직까지 그들에게도 낯설다. 그럼에도 현실적 존재와 리좀은 이미 개체와 공동체 사이에 놓여 있다. 홀로 존재하는 개체는 없다. 이미 개체는 사회의 일부이며, 사회는 또 다른 사회의 일부이다. '공동체 기업가-되기'의 주체들은 끊임없이 대비의 대비(contrasts of contrasts)를 통해 공존을 모색해야만 한다.

결국 '공동체 기업가-되기'는 사회적, 문화적 맥락 속에서 과정공동체의 네 가지 제약범주를 가슴에 품고 감행하는 실천의 모험이다. 조직들의 규모는 중요하지 않다. 곳곳에 상존하고 있고 앞으로도 발생할 것이다. 설득하는 힘의 고양 없이는, 지속적 존속이 불가능한 기업, 가족, 학교 등 모든 기관들에서 '공동체 기업가-되기'가 창조적 진화를 거듭하기를 바란다. 요컨대 자주관리기업인 진주의 삼성버스는 하나의 과정공동체로서 네 가지 제약범주 속에서 '공동체 기업가-되기'를 계속하는, 즉 실천의 모험을 감행하는 생명과 운동의 장이다.

참고 문헌

김상표 · 김영진. 2013. 「리좀과 공동체기업가정신: 과정철학의 관점」. 『2013년 한국창업학회 춘계학술대회 발표논문집』. 53-80.

김영진. 2013. 「환상과 공동체: 과정철학의 관점」. 『2013년 새한철학회 추계학술대회 발표논문집』. 60-86.

김상표 · 최용석 · 김영진 · 장인권. 2013b. 「자주관리기업은 진정 유토피아인가? - 모순의 제도화과정으로서 조직민주주의」. 『2013년 한국창업학회 춘계학술대회 발표논문집』. 81-97.

Bakken, Tore, & Tor Hernes(2003), *Autopoietic organization theory: Drawing on Niklas Luhmann's social systems perspective*, Oslo: Abstrakt, Liber, Copenhagen Business School Press.

Bateson, Gregory(1972), *Steps to an ecology of mind*, Northwhale, NJ: Jason Aronson.

Bergson, Henri(1988), *Matter and memory*, New York: Zone Books.

Carlson, Arne(2006), Organizational becoming as dialogic imagination of practice: The case of the indomitable Gauls, *Organization Science* 17/1:132-149.

Chia, Robert(1999), A Rhizomic model of organizational change and transformation: Perspective from a metaphysics of change, *British Journal of management* 10: 209-227.

Chia, Robert(2000), Time, duration and simultaneity: Rethinking process and change in organizational analysis, *Paper presented at the American Academy of Management Conference*, Toronto, August 2000.

Cobb, John, B.(2007), Person-in-Community: Whiteheadian Insights into Community and Institution, *Organizational Studies*, 28/4: 567-588.

Comeche Joe M. & Loras J.(2010), The influence of variables of attitude on collective entrepreneurship, *Int Entrep Manag* 5: 23-38.

Cooper, Robert(1976), The open field, *Human Relations*, 29/11: 999-1017.

Cooper, Robert(2005), Relationality, *Organization Studies*, 26/11: 1689-1710.

Dana L. Paul & Light. I.(2011), Two forms of community entrepreneurship in Finland: are there differences between Finnish and Sami reindeer husbandry entrepreneurs?, *Entrepreneurship & Regional Development*, 23: 331-352.

Deleuze, G., *Différence et Répétition*(DR), 김상환 옮김(2004), 『차이와 반복』, 민음사.

_____., *Le pli: Leibniz et le baroque*(P), 이찬웅 옮김(2004), 『주름: 라이프니츠와 바로크』 문학과 지성사.

_____., *Dialogues with Claire Parne(D)t*, translated by H. Tomlinson and B. Habberjam London: Athlone Press, 1987.

_____., *Logique du sens*(LS), 이정우 옮김(1999), 『의미의 논리』, 한길사.

_____., *Le Bergsonisme*(B), 김재인 옮김(1996), 『베르그송주의』, 문학과 지성사.

Deleuze, G. and Guattari, F., *Mille Plateaux*(MP), 김재인 옮김(2001), 『천개의 고원』, 새물결.

Ciborra, Claudio(2002), *The labyrinths of information: Challenging the wisdom of systems*, Oxford: Oxford University Press.

Feldman, Martha(2000), Organizational routines as a source of continuous change, *Organization Science*, 11/6: 611-629.

Giddens, Anthony(1984), The constitution of society, Cambridge: Polity Press.

Griffin, D. R., et al., *Founders of Constructive Postmodern Philosophy*, Albany: SUNY Press, 1933.

Hartshorne, Charles(2003), *A new world view*, Herbert F. Vetter(ed.) Cambridge, MA: Harvard Square Library.

Johannisson, Bengt(2011), Toward a practice theory of entrepreneuring, *Small Bus Econ* 36: 135-150.

Jones, Campbell & Munro, Rolland(2005), Organization Theory, 1985-2005, *The Editorial Board of the Sociological Review*.

Langley, Ann(1999), Strategies for theorizing from process data, *Academy of Management Review* 24: 691-710

Luhmann, Nilkas(1995), *Social system*. Stanford, CA: *Stanford University Press*.

March, James G.(1981), Footnotes to organizational change, *Administrative Science Quarterly*, 26: 563-577.

Morgan, Gareth(1997), *Images of Organization*, 박상언 · 김주엽(2003) 역, 「조직의 8가지 이미지」, 지샘.

Nonaka, Ryoko, Toyama(2009), *Managing Flow*, 김무겸(2010) 역, 「창조적 루틴」, 북스넛.

Nonaka & Katsumi(2007), *The art of innovation*, 남상진(2008) 역, 『씽크이노베이션』, 북스넛.

Pettigrew, Andrew M.(1987), *The management of strategic change*, Oxford: Blackwell.

Reed, Michael(1997), In Praise of duality and dualism: Rethinking agency and structure in organizational analysis, *Organization Studies*, 18/1: 21-41.

Rescher, Nicholas(1996), *Process metaphysics: An introduction to process philosophy*, New York: State University of New York Press.

Rescher, Nicholas(2003), *The promise of process philosophy. Process and analysis: Whitehead, Hartshorne, and the analytic tradition*, G. Shields(ed.), 49-66.(Suny series) New York: State University of New York Press.

Ribeiro-Soriano D & Urbano D(2008)., Overview of collaborative entrepreneurship: and integrated approach between business decisions and negotiations, *Group Decis Negot* 18: 419-430.

Riffert, Franz, G.(2005), Alfred North Whitehaed on Learning and Education: Theory and Application, *Cambridge Scholars Press*.

Styhre, Alexander(2004), Rethinking knowledge: A Bergsonian critique of the notion of tacit knowledge, *British Journal of Management*, 15: 177-188.

Tsoukas, Haridimos, & Robert Chia(2002), On organizational becoming: Rethinking organizational change, *Organization Science*, 13/5: 567-582.

Whitehead. A. N., *Process and Reality*(PR): An Essay in Cosmology. 오영환 옮김

(1991). 『과정과 실재』, 서울: 민음사.

Whitehead. A. N. *Adventure of Ideas*(AI). 오영환 옮김(1996). 『관념의 모험』, 서울: 한길사.

Whitehead. A. N., *Science and The Modern World*(SMW), 오영환 옮김(1989), 『과학과 근대세계』, 서광사.

Whitehead. A. N., *The Concept of Nature*(CN), 안형관 · 전병기 · 이태호 · 김영진 옮김(1998), 『자연의 개념』, 이문출판사.

제7부
21세기 새로운 조직화
패러다임을 향한
관념의 모험

경영과 철학의 만남
Management Philosophy

역설경영:
대비를 통한 조직모순의 재배치[1]

1. 들어가는 말

이 논문에서는 화이트헤드(1861-1947)의 유기체 철학이 잠재적으로 조직이론에 어떤 기여를 할 수 있는지를 보여줄 것이며, 특히 안정과 변화라는 이분법을 넘어서는 개념적 통찰력을 제공할 수 있는지를 살펴볼 것이다.

조직의 성공은 효율성과 혁신이 모두 요구된다. 달리 말하면 안정과 변화를 함께 모색해야만 조직은 지속적 경쟁우위를 유지할 수 있다. 이런 점에서 안정과 변화에 대한 조직 연구는 매우 다양하고 포괄적이라고 할 수 있다. 오늘날 상호 모순적인 둘 간의 관계에 대한 입장은 어느 정도 차이가 있을지라도, 그것들을 함께 도모해야 한다는 사실은 조직이론가들 대다수가 동의하는 입장이다. Collins & Porras(1994)는 이와 같은 상황을 가리켜 '선택'(either-or)의 시기가 지나서 이제는 '그리고'(and)의 시대로 진입했다고 말한다. 그렇다면 어떤 조직이론이 '그리고'의 입장에서 논의를 전개하고 있으며, 그 논의의 철학적 관점은 어디서 나왔는지가 본 논문의 주제 중의 하나이다.

---

1 이 논문은 화이트헤드연구 제28집(2014년)에 게재되었다.

'그리고'로 조직이론을 연구하는 철학적 토대는 '과정'철학이다. 제임스, 베르그손, 화이트헤드, 루만 등이 대표적인 사상가이다. 특히 화이트헤드는 최근에 와서 조직이론에서 가장 주목을 받는 철학자 중의 한 명이다. 그의 철학은 조직이론의 다양한 영역에 영향을 미치고 있다. 지식창조 이론의 창시자로 세계적으로 정평이 있는 Nonaka는 『창조적 루틴』(2010)이라는 책에서 아주 흥미로운 문장으로 자신의 작업을 요약한다. "이 책의 세계관은 화이트헤드의 과정철학의 세계관과 일치한다"(2010: 31). 그에 따르면, "지금까지의 경영은 지식을 실체로 다루었다. 하지만 이제 근본적으로 지식은 실체가 아니라 일상의 과정, 즉 '루틴'(routin)으로 이해해야 한다"(2010: 31). 이때 루틴은 화이트헤드의 철학에서 사건이나 현실적 계기에 해당되는 구체적인 경험을 가리킨다. 이와 같이 Nonaka는 자신의 지식창조 이론의 인식론을 화이트헤드의 과정철학에서 찾아낸다. 물론 우리는 여기서 어떤 문제점을 지적할 수도 있지만, 중요한 것은 Nonaka 자신이 조직이론과 지식창조에서 이룩한 평생 작업이 화이트헤드의 세계관 속에서 이루어졌다는 사실을 인정한다는 것이다. 이것은 과정 패러다임이 오늘날 조직이론과 지식 창조이론의 핵심적인 틀로 자리를 잡아가고 있음을 보여준다.

하지만 화이트헤드 철학을 조직이론에 적용하는 일은 결코 쉬운 일이 아니다. 그의 존재론과 인식론은 그 추상성이 높기에 조직이론에서 직접적으로 적용하거나 사용하는 일은 거의 없는 편이다. Jones & Munro(2005)는 조직에 대한 연구는 크게 세 가지로 그룹으로 나눌 수 있다고 본다. 조직이론(organization theory), 조직의 이론(theory of organization), 조직을 위한 이론(theory for organization)이다. 첫 번째 집단의 조직 이론가들은 Burrell, Clegg, Cooper, Knight & Willmot, Weick 등이다. 그리고 두 번째 집단의 조직이론가들은 Bauman, Gorz, Luhmann, Negri 등이다. 마지막으로 세 번째 집단의 조직이론가들은 Butler, Deleuze, Agamben, Latour 등이다. 첫 번째 집단은 조직이론을 연구하는 집단에서 가장 일반적으로 인용하는 사상가들이다. 두 번째 집단은 그 내용을 이해 가능한 방식으로 응용을 하는 사상가 집단이다. 끝으로 세 번째 집단은 그 내용을 이해하는 것조차 결코 쉽지 않기에 핵심적인 내용을 다소 피상적으로 전달하는 수준에 머물게 되는 사상가 집단이다. 화이트헤드 역시 이 세 번째 집단에 속한다고 할 수 있다. 그런 점에서 화이트헤드의 사상을 조직이론에 적용을 하는 작업은 그 추상성에 의해 매우 피상적인 형태로 이루어질 수밖에 없었다.

이에 우리는 Luhmann이 화이트헤드에 대해 언급한 내용을 중심으로 화이트헤드 철학의 응용 가능성을 확장해 보고자 한다. 왜냐하면 이것이 화이트헤드의 철학의 추상성을 낮추는 방법이기도 하고, 루만을 연구하는 조직이론가에게 화이트헤드 철학의 이해가능성을 넓혀줄 수 있기 때문이다. 우리는 재귀이론과 밀접하게 관련이 있는 화이트헤드의 '현실적 존재'와 '대비' 개념을 중심으로 논의를 전개할 것이다.

Burrell & Morgan(1990)은 "특정한 패러다임에 속하게 되면 특정한 방법으로 세계를 보는 것이다"(28)라고 한다. 각 시대마다 조직을 보는 패러다임이 다른 이유는 그 철학적 전제들이 다르기 때문이다. 모든 조직은 그 시대의 인식론과 존재론의 영향 속에 있는 것이다. 따라서 우리는 각 시대를 지배해 온 조직이론의 특징을 간단히 살펴보고, 그 이론들이 어떤 존재론과 인식론의 전제 속에 전개되었는지를 알아볼 것이다.

이를 위해 우리는 Reed(1997)가 제시한 틀에 근거해서 살펴본다. 그는 조직이론을 균형기반이론(equilibrium-based theory), 과정기반이론(process-based theory), 재귀기반이론(recursivity-based theory)으로 나눈다. 균형기반이론은 안정된 존재를 기초로 삼는 조직이론이며, 이는 기존의 체계이론과 기능주의 이론의 핵심이 되는 인식론이다. 이것은 실체 철학을 영향을 받은 것이다. 과정기반이론은 안정보다는 변화를 더 중요하게 생각하는 조직이론이며, 주체와 구체적인 행위를 통해 조직을 보고자 한다. 이것은 Bergson과 같은 과정 철학자의 영향을 받은 조직이론이다.

이에 반해 재귀기반이론은 안정과 변화를 모두 중요하게 보며, 한쪽에 편향된 방식으로 조직을 보지 않는다. 조직이론에서는 양면성 조직이론이 안정과 변화를 함께 모색할 수 있는 이론이다. 우리는 이 논문에서 양면성의 조직이론이 구조와 사건을 상보적으로 보는 재귀기반에 근거해야 한다고 본다. 대체로 우리는 루만의 사회학을 재귀이론의 대표적 이론이라고 본다. 이 논문에서는 루만보다는 화이트헤드의 입장에서 재귀기반에 대한 철학적 전제를 제공해볼 것이다. 루만이 말하듯이, 재귀기반을 선구적으로 연구한 사상가는 화이트헤드이다. 이 점에 대해서는 본론에서 자세하게 논의해볼 것이다.

안정과 변화에 대한 조직이론과 철학적 전제와의 관련성을 짚어 보기 위해서, 우리는 조직이론에서 널리 사용되는 '활용'(exploitation)과 '탐험'(exploration)이라는 용어를 함께 사용할 것이다. 이홍과 김찬모(2004)에 따르면, 활용은 조직의 합리성, 수단성, 경제성, 및 예측성을 강조하는 안정적 속성과 관련이 있으며, 탐험은 조직의 유연성과 혁신성을 강조하는 변화적 속성과 관련이 있다. 따라서 활용을 안정의 속성으로 보고 탐험을 변화의 속성으로 보는 것이 이 연구의 의미를 전개하는데 많은 도움을 줄 것이다.

이 논문에서 조직과 그 조직의 철학적 전제와의 관련성을 파악하기 위한 핵심적인 방법은 두 속성의 관계에 대한 이해에 따라 나누어진다. 탐험과 활용, 즉 변화와 안정은 배제적 관계인가? 양립적 관계인가? 그리고 그 속성은 하나의 존재 속의 두 속성인가? 각 존재마다 각각의 속성을 부여받은 것인가? 이와 같은 질문을 탐색해 가는 방식이 이 논문의 전개 과정이다.

2. 균형기반이론

2.1 기능주의와 상황이론

　조직은 균형을 유지하고 순간순간 발생하는 무질서를 바로잡는 것을 조직 연구에서 가장 중요한 과제로 삼고 있는 것이 균형기반이론이다. 즉, 균형기반이론은 조직에서 안정을 통해 균형을 확보하려는 이론이다. 대체로 기능주의 조직이론을 균형기반이론이라고 한다. Burrell & Morgan(1990)에 따르면, 전통조직이론은 '기능주의'(functionalist)에 따른 조직이론이라고 하며, 이것은 증거에 근거한 실증주의 조직이론이다. 대개 '도구적 관점'(tool view)(Perrow, 1979)에 의해 전개되는 것으로, Taylor(1967)의 과학적 관리법, Fayol(1949)의 통제적 방법, Weber(1947)의 관료적 방법 등이 여기에 속한다. 또한 Roethlisberger과 Dickson(1939)이 보고한 호손 실험은 인간관계 및 사회적 요인이나 비공식적 역할이 조직에서 중요하다고 인식한다는 점에서 앞서 언급한 고전적 관리론과 다르다고 판단할 수도 있으나, 좀더 세심하게 들여다보면 이것 역시 단지 객관주의 틀 내에서 이루어진 연구결과임이 드러난다. 즉 "물리적인 작업조건과, 직원의 업적 및 능률 이 양자 간의 인과관계"(Burrell & Morgan, 1990: 159)에 초점을 맞춘 연구이다. 따라서 우리는 이 두 가지 조직관 모두를 기능주의 조직이론에 속하는 것으로 본다. Burrell & Morgan(1990)은 이 이론들의 특징을 다음과 같이 요약한다.

　기능주의적 패러다임은 사회적 사상에 대하여 본질적으로 합리적인 설명을 하려고 한다. 또한 그것은 그 지향에 있어서 극히 실용적인 시각을 가지며 실제 이용할 수 있는 지식을 형성하는 식으로 사회를 이해하는 데 관심을 갖는다. 그리고 그것은 그 접근방법에 있어서 종종 문제지향적이다. 즉 실제적인 문제들에 대하여 실제적인 해결책을 제시하

는 데 관심이 있다. 대체로 그것은 사회변동의 기초로서 사회공학철학
에 확고하게 관련되어 있으며 사회의 질서, 균형 및 안정성의 이해와 그
러한 것들이 유지될 수 있는 방법이 무엇인가를 이해하는 것이 중요함
을 강조한다(Burrell & Morgan, 1990: 31).

하지만 호손 연구는 특히 파레토의 균형 모형의 연구를 계승하고 있
다. 호손 연구는 유기체인 인간에게 의사결정권한을 부여하는 것이야말
로 조직의 성공에 필수적이라는 것을 시사한다. 이것은 기계적 모형과는
분명 차이가 있다. 그러나 균형모형에 근거한 호손 연구는 "그 체제는 미
리 규정된 방법으로 매우 좁은 제약 안에서 변화를 허용할 뿐"(Burrell
& Morgan, 1990: 168)이며, "사물의 정상적 상태란 협력과 조화로
서 특징지어지며 그러한 일원적 체제로서 조직을 다루는 것"(Burrell &
Morgan, 1990: 169)이다. 따라서 정태적인 방식으로 조직을 본다는
점에서 고전적 관리법과 호손 연구는 동일한 철학적 이론에 기반을 두고
있다.

하지만 기계적 모형과 유기적 모형은 조직의 상황에 따라 모두 요구
되는 모형이다. Lawrence & Lorsh(1967)는 그들의 책『Organization
and Environment』에서 기업의 성공은 특정한 상황에 맞게 행동하는 것
에 달려 있다고 한다. 예를 들어, 플라스틱 산업처럼 동태적인 분야에서
의 조직은 고도로 분화됨과 동시에 고도로 통합되어야 하는 반면에, 용기
(container) 산업에서는 비교적 안정적이고 덜 분화된 조직이 적합하다
고 주장하였다(1967: 10). 우리는 전자를 유기적 조직이라고 하며, 후자
를 기계적 조직이라고 부른다. 기계적 조직은 활용을 강조하는 안정지향
적 조직이라면, 그에 반해 유기적 조직은 탐험을 추구하는 변화지향적인
조직이다(Burrell & Morgan, 1990: 196-197). 기업은 상황에 따라 이
러한 상반된 두 가지 조직유형 중 어느 하나에 의존하는 방식으로 균형을
유지할 수 있다는 것이 그들 주장의 핵심이다.

다시 말해 기계적 모형은 안정의 속성과 밀접한 관련이 있는 반면에, 유기적 모형은 변화의 속성과 연관이 있다. 물론 균형기반이론의 근본적인 작동원리를 들여다보면, 중요한 한계가 드러난다는 사실은 이미 지적한 바 있다. 다만 그 두 가지 모형의 기본 속성은 서로 다르고, 심지어는 모순적이기까지 하다는 점을 여기서 다시 한 번 분명히 할 필요가 있다. 안정과 변화라는 두 가지 양립하기 힘든 경향들 간의 관계를 어떻게 바라볼 것인가 하는 것이 이 논문의 출발점이기 때문이다.

결국 상황이론의 관점에서 조망할 때, 조직이 동시에 안정과 변화라는 서로 배타적인 속성을 함께 수용할 수 있는 방법은 없으므로 상황에 맞춰서 이들 두 속성 중 어느 하나를 선택하여야 한다는 주장으로 귀결된다(Van de Ven & Drazin, 1985; 이홍·이현, 2009: 102). 이는 Lawrence & Lorsh(1967)가 말한 것처럼 기계적 조직과 유기적 조직의 속성을 한 조직 내에서 동시에 구현한다는 것은 불가능하므로 각각의 상황에 맞추어 구현한다는 것을 의미한다.

주지한 바와 같이, 상황이론에 따르면 탐험과 활용은 조직 환경에 따라 둘 중 어느 것이 선택될 지가 결정된다(Ducan, 1976). 이것은 상황이론가들이 다음과 같은 전제를 공유하기 때문이다. 그들은 '효율성-혁신', '안정-변화', '공식성-비공식성', '집권화-분권화' 등과 같은 서로 대립적인 경향성들을 양자택일의 관계, 즉 딜레마로 인식한다(Ford & Backoff, 1988; Evans & Doz, 1992). 이러한 전제 위에서 양립하기 어려운 경향(속성, 가치, 경향 등)들 중 어느 하나를 체계 내에서 추방하여 편집증적으로 조화롭고 일관성있는 체계를 구축하는 것을 목적으로 삼는다. 그렇기에 환경이 안정적 상태에서 불안정적 상태로 변하게 되면, 조직이 기계적 특성을 버리고 유기적 특성을 갖는 유형으로 빠르게 전환해야 한다는 식의 주장은, 상황이론가들에게는 자연스러운 해결책이다.

2.2 철학적 전제와 비판적 조망

균형기반이론은 플라톤의 이데아와 같은 안정적 존재를 가정하는 철학적 이론에 근거해 있다. 실재 세계에서 대상들의 변화는 결국 그 대상의 이데아를 통해 고정되고 안정된 외부적 준거지점을 찾을 수 있다고 보는 것이 균형기반이론의 핵심적인 철학적 가정이다. 따라서 안정이라는 속성과 변화라는 속성은 결코 동일한 이데아로 볼 수 없다는 것이며, 그 것은 각각의 대상에 해당하는 속성이라는 것이다.

게다가 상황이론이 양자택일의 관계를 딜레마로 인식하는 것은 고대 서구 논리학 및 실체설 및 분류학의 영향과 밀접한 관련이 있다. 상황이론은 아리스토텔레스의 논리학의 동일률, 모순률, 배중률이라는 세 가지 기본법칙에서 출발한다. 이 논리는 A와 not A가 공존할 가능성을 처음부터 배제해 버린다(윤세준·김상표, 1997). 화이트헤드에 따르면, "아리스토텔레스의 논리학의 결함은 전치사와 접속사를 무시하고 형이상학적 사고를 명사와 형용사에 집중시키고 있다는 데 있다"(AI 276). 또한 그의 존재론은 "제일 실체들의 이접(disjunction)에 관한 설"(AI 224)에 기반을 두고 있으며, 그의 분류학은 유(genera), 종(species), 아종(sub-species)으로 구분되는데, 이것은 "서로를 배제시키는 분류법"(AI 231)에 근거를 두고 있다. 이러한 철학적 전제들로 인해 균형기반이론은 안정과 변화라는 두 속성을 결코 만날 수 없는 것으로 본다. 따라서 그 사유의 특징은 '이다'의 사유로 "현실의 사물과 사물 사이의 상호 연관을 전혀 무시"(AI 224)하는 것이다. 즉 '그리고'의 논리가 처음부터 배제된 것이 상황이론이라고 할 수 있다. 시간에 관한 단순정위(simple location)의 학설도 그 영향을 크게 미쳤다.

하나의 물질 조각이 단순 정위한다는 말은 다음과 같은 의미이다. 즉 그 물질이 지니고 있는 여러 시공적 관계를 표현하려 할 때, 다른 공간

의 영역과 다른 시간의 지속에 대해서 그 물질이 가지고 있는 어떠한 본
질적 관련도 떠나서, 그 물질은 공간의 한정된 영역 안에, 그리고 어떤
한정되고 유한한 시간의 지속 전체에 걸쳐 존재한다고 말하는 것으로
충분한다는 것이다(SMW 72).

이와 같은 단순정위 시간 이론은 칸트의 인식론에 그대로 적용되며,
주체와 대상은 어떤 관계도 가질 수 없는 고립된 존재로 머물게 된다. 또
한 주체는 하나의 속성 외에 다른 속성을 갖는다는 것이 불가능하다는 사
유가 전개된다. 이와 같은 사유가 다른 학문 영역에도 적용되면서, 근대
의 패러다임은 '관계'를 연장(외연량)의 방식으로만 설명하게 되었다. 베
르그송 역시 칸트의 문제점은 시간을 동질적 장소로 간주한 것에 있다고
한다.

칸트의 잘못은 시간을 동질적 장소로 간주한 것이었다. 그는 실재 지
속이 서로 내적인 순간들로 이루어졌으며, 지속이 동질적 전체라는 형
태를 띨 때 그것은 지속이 공간에서 표현되고 있음을 알지 못했다. 따
라서 그가 공간과 시간 사이에 확립한 구별 자체는 근본을 파헤쳐 보면
시간을 공간과 그리고 자아의 상징적 표상을 자아 자체와 혼동한 것으
로 귀착된다(Bergson, 2011: 283).

칸트의 시간은 결국 수학적 시간이며, 분할 가능한 양적 시간이기에
공간화된 시간인 것이다. 이것은 오성을 통해 시간을 보는 것이다. 왜
냐하면 "오성은 그 역할이 안정적인 요소 위에 작용하는 것"(Bergson,
1993: 235)이기 때문이다. 안정성을 관계 안에서 아니면 사물 안에서 찾
아낼 수 있다고 하는 것은 "오성의 귀착점인 과학적 부호주의"(Bergson,
1993: 235)로 시간을 본 결과이다. 베르그손이 볼 때, 칸트의 『순수이성
비판』은 "보편 수학이 과학이며", "보편 수학의 꿈은 그 자체 플라톤주의
의 유물"(Bergson, 1993: 238)의 재현이다. 균형기반이론이 균형과 안

정을 탐색하는 조직이론이라면, 그것은 플라톤과 아리스토텔레스가 믿었던 "자연 속에 미리 형성되어 있고 심지어는 미리 공식화까지 되어 있는 순수한 과학"(Bergson, 1993: 238)의 전제 위에서 작업한 것이라고 볼 수 있다.

그러므로 상황적합이론의 철학적 근거는 근대 철학에 그 기반을 두고 있음이 확실하다. 칸트는 '이접'(disjunction)에 대한 입장을 배타적 방식으로 규정한다. 즉 하나의 대상은 하나의 속성만을 부여받을 수 있다는 것이다. 칸트는 어떤 사물을 규정함은 신에서 출발하며, 신은 모든 가능한 술어들의 집합으로써 제한의 규칙을 정하는 것이라고 한다.

> 각각의 사물을 완결적으로 규정함은 이 실재성 모두를 제한함에 의거한다. 실재성의 몇몇은 그 사물에 부여되고, 나머지 것은 배제되니 말이다. 이것은 선언[이접]적인 대전제의 이것이냐 저것이냐와 합치하고, 소전제에서 이 분할 항들 중 하나에 의해 대상을 규정함과도 합치한다. 그러기에 이성이 모든 가능한 사물들을 규정하는 일의 기초에 초월적 이상을 두는 이성 사용은 선언적[이접적] 이성추리들에서 취하는 태도와 유사하다(Kant, 2006: A577/B605).

논리학에서 이접의 논리는 대상에 하나의 속성만을 부여하는 것이다. 칸트가 볼 때, 이것이 신에 의해 규정된 사물의 방식이며, 이에 반해 하나의 대상에 두 가지 속성을 함께 부여하는 것은 사물의 완결적 규정에서 어긋나는 것이다.

라이프니츠 역시 신이 세계를 만들 때, 상호 모순을 피할 수 있는 방식으로 만들었다고 한다. 그는 선택 가능한 세계 중에서 가장 적합한 것을 우리에게 주기 위해 신이 상호 모순적인 것은 배제하는 방식으로 세계를 구성했다고 주장한다. 이접의 배타적 용법은 조화로운 세계를 창조하는 라이프니츠의 신관이다. 이러한 문제를 해결하기 위해 라이프니츠는 신에 의해 부과된 예정조화의 방식을 통해 "모나드 사이의 간접적인 교통"
(AI 225)이 있다고 말했다. 즉, "신과의 교통에 의해 근원적으로 부여받
은 그 성격에 따라 독자적으로 자기 자신의 경험을 전개"(AI 225)할 수
있다고 간주한다.

따라서 상황적합이론은 플라톤과 아리스토텔레스, 칸트의 이접의 논
리와 라이프니츠의 모나드 이론과 같은 실체 혹은 존재 철학의 전제에 깊
은 영향을 받았다고 볼 수 있다. 상황이론은 유기적 모형과 기계적 모형
을 시간과는 관계없이 서로 다른 구조적 형태에서 각각 적용 가능한 것으
로 본다. 하지만 조직유형들을 유기적 모형과 기계적 모형과 같이 단순하
게 이분법적으로 나누기에는 조직현상은 너무나 복잡하고 예측이 불가능
하다.

한편 베르그손과는 다른 관점에서 상황이론을 비판적으로 조망
할 수도 있다. 우리는 수학의 전개과정을 통해 속성의 배제에 대한 문
제점을 지적한다. 유클리드 기하학과는 다르게 계량이나 거리와 관계
없이 전개되는 사영기하학 혹은 교차 분류학(the science of cross-
classification)이 있으며, 이것은 점이 직선을 결정하는 것이 아니라 점
과 직선이 상호 결정하는 것으로 본다. 즉 점이 직선이라는 클래스를 포
함하며, 그 역도 성립한다. 화이트헤드에게는 아리스토텔레스와는 달리
아종이 유를 포함할 여지가 존재한다. 이것은 유, 종, 아종으로 분류하
는 아리스토텔레스의 방식으로는 이해할 수 없는 기하학이다. 점이 안정
이라면, 직선은 변화라고 생각해보자. 그렇다면 안정과 변화는 사영기하
학의 점과 직선처럼 별개의 존재가 아니라는 것이다. 유클리드 기하학으
로 사유하는 근대 철학 및 사회학으로는 받아들이기 어려운 수학적 정의
이다. 이러한 역설적 조건은 상황이론을 넘어설 수 있는 수학적 기초이다
(AI 232-233).

3. 과정기반이론

3.1 와익의 과정이론과 역설이론

　조직의 변화적 속성은 과정기반이론과 밀접한 관련이 있다. 과정기반
이론은 조직에서 안정적 속성 혹은 합리성을 모색하는 것은 잘못된 패러
다임이라고 본다. Weick(1990)은 "조직이라는 단어는 하나의 명사로서,
이는 또한 하나의 신화"(115)일 뿐이라고 말한다. 그에 따르면 우리가 조
직에서 보는 것은 "서로 연결된 사건들"(1990: 115)과 "이렇게 연결된 사
건들의 연속적인 과정과 그 경로 및 타이밍"(1990: 116)이다. Weick은
합리성이나 안정을 의미하는 명사보다는 타이밍과 변화를 의미하는 동사
의 사용이 조직을 이해하는데 더 도움이 된다고 주장한다.

> 조직에 관해 말하게 될 때, 사람들은 명사들을 많이 사용하려는 경향이
> 있다. 그러나 이는 설명하려는 상황에 대해 거짓된 안정성만을 부여해
> 줄 뿐이다. 조직을 보다 잘 이해하기 위해서, 우리는 사람들에게 명사
> 의 사용을 억제하도록 권유해야 한다. 만약 조직을 연구하는 학생들이
> 명사를 인색하게 사용하고, 동사를 풍부하게 사용하며, 동명사를 마구
> 사용하게 되면, 보다 많은 관심이 과정에 집중될 것이고, 그럼으로써
> 우리는 과정을 어떻게 보고 어떻게 관리할 것인가에 대해 배우게 될 것
> 이다(Weick, 1990: 62).

　그래서 Weick은 구조보다는 변화를 조직에서 우선적으로 보아야 하
며, 이를 위해서는 신중함(mindfulness)이 요구된다고 한다(Weick &
Roberts, 1993). 이러한 맥락에서 Weick은 존재와 같은 명사는 물론이
고 양, 구조, 변수와 같은 개념조차도 언어체계에서 내쫓고 새로운 과정
언어를 만들어야 한다고 주장한다(1979: 44).

한편 Weick은 변화와 안정 혹은 활용과 탐험이라는 이분법적 구도에 의해 긴장이 발생되는 사례들을 들고 있다. 그는 소방원(1993)과 비행기 승무원(1996)의 사례를 통해 존재 중심이 아니라 과정 중심의 행위가 필요함을 역설한다. 예를 들어, 소방원들에게 화재가 급격하게 확대되어서 자신들의 생명까지도 위협을 받을 때, 그들은 어떻게 행동해야 하는가? 비행기에서 갑작스럽게 사고가 날 때, 승무원들은 어떻게 행동해야 하는가? 그들은 기존의 학습된 행동을 그대로 따라야 하는가? 아니면 그 상황에 맞는 행동을 해야 하는가? 생명이 위급한 상황에서 소방원들에게 자신들의 무거운 배낭을 버리고 도망가라는 팀장의 명령이 떨어졌다. 하지만 소방원들은 팀장의 명령을 거부하고 기존에 훈련받은 그대로 배낭을 짊어지고 가다가 발생한 사망사고가 있었다(Weick, 1993, 1996). 물론 훈련을 통해 정상적인 업무를 수행하는 방식도 중요하다. 하지만 기존의 학습된 방식으로는 가능하지 않는 상황에서는 '활용'보다는 '탐험'이 더 적합하다는 것이 Weick의 입장이다(Baken & Hernes, 2006: 1605).

물론 Weick 역시 안정의 속성인 활용을 무시하지는 않는다(1979). Weick은 이를 라벨(labels)이라는 개념으로 지칭한다. 조직화의 패턴은 직관에서 기존에 구성된 모델로 신속하게 전환된다. 새로운 사건은 일정한 행동의 루틴으로 변모된다. 왜냐하면 구성원들 모두가 만장일치로 정보를 취급하기 위해서는 규격화되는 것이 필요하기 때문이다. 정보가 균질적으로 될 때, 주어진 사실은 어떤 라벨이 첨부되고, 구체적인 행위 과정은 별로 주목받지 못하게 된다. 즉 새로운 정보는 여러 가지 변수들로 정리되고, 범주화된다(1979: 211). 앞에서 보여준 소방원들의 경우에도, 조직화의 패턴들은 자발적인 것에서 루틴으로 변모된다. 소방원들이 자신의 생명을 구할 수 있는 행동에서 벗어나서 생명을 잃을 수 있는 학습된 루틴의 방식으로 행동한다. 소방원들은 자발적 행동과 학습된 루틴 사이에 직면할 때, 즉 활용과 탐험 사이를 고민할 때, 대체적으로 안정적인 방식을 택한다는 것이다(Weick, 1979). 비상 상황에 대한 Weick의 연구를 통해, 우리는 안정과 변화, 활용과 탐험의 긴장 상태를 엿볼 수 있다. 따라서 Weick에 따르면, 우리의 실재는 존재론적으로는 과정이지만, 사물을 이해하는 인식론은 존재의 관점이기에 그 행위가 일상적 루틴으로 행동하기가 쉽다고 한다(Baken & Hernes, 2006: 1606). 따라서 우리는 급격한 사건에서 갈등 상황에 봉착할 수 있다.

한편 Weick은 활용에 해당하는 용어를 '유적 주관성'(generic subjectivity)이라고 하며, 이것은 규칙, 습관, 루틴과 같은 구조를 의미한다. 그리고 탐험에 해당하는 용어를 '상호 주관성'(intersubjective)이라고 하며, 이것은 각각의 개인이 구체적인 상황에 맞추어서 행동하는 것을 의미한다.

> 조직화란 상호주관성과 유적 주관성 사이의 운동이라고 할 수 있다. 이것이 의미하는 바는 조직화가 생생하게 유일하게 상호 주관적인 이해와 더 이상 최초의 상호주관적 구성에 참여하지 않았던 사람들에 의해 추출되고, 확대된 이해의 방식의 혼합이다(Weick 1995: 72).

Weick은 Barley(1986)의 연구를 통해 유적 주관성과 상호 주관성의 관계를 설명하고 있다. 안정의 시기에는 유적 주관성이 활용된다. 활용이 사람들 간의 관계에서 지배적일 때, 그들은 상호 주관성에서 벗어나서 구조적 루틴의 방식으로 전환된다. 이것은 모든 해결책이 안정적인 활용의 방식으로 작동하는 것이다(Feldman & Pentland 2005). Weick에 따르면, 방사능부서에서 스캔(CAT scanners) 기술자들은 유적 주관성을 통해 일을 해오다가, 새로운 스캔기계가 들어오면 기존의 유적 주관성에서 새로운 유적 주관성을 부여받게 된다. 이때 기존의 유적 주관성과 새로운 유적 주관성이 서로 충돌하여 불확실성이 증대된다. 이에 변화에 적응하기 위해 상호 주관성이라는 구체적인 행위들이 나타난다. 상호 주관성이 기존의 낡은 유적 주관성을 조정하기 때문이다. 그러므로 유적 주관성과 상호 주관성 사이에는 긴장이 발생한다(Weick, 1995: 71).

이러한 긴장 관계를 통해 변화와 안정 혹은 활용과 탐험을 가장 잘 설명하는 이론이 역설경영 이론이다. Lewis(2000)에 의하면 요소들 사이에는 서로 모순인 것처럼 보이지만 그것들은 긴밀히 상호 연결되어 있다. 이를 Lewis는 역설적 긴장(paradoxical tensions)상태라고 정의하였다. 이러한 긴장이 고성과 조직의 동력이라고 그는 주장한다(Lewis, 200).

윤세준 · 김상표(2001/2002) 또한 역설경영 이론이 탐험과 활용에서 비록 배타적 속성을 보이고는 있지만 이들의 적절한 균형적 상호작용 없이는 조직의 역동적 역량을 구축하기는 어렵다고 주장한다. 또한 이 이론은 조직이 환경에 효과적으로 대응하기 위해서는 분화되어야 함과 동시에 통합되어야 한다는 이율배반적 현상에 주목한다(이홍 · 이현, 2009: 103).

예를 들어 인사관리에는 시장유형, 관료제유형, 가족유형 세 가지가 있다. 시장유형은 시장의 가격기제처럼 조직도 성과와 능률에 기초하여 인적 자원을 관리해야 한다는 것이다. 그리고 관료제유형은 공식적 권위에 기초해서, 가족 유형은 가족 관계처럼 신뢰 및 전인격적 관계에 기초한 공동체적 시각으로 인적 자원을 관리하고자 한다. 그들에 의하면, 이 세 가지 유형이 동시에 존재해야 기업이 장기적으로 성과를 달성할 수 있다(윤세준 · 김상표, 2001).

이것들은 상호 모순적인 요소들을 포함하고 있어서 한 조직 내에서 동시에 함께 공존하는 것이 결코 쉽지는 않다. 그럼에도 상황이론의 입장처럼 조직이 활용과 탐험을 부서에 따라 이분법적으로 활용해서는 안 된다. 탐험을 주로 하는 연구개발부서에도 역으로 신속하고 효율적인 관리가 도입되고 있으며, 활용을 주로 하는 제조부서에도 지식 창출을 위해 시장 및 가족 유형의 인적 자원관리가 도입되어야 한다. 이와 같이 각 부서는 시장유형, 관료제유형, 가족 유형을 함께 활용해야만 고성과를 창출할 수 있다. 결국 부서들이 수행하는 기능에 차이가 있다고 할지라도 효율성과 혁신의 동시 달성을 위해서는 시장, 가족, 관료제 유형을 적절히 혼합해야 한다(윤세준·김상표, 2001: 329). 따라서 역설경영 이론의 주장은 시장유형, 관료제유형, 가족유형의 속성을 상호 혼합해서 활용해야 한다는 것으로 요약될 수 있다. 하지만 그 유형들이 서로 독립적이고, 나아가 그들 사이에 긴장이 여전히 상존한다는 사실에는 변함이 없다.

3.2 철학적 전제와 비판적 조망

안정보다 변화를 중심으로 연구한 조직이론가들을 과정기반이론가라고 할 수 있다. 그들은 베르그손, 제임스, 화이트헤드 등의 철학이론을 조직이론에 적용해 왔다. Tsoukas & Chia(2002)는 제임스와 베르그손의 사상을 조직 생성이론에 도입했으며, Styhre(2004)는 지식 이론에 베르그손의 사상을 응용했다. 그리고 Carlsen(2006)은 조직의 동일성의 논의에 제임스를 적용했으며, Chia(1999)는 화이트헤드와 베르그손의 철학을 조직의 변화 이론에 적용했다.

베르그손은 지속을 그 자체로 보지 않고 공간화된 단순정위로 지속을 보는 것이 과학이라고 한다. "근대 과학의 기원은 운동성을 독립적인 실재로 수립한 데 있다"(Bergson, 1993: 233). 이러한 인식은 "고정된 것에서 움직이는 것으로 나아가는"(1993: 232) 것이다. 하지만 지속을 볼 수 있는 직관적 인식은 "움직이는 것 안에 자리 잡고 사물의 생명 자체를 자기 것으로 하는"(1993: 232) 것이라고 한다. 직관과 분석의 차이는 "분석은 움직이지 않는 것에 작용하는 반면, 직관은 운동성 안에, 또는 이와 동등한 것인 지속 안에 위치해 있다"(1993: 217) 것이다.

이와 같이 베르그손은 과학과 형이상학의 방법을 분석적 방법과 직관적 방법으로 나누면서 두 방법이 대상을 바라보는 방식에서 본질적인 차이가 있다고 본다. 그에 따르면, 과학은 지성을 통해 "물질의 지배자로 우리를 만드는 것"(Bergson, 1993: 43)에 골몰하고 있으며, 추상적 관념을 통한 "공간적 표상"(1993, 51)만을 갖게 할 뿐이라고 한다. 철학만이 우리에게 직관을 통해 자기 내부를 보여줄 수 있다고 하며, 그것은 지속하는 구체적 경험이라고 한다. 이와 같이 베르그손은 과학과 철학을 분리하고, 그 각각의 영역에 대한 탐구는 "양적 다수성"과 "질적 다수성"(Bergson, 2011: 154-155)으로 구별해야 한다고 주장한다. 따라서 과학은 우리에게 '복지' 혹은 '쾌락'을 제공해주지만, 철학은 우리에게 '기쁨'을 제공해줄 수 있다고 한다(1993: 156).

우리는 베르그손의 논의를 통해 안정을 취하는 공간화의 삶과 변화를 취하는 지속의 삶 사이에서 긴장을 엿볼 수 있다. 이와 같은 사실은 Weick의 조직이론에서 보게 되는 긴장과 동일한 모습이다. 사회 생활의 실용성을 위해서는 지성을 통해 계산하고 수치화하는 것은 매우 중요한 일이다. 하지만 그 과정에서 교회의 종소리와 같은 질적 음율에 해당하는 순수 지속의 중요성은 사라진다(김형효, 1991: 104). 베르그손은 이와 같은 우리의 분절된 삶의 양식을 다음과 같이 우아하게 표현하고 있다.

우리는 어떤 깊은 반성에 의해 다른 자아에 도달할 것이다. 그런 반성은 우리의 내적인 상태들을 끊임없이 형성 도중에 있는 살아있는 존재자로서, 즉 서로를 침투하고 측정에 저항하며 그 지속 속에서의 계기가 동질적 공간에서의 병치와는 아무런 공통점이 없는 상태로서 파악하게 한다. 그러나 우리가 그처럼 우리 자신을 다시 잡는 순간은 드물며, 그렇기 때문에 우리가 자유로운 때는 드물다. 대부분의 경우 우리는 우리에 대해 외적으로 살고 있으며, 우리 자아에 대해 그것의 탈색된 유령만을, 순수 지속이 동질적 공간에 투사하는 그림자만을 볼 뿐이다. 따라서 우리의 삶은 시간보다는 공간 속에서 전개된다. 우리는 우리를 향해서라기보다는 외부세계를 향해 산다(Bergson, 2011: 282).

한편 화이트헤드는 베르그손과는 달리 모든 경험을 일반화할 수 있는 과정 범주를 구축한다. 베르그손은 범주는 오로지 '정적 범주'이며, 결코 지속의 참 모습을 보여줄 수 없다고 한다. 그것은 지성의 한계이다. 하지만 화이트헤드에게는 과학과 형이상학은 모두 실재의 한 양상을 보여주는 것이다. 화이트헤드는 베르그손과는 달리 현대 과학과 철학을 대립적인 구도로 보지 않기에 경험의 모든 영역, 과학, 종교, 예술, 일상적 경험 등을 포괄한 과정 체계를 구축하며, 또한 지속을 체험하는 경험과 수학을 탐구하는 경험을 분리하지 않는다.

> 술 취한 경험과 맑은 정신의 경험, 잠자는 경험과 깨어나는 경험, 꾸벅 꾸벅 조는 경험과 눈을 크게 뜨고 있는 경험, 자기의식적인 경험과 자기 망각적인 경험, 지성적인 경험과 신체적인 경험, 종교적인 경험과 회의적인 경험 …… 이들 가운데 그 어느 하나도 간과되어서는 안 된다 (AI 290–291).

그는 모든 이분법을 거부한다. 이것이 어떻게 가능한가? 화이트헤드의 철학 역시 과정패러다임에 들어가지만, 그는 베르그손보다 훨씬 광범위한 방식으로 사유한다. 그의 철학은 사건의 철학이다. 그에게는 정신도, 물질도 사건이며, 인간도, 피라미드도, 지렁이도 사건이다. 그 점에서 그는 베르그손이 구분하는 과학 혹은 철학의 이분법을 거부하며, 지성의 삶과 지속의 삶의 이분화도 거부한다. 화이트헤드의 철학에는 구별에 의한 긴장이 없다. 물론 그 중요성에는 차이가 있다. 강도의 차이는 있지만 본질적인 차이는 없다.

보다 근본적인 두 사람의 차이점은 화이트헤드가 헤라클레이토스와 데모크리토스의 철학의 유언을 모두 인정한다는 점이다. 다시 말해서 '모든 사물은 흐른다'는 헤라클레이토스의 유언을 받아들이면서도 '에너지의 흐름은 양자 조건'이라는 데모크리토스의 원자론의 유언도 받아들인다는 사실이다.

물리과학은 자연적 계기를 에너지의 장소로 보고 있다. 그 계기가 다른 무엇이건 간에 그것은 에너지를 품고 있는 개체적 사실인 것이다. …… 물리학은 각 계기가 그 에너지를 품고 있는 방식에 관해서 계기들 간에 질적 구별을 인정하고 있는 것이다. …… 에너지 흐름의 양자라는 것이다(AI 185).

따라서 화이트헤드의 철학에는 베르그손과는 달리 변화와 안정에 대한 긴장관계를 가질 필요가 없다.

한편 과정 기반이론은 '주체'와 '행위'를 상호 주관성이라는 입장에서 중요하게 생각한다. Weick과 Bergson은 모두 자아를 버리지 않는다. 그들에게 구체적인 자아의 행위가 우선적인 중요성을 가진다. 하지만 루만이 말하듯이, "행위가 오직 구체적인 개별 인간에게만 할당되어야 한다고 결론 내릴 수는 없다. 알고 보면 하나의 행위가 전적으로 개별 인간의 과거에 의해서만 한정되는 것은 결코 아니다"(Luhmann, 2010: 1권 312). 오히려 행위 선택은 "상황"이 지배하는 경우가 많다. 관찰자는 사람에 대한 지식보다는 상황에 대한 지식을 근거로 그 행위를 더 잘 이해할 수 있다고 한다. 이때 상황은 "사회 체계의 자기 생산적 증식의 공동수행"(2010: 1권 312)으로 이해하는 것이 더 적합하다고 한다.

화이트헤드 또한 '다항 관계'를 통해 자아 개념을 폐기한다. 하나의 속성은 많은 변수들의 결합을 통해 구성된다. 그렇기에 하나의 자아 혹은 주체에만 한정된 속성은 없다. 예를 들어서 동해의 바다는 푸르다고 진술해보자. 바다는 주어 혹은 존재이고, 푸르다는 술어 혹은 속성이다. 이것이 우리가 아리스토텔레스의 논리학과 실체 철학에 영향을 받아서 이해하는 일상적인 표현이다. 하지만 푸름이라는 속성은 눈에 보이는 주어의 단독 변수의 기능이 아니라 다항 변수의 기능이다. 예컨대, 해, 구름, 땅, 내가 서 있는 장소, 바람 등 다양한 변수들이 서로 얽혀서 푸름이라는 속성이 가능하다. 화이트헤드는 우리가 푸름이라는 속성을 이해하는 행위는 관찰자, 그 때의 상황 및 다른 사건들 간의 관계를 통해 지각되는 것이라고 한다. 우리가 일상적으로 이해하는 대상들은 모두 이와 같은 관계를 통해 지각된다. 이와 같은 다항 관계를 그는 '결합체'(nexus)라고 한다. 그리고 화이트헤드의 주체는 대상을 통해 이후에 형성되는 것이지, 베르그손이나 후설처럼 주체의 행위에 의해 대상의 의미가 규정되는 것은 아니다.

결론적으로 과정기반이론에는 안정과 변화 혹은 활용과 탐험에 대한 '긴장'이 남아 있다. 여전히 이분법 사유에서 자유롭지 못하다. 우리는 과정과 구조를 함께 사유할 수 있는 재귀기반이론에서 이러한 이분법의 사유에서 벗어날 수 있는 실마리를 발견한다.

4. 재귀기반이론

4.1 양면성이론

양면성이론(ambidexterity theory)은 활용과 탐험이라는 두 속성을 긴장이나 갈등으로 보지 않고 동시에 공존할 수 있다고 본다(He & Wong, 2004; Nonaka & Takeuchi, 1995). 예를 들면 양면성이란 효율성과 유연성, 정합성과 적응성, 탐색과 활용 등을 동시에 가질 수 있는 조직 능력을 의미한다(Adler et al., 1999; Gibson & Birkinshaw, 2004). 균형기반이론에서는 유기적 모형과 기계적 모형이 동시에 상존하는 것이 어렵다고 했지만, 양면성 이론에서는 가능하고 긴장관계에 있지도 않다는 것이다. 대표적인 사례가 매스커스터마이제이션(mass-customization)이다. 이것은 대량생산과 맞춤생산을 동시에 활용가능하다고 보는 것이다(Pine, 1993). 이러한 현상을 역동적 안정성이라고 한다(Victor & Boynton, 1998; 이홍 · 이현, 2009).

양면성 이론은 두 가지 속성을 패턴화되고 반복적인 성격을 가지는 루틴으로 이해한다(Winter, 2003). 탐험은 기존의 방식이나 지식을 버리고 새로운 방식이나 지식으로 전환하는 루틴이고, 활용은 기존의 방식이나 지식의 반복과 수정에 따른 루틴을 의미한다. 루틴에는 단순한 활용뿐만 아니라, 조직 내 자원들의 상호 결합, 그리고 사람과 자원 간의 조정 등 다양하고 복잡한 패턴이 모두 포함된다(Becker, 2004; Becker, 2005a).

특히 Feldman(2003, 2000)에 따르면, 이들 속성은 이미 루틴 자체에 내재되어 있다고 주장하며, 루틴은 안정성을 유지하려는 성향도 있으며, 자신을 변이시키거나 외부의 충격에 적응하려는 변화적 성향을 모두 가지고 있다. 따라서 루틴의 내부는 변화와 안정이라는 양면성이 동시에 존재한다(이홍·이현, 2009).

보다 세부적으로는 특정한 성과산출을 위한 기준이나 지침이 되는 '명시적 루틴(ostensive routine)'과 특정 장소에서 특정 시간에 특정 사람에 의해 수행되는 '수행적 루틴(performative routine)'의 형태로 나눌 수 있다(Feldman & Pentland, 2003). 그런데 명시적 루틴의 변화는 자연스럽게 수행적 루틴의 변화를 일으키게 된다. 이러한 과정을 통하여 루틴은 자신을 수정하거나 확장하는 능력을 가지게 된다.

이와 같이 루틴이 행위자 간의 상호작용적 연쇄이고 행위자의 명시적 루틴에 의하여 수행적 루틴이 수정될 수 있다는 견해는 양면적 조직 설계에 있어서의 맥락적 양면성(contextual ambidexterity)과 밀접한 관련성을 맺게 된다(Birkinshaw & Gibson, 2004). 이 양면성에서는 조직 내 일상 업무에 종사하는 구성원들이 구조적 분리 없이도 조직의 양면적 특성이 시간의 구분에 따라 활용과 탐험이라는 두 가지 활동을 전개할 수 있다고 본다. 이러한 관찰에 기초하여 조직의 역동적 역량은 합리성과 적응성을 구분하여 관리하기보다는 구성원의 활동을 동시에 실현시킬 수 있는 행동 역량을 길러주는 것이 중요해진다. 이를 위한 조직설계가 맥락적 양면성의 핵심이 된다. 맥락적 양면성의 성공 요인은 개별 종업원들이 개인별로 시간을 구분하여 정합성과 적응성에 초점을 둔 활동을 수행할 수 있는가에 달려 있다(이홍 · 이현, 2009).

지금까지 살펴본 조직이론의 전개흐름을 정리해보자면, 상황이론에서 두 속성의 배타성은 극복하기 어렵기 때문에 환경의 요구에 따라 설계 방식을 달리 하여야 함을 주장했다. 역설경영 이론에서는 두 속성이 서로 긴밀히 연결되어 있음을 주장한다. 비록 두 속성이 배타적이지만 이 두 속성이 조직 내에서 균형을 유지하며 상호작용할 때 고성과 조직이 될 수 있음을 주장한다. 하지만 활용과 탐색은 속성의 존재 방식에서는 상호작용하지만, 양립성에 있어서는 배타적이라는 것이 역설이론의 핵심이다.[2] 따라서 과정기반이론의 핵심적 조직이론에 속하는 Weick의 이론과 역설 경영 이론은 모두 활용과 탐험이라는 속성들을 긴장 관계 속에서 본다(이홍 · 이현, 2009: 101). 이와는 달리 속성의 존재 방식도 상호 작용하며, 활용과 탐험이 상호 양립할 수 있다는 것이 양면성 조직이론이다. 즉, 이것은 안정적 속성인 활용과 변화적 속성인 탐험이 상호 간에 배타적이지 않으면서 양립가능하다는 이론이다(이홍 · 이현, 2009: 101).

물론 양면성 이론의 연구자 중에서는 활용과 탐험이 여전이 긴장관계에 있다고 주장하는 연구자도 있다. Andriopoulos와 Lewis(2009)에 따르면 양면성을 실현하는 5개 회사에 대한 실증연구를 통해 역설적 구도는 여전히 긴장(tension) 속에서 통합과 분화를 시도하고 있다고 주장한다. 대다수의 양면성 이론의 연구자들이, 두 속성은 긴장 관계에 있지 않고 양립가능하다고 주장하지만, 그것에 대한 설득은 외형적인 실증 사례를 통해 논의되어야 하기 때문에 여전히 논쟁의 여지가 있다. 우리는 이러한 논의를 오히려 추상성이 높은 철학적 전제에서 살펴볼 것이다. 이를 통해 양면성 이론이 가져야 할 철학적 토대가 무엇인지를 검토할 것이며,

---

2 역설경영 이론과 양면성 이론에 대한 평가는 매우 조심스러운 측면이 있다. 정확한 평가를 위해서는 두 이론의 존재론과 인식론에 대한 더욱 엄밀한 검토가 필요하다. 우리의 이런 주장은 잠정적이라는 점을 밝혀둔다. 또한 역설경영 이론과 양면성 이론을 재귀기반이론으로 발전해 가는 징검다리로 생각했기에 이런 방식으로 두 이론을 정리하였다.

이를 재귀기반이론에서 찾아보고자 한다.

4.2 철학적 전제와 역설

균형기반이론과 과정기반이론은 각각 안정과 변화 중에서 하나를 선택하거나, 서로 긴장 상태에 있다. 즉 안정과 변화가 서로를 배제하는 경향이 있다. 이들 조직이론이 기반으로 하는 철학이론에서는 두 경향 간의 관계를 화해시킬 수 있는 방법이 없다. 존재철학을 중심으로 제기된 균형기반이론과 과정철학을 중심으로 제기된 과정기반이론은 서양 사유의 주된 두 흐름을 보여준다. 전자가 아리스토텔레스와, 뉴턴, 다윈으로 연결된 사유의 길을 보여준다면, 후자는 헤라클레이토스, 후설, 베르그손으로 이어진 사유의 도정을 보여준다.

이와 같은 사유의 계보는 조직이론에도 그대로 영향을 미쳤다. 조직의 성과가 활용과 탐험이라는 두 속성을 함께 요구함에도 불구하고 그 사유의 틀은 둘로 나누어져 있다. Clegg(1994)에 따르면 균형기반이론은 너무 결정론적이며, 과정기반이론은 너무 비결정적이다. Reed(1996) 역시 두 이론이 지나치게 보수적이거나 과도하게 상대적이라고 하면서, 이를 타개하기 위해서는 과정에서 구조로, 구조에서 과정으로 넘어가는 이론적 기반이 필요하다고 주장한다. 이것은 활용과 탐색을 이분법(dualism)으로 보지 않고 이원성(duality)으로 보는 것이다. 이원성이란 존재를 과정과 구조를 함께 가진 양극적 존재로 보는 것이다. 우리는 재귀기반이론에서 이에 대한 철학적 전제를 찾아보고자 한다.

Giddens(1984)와 Luhmann(1995)은 변화와 안정 사이의 관계를 재귀적 관계로 본 대표적인 연구자들이다. 특히 재귀준거 개념을 통해서 사회 현상을 정교하게 집대성한 인물이 Luhmann이다. 그는 사회가 외부에서 관찰될 수 있다고 생각하는 것은 착각이라고 한다. 루만의 사회학 이론은 자기 자신을 사회 속에 포함시킨다. "관찰자는 관찰 대상에 포함되어야 한다. 주체/객체 도식은 기능하지 않는다. 관찰자는 주체인 동시에 객체이다"(Berghaus, 2012: 49). 이것은 일종의 역설이다. 루만 자신이 세계를 관찰하면서 동시에 세계의 부분이라는 사실이다.

Luhmann은 사회에서 발생하는 의사소통 활동을 재귀적 과정으로 본다. 그는 의사소통을 일종의 흐름의 과정으로 보고, 그 특수한 조직에서 행해지는 의사소통의 코드를 구조로 간주했다. 이 과정과 구조가 없다면 의사소통은 이루어질 수 없다. 구조와 과정의 상호작용을 통해 우리는 안정에서 불안정으로 넘어가고, 다시 불안정에서 안정으로 넘어가는 것이다. 이때의 안정은 균형기반에서 의미하는 안정은 결코 아니다. 이를 통해 Luhmann은 과정과 구조를 배제적 관계가 아니라 상보적 관계로 이해한다(Bakken & Hernes, 2006: 1612).

안정과 변화 혹은 구조와 사건을 함께 논의하는 재귀이론은 보통 오토포이에시스(autopoiesis) 혹은 자기 생산(autopoiesis)이론이라고 한다. 재귀이론에서 체계는 자기 생산적이며, 재귀 준거 혹은 자기 준거이다. 재귀이론은 체계를 스스로 만들고 자신을 재생산하는 구조를 가진다. 모든 생명은 자기 생산적이다. 식물, 동물, 인간은 자신들을 재생산하며, 스스로 작동하며 산다는 점에서 자기 생산 체계이다. 여기에서 환경은 반드시 필요하지만, 체계의 재생산에는 기여할 수 없다. 다시 말해서 식물, 동물, 인간이라는 체계가 생존하기 위해 물과 산소, 영양분이라는 환경을 필요로 한다. 이점에서 환경은 체계에 개입하지만, 체계 자체의 작동에는 결코 관여할 수 없다. 체계 작동은 폐쇄적이기 때문이다. "체계는 그 차이를 자신에게 재복제하면서 자신과 환경 사이에 내부 경계선과 외부 경계선을 확정한다. 이때 체계와 환경을 가르는 차이가 그 체계 자체에 의해 구획된 경우에는 재귀준거라고 하며, 환경에 의해 강요될 경우에는 외율준거라고 한다"(Becker, 2010: 21). 따라서 자기 생산체계는 자기 준거 체계이다(Berghaus, 2012: 68-72).

이런 점에서 재귀이론은 역설(paradox)과 밀접한 관련이 있다. 20세기 초에 '자기 재귀' 혹은 '자기 언급'(self-reference)이라는 역설 문제가 발생한다. 러셀은 집합이 자기 자신을 요소로 포함할 경우에 역설이 생긴 다고 한다. 이는 어떤 이발사가 규칙을 세우고 그 규칙 안에 자기 자신을 포함하는 경우에 발생한다. 즉, 이발사 자신이 머리를 깎아주는 집합에 두고 머리를 깎이는 사람들을 그 집합의 요소로 삼을 때, 이발사 자신이 그 요소 안에 포함되는 경우에 역설이 발생한다. 이발사는 자신의 머리를 직접 깎기에 '자기 언급'이라고 한다. 또한 집합이 자신을 부정하고 스스 로 요소로 바뀌었기 때문에, 이를 '자기부정'(self-annihilation)이라고 도 한다(김상일, 2005: 163).

화이트헤드는 러셀과 이 문제를 해결하기 위해 『프린치피아 마테마티 카』(Principia mathmatica)를 함께 적는다. 화이트헤드는 이 책의 서문 에서, "최근 들어 하나의 역설을 풀기 위해 기호 논리학과 집합론을 연구 하는 학생들이 어려움에 빠지는 경우가 많다"(1910)고 하며, 그들은 이 문제의 해결 방안으로 '유형 이론'(type theory)을 제시한다. 이것은 집합 과 요소를 위계적으로 나누어서 역설을 제거하는 방식이다. 유형 이론은 한 마디로 집합, 집합의 집합, 집합의 집합의 집합 등으로 유형을 계층별 로 나누는 방식이다.

하지만 러셀과 화이트헤드가 『프린치피아 마테마티카』에서 만든 형식 문들은 서로 상대방에 관해서 말할 뿐만 아니라 제 자신에 관해서도 말하 는 것으로 간주할 수 있다는 사실을 괴델의 그 유명한 증명을 통해 밝혀 진다. 러셀과 화이트헤드는 유형이론을 통해 자기 언급의 악순환을 완전 히 제거하고자 했지만, 그 악순환이 제거될 수 없다는 사실이 괴델의 논 증을 통해 드러난 것이다(Nagel & Newman, 2010: 14-15).

그렇다면 우리가 화이트헤드의 사변철학 및 범주들이 그 역설을 그대 로 인정하는 재귀이론으로 구성되었다는 사실을 분명하게 제시할 근거 를 찾을 수 있는가? 우리는 그와 같은 사실을 Luhmann과 Becker를 통 해 이해할 수 있다. 루만에 따르면 '사건과 구조'는 화이트헤드의 우주론의 특징이라고 한다(2011: 2권 70). 또한 루만의『사회체계이론』편집자인 Becker(2010)에 따르면, 명시적으로 루만보다 일찍이 재귀 이론의 관점에서 세계를 설명한 유일한 우주론이 화이트헤드의 유기체 철학이라고 한다(2010: 43). 그의 철학에서는 실재는 사건이며, 이 사건은 체계와 환경과의 경계를 통해 구성된다는 사실을 보여준다. 이를 통해 볼 때, 화이트헤드가 한 번도 괴델을 자신의 저서에서 언급한 적은 없지만, 그 역시 괴델의 논증을 숙고한 후에 사변철학에서는 자기 언급의 역설을 수용한 철학을 제시했다고 추정해볼 수 있다. 우리는 다음 장에서 화이트헤드의 철학이 재귀이론이라는 사실을 보다 자세하게 살펴본다.

5. 유기체 철학의 범주와 재귀이론

5.1 현실적 존재와 자기 준거

　　루만은 화이트헤드의 범주체계가 사건을 중심으로 전개된 재귀이론이라고 한다. 그렇다면 화이트헤드의 범주체계의 어떤 점이 재귀이론과 연관이 있는지를 루만의 논의를 중심으로 검토해 보자. 루만의 자기 생산 체계이론은 변화와 안정을 함께 논의하는 대표적인 이론이다. 그에 따르면, "재생산적 재귀 기술의 전통적 개념은 '구조'와 '과정'으로 불리는 두 가지 상이한 요소를 결합시킨다"(Luhmann, 2010: 62). 그는 구조와 과정을 체계 내의 두 가지 작동 방식으로 설명하는 셈이다.

　　구조의 시각에서 보면, 기존의 여타 가능성들을 배제해야만 바로 다음에 후속하는 요인을 지속적으로 규정할 수 있다. 반면에 과정의 시각에서 보면, 이전/이후 사이의 차이가 결정적이다. 과정은 잠정적 활성상태로부터 전이과정을 거쳐 그에 적절한 상이한 요소들로 이동하면서 스스로를 규정한다(2006: 62-63).

루만은 구조가 동일성을 유지하기 위해서는 다른 가능성을 배제해야 하며, 과정은 끊임없이 차이를 만들어내면서 스스로를 규정해야 한다고 주장한다. 그렇다면 화이트헤드의 유기체 철학에서 이와 같은 내용은 어디서 찾아볼 수 있는가? 루만이 사건과 구조라는 상보 개념, 즉 변화와 안정을 재귀준거 개념을 통해 설명해야 한다고 할 때, 그는 화이트헤드의 철학에서 "현실적 계기"라는 개념이 기저재귀준거 위치를 획득하고 있다고 한다(2011: 2권 68).

현실적 계기 혹은 현실적 존재는 생성 즉시 소멸하는 원자적 계기로 그것은 단지 원자적 차이를 만들어 내며, 자기 창조적이며, 자기 원인이다. 그것은 외부에 자신의 원인을 두지 않으며, 자기 스스로 원인이자 결과이다. 따라서 Luhmann에게 과정은 현실적 계기의 차이를 언급한 것이라고 할 수 있다.

한편 우리가 가장 미시적 존재로 보는 분자나 원자는 현실적 계기가 아니다. 화이트헤드에 따르면, "분자는 현실적 계기가 아니며, 따라서 그것은 현실적 계기의 어떤 결합체"(PR 73)이며, 변화는 결정된 어떤 사건[결합체] 속에 포함되어 있는 현실적 계기들 사이의 차이이다(PR 73). 거시적 존재들로 경험하는 책상, 바다, 인간, 기업은 모두 현실적 계기들이 상호 내재되어 있는 결합체이다(AI 316). 이때 결합체가 한정된 특성을 향유하는 경우를 사회라고 한다(AI 320). 이와 같이 자신의 존속을 위해서 다른 가능성을 배제하는 것이 사회이다. 따라서 Luhmann이 말하는 구조의 시각에서 보면, 기존의 여타 가능성들을 배제하고 후속하는 요인을 지속적으로 규정할 수 있는 것은 결합체 혹은 사회와 그 맥을 같이하는 것으로 볼 수 있다.

그러나 결합체는 일정기간 동안 안정적 속성을 부여받는 것이지 결코 영속적인 안정을 의미하는 것은 아니다. 이것이 균형기반이론에 토대를 둔 철학적 전제로써 "고대 희랍인들의 시대로부터 서구의 형이상학을 좌절시켜온 중대한 오류인 것이다"(AI 321).

그렇다면 현실적 존재가 상호 내재하는 결합체 속에서 안정과 변화라는 재귀적 활동이 어떻게 일어나는지를 보다 구체적으로 살펴보자. 결합체는 "상호간의 파악들─동일한 사물에 대한 반대의 표현으로─상호간의 객체화에 의해 구성된 관계성의 통일 속에 있는 현실적 존재들의 집합"(PR 24)이다. Luhmann에 따르면, "재귀준거란 복합적 개념으로서, '자기 동일성'과 '자기 다양성'을 조합하여 스스로를 내적으로 규정하고 이와 동시에 외적 공동 규정을 위한 공간을 허용하는 능력을 의미한다"(Luhmann, 2006: 2권 69). 그것은 현실적 존재만큼 구체적인 결합체 내에서 현실적 존재들 사이에서 자기 동일성과 자기 다양성의 활동이 일어난다는 것을 의미한다. 루만은 화이트헤드의 철학에서 그것을 명시적으로 보여주는 설명범주는 (xxi)과 (xxii)라고 한다.

> xxi) 존재는 스스로 의미관계(significance)를 가지게 될 때 현실적(actual)이다. 이는 현실적 존재가 그 자신이 결정되어 과정에 참여하여 기능한다는 것을 의미한다. 따라서 현실적 존재는 자기 동일성과 자기 다양성을 결부시키고 있다(PR 25).

> xxii) 현실적 존재는 그 자신에 대하여 기능함으로써 그 자기 동일성을 잃지 않고도 자기 형성에 있어 다양한 역할을 수행한다는 것, 그것은 자기 창조적이다. 그리고 그 창조 과정에서 그 다양한 역할들을 하나의 정합적인 역할로 전환시킨다. 따라서 생성은 부정합(incoherence)으로부터 정합(coherence)으로의 전환이며, 각각의 특정한 사례에서 그러한 전환이 달성될 때 종결된다(PR 25).

이 설명의 범주에서 '스스로 의미관계를 가지게 될 때 현실적'이라는 것은 자기 생산적인 체계를 갖고 있음을 의미한다. 현실적 존재는 재귀적으

로 외부의 준거가 아니라 자기 준거를 통해 의미관계를 생산해낼 수 있다
는 것이다. 그렇다면 의미관계는 어떤 내용으로 되어 있기에 자기 동일성
과 자기 다양성을 결부시킬 수 있는가?

우리는 이 점을 수학적 구조와 자연의 구조에 대한 화이트헤드의 논의
를 통해 살펴보자. 우선 화이트헤드는 플라톤처럼 원자나 분자를 단순한
물질이 아니라 수학적 형태, 기하학적 구조, 질적인 대비와 같은 메타적
구조를 통해 이해한다(김영진, 1996). 분자들 사이의 변화는 결국 질적인
대비를 새롭게 결합하는 방식에 있다. 그는 "물질세계의 수학적 개념들"
(MC)에서 선형적 실재 개념을 도출하며, 이 개념에서 방향성, 사이성, 분
리성이라는 특성을 이끌어낸다. 이 논문에서, 특히 사이성과 순서를 설명
하는 공리에서 'R:(abcdt)'은 'R:(adcbt)'을 함축하는 진술이라고 한다.
즉 d와 b사이에 c가 있다는 사실에서 이 공리는 일관성이 있다고 한다.
하지만 'R:(abcdt)'은 'R:(acdbt)'과 일관적이지 않다고 진술한다. 여기에
서는 그 순서가 일관성이 없다는 점을 지적한다. c가 어디에 위치되어 있
는가에 따라 그 의미가 달라진다는 점을 언급한다(김영진, 2006: 117).
이것이 화이트헤드가 의미하는 질적 대비라고 할 수 있다.

시미즈 히로시는 생명의 자기 언급 구조를 다음과 같이 설명한다. 요
소는 물질적 실체가 아니라 다만 관계에 의해 그 성질을 자율적으로 바꾸
어 나가는 성질을 가져야 한다. 이는 마치 바둑알이 바둑판 안에서의 위
치에 따라 그 요소적 성격을 자유자재로 바꾸어야 하는 것과 같다. 다시
말해 자기 언급 생명 시스템에서는 한 개의 세포가 신체의 어느 위치에 놓
여 있느냐에 따라서 세포 사이의 관계성이 바뀌고 그 세포의 성질이 바뀐
다. 바둑판에 따라 바둑알의 성격이 근본적으로 달라지는 것과 같다(시미
즈 히로시, 1994: 25-27). 이것이 자기 생산체계를 갖춘 생물들이 자기
동일성 속에서 자기 다양성을 구축하는 형태이다. 화이트헤드는 방향성,
사이성, 분리성이라는 수학적 개념들을 통해 생명체 속의 자기 다양성을
직관적으로 통찰하고 있다.

다음으로 존재가 스스로 '의미관계'를 가진다는 것을 자연에 대한 화이트헤드의 이해로부터 추적해보자. 의미관계는 말 그대로 사물들의 관계이다. 따라서 우리가 강아지라고 "인식하는 것은 단지 사물이 아니라 사물의 관계성"(CN 13)이다.

예를 들어, 구름에 심홍색이라는 속성이 진입한 경우를 생각해보자. 이것은 자기 스스로 의미관련을 가질 뿐만 아니라 자기 자신을 만드는 우주와의 보다 넓은 체계적 관계성을 갖는다. 다시 말해서 심홍색 구름은 스스로 의미관계를 만들어 낼 뿐만 아니라 우주라는 환경과의 관계를 통해 형성되어진다.

> 여러분은 체계로서 자연을 볼 때, 구름이 심홍색 속에 있는 것으로 가정할 수 있다. 그러나 체계는 체계의 항목들 사이의 체계적인 관계를 의미한다. 따라서 만약 여러분이 이 체계적 관계들이 무엇인가를 알지 못한다면 자연이 체계라는 것을 알 수 없다. …… 나는 체계적인 자연이 우리에게 알려지는 이 원리를 사건들의 일정한 의미관계라고 부른다. 이 일정한 의미관계는 경험의 모든 항목에 대해서 자연의 인내를 표현하는 것으로 드러난다. 예를 들자면 그것은 구름의 심홍색이다(IS 140).

구름은 다항 관계로 구성된 결합체이며, 심홍색과 대비를 이루고 있다. 화이트헤드가 의미하는 '변환의 범주'를 구성한 것이다. 결합체로써 구름은 자기 동일성을 유지한다. 하지만 그것은 다양한 속성을 부여받을 수 있다. 즉 자기 동일성을 유지하면서 자기 다양성의 활동을 할 수 있다. 심홍색 구름도 가능하지만 시간이 지나서 흰 색 구름도 가능하며, 회색 구름도 가능한 것이다. 이것은 일정한 시간의 주기를 통해 존속하는 구름에게 다양한 속성을 부여하는 것이 가능하다는 것을 보여준다. 일정한 시간 동안에 심홍색이라는 안정된 속성을 유지하다가, 빛이나 태풍에 의해 다른 색상으로 변화할 수 있다. 이것은 설명범주 xxii)에서 자기 동일성을 잃지 않고도 자기 형성에서 다양한 역할을 수행하는 것을 의미한다.

그 이유는 현실적 존재들이 구름이라는 결합체 내에서 상호 파악하고 상호 객체화되기 때문이다(PR 24). 그것들은 존속하는 구조인 결합체 속에서 다양한 역할을 수행한다는 것이다. 이것은 장발장이라는 한 개인이 맥락에 따라 범죄자와 성인의 속성을 모두 가질 수 있는 것과 같다. 그래서 개과천선이라는 의미가 생겨날 수 있다. 이와 같이 현실적 존재의 자기동일성과 자기다양성의 의미관계 활동은 결합체라는 체계 혹은 구조 속에서 발생한다. 그것은 결합체 내부의 "모든 존재들의 다양한 기능들의 공동체"(PR 25)에서 분리할 수 없는 활동이다. 즉 결합체(사건) 혹은 사회라는 체계 내에서 현실적 존재는 주체와 자기초월체라는 이원성(duality)의 역할을 추구하는 것이다. 조직이론의 입장에서 보자면, 활용과 탐색은 별개의 속성이 아니라 현실적 존재 내에서 함께 일어나는 것이다. 다만 시간의 차이가 있을 뿐 안정과 변화의 활동은 한 개인 속에서 가능하다는 것이다.

이와 같이 현실적 존재는 외부의 준거나 원인이 아니라 자기 준거를 통해 주체적 조화를 형성하는 것이다. 라이프니츠가 외부 준거인 신에 의한 예정조화를 이야기 했다면, 화이트헤드는 자기 준거를 통한 주체적 조화를 의미하는 것이다. 따라서 화이트헤드의 철학은 부정합성에서 새로운 정합성으로 전개하는 '카오스모스'의 철학이라고 할 수 있다(김영진, 2011).

이것은 러셀-타르스키-크립키로 이어지는 대상과 메타 사이에서 일관성을 찾는 방식이 아니다. 이들은 계층적인 방식을 고수하면서 일관성을 추구하는 코스모스의 방식에서 역설의 해법을 찾는다. 이에 반해 키하라-헤르즈버그-굽타의 해법은 비일관성의 방식에서 해법을 찾는다(김상일, 1997: 73). 이것은 위계적인 방식이 아니라 상호 순환적 방식에서 방법을 찾는다. 즉 순환적이고 비일관적인 방식에서 그 방법을 모색한다.

이 발견은 카오스 이론에서 말하는 질서-무질서라는 반대 일치 현상을 예견하게 한다. 이를 카오스모스라고 한다"(김상일, 2005: 205). 우리는 화이트헤드가 수학적 시기에서는 러셀과 같은 계층적 방식을 통해 역설을 해소하였지만, 괴델 이후에는 비일관성의 방식에서 그 역설을 적극적으로 받아들였다고 본다. 그런 점에서 화이트헤드의 철학은 코스모스의 철학이 아니라 카오스모스의 철학이라고 할 수 있다.

　결론적으로 화이트헤드의 현실적 존재가 '스스로 의미관계'를 가진다는 것은 마치 이발사가 자기 자신의 머리를 깎는 것이기 때문에 '자기 재귀' 혹은 '자기 언급'과정이라고 할 수 있다. 현실적 존재가 주체와 자기초월체, 이행과 합생 과정이라는 화이트헤드의 언급은 바로 재귀 과정을 설명하는 개념들이라고 할 수 있다. 따라서 현실적 존재는 '카오스모스'의 활동을 통해 구성하고 구성되는 재귀적 과정이다.

5.2 대비와 잉여성

　민족은 줄곧 있었던 것과 이제부터 있게 되는 것과의 진정한 대비 (contrast)를 간직하고 있는 한, 그리고 안일한 과거를 뛰어넘어 모험하는 혈기를 지니는 한, 그 활력은 유지된다. 모험이 없으면 문명은 완전히 쇠퇴한다(AI 244-425).

　최근에는 근대 과학과 철학의 핵심적인 전제인 선형적 인과이론으로 설명할 수 없는 복잡성이론이 대두되고 있다. 이 이론은 어떤 현상을 몇 개의 요소들로 환원해서 현상을 설명할 수 없다는 것이다. 재귀준거는 복잡성을 설명하는 중요한 이론이다. 즉 상위 계층은 하위 계층들의 요소들로 환원해서 설명할 수 없다는 것이다. 이를 위해서 재귀 준거 개념은 "결정체 같은 완전 결속보다는 기체 같은 느슨한 선택 결속만이 가능한 다수의 이질적 성분들로 구성"(Becker, 2010: 42)되어야 하며, 이를 통해 새로운 의미가 외부에 준거하지 않고도 지속적으로 실현가능하다. 그렇다면 화이트헤드의 철학에서 '느슨한 선택 결속'을 위한 조건은 무엇인가?

루만에 따르면, 화이트헤드의 '범주적 제약'(categorical obligation)은 재귀 준거와 잉여성을 설명하는 범주 체계라고 한다. 그는 화이트헤드의 철학이 '주체적 통일성의 범주', '대상적 동일성의 범주', '대상적 다양성의 범주'라는 세 가지 범주를 통해 '재귀준거'의 능력을 갖고 있다고 하며, 이것이 "내적으로 자기 자신을 규정하는 능력"(2011: 2권 68)이라고 한다. 그는 이를 "서로 모순을 이루는 수많은 변수들 사이의 결합체를 하나의 통일체"(2011: 2권 69)로 볼 수 있다고 한다. 즉 안정과 변화라는 역설이 범주적 제약을 통해 설명될 수 있다는 것이다. 그는 『과정과 실재』의 범주적 제약이 재귀적 특성이 있음을 자신의 방식대로 다음과 같이 요약한다.

> 재귀준거란 복합적 개념으로서, '자기 동일성'과 '자기 다양성'을 조합하여 스스로를 내적으로 규정하고 이와 동시에 외적 공동 규정을 위한 공간을 허용하는 능력을 의미한다. …… 이런 방식으로 달성된 것은 피상적으로 서로 모순을 이루는 수많은 변수들 사이의 결합체, 이를테면 (1) 요소들 사이의 선별적 연결, (2) 상호침투를 통해 다른 현실층위들에서 유래하는 자유에너지들의 결속, (3) 연결과 결속 사이의 부단하고 즉각적인 재해체, (4) 연결과 결속이라는 모든 관계들의 선별성에 기초한 요소들의 재생산, (5) 새로운 선택 가능성을 개시하는 일탈적 재생산이라는 의미에서의 진화 능력 사이의 통일체로 기술할 수 있다 (Luhmann, 2011: 2권 69).

Luhmann은 화이트헤드의 범주적 제약범주들이 모두 재귀적 활동을 설명하는 내용이라고 한다. 그 안에서 안정과 변화가 일어나는 것으로 본다. 안정은 '개념적 가치평가의 범주'와 '변환의 범주'를 통해 가능하다. 개념적 가치평가의 범주는 물리적 느낌을 개념적으로 재생산하는 과정이라고 할 수 있으며, 변환의 범주는 결합체를 하나의 개념적 느낌으로 결합하는 과정이다. 이를 통해 안정을 확보할 수 있다. 화이트헤드는 이를 변환된 느낌의 여건들을 하나의 영원한 대상으로 결합하는 '대비'라고 한다. 이는 우리가 바다를 푸름이라는 속성과 관련짓는 것과 같다.

개념적 역전의 범주는 주어진 속성에 새로운 변화를 가져오는 것이다. 예를 들어 푸른 바다라는 속성에서 푸름을 평화와 연결해서, 푸른 바다가 평화를 상징하는 것으로 만들 수 있다. 이를 통해 바다를 평화와 연결시키는 대비를 가져올 수 있다.

지면상 이 논의를 더 이상 확대할 수 없는 까닭에, 여기서는 대상적 다양성의 범주에만 한정해서 재귀이론에서 중요하게 다루는 '잉여성'에 대한 근거를 살펴보자. 대상적 다양성의 범주는 '연결과 결속의 재해체'라고 한다. 이것은 요소들에 잉여성이 있다는 것을 의미한다. 요소들의 사이의 관계가 절대적 결속이 없다는 것이다. 화이트헤드는 이를 '절대적 동일성'(absolute identity)이 없다는 의미로 표현한다. 화이트헤드는 이를 위해 '대비'(contrast)라는 개념을 사용한다. 다수의 요소들이 하나의 여건으로 통일되었다는 것은 "존재들의 대비"(contrast of entities)로 구성되어 있다는 것이다. 그것은 언제나 새로운 대비로 연결되고 결속될 수 있다는 것을 의미한다(PR 205). 그렇다면 어떻게 그와 같은 대비가 발생할 수 있는가?

화이트헤드는 생명은 "공허한 공간(empty space)의 특성(PR 105/218)이 있으며, 그것은 "입자적 사회에 의해 점유되지 않는 공간"(PR 105)이라고 한다. 이를 위해서는 살아있는 계기들의 결합체 속에는 어떤 "사회적 결여"(social deficiency)(PR 105)가 있어야 하는데, 화이트헤드는 이를 "틈새"(interstices)(PR 106)라고 한다. 이 틈새로 인해 "물리적 경험의 다양한 여건이 복합적"(PR 106)이 될 수 있으며, "보다 높은 대비가 경험에 도입될 수 있으며"(PR 106), 이런 이유로 "자연의 복합성은 고갈될 수 없다는"(PR 106) 것이다. 이와 같은 설명을 통해 우리는 복잡성 이론 및 재귀 이론의 잉여성에 대한 논의가 화이트헤드의 자연에 대한 이해에도 깔려 있음을 알 수 있다.

앞에서 언급했지만, 우리가 안정과 변화를 고려하는 대상은 거의 언제나 "사회이거나 현실적 존재들의 보다 느슨한 그룹(looser groups)"(PR 198/367)이다. 화이트헤드는 러셀과 작업한『프린치피아 마테마티카』에서 다룬 수학적 명제 '1+1=2'라는 명제가 사변철학의 시기에 와서는 그것이 참이 아닐 수도 있다고 한다(PR 198). 왜냐하면 여기서 1은 사회이거나 결합체를 의미하는 것이지 현실적 계기를 의미하는 것이 아니기에 잉여의 가능성을 갖고 있기 때문이다.

예를 들어, 컵의 한정 특성과 컵의 받침 접시의 한정 특성은 다르다. 즉 그 속성이 다르다고 할 수 있다. 분명히 칸트가 말한 것처럼 두 대상의 한정특성은 매우 이질적인 것이므로 결코 하나로 결합할 수 없다. 하지만 화이트헤드는 양자의 한정 특성을 양립가능한 것으로 가정하는 것은 결코 잘못된 것이 아니라고 한다. 즉, 그는 하나의 현실적 계기 안에서 두 한정 특성이 모순되지 않고 교차하는(intersecting) 것이 가능하다고 한다(PR 199/368). 물론 생업에 몰두하고 있는 사람에게는 무모한 생각으로 보일 수 있다. 그러나 "공허한 공간의 황야에 위치하고 있는 …… 그런 현실적 존재들의 한복판에서는"(PR 199) 충분히 가능한 일이기 때문에, 새로운 교차는 역사적 경로를 통해 빈번하게 출현할 수 있다(PR 199). 따라서 결합체 내의 현실적 계기들 사이에는 새로운 대비를 출현시킬 잉여성을 갖고 있다고 할 수 있다.

예컨대, 베이트슨은 게의 좌우의 다리가 서로 어떤 연관이 있는가라는 질문을 던진다. 게의 두 다리의 모양은 설령 다르더라도 서로 연관성이 있느냐고 묻는 것이다. 이를 서로 잇는 패턴이라고 한다. 베이트슨은 서로 잇는 패턴을 '연결시키는 패턴' 혹은 "메타 패턴"(metapattern)이라고 한다(Bateson, 1990: 22). 그 다음으로 이런 것이 내 자신과 어떤 연결이 있을 수 있는지를 물어본다. 이는 기존의 패턴을 한번 부수어 보면 새로운 패턴이 드러날 수 있다. 우리는 게와 새우의 결합을 통해 2차 패턴을 생각한다. 그리고 게와 새우의 결합을 말과 인간의 결합을 고려한 3차 패턴으로 넘어간다. 이와 같은 패턴은 "종과 종 사이를 동일하게 교차"(1990: 21)하는 것이다(Bateson, 1990: 18-23). 이것은 화이트헤드의 개념적 역전의 범주를 통해 '대비의 대비' 혹은 '교차'를 통해 새로운 양립가능성을 확보하는 방식과 매우 유사하다. 즉 이것이 새로운 탐험 과정이다.

한편 대비의 대비는 최소한의 대비로 한정할 수 있는 것은 아니다. 대비의 대비는 바로 유일한 대비이다. 이 점은 매우 중요한 지적이다. 대비의 대비를 최소한의 대비로 환원하게 되면 레비스트로스의 작업처럼 정태적인 구조주의에 매몰되기 쉽다. 대비는 역동적 구조이다. 과정에서 발생하는 역동적 구조가 대비인 것이지, 과정을 배제한 정태적 구조가 대비인 것은 아니다.

관계는 대비의 추상물이다. 관계는 많은 대비들 속에서 발견할 수 있다. 그리고 관계가 그렇게 발견될 때, 그것은 대비된 사물들을 관계시키고 있다고 말한다. 다원적 대비라는 용어는 함께 대비된 두 개 이상의 요소들이 있든가, 있을 수 있는 경우에 사용될 것이다. 그리고 이 사실은 주목해둘 가치가 있다. 다원적 대비는 그것을 구성하는 이원적 대비들로 분석될 수 있다. 그러나 다원적 대비는 이원적 대비들의 단순한 집합이 아니다. 그것을 구성하고 있는 대비들에 더해지는 또 하나의 대비이다. 다원적 대비가 이원적 대비들의 단순한 이접으로 간주될 수 없다는 학설은 창발적 진화(emergent evolution)의 토대가 된다. 이는 실재적인 통일성이란 그 구성 요소들의 단순한 이접 이상의 것이라는 학설이다. 이 학설은 저 개별적인 실체들의 클래스 이론에 대한 반론과 동일한 근거를 갖는다. 이 학설은 예술에서 보면 상식에 속하는 것이다 (PR 417).

　우리는 하위의 대비를 통해 상위의 대비를 환원론적으로 설명하지 못한다. 실재 통일을 구축하는 다원적 대비는 기존의 어떤 대비로도 설명될 수 없다. 이것은 결합체 속에서 주체와 자기초월체라는 재귀적 과정을 반복하면서 자기 생산 체계를 유지하는 것을 의미한다. 다만 강도의 상승을 받아들이는 사회는 개념적 역전의 범주를 사용하여 양립불가능한 요인들의 대비를 달성한다. 드디어 양립불가능한 요인들이 양립가능한 요인들로 결합되는 데 성공한다.

　　이러한 강도는 그 사회가 그 구성 요소들을 위해 연출하는 대비의 질서화된 복합성 때문에 생겨난다. 구조적인 관계는 개체적인 경험에 있어서의 이러한 강도로부터 강도를 이끌어낸다. 따라서 구조를 갖는 복합적인 사회의 성장은 자연에 침투해 있는 일반적인 목적을 예증하고 있다. 양립 불가능성을 초래하는 소여성의 단순한 복합성은, 대비를 산출하는 질서의 복합성으로 대치되어 왔던 것이다(PR 209).

　화이트헤드에게 대비는 대립을 전환시키는 방식이다. 그는 한 존재를 하나의 속성으로 보는 것을 거부한다. 모든 현실적 존재는 그 시점이나 상황에 따라서 다른 속성을 부여받을 수 있다는 것이다. 우리는 보통 신은 영속하고, 세계는 유동적이라고 생각한다. 하지만 세계는 영속하고 신은 유동적이라고 생각할 수도 있다. 이것은 대립을 '대비'로 전환하는 경우에 가능하다. 신과 세계를 분리하는 것이 아니라 대비의 관계로 보는 것이다. 신이 유동적인 경우에 세계는 영속적이 되며, 세계가 유동적인 경우에 신이 영속적이 된다. 달리 말해서 신은 영속과 유동이라는 속성을 세계와의 관계를 통해 시점이나 맥락에 따라 서로 다른 방식으로 배치한다. 세계도 마찬가지이다. 이와 같이 화이트헤드는 "각 대구에는 대립을 대비로 전환시키는 의미의 전환"(PR 598)이 있다는 사실을 극단적인 사례를 통해 들고 있다.

일련의 대립-그 외견상의 모순은 현존의 여러 다양한 범주를 무시하는 데 있다-에 의해 표현될 수 있을 뿐이다. 각 대구에는 대립을 대비로 전환시키는 의미의 전환이 있다. 신은 항구적이고 세계는 유동적이라고 말하는 것은, 세계는 항구적이고 신은 유동적이라고 말하는 것과 마찬가지로 참이다. …… 신과 세계는 대비된 대립자이며, 이 대립자에 의해서 창조성은 대립 속에 다양성을 갖는 이접적 다수성을, 대비 속에 다양성을 갖는 합생적 통일로 변형시키는 그 최상의 임무를 수행한다 (PR 598).

베이트슨에 따르면, "맥락이란 개념은, 시간 속에 존재하는 패턴이라는 개념"(Bateson, 1990: 26)이다. 그에 따르면, 그 한정 특성이 전혀 다른 아주 대조적인 포유동물들이 맥락에 따라 함께 놀이를 만들어낼 수 있다는 것이다. 베이트슨은 자신의 집에서 기르던 네덜란드 산 삽살개와 긴 팔 원숭이 사이에서 일어난 이 놀이의 과정을 찬찬히 관찰한 적이 있다. 원숭이에게 느닷없이 털을 뜯긴 개는 원숭이를 쫓아갔다. 그의 반응은 분명히 정상적이었다. 그러자 개가 원숭이를 쫓고 원숭이가 달아나게 되어 시스템 전체가 현관에서 침실로 이동한다. 잠시 있다가 원숭이가 이번에는 공격으로 전환하자 개는 현관으로 뒷걸음친다. 개와 원숭이는 상호 간에 쫓고 쫓기는 놀이를 즐긴다(Bateson, 1990: 167). 이러한 예는 전혀 그 속성을 달리하는 동물들이 공격과 방어를 번갈아가면서 놀이를 통해 대비의 실현을 잘 보여주는 것이다. 이것은 하나의 대상에 하나의 속성을 부여하는 것이 아니라 하나의 대상이 시점에 따라서 다른 대상과의 대구를 통해 공격과 방어를 함께 할 수 있다는 것을 보여준다.

이와 같이 한 결합체에 내재해 있는 속성들은 시의 적절한 맥락에 따라서 그것을 자유롭게 창출할 수 있는 역동적 역량을 갖추고 있다. 이때 원숭이와 개는 명사가 아니라 그 상황에서 놀이로 연결된 사회라고 할 수 있다. 왜냐하면 놀이라는 변환의 범주 속에 양자가 결합되어 있기 때문이다. 즉 개와 원숭이이라는 각각의 한정 특성을 갖는 사회는 교차를 통해 새로운 사회를 일시적으로 형성하는 대비의 대비를 만드는 능력을 갖고 있다.

6. 결론

지금까지 조직이론을 균형기반이론, 과정기반이론, 재귀기반이론으로 나누어서 각 이론의 철학적 전제가 무엇인지를 상당히 밀도 있게 고찰했다. 그리고 대표적인 재귀이론의 연구가인 루만의 관점을 통해 화이트헤드의 유기체 철학이 재귀기반이론의 기반이 될 수 있음도 확인하였다. 재귀기반이론은 변화와 안정이라는 두 속성이 양립가능하다는 관점이다. 이런 점에서 화이트헤드의 유기체 철학이 재귀기반이론과 마찬가지로 안정과 변화에 대한 철학적 전제가 될 수 있음을 우리는 확인하였다.

이와 같이 루만이 세계를 관찰하는 관찰자는 여전히 세계 내에 있다는 역설을 주장한 것과 마찬가지로, 현실적 계기는 주체적 활동과 대상적 활동(자기초월체 활동)을 자기 준거(자기 원인)를 통해 조화롭게 실천해 가는 역설적 존재이다. 이것은 루만이 언급한 것처럼 재귀기반이론에 대한 선구적인 통찰을 제시한 것이라 볼 수 있다. 따라서 우리는 이 연구를 통해 '안정'과 '변화'라는 속성을 이분법적으로 구별하거나 긴장 속에 두지 않고 결합체 속에서 '대비'를 통해 끊임없이 조화될 수 있음을 살펴보았다. 이것은 조직이론에서 양면성 이론의 철학적 전제가 될 수 있다.

한쪽에 있는 관계항으로서의 경험의 계기와 다른 한쪽에 있는 관계항으로서의 경험된 세계 사이의 관계에는 이중적인 측면이 있다. 어떤 의미에서 세계는 그 계기 속에 포함되어 있으며, 또 다른 의미에서는 그 계기가 세계 속에 포함되어 있다. 예컨대 나는 방 안에 있으며, 방은 현재의 내 경험 속에 들어 있는 하나의 항목이다(MT 163).

한편 화이트헤드는 균형기반이론에서 주장하는 안정을 그 어떤 사회학자보다 중요하게 생각한다. 하지만 과거에 비해서 훨씬 빠르게 변화하는 위기에 적응하기 위해 과정기반이론의 필요성도 언급한다.

관례적 방식이 완전할 경우, 광산 갱도의 붕괴나 가뭄의 장기화 또는 독감의 유행과 같은 익숙한 사고들에 대처하는 데 필요한 지성의 사소한 번득임 같은 것을 제외한다면, 이해라는 것은 도외시될 수 있다. 조직은 지성의 소산이다. 그러나 충분한 관례가 확립되면, 지성은 소멸되고, 조직은 모든 조건반사를 조정함으로써 유지된다. 그때 인간에게 요구되는 것은 특수훈련을 받아들이는 일이다. ...... 이해란 한정된 범위 내에서 지성의 작은 섬광에 의해 수정된 관례인 것이다. 여기서 중요한 점은 과거의 중요한 변화에 소요되는 시간대는 한 사람의 수명보다 훨씬 더 길었다는 것이다. 그래서 인류는 고정된 조건에 자신을 적응하도록 훈련되어 왔던 것이다. 오늘날에 와서는 이 시간대가 인간의 수명보다 더 짧아졌다. 그렇기 때문에 개개인의 새로운 조건에 대처할 수 있도록 훈련이 준비되어야 한다(AI 163-166).

하지만 화이트헤드는 각 개인과 조직이 안정과 변화를 별개의 것으로 간주하거나 긴장의 관계로 보지 않기를 바란다. 그는 이를 '모험'이라는 관념을 통해 안정과 변화를 개인과 조직이 함께 추구해야 함을 강조한다. 그는 관례를 중시하면서 상상력을 통해 새로운 모험을 감행하지 않는 조직은 결국 붕괴하고 만다고 언급한다. 다시 말해 그 어떤 조직도 안정과 변화, 활용과 탐험이라는 두 가지 속성을 실현하지 않고는 그 활력을 유지할 수 없음을 시사한다.

모험은 한계 내에서 작용한다. 그때 모험은 그 목표를 계산하고 거기에 도달할 수 있다. 이러한 모험은 한 유형의 문명 내부에서 변화의 잔물결이며, 그것으로 말미암아 주어진 유형의 시대는 그 신선함을 유지한다. 그러나 일단 모험의 활력이 주어지는 날에는 조만간 상상력이 그 시대의 안전한 한계의 저편으로, 학습된 취미의 규칙의 안전한 한계 저편으로 비상한다. 그때 그것은 문명화된 노력을 위한 새로운 이상의 도래를 반영하는 이탈과 혼란을 불러일으킨다(AI 424).

변화의 잔물결에 해당하는 모험은 활용의 모험이며, 안전한 한계 저편으로 비상하는 모험은 탐험의 모험이라고 할 수 있다. 화이트헤드는 결합체 속에서 활용과 탐험의 모험은 결국 "시의를 얻어"(AI 424) 진정한 대비를 획득하는 경우에만 실현가능하다고 한다. 화이트헤드는 완전한 조화는 있을 수 없으며, 그 양립 불가능성을 인정하면서 시의적절하게 실현가능한 대비만을 파악해 가는 것이 모험이라고 한다.

참고 문헌

김상일(1997), 『러셀 역설과 과학 혁명 구조』, 서울: 솔.

김상일(2005), 『한의학과 러셀 역설 해의: 음양오행론으로 현대 논리학의 난제 풀어보기』, 서울: 지식산업사.

김상표 · 김영진(2010), 「화이트헤드철학과 조직이론의 만남—실체철학을 넘어서—」, 『화이트헤드 연구』 제 20집, 145-188.

김상표 · 김영진(2011), 「과정철학과 조직이론: 창조성과 예견을 중심으로」, 『화이트헤드 연구』 제 22집, 41-80.

김상표 · 김영진(2011), 「화이트헤드와 들뢰즈의 과정철학: 조직의 창조성과 실천적 프로네시스를 위한 새로운 문제 설정」, 『동서철학연구』 제 61호.

김상표(2002), 「역설의 경영: 조직구조에 대한 새로운 접근방식」, 『인적자원관리연구』 제 4권, 151-178.

김영진(2005), 「화이트헤드의 가능태와 현실태에 관한 연구」, 『영남대학교 대학원 박사학위논문』

김영진(2006), 「칸트와 화이트헤드의 시간론」, 『화이트헤드연구』 제 13집, 93-133.

김영진(2011), 「21세기 조직화의 새로운 패러다임: 화이트헤드와 들뢰즈의 과정철학과 카오스모스」, 『새한철학회 논문집』 제 65집 3권.

김형효(1991), 『베르그송의 철학』, 서울: 민음사.

윤세준 · 김상표(1998), 「시장, 관료제, 그리고 가족: 인적자원관리의 세 가지 패러다임과 기업성과」, 『한국인사조직학회 춘계학술발표논문집』, 37-63.

윤세준 · 김상표(2000), 「역설의 경영을 실현하기 위한 조건에 대한 탐색: 전략, 리더십, 부서간의 권력관계를 중심으로」, 『인사관리연구』 제 24권 1호, 129-163.

윤세준 · 김상표(2001), 「시장, 관료제, 그리고 가족: 인적 자원의 역설경영과 기업성과 사이의 관계」, 『인사 · 조직연구』 제 9권 2호, 313-356.

윤세준 · 김상표(1997), 「역설의 경영과 조직구조」, 『한국경영학회 춘계학술연구발표논문집』, 435-461.

이홍 · 이현(2009), 「양면성을 통한 역동적 역량의 구현: 역사적 조망과 이의 효과적구축을 위한 핵심과제」, 『인사 · 조직연구』 제 17권 2호, 95-124.

시미즈 히로시(1994), 『생명과 장소』, 서울: 전파과학사.

Adler, P. S.(1999), Building Better Bureaucracies, Academy of Management executive, 13: 36-49.

Andriopoulos, C., & Lewis, M. W.(2009), Exploitation-exploration tensions and organizational ambidexterity: Managing paradoxes of innovation, *Organization Science*, 20(4): 696-717.

Banner, M. J., & Tushman, M. L.(2003), Exploitation, exploration, and process management: The productivity dilemma revisited, *Academy of Management Review*, 28(2): 238-256.

Bakken, T., & Hernes, T.(2003), *Autopoietic organization theory: Drawing on Niklas Luhmann's social systems perspective*, Oslo: Abstrakt, Liber, Copenhagen Business School Press.

Barley, S. R.(1986), Technology as an occasion for structuring: Evidence from observations of CAT scanners and the social order of radiology departments, *Administrative Science Quarterly* 31: 78-108.

Bateson, G.(1990), 『정신과 자연』, 박지동 옮김, 서울: 까치.

Bateson, G.(2006), 『마음의 생태학』, 박대식 옮김, 서울: 책세상.

Becker, M. C.(2004), Organizational routines: A Review of the literature, *Industrial and Corporate Change*, 13(4): 643-677.

Becker, M. C.(2005a), The concept of routines: Some clarifications, Cambridge *Journal of Economics*, 29(2): 249-262.

Becker, M. C.(2005b), A Framework for applying Organizational routine in empirical research: linking antecedents, characteristics and performance outcomes of recurrent interaction patterns, *Industrial and Corporate Change*, 14(5): 817-846.

Bergson, H.(1988), *Matter and memory*, New York: Zone Books.

Bergson, H.(1993), 『사유와 운동』, 이광래 옮김, 서울: 문예출판사.

Bergson, H.(2011), 『의식에 직접 주어진 것들에 관한 시론』, 최화 옮김, 서울: 아카넷.

Birkinshaw, J., & Gibson, C.(2004), Building ambidexterity into an organization, *Sloan Management Review*, 45, 4, 46-55.

Burrell, G. & Morgan, G(1990), 『사회과학과 조직이론』, 윤재풍 옮김, 서울: 박영사.

Carlson, A.(2006), Organizational becoming as dialogic imagination of practice: The case of the indomitable Gauls, *Organization Science* 17/1:132–149.

Chia, R.(1999), A Rhizomic model of organizational change and transformation: Perspective from a metaphysics of change, British *Journal of management* 10: 209–227.

Chia, R.(2000), Time, duration and simultaneity: Rethinking process and change in organizational analysis, Paper presented at *the American Academy of Management Conference*, Toronto, August 2000.

Gibson, C. B., & Birkinshaw, J.(2004), The antecedents, consequences and mediating role of organizational ambidexterity, *Academy of Management Journal*, 47: 209–226.

Clegg, S.(1994), Weber and Foucault: Social theory for the study of organization, *Organization*, 1/1: 149–178.

Cobb, J. B.(2007), Person–in–Community: Whiteheadian Insights into Community and Institution, *Organizational Studies*, 28/4: 567–588.

Collins, J. C., & Porras, J. I.(1994), Built *To Last: Successful Habits of Visionary Companies*, New York: Harper Collins Publishers.

Cooper, R.(2005), Relationality, *Organization Studies*, 26/11: 1689–1710.

Duncan, R. B.(1976), The ambidextrous organization: Designing dual structures for innovation, In Kilman, R. H., Pondy. L. R., & Slevin, D. P. (Eds.), *The Management of Organization Design*, 1: 167–168, New York: North–Holland.

Evans, P. A. & Doz, Y.(1992), Dualities: A paradigm for Human Resource and Organizational Development in Complex Multinationals. In V. pucik, N. M. Tichy and C. K. Barnett (Eds.), *Globalizing Management: Creating and Leading the Competitive Organization*: 85–106. New York: John Wiley & Sons, Inc.

Feldman, S. P.(1989), The Broken Wheel: The Inseparability of Autonomy and Control in Innovation within Organizations, *Journal of Management Studies*, 26: 82–102.

Feldman, M.(2000), Organizational routines as a source of continuous change, *Organization Science*, 11/6: 611–629.

Feldman, M. S.(2000), Organizational routines as a source of continuous change, *Organization Science*, 11(6): 611–629.

Feldman, M. S.(2003), A performative perspective on stability and change in organizational routines, *Industrial and Corporate Change*, 12(4): 727–752.

Feldman, M., & Pentland, B. T.(2003), Reconcepttualizing organizational routines as a source of flexibility and change, *Administrative Science Quarterly*, 82: 94–118.

Feldman, M., & Pentland, B. T.(2005), Organizational routines and the macro–actor, *Actor–network theory and organizing*, B. Czariawska and T. Hernes (eds), 91–111. Stockholm: Liber and CBS Press.

Ford, J. D. & Backoff, R. H.(1988), Organizational Change in and out of Dualities and Paradox. In R. E. Quinn and K. S. Camero (Eds.), *Paradox and Transformation: Toward a Theory of Change in Organization and Management*: 81–122. Cambridge, MA: Ballinger Publishing Company.

Giddens, A.(1984), *The constitution of society*, Cambridge: Polity Press.

Jones, C. & Munro, R.(2005), *Organization Theory*, 1985–2005, The Editorial Board of the Sociological Review.

Hartshorne, C.(2003), *A new world view*, Herbert F. Vetter(ed.) Cambridge, MA: Harvard Square Library.

He, Z. & Wong, P.(2004), Exploration vs. exploitation: An empirical test of the ambidexterity hypothesis. *Organization Science*, 15: 481–494.

Kant, I.(2006), 『순수이성비판』 1권/2권, 백종현 옮김, 서울: 아카넷.

Langley, A.(1999), Strategies for theorizing from process data, *Academy of Management Review* 24: 691–710.

Lawrence, P. R. & Lorsch, J. W.(1967), *Organization and Environment*, Cambridge, MA: Harvard University Press.

Lewis, M. W.(2000), Exploring paradox: Toward a more comprehensive guide. *Academy of management Review*, 25: 760–776.

Luhmann, N.(2010), 『사회체계이론』 1권/2권, 박여성 옮김, 경기도: 한길사.

March, J. G.(1981), Footnotes to organizational change, *Administrative Science Quarterly*, 26: 563-577.

Morgan, G.(2004), 『조직의 8가지 이미지』, 박상언 · 김주엽 옮김, 서울: 지샘.

Nagel, E., Newman, J. R.(2010), 『괴델의 증명』, 곽강제 · 고중숙, 서울: 승산.

Nonaka, I., & Takeuchi, H.(1995), The *knowledge-creating company*, New York: Oxford University Press.

Nonaka, Ryoko, Toyama(2009), 김무겸(2010) 역, 『창조적 루틴』, 북스넛.

Pettigrew, A. M.(1987), *The management of strategic change*, Oxford: Blackwell.

Perrow, C.(1979), *Complex Organization: A Critical Essay*, Glenview, IL: Scott, Foresman.

Pine, B.(1993), *Mass customization*, Boston, MA: Harvard Business School Press.

Reed, M.(1996), *Organizational theorizing: A historically contested terrain in Handbook of Organization studies*. S. R. Clegg, C. Hardy and W. R. Nord(Eds.), 31-56, London: Sage.

Reed, M.(1997), In Praise of duality and dualism: Rethinking agency and structure in organizational analysis, *Organization Studies*, 18/1: 21-41.

Rescher, N.(1996), *Process metaphysics: An introduction to process philosophy*, New York: State University of New York Press.

Tsoukas, H., & Chia, R.(2002), On organizational becoming: Rethinking organizational change, *Organization Science*, 13/5: 567-582.

Van de Ven, A. H., & Drazin, R.(1985), The concept of fit in contingency theory, *Research in Organizational Behavior*, 7: 333-365.

Victor, B., & Boynton, A. C.(1998), *Invented here, maximizing your organization's internal growth and profitability: A practical guide to transforming work*, Boston, MA: Harvard Business School Press.

Von Glinow, M. A.(1988). *The New Professionals: Managing Today's High-Tech Employees*, Cambridge, Massachusetts: Ballinger Publishing Company.

Weick, Karl E.(1979), *The Social psychology of organizing*, 2nd edn, New York: Random House.

Weick, Karl E.(1990), The vulnerable system: Analysis of the Tenerife air disaster, *Journal of Management*, 16: 571-593.

Weick, Karl E.(1993), The collapse of sensemaking in organization: The Mann Gulch disaster, *Administrative Science Quarterly*. 38: 628-652.

Weick, Karl E.(1995), *Sensemaking in organizations*, Thousand Oaks, A:Sage.

Weick, Karl(1996), Drop your tools: An allegory for organizational studies. *Administrative Science Quarterly*, 41/2: 301-312.

Weick, Karl E., & Karlene H. Roberts(1993), Collective mind in organizations: Heedful interrelating on flight decks, *Administrative Science Quarterly* 38: 357-381.

Weick, Karl E., & Kathleen Sutcliffe(2001), *Managing the unexpected*, San Francisco, CA: Jossey-Bass.

Weick, Karl E., Kathleen, S., & David, O.(2005), Organizing and the process of sensemaking, *Organization Science*, 16/4: 409-421.

Whitehead. A. N(1910). *Principia Mathematica with Russell*, Cambridge: Cambridge University Press.

Whitehead. A. N(1991).『과정과 실재』(PR), 오영환 옮김, 서울: 민음사.

Whitehead. A. N(1996).『관념의 모험』(AI). 오영환 옮김, 서울: 한길사.

Whitehead. A. N(2003).『사고의 양태』(MT), 오영환 · 문창옥 옮김, 다산글방.

Whitehead. A. N(1998).『자연의 개념』(CN), 안형관 · 전병기 · 이태호 · 김영진 옮김, 이문출판사.

Winter, S. G.(2003), Understanding dynamic capability, *Strategy Management Journal*, 24(10): 991-995.

과정철학, 기업가−되기
그리고 합생적 기업가정신[1]

1. 머리말

우리는 기업경영세계를 다른 공동체의 부분과 분리시켜 생각하는 오류
를 범해서는 안 된다. 기업경영세계는 바로 우리의 연구주제인 공동체
그 자체의 주요 부분인 것이다. 그 공동체의 행동은 대부분이 기업경영
의 정신에 의해서 지배되고 있다. 위대한 사회란 기업가가 자신의 역할
을 위대하다고 생각하는 사회이다. 저급한 사상이란 저급한 행동을 의
미하며, 저급한 행동은 생활 수준의 하향을 의미한다. 양적으로 뿐만
아니라 질적으로도 공동체의 일반적 위대성은 패기있고, 자립적이며,
신용있는 착실한 번영을 위한 첫째 조건이 된다.[2]

이 논문의 목적은 기업가정신 연구에 과정철학과 그 요소들을 도입하
여 기존의 연구들을 혁신하고 기업가정신의 지평을 확대하는 것이다. 먼
저 우리는 기업가정신 연구에 과정철학의 관점을 도입해야 하는 당위성
을 설명한다. 기업가정신연구를 분류하는 방식 중의 하나는 참여주체의
양적 크기를 기준으로 개인 기업가정신, 집단 기업가정신, 공동체 기업가
정신 등 세 가지로 나누는 것이다. 우리는 이러한 분류방식이 모더니즘

---

1 이 논문은 『철학논총』 제93집 제3권(2018년)에 게재되었다.
2 Whitehead, A. N., 오영환 옮김, 『관념의 모험』, 한길사, 1996. 172쪽.

(Modernism)과 그 뿌리를 같이하는 실체주의에 기반하고 있음을, 과정 철학 관점에서 규명해나갈 것이다.

Steyaert(2007), Johannisson(2011) 등 일군의 학자들에 의해 기업가정신 연구에 과정철학 관점을 도입하려는 시도가 이루어졌다. 이들은 대체로 '기업가-되기(entrepreneuring)'라는 개념을 도입함으로써 실체주의를 벗어났다고 생각한다. 하지만 이들은 여전히 기업가정신을 동사가 아니라 명사의 형식으로 사용하는 한계에 사로잡혀 있다는 비판에 직면해 있다(Steyaert, 2007; Johannisson, 2011). 실체주의의 근본적인 한계를 벗어나지 못하고 기업가-되기의 초점을 개인이나 개체 혹은 그의 성격이나 역량에 맞추어 왔다는 것은 문제의 정곡을 찌르는 비판이다. 과정주의자들이 만들어낸 기업가-되기 정신(Entrepreneuring Minds)(Apospori etal., 2004), 기업가-되기 인간(Entrepreneuring Human Being)(Scharmer et al., 2001) 등의 용어들에서 그 한계가 여실히 드러난다. 요컨대 과정철학을 기업가정신 연구에 적용할 필요성은 과정주의자들에 의해 꾸준히 제기되었지만, 그 잠재력이 충분히 활용되지 못하고 있는 것 또한 부인할 수 없는 사실이다.[3]

이러한 문제의식 아래 Steyaert(2007)는 기업가-되기에 대한 연구를 위해서는 복잡성 이론(Complexity Theory)에 기반을 둔 반-본질주의 입장을 표방하는 Latour의 행위-네트워크 이론(Actor-Network Theory)이나, Deleuze와 Guattari가 주장하는 리좀, 배치, 사건, 감응 등과 같은 과정 철학의 핵심개념들을 수용하기를 제안한다. 그래야만 과정관점에서의 제대로 된 기업가-되기 이론이 전개될 수 있다는 주장이다.[4] 이 논문에서 우리가 기대고 있는 Whitehead의 과정철학도 Latour와 Deleuze 그리고 Guattari의 철학적 논의와 그 맥을 같이한다(김상표·김영진, 2011a). 따라서 이 논문에서 우리가 Whitehead의 급진적인 과

---

3 Steyaert, C., Entrepreneuring as a conceptual attractor? A review of process theories in 20 years of entrepreneurship studies, *Entrepreneurship and Religional Development*, 19: 454쪽.

4 같은 책, 469-470쪽.

정철학을 도입하여 기업가-되기 이론을 전개하는 것은, 기업가정신 연구를 과정관점에서 올바르게 문제설정화(Problematization)하는 것이라 할 수 있다.

우리는 한편으로는 기존의 기업가-되기 논의를 긍정적으로 수용하면서, 또한 다른 한편으로는 과정철학의 존재론, 인식론, 방법론, 가치론의 주요 개념들을 폭넓게 도입하여 과정철학의 전망을 온전히 담을 수 있는 대안 개념으로 '합생적 기업가-되기(Concrescently Entrepreneuring)'를 제안한다. 구체적으로 이 논문은 다음과 같은 순서로 논의를 전개한다. 먼저 기존의 기업가정신 연구들이 실체 철학의 전제들에서 벗어나지 못했다는 점을 비판적으로 고찰한 후에 과정철학의 관점에서 기업가 정신을 조망한다. 이어서 Whitehead의 철학체계를 원용해서 합생적 기업가-되기라는 개념을 정초하고 이의 이론적 체계화를 시도한다. 이 과정에서 합생적 기업가-되기가 프로네시스(Phronesis), 가추법(Abduction), 합생(concrescence) 혹은 창조성(creativity,) 미적 가치(Aesthetic Value)라는 네 가지 개념을 포섭해냄으로써 그 잠재력이 더욱더 풍요롭게 전개될 수 있음을 보여준다.

2. 과정철학과 기업가정신: 실체주의를 넘어서

한 시대의 철학을 비판할 때, 그 철학의 대표자들이 명백히 옹호할 필요가 있다고 느끼는 그들의 지적인 입장에만 주의를 집중시켜서는 안된다. 그 시대에 속하는 다양한 온갖 학설의 지지자들 모두가 무의식적으로 상정하고 있는 근본 전제가 몇 가지 있는 법이다. 그러한 전제는 지극히 명백한 것처럼 보이고 또 달리 생각할 방도가 떠오르지 않기 때문에, 그들은 자신들이 무엇을 전제하고 있는지조차 모르고 있다.이러한 전제 위에서 철학 체계의 몇 가지 유형이 성립되며, 이러한 체계들이

그 시대의 철학을 형성하게 된다.[5]

이 장에서 우리는 기존의 기업가정신 연구에 무의식적으로 함의된 몇 가지 전제들을 살펴본다. 그 전제들은 그 자체만으로는 너무나 명석판명해 보이기에 그 타당성을 의심받거나 의심받아서는 안 되는 것처럼 인식되어 왔다. 인간지성의 자연스러운 발로인 공간적 사유방식에 비춰보면 실체철학에 기반한 기업가정신 연구의 전제들은 절대로 도전받아서는 안 되는 신화의 영역이다. 그런데 20세기 들어 Bergson, Whitehead, Deleuze, Guattari 등 현대적 지성이 시간적 사유를 탐색하게 되면서 과정철학의 관점을 폭넓게 발전시켰다. 이제 조직이론, 좁게는 기업가정신 이론도 과정철학을 적극적으로 수용하면서 기업가—되기라는 미지의 영역을 채굴해 들어가야 한다. 2장은 이러한 문제의식들을 구체화시켜 볼 것이다.

2.1 실체주의 기업가정신에 대한 비판

개념은 곧 사유이자 행위다. 우리가 과정철학에 근거를 두고 기업가정신을 탐색하는 이유를 지금부터 살펴보도록 하자. Schumpeter에 의하면, 'Enterprise'는 혁신을 수행하는 행위를 가리키며, 그런 행위를 수행하는 개인들을 'Entrepreneurs'라 칭해진다. 우리말로는 이 용어들을 일반적으로 '기업'(起業)과 '기업가'(起業家)라 불린다(배종석 · 차민석, 2009). 그런데 Schumpeter가 만든 이 용어의 어원을 분석해 보면 우리는 뜻밖에 아주 흥미로운 통찰을 얻게 된다. Entre 혹은 Enter은 '사이를 관통하다(Penetrate in Betweenness)'를 의미하며, 또 Prendere 혹은 Prehendere는 '파악하다(Seize Hold of)'로 해석할 수 있다. 그렇다면 기업가(창업자)란 기존의 분할을 넘어서거나 그 사이를 관통하는 사람

---

5 Whitehead, A. N. 오영환 옮김, 『과학과 근대세계』, 1989, 80쪽.

이며, 다른 사람이 파악하지 못한 기회를 포착하는 사람이라는 해석이 가능해진다(Chia, 1996: 413). 이러한 논의를 존재론과 인식론의 시각에서 더욱 일반화시켜 보면, 기업가의 어원은 A와 B를 불변의 정체성과 동일성을 가진 개체로 인식하는 실체철학의 관점에서 벗어나 있다고 할 수 있다. 다시 말해 기업가라는 개념은 A와 B의 중간에서 세계를 인식하며 그리하여 어떤 기업가(개체)라 함은 곧 사이를 함축한 개체화의 산물임을 전제로 삼고 있다는 주장이 가능해진다.

실체철학의 이분법적 사유를 넘어서는 이러한 주장을 더 끌고나가 보면 기업가 개념은 사이를 의미하는 Whitehead 철학의 '파악(Prehension)' 개념과 그 맥락을 함께 하고 있음을 확인할 수 있다. 파악은 구체적인 관계를 보여주기 위해 화이트헤드가 개발한 독창적 개념이다. 파악은 대상과 주체 사이에서 서로 양립하기 어려운 계승과 새로움, 이 양자를 동시에 포착할 수 있게 해준다. 물리적 파악(Physical Prehension)은 과거의 것을 계승하는 측면을 가리킨다면, 개념적 파악(Conceptual Prehension)은 새로움을 산출하는 측면을 보여준다. 이 두 가지 파악이 결합된 존재가 '현실적 존재(Actual Entity)'이다. 이처럼 파악 개념은 안정과 변화라는 두 양상을 동시에 포섭해낼 수 있다. 따라서 현실적 존재는 되기의 과정 중의 존재인 것이지 명사적으로 포착되는 존재가 아니다. 그렇다면 기업가 개념은 현실적 존재와 그 존재론적 뿌리를 공유하고 있다는 점에서 명사적인 의미로 이해할 것이 아니라 동사적 의미로 이해되어야 한다고 결론지을 수 있다. 기업가 또는 기업가정신의 이론 전개는 실체철학이 아닌 과정철학으로 이해하는 것이 더 적합함을 알 수 있다.

그럼에도 기업가정신에 대한 연구는 그동안 실체주의에 함몰되어 왔음을 부인할 수 없다. 일반적으로 기업가정신에 대한 연구는 다양한 영역에서 활발하게 진행되고 있지만, 그 핵심적인 원리는 아래 세 가지 요소들의 상호 교차로 구성되어있다. 개인과 팀(집단)기업가, 기회 포착(추구), 조직화의 양태(Modes of Organizing)(또는 새로운 벤처) 등이 그 것이다(Busentiz et al., 2003). 이처럼 서로 분리된 세 가지 영역에서 연구가 진행되어 온 것이다. Rindova et al.등은 이런 식의 연구를 '존재들' (Entities)에 초점을 둔 연구라고 규정한다.[6] 이들 연구의 무의식적인 철학적 토대는 실체 철학인 셈이다. 그러므로 기업가하면, 우리는 보통 새로운 상품의 개발이나 시장의 개척에서 아주 뛰어난 영웅과 같은 인물을 떠올린다(McCarthy, 2000; Ogbor, 2000). 기업가정신은 한 개별자의 속성으로 간주되어 개인의 특성이나 스타일에 연구자들의 관심이 집중된다(Styler, 2008).

그런데 기업가 정신을 한 개인의 속성으로 간주하는 것은 타당한가? Weick(1990: 115)에 따르면, 조직을 명사로 이해하는 것은 일종의 신화적 사유라고 주장한다. 그의 논지를 충실히 따르자면, 기업가정신 연구에서도 한 개인을 기업가정신을 항상 지닌 존재로 보는 것도 신화라고 할 수 있다. 명사적 사고의 전형에서 벗어나지 못한다는 것이다. Schumpeter에 따르면, "어느 누구도 영원히 기업가일 수 없다. 오직 특수한 유형의 활동을 할 때만이 기업가일 뿐이다".[7] 즉 구체적인 맥락 내 사이에서의 활동(Activity)이라는 동사적 입장에서만 우리는 누군가를 기업가라고 부를 수 있다.

Whitehead는 개인들은 시공간 속에서 상호 영향을 주고 받고 있지만, 그 관계를 배제한 입장을 '잘못 놓여진 구체성의 오류(The Fallacy of Misplaced Concreteness)'라고 한다. 이런 오류는 뉴턴 물리학에서 '단순정위(SimpleLocation)'된 '독립된 물질 입자의 개체성'[8]에 기초를 둔 입장을 수용한 것이다. 물론 일상에서 단순정위된 명사를 통해 개체

6 Rindova, V., Barry, D., & Ketchen, JR. D. J., Entrepreneuring as emancipation, *Academy of Management Review*, 2009, 478쪽.

7 Aldrich, H. Entrepreneurship, In N. Smelser & R. Swedberg(Eds), *Handbook of Economic Sociology*, Princeton University Press. 455쪽.

8 Whitehead, A. N., 오영환 옮김, 『관념의 모험』, 한길사, 1996, 156쪽.

(대상)을 구별하는 것은 충분히 유용성이 있는 방식이다. 하지만 그 추상적 명사를 구체적인 경험과 동일시하는 오류를 저지르는 일은 매우 위험하다. Burke(2000)가 주장하듯이, 리더십, 권한위임, 다양성, 창조성 등과 같은 것들은 조직이 안정성과 예측가능성을 확보하기 위해 사용하는 개념이지만, 이 개념들을 명사로 취급해서는 안 된다. 자칫 조직을 하나의 개체로서 단순정위가 가능한 명사적 존재로 오해하게 만들기 때문이다. 그렇기에 이 네 가지 개념은 실체적 주어가 아니라 수많은 존재들의 사이에서 작동하는 과정적 개념들인 Leading, Empowering, Diversifying, Creating로 표현되어야 한다.

Whitehead의 입장에서 볼 때, 오로지 창조적이고 혁신적인 활동을 할 때만이 기업가 활동을 하는 것으로 간주하는 Schumpeter의 입장은 근대의 Descartes의 사유를 비판적으로 정초한 것이라고 할 수 있다. Descartes에게는 명석 판명한 사유만이 존재의 유일한 근거이다. 하지만 Whitehead가 볼 때, 우리의 경험은 다양한 목적과 이상에 따라 달라지며, 그 각각이 존재방식이고 실재의 한 양상이다.

> 술 취한 경험과 맑은 정신의 경험, 잠자는 경험과 깨어나는 경험, 꾸벅 꾸벅 조는 경험과 눈을 크게 뜨고 있는 경험, 자기 의식적인 경험과 자기 망각적인 경험, 지성적인 경험과 신체적인 경험, 종교적인 경험과 회의적인 경험 …… 정상적인 경험과 비정상적인 경험, 이들 가운데 그 어느 하나도 간과되어서는 안 된다.[9]

이런 점에서 볼 때, 기업가정신은 오로지 혁신적인 활동을 경험할 때만이 기업가라고 하는 것은 Whitehead의 경험에 대한 해석과 그 맥을 같이한다. 예컨대, 기업가들은 초기 창업을 해서 어느 정도 회사가 성장을 하게 되면, 더 이상은 창조적이고 혁신적인 생각을 하지 않게 되는 경우가

---

9 같은 책, 290-291쪽.

많다. 분식회계와 같은 방식으로 과잉이익을 계상해서 법정에 서는 기업 가까지 목도하지 않았는가? 또한 기업가들이 자신들의 창조적인 아이디어를 현실화시키려고 노력한다고 해도 모두 성공에 이르지는 못한다. 우리는 미국과 한국에서 벤처 창업의 열풍과 그 쇠퇴를 이미 경험했다. 그렇다면 기업가는 단순정위된 개인으로 볼 것이 아니라 '시간적인 존재들 (Temporal Entities)'[10]로 인식해야 한다. 실체철학이 아닌 과정철학 관점에서 기업가, 혹은 기업가정신이라는 현상에 접근해야 올바른 문제설정을 할 수 있는 것이다.

2.2 합생과 기업가-되기

우리는 이 글에서 제시하는 합생적 기업가-되기의 요소를 설명하기에 앞서서 Whitehead의 과정 철학의 전반적 특성을 고려해볼 것이다. 난해한 Whitehead의 과정철학을 간략하게 줄이는 것이 그의 철학에 대한 더 큰 오해를 불러올 수도 있지만, 독자들의 이해를 돕기 위한 방편으로 이해하기 바란다. 현대에 와서 물질은 "활동력의 수축과 팽창으로 이루어지는 진동으로 간주될 수 있는 에너지"[11]이다. 분자 역시 진동하는 에너지 흐름으로 되어 있으며, 이 분자를 우리는 "조직화된 체계(Organized System)"라고 할 수 있다. 분자란 이런 체계를 구성하기 위해 일정한 주기를 형성해야 한다. 마치 음악에서 음색이 자신을 표현하기 위해 일정한 주기를 필요로 하듯이, 분자와 같은 미시적인 존재도 한 순간에 존재할 수 없다. 분자뿐만 아니라 인간, 공장도 일정한 주기라는 조직화된 체계를 통해서만 자신을 표현할 수 있다. Whitehead는 이와 같은 물리학의 발전 전개와 함께 모든 존재를 조직화된 체계 혹은 '유기체(Organism)'

---

10 Styhre, A., Transduction and entrepreneurship: A biophilosophical image of the entrepreneurship, Scand. *Journal of management*, 2008, 105쪽.

11 Whitehead, A. N. 오영환 옮김, 『과학과 근대세계』, 1989, 64쪽.

로 간주한다.[12] 그에게 유기체는 두 가지 의미를 가진다. 하나는 과거로부터 '완고한 사실의 힘(Power ofStubborn Fact)'으로 계승되고 연결되는 거시적인 의미(Macroscopic Meaning)의 유기체이며, 다른 하나는 자신의 '주체적 지향(Subjective Aim)'에 의해 과거와는 단절된 새로운 가치를 만들어내는 미시적인 의미(Microscopic Meaning)의 유기체이다.[13] 즉 하나는 관계라면, 다른 하나는 기존의 것과의 단절을 통한 새로운 가치를 창출하는 것이다. 따라서 Whitehead에게 유기체란 연속과 불연속이라는 의미를 함축하고 있다.

한편, Whitehead의 과정철학의 핵심은 바로 관계와 가치 개념을 다시금 제기할 수 있는 논리적이고 정합적인 도식을 구축했다는 것이다. 화이트헤드는 '성질'보다는 '관계'를 중시하고, 그 관계 속에서 새로움이 도출될 수 있다는 점에서 영원성의 철학이 아니라 발산적 관계성의 철학을 추구했다. Whitehead는 이와 같은 구체적으로 전개하는 관계를 '파악(Prehension)'이라고 부른다. 파악이란 지금, 여기라는 관점에서 다른 양상들을 통합해서 구성한 것이다. 우리가 일상적으로 경험하는 자아나 물질은 모두 파악이라는 '관계'를 통해 구성된 것이다. 화이트헤드는 이와 같이 시공간에 있어서 통일된 파악을 '사건(Event)'이라고도 한다. 우리는 구체적인 사례를 통해 이 의미를 파악해 보자.

8월의 날씨가 좋은 날 여수의 바다를 구경하면서, 우리는 여수의 바다가 푸르다고 말한다. 이때 푸르다가 의미하는 바가 무엇을 의미하는지를 누가 묻는다. 푸름은 여수 바다의 성질을 의미한다고 추론할 수 있다. 물론 푸름은 지붕에도, 하늘에도, 차에도 연관시켜 볼 수 있다. 하지만 여수의 바닷물을 직접 떠서 보면, 그 물 속에는 어떤 푸름도 없음을 알 수 있다. 즉 바닷물의 속성이어야 하는 푸름은 그 어디에도 없다는 것을 알게 된다. 그렇다면 그것은 주관적인 지각적 경험에 지나지 않는가? 그럴 경

---

12 같은 책, 64쪽.
13 Whitehead, A. N. 오영환 옮김, 『과정과 실재』, 128-129쪽.

우 Berkeley의 주관적 관념론에 빠지게 되면서 외부의 실재를 인정할 수 없는 지경에 이르게 된다. 이런 논쟁이 근대 인식론을 결국 회의론에 빠지게 하며, Kant의 물 자체 개념이 나오게 된 배경이 된다.

우리는 일상적인 언어와 경험을 통해 모든 속성이나 성질을 주어에 연결시킨다. 즉, 일항 관계에서는 '여수의 바닷물은 푸르다'고 기술할 때, '바닷물'은 실체 혹은 주어이고, 푸름은 술어 혹은 속성으로 간주한다. 그러나 구체적인 사건으로 '여수의 바닷물은 푸르다'고 볼 때 우리는 전혀 다른 방식으로 진술하고 경험할 수 있다. 즉 푸름이 자연의 사건들과의 관계 속으로 진입해 가는 것이다. 경험에 진입해 들어오는 푸름은 빛의 정도, 대기의 온도, 물의 상태, 관찰자의 감각기관 등은 물론이고 이밖에도 그 사건을 한정하는 다수의 요인들을 통합한 사건들을 통해 구성된다. 그렇기에 직접적으로 경험한 여수의 바닷물의 푸름은 구체적인 사건들인 여러 개의 변수들, 해, 구름, 장소, 대기 등이 결합한 '다항적 관계(Many-Termed Relations)'로 이루어진 통일된 사건이다. 이렇게 될 때 푸름이 바다라는 실체의 속성이 되는 것을 피할 수 있다. 다시 말해 어떤 여수라는 장소에서 푸른 바다를 보는 경험은 그 때의 상황 및 여러 여건들의 개입을 통해 이루어지는 사건이라고 할 수 있다. 화이트헤드는 이러한 경험적 사건을 파악이라고 하며, 그런 다항 관계를 통해 하나의 성질을 파악한 주체의 위치에 있는 존재를 '결합체(Nexus)'라고 부른다.[14] 우리는 결합체를 상호 파악에 의해 구성된 '사이의 존재'라고 부를 수도 있다. 결합체라고 하는 존재는 우리가 일반적으로 사물, 대상, 인간이라고 부르는 것이다.

Whitehead의 철학은 '새로움'의 철학 혹은 '창조성'의 철학이라고 한다. 지금은 우리가 너무 흔하게 사용하는 단어들이지만, 철학에서는 20세기에 와서 사용되는 혁명적인 단어들이다. 그것은 철학이 안정이나 영원이 아니라, 변화와 흐름 속에서 철학적 사유를 전개해야 한다는 것을

---

14 김영진, 『화이트헤드의 유기체 철학』, 그린비, 2012, 123-125쪽.

함축한다. 화이트헤드는 사물이나 존재는 '창조성(Creativity)', '다자(Many)', '일자(One)'라는 요소들로 구성되어 있다고 한다. 예컨대, 스마트 폰, 연필, 숟가락, 강아지, 연인과 같은 현실적인 사물들과 사람들은 모두 다수가 공재된 존재들로서 언제나 새로운 상황에 따라 잠재적으로 변화할 수 있는 창조성의 원리를 내재하고 있다. 숟가락은 밥을 먹는 용도로 사용되다가, 술병과 접속할 때 병따개로 변화할 수 있다. 또한 화물을 실고 가는 배가 해적에게 납치될 때, 더 이상 그 배는 화물선이기를 그치고 감옥선이 될 수 있고, 해적들에게는 해적선이 된다. 이와 같이 명사로 지칭되는 사물과 사람은 언제나 그 안에 잠재적으로 새로운 관계를 맺을 수 있는 힘이 있다. 그러므로 일자라고 부르는 사람과 사물은 실제로는 다수가 공재된 일자이다. 우리는 상황에 따라 새로운 일자가 되어 가는 과정을 '합생 과정(Concrescence Process)'이라고 한다.

Whitehead는 철저하게 이분법을 거부한다. 그는 인간과 비인간, 사회와 자연 역시 새로운 방식으로 언제나 결합할 수 있다고 본다. 물론 그 결합은 시공간의 영향 속에서 일시적으로 존속할 뿐이다. 즉 일자라고 부르는 결합된 존재들은 준-안정적인 상태에 있을 뿐이다. 앞에서 언급한 Whitehead의 전문 용어인 '결합체'를 통해 볼 때, 우리가 몸에 지니고 있는 안경이나 스마트 폰 역시 나와 결합된 것이라고 볼 수 있다. 또한 휴대폰으로 해외에 있는 연인이나 친구와 대화를 나눌 때, 나라는 존재는 휴대폰-파리-대구라는 시공간 속에서 상호 결합된 결합체이다. 이때 휴대폰이라는 기계와 나라는 생물체는 분리되는 것이 아니라 휴대폰-나-친구는 통화라는 성질과 연결된 결합체인 것이다. 그러므로 우리의 삶은 항상 합생 과정을 경험하며 살아가는 존재들이다.

이때 합생 과정을 통해 실현된 존재는 일정한 가치를 달성한 것이다.[15] 가치는 제한의 산물이다. 제한되지 않는 사물은 카오스이거나 영원한 것이다. 과정철학에서 볼 때, 제한은 모든 존재가 존속하는 유일한 방식이

---

15 Whitehead, A. N. 오영환 옮김, 『과학과 근대세계』, 1989, 148쪽.

며, 역설적으로 그 제한이 가치를 실현하는 유일한 도구이다. 푸름을 통해 제한된 바닷물도 해적을 통해 제한된 배도 일정 기간 존속하며, 어떤 가치를 실현하고 있는 것이다. 합생적 존재가 파악을 통해 존속하는 조직이나 체계를 구축하는 것을 Whitehead는 '감염(Infecting)'[16]이라고 한다. 감염이란, 상호 파악을 통해 서로를 받아들이는 양상을 가리키고, 존속(Endurance)은 "이 존재와 그 환경 '사이'에서 상호적 생산"이 성공했음을 의미한다.[17] 이때 사이에서 상호 생산이 이루어지는 존재를 우리는 조직화된 체계 혹은 유기체라고 한다. 감염에 따라 형성된 유기체는 내 방식대로 환경을 바꾸지 않고 내가 지향하는 존속 방식이 주변 환경을 설득하는 것을 의미하며, 그것은 가치들이 상호 적응(Co-adaptation)된 것이다.[18] 가치의 상호 적응이란 동일한 전자라도 몸속의 전자와 몸 밖의 전자는 다름을 의미한다. 몸의 시공간의 '계획'에 따라 활동하는 전자는 몸 밖의 전자와는 그 가치의 상호 적응이 다르다고 볼 수 있다.[19] 몸 속의 전자들은 상호 파악을 통해 몸이라는 형태를 제한하며, 그 제한이 일정한 가치의 존속을 가능하게 한다. 따라서 물리적 존재에 해당하는 전자도 사실은 그 구체적인 맥락과 결합되어 상호 적응하게 된다는 점에서 목적과 가치를 배제하고 논의할 수 없다. 이때 전자가 몸 속에서 추구하는 가치는 도덕적인 선이나 도구적인 이성에 기반한 진리의 가치라기보다는 '구조적인 짜임'[20]이라는 미의 가치를 구현하는 것이다. 미의 가치를 위해서 전자는 어떤상황에서는 구형이 되었다가 어떤 상황에서는 타원형이 될 수 있는 것이다.[21]

진화의 문제는 사물들이 자기를 넘어서서 점차 높은 단계의 달성을 성

---

16 같은 책, 148쪽.

17 같은 책, 148쪽.

18 Stengers, I., *Thinking with Whitehead: A Free and Wild Creation of Concepts*, trans. by Michael Chase, Cambridge, MA: Harvard University Press, 2011, 158쪽.

19 Whitehead, A. N. 오영환 옮김, 『과학과 근대세계』, 1989, 125쪽.

20 같은 책, 148쪽.

21 같은 책, 225쪽

취해 가는 데 관여하고 있는 지속적인 가치 형식들의 지속적인 조화의 전개 문제이다. 미의 달성은 실현 형태의 구조적인 짜임 속에서 이루어진다. 한 사물의 지속은 제한된 미적 성취의 달성을 나타내는 것이다.[22]

물론 현대 생물학의 논의는 새로움이나 차이를 통한 미적 가치의 구현보다는 자기 보존이나 자기 재생산에 더 초점을 두고 있다. 예컨대, Maturana &Varela(1991)의 자기발생이론, Kauffman(2000)의 복잡성이론과 자기조직화체계, Oyama(2000)의 발전체계이론(Development Systems Theory) 등은 모두 생물의 진화에 대한 주된 이론으로 자리를 잡고 있으며, 이들 이론의 핵심적인 전제는 항상적인 균형(Homeostatic Equilibrium)에 있다. 이것은 '사이'의 개념과 밀접한 관련이 있는 것이다. 달리 말해 현대 생물학 이론들은 '사이' 혹은 '관계'를 보여주고는 있으나 유기체가 미적 가치를 구현한다는 사실을 충분히 보여주고 있지는 못하는 것이다. 우리가 미적 가치를 통해 강조하고 싶은 것은 모든 유기체가 자발적으로 그 자신을 위한 결단을 통해 새로운 가치를 추구하는 성향을 갖고 있다는 점에 주목하고자 함이다. Maye et al.(2007) 등에 의하면, 파리조차도 비선형적이고 불안정한 곳에서 자발적인 결단을 내리며, 각각의 세포도 그 자신을 위해 결단을 내린다고 한다(Albrecht-Buehler, 1998). 이와 마찬가지로 Whitehead 역시 사이는 물리적 파악을 통해 설명하지만, 새로운 가치평가를 통해 미적 가치를 구현하는 파악은 개념적 파악이라고 하며, 이 양 파악의 구성이 합생 과정이다.

다시 말해 합생 과정을 통해 구성된 존재는 '사이'와 '미적 가치'라는 두 요소를 통해 구성된 것이다. 사이에서 상호적응을 통한 미적 성취는 물리학이나 생물학에서 의미하는 존재들뿐만 아니라 우리 인류의 삶과 문명도 동일한 여정을 겪었다. 문명화는 언제나 이 사이들을 횡단하면서 혼종

---

22 같은 책, 148쪽

적 교류를 진행시켰는데, Latour는 이것을 '네트워크'라 부른다.[23] 그에 따르면 근대는 분리될 수 없는 자연-인간-문화를 자연/정치/담론의 영역으로 권력에 따라 세분했지만, 과학, 정치, 경제로 각각 분리하려는 근대의 시도는 무기력한 방식이다. 그런데 이와 같은 근대의 원자적 개체의 패러다임은 인간과 자연을 순수한 존재로 정화해 왔고, 이런 개체 관점으로는 금융 위기, 지구온난화, 인권 등을 해결할 해법을 줄 수 없다.[24] 혼종적 교류만이 현재의 위기를 극복하고 새로운 사회를 건설할 수 있다. 예를 들어서, Deleuze와 Guattari는 말-인간-등자의 결합이 중세 봉건시대를 낳았으며, 그것이 정치적이고 경제적으로 전혀 다른 세계상을 제시하는데 결정적인 역할을 했다고 분석한다. 이런 결합을 통해 중세의 기사라는 계급이 만들어진다. 일종의 새로운 합생 존재가 탄생한 것이다. 이와 같이 혼종적 교류는 기존의 패턴이나 코드에서 벗어나서 새로운 패턴을 만드는데 결정적인 기여를 하였기에, 근대의 세분화된 분류는 권력을 나누는 방식에 지나지 않으며, 실재와 문화의 전개를 이해하는 데 커다란 한계에 봉착할 수밖에 없다.

한편 Whitehead는 합생 과정을 통해 구성되는 존재를 현실적 존재 혹은 '현실적 계기(Actual Occasions)'라고 부른다. 이 존재는 사이와 가치를 모두 함축하고있는 개념이다. 예를 들어서, 어떤 사람이 학회에 가서 주변 사람들을 만나는 상황을 고려해보자. 그는 주변 사람과 사물들을 정서적(Affective)으로 경험한다. 그런 정서적 경험은 그 사람이 자신의 삶에서 원하는 목표에 따라 그 경험의 강도와 다양성이 달라진다. 즉 감정, 기쁨, 희망, 공포, 후회 등을 통합된 방식으로 경험한다. 이 경우에 우리는 나의 경험을 크게 세 가지로 구분할 수 있다. 환경의 역할을 강조할 경우는 원인을 만나게 되며, 현재 내가 그 환경을 새로운 의미의 패턴으

---

23 Latour, B., *We Have Never Been Modern*. trans. by Catherine Porter. Cambridge, MA: Harvard University Press, 1993, 3쪽.

24 Latour, B., *We Have Never Been Modern*. trans. by Catherine Porter. Cambridge, MA: Harvard University Press, 1993, 49-50쪽.

로 파악할 때는 자기 창조의 과정이 되며, 미래의 개념적 예측을 강조할 경우에는 목적이나 가치 지향적인 과정을 수행한다.[25] 즉 이 과정은 작용인(EfficientCause)과 목적인(Final Cause)이라는 두 과정으로 요약된다. 따라서 Whitehead의 현실적 존재는 사이와 가치 둘 모두가 내재된 개념이라고 할 수 있다.

이 개념을 통해 화이트헤드는 내적 관계(Internal Relation)라는 것을 주장한다. 이를 경제학이나 정치학에 적용하자면, 개인이나 공동체를 실체적 단위로 보지 않는다는 것이며, 개인과 공동체는 서로 분리될 수 없고, '공동체 사이에서 개인(Person in Community)'[26]이라고 명명될 수 있을 뿐이다. 그러나 물질과 정신이라는 독립적인 실체 개념을 통해 외적 관계로 정치와 경제를 바라본 것이 근대자본주의와 공산주의체제이다. 자본주의에서는 인간을 실체적 단위로 보며, 그 단위는 오로지 외적 관계를 갖는 것으로 본다. 이 계약에서 소외당하는 개체는 자본주의 사회에서 적응하기가 쉽지 않다. 이에 반해 맑스주의자들은 집단을 하나의 실체로 보고 개인을 인정하지 않는 경향이 있다. 특히 다른 조직이나 공동체는 배제하거나 인정하지 않는 경향이 있다. 근대를 상징하는 두 가지 체제는 서로가 다른 하나를 배제하는 이원론의 구조를 생래적으로 갖고 있다고 할 수 있다.

간략하게 정리한 Whitehead의 과정철학을 기업가정신이라는 개념을 이해하는데 적용해보자. 기업가 정신을 '부의 창출'로만 한정하는 것도 근대 지식의 담론의 울타리에 갇혀 있는 꼴이 된다. 부는 다양한 영역의 문제와 밀접한 관련이 있다. 자연, 인간, 문화, 기계 등의 결합을 고려하지 않고는 부의 창출문제는 다룰 수 없다. 아웃소싱의 문제는 언제나 비정규직과 3세계 국가의 노동력을 언급해야 한다. 즉 결합체라는 사이와 가치 속에서 검토해야 할 문제가 부이다. 그렇다면 우리는 합생적 기

25 Whitehead, A. N. 오영환·문창옥 옮김, 「사유의 양태」, 고려원, 1992, 125쪽.

26 Cobb, J. B. 2007. Person-in-community: Whiteheadian insights into community and institution, *Organization Studies*, 2007, 158쪽.

업가–되기라는 개념을 통해 기업가 정신을 새롭게 조망하는 방식을 살펴보도록 하자. 다시 말해서 2장에서 전개한 과정철학의 '사이'와 '가치'라는 관점을 유지하면서 구체적으로 기업가–되기 이론을 한 단계 더 끌고 갈 수 있는 길을 어떻게 찾을 것인가?

우리는 기존 논의의 한계를 넘어 과정철학 관점에서 기업가정신 연구의 학문적 토대를 굳건히 세우면서, 동시에 인류의 삶의 조건을 한 단계 더 진전시키려는 변혁적 기업가들에게 실천적 지침을 제공할 수 있는 데까지 나아가는 모험적 시도를 이 글에서 해보고자 한다. 과정철학의 존재론과 인식론에 대한 논의뿐만 아니라 방법론과 가치론의 주장들을 폭넓게 수용하면서 이것과 기업가정신과의 창조적 접속을 시도함으로써 가능한 일이다(김상표 · 김영진, 2010, 2011, 2013, 2014,2015). 우리는 이 문제를 3장에서 논의하게 된다.

3. 합생적 기업가–되기

기업가정신에 대한 정의는 매우 다양하지만, Timmons(1994)의 정의가 가장 포괄적이고 체계적인 편이다(배종석 · 차민석, 2009). 여러 학자들에 의해 논의되어 온 기존의 기업가정신에 대한 정의들을 검토하고 자신들의 기업가정신에 대한 정의를 새롭게 제시한 배종석 · 차민석(2009)의 연구도 Timmons(1994)의 정의에서 크게 벗어나지 못했다. Timmons(1994)에 따르면, "기업가정신은 기회 추구와 총체적 접근방법에 바탕을 둔, 사고하고, 추론하고, 행동하는 방식이자 가치창출과 확보를 목적으로 삼는 균형잡힌 리더십이다."라고 정의한다. 이 정의에서 보자면, 기업가정신에 대한 체계적인 논의는 사고, 추론, 행동, 리더십이라는 요소를 그안에 포함하고 있어야 한다. 그런데 우리는 Timmons(1994)의 기업가정신 정의에 중요한 요소가 결여되어 있다고 생각한다. 21세기 경영환경에서 지속가능성(Sustainability)을 추구하는 창업자가 갖추어야 할 가치론적 덕목이 그것이다. 즉 과정철학의 가치론적 측면들을 기업가정신에서 포섭할 수 있는 공간을 확보해야 한다. 이러한 문제의식 아래 우리는 3장에서 기업가-되기 개념을 과정철학의 핵심적 개념들인 프로네시스, 가추법, 창조성, 미적 가치와 접속시켜 '합생적 기업가-되기(Concrescently Entrepreneuring)'라는 새로운 대안 개념을 제시하고 합생적 기업가-되기의 잠재력을 드러내기 위해 이론적 체계화를 시도할 것이다.

> 우리는 유동적이며 변동하고 있는 직접적 미래의 상황에 직면하고 있다. 경직된 격언, 눈대중으로 하는 관례적 방식, 틀에 박힌 특정 학설 등은 급기야 파멸을 가져오고야 말 것이다. 미래의 경영은 지난 몇 세기와는 조금 다른 유형의 사람들에 의해 운영될 것임에 틀림없다.[27]

Whitehead는 과정 철학을 중심으로 미래의 경영이 작동될 것임을 1920년대에 예견을 하고 있다. 그의 예견은 오늘날에 와서 적중하는 것처럼 보인다. 앞서 살펴보았듯이 Timmons는 기업가정신이 사고, 추론, 행위, 리더십 이 네 가지를 포함해야 한다고 주장한다. 그렇다면 화이트헤드의 과정철학의 전망에서 기업가정신의 사고, 추론, 행위 및 리더십은 어떻게 수용될 수 있는가? 이 네 가지는 직접적인 일대일 대응관계를 상정할 수는 없지만, 과정철학의 주요개념들인 프로네시스(Phronesis), 가추법(Abduction), 창조성, 미적 가치에서 그 연결고리를 찾을 수 있다. 요컨대 우리는 과정철학의 이 네 가지 개념이 합생적 기업가-되기를 구성하는 요소가 될 수 있다고 본다. 이렇게 볼 때, 합생적 기업가-되기란, 1)지속가능성의 바탕이 되는 미적 가치를 사유와 행위의 전제로 삼아, 2)구체적인 시공간 맥락 내에서 시의적절한 방식으로 예견력과 상상력을

---

27 Whitehead, A. N., 오영환 옮김, 『관념의 모험』, 한길사, 1996, 170쪽.

동원하여 새로움을 도입하고, 3) 인간과 비인간 등 다양한 현실적 존재들을 내적 여건으로 수용함으로써 공동의 리듬을 창출하는 등, 현실적 존재가 합생을 통해 이전보다 더 높은 강도의 새로운 되기 블록을 지속적으로 만들어가는 과정을 의미하는 것으로 잠정적으로 정의할 수 있다. 달리 표현하자면, 합생적 기업가-되기란 다양하게 부조화된 요소들을 미적인 조화를 가져오기 위해 시의적절한 행위와 추론과정을 수행하는 사건의 리더십이라고 부를 수 있다. 이제 구체적으로 합생적 기업가-되기가 과정철학의 주요 개념들과 어떠한 연관성을 갖고 있는지 살펴보자.

3.1 합생적 기업가-되기와 프로네시스

프로네시스 개념이 조직과 경영교육에 중요한 의미를 가질 수 있다는 것은 이미 여러 경영연구자들에 의해 수용되고 있다. 특히 Management Learning(2014)에서 특집호로 프로네시스를 다루었음을 볼 때, 이 개념이 기존의 지식 유형과는 다른 지식 유형을 보여줌으로써 조직과 경영교육에 대한 새로운 관점을 시사하고 있다는 것이다(Mackay et al. 2014; Nonaka et al.,2014; Shotter & Tsoukas, 2014; Statler, 2014; Zackariasson, 2006). 우리는 프로네시스 개념이 무엇보다 기업가-되기에 중요한 사유 방식 및 지식 유형이라는 점을 이 글에서 밝히고 싶다.

우리 역시 합생적 기업가-되기에서 사유의 핵심적인 지식은 프로네시스라고 본다. 그것은 구체적인 상황에서 적절하게 행위하는 것을 의미하기 때문이다. 사유는 지식을 통해 이루어진다. 현재 경영 교육에서 가르치는 지식은 표상 중심이다. 학생들의 사유는 표상을 통해 구성된다. Ghoshal에 따르면[28], 경영학부에서 가르치는 지식은 명석 판명한 지식이며, 각 개념이 지시하는 대상은 외적 관계를 통해 자기 충족적인 현상으

---

28 Ghoshal, S. 2005. Bad management theories are destroying good management practices. *Academy of Management Learning and Education*, 2005, 75쪽.

로 본다. 표상지식은 관찰자의 입장과는 무관하게 현상과 이론이 정확히 일치한다는 입장이다(Chia & Holt, 2008). 그러므로 표상 지식은 추상적으로 통제된 방식의 지식이라고 할 수 있다.

　이것은 학부뿐만 아니라 대학원에서도 가장 중요한 지식의 규범이다. 이런 지식은 매개변수, 조절변수, 독립변수, 결과변수 사이의 상관관계를 통해 평균분산추출을 얻어낸다. 이를 통해 문항별 회귀계수 자료를 통해 그 객관성이 보장된다. 우리는 이를 실증주의 경영이론이라고 부른다. 이와 같은 실증주의 경영이론에서 다루는 표상지식은 실체 철학 혹은 존재 철학의 전형이다. 우리는 개체 중심의 패러다임을 '균형기반이론(Equilibrium−Based Theory)'이라고 한다. 이런 지식은 시공간과 무관하게 전개되는 추상적이고 일반적인 지식이기에 에피스테메(Episteme) 지식이라고 하며, 양적 측정을 통해 표현된 기술적인 지식을 테크네(Techne)라고 명명된다(Baumard, 1999). Raphals(1992)에 따르면, 그와 같은 지식은 피타고라스의 사유에서 비롯된 수와 밀접한 관련이 있다고 한다. 이런 지식들이 중요하다는 사실은 누구나 아는 사실이지만, 2008년 미국의 금융위기나 일본에서 쓰나미로 그렇게 많은 사람이 죽고 방사능이 누출될 것이라고는 아무도 그 파장을 충분히 예견하지 못했다. 이에 Whitehead는 과학에 대한 맹목적인 신뢰에 대해 다음과 같이 비판한다.

　　이러한 과학의 온갖 결함으로 말미암아 우리는 지구상에 존재하는 미래에 대하여 무지하며, 인류의 미래에 대하여 무지하며, 일년의 역사의 경로에 대하여 무지하며, 내일을 가정생활의 세세한 대부분의 것들에 대해서 무지하며, 우리의 생존 그 자체에 설정되어 있는 한계에 대해서 조차 무지하다.[29]

---

29 Whitehead, A. N., 오영환 옮김, 『관념의 모험』, 한길사, 1996, 160쪽

이런 지식은 과정이나 맥락을 무시하며, 오로지 분산추출 일반화에 따른 명제만을 진리로 인정한다(Sandberg & Tsoukas, 2011). 그런데 실제 기업은 우발적인 변수를 통해 의사결정이 이루어지기도 하며, 특히, 환경이나 지역에 따른 도덕적 전통에 입각해 의사결정을 내리는 경우가 많다. 수학적 지식에 따른 결점을 보완하기 위해 우리는 어떤 지식을 탐구해야 하는가? 화이트헤드는 이를 예견(Foresight)이라고 하며, 예견이란 "인간성이 어떠한 성격과 강도로 반응하는가를 결정"[30]하는 지식이라고 한다.

이 예견에 해당하는 지식을 아리스토텔레스는 프로네시스 지식이라고 한다. 스퐁필에 의하면, 프로네시스 지식은 실천적 지식이며, 그것은 '예견하다' 혹은 '대비하다'라는 의미의 프로비데레(Providere)에서 파생된 것이라고 한다. 그것은 신중한 판단을 내리는 행위라고 할 수 있다. 신중은 고대에 중요한 미덕 중의 하나이다. 신중은 그 구체적인 상황에서 최선의 선택에 따른 행동을 하는 것을 의미한다. 이런 의미에서 프로네시스를 실천적 지혜(Practical Wisdom)라고도 한다. 그것은 행동의, 행동을 위한, 행동 속의 지혜이다. 그러므로 플라톤은 지도자가 가져야 할 가장 중요한 덕목으로 간주했다. 따라서 기업가-되기는 언제나 행동을 통해 사유하는 것이기에, 프로네시스는 행동과 사유가 분리되지 않는 지식의 유형이라고 할 수 있다.

Whitehead에 의하면 이 예견 능력은 과학적 지식들과는 달리 "명쾌하게 기술하는 것만으로는 철저히 규명되지 않는"[31]것이라고 한다. 과학은 단지 '법칙'만을 추구하지만, 신중에 해당하는 예견은 "미래에 출현하게 될 관련 사실들에 대한 적절한 강조"[32]를 추구하는 것이다. Whitehead는 프로네시스 지식을 '시의적절함(Seasonableness)'이라고

---

30 같은 책, 168쪽.
31 같은 책, 160쪽.
32 같은 책, 160쪽.

한다. 법칙에 따른 진리가 분명히 선일 것이라고 생각하는 것은 "잘못된 상투어"[33]이며, 오히려 "사소한 진리가 커다란 악"[34]의 주범이 될 수 있다고 한다. 그는 "진리는 반드시 시의적절한 것"[35]이어야만 한다고 말한다. 우리는 '땅콩으로 인한 비행기 회항 사건'에서 무엇이 옳고 그름을 떠나서 과연 그것이 시의적절한 행동이었는지를 생각해볼 필요가 있다. 물론 Whitehead 역시 모든 조직은 관례적 방식을 따르며, 이것은 "모든 사회 조직의 신"[36]이라고 한다.

하지만 관례적 지식이 그 사회의 질서를 구축하는 루틴이지만, 신중한 행위 역시 현대 조직에서는 무엇보다 중요하다고 본다. 동일한 맥락에서 Weick은 자신의 논문에서 산에서 활동하는 소방대원들이 관례에 따라서 행동하고 예기치 않은 상황에서 시의적절한 행동을 거부함으로써 소중한 자신들의 목숨을 잃게 되었다고 한다. 그러면도 예상하지 못한 경영 상황을 견뎌내기 위해 '신중한 주의(Mindful Attentiveness)'라는 개념을 사용한다(Weick, 2004; Weick & Putnam, 2006).

Nonaka et al.[37] 역시 더 이상 프로네시스 지식은 학교에서 사라진 지식이라고 한다. 하지만 이 지식은 조직이나 기업에서 가장 필수적인 지식이라고 한다. 기업에서 주인의식 및 책임감과 유대관계를 중시한다면, 그것은 프로네시스 지식을 핵심으로 한다고 볼 수 있다. 그에 따르면, 성공한 기업 및 기업가는 프로네시스 지식을 최대한 활용했다고 주장한다. 이 세 가지 지식을 휴대폰을 통해 살펴보도록 하자. 일정한 기술과 부품이 있다면 누구나 휴대폰을 만들 수 있다. 그런데 사용하는 사람과 만든 사람은 그 폰에 대해 다른 입장을 취할 수 있다. 일치하는 경우도 있지만, 사용자와 제작자의 가치가 다를 수 있다. 테크네는 휴대폰을 만드는 지식

---

33 같은 책, 376쪽.

34 같은 책, 376쪽.

35 같은 책, 376쪽.

36 같은 책, 162쪽.

37 Nonaka, I., Toyama, R., and Hiratam T. 2008. *Managing Flow : A Process Theory of the Knowledge-Based Firm*, Palgrave Macmilian, 2008. 54쪽.

이라면, 프로네시스는 고객이 좋아하는 휴대폰을 예측하는 능력이다. 아무리 좋은 기술을 갖고 있더라도, 소비자와 유대감을 형성할 예측능력이 없다면 아무 소용이 없다. 소비자가 좋아하는 폰을 만드는 것이 프로네시스 지식이다. 좋음은 맥락 의존적이며, 주체들의 상호 작용에 의해 생겨난다. 즉 소비자들이 어떤 성향과 경향을 갖고 있는지를 알아야 한다. Nonaka et al.에 따르면[38], 생산된 것은 생산자 이후에도 살아가며, 생산자는 테크네로 초래된 생산적 행위의 작용인일 뿐이다. 따라서 테크네가 작용인이라면, 프로네시스는 주체와 대상이 상호작용하는 목적인의 역할을 하는 지식이다. 다시 말해서 프로네시스 지식만이 '앎의 이유', '앎의 방식', '앎의 종류'를 종합하는 능력이 있다.[39] 따라서 Nonaka에 따르면, 프로네시스는 "특정 시공간에서 대다수의 고객들이 좋은 것으로 판단하는 것을 이해하고 그에 따른 결실을 맺는 능력"[40]이다. 이런 능력은 어떻게 키워지는가? "삶을 위한 다양한 필수품, 진지한 여러 가지 목적, 하찮은 갖가지 오락"[41]에 주목하는 습관을 갖춤으로써 가능하다. 따라서 합생적 기업가는 프로네시스의 지식으로 자신을 무장해야 한다.

3.2 합생적 기업가-되기와 가추법

Whitehead는 수학과 자연과학 및 형이상학을 탐구하는 방법으로 가추법을 사용했으며, 이 방법을 통해 학문을 생산적 학으로 볼 수 있다는 점을 밝히고 있다.[42] 생산적 학이란 규율과 상상력이 결합된 방식을 사용하는 것이다. 즉, 가추법은 상상력과 합리성이 결합된 추론 방식이다. 우

38 Nonaka, I., Chia, R., Holt, R., Peltokorpi, V. 2014. Wisdom, management and organization, *Management Learning*, 2014, 365쪽.

39 Nonaka, I., Toyama, R., and Hiratam T. 2008. *Managing Flow : A Process Theory of the Knowledge-Based Firm*, Palgrave Macmilian, 2008, 54쪽.

40 같은 책, 54쪽.

41 Whitehead, A. N., 오영환 옮김, 『관념의 모험』, 한길사, 1996, 171쪽.

42 김영진, 『화이트헤드의 유기체 철학』, 그린비, 2012, 123쪽.

리는 화이트헤드가 사용한 가추법이 기업가-되기를 수행하는 추론의 영역임을 이 글에서 밝히고자 한다. 왜냐하면 가추법은 그 어떤 추론보다 새로운 기회를 만드는 과정과 밀접한 관련을 갖고 있기 때문이다.

합리성을 중심으로 추론이 진행되는 방법론이 연역법과 귀납법이며, 상상력을 중심으로 전개된 추론 방법이 현상학, 변증법, 해석학 등이다. 분석과 비분석의 방법론을 결합한 방법론이 가추법이다. 가추법은 이미 아리스토텔레스의 추론방법에서 보이지만, 20세기에 와서 그 방법론을 적극적으로 수용해서 사용한 사상가는 Whitehead와 Peirce이다. Whitehead는 이미 수학과 논리학 및 자연과학을 탐구하는 방식에서도 가추법의 형식을 사용했으며, 특히 형이상학 역시 가추법의 추론 방식을 통해 생산적인 학으로 만들었다. 우리는 가추법의 이런 특성은 합생적 기업가-되기에 적합한 추론 방식이라고 본다. 이 장에서 가추법에 대한 간단한 설명과 함께 그것이 기업가정신에서 어떻게 활용될 수 있는지를 살펴볼 것이다.

이미 조직 연구에서도 가추법이 가장 창조적인 발견의 방법이라는 점에 동의하는 연구자들이 늘어나고 있는 추세이다(Avesson & Skoldberg, 2000; Hansen,2007; Locke et al., 2004; Weick, 2007; Van Maannen et al., 2007). Van Mannen(2007)에 따르면, 연역은 무엇이 있음이 틀림이 없고, 귀납은 실제적으로 무엇이 작동하고 있고, 가추법은 단지 무엇이 있을 것이라고 추정하는 것이라고 한다. 즉 가추법은 의심과 상상력을 통해 새로운 규칙을 만들어가는 추론 과정이다. 따라서 가추법의 추론 과정은 기존의 신념을 의심하고 새로운 신념이나 규칙을 만들어가는 것이라고 할 수 있다(Locke et al., 2008). 좀더 구체적으로 가추법과 다른 추론 방법의 차이점을 설명해 볼 것이다.

관찰은 "사실의 어떤 측면을 선택하는 것"[43]이다. Whitehead는 자신의 철학을 관점주의라고 한다. 이때 관점은 사실의 어떤 측면을 선택해서

---

43 Whitehead, A. N. 오영환 옮김, 『과학과 근대세계』, 1989, 38쪽.

바라보는 것이며, 그런 점에서 누구나 이론을 갖고 관찰하는 것이다. 예 컨대 아침에 출근할 때 땅이 젖어 있으면, 우리는 밤 동안에 비가 왔다고 추정할 수 있다. 그런데 아파트 수위 아저씨가 건조해서 물을 뿌려 놓았 을 수도 있다. 이런 추정은 잘못으로 판명날 수 있다. 이것이 우리가 일반 적으로 추정을 하는 방법이기에, Whitehead는 연역법이나 귀납법과는 달리 가추법을 '인간 사유의 습관적 경험의 본능적 절차'[44]라고 한다. 따라 서 이 방법은 과학자, 기업가, 낚시꾼, 형사가 추정하는 방법론이다.

이 세 가지 추론방식을 검토해 본다면, 연역법과 귀납법에 비해 그 확 실성이 가추법이 가장 약하다. 하지만 가추법의 장점은 그 생산성에 있 다. 관찰된 사실을 보고 하나의 잠정적 규칙을 만들어내는 것은 학문의 진보뿐만 아니라 기업의 진보에도 중요한 추론 방법이라고 볼 수 있다. 가추법은 기존의 연역법과 귀납법과의 차이와 그 추론의 생산성으로 인 해 2000년대에 들어서 조직 연구자들도 관심의 폭이 증대되고 있다(Carr et al., 2004; Locke et al., 2008; Shepherd & Sutcliffe, 2011). 특히 Rennemo et al.(2014)는 사례 연구를 통해 가추법, 연역법, 귀납법의 추 론을 적절하게 결합해서 사용할 때, 기업가들이 시장에서 자신의 약점을 보완하고 장점을 살릴 수 있는 방법이 있다는 것을 보여주고 있다.

물론 타당성과 확실성을 지식이라고 간주하는 시대에 불확실성을 주 장하는 추론 과정은 받아들이기 쉽지 않을 수 있다. 하지만 제반 학문의 발전은 Whitehead와 Peirce도 밝히고 있듯이, 가추법에 의해 실현되었 다고 해도 과언이 아니다. 가추법의 핵심은 하찮은 갖가지 오락을 통해 미래를 예견하는 능력이다. 귀납법을 통해 자연과학자가 실험결과를 보 여주는 것은 괜찮은 합리적인 방법이다. 하지만 기업가에게 다양한 실험 결과를 충분히 드러난 후에 행동을 하는 경우는 타이밍을 놓치기 쉽다. 일본을 대표하는 24시간 편의점인 세븐일레븐의 장점은 파트−타임 근

---

44 Whitehead, A. N., *An Enquiry Concerning the Principles of natural Knowledge*, Dover Publications, Inc., New York, 1925. 76쪽.

로자에게도 상상력을 갖고 범주화시키는 능력이 있음을 인정한다는 점이다. 어떤 전문 경영 지식에 해당하는 수학이나 경영학을 배우지 않더라도 프로네시스와 가추법은 모든 인간이 갖고 있는 기본적인 본성이다. 세븐 일레븐의 회장인 스즈키(Suzuki)에 따르면, "세계 어디에서라도 소매점은 지역적인 소비 형태를 충분히 고려해야 하는데, 소비 형태에 신중한 주의를 기울일수록 그 지역에 더 특화된 소매점으로 발견할 수 있고, 그만큼 소매점의 성공가능성도 높아진다".[45] 예컨대, 일본의 한 상업지구에서 한 파트 타임 직원은 여성들이 간소한 식사를 위해 점심에 샐러드를 많이 구입한다는 사실을 파악하고 그 상황에 적절하게 점심시간에 샐러드를 많이 갖다 놓는다.[46] 이는 직장 여성들이 점심에 샐러드를 선호한다는 관찰을 통해서, 점심에는 다른 시간보다 샐러드를 많이 들여다 놓을 필요가 있다고 추정한다. 이와 같이 편의점 직원들도 특정 시공간과 상황에 맞는 예견 능력과 가추 능력을 갖추고 있다는 것을 보여준다. 따라서 우리는 합생적 기업가-되기의 추론 방법인 가추법이 합생적 기업가-되기의 핵심적인 추론 방법이라고 본다.

3.3 합생적 기업가-되기와 합생적 리더십

오늘날 역설경영 이론이나 양면성 이론을 통해 탐험(Exploration)과 활용(Exploitation)이 조직에서 모두 중요한 속성임을 알고 있다. 그 중에 어떤 것도 조직에서 배제할 수 없으며, 그 속성이 적절하게 배치되지 않으면 안정과 변화라는 두 속성을 양립할 수 없다. 애플을 창립한 잡스는 자신에게 부족한 부분인 활용을 보충하기 위해 스컬리를 영입했다가, 그 자신의 회사에서 쫓겨나는 수모를 당했다. 다시 애플로 돌아온 후에, 잡스는 쿡과 함께 탐험과 활용을 적절하게 배치해서 세계적인 회사로 애

---

45 Nonaka, I., 『창조적 루틴-1등 기업의 특별한 지식 습관』, 북스닷, 2010, 141쪽.
46 같은 책, 145쪽.

플을 탈바꿈시켜 놓았다. 이런 두 가지 속성을 함께 수행하는 것은 대단히 어려운 일임을 누구나 알고 있다.[47] 이 장에서 우리는 활용과 탐험이 인간 주체의 두 속성이 아니라 사건의 두 속성임을 주장하고자 한다. 과정철학자는 더 이상 주체를 상정하지 않으며, 오로지 사건을 통해 행위가 발생한다고 보며, 양립 불가능한 두 속성은 시공간의 일정한 거리를 통해 가능하다고 본다.[48] 우리는 이런 관점에서 합생적 기업가-되기의 리더십으로 보며, 그 행위를 합생의 리더십 혹은 '결합체 속의 합생적 리더십'이라고 부를 것이다.

도대체 행위란 무엇인가? 주체가 어떤 대상을 통해서 일을 수행하는 것이다. 이때 주체는 주인공의 역할을 수행하고 대상은 조연 내지 주체의 행위에 영향을 미치지 않는 수동적인 존재로 규정한다. 이것은 행위를 '선형적'으로 생각하는 것이다. 연역법이나 귀납법에 익숙한 기업가들은 인과성, 독립변수, 종속변수, 기원이나 종료 등과 같은 것이 확연히 구별될 수 있다는 믿음을 갖는다. 예컨대, 리더십이 생산성에 영향을 준다거나, 부모가 아이들을 사회화시킨다거나, 욕구가 행동에 영향을 미친다는 것은 모두 잘못된 주장이다. 왜냐하면 이와는 반대로도 논증이 성립할 수 있기 때문이다. 즉, 생산성은 리더십의 종류에 영향을 미치며, 아이들이 부모를 사회화시키며, 행동이 욕구에 영향을 미친다는 것이다. 따라서 인과관계는 선형적인 것이 아니라는 점이다.[49]

Whitehead는 현실적 존재의 합생 과정을 네 가지 국면으로 나눈다. '순응 국면(Conformal Phase)', '보완 국면(Supplemental Phase)', '통합 국면'(IntegrativePhase)', '만족(Satisfaction)'이다. 순응은 다양한 요소들이 잠재적인 상황 속에 놓여져 있는 것을 말하며, 보완 국면은 이를 통합하기 위해 어떤 목적이나 형식이 필요한지를 숙고하는 과정이며, 통합 국면은 그런 다양한 요소를 '대비'를 통해 통합하는 것이다. 이 과정이 합생

47 Mintzberg, H., 성현정 옮김, 『MBA가 회사를 망친다』, 북스넛, 2009, 212-213쪽.
48 김영진(2014b), 「현실적 존재와 공동체 기업가정신: 과정철학의 관점」, 『환경철학』, 제17집, 2014, 54-55쪽.
49 Weick, K. E., 배병룡 옮김, 『조직화이론』, 율곡, 1990, 113쪽.

적 과정이라고 할 수 있으며, 최종적인 만족은 그 과정을 통해 미적 종합을 구축한 현실적 존재를 타자에게 내놓는 과정이라고 할 수 있다. 일종의 비—선형적인 순환과정이라고 할 수 있다. 즉 새로운 일자의 탄생과 더불어 타자에게 또 하나의 다자로 내놓는 것이다. 예를 들어, 신약 개발이란, 동물, 인간, 기술, 등 다양한 자원을 특정한 목적을 위해 결합하는 합생적 행위이다. 이 행위는 비선형적이며, 혼돈 속에서 질서를 찾아내는 방식이다.[50] 즉 '카오스모스'이다.

비선형 행위의 대표적인 인물로 나폴레옹을 들 수 있다. 나폴레옹은 1429년에 툴룽지역에서 오를레앙 포위 공격에서 '레귀예트'라는 작은 요새, '경량포', '등고선 지도', '미국독립전쟁'이라는 네 가지 요소를 새롭게 조합했다. 이런 요소들은 이미 존재했던 것이지만, 이전의 그 누구도 이것을 새로운 방식으로 조합하지 못했다. 나폴레옹은 다양한 상황들로부터 선택한 요소들을 새롭게 조합했다. 마치 다자를 새로운 일자로 합생하는 과정을 만들었다. 그는 어떤 전투에서도 동일한 방식을 취하지 않았다. 그는 선형적인 목표지점이 아니라 비선형적인 결정적 지점이 나타날 때만이 전쟁을 수행하였고 패배하지 않았다.[51] 나폴레옹은 전쟁에서 자신을 주인공으로 생각한 적이 없다. 그는 오로지 상황이 주인공이고, 그는 그 상황에 순종해서 새로운 방식으로 종합할 뿐이라고 한다. 나폴레옹의 자서전에 다음과 같은 언급을 하고 있다.

> 나는 한 번도 나 자신의 주인이었던 적이 없다. 나는 항상 상황의 지배를 받았다. 위대한 사람일수록 덜 가져야 한다. 위대한 사람은 사건과 상황에 따라 좌우된다. 내게는 뚜렷한 생각이 거의 없었다. 나는 상황을 통제하려고 고집스럽게 애쓰는 대신, 상황에 순종했기 때문이다.[52]

---

50 김영진·김상표, 「화이트헤드디안 관점—조직의 창조성과 잘못 놓여진 구체성의 오류」, 『화이트헤드 연구』, 제26집, 2013, 35쪽.
51 Duggan, W., 윤미나 옮김, 『제 7의 감각: 전략적 직관』, 비즈니스맵, 2007, 112-117쪽.
52 같은 책, 137쪽.

선형적인 관점에서 행위를 보는 전략가가 조미니라면, 비선형적인 관점에서 행위를 보는 전략가는 클라우제비츠이다. 조미니는 주체가 원하는 목표를 설정하고 그 목표로 나가라고 한다. 주체는 흐름을 통제할 수도 있다고 본다. 하지만 클라우제비츠는 과거에 주어지는 여러 가지 요소들이 목표를 성취하기 위해 합쳐지는 결정적인 지점을 기다리라고 한다. 그는 흐름을 통제하지 말고 그 흐름 속에 함께 가라고 한다.[53] 우리가 의미하는 합생적 기업가란 바로 이 흐름 속에 행위하는 것을 말한다. 그는 흐름을 통제할 수 있는 주체가 아니라 외부에서 주어지는 힘에 순응하면서 새로운 종합을 기다리는 '합생적 자기-초월체'(super-ject)라는 것이다. 합생적 행위를 통해 리더십을 보는 것은 복잡성 과학과 밀접한 관련이 있다. 복잡성이란 체계 속에서 상호 작용을 한다는 것이다.[54] 기존의 리더십에서는 영웅이나 카리스마 있는 리더를 통해 혁신을 추구하였지만, 복잡성 과학에 비롯된 리더십은 사람보다는 '사건'들로 이루어지는 것으로 본다. 즉 시간의 진행을 통한 일련의 상호 작용이 기존의 구조를 변경시킨다는 것이다.[55] 즉 리더십은 상호 작용하고 연결되어 있는 결합체 속에 있는 사람들의 '사이 공간(the spacebetween)'에서 발생한다는 것이다. 복잡성 과학에서 비롯된 사건 리더십은 대체적으로 네 가지 국면을 거친다고 한다. 물론 완전히 일치하지는 않더라도 그런 국면들이 유기적으로 관련을 맺는다는 것이다. 그것은 다음과 같다. 1) 불균형의 조건(Disequilibrium Conditions), 2) 확장하는 행위들(Amplifying Actions), 3) 재결합(Recombinations), 4) 안정화된 피드백(Stabilizing Feedback)이 그것이다.[56] 우리는 이런 네 가지 조건을 앞에서 언급한 '순응 국면(Conformal Phase)', '보완 국면(Supplemental Phase)', '통합 국면'(Integrative Phase)', '만족(Satisfaction)'의 방식

---

53 같은 책, 143쪽.
54 Goldstein, J., Hazy,.J. K., Lichtenstein, B. B., *Complexity and the nexus of leadership: Leveraging nonlinear science to create ecologies of innovation*, Palgrave Macmillan. 2010. 3쪽.
55 같은 책, 2쪽.
56 같은 책, 82쪽.

으로 설명할 수 있다. 기업가들은 외부적 환경에 의해서든, 조직 내부의 다양성을 결합하는 방식에 의해서든 불균형을 직시한다. 이 불균형에 의한 불안과 긴장이 증대되며, 그 불일치를 서로 바라보면서 상호작용을 통한 공명(Resonance)을 시도한다. 이러한 차이를 인정하면서 공명하려는 태도는 새로운 결합을 가져오고, 조직은 점차적으로 새로운 질서를 구축해 간다.[57] Goldstein et al.에 따르면[58], 스타벅스(Starbucks)가 바로 이런 과정을 통해 세계적인 커피숍이 되었다고 한다. 이 최종적인 피드백 단계를 그들은 '균형을 잡는 고리'(Balancing Loop)라고 한다. 이 단어를 통해 그들은 사건 속에서 사람, 가게, 고객, 주주 등 다양한 요소들이 '균형'을 잡는 것이 리더십이라는 점을 보여준다. 따라서 합생적 기업가 되기는 선형적인 주체를 산정하는 것이 아니라, 비선형적인 사건 속에서 다양한 요소들의 결합을 통해 새로운 종합을 수행하는 리더십이라고 할 수 있다. 이것은 경영학에서 의미하는 활용과 탐험이라는 두 속성이 결합된 리더십이라고 할 수 있다.

3.4 합생적 기업가-되기와 미적 가치

경영과 삶이 분리될 수 있는가? 우리는 기업가 정신이 삶의 가치나 목적과 분리될 수 없다고 본다. 그러나 대다수의 기업은 인간관계 및 도덕적 가치를 조직을 위해 중요한 덕목으로 간주하지만, 경영 교육에서는 공동체에 대한 가치를 거의 가르치고 있지 못하며, 그 가르침도 큰 효과를 발휘하지 못한다. 공감은 현역 매니저 가운에 24%가 미래에 가장 중요한 리더의 자질로 보고 있지만, MBA 학생들은 대략 4% 정도만이 그렇게 인식한다. 다른 공동체와의 관련에는 큰 관심이 없고 오로지 주주가치의 극대화에 관심을 기울이는 경향이 있다.[59] 따라서 현재 경영교육

---

57 같은 책, 82-89쪽.
58 같은 책, 90-97쪽.
59 Mintzberg, H., 성현정 옮김, 『MBA가 회사를 망친다』, 북스넛, 2009, 130쪽.

은 분석형 리더를 키우는 데 집중되어 있으며, 이로 인해 다른 사람과 관계를 형성하는 감정적인 능력은 소홀하게 다루어지고 있다. 이것은 수월성(Excellence)교육의 결과라고 볼 수 있으며, 경영 교육 역시 수월성 교육이라고 할 수 있다. 수월성은 특정한 분야에서 뛰어난 능력을 보여주는 것이다. 그런 수월성 교육은 개인의 역량을 키우고, 그 역량에 맞게 직업 세계에 배치하는 것이다.[60] 최은순에 따르면, 이와 같은 교육에만 초점을 맞추는 경우에 그 "교육내용은 경제적 생산수단을 소유하기 위한 일종의 재화"[61](2014: 127)를 얻는 수단에 머무는 것이다. 이는 에피스테메와 테크네를 중심으로 그 역량을 개발하는 것이며, 단지 기능인을 양산하는 것일 뿐이다. 결국 이런 교육은 유용성과 수단에만 치중하는 것이다. 다시 말해서 "명확한 목적의 결여로, 그리고 생명력을 죽이는 외재적인 기계성"[62]으로 공동체 전체의 가치를 이해할 수 없는 교육이라고 할 수 있으며, 이것이 경영 교육에서 가치가 부재하는 주된 이유 중의 하나라고 할 수 있다.

이제 Whitehead가 보는 미적 가치의 의미와 그 유사한 측면이 기업가 정신의 연구에서 어떻게 진행되고 있는지 간단히 그려보자. Whitehead의 철학은 미적 존재론이다. 현실적 존재는 미적 실현의 가치를 함의한다. 이때 미적 실현은 합생과정을 통해 구성된다. 순응, 보완, 역전, 만족의 단계라는 합생과정을 통해 모든 현실적 존재는 자신의 미적 가치를 실현한다. 미시적 존재뿐만 아니라 거시적 존재인 공장, 사회, 기업도 마찬가지이다. 이와 같이 예술의 의미로 미를 이해하는 것이 아니라 실재를 '활동력'과 '미적 가치'로 본 Whitehead는 선구적인 작업을 수행했다고 높이 평가받아 마땅하다.[63] 그는 "예술이란 여러 구체적 사실에 의해 실현되는 하나하나의 가치에 주목하도록 하기 위해 그 사실들을 배열 조정하

---

60 최은순, 「교육의 내재적 관점에서 본 수월성의 의미」, 『교육철학연구』 36권 1호, 2014, 125쪽.
61 같은 책, 127쪽.
62 Whitehead, A. N., 오영환 옮김, 『교육의 목적』, 궁리, 2004, 61쪽.
63 Whitehead, A. N., 오영환 옮김, 『과학과 근대세계』, 1989, 287쪽.

는 어떤 선택 활동"[64]이라고 규정한다. 이런 선택에는 일몰의 경관을 보는 행위도, 공장을 운영하는 경영인의 행위도 포함된다. 모두 생생한 가치를 향유하는 미적행위를 수행하고 있는 것이다. 정말 우리는 활동과 미적 가치를 배제하고는 결코 실재를 이해할 수 없다.

> 일몰의 경관을 잘 바라보려고 단순히 몸이나 시선을 고정시키는 것도 하나의 간단한 예술적 선택 활동인 셈이다. …… 기계 설비를 갖추어 많은 직공을 거느리고 일반대중을 위해 사회적으로 봉사하며, 재능인의 기획과 조직으로 경영되어 주주들의 이윤을 증대시킬 수 있는 잠재력을 가진 하나의 공장도 살아 있는 다양한 가치를 나타내는 하나의 유기체인 것이다.[65]

하지만 근대에서 조직은 합리적인 조직 운영을 목표로 삼으며, 의미와 가치는 주관적인 영역이며, 도구적 합리화를 추구하는 조직은 가치와 양립할 수 없다고 보았다. 즉, 개인의 자유주의에 기초를 둔 자본주의는 역설적으로 개인의 자유와 가치추구 및 조직의 합리성은 함께 양립할 수 없다고 보았다.[66] 물론 미는 공적인 영역의 합리성을 보완하는 사적이고 주관적인 경험의 차원으로 보기도 한다. 이는 합리성의 영역과 감성의 영역을 별개로 간주하는 근대의 시선이다. 보다 적극적으로 예술의 영역을 통해 합리성의 영역을 개선하거나 개혁하려는 이데올로기 방식이기도 있다(Ziarek, 1998). 합리적이고 물화된 조직을 개선하기 위해 미적가치를 논의하는 것은 여전히 조직과 미는 별개의 것이며, 조직의 형식을 타파하는 것으로만 간주하는 것이다. 따라서 근대의 경제학 및 자본주의는 물질적 자본과 사물에만 주목하는 장점을 가진 반면에, 미적인 요소의 중

---

64 같은 책, 288쪽.

65 같은 책, 288쪽.

66 Kersten, A., When craving goodness becomes bad: a critical conception of ethics and aesthetics in organization, *Culture and Organization*, 2008, 189–190쪽.

요성에 관해서는 눈을 감아버렸다.[67] 이는 "내가 내 아우를 지키는 사람인 가요?"라는 카인의 답변이 근대의 경제학과 기업가에게 동일하게 제기될 수밖에 없는 상황에 처하게 된다.

21세기에 접어들면서 기업가 연구에서도 과정 견해를 적극적으로 수용하면서(Bygrave, 2004; Zahra et al., 2009), 기업가 활동을 예술적 행위의 일종으로 보는 연구자들이 늘고 있다(Schaltegger, 2002; Hjorth & Steyaert, 2009). 일반적으로 예술 행위는 다양한 요소들의 결합이나 사이를 통해 미적인 가치를 발현하는 것이다. Schaltegger(2011)는, 기업가가 미적 행위를 한다는 것은 인간과 비-인간을 일정한 비율로 결합시키는 것이라는 매우 획기적인 명제를 내놓는다. 즉 기업가란, 사람, 네트워크, 인공물, 공간, 돈, 관념, 자원, 자연 등과 같은 것을 함께 결합하는 촉매자의 역할을 하는 것이다. 이 과정에서 기업가들은 외부 대상인 땅, 물, 공기, 사람과 같은 것만을 관련시키는 것이 아니라 인간의 정신과 감정과 같은 내부 공간들의 결합까지 포함하는 것이다(Shrivastava, 2011). 이와 같이 과정철학에서 핵심적인 전제인 '사이'와 미적 가치는 기업가정신에 주된 연구 대상으로 자리를 잡아가고 있다.

마지막으로 품격을 갖춘 전문가의 역할을 수행한 간단한 사례를 통해 합생적 기업가-되기의 미적 가치를 살펴보도록 하자. 미국에서 1970년 자동차 배출가스 규제강화를 위해 머스키법이 제안되었지만, 미국의 3대 자동차는 그 법안의 강력하게 반대했다. 왜냐하면 당시의 기술수준으로는 많은 비용이 들어가기에 그 요구에 맞는 자동차를 만들 수가 없었기 때문이다. 일본의 대표적인 자동차 회사인 혼다(Honda) 사장인 소이치로는 이때가 혼다가 세계적인 기업으로 발돋움할 수 있는 절호의 기회로 보았다. 그는 혼다의 엔지니어에게 배출가스 규제를 이겨낼 기술개발을 요구했다. 하지만 혼다의 엔지니어들은 혼다의 사장인 소이치로에게 경

---

67 Whitehead, A. N., 오영환 옮김, 『과학과 근대세계』, 1989, 291-293쪽.

쟁에서 이기는 목적이 아니라, 환경과 아이들을 위해 새로운 엔진을 개발하고 싶다고 말했다. 소이치로는 이 사건으로 충격을 받고, 은퇴를 결심하기까지 했다고 한다. 혼다는 1972년에 세계 최초로 머스키법의 기준에 부합하는 엔진을 만들었다.[68] 혼다의 직원들은 무엇이 중요하고, 어떤 가치를 보존해야 하는지를 잘 알고 있는 품격있는 전문가들이라고 할 수 있다.

이와 같이 환경, 인간, 미래의 어린이, 엔진, 혼다의 직원의 내적인 정서적 태도가 결합한 방식으로 새로운 엔진이 개발되었다. 우리는 이런 관점에서 만인은 어디에 놓이며, 어떤 주체적 지향성을 가지고 있는가에 따라 '합생적 기업가-되기'의 미적 가치를 탐색할 잠재적 역량을 갖고 있다고 볼 수 있다.

그렇다고 해서 우리는 경영 리더를 양성하기 위해 고대나 중세의 초월적 가치를 목적으로 삼을 수는 없다. 그렇다면 이 시대에 적합한 가치는 무엇이고 그것은 어떻게 수행할 수 있는가? 오늘날의 보편적인 이념은 '평등(Equity)'이다. 화이트헤드에 따르면, 민주주의 시대의 가장 중요한 과제는, "인간의 평등성의 실현이 높은 수준에 이루어지느냐 아니면 낮은 수준에서 이루어지느냐"[69] 것이다. 이때 평등은 생명 관념을 전제로 한다. 그것은 오로지 '위대함의 감각'[70]을 통해서만 이루어질 수 있다. 이 위대함의 감각은 품격(Style)'이다. 품격이란 가장 뛰어난 의미에서 교육 받은 정신의 최종적인 획득물이다.

> 품격이란 국면 전체를 내다보는 안목이며, 하나의 관념 체계와 다른 관념 체계와의 연관성을 포착하는 안목이다. …… 품격에 대한 감각은 심미적 감각이며, 간결하고도 낭비가 없는, 예견된 목적을 직접 달성한 것을 감탄하는 경험에 기초를 두고 있는 감각이다 …… 품격은 전문가

---

68 Nonaka, I. 김무겸 역, 『창조적 루틴-1등 기업의 특별한 지식 습관』, 서울: 북스넛, 2010, 162–163쪽.
69 같은 책, 61쪽.
70 같은 책, 161쪽.

에게 주어지는 특권이다. 품격은 항상 전문가적인 연구 성과의 산물이며, 문화에 대한 전문성의 특이한 공헌이기도 한 것이다. 품격에 대한 감각을 가지고 있는 예술가는 걸작을 선호한다. 품격이란 정신의 궁극적 도덕성이다.[71]

품격을 갖춘 전문가는 한 가지 일에만 능통한 사람을 의미하지 않는다. 교과공부를 통하여 갖추게 되는 품격이란 예술적 품격, 문학적 품격, 과학적 품격, 논리적 품격 등 모든 분야의 기본에 자리잡게 되는 '심리적 감각'을 의미한다.[72] 그러므로 어떤 전문가가 품격을 지닌다고 하는 것은 한 가지 일에만 능통한 것(Attainment)이 아니라, 능통한 것과 억제력(Restraint)을 겸비하는 것이다.[73]

한편 프로네시스 혹은 실천적 지혜를 잘 보존하고 절제할 줄 아는 사람을 '소프로시네'(Sophrosyne)라고 한다. 절제의 원어 소프로시네는 'So'와 'Phronesis'가 결합한 용어이다. 따라서 절제의 원어인 소프로시네는 즐거움과 고통에 의해 잘못된 행위를 하지 않고 이성을 동반한 참된 실천적 품성상태로서 인간적인 좋음을 실천할 수 있는 지혜를 갖춘 것을 의미한다(Aristoteles, 2014: 210-212). 따라서 품격을 갖춘 사람이란 실천적 지혜인 프로네시라는 행위를 통해 자기와 타인에게 유익한 행위를 하며, 그 행위에서 생겨날 다양한 고통과 즐거움의 유혹을 이겨내고 자신이 원하는 목적을 위해 절제(소프로시네)를 할 줄 아는 사람이다.[74]

따라서 능통력과 억제력을 겸비한 품격을 so와 phronesis가 결합한 소프로시네를 함축한다. 품격을 갖춘 전문가는 '정신의 도덕성'과 '의지의 힘'[75]이 있기에 다른 곳으로 새지 않고, 원하는 목적을 이루는 역능이 있다. 에피스테메와 테크네 지식을 가진 엘리트들이 무엇이 올바른 길인지를 알

---

71 같은 책, 58-59쪽.
72 같은 책, 59쪽.
73 같은 책, 59쪽.
74 김상표 · 김영진, 「화이트헤드의 유기체 철학과 경영 교육」, 『인문연구』, 제 71집, 2014, 396-397쪽.
75 Whitehead, A. N., 오영환 옮김, 『교육의 목적』, 궁리, 2004, 61쪽.

고 있지만, 의지의 결여로 인해 자신의 품격을 지켜내지 못하는 경우를 역사를 통해 볼 수 있다. 따라서 품격을 갖춘 전문가는 "가치에 대한 감각" 혹은 중요성에 대한 감각"[76]을 함께 갖추고 있다. 이 감각이 자신의 삶을 아름답게 만들고, 누구나 감상하고 모방할 수 있는 스타일을 창출한다.[77]

> 이 감각은 경이감, 호기심, 경외하는 마음, 숭배, 자기를 초월하는 그 무엇인가에 자아를 융합시켜 보고 싶은 격렬한 욕망 등과 같은 다양한 형태를 취한다. 이러한 가치 감각이 인생에 믿을 수 없는 노고의 짐을 지우게 하고, 가치 감각으로부터 떨어졌을 때 인생은 낮은 수준의 수동적인 것으로 가라앉는다. 이러한 가치 감각의 힘이 가장 깊게 침투하여 나타나는 것은 아름다움에 대한 감각이며, 실현된 완성품을 감상하는 감각이다.[78]

Whitehead는 이와 같이 품격을 갖춘 전문가는 자신의 일과 삶을 분리해서 보지 않는다고 주장한다. 하지만 그는 이런 전문가의 목적은 과거의 초월적 이념이 아니라 평등을 지향하며, 그 평등은 생명과 아름다움에 대한 정동을 통해 가능하다. 이것이 전문가의 목적이다. 따라서 합생적 기업가 되기에서 양성해야 할 리더는 바로 미적 가치를 달성하려는 기업가라고 할 수 있다. 이런 기업가정신을 갖춘다면, 자신의 기업 행위가 얼마나 중요한지를 이해할 수 있을 것이다.

4. 맺음말

지금까지 언급한 내용을 간략하게 정리해보면 다음과 같다. 우리는 화

---

76 같은 책, 111쪽.
77 김상표 · 김영진, 「화이트헤드의 유기체 철학과 경영 교육」, 「인문연구」, 제 71집, 2014, 396-397쪽.
78 Whitehead, A. N., 오영환 옮김, 「교육의 목적」, 궁리, 2004, 111쪽.

이트헤드의 과정철학의 관점을 기업가 정신에 적용해 보았다. 과정철학에서 기업가-되기를 프로네시스, 가추법, 창조성, 미적 가치라는 네 가지 개념과 접속시켜 이질물인 합생적 기업가-되기라는 새로운 개념을 정초하였다. 또한 우리는 사실과 가치는 분리될 수 없다는 화이트헤드의 관점을 받아들여서 합생적 기업가-되기는 생명의 가치를 존중하는 미적 가치를 갖추어야 한다고 주장했다.

마지막으로 철학이 생산적인 학문이 될 수 있는 가능성을 피력하기 위해 몇 가지 전망을 주장하는 것으로 이 글을 마무리할 것이다. 우리는 이 글에서 기업가정신은 기업가-되기가 되어야 하고, 만인이 기업가-되기를 할 수 있다는 관점을 피력했다. 과정철학과 존재론적 평등주의에 기반한 기업가-되기가 되어야 한다는 것이다. 무엇보다도 먼저 기업가정신을 보는 철학적 지평에 변화가 있어야 함을 주장하고 있는 것이다. 즉 임시미봉적이고 근시안적인 해결책을 찾을 게 아니라 기업가정신을 보는 근본적 문제의식에 코페르니쿠스적 변화가 있어야 한다는 것이다. 합생적 기업가-되기 관점이 기업가정신을 연구하는 이론가들이나 정책실무자들에게 신선한 통찰을 제공해줄 수 있기를 희망한다.

또한 합생적 기업가-되기는 자본주의의 폐해와 한계를 지적하고 새롭게 생태계를 구축하고 있는 사회적 경제 분야의 혁신주체들에게도 중요한 시사점을 던져주리라 믿는다. 한국사회는 자본주의의 양극화가 심화되는 시기에 접어들었다. 이에 사회적 약자들은 서로의 버팀목이 되기 위해 사회적 기업과 협동조합을 다양한 접속을 통해 만들어가고 있다. 이러한 조직이 성공하기 위해서는 생산, 마케팅, 재무, 인사 등 경영의 기능요소들도 필요하다. 하지만 사회적 경제 분야는 새로운 철학으로 무장한, 관념과 실천의 모험을 즐기는 창조적 기업가들을 필요로 한다. 대자본과의 상생과 경쟁 속에서 소자본으로 지속가능한 경쟁우위를 확보하기 위해서는 무엇보다 새로운 철학으로 무장해야 한다. 이 글에서 합생적 기업가-되기의 핵심적 요소로 제기한 '미적 가치'를 확대해서 우리는 사회적 기업과 협동조합이 가져야 할 과정공동체의 네 가지 요소를 '한국협동조합학회'에서 주장한 바 있다(김영진 & 김상표, 2015). 과정철학은 조직을 개방적이고 수평적 관점에서 볼 것을 요구한다는 점에서 이 논문에서 제기한 합생적 기업가-되기에 대한 논의들은 위계적이고 관료적인 한계를 벗어나지 못하는 기존의 대기업들의 경영자들보다는 사회적 기업가들에게 시사하는 바가 더 클 것이다.

다음으로 교육적 측면에서 이 논문의 의의를 살펴본다. 합생적 기업가-되기는 무엇보다 벤처와 창업 분야의 경영교육에서 가르쳐야 할 내용이다. 역설경영(김영진, 2014; 윤세준 · 김상표, 2001) 이론이나 양면성 이론에 의해 전개된 것처럼, 기업의 생존과 번영을 위해서는 탐험과 활용이라는 두 속성이 요구된다. 문제는 활용 능력도 중요하지만 새로운 모험은 탐험 능력과 직결되어 있다. 그런데 현재의 경영교육이 이런 과제를 수행할 능력이 있는지를 자문해볼 필요가 있다. 조직 생존과 번영의 핵심 요건인 탐험과 활용 중에서 합리적 속성인 활용만을 교육하고 있는 실정이다. 그 경우에 상상력을 통해 모험을 시도할 수 있는 탐험은 교육에서 배제되고 있다. 탐험이 없는 교육은 지식정보화 사회에서 경쟁력과 창의성 및 새로운 가치를 생산할 수 없다. 이것이 우리 사회 및 교육이 안고 있는 현실이다. 대학교육, 특히 모험심과 상상력이 요구되는 경영 교육에서 탐험을 가르칠만한 인식론과 방법론이 배제된다는 것은 참으로 안타깝다. 합생적 기업가-되기의 철학적 기반이 되는 과정철학과 그 핵심적인 요소들인 사유와 추론을 통해 경영교육의 재편이 있어야 할 것이다.

참고 문헌

김상표 · 김영진. 2010. 「화이트헤드철학과 조직이론의 만남—실체철학을 넘어서—」, 『화이트헤드 연구』 20권, 145–188.

김상표 · 김영진. 2011a. 「과정철학과 조직이론: 창조성과 예견을 중심으로」, 『화이트헤드 연구』 제 22집, 41–80.

김상표 · 김영진. 2014. 「화이트헤드의 유기체 철학과 경영 교육」, 『인문연구』, 제71집.

김영진. 2011. 「21세기 조직화의 새로운 패러다임: 화이트헤드와 들뢰즈의 과정철학과 카오스모스」, 『새한철학회 논문집』 제 65집 3권.

김영진. 2013. 「화이트헤드디안과점—조직의 창조성과 잘못 놓여진 구체성의 오류」, 『화이트헤드연구』 제 26집.

최은순. 2014. 「교육의 내재적 관점에서 본 수월성의 의미」, 『교육철학연구』 36권 1호, 119–138쪽.

Weick, K. E. 1990. 배병룡 옮김, 「조직화이론」, 서울: 율곡.

Albrecht-Buehler, Guenter. 1998. Cell Intelligence. http://www.basic.northwestern.edu/g⟨-⟩buehler/cellint0.htm.

Aldrich, H. 2005. Entrepreneurship, In N. Smelser & R. Swedberg(Eds), *Handbook ofeconomic Sociology*. Princeton, NJ: Princeton University Press.

Amabile, T. M. & Conti, R. 1999. Changes in the work environment for creativity during downsizing, *Academy of Management Journal*, 42(6):630–40.

Andriopoulos, C. 2001. Determinants of organizational creativity: A literature review, *Management Decision*, 39(10): 834–40.

Apospori, E., Papalexandris, N. & Galanki, E. 2004. Entrepreneurial and professional CEOs. Differences in motive and responsibility profile, *Leadership and Organization Development Journal*, 26: 141–162.

Baumard, P. 1999. *Tacit Knowledge in organization*. London: Sage.

Bourdieu, P.1992. *The logic of practice*, Cambridge: Polity Press.

Burke, T. E. 200. *The Philosophy of Whitehead*, Greenwich Exchange,

Billericay.

Busennitz, L. W., West, G. P. 2003. Nelson, T., Chandler, G. N., & Zacharakis, A.,Entrepreneurship research in emergence: Past trends and future directions, *Journal of Management*, 29: 285–308.

Chia, R. 1995. From modern to postmodern organizational analysis. *Organizational Studies*, 16(4): 579–604.

Chia, R. 1999. A Rhizomic model of organizational change and transformation:perspective from a metaphysics of change, *British. Journal of Management*,10: 209–227.

Chia, R. 1996. Teaching paradigm shifting in management education: universitybusiness schools and the entrepreneurial imagination. *Journal ofManagement Studies*, 33: 4–25.

Cobb, J. B. 2007. Person–in–community: Whiteheadian insights into community andinstitution, *Organization Studies*, 28:567–588.

Cooper, A. 2003. Entrepreneurship: The past, the present, the future, In Z. J. Acs, &D. B. Audretch (Eds.), H.*andbook of entrepreneurship research: Aninterdisciplinary survey and introduction* (pp. 21–34). Boston, Dordecht,London: Kluwer. 21–34.

Dana, L. P. 2002. Entrepreneurship and public policy in Gibralta. *International Journalof Entrepreneurship and Innovation Management*, 2: 38–42.

Dana L. Paul & Light. I. 2011. Two forms of community entrepreneurship in Finland:are there differences between Finnish and Sami reindeer husbandry entrepreneurs?, *Entrepreneurship & Regional Development*, 23: 331–352.

Fletcher, D. 2006. Entrepreneurial processes and the social construction ofopportunity. *Entrepreneurship and Regional Development*, 18: 421–440.

Gartner, W. B. 2011. When words fail: An entrepreneurship glossolalia. *Entrepreneurship & Regional Development*, 23: 9–21.

Ghoshal, S. 2005. Bad management theories are destroying good managementpractices. *Academy of Management Learning and*

Education, 4(1): 75−91.

Gartner, W. B. 2007. Entrepreneurial narrative and a science of the imagination. *Journal of Business Venturing*, 22: 613−627.

Duggan, W. 2007. 윤미나 옮김, 「제 7의 감각: 전략적 직관」. 서울: 비즈니스맵. 김영진, 2012, 『화이트헤드의 유기체 철학』, 그린비.

Goldstein, J., Hazy, .J. K., Lichtenstein, B. B. 2010. *Complexity and the nexus of leadership: Leveraging nonlinear science to create ecologies of innovation*, Palgrave Macmillan.

Hargadon, A. B. & Bechky, B. A. 2006. When Collections of Creatives Become Creative Collectives: A Field Study of Problem Solving at Work. *Organization Science*, 17: 484−500.

Johannisson, B. 2011. Towards a practice theory of entrepreneuring, *Small Business Economy*, 36: 135−150.

Johannisson, B. 1987a. Anarchists and organizers: Entrepreneurs in a network perspective. *International Studies of Management and Organization*, 17(1): 49−63.

Johannisson, B. 1987b. Beyond process and structure: Social exchange network. *International Studies of Management and Organization*, 17: 3−23.

Kauffman, S. 2000. *Investigations*. New York: Oxford University Press.

Kateb, G., 2000. Aestheticism and morality: their cooperation and hostility, *political theory*, 5−38.

Kersten, A., 2008, When craving goodness becomes bad: a critical conception of ethics and aesthetics in organization, *Culture and Organization*, 2008, 14,187−202.

Latour, B. 2005. *Reassembling the Social An Introduction to Actor−Network Theory*. Oxford: Oxford University Press.

Latour, B. 1993. *We Have Never Been Modern*. trans. by Catherine Porter. Cambridge, MA: Harvard University Press.

Nonaka · Katsumi. 2012. 「생각을 뛰게 하라」. 서울: 흐름.

Nonaka, I. 2010. 김무겸 역, 「창조적 루틴−1등 기업의 특별한 지식 습관」. 서울: 북스닛.

Maturana, H. ,& Franciso Varela. 1991. *Autopoiesis and Cognition: The Realization of the Living.* Berlin: Springer.

McCarthy, B. 2000. The cult of risk taking and social learning: A study of Irish Entrepreneurs, *Management Decision*, 38(8): 563–574.

Nonaka, I., Toyama, R., and Hiratam T. 2008. *Managing Flow : A Process Theory of the Knowledge–Based Firm*, Palgrave Macmilian.

Nonaka, I., Chia, R., Holt, R., Peltokorpi, V. 2014. Wisdom, management andorganization, *Management Learning*, 45(4): 365–376.

Ogbor, J. O. 2000. Mythicizing and reification in entrepreneurial discourse:Ideology–critique of entrepreneurial studies, *Journal of Management Studies*, 37(5): 605–635.

Osborne, T. 2003. Against 'creative': a philistine rant. *Economy and Society*, 32(4).

Oyama, S. 2000. *The ontology of information: developmental systems and evolution.*2nd ed. Durham: Duke University Press.

Pfeffer, J. 1998. *Human equation*, Boston: Harvard Business School Press.

Putnam, H. 1995. *Pragmatism: An open question.* Oxford: Blackwell.

Raphals, L. 1992. *Knowing words: Wisdom and cunning in the classical traditions of China and Greece*, Ithaca and London: Cornell University Press.

Ramamoorthy, N., Flood, P. C., Slattery, T. & Sardessai, R. 2005. Determinants ofInnovative Work Behavior: Development and Test of an Integrated Model. *Creativity and Innovation Management*, 14: 142–50.

Reich, R. B. 1987. Entrepreneurship reconsidered: the team as a hero. *Harvard Business Review*, 65: 77–77.

Ribeiro–Soriano D & Urbano D. 2008. Overview of collaborative entrepreneurship:and integrated approach between business decisions and negotiations. *Group Decis Negot*, 18: 419–430.

Ribeiro–Soraino, D. & Urbano, D. 2009. Overview of collaborative entrepreneurship:an integrated approach between business decisions and negotiations. *Group Decis Negot*, 18: 419−430.

Rickards, T. 1999. *Creativity and the Management of Change*. Oxford: lackwell Business

Rindova, V., Barry. D., & Ketchen, JR, D. J. 2009. Entrepreneuring as emancipation. *Academy of Management Review*, 34: 477−491.

Sandberg, J., & Tsoukas, H. 2011. Grasping the logic of practice: theorizing throughpractical activity. *Academy of Management Review*, 36: 338−360.

Scharmer, O. C. & Kaefer, K. 2001. *Universities as the birthplace of theentrepreneuring human being, Reflection: The SoL Journal of Knowledge, Learning and Change*. Cambridge MA: MIT Press.

Mintzberg, H. 2004. 성현정 옮김, 「MBA가 회사를 망친다」. 서울: 북스넛.

Schumpeter, J. A. 1939. *Business Cycles* 1. New York: McGraw−Hill.

Shalley, C. E., Zhou, J. & Oldham, G. R. 2004. The Effects of Personal and Contextual Characteristics on Creativity: Where Should We Go from Here? *Journal of Management*, 30: 533−584.

Stengers, I. 2011. *Thinking with Whitehead: A Free and Wild Creation of Concepts*, trans. by Michael Chase. Cambridge, MA: Harvard University Press.

Steyaert, C. 2007. Entrepreneuring as a conceptual attractor? A review of processtheories in 20 years of entrepreneurship studies. *Entrepreneurship and Regional Development*, 19: 453−477.

Stevenson. H. & Jarillo, J. C. 1990. A paradigm of entrepreneurship: entrepreneurialmanagement. In J. Kao & H. Stevenson.(Eds.), *Entrepreneurship: What Isand How to Teach It*. Cambridge. MA: Harvard Business School.

Styhre, A. 2006. *Organization Creativity and the Empiricist Image of Novelty*. Blackwell Publishing.

Styhre, A. & Sundgren, M. 2005. *Managing Creativity in Organizations: Critique and Practices*. New York: Palgrave Macmillan.

Styhre, A. 2008. Transduction and entrepreneurship: A biophilosophical image of theentrepreneurship. Scand. *Journal of Management*, 24: 103–112.

Sundgren, M., & Styhre, A. 2007. Creativity and the fallacy of misplaced concretenessin new drug development—Whiteheadian perspective—. *European Journal ofInnovation Management*, 10 (2).

Timmons, J. 1994. *New Venture creation: Entrepreneurship for the 21st Century*.Fourth edition, Boston: McGraw–Hill.

Van de Ven, A. H., & Poole. M. S. 1995. Explaining development and change in *organizations. Academy of Management Review*, 20(3): 510–540.

Weick, K. 2004, Mundane poetics: Searching for wisdom in organization studies.*Organization Studies*, 25(4): 653–668.

Weick, K., & Putnam, T. 2006. Organizing for mindfulness. *Journal of Management Inquiry*, 15(3): 275–287.

Whitehead, A. N., *An Enquiry Concerning the Principles of natural Knowledge*, Dover Publications, Inc., New York, 1925.

Whitehead, A. N., *Modes of Thought(MT)*, New York: The Free Press, 1938.

Whitehead, A. N., *Adventure of Ideas(AI)*, New York: The Free Press, 1967.

Whitehead, A. N., *Process and Reality(PR)*, (Corrected edition, ed. David Ray Griffin & Donald W. Sherburne), New York: The Free Press, 1978.

Whitehead, A. N., *Science and The Modern World(SMW)*, New York: The MacmillanCompany, 1925.

Whitehead, A. N., *The Function of Reason(FR)*, Boston: Beacon Press, 1958.

활용과 탐험의 경영교육: 기업가적 상상력의 개발은 가능한가?[1]

1. 서론

우리는 유동적으로 변동하고 있는 직접적 미래의 상황에 직면하고 있다. 경직된 격언, 눈대중으로 하는 관례적 방식, 틀에 박힌 특정 학설 등은 급기야 파멸을 가져오고야 말 것이다. 미래의 경영은 지난 몇 세기와는 조금 다른 유형의 사람들에 의해 운영될 것이 틀림없다. 유형은 이미 변화하기 시작했고 지도자와 관계되는 한 이미 변화해왔다. '대학의 경영학부'는 필요에 부응하는 정신성을 산출해낼 목적으로, 세계에서 이러한 새 유형을 전파시키는 일에 관여하고 있다(AI 171-2).

1930년대에 화이트헤드는 하버드대 경영학부에 '예견'(foresight)이라는 제목으로 강의한 일부 내용이다. 화이트헤드는 미래의 경영이 새로운 방식으로 전개되어야 함을 예견하고 있다. 경영학부는 이제 막 형성되고 있었던 학부였다. 그런데 화이트헤드는 경영학부에 대한 방향성을 다르게 진행되어야 함을 역설하고 있다. 여기서 의미하는 예견은 앞으로 논의할 '프로네시스'(phronesis) 지식이 경영지식에 포함되어야 함을 제시하고 있다. 우리는 이것이 얼마나 선견지명의 탁월한 지혜인지를 이 논문

---

1 이 논문은 『화이트헤드연구』 제31집(2015년)에 게재되었다.

을 통해 살펴볼 것이다.

이 논문의 목적은 화이트헤드의 철학을 통해 경영교육이 지향해야 할 방향을 새롭게 제시해 보는 것이다. 현재 경영 교육은 근대 철학의 아버지라고 부르는 데카르트에 의해 제시된 '명석 판명한' 지식을 중요한 교육의 틀로 받아들인다. 명석 판명한 지식은 오직 환원과 분석을 통해서 최대한 가장 단순한 형태로까지 나누거나 쪼개는 방식으로 이루어진다. 이와 같은 인식론과 연역법 및 귀납법을 통해 교육이 이루어진다.

예컨대, 서울대학교 경영학과 홈페이지에 나와 있는 교과과정을 살펴보면, 1학년은 경영학원론, 경제원론, 회계 원리를 배우며, 2학년은 중급회계, 경영과학, 조직행위론, 기업법, 조직구조론, 재무관리 등을 배우며, 3학년은 관리회계, 재무제표분석 및 기업가치평가, 보험과 위험관리, 금융기관경영론, 생산관리 등을 배우며, 4학년은 고급회계, 파생금융상품론, 국제금융관리론, 노사관계론 등을 배운다. 이런 교과과정은 서울대학뿐만 아니라 우리나라 다른 경영학과 역시 거의 대동소이하다고 볼 수 있다. Rousseau(2006)는 그런 지식을 '증거-기반 경영'(evidence-based management) 이론이라고 하며, 이 이론은 각각 독립적인 대상을 인정하고, 그 대상들의 외적 관계를 통해 진리를 도출하는 것이다. 이것은 경영학의 '균형기반이론'(equilibrium-basedtheory)과 연관되어 있다. Raphals(1992)에 따르면, 그런 지식은 그리스 사유에 그 기원을 둔 수학적 사유와 밀접한 관련이 있으며, 특히 정교한 측정을 위한 과학적 전통에 따른 것이다.

Mintzberg(2009)는 이러한 경영 교육을 "분석만 하는 매니지먼트"(72)라고 한다. 그는 매니지먼트를 완전한 신체라고 할 때, 이것은 골격만을 보여주는 것이지 그 골격 사이를 연결하는 근육이나 힘줄, 피부, 혈액, 영혼 등은 배제되어 있는 방식이라고 한다(2009: 72). 이는 데카르트 철학에서 수학의 엄밀성이 지식의 명석 판명함의 잣대인 것과 마찬가지로, 경영 교육에서도 수학은 가장 중요한 교육의 지렛대로 자리를 잡았다. 즉, 세계적으로 수학적 매니저들이 대량생산되고 있다. 기초적인 산술, 대수 능력과 미분과 적분의 기초 과정은 경영교육에서 가장 중요한 도구로 자리를 잡고 있으며, 학생들이 우수한 경영자가 되기 위해서는 가장 우선적으로 익혀야 할 방법이라고 소개하고 있다.

한편 기업은 생존과 번영을 위해 경영 환경에 적응이 중요하다. 조직은 그 적응을 위해 합리성과 혁신성이라는 두 마리 토끼를 동시에 잡아야 한다. 보통 이를 양면성(ambidexterity)이라고 한다. 기업이 이 양면성을 실천하는 방법은 탐험(exploration)과 활용(exploitation)을 동시에 수용하는 것이다. 여기서 탐험이란 리스크를 두려워하지 않는 태도, 참신함, 자유로운 발상, 유연한 규율, 느슨한 통제, 실험 등을 포괄하는 개념이다. 그리고 활용이란 단기적인 개선, 개량, 습관화, 정교화 등의 의미를 동시에 함축한다. 활용의 구현을 위해서는 집중, 정확성, 반복성, 분석, 건전성, 규율과 통제에 중점을 두어야만 한다. 요컨대 탐험은 조직의 혁신성을 강조하는 변화의 속성과 연관이 있는 반면에, 활용은 조직의 합리성, 경제성, 예측성을 강조하는 안정적 속성과 관련이 있다(이홍·이현, 2009: 99-100).

우리는 탐험과 활용의 균형을 실패한 대표적인 사례로 애플(Apple)을 들 수 있다. 애플을 창립한 잡스(Jobs)는 탐험 역량은 탁월했기에 애플의 창업이 가능했다. 성공적인 창업 후에 당시 활용 능력이 부족했던 애플은 곧 위기에 봉착하게 되었다. 이에 잡스는 그 방면에 탁월한 역량을 갖춘 존 스컬리를 펩시에서 영입했다. 그는 자신의 뛰어난 활용 능력을 발휘해서 애플의 성장을 주도했다. 하지만 스컬리의 활용능력은 애플에서 탐험의 비중을 낮추는 역효과를 가져온다. 이에 애플은 기술적 혁신 능력이 떨어지면서 매출도 떨어지고 고객의 불만도 높아졌다. 애플은 스컬리를 애플에서 떠나게 한 후, 창업자인 잡스를 다시 복귀시켜서 아이맥이라는 혁신적인 제품을 시장에 내 놓아 공전의 히트를 기록한다. 즉 활용에서 탐험의 시대로 되돌아 가면서 현재의 스마트폰 시장을 주도하는 회사가 되었다. 잡스는 과거의 실패를 되풀이 하지 않기 위해 쿡을 영입해서 탐험과 활용의 균형을 잘 유지했다. 기업의 생존은 활용과 탐험이라는 대립되는 두 역량을 어떻게 대비하느냐에 달려 있다(Mintzberg 2009: 212-213).

우리는 이 문제를 기업이 아니라 경영 교육에서 살펴본다면, 우리의 경영 교육이 탐험과 활용을 함께 가르칠 역량을 갖추고 있는지를 물어야 한다. 사실 앞에서 언급했듯이 우리의 경영 교육은 거의 합리적 속성에 해당하는 활용에 초점을 맞추고 있다. 경영 교육은 반복, 정확성, 분석, 통계 등을 중심으로 한 분석적 도구만을 집중적으로 가르치고 있으며, 그것도 결코 통합적인 방법이 아니라 분리된 방법으로 철저하게 습득시키고 있다. 배우는 자와 가르치는 자는 이분법적으로 분리되어 주입식으로 가르쳐지고 있다. 물론 이런 방법은 활용을 가르치기에는 적합한 방법이다. 이미 오랜 시기의 교육을 통해 검증이 되었다고 해도 과언이 아니다.

그렇다면 탐험은 어떻게 가르쳐야 하는가? 탐험은 잡스가 예증했듯이 모험심과 상상력이 필요하다. 우리는 1927년에 화이트헤드가 '미국 경영대학원 협회'에서 강연한 내용이 탐험을 위해 가장 필요한 교육방법에 대해 말하고 있음에 놀라지 않을 수 없다. 화이트헤드는 대학은 행동의 모험과 사고의 모험이 만나 상상과 경험을 통합할 수 있어야 한다고 주장한다.

> 대학의 본래 기능이란 상상력이 풍부한 지식을 획득하는 데 있다. 상상력의 중요성을 제쳐 놓는다면 기업가나 다른 전문직 사람들이 특정한 기회가 있을 때마다 그런 사실들을 단편적으로 배워간다는 것이 나쁘다고 할 이유가 없는 것이다. 대학은 상상력이 풍부한 곳인데, 그렇지 못하다면 그것은 아무것도 아닌, 심지어는 아무런 쓸모도 없는 곳이다 (AE 206-207).

화이트헤드는 상상력과 학문이 결합되기 위해서는 어느 정도의 자유로운 시간, 속박으로부터의 자유, 번뇌나 근심으로부터의 해방, 다소간의 경험의 다양성, 그리고 의견이나 능력 면에서 서로 다른 사람들의 정신에서 받는 자극 같은 것들이 필요하다고 한다(AE 208). 하지만 우리의 경영 교육은 엄격한 시험, 압력을 가하기 위해 설계된 교실, 학생들 간에 소통이 불가능한 구조로 되어 있다(Mintzberg, 2009: 426). 학생들이 교실에서 여유롭게 대화하고 성찰하고 신선한 충격을 받는 것은 대체적으로 불가능한 방식으로 구조화되어 있다. 따라서 탐험 능력을 경영 교육에서 배운다는 것은 결코 쉬운 일이 아니다.

그러나 화이트헤드는 상상력은 사실과 분리되어서는 안 된다고 하며, 상상력은 사실과의 관계 속에서만 그 의미가 발현될 수 있다고 본다. 학생인 청년은 사실은 부족하나 상상력이 풍부하고, 학자인 노년은 상상력은 고갈되었으나 사실적인 지식은 많다. 대학은 바로 이 두 양상을 결합해야 한다.

화이트헤드는 대학의 이러한 일반 기능은 경영대학원의 특수 기능에 즉시 응용되어야 한다고 주장한다. 특히 경영 교육은 삶에 대한 열정과 모험을 느낄 수 있는 방식으로 가르쳐져야 한다. 이를 위해 상상력은 필수적인 항목이라고 한다. 화이트헤드는 사람들의 다양한 심리상태를 파악하기 위해 상상력이 필요하며, 다양한 지역을 이해하는 상상력이 필요하며, 조직의 작용과 반작용을 전체적으로 이해하는 상상력이 필요하며, 추상성과 구체성을 함께 파악하는 상상력이 있어야 하며, 조직을 결속시키는 힘에 대한 상상력이 있어야 하며, 생산 공장의 조건이 사회에 미치는 파장을 생각하는 상상력 등이 필요하다고 한다(AE 203). 화이트헤드에 따르면, "통상은 상상력과 함께 자란다"(AE 203)고 하며, 상상력은 위대한 통상(通商) 민족들에게 가장 중요한 선물이었다고 한다. 따라서 경영 교육이 나갈 방향은 합리적 속성인 '활용'을 가르치는 것도 중요하지만, 혁신의 속성인 '탐험'과 상상력을 가르치는 것이 무엇보다 중요하다.

이러한 문제의식 아래에서 우리는 이 논문에서 상상력과 합리성을 결합하기 위해서는 어떤 교육 이론이 필요한지를 보여줄 것이다. 나아가

새로운 교육이론의 근거를 화이트헤드의 명제 이론에서 발견할 수 있음
도 보여줄 것이다. 마지막으로 상상력을 기업경쟁력의 하나로 제도화
하기 위해서는 기업이 프로네시스(phronesis) 지식을 활용하고 가추법
(retroduction)을 사용할 것을 제안한다.

2. 리듬의 교육을 통해서 본 활용과 탐험

청년은 상상력이 풍부하고, 훈련을 통해 상상력이 강화되었을 때, 이
상상력의 에너지는 한 평생 상당한 수준에서 보존된다. 상상력이 풍부
한 사람에게는 인생의 경험이 부족하고, 경험을 거친 사람들에게는 빈
약한 상상력밖에 없다는 것은 이 세상의 비극이다. 어리석은 자는 지식
없이 상상에 모든 것을 맡긴 채 행동한다. 현학자는 상상력 없이 지식
에만 의존해서 행동한다. 대학의 과제는 상상력과 지식을 굳게 결합시
키는 것이다(AE 201).

화이트헤드는 대학교육이 상상력과 지식이 결합되는 방식으로 이뤄져
야 한다고 보며, 다만 상상력은 훈련을 통해 보강되지 않는다면 오랫동안
유지될 수 없다고 한다. 화이트헤드는 학생들이 가진 풍부한 상상력을 다
양한 지식을 갖춘 교수들이 어떻게 훈련을 통해 보강해주는지가 교육의
핵심적인 과제라고 한다.

보통 우리는 초등학교, 중학교, 고등학교 시절에 영어 공부를 시작한
다. 그리고나서 일률적인 진보를 통해 20살이 되면 영어 원서를 줄줄 읽
을 수 있게 될 것이라고 생각한다. 하지만 교육 현실에서 학생들은 결코
선형적으로 진보하지 않는다. 화이트헤드는 이러한 교육관은 잘못된 심
리학에 기원을 두고 있다고 한다(AE 69). 화이트헤드는 이런 심리학을
'기능 심리학'(faculty-psychology)이라고 한다(PR xiii).

화이트헤드가 볼 때, 우리의 삶은 일과 놀이, 활동과 수면처럼 주기적

으로 이루어져 있으며, 정신발달과 교육 역시 그런 주기를 통해 이루어진다(AE 69). 그런 주기의 반복되는 과정 속에서 어떤 차이가 생겨나며, 이 차이는 '리듬'(rhythmic)(AE 69)을 만들어낸다. 교육은 이와 같은 리듬의 방식으로 전개되어야 한다. 그는 이 리듬을 세 단계로 나눈다. 그것은 각각 로맨스의 단계(stage of romance), 정밀화의 단계(stage of precision), 일반화의 단계(stage of generalisation)이다.

이 장의 내용 전개는 다음과 같다. 우리는 주기와 리듬이 표상 개념을 대체할 수 있는 철학적 전제임을 간단히 밝히고, 리듬에 의해 전개된 로맨스, 정밀화, 일반화의 단계에 대한 내용을 간략하게 소개할 것이다. 마지막으로 그런 단계들의 전개를 '자유'(freedom)와 '규율'(discipline)이라는 개념으로 나누고, 그것들이 '활용'과 '탐험'이라는 두 가지 속성을 적절하게 안배할 수 있는 방법임을 보여줄 것이다.

2.1 유기체와 리듬

화이트헤드는 지난 3세기 동안 서양 사상을 지배해 온 이론은 과학적 유물론이라고 한다. 이것은 과학뿐만 아니라 다양한 분과학문 및 사회에 지대한 영향을 미쳐 왔다. 사실상 표상 지식은 과학적 유물론을 지배해 온 데카르트의 실체 이론과 뉴턴의 시공간이론에 기초하고 있다고 해도 과언이 아니다. 데카르트는 명석 판명한 지식을 참된 진리로 보았으며, 명석 판명한 지식을 오직 환원과 분석을 통해 최대한 가장 단순한 형태로까지 쪼개질 수 있다고 보았다. 그는 이런 지식은 수학을 통해 가능하다고 보았다. 따라서 표상 지식의 근대적 기원은 데카르트의 인식론이 중요한 영향을 미쳤다고 볼 수 있다.

그리고 자연에 대한 이해는 뉴턴의 우주론이라고 할 수 있으며, 이 우주론의 특성은 시공간의 특성을 '단순정위'(simple location)로 보는 것이다. 단순 정위는 한 물질의 시공간 관계가 다른 물질의 시공간 관계와 전혀 관계가 없다는 것이다. 오로지 그 관계는 외적 관계로만 존재한다는 것이다 (SMW 72). 이러한 외적 관계 개념은 근대 경험론과 합리론 철학의 무의식적 전제로 자리를 잡는다. 이는 "각각의 돌은 다른 물질 부분과의 연관을 도외시해도 충분히 기술될 수 있는것"(AI 156)이며, 그 돌은 과거와 현재와의 관련 없이도 기술될 수 있고, "전적으로 현재의 순간 속에 구성되어 있는 것으로서 완전하게 파악될 수 있다"(AI 156)는 것이다.

하나의 물질 조각이 단순 정위한다는 말은 다음과 같은 의미이다. 즉 그 물질이 지니고 있는 여러 시공적 관계를 표현하려 할 때, 다른 공간의 영역과 다른 시간의 지속에 대해서 그 물질이 가지고 있는 어떠한 본질적 관련도 떠나서, 그 물질은 공간의 한정된 영역 안에, 그리고 어떤 한정되고 유한한 시간의 지속 전체에 걸쳐 존재한다고 말하는 것으로 충분하다는 것이다(SMW 72).

결과적으로 뉴턴의 패러다임은 실체 혹은 개체와 같은 명사 중심의 사고에 기반을 두고 있기에, 그 개체들 사이의 상호 관계에 대해서는 충분히 설명할 수 없는 한계가 있다. 하지만 현대 물리학에서 "사물 자체는 그 사물이 행하는 것에 지나지 않으며, 그 사물이 행하는 것은 이처럼 발산하는 영향의 흐름인 것이다. 또한 그 초점적 영역은 외적 흐름과 분리될 수 없다"(AI 256). 이는 물질이 에너지이기에 그것은 흐름을 통해 이해되어야 하며, 그 초점이 된 대상은 단지 현저하게 지배적인 성격을 드러낸 것에 지나지 않는다. 따라서 명사로 된 개체나 대상은 일시적인 현상이지 결코 고정된 성격을 가질 수는 없다.

하지만 화이트헤드는 표상 지식의 전제인 시각 대상이 동일하다고 생각하는 것은 환상이라고 한다. 난로 위에 놓여 있는 한 장의 타일(tile)이 안정적인 요소로 보일 수 있다. 하지만 우리가 보는 "시각 대상은 어떤 임의적인 흐름의 작은 일부"(AE 257)인 것이다. 그것은 단지 간접적인 지각만을 보여줄 뿐이지 전체를 보여줄 수는 없다(AE266). 다시 말해서 어떤 대상을 붉다고 표현할 때, 그것은 실제로는 1차적인 지각적 사고가 아니라, 전체에서 일부를 한정해서 표현했을 뿐이다(AE 249). 그런데 과학적 분석에서는 부적절한 단순화와 극단적인 추상화로 인해서, 우리는 '이 실재하는 대상은 붉다'라고 생각한다"(AE 250).

예컨대, 우리는 아침에 집에서 본 토마토가 저녁에 다시 보게 된다면, 그 토마토에 대한 감각 표상은 동일한 토마토라고 생각할 것이다. 하지만 "현실 세계는 감각 표상의 흐름 이상의 것이다. 우리는 자기가 감정, 의욕, 상상력, 개념 그리고 판단을 가지고 있다는 것을 알고 있다. 의식 속으로 들어오는 어떠한 요소도 그 자체만으로는 존재하지 못하며, 타자와 고립해서 존재하지도 못한다. 우리는 의식의 감각 표상과 그 밖의 요소들 간의 어떤 관계를 분석하고 있는 것이다"(AE 264). 단지 "가설적인 감각 표상을 상상하는 힘이"(AE 264) 동일한 토마토로 보이게 한 것뿐이다. 즉, 감각 표상은 여러 항구적 사고 대상의 지각으로서 구성될 수 있으며, 그런 표상 능력은 사물이 지금 이곳에 있고, 뒤에 그때 거기에 있었다고 인지할 수 있는 개념이다. 하지만 화이트헤드가 볼 때, "이 개념은 시간을 짧게 잡으면 대개 사물에는 10분 정도 해당되고, 때로는 긴 시간에 해당되는 사물도 많이 있다. 그러나 전체로서의 감각 표상"(AE 267)은 이러한 시간을 견뎌내지 못한다. 따라서 독립적이고 명료한 대상을 판명한 개념으로 보는 표상 지식으로는 변화를 제대로 파악할 수 없다.

그렇다면 표상 지식의 전제가 되는 감각 대상과는 다른 방식으로 대상을 볼 수 있는가? 화이트헤드는 현대 물리학에서 다루는 '주기'를 통해 사물을 바라볼 필요가 있다고 한다. 양자론에서 물질은 에너지로 이해된다. 에너지로 물질을 이해한다면, 물질이라고 이해된 "근원적 요소는 진동하는 에너지 흐름의 유기체적인 체계(organized system)가 될 것이다"(SMW 53). 이 요소들은 단순정위가 아니라 "일정한 주기를 가질 것이며, 이 주기 속에서 그 에너지 흐름의 결집계는 한 정점의 극대치로부터 다른 정점의 극대치로 움직일 것이다"(SMW 53). 이때 에너지로 된 물질 들은 단순정위를 통해서는 자신을 드러낼 수 없으며, 온전한 주기를 통해 서만 자신을 보여줄 수 있다. 결코 '여기'에만 존재하는 물질은 더 이상 있 을 수 없다. 화이트헤드는 이를 음악에 대한 비유를 통해 설명한다.

> 그것은 음악에 하나의 음색이 어떤 순간에 존재하지 않는 것과 같다. 음색이라는 것도 자신을 표출하기 위해서는 자신의 온전한 주기를 필 요로 하는 것이다. …… 만약 근원적 요소의 소재가 어디냐를 밝히려고 한다면, 우리는 각 주기의 중심에 있는 그 평균 위치를 결정해야만 한 다(SMW 54).

음악처럼 모든 자연적 존재는 "주기적 사건들의 존재"(MT 121)에 해 당하는 유기체로 구성되어 있다. 이 주기는 일정한 패턴을 가지고 있으 며, 이 패턴은 주기적 사건들의 계승을 통해 이루어진다. 주기적 사건이 반복을 통해 계승되는 양상을 우리는 '리듬'이라고 한다(AE 69). 실체철 학에서 명사에 해당하는 개체를 통해 안정을 추구하였다면, 유기체 철학 에서는 리듬을 통해 사건들의 상호 계승을 통해 안정을 추구한다. 리듬은 모든 생명과 물리적 존재에게 가장 근원적인 원리이다. 리듬은 반복적이 다. 반복적인 리듬은 주기를 단위로 한다.

> 리듬의 방법은 진실로 모든 생명과 모든 물리적 존재에 존재한다. 생명 의 근원적 원리들이 비록 저급한 형태이긴 하지만 모든 종류의 물리적 존재 속에 구현되어 있다고 믿게 만드는 이유 중의 하나가 리듬이라는 공통 원리이다(FR 21).

리듬의 방법은 한정된 '대비'(contrast)를 통해 한 주기를 종료하고 또 다른 주기를 위한 선행 단계의 역할을 하면서 생명의 '자기 규율'(self-discipline)적인 원리를 지속시켜 나간다. 물론 주기가 재현적으로 반복된다면, 우리에게 그 주기는 피곤(fatigue)을 가져올 수 있다(FR 22). 하지만 주기의 방법은 "추상적 구조를 지키면서 그것에 잇따르는 주기들의 구체적이고 세부적 다양성과 결합"(FR 22)하는 방법을 취하기에 "생명의 리듬"(rhythm of life)(FR 22)을 취할 수 있다. 화이트헤드는 주기의 창조성을 "주기(cycles)와 주기의 주기의(of cyles of cycles) 다양성"이라고 표현한다(FR 22). 주기는 언제나 '의'(of)라는 전치사에 의해 연결되어 있다. 그것은 추상적 구조 속에 구체적인 시공간적 경험이 결합되는 것이다. 화이트헤드는 이와 같이 주기가 가진 '생명의 리듬'을 자신의 교육론에 그대로 적용을 하고 있다. 경영 교육에서 분석과 단절을 통해서 교과목을 가르치는 것은 생명을 죽이는 방법이라면, 주기를 통한 리듬의 방법은 생명과의 온전한 관계에서 교육을 습득하는 방법이다. 이와 같이 화이트헤드는 주기와 리듬이라는 자연의 특성을 이용해서 자신의 독특한 교육론을 완성한다. 다음 절에서 리듬의 교육이 어떻게 전개되는가를 보다 구체적으로 살펴볼 것이다.

2.2 리듬의 교육: 자유과 규율

경영과 경영 교육에는 탐험과 활용이 모두 필요하다. 탐험에 의해 창조되고, 그렇게 창조된 것들은 활용에 의해 현실화한다. 로크는 1996년 "비즈니스 스쿨의 영국으로의 도입"이라는 논문에서 MBA 경영 교육이 "활용을 선호하고, 탐험에 대해서는 엉거주춤한 태도를 보이고, 비즈니스에 완전히 몰입하지 못한 경영을 하고, 숫자에 편중하고, 수식에 과도하게 의존하는 경향을 지적하고 있다"(Mintzberg,2009: 211). 우리의 경영 교육 역시 숫자와 회계 및 통계와 같은 분석형 매니저를 키우는데 치중을 하고 있다. 이것은 활용형 매니저의 양산은 가능하지만, 탐험형 매니저는 키울 수 없다. 그렇다면 어떻게 해야 그것이 경영 교육에서 가능한가?

화이트헤드의 교육론을 통해 활용과 탐험의 경영 교육이 어떻게 가능할 수 있는지를 살펴보도록 하자. 화이트헤드는 모든 존재가 주기적 성격을 갖고 있다고 보며, 우리의 지적 성장 역시 리듬을 통해 형성된다고 본다. '낭만의 단계'(stage of Romance), '정확의 단계'(stage ofPrecision), '일반화의 단계'(stage of Generalisation)로 구분한다(AE: 95). 또한 낭만의 단계, 정확의 단계, 일반화의 단계를 '자유'(freedom)와 '규율'(discipline)이라는 대립되는 두 개념을 통해 설명을 할 수 있다. 대립되는 이 두 개념이 어떻게 대비를 통해 상호 작용할 수 있는지가 리듬의 교육에서는 매우 중요하다. 낭만의 단계에서는 자유를, 정확의 단계에서는 규율을, 일반화의 단계에서는 다시금 자유를 제공하는 주기이다(AE: 95). 화이트헤드에 따르면, 이상적 교육의 목적은 "규율은 자유로운 선택으로 이루어지는 자발적인 과제가 되어야 한다는 것과 자유는 규율의 과제로서 본인의 가능성을 풍부하게 만드는 것"(AE: 94)이다. 하지만 지난날 교육이 실패하는 이유는 "교육의 리듬"(AE: 94)을 무시하고, "자유, 규율, 자유라는 하나의 유일한 3단계 사이클"(AE: 94)을 무시하기 때문이라고 한다.

> 나의 중심적 견해로는 교육의 지배적 특색은 그 처음에도 그리고 끝에도 자유가 있다고 보지만, 그 중간에 자유를 종속적으로 보는 하나의 규율 단계가 있다는 것이다. …… 나는 최초의 자유기간을 '로맨스 단계', 중간의 규율기간을 '정밀화의 단계', 최종 자유기간을 '일반화의 단계'라고 부른다(AE: 94-95).

우선 낭만의 단계는 무엇인가를 열정적으로 알고자 하는 단계이다. 이 단계에서는 교과는 가능성이 조금 열려 있는 탐색되지 않는 상태이다. 학습자는 배움의 첫 단계인 낭만의 단계에서 흥미와 향유에 대한 기대를 해야 한다. 흥미 없는 발달은 일어날 수 없으며, 유기체를 가장 알맞은 자기

발달로 안내하는 것이 향유이다.

> 흥미가 빠진 정신발달이란 있을 수 없다. 흥미야말로 주의와 이해를 위
> 한 필요불가결한 요건이다. …… 어쨌든 흥미를 갖지 않고서는 진보란
> 있을 수 없다. 그런데 살아 있는 유기체가 적절한 자기발달을 위해 분
> 발하는 자연적인 방식은 즐거움이라고 할 수 있다(Whitehead, 2004:
> 95).

낭만의 단계의 특성은 흥미와 기쁨을 교육의 일차적인 준거로 삼는 것
이다. 화이트헤드는 실패에 수반되는 고통 역시 중요한 체험 동인이기는
하지만, "기쁨이야말로 '생명의 약진"(AE: 95)을 위한 더욱 큰 자극이라
고 한다. 그런데 낭만의 모험심의 단계에 앞서 정밀화의 규율을 강요하는
경우에는 자발성도 사라지고 생기도 잃게 되는 지식이 되어서 결국 관념
을 배울 때 반드시 장애가 발생할 수밖에 없다(AE 99). 그렇다고 해서 흥
미를 유지하기 위해 목표를 수준이하로 낮추는 것은 문제가 있다. 예를
들어, 화이트헤드에 따르면, 우리가 잘 알고 있는 몬테소리 교육법은 로
맨스의 단계에서 자유분방성과 활기찬 신선함을 제공하지만 정밀화의 단
계에서는 필요한 억제력이 빠져 있다고 한다(AE 79).

자유의 주기에 해당하는 낭만의 단계에서는 탐험에 도움이 되는 상상
력을 키우기에 적합한 단계이다. 왜냐하면 낭만적 정서란 본질적으로 "본
인이 미처 탐구하지 못했던 사실들 간의 관계성이라는 것의 중요함을 최
초로 깨닫는 데서 오는 흥분"(AE 71)을 말하기 때문이다. 이를 위해 가
장 적합한 교과목은 문학이다. 화이트헤드는 로빈슨 크루소의 모험에서
여러 가지 가능성을 깨닫는 것이 낭만적 정서의 출발점이라고 한다(AE
71). 하지만 교육에서 문학적 요소는 문법과 언어에 치중한 나머지 문학
이 가지는 상상력을 키우는 과정이 생략되는 경우가 많다(AE 139). 문
학에 관한 지식이 중요한 것이 아니라 문학을 삶의 일부로써 즐기게 하는

것이 중요하다. 따라서 낭만성에서 누리는 자유는 문학을 느즈러지게 읽는 행위에서 시작되며, 그것이 상상력이 생기는 길이다. 문학은 우리에게 "창조성의 향유"와 "느즈러짐의 향유"(enjoyment of relaxation)(AE 140)를 제공해준다.

> 문학 감상은 실제로 창조하는 것이다. 씌어진 말, 그 음악 작품 그리고 그것들의 연상은 자극제일 뿐이다. 이런 자극이 일으키는 상상력은 우리 자신이 만들어내는 것이다. 우리 자신 말고는 그 아무도, 그 어떤 천재도 우리 자신의 인생을 대신 살아주지는 못한다. 그러나 문학을 직업으로 하는 사람 말고는 문학 또한 하나의 느즈러짐이다(AE 140-141).

이를 위해서는 경영 교육에서 어느 정도의 자유로운 시간, 속박으로부터의 자유, 번뇌나 근심으로부터의 해방, 다소간의 경험의 다양성, 그리고 의견이나 능력 면에서 서로 다른 사람들의 정신에서 받는 자극 같은 것들(AE 208)을 주고 받을 수 있는 커리큘럼을 만들어야 한다. 고정희에 따르면, 고전에 대한 깊이 있는 이해는 기존의 현실에서 벗어난 창의적 경영에 무엇보다 중요한 역할을 제공하고, 독창적인 경험과 가치를 추구하는데 지대한 영향을 미친다고 한다(고정희, 2014:97). 화이트헤드역시 "일찍이 청년기 이전부터 고대 로마를 그리는 상상력에 접해본다는 것이 지금처럼 중요한 시대는 없었다"(AE 161)고 하며, 로마 자체도 위대하지만 로마를 상상하는 것은 더 중요한 것이라고 한다(AE 161). 왜냐하면 우리는 여전히 로마와 같은 위대한 조직을 상상하면서 위대한 비전과 통찰을 가질 수 있기 때문이다. 이러한 비전과 통찰은 "직접적인 직관"(AE 161)을 통해 나오며, 그것은 고대 로마 고전을 여유롭게 읽는 데서 나온다.

정밀화의 단계는 학교에서 일반적으로 체계화된 방식으로 가르치는 과정이다. 이 과정에서 우리는 열등생과 우등생을 양산하고, 교수들은 정밀한 이론을 우수한 학생들에게 가르치고 싶은 유혹에 빠지는 단계이다 (AE 100). 화이트헤드에 따르면, 이 단계에서 "미숙한 교사는 예민한 유기체에게 자칫하면 상처를 주기 쉽다"(AE 101)고 한다. 왜냐하면 "성장이라는 현상은 일정한 매우 제한된 한계를 넘어서 성급하게 할 수 없는 것"(AE 101)이기 때문이다. 우리는 너무 많은 교과목을 가르치거나 너무 일반화된 과목을 가르쳐서 학생들에게 관념에 대한 거부반응을 불러오기 쉬운 단계가 정밀화의 단계이다. 정밀화의 단계에서 가장 간과하기 쉬운 것은, "세상일이란 세월을 쌓아가면서 발견되어 왔다는 사실, 최상의 실제적인 체험으로 착실하게 습득하여 축적한 것을 갖지 않고서는 현대 세계에서 효과를 거둘 수 없다는 것"(AE 101)이다.

정밀화의 단계는 또한 낭만의 단계의 신선함을 유지하는 것이 중요하다. 정밀화의 단계는 엄격한 훈련을 통해 체계적인 지식을 배우는 단계이기에 그 어떤 단계보다도 정확성이 중요하다. 형식의 정확성을 배우는 정밀화의 단계는 낭만의 단계를 잘 보존한 경우에만 슬기롭게 진행해 갈 수 있다. 왜냐하면 정밀화의 단계의 규율은 "자기 규율"(AE 102)이 되어야 하기 때문이다.

> 낭만의 단계가 잘 처리된다면 제 2단계의 규율은 눈에 덜 띄게 된다. 아이들은 공부를 어떻게 해야 할지를 알고 있고, 학과 성적도 올리고 싶어 하기 때문에 세부적인 것들에 대해서는 안심하고 믿을 수 있게 된다. 그 위에 무엇보다도 그 자체로서 중요한 유일한 규율은 자기-규율(훈련)이며, 이 자율성은 오로지 폭넓은 자유 의지의 활용으로서만 획득될 수 있다는 것이 나의 생각이다(AE 102).

학생들이 자기 규율이 있는 경우에만 어려운 문제와 많이 부과된 과제를 기꺼이 감당할 수 있다. 이와는 달리 선생들은 어떻게 학생들에게 낭만의 신선함을 유지하게 할 수 있는가? 화이트헤드에 따르면, 그것은 정

밀화 단계에서 가르치는 학과목에서 "아름다움을 강조"(AE 103)하는 것
이다. 선생들은 시의 문법이나 구조보다는 '낭송의 아름다움'을 가르치
고, 수학의 복잡한 수식 보다는 '수학적 논증의 아름다움'을 강조해야 학
생들이 흥미를 잃지 않게 할 수 있다(AE 103).이를 확장해서 말한다면,
경영 교육에서 조직이론을 가르칠 때는 '조직의 아름다움'을 보여줄 수 있
어야 교육 현장에서 신선한 생기를 유지할 수 있다는 것이다. 물론 "훈련
이 자발성을 죽이기 쉽다는 것은 불행한 딜레마"(AE 103)이다. 이를 방
지하기 위해서는 학생들에게 중요한 것과 중요하지 않는 것을 분명하게
정리해두고 가르쳐야 하며(AE 105), 속도의 유지를 통해 학생들의 집중
력을 키우고 그것을 재빨리 활용하게 하는 것이다.

> 성공의 비결은 속도(pace)에 있고, 속도의 비결은 집중력에 있다.어쨌
> 든 정확한 지식에 관한 표어는 일의 속도, 속도, 속도이다. 지식을 신속
> 히 익혀 그것을 활용하는 것이다. 지식을 활용할 줄 알면, 그 지식을 활
> 용할 줄 알면, 그 지식을 잊지 않게 된다(AE: 105).

이것이 정밀화의 단계에서 학생과 교사가 성공적으로 그 일을 마무리
할 수 있는 방법이다. 한편 정밀화의 단계는 "사고를 조직화"하는 단계이
다. 사고를 조직화하지 않고 흥미에 따라 행동을 한다면, "평화시의 상거
래는 실패하기 마련이겠고, 전시라면 전투에서 지고 말 것"(AE 219)이라
고 한다. 따라서 현재 경영 교육에서 활용에 해당하는 합리적 지식을 가
르치는 것은 매우 중요한 의미가 있다.

그런데 우리는 앞에서 합리적 속성을 가르치는 표상 지식을 비판적으
로 다루었다. 화이트헤드는 표상지식을 절대적으로 비판하지는 않는다.
이것이 표상 지식을 무조건적으로 비판하는 포스트-모더니즘 교육과 화
이트헤드 교육의 차이점이다. 화이트헤드는 일정하게 인식은 '인과적 유
효성'(causal efficacy)과 '제시적 직접성'(presentational immediacy)

으로 구성되는 '상징적 관련'으로 보기에, 표상 지식 역시 실재를 파악하는지식의 일부로 인정을 하고 있다. 왜냐하면 표상 지식은 제시적 직접성의 지각과 밀접한 관련이 있기 때문이다. 다만 화이트헤드는 표상지식만으로 지식을 구축하는 것을 비판할 따름이다.

그렇다면 정밀화의 단계에서는 어떤 지식을 가르쳐야 하는가? 화이트헤드에 따르면, 과학적 사고가 경험을 조직화한다는 것은, "우리 삶의 경험을 이루는 지각, 감각, 정서의 흐름 속에 존재하는 관계를 발견하는 것"(AE 221)이다. 예를 들자면 우리가 의자라고 할 때, 그것은 의자를 한정하는 감각 속성에만 제한해서 생각할 수 있다. 즉, 색상,두께, 모양 등 감각적 표상으로만 볼 수 있다. 하지만 의자에 대한 개념은 보이지 않는 관계 역시 사유할 수 있을 때 제대로 된 의자를 파악하는 것이다.

특정한 어떤 의자를 마음속에 떠올려보자. 그 의자라는 개념은 말하자면 그 의자를 둘러싸고 서로 관계를 맺고 있는 모든 경험−즉, 그 의자를 만든 사람들, 그것을 판 사람들, 그것은 본 적이 있거나 사용했던 사람들, 지금 그 의자에 기대어 앉아 쾌적한 기분에 젖어있는 사람, 이러한 사람들의 경험−을 하나로 묶는 개념이다. 그리고 그 개념은 그 의자가 망가져서 불쏘시개로 변했을 때의 별개의 종류의 경험으로 끝나는, 과거와 유사한 미래에 대한 우리의 기대와도 결부되어 있다(AE 223−224).

경영 교육에서 표상 지식을 가르칠 때는 의자가 눈에 보이는 속성만을 개념으로 가르치기 십상이다. 하지만 의자를 누가 만들고, 누가 판매하고, 누가 사용하는지, 그리고 어떻게 파괴되는지를 아는 것이 의자에 대한 사고를 조직화하는 방식이다. 과거에 나이키라는 신발 회사가 방글라데시의 어린이에게 저임금과 긴 노동 시간을 통해 신발을 제작했다는 사실로 인해서 한 동안 불매 운동이 일어났고 이로 인해 나이키라는 회사의 이미지와 신발 판매가 급격히 줄어든 사건이 있었다. 이것이 바로 경영

현장에서 공동체와 관계에 대한 지식을 제대로 습득하지 않은 결과로 빚어진 사태라고 할 수 있다. 오늘날 경영 교육 역시 관계 중심의 지식을 가르치는 것을 등한시하고 오로지 분석을 중심으로 가르치기에, '성공하려는 동기'가 곧 '재앙의 여신(Até)'을 불러오는 결과를 낳는다. 따라서 정밀화의 단계에서 지식은 바로 '관계'를 중심으로 가르치는 것이 표상 중심의 지식의 한계를 비판적으로 극복하는 방식이라고 할 수 있다.

마지막으로 규율을 중심으로 가르쳐진 정밀화의 단계에서 다시금 자유롭게 상상할 수 있는 일반화의 단계로 넘어간다. 정밀화의 단계는 귀납적 방법을 배우는 단계라면, 일반화의 단계는 일종의 형이상학의 단계라고도 할 수 있는데, 관찰된 현상을 내용을 중심으로 관찰할 수 없는 것을 상상력을 통해 비상하는 단계이다. 화이트헤드에 따르면, 정밀화의 선구자라고 할 수 있는 "베이컨이 등한시했던 점은 정합성과 논리라는 요건에 의해 통제되는 자유로운 상상력의 작용"(PR 52)이었다고 한다. 따라서 화이트헤드 자신의 사변철학이 바로 다양한 분과학문들, 물리학, 생리학, 심리학, 미학, 윤리학, 사회학 등의 정밀화의 단계를 넘어서 일반화의 단계를 통해 구성된 것이라고 할 수 있다.

진정한 발견의 방법은 마치 비행기의 비행과 흡사하다. 그것은 개별적인 관찰이라는 대지에서 출발한다. 그리고 상상력에 의한 일반화라는 희박한 대기권을 비행한다. 그리고 나서 합리적 해석으로 예민해지고 새로워진 관찰을 위해 착륙한다. 이 상상력에 의한 합리적 방법이 성공하는 근거는, 차이의 방법이 실패했을 때 거기에 변함없이 현존하고 있는 요인들이 상상적 사고의 영향 아래에서 관찰될 수 있다는 사실에 있다(PR 55).

낭만의 단계, 정밀화의 단계 및 일반화의 단계를 수행할 때 주의해야 할 점이 있다. Brumbbaugh(1982)에 따르면, 낭만의 단계, 정밀화의 단계, 일반화의 단계는 반드시 순서대로 일어나야 하며, 그 순서가 바뀌거

나 빠지는 경우에는 잘못된 교육이 될 수 있다고 한다(117). 예컨대, 낭만
과 정교화가 없이 일반화만이 진행되는 경우에는, 추상적인 교육에만 빠
져서 구체적 경험과 정밀한 훈련의 과정이 완전히 배제된다. 그리고 정교
화와 일반화만을 추구하는 경우에는 효율성을 강조하는 교육이 된다. 이
것은 동기유발과 흥미가 배제되는 교육이 된다. 또한 정교화만 있고 일반
화가 결여된 교육도 있다. 이것은 기능 위주의 실기 교육이 대표적인 경
우이다. 이러한 교육은 상상력을 통해 새로운 가능성을 열어주지 못하고
사실들을 나열하는 방식이 될 수 있다(Brumbaugh, 1982: 118-119).
Brumbaugh에 따르면, 리듬의 교육의 원리는 느낌 이론에서 '순응 단
계', '보완 단계' 그리고 '만족'이라는 현실적 존재의 구성 원리를 그대로
담고 있다는 점에서 화이트헤드 자신의 사변철학의 적용의 사례라고도
볼 수 있다(1982: 120).

한편 일반화의 단계에서 주의해야 할 점은 두 가지이다. 하나는 '잘못
놓여진 구체성의 오류'를 범하는 경우이다. 즉 과도한 추상성으로 인해서
그 사고의 범주가 현실적 존재가 놓인 상황을 무시하는 경우이다. 다른
하나는 수학과 같은 통계적 원리에서 일반성을 추구해 나가는 것이다. 일
반성은 출발점이 아니라 목표로 삼아야 함에도 불구하고 과도하게 확실
성이나 명석성에서 그 성공여부를 구하는 것이다(PR 57). 화이트헤드는
정밀화의 단계를 넘어서 일반화의 단계로 넘어가기 위해서는 일종의 '습
관' 같은 태도로 정밀화의 단계에서 익힌 지식을 사용할 수 있어야 한다고
본다.

일반화의 단계에서는 여러 원칙을 적극적으로 응용하는 것을 앞세우기
때문에 사소한 세목들은 떨쳐버리는 단계이며, 세밀한 것들은 잠재의
식적인 습관 속으로 후퇴하고 만다. …… 그러나 일반화의 단계의 본질
은 길들여진 상대적 수동성으로부터 활발하게 응용하는 자유로 성장한
다는 것이다. 물론 이 일반화의 단계에서도 정밀한 지식은 증대되고 더

욱 활발하게 작용한다(AE 107).

화이트헤드는 일반화의 과정은 반드시 "적용 가능성"과 "정합성과 논리적 완전성"(PR 53)을 다루는 것이 중요하다고 본다. 예를 들어, 도요타의 '프리우스'라는 자동차는 세계적으로 많이 팔린 차에 해당된다. 이차의 성공은 '환경과 연비'라는 기술적 개념과 '차를 소유하는 즐거움'이라는 개념을 모두 수용한 결과이다. 그들은 이런 '수용적 단계'를 자신들의 '보완적 단계'를 통해 소비자가 '만족'하는 새로운 차를 만들어냈다. 이런 차는 "전체를 내다보는 비전"(PR 53)이 없다면 결코 만들수 없는 차이다. 우리는 환경이라는 관념, 연비라는 관념, 차를 소유하는 즐거움이라는 관념을 하나로 결합해서 새로운 이상적인 차를 만든다는 것은 단순한 분석적이고 기술적인 역량만을 갖고서는 이룰 수가 없다(Nonaka · Katsumi, 2008: 284-285). '프리우스'를 차를 만든 팀장(이노우에)과 팀원들은 기존의 기술적 개념을 일단 부정한 뒤에 고객이 원하는 자동차와 환경을 포함한 보다 큰 공감적 개념으로 전환한 뒤에 다시 기술적 개념으로 넘어가서 '프리우스'를 탄생시켰다고 한다. 이는 기술의 이상을 추구하는 팀원들과 고객의 이상을 체현하려는 이노우에 사이의 대립되는 요소를 대비를 통해 보다 높은 가치의 실현으로 만들어 가는 과정에서 '프리우스'가 만들어진다(Nonaka · Katsumi, 2008: 284-285). 이러한 결과는 보이는 것과 보이지 않는 것의 차이를 상상력을 통해 보완해 가지 않는다면 결코 성공할 수 없는 것이다. 따라서 이런 일반화 단계에서 이루어지는 상상의 과정은 "모순까지도 적절하게 다룰 수"(PR 52) 있기에 성공한 것이라고 할 수 있다.

정리해 보자면, 낭만의 단계란 자유롭게 새로운 지식을 배우고 싶은 일종의 흥분과 혼돈의 상태라고 할 수 있으며, 정교화의 단계는 그 흥분이 공허한 혼돈이 아니라 내용이 있는 체계화의 과정이다. 이 과정은 '자기 규율'을 통해 정확하게 지식을 습득하는 단계이다. 일반화의 단계는 낭만이라는 혼돈과 정교화라는 질서의 상태가 자유로운 상상을 통해 새로운 질서의 상태로 비상하는 것이다. 이와 같은 학습의 과정들은 불가결한 것들이어서 그 요소들의 결핍이나 전위는 상이한 학습의 결과를 초래할 수 있다. 이 '리듬의 교육'을 우리는 '카오스모스'(chaosmos) 교육이라고 부를 수 있다. 화이트헤드에게 모든 존재는 '카오스모스'의 과정을 통해 구축되어 있듯이, 우리의 교육 역시 '카오스모스'의 과정을 통해 교육과정이 구성될 필요가 있다.

3. 정서와 새로움의 기초로서 명제

그렇다면 화이트헤드의 '리듬의 교육'은 어떻게 실천 가능하며 그 인식론의 전제는 무엇인가? 다시 말해서 어떤 지식이론과 방법론에 기반을 두고 있는가? 우리는 이를 위해 세 가지 개념을 살펴볼 필요가 있다. 우선 화이트헤드의 명제이론이며, 그 다음은 프로네시스(phronesis) 지식과 가추법(abduction)이다. 이미 우리는 화이트헤드의 프로네시스 지식과 가추법에 관해서는 기존의 논문에서 충분히 다루었다(김상표 · 김영진 2011a; 김상표 · 김영진 2011b; 김영진 2012; 김영진 · 김상표 2013). 하지만 기존의 논문에서는 프로네시스 지식과 가추법이 전개될 수 있는 인식론의 단초를 제공하지 않았다. 이 글에서 그것들이 전개될 수 있는 조건들이 화이트헤드의 명제이론에 있음을 보여주고자 한다. 왜냐하면 그의 명제이론에는 그러한 지식과 방법론을 충족시킬 수 있는 논의가 들어 있기 때문이다.

명제는 '정서'와 '새로움'이라는 두 가지 기능을 갖는다. 화이트헤드는 기존의 명제이론과는 달리 대단히 엄정하게 규정하지 않으며, 다양한 유기체들이 명제를 향유하고 새롭게 구성할 수 있음을 보여주고자 한다.

우선, 명제의 가장 중요한 기능은 느낌을 유혹하는 여건이다. 명제는

언어가 아니다. 식물, 땅, 책상, 하늘, 영화, 소설 등 다양한 형태의 여건
이 있으며, 이 여건은 명제의 형태로 다가오며, 느낌을 발생시킨다. 느낌
은 일종의 파악이며, 파악은 여건, 주체, 주체적 형식으로 구성된다. 이때
여건을 느끼는 느낌에서 주체적 형식은 일차적으로 정서적으로 다가온
다. 예컨대, 배가 가라앉는 모습은 우리에게 공포, 혐오, 분노와 같은 주
체적 형식을 갖게 하는 느낌을 가져온다(PR 84). 여건과 주체가 주체적
형식이 갖는 정서를 통해 상호 관계를 맺는다. 이와 같이 명제는 농담, 공
포, 혐오, 분노와 같은 주체적 형식을 갖고 있는 느낌들로 느껴지게 한다
(PR 84). 그러므로 명제의 일차적 기능은 진위의 판단에 있는 것이 아니
라 물리적 느낌을 통해 주체적 형식의 발생에 있다.

> 지나치게 주지주의적 성향을 띤 철학자들을 지배하고 있는 논리학에
> 의 관심은 사물의 본성에 있어서의 명제의 주요 기능을 모호하게 하여
> 왔다. 명제는 근본적으로 믿음을 위한 것이 아니고, 무의식적인 물리적
> 수준에서의 느낌을 위한 것이다. 명제는 여건에 전적으로 구속되지 않
> 는 느낌의 발생을 위한 원천을 이루고 있다(PR 349).

다른 하나는 명제는 언제나 주체와의 관계에서 새로움을 가져올 수 있
다는 것이다. 수학적 명제가 주체와 관계없이 논의될 수 있다고 생각하
며, 그것이 확고한 지식의 기반이라고 고려한다. 이와 같은 수학적 명제
는 표상지식의 기초이다. 표상 지식에 대한 엄밀성은 수학적 명제에 빚을
지고 있다. 분석과 환원이라는 용어들은 수학의 명증성에 기반을 둔다.

우리는 근대 철학자인 칸트가 분석과 종합이라는 대립되는 지식의 측
면을 수학적 지식을 통해 해결하려는 시도를 잘 알고 있다. 그는 이를 선
험적 종합판단이라고 하며, 이런 수학적 명제를 통해 보편성을 확보할 수
있다고 보았다. 예컨대, 4+9=13 이라는 덧셈을 생각해보자. 오성은 이
계산을 위해 능동적인 통일 작업을 수행한다. 왜냐하면 13이라는 개념은

1을 연속해서 붙여 나가는 과정의 결과로서 발생한다. 즉 4에다가 1을 9 번 더하는 과정이다. 이 판단이 종합판단이다. 그것은 지성이 여러 개의 1 을 하나로 통일시키는 작업을 수행하였음을 보여준다. 즉 종합판단이란 언제나 주어 안에 이미 포함되어 있지 않는 술어가 주어에 더해져서 하나 로 통일되는 경우에 발생한다. 따라서 4+9=13은 종합명제라고 할 수 있 다(카울바하, 1992: 122).

하지만 당대 유명한 수학자이자 논리학자였던 화이트헤드는 칸트와는 달리 철저한 경험론의 입장에서 수학적 명제에 접근한다. 그는 1+1=2라 는 사실을 인정하며, 그것은 "하나의 존재와 또 하나의 존재를 합하면 두 개의 존재"(PR 198/367)라고 하며, 이 명제는 "일반성이나 진리성"에 있 어 아무런 제한이 없는 명제라고 본다. 이점에서 화이트헤드 역시 칸트와 마찬가지로 보편성을 인정하고 있는 모습을 보인다. 여기에서 우리가 논 의를 멈춘다면, 화이트헤드와 칸트 사이에 수학적 명제의 의미에 대한 어 떤 차이도 볼 수 없을 것이다. 하지만 화이트헤드는 수학적 명제는 언제 나 구체적인 사건을 한정하는 대상임을 지적한다. 그것은 사건을 한정하 는 하나의 대상으로 보아야지, 그 대상을 사건과 무관한 것으로 보는 것 을 "잘못 놓여진 구체성의 오류"를 범하는 것이라고 본다. 좀더 구체적으 로 이 논의를 살펴보도록 하자.

화이트헤드에게 이 수학적 명제 1+1=2는 "거의 언제나 사회이거나 현 실적 존재들의 보다 느슨한 그룹"(PR 367)이다. 우리가 앞에서 '하나의 존재'를 1이라고 한 것은 현실적 계기들이 역사적으로 계승되는 '존속하 는 객체'를 의미한다. 그래서 우리가 1이라고 의미하는 존재는 생성 소멸 하는 현실적 계기가 아니라 일정기간 존속하는 대상을 의미한다. 수학적 명제가 지시하는 1은 현실적 계기들의 군(group) 혹은 결합체(nexus)이 다. 정리하자면, 1+1=2라는 것은 하나의 결합체와 하나의 결합체의 결 합이 두 가지 결합체라고 말하는 것이다. 이때 1과 2는 결합체를 한정하 는 영원한 대상이라고 할 수 있다. 영원한 대상의 기능이나 의미는 오직 현실적 계기나 결합체에 진입함으로써 작동한다. 따라서 화이트헤드에게 명제는 현실태(현실적 계기 혹은 결합체)와 가능태(영원한 대상)의 결합으로 구성되는 것이기에, 수학적 명제는 선험적 종합이 아니라 사건의 종합이라고 할 수 있다.

그렇다면 사건의 종합이란 어떤 의미를 말하는가? 1+1=2는 각각 별개로 존속하는 객체가 있다는 것을 보여준다. 과거의 다방에서는 커피를 주문하면, 커피 받침에 커피를 준다. 이때 커피 잔과 커피 받침은 각각 존속하는 객체이며, 그 한정 특성을 달리한다. 우리는 이를 커피 잔과 커피 받침을 합해서 1+1=2라는 의미로 설명할 수 있다. 화이트헤드는 이를 다음과 같이 설명한다.

서로 뚜렷이 구별되는 두 가지 존속하는 객체를 고찰해 보자. 그것들은 그 한정 특성이 다를 경우 더 쉽게 고찰될 수 있을 것이다. 이들의 한정 특성은 a와 b라 하고, 이 두 존속 객체의 이름도 a와 b라는 문자로 쓰기로 하자. 그런데 '하나의 존재와 또 하나의 존재를 합하면 두 개의 존재가 된다'라는 명제는 대개 다음과 같은 의미로 해석되고 있다. 즉 두 개의 존속하는 객체가 주어질 때, 하나의 현실적 계기를 두 역사적 경로 각각으로부터 의식적으로 이해하는 모든 주의집중 행위는, 필연적으로 그 경로 각각으로부터 하나씩, 두개의 현실적 계기를 발견하게 될 것이라는 점이다(PR 198/367).

경험론자인 화이트헤드는 추상은 언제나 구체와 관련에서 나온다. 즉 이것은 현실적 계기에 영원한 대상이 진입하는 원리이다. 우리가 둘이라고 말하는 것은 각각 별개의 존재의 한정 특성을 갖고 있다는 것이다. 그런데 존속하는 객체 1은 사회이거나 느슨한 현실적 계기들의 군으로 구성되어 있기에, 언제나 그것은 인접하는 공간에 있는 존재와 새로운 방식으로 결합할 수 있다. 이는 범주적 제약인 대상적 다양성의 범주와 대상적 동일성의 범주에서 보여주듯이, 1이라는 존속하는 객체는 다른 방식으로 결합한 사회를 형성할 수 있다. 예를 들어서, 컵과 받침 접시를 한정하는 각각의 성격이 하나의 동일한 현실적 계기를 한정할 수 있다는 것이다. 우리는 가끔 컵과 받침 접시를 어느 순간에 주의(attention)를 통해 그것을 하나의 사건으로 볼 수 있다. 즉 둘이 아닌 하나로 볼 수 있다.

화이트헤드는 컵과 받침 접시가 하나로 통합되는 것은 컵과 받침 접시를 한정하는 성격이 '교차'(intersection)할 수 있는 특성을 갖고 있기 때문이다. 이것은 화이트헤드가 '변환의 범주'를 통해 설명하고 있듯이, 다양한 영원한 대상에 의해 한정된 현실적 계기들이 하나의 영원한 대상에 의해 한정될 수 있으며, 그는 이를 변환의 범주라고 부른다. 가끔 우리는 두 대상이 분리되지 않은 것으로 볼 경우도 있다. 따라서 화이트헤드에게는 '주의'와 '교차'를 통해 한정되는 각각의 존속하는 객체 1+1=2는 어느 순간에는 1+1=1이 될 수 있으며, 다른 경우에는 3이 될 수 있다.

> 진정으로 존속하는 단순한 두 객체 a와 b로 되돌아가기로 하자. 그리고 그것들을 한정하는 성격 a와 b는 모순되지 않고, 따라서 양자는 모두 동일한 현실적 계기를 질적으로 규정할 수 있다고 가정하자. 이럴 경우 a와 b의 뚜렷이 구별되는 경로가 어째서 교차해서는 안 되는 것이라는 것에 대한 일반적인 형이상학적 근거는 존재하지 않는다. …… 이는 마치 컵과 받침 접시가 어떤 한 순간에서는 동일한 것이었다가, 후에 뚜렷이 구별되는 현존을 회복하는 것과 같은 것이다(PR 199/368).

이와 같이 화이트헤드에게 명제는 참과 거짓의 판단을 위한 여건이 아니라 새로움을 향유할 수 있는 여건으로 주어진다. 명제는 사건들의 주의와 교차라는 성격으로 인해 언제든지 새로운 종합이 가능하다.

과학에서 새로움은 바로 이러한 명제적 기능과 지시적 느낌인 결합체의 관계에서 비롯된다고 화이트헤드는 본다. 화이트헤드에 따르면, '지시적 느낌'과 '명제적 상상'과의 통합에 의해 '유보된 판단'이 나온다. 유보된 판단은 상상된 술어가 기존의 술어와 일치하는 경우에 발생한다. 이러한 유보된 판단은 '부정적인 판단'이 아니다. 이러한 판단은 우리의 지각에 포함되지도 배제되지도 않는 그 무엇이 논리적 주어의 형상적 구조에 대해 말할 수 있다는 것이다. 그런 점에서 유보된 판단은 "과학의 진보에 있어 본질적인 무기"(PR 487)이다. 즉, "과학이론에서, 그리고 직접적 관찰의 정교성에 있어서조차도 우리의 모든 진보는 유보된 판단의 사용에 의존하고 있는 것"(PR 487)이다. 화이트헤드에게는 참인가 거짓인가를 논의하는 명제의 기능보다 새로움을 생산하는 명제의 기능이 더 중요하다.

우리는 이순신 혹은 나폴레옹에 대한 전기도 읽고 소설책이나 영화도 본다. 왜 우리는 전기보다 허구에 더 열광할 때도 있고, 더 아쉬워 할 때도 있는가? 화이트헤드는 이런 영화와 소설 역시 일종의 명제라고 본다. 영화는 어떤 형태로든 실재로 존재했던 나폴레옹과 이순신이라는 결합체에 허구적인 한정 대상을 삽입한다. 상상력이 있는 문학가나 감독들은 그런 내용을 통해 독자들에게 다양한 형태의 자극을 준다. 그것은 삶의 자양분이 되기도 한다. 이순신에 대한 김훈의 소설과 명량 영화는 우리에게 많은 즐거움과 기쁨을 선사했다. 따라서 명제는 반음영적 복합체의 요소를 가지고 있으며, 언제나 새로움의 가능성을 함축한다. 그뿐만 아니라 정서적 작용도 함께 제공한다. 이에 화이트헤드는 명제를 '느낌에의 유혹'이라고 한다.

셔번은 명제의 이런 유혹 기능을 다음과 같은 사례로 설명한다. 어떤 도시 중앙에 빈터가 있다. 그 빈터는 어딘가에 존재하는 현실적 존재들이다. 그러므로 어떤 곳은 어떠한 현실적 존재들을 의미한다. 사람들이 그 빈터가 아무 의미도 없는 곳으로 스쳐지나간다. 하지만 진취적인 사업가는 '저 빈터'를 '식당'이라는 명제로 바꾸어 생각한다. 이 명제는 진리에 있어서 거짓이다. 하지만 이 명제는 그 기업가에게 느낌에 대한 유혹으로 작동하며, 기업가는 그 땅을 사서 식당을 지을 수 있다(Sherburne, 1966: 240). 따라서 화이트헤드에게 명제는 모든 영역에서 새로움을 유혹하는 기능, 즉 흥미를 유발하는 역할을 제공한다.

이 등급화된 직시는 현실적인 것이, 어떤 의미에서 비존재인 것을 자신의 성립 형태에 기여하는 적극적 인자로서 포함하는 방식이다. 그것은 오류나 진리 또는 예술이나 윤리 및 종교 등의 원천이다. 그것으로 인해서 사실은 여러 선택지에 직면하게 된다(PR 353).

이와 같이 명제는 주체적 형식에게 대상과 주체를 상호 관계를 맺게 하는 정서적 형식과 새로운 가능성을 가져오는 기능을 한다. 이를 통해 명제는 정서적 관계와 새로움이라는 과정철학의 핵심적인 전제를 실현하고 있다고 볼 수 있다.

4. 프로네시스와 가추법

21세기 인재는 전공 지식, 미래 핵심 역량인 창의성, 비판적 사고력, 사회적 책임감 및 공감능력 등을 갖추는 것이다(최상덕, 2011). 하지만 경영 교육은 전공지식에만 초점을 두는 까닭에 추상적인 보편적인 지식을 가르치는 데 역점을 두고 있다. 그것은 추상적 합리성을 키울 수는 있지만, 실천적 합리성을 키우기에는 적합하지 못하다. 실제 경영에서는 추상적 합리성 못지않게 실천적 합리성이 없이는 기업 혹은 조직을 지속적으로 운영할 수 없다. 따라서 우리는 실천적 합리성이 가능하게 하는 프로네시스 지식과 가추법을 통해 정서적 공감 능력과 상상력을 경영 교육에 보완할 필요가 있음을 살펴볼 예정이다.

우리는 다른 논문들을 통해 프로네시스와 가추법의 핵심적인 개념들이 화이트헤드 철학에 내재되어 있음을 제시했다(김상표 · 김영진, 2011; 김영진 · 김상표, 2013). 또한 우리는 화이트헤드의 명제 이론이 정서와 창의성의 핵심적인 요소인 상상력을 가능하게 하는 특성을 지닐 수 있음을 앞 장에서 언급했다. 따라서 이 장에서는 프로네시스와 가추법이 경영 교육에서 정서적 유대 및 상상력과 어떤 관련성을 갖는지에 초점을 둘 것이다.

한편 우리는 합리성이라고 하면, 단지 추상적인 수학적인 명제로 제한하는 경향이 있으나, 합리성이라는 개념 속에 정서와 상상력이 가미될 수 있음을 보여줄 것이다. 물론 합리성에 대한 논의는 실증주의, 포퍼, 하버마스 등에 의해 집중적으로 논의된 주제이며, 그것에 대한 입장은 매우 광범위하고 다양하다고 할 수 있다. 하지만 드 수사(deSousa, 1987/1991: 6)에 따르면, 사유는 정서와 무드에 의해 의존한다고 보며, 루트번스타인(2007: 17-30) 등은 정서로부터 나온 상상력이 창조적 사유의 바탕이 된다고 본다. 이와 같은 입장은 정서와 상상력이 합리성의 원초적인 조건이라고 보는 것이다. 우리는 이것이 실천적 합리성을 제기하는 프로네시스가 정서와 상상력에 기반하고 있는 지식이론임을 보여주는 것이다.

우선 프로네시스란 바로 덕 있는 행동을 통해 행복을 추구하는 것이다(NE 1: 7). 프로네시스는 어떤 행동이 자신에게 가장 행복한 삶을 가져다주는지를 숙고하는 행위이다. 이러한 행위는 짧은 순간이 아니라 오랫동안 존속될 수 있는 행복을 추구한다. 하지만 영속하거나 불변하는 대상을 통해 행복을 추구하는 것은 아니다. 그것은 실현가능한 것, 혹은 자신의 역량을 통해 이성적으로 실천할 수 있는 것을 탐색하는 것이다. 따라서 프로네시스 역량을 갖춘 행위자는 자기 자신뿐 아니라 타인에게도 좋은 것이 무엇인지를 고려하는 사람이다(NE VI: 5). 화이트헤드는 이런 지식을 예견(foresight)이라고 하며, 그것은 구체적인 상황에서 우리가 어떤 "성격과 강도"(AI 168)로 반응하는지를 결정하는 지식이라고 한다(김영진 · 김상표, 2013: 21).

기업 활동에서도 프로네시스는 가장 중요한 역량 중의 하나이지만, 이 지식은 신중한 판단, 상황에 맞는 적절한 행동, 가치와 윤리에 따른 행동을 유도하는 것이지만 더 이상 학교에서는 배울 수 없는 지식이라고 한다

(Nonaka, 2008: 54). 그런데 시장에서 살아남은 기업 혹은 애플과 같은 신생기업은 이와 같은 지식 덕분에 가능하다. 요컨대 이 기업들은 "특정 시공간에서 대다수의 고객들이 좋은 것으로 판단하는 것을 이해하고 그에 따른 결실을 맺는 능력"(Nonaka, 2008: 54)을 갖추고 있었기에 성공했다.

아리스토텔레스는 지식 유형을 소피아(sophia), 에피스테메(episteme), 테크네(techne), 프로네시스(phronesis)로 나눈다. 소피아는 철학적 지혜를 의미하는 지식이므로 여기에서는 논외로 한다. 에피스테메는 수학이나 물리학과 같은 보편적 지식을 의미하며, 테크네는 공학이나 회계와 같은 응용지식을 말하며, 프로네시스 지식은 구체적인 상황에서 가장 적합한 행위에 대해 이성적으로 숙고하는 지식이다. 휴대폰을 예로 들자면, 전 세계에 있는 가전 회사들은 누구나 휴대폰을 만들 에피스테메와 테크네 지식을 갖추고 있다. 그러나 애플과 삼성이 글로벌 시장을 석권하고 있다. 소비자를 행복하게 할 수 있는 지식을 삼성과 애플이 갖추고 있기에 가능하다. 우리는 이런 지식을 프로네시스 지식 혹은 예견하는 지식이라고 본다. 소비자가 어떤 휴대폰을 좋아할 지를 정확하게 예측하는 것은 결코 쉬운 일이 아니다. 그런 예견 능력은 "삶을 위한 다양한 필수품, 진지한 여러 가지 목적, 하찮은 갖가지 오락"(AI 171)과 같은 사소한 것에 '주의'(attention)하는 능력에 달려 있다. 애플은 휴대폰을 전화기능으로만 보지 않고 그 기능이 '교차'(intersection)할 수 있음을 본 것이다. 하지만 소니는 그 기능을 고정된 것으로 보았기에 몰락할 수밖에 없었다. 따라서 프로네시스 지식은 소비자들이 어떤 성향과 경향을 갖고 있는지를 알아차리는 것이다(Dunne, 1993: 247).

화이트헤드의 용어로 보자면, 테크네와 에피스테메가 작용인이라면, 프로네시스 지식은 목적인에 해당한다고 볼 수 있다. 목적인에 해당하는 프로네시스 지식은 작용인의 지식과는 달리 "명쾌하게 기술하는 것만으로는 철저히 규명되지 않는"(AI 160) 것이다. 작용인의 지식에 해당하는 과학은 법칙을 통해 이해할 수 있지만, 목적인에 해당하는 프로네시스 혹은 예견 능력은 "시의적절한"(seasonable)(AI 376) 행위를 통해서만 밝혀질 수 있는 것이다. 예를 들자면 친구를 도와주어야 할 상황일 때, 어떤 행위가 나의 만족을 높이며, 친구의 힘을 증대시킬 수 있는지는 법칙을 통해서는 결코 이해될 수 없고 오로지 맥락 속에서 그 복잡성의 강도를 통해서만 알 수 있다. 다시 말해서 친구를 돕는 상황에는 두 가지 요인이 함축된다. 하나는 명제에 대한 나의 주체적 형식으로써 역작용이나 혐오와 같은 정서적 평가가 들어가며, 예견할 미래를 파악하는 상상력이다. 이미 이 두 가지 요인은 화이트헤드의 명제이론에서 핵심적인 요소임을 밝혔다.

한편 프로네시스 지식에서도 이 두 요인은 가장 중요한 기능을 차지한다. 아리스토텔레스에 따르면, 정서적 반응은 특정한 상황에서 행위를 유도하는 중요한 역할을 한다고 본다(전헌상, 2004: 129). 앞서의 사례에서 우정은 최고의 가치가 있다고 생각하는 것은 대전제에 해당되지만, 구체적인 상황에서는 어떤 행위가 우정에 적합한 행위인지는 숙고해볼 필요가 있다. 적당하게 술을 먹은 친구가 운전을 해서 집에 갈려고 할 때, 어떤 행위가 우정에 적합한 것인지를 고민해 볼 필요가 있다. 그런 숙고에 상상력이 가미된다. 따라서 프로네시스 지식은 상상력(Noel,1999: 282)과 정서를 통해 실천적 합리성을 추구한다고 볼 수 있다(방진하·곽덕주, 2013: 133).

요약하자면, 구체적인 상황에 맞는 선택은 느낌에 의존한다. 사전에 제시되는 일반적인 규칙의 공식들은 구체성과 융통성을 결여하고 있다. 공식들은 구체적 상황을 바로 그 상황으로부터 특수하게 만드는 세부사항들에 주목하지 못하는데, 이러한 세부사항이야말로 판단이 붙잡고 시름해야 할 대상이다. 프로네시스를 갖춘 사람은 자신이 속한 특수한 상황에 대해서 인지하는 분별력과 통찰력이 있으며, 그 맥락에 적합하게 개별화된 덕들로 자신의 행위를 구현하는 능력을 갖춘 사람이다. 친구를 돕는

것이 그 자체로 가치가 있더라도 그 친구가 누군가를 속이는 사기 행위를
해서 법적 처벌을 받아야 한다면, 그를 돕지 않는 것이 프로네시스를 갖
춘 사람의 선택이다.

> 개인적 경험의 선택성은 그것이 합리적 비전에 나타난 중요성의 균형
> 에 순응하고 있는 한 도덕적이다. 역으로, 지적 통찰을 정서적 힘으로
> 전환시키는 것은 감성적 경험을 도덕성의 방향으로 교정하는 것이 된
> 다. 이 교정은 통찰의 합리성에 비례한다. 전망의 도덕성은 전망의 보
> 편성과 불가분리적으로 결합되어 있다. 보편적인 선과 개별적인 이익
> 과의 대립은 오직 개체의 이익이 보편적 선이 될 때 비로소 없어지게 된
> 다. 이는 보다 작은 쪽의 강도가 상실된다는 것을 예시해주는 것이지
> 만, 그것은 또한 폭넓은 이익을 더욱 세련된 구조의 것으로서 재발견하
> 기 위한 것이다(PR 69).

개인의 정서적 경험이 합리적 통찰을 통해 보다 넓은 이익을 가져올 수
있을 때, 그것은 도덕적 행위가 될 수 있다. 정서가 합리적 비전과 결합할
때, 실천적 합리성이 나오며, 이를 우리는 도덕적 행위라고 말한다. 개인
의 이익이 폭넓은 사회 전체의 이익과 부합될 때, 우리는 실천적 합리성
혹은 프로네시스를 실행하고 있다고 볼 수 있다. 따라서 인간이 서사적
인간이라면, 프로네시스는 특정한 시대적 맥락에서 개인이 그 공동체에
적합한 삶이 무엇인지를 사고하고 추론하는 능력을 의미한다. 즉 행복한
삶이 무엇인지를 숙고하는 실천적 지식이라고 할 수 있다. 이는 자신이
지각하고 정서적으로 느끼는 과정을 공동체의 공감과 일치시키려는 행위
라고 할 수 있다. 따라서 개인의 정서가 보편성을 가질 수 있는 것이다.

한편 가추법(abduction)은 상상력과 합리성이 결합된 추론 방식이다.
합리성을 중심으로 추론이 진행되는 방법론이 연역법과 귀납법이며, 상상
력을 중심으로 전개된 추론 방법이 현상학, 변증법, 해석학 등이라면, 합
리성과 상상력을 결합한 방법론이 가추법이다. 가추법은 아리스토텔레

스의 추론방법에서 등장하지만, 20세기에 와서 그 방법론을 적극적으로 수용해서 사용한 사상가는 화이트헤드와 퍼어스(Peirce)이다. 화이트헤드는 이미 수학과 논리학 및 자연과학을 탐구하는 방식에서도 가추법의 형식을 사용했으며, 특히 형이상학 역시 가추법의 추론방식을 통해 생산적인 학으로 만들었다(김영진, 2012: 67). 하지만 화이트헤드에 따르면, 연역법이나 귀납법과는 달리 가추법은 '인간 사유의 습관적 경험의 본능적 절차'(PNK 76)라고 한다. 그런 점에서 이 방법론은 일반인뿐만 아니라 의사, 심리학자, 과학자, 기업가, 낚시꾼, 형사 등이 일상적으로 추정하는 방법론이다.

쉬운 사례를 통해 가추법이 연역법, 귀납법과 어떤 차이가 있는지를 알아보자. 추리 소설의 주인공 홈즈는 자신의 사무실을 방문한 여성의 소매가 닳아서 반들반들해진 것을 관찰한다. 그 관찰이 무엇을 말해 줄 것이라고 범주화한다. 결과적으로 그 여성이 타이피스트라고 추리를 해낸다. 즉 '타자를 많이 치면, 소매가 닳게 된다'라는 하나의 법칙을 코드체계로 설정해서 그녀의 닳은 소매를 해석해낸다. 물론 관점에 따라 그녀의 소매를 다르게 해석할 수 있다. 경제적 관점이나 심리적 관점 혹은 문화적 관점을 통해 그 소매를 해석할 수도 있다. 시인과 천문학자는 그 관점에 따라 별이 다르게 보일 수 있다는 것이다. 이를 도식화해 보면 다음과 같다(김주환 & 한은경, 1994:6-11).

가추법

규칙: 타자를 많이 치면 소매가 반들반들해진다.
결과: 그 여자의 소매가 반들반들해졌다.
사례: 그 여자는 타자를 많이 쳤다.

연역법

규칙: 타자를 많이 치면 소매가 반들반들해진다.

사례: 그 여자는 타자를 많이 쳤다.
결과: 그 여자의 소매가 반들반들해졌다.

귀납법
사례: 그 여자는 타자를 많이 쳤다.
결과: 그 여자의 소매가 반들반들해졌다.
규칙: 타자를 많이 치면 소매가 반들반들해진다.

이 세 가지 추론방식을 검토해 본다면, 연역법과 귀납법에 비해 그 확실성이 가추법이 가장 약하지만, 가추법의 장점은 그 생산성에 있다. 관찰된 사실을 보고 하나의 잠정적 규칙을 만들어내는 것은 반드시 상상력이 가미되어야 한다. 사실 모든 학문적 진보와 새로운 상품 개발은 모두 상상력 없이는 불가능하다. 귀납법 중심의 조직 연구에서도 가추법이 가장 창조적인 발견의 방법이라는 점에 동의하는 연구자들이 늘어나고 있는 추세이다(Avesson & Karreman, 2007; Hansen, 2008; Locke et al., 2008; Van Maannen et al., 2007). Van Mannen(2007)에 따르면, 연역은 무엇이 있음이 틀림이 없고, 귀납은 실제적으로 무엇이 작동하고 있고, 가추법은 단지 무엇이 있을 것이라고 추정하는 것이라고 한다. 즉 가추법은 의심과 상상력을 통해 새로운 규칙을 만들어가는 추론 과정이다. 따라서 가추법의 추론 과정은 기존의 신념을 의심하고 새로운 신념이나 규칙을 만들어 가는 것이라고 할 수 있다(Locke et al., 2008).

이와 같은 논의는 화이트헤드의 명제이론이 확실성이 아니라 새로움의 가능성을 중심으로 제기된다는 점에서 가추법에 대한 정당화를 제공하고 있다고 볼 수 있다. 명제는 논리적 주어인 결합체를 통해 일정한 규칙을 제공하며, 술어인 영원한 대상을 통해 그 가능성을 열어둔다. 예컨대, 피가 난 상처를 본 후에, 우리는 여러 가지 규칙을 통해서 추측할 수 있다. 경찰이나 의사는 그 상처를 보고서 교통사고, 폭력사고, 우발적인 사고인지를 어느 정도 예측하는 힘이 있다. 우리의 일상생활은 바로 그런 방식으로 이루어지고 있다. 그뿐만 아니라 과학자들의 위대한 발견 역시 이와 같은 형태로 이루어진다고 볼 수 있다. 대표적인 예가 케플러의 법칙이라고 볼 수 있다.

이와 같이 가추법의 핵심은 하찮은 것에서 위대한 발견에 이르기까지 미래를 예견하는 능력이다. 귀납법을 통해 자연과학자가 실험결과를 보여주는 것은 괜찮은 합리적인 방법이다. 하지만 기업가에게 다양한 실험 결과를 충분히 드러난 후에 행동을 하는 경우는 '시의적절'한 행위를 놓치기 십상이다. 그런 점에서 볼 때, 시장과 소비자가 원하는 것을 적극적으로 모색하는 가추법은 경영 교육에서 핵심적인 방법론이라고 볼 수 있다.

사실 구체적인 상황에서 일정한 패턴을 찾는 가추법은 프로네시스와 밀접한 관련을 갖는다. 프로네시스는 구체적인 상황에서 어떤 행위가 자신과 타자에게 이익이 되는 방향인지를 찾는 것이다. 가추법은 범죄 현장에서는 과거의 행위와 현재를 연결하는 측면에서 관련을 맺겠지만, 기업 현장에서는 과거의 행위를 통해 미래와 연결하는 것에 깊은 관심을 가진다.

일본에 있는 편의점인 세븐일레븐의 장점은 파트-타임 근로자에게도 프로네시스와 가추적인 능력이 있음을 받아들이는 것이다. 다시 말해, 수학적 명제를 가르치는 경영학을 배우지 않더라도 프로네시스와 가추법은 인간의 공통적인 본성으로 보고 적극적으로 현장에 반영을 하는 곳이 세븐일레븐이다. 세븐일레븐의 회장인 스즈키(Suzuki)는 프로네시스를 이해하고 있는 까닭에, 그에 따르면, "세계 어디에서라도 소매점은 지역적인 소비 형태를 충분히 고려해야 하는데, 소비 형태에 신중한 주의를 기울일수록 그 지역에 더 특화된 소매점으로 발견할 수있고, 그만큼 소매점의 성공가능성도 높아진다"(Nonaka, 2007: 141). 예를 들자면, 일본 상업지구에 위치한 세븐일레븐 파트타임 직원은 직장인 여성들이 점심시간과 초과근무라는 상황에 맞추어서 샐러드를 갖다 놓는다(Nonaka,

2007: 145). 이것은 상업지구라는 상황에서 직장여성들의 행위를 홈즈처럼 기호화해서 일정한 도식을 도출해낸 가추적 능력이다. 물론 이것은 영속적인 도식은 될 수 없고 잘못된 판단일 수도 있다. 하지만 적어도 일정한 시기 동안에는 그 패턴은 지속될 수 있으며, 추론 방법 중에서 가장 생산성이 높으며, 그런 판단은 그 맥락에 위치한 파트타임 직원만이 제대로 파악할 수 있다. 따라서 편의점 직원들은 특정 시공간이라는 맥락에 따른 프로네시스 역량과 가추법이라는 실천적 합리성의 능력을 모두 갖추고 있다고 볼 수 있다.

5. 결론

지금까지 화이트헤드의 유기체 철학과 경영 교육의 관련성을 살펴보았다. 화이트헤드의 교육을 '리듬의 교육'으로 보고 그 안에는 활용과 탐험을 함께 가르칠 수 있는 방법이 있음을 제시해 보았다. 자유와 규율은 그 어느 것도 교육 현장에서 소홀히 해서는 안 된다. 우리의 경영 교육은 규율이라는 틀 속에 너무 매몰되어 있는 경향이 있다. '로맨스'와 '일반화'를 통해 자유를 확보하지 않은 경영 교육은 정서적 관계 및 창의성을 제대로 키워낼 수도 없고 가르칠 수도 없다. 지금까지 다룬 화이트헤드의 리듬의 교육은 일종의 카오스모스의 교육방법이다. 화이트헤드의 이 카오스모스 교육 방법은 인생의 긴 주기 동안에 적용될 수도 있고, 2시간이라는 수업 시간 동안에 적용하는 것도 가능하다. 다만 그 절차만은 바꿔서는 안 된다. 따라서 화이트헤드의 교육이론이 활용에 초점을 둔 경영교육에 대한 하나의 대안으로 고려될 필요가 있다.

하지만 우리의 경영 교육은 여전히 실체 패러다임의 분석적 경향을 기반으로 이루어진다. 조직의 생존의 필수 요건인 '탐험'과 '활용' 중에서 합리적 속성인 활용만을 주로 교육하고 있는 실정이다. 그 경우에 모험을 할 수 있는 탐험은 교육에서 배제되고 있다. 탐험이 없는 교육만으로는 지식 정보화 사회에서 경쟁력과 창의성을 생산할 수 없다. 그것은 우리 사회 및 교육이 안고 있는 현실이다. 대학 교육, 특히 모험심과 상상력이 요구되는 경영 교육에서 탐험을 가르칠만한 인식론과 방법론이 배제된다는 것은 참으로 안타까운 현실이다. 특히 경영 교육은 '삶의 예술'(art of life)을 개인에게 가르치는 것이다. 여기서는 "현실의 환경에 직면하여 그 잠재 능력을 발휘하여 다양한 행동을 가장 완전하게 달성하는 방법을 가르쳐서 인생의 '모험'에 풍덩 뛰어들게 만들어야 한다.

> 모험은 한계 내에서 작용한다. 그때 모험은 그 목표를 계산하고 거기에 도달할 수 있다. 이러한 모험은 한 유형의 문명 내부에서 변화의 잔물결이며, 그것으로 말미암아 주어진 유형의 시대는 그 신선함을 유지한다. 그러나 일단 모험의 활력이 주어지는 날에는 조만간 상상력이 그 시대의 안전한 한계의 저편으로, 학습된 취미의 규칙의 안전한 한계 저편으로 비상한다. 그때 그것은 문명화된 노력을 위한 새로운 이상의 도래를 반영하는 이탈과 혼란을 불러일으킨다(AI 424).

활용과 탐험은 모두 모험의 일종이다. 활용이 내부에서의 모험이라면, 탐험은 외부로 비상하는 모험이다. 각각의 모험은 다양한 경험과 관념간의 대립을 어떻게 대비로 전환해 가느냐에 따라서 성공여부가 달려 있다고 할 수 있다. 결국 활용과 탐험의 성공 여부는 "시의(seasonable)"를 (AI 424) 얻는 경우에만 가능하다. 특히, 프로네시스와 가추법을 통해 윤리와 상상력이라는 측면들이 경영교육에 적극적으로 도입되는 것이 다양한 문제들을 극복해 나가는 방향이 될 것이다.

한편 프로네시스와 가추법은 국내외적으로 다양한 논의들이 전개되고 있다. 하지만 그것이 어떤 철학적 기초 위에서 실천적이고 합리적일 수 있는지에 대한 논의는 거의 없는 실정이다. 우리는 이 논문에서 그 합리성을 화이트헤드의 명제 개념에서 찾아보았다. 화이트헤드의 명제 개념은 이론과 실천이라는 두 가지 양상을 포괄할 수 있다. 우선 수학에서 탐구하는 명제는 그 확실성에 기반을 두고 있으며, 그것은 보편성을 추구하는 중요한 수단이라고 알고 있지만, 그 명제 역시 고정되지 않는다는 사실을 밝혀보았다. 또한 명제에는 정서와 상상력이 내재되어 있기에 합리성에 대한 이해를 폭넓게 하는 데 기여할 수 있음도 살펴보았다. 이와 같이 화이트헤드의 명제 개념은 프로네시스와 가추법에 대한 인식론적 정당성을 확보하는 단초가 될 수 있다. 이를 통해 우리는 이론적 합리성과 실천적 합리성을 함께 고려할 수 있을 것이다.

참고 문헌

고정희(2014), 「고전에 대한 소양이 창의적 경영에 미치는 영향-'스타벅스'와 '야후'의 사례를 중심으로」, 『경제교육연구』, 21권 1호, 73-102.

김상표 · 김영진(2010), 「화이트헤드철학과 조직이론의 만남-실체철학을 넘어서-」, 『화이트헤드 연구』, 20권, 145-188.

김상표 · 김영진(2011a), 「과정철학과 조직이론: 창조성과 예견을 중심으로」, 『화이트헤드 연구』, 22집, 41-80.

김상표 · 김영진(2011), 「화이트헤드와 들뢰즈의 과정철학: 조직의 창조성과 실천적 프로네시스를 위한 새로운 문제 설정」, 『동서철학연구』, 61호.

김영진(2006), 「칸트와 화이트헤드의 시간론」, 『화이트헤드연구』, 제13집, 93-133.

김영진(2011b), 「21세기 조직화의 새로운 패러다임: 화이트헤드와 들뢰즈의 과정철학과 카오스모스」, 『새한철학회 논문집』, 65집 3권.

김영진(2012), 『화이트헤드의 유기체 철학』, 그린비.

김영진(2013), 「화이트헤드디안과점-조직의 창조성과 잘못 놓여진 구체성의오류」, 『화이트헤드연구』, 제26집.

김재춘 · 김비아(2012), 「들뢰즈의 기호론에 따른 문학교육 방법 탐색」, 『인문연구』 64호, 149-188.

로버트 루빈슈타인 · 미셸 루트번슈타인, 박종선(2007) 역, 『생각의 탄생』, 에코의 서재.

박상태(2006), 「화이트헤드의 교육론과 대학 교육 개혁」, 『동서철학연구』, 42호, 248-269.

박휴용(2003), 「"교육의 리듬"의 창조성에 관한 고찰」, 『화이트헤드연구』, 7집, 107-138.

방진하 · 곽덕주(2013), 「교육의 인문성 회복의 미래가치 탐색」, 『아시아교육연구』, 14권 2호, 109-141.

오영환(2003), 「화이트헤드의 교육론과 유기체 철학」, 『화이트헤드연구』, 7집

이홍 · 이현(2009), 「양면성을 통한 역동적 역량의 구현: 역사적 조망과 이의구축을 위한 핵심과제」, 『인사 · 조직연구』, 17권 2호, 95-124.

전헌상(2004), 「소망과 품성-이성적 욕구와 영혼의 비이성적 상태들」, 『서양고전연구』, 21권, 107-140.

지용희 · 강호상(1996), 「경영학 교육과정에 관한 연구: 미국 주요 경영대학 교과과정을

중심으로」, 『한국경영학회: 창립 40주년 기념 심포지움』, 71-95.

최은순(2014), 「교육의 내재적 관점에서 본 수월성의 의미」, 『교육철학연구』, 36권 1호, 119-138.

최상덕(2011), 『창의적 인재상과 인재 양성 방향: 한국 교육 미래 미전』, 학지사.

카울바하, 백종현(1992) 역, 『칸트, 비판철학의 형성과정과 체계』, 서광사.

Aristotle(1894). *Aristotelis Ethica Nicomachea Bywater*(ed) Oxford: ClarendonPress. 강상진 · 김재홍 · 이창우(2011) 역. 『니코마코스 윤리학』, 도서출판 길.

Alvesson, M., & Karreman, D.(2007), Constructing mystery: Empirical mattersin theory development, *Academy Management Review*, 32: 1265-1281.

Baumard, P.(1999), *Tacit Knowledge in organization*, London: Sage.

Bourdieu, P.(1990), *The logic of practice*, Cambridge: Polity Press.

Brumbaugh, R.(1982), *Whitehead, Process philosophy and Education*, Albany:State University, New York Press.

Chia, R.(2000), Time, duration and simultaneity: Rethinking process andchange in organizational analysis, *Paper presented at the AmericanAcademy of Management Conference*, Toronto, August 2000.

De Sousa, R.(1987/1991), *The Rationality of Emotion*, Cambridge,Massachusetts.

Feldman, M.(2000), Organizational routines as a source of continuous change, *Organization Science*, 11/6: 611-629.

Chia, R., & Holt, R.(2008), The Nature of knowledge in business schools, *Academy of Management Learning & Education*, 7(4): 471-486.

Ghoshal, S.(2005), Bad management theories are destroying good management practices, *Academy of Management Learning and Education*, 4(1):75-91.

Hansen, H.(2008), Abduction. In D. Barry & H. Hansen(Eds.), *New approachesin management and organizations*: 454-463, London: Sage.

Locke, K., Golden-Biddle, K., & Feldman, M. S.(2008), Making doubt generative: Rethinking the role of doubt in the research process,

Organization Science, 19: 907–918.

Noel, J.(1999), Phronesis and Phantasia: Teaching with Wisdom and Imagination, *Journal of Philosophy of Education*, Vol. 33, No 2.

Nonaka, Ryoko, Toyama(2009), *Managing Flow*, 김무겸(2010) 역, 『창조적 루틴』, 북스넛.

Nonaka, I.& Katsumi, A.(2007), *The Art of Innovation*, 남상진(2008) 역, 『씽크이 노베이션』, 북스넛.

Mintzberg, H.(2004), *Managers Not MBAs*, 성현정(2009) 옮김, 『MBA가 회사를 망친다』, 북스넛.

Raphals, L.(1992), *Knowing words: Wisdom and cunning in the classical traditions of China and Greece*, Ithaca and London: Cornell University Press.

Sutton, R., & Staw, B.(1995), What theory is not, *Administrative Science Quarterly*, 40: 371–384.

Taleb, N.(2007), The black swan: The impact of the highly improbable,London: Allen Lane. Pfeffer, J., & Sutton, R. I.(2006), *Hard facts,dangerous half-truths and nonsense: Profiting from evidence-based management, Cambridge*, MA: Harvard Business School Press.

Rousseau, D. M(2006), Is there such a thing as "evidence-based management"? *Academy of Management Review*, 31: 256–269.

Locke, K, Golden-Biddle, K, Feldman, M. S(2008), Making doubt generative: Rethinking the role of doubt in the research process, *Organization Science*, 19: 907–91

Sandberg, J., & Tsoukas, H.(2011), Grasping the logic of practice: theorizing through practical activity, *Academy of Management Review*, 36:338–360.

Sherburne, D. W(1966), *A key to Whitehead's Process and Reality*, University of chicago press.

Van Maannen, J., Sorensen, J. B., & Mitchell, T. R.(2007), The interplay between theory and method, *Academy of Management Review* 32:1145–1154.

Whitehead. A. N(1991). 『과정과 실재』(PR), 오영환 옮김, 서울: 민음사.

Whitehead. A. N(1996). 『관념의 모험』(AI), 오영환 옮김, 서울: 한길사.

Whitehead. A. N(1989). 『과학과 근대세계』(SMW), 오영환 옮김, 서광사.

Whitehead. A. N(2003). 『사고의 양태』(MT), 오영환 · 문창옥 옮김, 다산글방.

]Whitehead. A. N(2004). 『교육의 목적』(AEO), 오영환 옮김, 궁리.

화이트헤드와 들뢰즈의 경영철학

유혹(lure)이 아닌 것이 없다. 어떤 대상이든지 간에 유혹할 힘이 있다. 접촉과 교통은 그런 유혹을 통해 이루어진다. 원자 속에서는 전자가 양자를 유혹하고 양자가 전자를 유혹한다. 세포는 에너지를 위해 미토콘드리아를 유혹한다. 나무는 흙을 유혹하고 흙은 나무를 유혹한다. 진화를 위해서 수컷은 암컷을 유혹하고 암컷은 수컷을 유혹한다. 제국은 식민지를 유혹하고 식민지는 제국을 유혹한다. 경영은 그런 유혹 중의 하나이다. 제품과 서비스로 고객을 유혹하고 또한 고객은 니즈에 의해 기업을 유혹한다. 화이트헤드는 그런 유혹을 긍정적 느낌 속에 있다고 한다. 느낌은 유혹하는 대상과 유혹받는 주체 사이의 '공동 생산'을 의미하는 것이다. 이런 유혹에 의한 공동 생산이 상업의 요건이다. 이와 같이 유혹은 낯선 이질적인 것들이 대비를 통해 합생이 일어나는 필수적인 요소이다. 그래서 유혹은 목적이나 가치를 의미하기에, 어떤 존재도 목적 개념에서 배제될 수 없다. 우리가 이 책에서 주장하고 싶은 핵심 중의 하나는, 경영학에서는 낯설지만 철학에서는 오랫동안 사유의 대상이 되어 왔던 가치들, 즉 진리, 아름다움, 예술, 모험, 평화를 제약범주로 하는 과정공동체를 21세기 문명화를 위한 방향으로 제시했다는 점이다.

그렇다면 누가 다섯 가지 관념을 가슴에 품고 과정공동체의 창조적 진화를 이끌어갈 수 있을까? 우리는 공동체 기업가—되기를 반복하는 다중들에게서 그 희망을 본다. 공동체 기업가—되기는 화이트헤드의 현실적 존재와 들뢰즈의 리좀 등 과정철학의 개념들을 차용하여, 우리가 새롭게 주조한 합생적 기업가정신으로 구체화된다. 합생적 기업가정신은 인류를 억압하는 제반조건들을 벗어나기 위해 관념과 실천의 모험을 즐기는 기업가의 사유와 행위방식이라는 점에서 그 자체 해방적 속성을 갖고 있다. 그렇다면 해방으로서의 합생적 기업가정신으로 무장한 변혁가들은 당연히 개인의 감성적 역능의 한계 혹은 제도나 사회에 의해서 가리워지고 은폐됨으로써 감각할 수 없게 되었던 것들을 감각할 수 있게 할 수 있어야 한다. 요컨대 이기적인 개인의 욕망에 기초한 미적 열망이나 소위 지배계급의 영속화를 위해 가공된 이데올로기에 의해 가려졌던 감각할 수 없었던 것들을 감각할 수 있는 것으로 가시화해냄으로써 좋은, 더 좋은 인류의 삶을 만들 수 있을 것이다.

우리는 불가능성의 가능성을 꿈꾼다. 합생적 기업가정신을 가진 다중들이 진리, 아름다움, 예술, 모험, 평화 등 다섯 가지 관념이 구현되는 과정공동체의 창조적 진화를 이루어낼 것이라 믿는다. 과정공동체는 불가능하거나 아주 멀리 있는 것이 아니라 지금 여기서 진행 중인 과정적 실재라고 생각한다. 경제, 정치, 사회, 문화 등 제반 분야에서 인간 삶을 억압하는 일체의 것들을 혁파하는 꿈을 꾸며 합생적 기업가—되기를 즐기는 수많은 21세기 변혁의 주체들이 이곳저곳에서 불쑥불쑥 솟아나 과정공동체를 창조하기를 바라는 마음이다. 이 책이 그들의 관념과 실천의 모험에 동반자가 되기를 진심으로 바란다.

이제 철학(김영진)과 경영(김상표)의 10여년 동안의 만남을 뒤로 하고 또 다른 만남을 새롭게 시작할 때가 되었다. 경영과 철학의 만남, 국내에서는 처음으로 시작하는 연애이다. 마치 말벌과 서양란이 나눈 리좀의 사랑과 같이 대단히 낯설고 어설픈 만남이지만, 모험을 할 만한 연애였다. 우리의 사랑은 여기까지이다. 이 책이 다른 타자에게도 사랑할 마음을 품게 만들지는 알 수가 없다. 과연 유혹이 성공할까? 우리는 시대의 변화를 읽고서 과감하게 모험을 했다. 그것은 우리 둘의 이질적 결합만으로는 할 수 없었다. 우리 보다 앞서 그런 사고를 감행한 화이트헤드와 들뢰즈 덕분이었다. 이들과 맺었던 우정의 시간은 우리에게 영원회귀를 견딜 힘을 선물했다. 그들에게 진심으로 감사를 전한다.

화이트헤드가 하버드 경영대학원에서 강의한 연설문의 마지막 구절을 인용하며 즐거웠던 관념과 실천의 모험을 마친다.

"오늘날 인류는 사물을 보는 자신의 관점을 변화시켜보려는 보기드문 분위기 속에 있다. 전통에 의한 단순한 강요는 그 힘을 잃었다. 사회를 혼란에 빠지지 않도록 하는 위엄과 질서의 요소들을 포함하고 있을 뿐만 아니라 불굴의 합리성이 철저하게 깃들어 있는 하나의 세계관을 재창조하고 재가동시키는 것이 우리 즉 철학자, 학생, 기업가의 책무인 것이다. 그러한 세계관은 플라톤이 덕과 동일시했던 지식이기도 하다. 그 발전의 한계 내에서 이러한 세계관이 널리 퍼져 있던 시대야말로 인류의 기억에서 사라지지 않고 남아 있는 시대인 것이다."(Whitehead, 1996: 174)

찾아보기

진리

모험

평화

경영과 철학의 만남

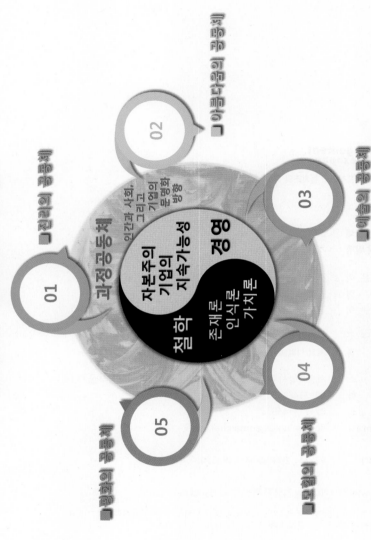

과정공동체

인간과 사회, 그리고 기업의 문명화 방향

자본주의 기업의 지속가능성

경영

철학

존재론 인식론 가치론

ㄴ진리의 공동체

ㄴ아름다움의 공동체

ㄴ예술의 공동체

ㄴ모험의 공동체

ㄴ평화의 공동체

01

02

03

04

05

유토피아는 지금 여기 우리 곁에 실재한다

Management
Philosophy

화이트헤드와 들뢰즈의 **경영철학**

초판 인쇄	2020년 1월 2일
초판 발행	2020년 1월 9일
지 은 이	김영진 김상표
그 림	김상표
펴 낸 이	김재광
펴 낸 곳	솔과학
등 록	제10-140호 1997년 2월 22일
주 소	서울특별시 마포구 독막로 295번지 302호(염리동 삼부골든타워)
전 화	02-714-8655
팩 스	02-711-4656
E-mail	solkwahak@hanmail.net
ISBN	979-11-87124-64-1 (93320)

Copyright ⓒ 2020 by 김영진 김상표 All rights reserved.

이 책은 저작권법에 따라 보호받는 저작물이므로 무단전재와 복제를 금지합니다.
잘못된 책은 구입하신 곳에서 바꾸어 드립니다.

이 도서의 국립중앙도서관 출판예정도서목록(CIP)은 서지정보유통지원시스템 홈페이지
(http://seoji.nl.go.kr)와 국가자료종합목록 구축시스템(http://www.nl.go.kr/kolisnet)에서
이용하실 수 있습니다.(CIP제어번호 : CIP2020000092)